MEIN FREUND DER HUND

Verhalten, Pflege und Erziehung

Verlag Das Beste Stuttgart · Zürich · Wien

Mitarbeiter

Übersetzung aus dem Französischen
Gabriele Krämer
Sybille A. Rott-Illfeld
Heinz von Sauter
Gert Wolff

Mitarbeiter
Dr. Dorit Feddersen
Dr. D. Fleig
Christa Fuglsang
Klauspeter Gutmann
Dr. Martin Höhl
Dr. A. Hövermann
Heinz Matrose
Dr. Hans-Christian Mundt
Jacques Schlegel
Prof. Dr. Horst Wissdorf

**Folgenden Verbänden und Vereinen ist der Verlag
zu Dank verpflichtet**
Interessengemeinschaft Deutscher Hundehalter e.V.
Christa Fuglsang
Verband für das Deutsche Hundewesen e.V.
Heinz Matrose
Deutscher Klub für Belgische Schäferhunde e.V.
J. F. Schaller
Verein für Deutsche Schäferhunde (SV) e.V.
C. Lux
Club für Französische Hirtenhunde e.V.
Rainer Wollensack
Deutscher Bouvier-Club von 1977 e.V.
Anja Reisloh
Collie- und Sheltie-Zwinger von der Bachstelze
Gerda Bodenberger
Klub für Ungarische Hirtenhunde e.V.
Martha Schleu
Club für Molosser e.V.
Walt Weisse
Deutscher Neufundländer-Klub e.V.
Jürgen Göhlich
Spezialclub für Tibet Terrier und Lhasa Apso e.V. (CTA)
Winfried Nouc
Deutscher Club für Leonberger Hunde e.V.
Robert Beutelspacher
St. Bernhards-Klub e.V.
Otmar Kuttenkeuler
Boxer-Klub e.V.
Joachim Grosse
Dobermann-Verein (DV) e.V.
I. Jost
Verein für Deutsche Spitze e.V.
Hansjörg Puschacher
Allgemeiner Deutscher Rottweiler-Klub e.V.
K.-H. Juhl
Rassezuchtverein für Hovawart Hunde e.V.
Prof. Dr. Hansen, Michael Vorsatz
Schweizer Sennenhundverein f. D. (SSV) e.V.
Hugo Seel
Deutscher Landseer Club e.V.
Christa Matenaar
Allgemeiner Club für Englische Bulldogs e.V.
Dr. med. vet. Kurt Witteborg
Akita Club von Deutschland e.V.
Gerd-Lutz Lammers
Klub für Terrier e.V.
Ingrid Bolle
Deutscher Foxterrier-Verband e.V.
Axel Möhrke
Deutscher Club für Bullterrier e.V.
Brigitte Wein
Deutscher Doggen-Club von 1888 e.V. (DDC)
Winfried Nouc
Deutscher Jagdterrier-Club e.V.
Wolfgang Bierwirth
Deutscher Teckelclub e.V. 1888
Dr. Robert Bandel
Verein Hirschmann e.V.
Dr. Wolf-Eberhard Barth
Verein für französische Laufhunde e.V.
Helgard Elser
Saint Hubert – Bloodhound Club von Deutschland e.V.
Siegfried Peter

Beagle Club Deutschland e.V.
Wolfgang W. Ellissen
Basset-Hound-Club von Deutschland e.V.
Hassi Assenmacher
Rhodesian Ridgeback Club Deutschland e.V.
Peter Hohl
Podenco Ibicenco Club Deutschland e.V.
Lilian Nowak
Club Berger des Pyrénées e.V. 1983
Josef Müller
Basenji-Klub-Deutschland
Berta Burkert
Klub für Bayerische Gebirgsschweißhunde 1912 e.V.
Wolfgang Kampa
Deutscher Bracken-Club e.V.
Walter Kramarz
Verein für Deutsche Wachtelhunde e.V.
Heinrich Hecker
Verein Ungarischer Vorstehhunde e.V.
Josef Rauwolf
Griffon-Club e.V.
Angela Dorfner
Deutsch-Langhaar-Verband
Eike Behrens
Jagdspaniel-Klub e.V.
Bruno Richter
Weimaraner Klub e.V.
Dr. Werner Petri
Deutsch-Kurzhaar-Verband e.V.
Claus Kiefer
Verein Deutsch-Drahthaar e.V.
Horst Detert
Verband für Kleine Münsterländer Vorstehhunde e.V.
Ernst Stock
Verband Große Münsterländer e.V.
Egon Vornholt
Anatol's Gordon Setter
Christa und Günther Knabe
Irish-Setter Club Deutschland e.V.
Andreas Jockwig
English Setter Club Deutschland e.V.
Dr. Toni Averbeck
Mc Elwyn English-Setter
Lilli Ahnert
Deutscher Pointerclub e.V.
Karl Wolf
Verein für Pointer und Setter e.V.
Norbert Jäger
Deutscher Retriever Club e.V.
Patricia Busch, Sibylle Klotzbücher, Uta Körby
Deutscher Pudel-Klub e.V.
Herbert C. Andresen
Rassezuchtverein der Kromfohrländer e.V.
Ursula und Helmut Koschnicke
1. Deutscher Yorkshire-Terrier-Club e.V.
Friedrich Schürer
Verband Deutscher Kleinhundezüchter e.V.
Hans-Hartwig Gessner, Karin Biala
Internationaler Klub für Französische Bulldoggen e.V.
Dr. Ulrich L. Schäfer
Internationaler Club für Japan Chin, Peking-Palasthunde
und Toy-Spaniel e.V.
Heinz Würtenberger
Internationaler Klub für Tibetische Hunderassen e.V.
Rotraud Witzler
Club für exotische Rassehunde e.V.
Joachim Weinberg
Pinscher-Schnauzer-Klub 1895 e.V.
Heinz Höller
Kynologische Zuchtgemeinschaft, Sitz Weinheim e.V.
Julius Wipfel
EKW-Eurasier-Klub e.V.
Helga Casper
Allgemeiner Chow-Chow-Club e.V.
Gisela Behn
Deutscher Dalmatiner-Club von 1920 e.V.
Dr. Elisabeth Wagner
Deutscher Windhundzucht- und Rennverband e.V.
Barbara Berghausen
Deutscher Sloughi-Club e.V.
Gisela Masurat-Walden

Vorwort

*Hunde sind mehr als Haustiere, die Haus und Hof
bewachen: Als Beschützer und Spielkameraden sind sie
vielmehr Freunde des Menschen, die an seinem Leben
teilnehmen möchten.*

*Man geht heute davon aus, daß alle Hunde vom Wolf
abstammen. Die Entwicklung vom Wolf zum Hund
verlief in erstaunlicher Vielfalt. Der Mensch hat im
Lauf der Jahrtausende eine unabschätzbare Fülle von
Rassen unterschiedlicher Farbe, Größe, Gestalt und
Eigenschaften geschaffen, und die Zahl der Rassen
nimmt noch immer zu. Der Laie, der sich einen Hund
anschaffen möchte, steht verwirrt vor der großen
Mannigfaltigkeit – er braucht Rat. In dem vorliegenden
Werk, das durch treffliche Erläuterungen und hervorragende Bilder besticht, findet er ihn.*

*Doch hinter den verschiedenen Gestalten der Hunde
verbergen sich unterschiedliche Wesen, und das Wesen
eines Hundes hat für die Beziehung zum Menschen
entscheidende Bedeutung. Alle Hunde sollen gehorsam,
aber nicht unterwürfig sein; einige sollen Schutz bieten,
andere als Schoßhund Freude bereiten. Manche Hunde
haben freien Auslauf, andere müssen sich mit engem
Großstadtraum begnügen. Die Eignung zu so verschiedenen Lebensformen ist Hunden angeboren. Aber
Hunde sind auch lernfähig: In ihrem Verhalten wirken
sich daher Erbanlagen und Umwelt aus. Eine feste
Freundschaft mit einem Hund kann nur der unterhalten, der das Zusammenspiel dieser Faktoren
versteht. In diesem Buch erläutern Experten in all-
gemeinverständlicher Sprache dieses wichtige Gebiet
nach den neuesten Erkenntnissen der Wissenschaft, so
daß jeder Leser den Hunden mit mehr Verständnis
begegnen kann.*

Wolf Herre

Universitätsprofessor Dr. Dr. h. c. Wolf Herre, Kiel

Inhalt

Die Geschichte des Hundes

Die Morphologie des Hundes

Atlas der Rassen

Der Gefährte des Menschen

Die Gesundheit des Hundes

Die Gesundheit des Hundes

Der Hund in der Gesellschaft

Fachausdrücke

Register

Die Geschichte des Hundes

Rekonstruktion eines Pseudocynodictis (obere Abbildung). Dieser kleinwüchsige Canide (Hundeartige) lebte vor ungefähr 37 Millionen Jahren in Nordamerika. Von ihm stammte der Tomarctos (untere Abbildung) ab, der am Beginn der Ahnenreihe der Gattung Canis steht, die nach Eurasien zog. Der älteste bekannte Vertreter der Caniden in der Alten Welt trat vor sechs Millionen Jahren auf. Aus seinen Abkömmlingen entwickelten sich verschiedene Arten, darunter vor 300 000 Jahren der Canis lupus. Er ist der Ahnherr unseres Haushundes

Die ersten Hunde

Der Hund gehört zur Ordnung der Carnivoren – das Wort bedeutet Fleischfresser –, einer Gruppe von Säugetieren, deren Ursprung 55 Millionen Jahre bis ins Tertiär, genauer gesagt: ins Paläozän und ins untere Eozän zurückreicht. Aus diesem fernen Erdzeitalter stammen die ältesten fossilen Arten, die Miaciden, wiesel- bis wolfsgroße Raubtiere mit einem charakteristischen Gebiß, das man noch bei den heutigen Carnivoren findet. Der Oberkiefer bestand aus sechs verhältnismäßig kleinen Schneidezähnen, zwei kräftigen, dolchförmigen Fangzähnen und sechs Mahlzähnen oder Molaren, der Unterkiefer aus sechs Schneidezähnen, zwei Fangzähnen, acht Vorbackenzähnen und sechs Mahlzähnen. Der erste Mahlzahn, der stärker entwickelt war als die übrigen, wurde später zum Reißzahn (siehe auch Seite 42).

Heute umfaßt die Ordnung der Carnivoren sehr verschiedene Tiere wie Hyänen, Marder und Ginsterkatzen, unter ihnen die Familie der Caniden, zu der neben den Hunden auch die Füchse, Wölfe, Schakale und die echten Windhunde zählen.

Um die Mitte des Tertiärs vor 25–30 Millionen Jahren beginnt die Stammesgeschichte der Caniden mit dem *Hesperocyon*, aus dem in Nordamerika die ersten Angehörigen dieser Familie hervorgingen. Von dort aus verbreiteten sich die Caniden westwärts nach Eurasien vor allem über die Beringstraße, die damals noch nicht vom Meer überflutet war. Einige kamen nach Südamerika, wo sie sich zu Füchsen weiterentwickelten.

Da der Ursprung des Hundes in die Vorgeschichte zurückreicht, kann man darüber, wie sich vor 20 000 Jahren die Entwicklung zum Haushund vollzog, nur Vermutungen anstellen. In jedem Fall ist der Hund eines jener Haustiere, die ohne den Menschen nicht mehr existieren würden und die sich im Lauf der Jahrtausende immer mehr von ihren Wildvorfahren entfernt haben. Als wahrscheinlichster Stammvater der Hunde – des Bernhardiners ebenso wie des Yorkshire Terriers – gilt heute der Wolf.

Als der Mensch die ersten Wolfsjungen einfing, sie großzog und ihre Abkömmlinge nicht wieder in die freie Wildbahn entließ, nahm er, ohne es zu wissen, eine Zuchtwahl vor. Dieser Prozeß, der seit Jahrtausenden ohne Unterbrechung fortgesetzt wird, betraf ursprünglich eine kleine Anzahl von Tieren. In der freien Natur gab es überall Wölfe in großer Zahl, und ihre Lebensbedingungen veränderten sich nicht. Die Domestikation oder Haustierwerdung des Wolfs wurde also dadurch erreicht, daß der Mensch einige Exemplare von ihren freilebenden Artgenossen isolierte und unter Bedingungen hielt, die sich von denen ihres gewohnten Lebensraums stark unterschieden. Gerade dank der begrenzten Anzahl der vom Menschen gezüchteten Tiere konnten deren Nachkommen leichter neue genetische Merkmale entwickeln, was eine genetische Abweichung zur Folge hatte. Gleichzeitig verloren sie bestimmte, dem Wolf eigene Merkmale, und je strenger die Auslese wurde, desto stärker unterschieden sich die neuen Anlagen von denen der ersten Zuchttiere. Wie bei allen Haustieren fand keine natürliche Auslese mehr statt, son-

Unterkiefer eines Cynodictis. *Der erste der sechs Mahlzähne (Reißzahn) und der Fangzahn sind charakteristisch für das Hundegebiß (s. auch S. 42)*

(s. auch S. 42)

Paläontologische Geschichte der Hunde

Die Geschichte der Caniden beginnt auf der nördlichen Erdhalbkugel im oberen Eozän und im unteren Oligozän. Diesseits und jenseits des Atlantiks lebten zwei sehr ähnliche Tiere: in Europa der *Cynodictis* und in Nordamerika der *Pseudocynodictis*. Die europäische Form verschwand im Lauf des Oligozäns, von den höher entwickelten Ursiden (Bärenartigen) verdrängt. Aus der amerikanischen Art ging später der Hund hervor. Der *Pseudocynodictis* war ein kleines Tier mit sehr langem Körper, kurzen Läufen und langgestrecktem Fang. Sein Gebiß glich noch dem der Schleichkatzen. Die Entwicklung bestand vor allem darin, daß die Läufe höher wurden.

Dem *Pseudocynodictis* folgte in Nordamerika der *Mesocyon*, dessen Knochengerüst bereits mehr dem eines Wolfs ähnelte. Sein Nachfahre war der *Cynodesmus* (unteres Miozän), der zum Stammvater des *Tomarctos* (mittleres und oberes Miozän) wurde. Kurz vor Beginn des Pliozäns erschien die Art *Canis*, die bald nach Eurasien kam; ihr ältester Vertreter in der Alten Welt, *Canis cipio* genannt, wurde in Spanien gefunden. Sein Alter wird auf sechs Millionen Jahre geschätzt.

Über mehrere neue Arten entwickelte sich dieser bis zum heutigen *Canis lupus*. Das erste Exemplar dieser Art, das ausgegraben wurde, fand man in Lunel-Vieil in Südfrankreich; es ist etwa 300 000 Jahre alt.

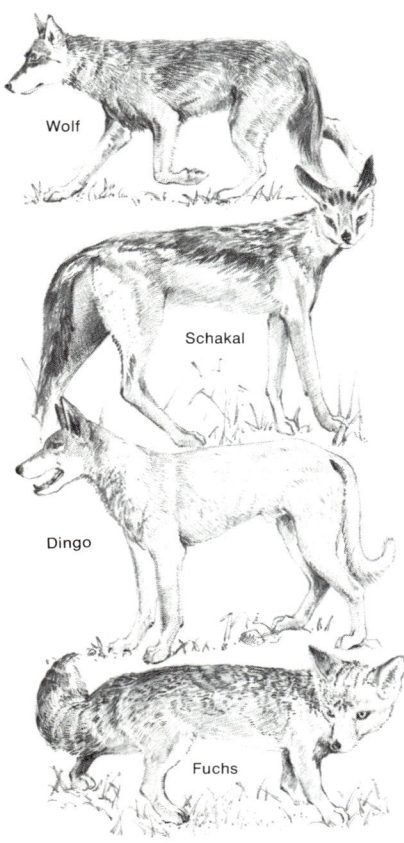

Wolf

Schakal

Dingo

Fuchs

Diese vier Tiere wurden als Vorfahren des Hundes in Betracht gezogen. Heute nimmt man an, daß er vom Wolf (Canis lupus) *abstammt*

dern der Mensch bestimmte, welche Eigenschaften vererbt werden sollten.

Wahrscheinlich wurde schon zu Beginn der Domestikation an verschiedenen Punkten der Erde versucht, Hunde zu züchten, denn es gab bereits sehr früh mehrere Rassen. Bei dieser auf Erfahrung beruhenden Selektion, die über lange Zeiträume hinweg betrieben wurde, spielten die geographischen und klimatischen Gegebenheiten eine wesentliche Rolle. Ein anderer wichtiger Faktor waren die örtlichen Verhältnisse, in denen die Hunde domestiziert wurden. Da der Mensch schlecht angepaßte Tiere eliminierte, bevor sie geschlechtsreif wurden, bildeten sich nach und nach verschiedene Typen: große, schwere Gebirgshunde, schlanke Steppenhunde, kleinwüchsige Waldhunde. Jede dieser „Rassen" verbreitete sich, und es entstanden Hunde mit unterschiedlicher Beharrung, Ohren- und Rutenform, Seh- und Hörfähigkeit usw.

Die meisten heutigen Hunderassen haben sich erst Ende des 19. oder Anfang des 20. Jahrhunderts konsolidiert, die Grundtypen (Hüte-, Jagd-, Wach- und Haushunde) waren jedoch im alten Ägypten und wahrscheinlich schon früher bekannt.

Die Vorgeschichte

Während die ersten Anfänge der Geschichte des Hundes klar zu sein scheinen, weiß man über die weitere Entwicklung verhältnismäßig wenig, obwohl sie nur 15 000 Jahre zurückliegt.

Im 18. Jahrhundert kam die Theorie auf, die aber nicht zu beweisen war, daß der Hund einer eigenen Familie entstamme, von der man keine Vertreter gefunden habe. Als unmittelbare Vorfahren des Hundes hat man auch die Wölfe, die Schakale und die Füchse in Betracht gezogen.

Als mutmaßliche Vorfahren scheiden zunächst die Füchse aus, da einige ihrer Körpermerkmale deutlich anders sind als beim Hund: Die Pupille ist elliptisch und nicht rund, die Schnauze verlängert, und es fehlt der Stop oder Stirnabsatz (siehe Seite 39). Außerdem haben die Füchse einen langen, buschigen Schwanz, der nach hinten getragen wird, und leben nie in der Meute oder im Rudel wie die Hunde und Wölfe. Fast alle Fachkenner lehnen auch den Wildhund als Stammvater des Haushundes ab. Der Schakal ist zwar sehr leicht zu zähmen und siedelt sich gern in der Nähe menschlicher Wohnstätten an, aber

Dieser große Hund mit der langen, spiralförmigen Rute erinnert an die Windhunde, die heute in den Wüstenregionen leben. Felsmalerei im Tassili N'Ajjer (Algerien)

der Hund ist ihm höchst unsympathisch, und zwischen beiden Tieren herrscht eine tiefe Feindschaft.

Gegen die Theorie, daß der Hund vom Wolf abstammt, wurde eingewendet, daß dieser ein Kulturflüchter ist, sich schwer zähmen läßt und nur heult, nicht bellt, aber diese Argumente überzeugen nicht ganz. Heute zweifelt man kaum noch daran, daß der Hund aus dem Wolf hervorgegangen ist, das heißt aus drei Unterarten, je nachdem, ob man ihm eine oder mehrere Ahnenreihen zugesteht.

Konrad Lorenz, der berühmte österreichische Verhaltensforscher, hatte die Hunde nach den Grundzügen ihres Charakters in zwei Gruppen eingeteilt: die Lupushunde (Wolfshunde), die zum Beispiel wie die Hütehunde dem Menschen gegenüber stets ein wenig distanziert bleiben und bei denen eine strenge Rangordnung herrscht, und die Aureushunde (Schakalhunde), die sich wie bestimmte Jagd- oder Begleithunde eng an den Menschen anschließen. Später korrigierte er sich und bekannte sich zur Abstammung des Hundes von asiatischen Wolfsartigen.

Für die Hypothese, daß sich der Hund vom Wolf herleitet, sprechen auch die weit entwickelte gesellige Organisation des Wolfs sowie angeborene Verhaltensweisen, durch die tödliche Auseinandersetzungen zwischen Rudelangehörigen unterbunden werden. Außerdem ist der Wolf besonders wandlungsfähig und paßt sich allen Umweltbedingungen hervorragend an. Bevor der Mensch die Wölfe fast ausrottete, gab es sie in jedem Land, auch wenn sie je nach Gebiet erhebliche Unterschiede zeigten.

Hunde kreisen einige Mufflons ein. Die Szene beweist, daß der Hund schon früh als Jagdhelfer diente. Felszeichnung in Fessan (Libyen)

11

Die Rangordnung der Wölfe

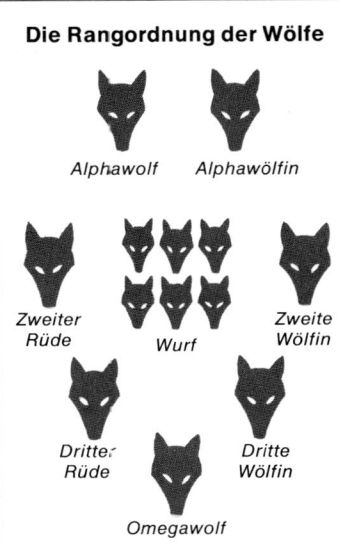

Ein Rudel oder Familienverband umfaßt im Durchschnitt sechs Tiere. An der Spitze steht fast immer ein Leitwolf mit Weibchen und Jungen; daneben gibt es noch einige ausgewachsene Wölfe und Jungtiere. Das rangniederste Tier ist der Omegawolf – Rüde oder Weibchen –, den die anderen ständig fortzujagen und einzuschüchtern versuchen. Stirbt dieses Tier, so rückt ein anderes rangniederes Tier an seine Stelle. Diese Struktur ist für das gesamte Rudel nützlich, denn sie verringert die unterschwellige Aggressivität, die innerhalb des Verbandes herrscht. Der Leitwolf zum Beispiel bekundet seine Autorität oft dadurch, daß er so tut, als wolle er einen tieferstehenden Wolf ins Rückgrat oder in den Hals beißen. Dieser nimmt dann, wie es einem rangniederen Rudelangehörigen zukommt, Demutshaltung ein, indem er die Ohren anlegt und Kopf und Rute senkt.

Die erhobene Rute ist ein Zeichen der Autorität. Die Entscheidungen des Leitwolfs, wann geruht und wann ein Beutewild verfolgt wird, werden von der Meute widerspruchslos akzeptiert. Er ändert jedoch seine Absicht, wenn er merkt, daß das Rudel zögert oder Angst hat. Die tieferstehenden Wölfe bringen dem Leitwolf stets Respekt und Zuneigung entgegen. Sie drängen sich um ihn und versuchen, ihn zu berühren, zu lecken und sanft in die Lefzen zu beißen. Dieses Ritual ähnelt dem der Welpen, die beim Erwachen des Rudels oder bei der Rückkehr des Leitwolfs um Futter betteln.

Die Untersuchungen einiger Zoologen haben zu der Ansicht geführt, daß die Domestikation des Hundes in der ausgehenden Altsteinzeit bis hinein in die Jungsteinzeit, das heißt vor 15 000–7000 Jahren, in verschiedenen Gegenden der Erde erfolgte. Aber wo mag der Prozeß der Haustierwerdung begonnen haben? Mit dem Grauwolf des Nordens, der in der Nähe menschlicher Siedlungen lebte und dessen Welpen der Mensch möglicherweise zu sich nahm und allmählich an sich gewöhnte? Vielleicht wurde auch der Indische Wolf *(Canis lupus pallipes)* gezähmt, der zunächst als Fleischlieferant gejagt wurde. Andere Unterarten des Wolfs, die als mögliche Vorfahren des Hundes gelten, sind noch der Wolf der Wüste des Vorderen Orients *(Canis lupus arabe)* sowie der Wolf Tibets und Nordindiens *(Canis lupus laniger)*.

Die Zähmung des Wolfs

Für die Steinzeitmenschen, die nach der Jagd um das Feuer saßen, hatte der Anblick einiger glühender Augenpaare nichts Beunruhigendes an sich. Das Feuer schützte sie, so wie es noch heute bestimmte afrikanische und australische Eingeborenenstämme schützt, vor den Wölfen, die die Flammen herbeigelockt hatten.

In jener weit zurückliegenden Zeit lebte der Mensch vorwiegend vom Sammeln und Jagen, und aus Angst, sich nicht so bald wieder satt essen zu können, schlang er möglichst viel von der Beute auf einmal in sich hinein. Doch die Tiere, die er erlegte, waren oft so groß, daß er sie nicht immer vollständig verzehren konnte. Die Reste, die am Rand des Lagers verwesten, wurden von den Wölfen oder „Halbwölfen" zweifellos vertilgt, wie es die Hyänen noch heute in Afrika tun. Manche Fachleute nehmen daher an, daß die ersten Hunde sich auf diese Weise mit dem Menschen anfreundeten und daß sie zunächst sein Lager bewachten. Später halfen sie ihm vielleicht bei der Jagd, wurden von ihm als Zugtier und zum Viehhüten verwendet. Trotz aller bisherigen Untersuchungen ist der Ursprung des Hundes noch immer rätselhaft.

In der Bronzezeit scheint vor allem in Nordeuropa der *Canis familiaris palustris*, der Torfhund, der vermutlich der Ahnherr der Spitze war, verbreitet gewesen zu sein. Die Zoologen des 18. Jahrhunderts gingen von vier Urtypen aus, eine Klassifizierung, die sich eingebürgert hat, aber angefochten wird. Danach entwickelten sich in der Bronzezeit der *Canis familiaris matris optimae*, Stammvater der Hütehunde, der *Canis familiaris inostranzevi*, der zum Urvater der aus Nordindien kommenden Molosser wurde, der *Canis familiaris intermedius*, eine jüngere Art, aus der sich die Bracken entwickelten, und die im Vorderen Orient entstandene älteste Rasse, der *Canis familiaris leineri*, von dem die Windhunde abstammen.

Die Ausbreitung des Hundes

Eigenartigerweise scheinen die ältesten Bewohner Westeuropas keine Hunde gehabt zu haben; zumindest sind keine bildlichen Darstellungen aus dieser frühen Zeit bekannt. Diese Menschen waren fallenstellende Jäger, die aber auch vom Sammeln lebten. Später drangen Völker aus dem Osten ein, die Pferde, Rinder und auch Hunde besaßen. Einige Fachleute sind der Meinung, daß der keltische Windhund mit dem Windhund aus den südlichen

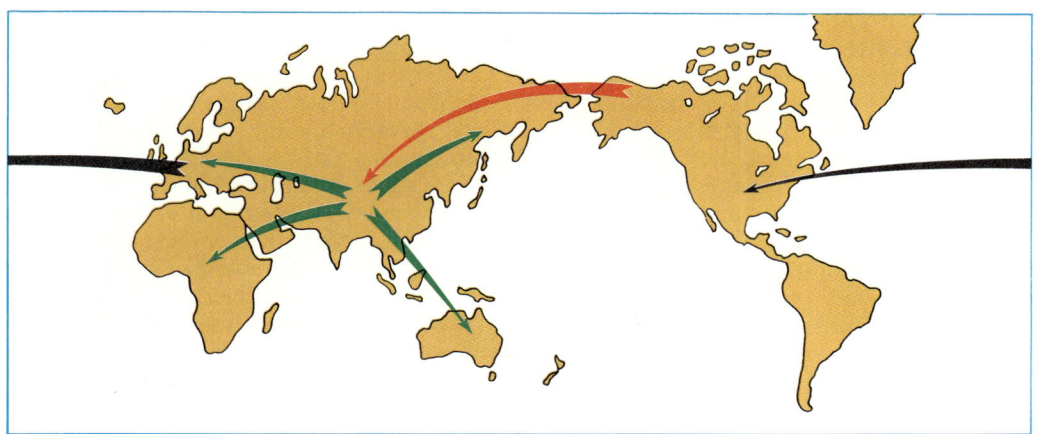

Ländern zusammentraf, der mit den Phönikern und später mit den Arabern gekommen war. Die Römer brachten dann die im Orient und in Griechenland beheimateten Kampfhunde, die Molosser, mit.

Zu diesen Hunden aus dem Osten gesellten sich andere aus dem Norden, Nachkommen des Torfhundes, von denen sich vermutlich die Spitze herleiten und die sich in den skandinavischen Ländern, in Rußland, Nordjapan und Grönland verbreiteten. Obwohl diese Hunde ein warmes Klima nicht gewohnt waren und es im Süden bereits zahlreiche andere Hundearten aus dem Orient gab, setzten sie sich auch dort fest. Keine einzige Hundeart wanderte vom Süden her ein; die Hunde Nordafrikas stammten aus dem Vorderen Orient und breiteten sich mit den verschiedenen Kulturen rund um das Mittelmeer aus.

Als Kolumbus 1492 Amerika entdeckte, fand er dort Hunde vor. Sie waren wohl über die Beringstraße oder mit Indianern, die es gewagt hatten, in umgekehrter Richtung zum Sonnenlauf zu segeln, von China eingewandert. Diese chinesischen Hunde stammten wahrscheinlich aus Indien und Persien.

Bestimmte Carnivoren Nordamerikas gelangten über die Beringstraße nach Ostasien. Später verbreiteten sich ihre Abkömmlinge, die Hunde, bis nach Europa und Afrika. Einige zogen auf dem Weg, den einst ihre Vorfahren genommen hatten, wieder nach Osten; andere kehrten nach Amerika zurück

Canis familiaris
inostranzevi

Canis familiaris
intermedius

Canis familiaris
palustris

Canis familiaris
leineri

Canis familiaris
matris optimae

Die Rassen und ihr mögliches Verwandtschaftsverhältnis

Die archäologischen und historischen Belege reichen nicht aus, um die Entwicklung der verschiedenen Hunderassen bis zu den Anfängen zurückzuverfolgen. Die Archäologen haben an einigen Stellen des Erdballs Schädelknochen von Urhunden gefunden. Sie gaben ihnen lateinische Namen und gingen ohne weitere Beweise davon aus, daß diese Schädel von dem einzigen Hundetyp stammten, der zu einer bestimmten Zeit in einer bestimmten Gegend gehalten wurde. Dann verglichen sie die Schädel mit denen der heutigen Hunde und erarbeiteten auf sehr hypothetische Weise ein Abstammungsschema der Rassen. Mit allem Vorbehalt und allein um einen Anhaltspunkt zu geben, wurde dieses Schema für die untenstehende Stammtafel übernommen, wobei die Gebirgshunde und Doggen nur bedingt mit einbezogen wurden.

Man nimmt heute an, daß im Quartär die Domestikation des Wolfs von zwei großen Zentren ausging. An den Rändern der Eis-

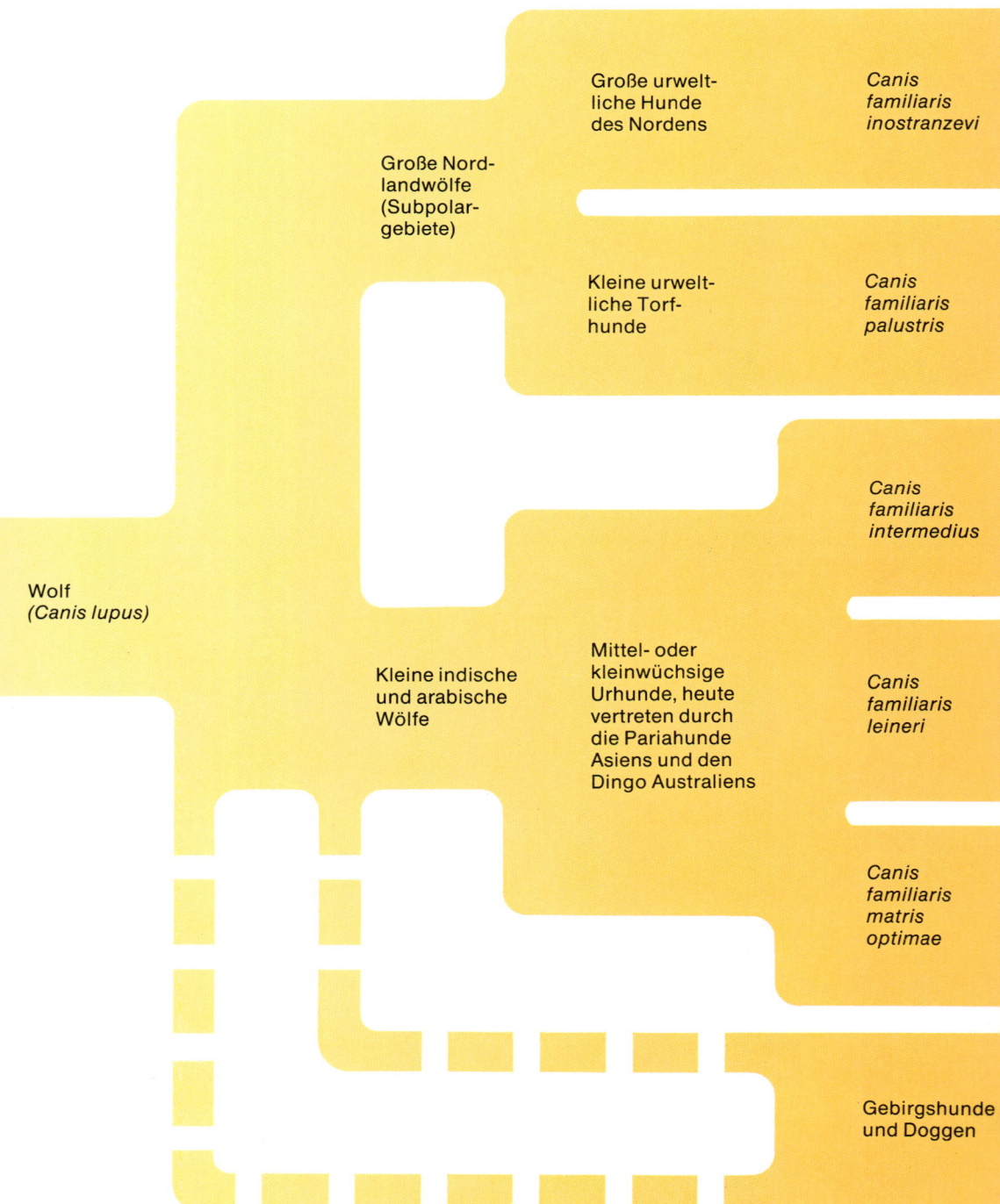

Große urwelt- liche Hunde des Nordens — *Canis familiaris inostranzevi*

Große Nord- landwölfe (Subpolar- gebiete)

Kleine urwelt- liche Torf- hunde — *Canis familiaris palustris*

Canis familiaris intermedius

Wolf (Canis lupus)

Kleine indische und arabische Wölfe

Mittel- oder kleinwüchsige Urhunde, heute vertreten durch die Pariahunde Asiens und den Dingo Australiens

Canis familiaris leineri

Canis familiaris matris optimae

Gebirgshunde und Doggen

massen, die den Norden Europas und Asiens bedeckten, sind große, dem rauhen Klima angepaßte Wölfe möglicherweise die Stammväter einer Reihe von Rassen geworden, von denen sich einige zu Zwergformen entwickelten. Alle anderen Hunde wären demnach Abkömmlinge viel kleinerer, an das gemäßigte Klima angepaßter Wölfe, wie sie noch heute in Indien und in Arabien zu finden sind.

Die ersten echten Hunde der gemäßigten Gegenden sahen wohl wie der Dingo aus. Ihre Stehohren waren ein Grundmerkmal, das sich durch die Jahrtausende bewahrte bis zum Auftreten der ersten Mutationen, deren

Ohren so groß waren, daß sie kippten. Die Hunde erwiesen sich je nach Körperbau als besonders geeignet für gewisse Aufgaben, und nach und nach wurden die entsprechenden Rassen gezüchtet.

Obwohl man allgemein glaubt, daß alle großen Gebirgshunde einen gemeinsamen Ahnherrn besitzen, ist dies wenig wahrscheinlich. Viel naheliegender erscheint es, daß die frühen Menschen, die sich im Gebirge niederließen und häufig mit Bären zu kämpfen hatten, die großwüchsige Rasse, die sie benötigten, jeweils aus den örtlichen Hunden herauszüchteten.

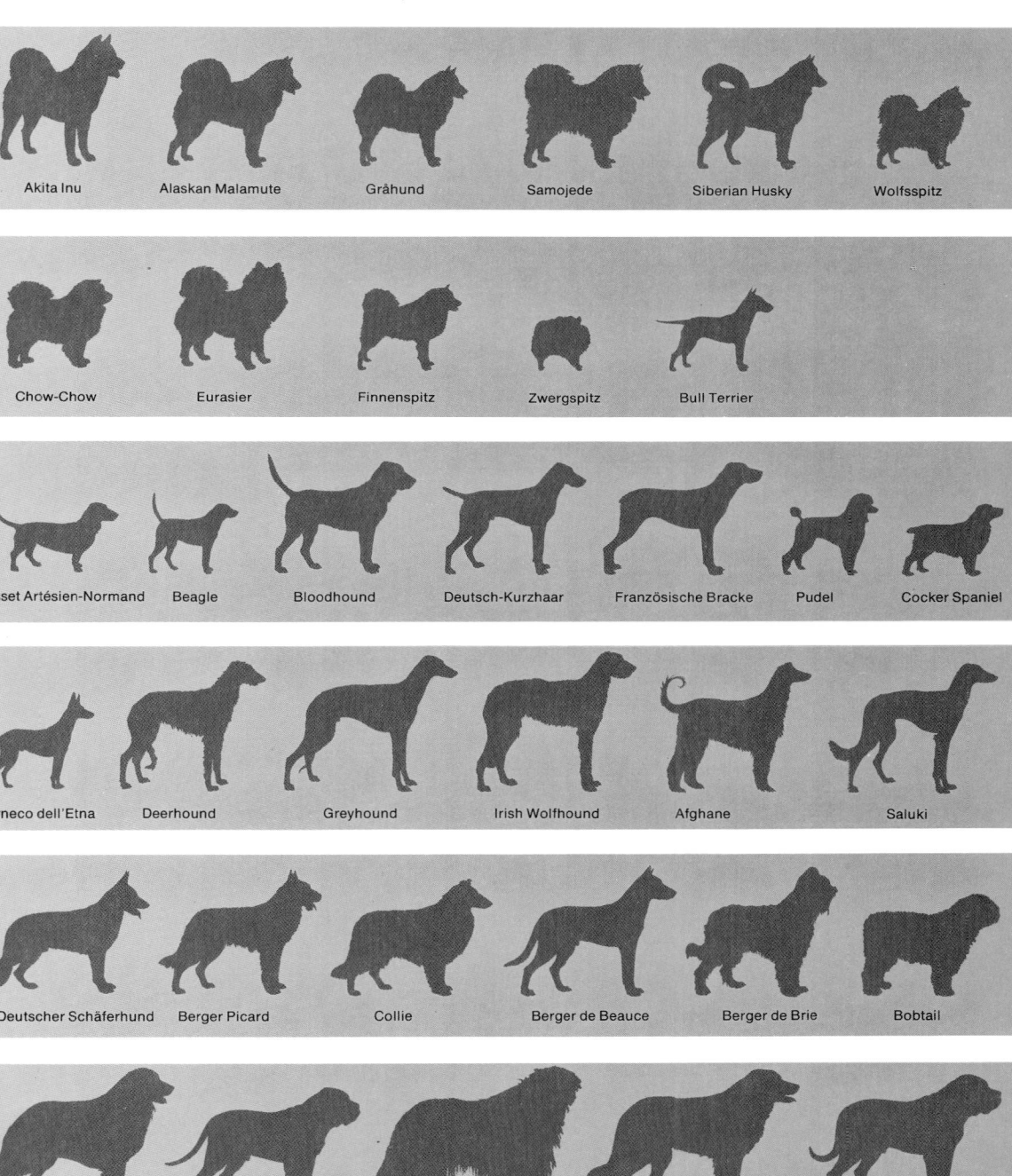

Akita Inu Alaskan Malamute Gråhund Samojede Siberian Husky Wolfsspitz

Chow-Chow Eurasier Finnenspitz Zwergspitz Bull Terrier

sset Artésien-Normand Beagle Bloodhound Deutsch-Kurzhaar Französische Bracke Pudel Cocker Spaniel

rneco dell'Etna Deerhound Greyhound Irish Wolfhound Afghane Saluki

Deutscher Schäferhund Berger Picard Collie Berger de Beauce Berger de Brie Bobtail

Pyrenäenberghund Bordeauxdogge Komondor Leonberger Mastiff

Die Hunde des Altertums

Zu der Zeit, als die ersten geschichtlichen Aufzeichnungen entstanden, war der Hund bereits überall verbreitet. Er war in China, Indien, Persien und Ägypten ebenso wie in Gallien, Skandinavien, Mexiko und sogar auf einigen Inseln im Pazifischen Ozean zu finden.

Mesopotamien

Im Vorderen Orient (Assyrien, Persien) und bis nach Indien wurden Hunde schon 6000 Jahre vor Christus gehalten. In Mesopotamien gab es zwei ganz verschiedene Arten und vermutlich auch noch weitere, nicht näher beschriebene Rassen, die die Straßen Babylons und Ninives bevölkerten. Die ersten Hunde Mesopotamiens, von denen berichtet wird, waren Windhunde, die für die Gazellenjagd verwendet wurden. Dies ist 8000 Jahre alten Tonscherben zu entnehmen, die man in einem Dorf des iranischen Kurdistans gefunden hat. In dieser Region wurde jüngst eine Fülle weiterer Belege aus dieser Epoche, der Jungsteinzeit, entdeckt, die an der These von Ägypten als Herkunftsland der Windhunde zweifeln läßt.

Die jungsteinzeitlichen Bewohner der Gegend domestizierten doggenartige Hunde, die sie wohl aus Tibet geholt hatten und auf ihre Eroberungszüge mitnahmen. Diese Doggen wurden von den Babyloniern, Assyrern, Persern und Medern häufig im Krieg verwendet. So lernten sehr viel später auch die Griechen sie kennen. Die furchterregenden Tiere waren vor allem Kampfhunde, bewachten aber auch Tempel und große Landgüter. Außerdem setzte man sie für die Jagd auf Wildschweine und Großkatzen, besonders den Löwen, ein. Zeitweise ließ man sogar zum Tode Verurteilte von hungrigen Doggen zerreißen.

Die alten arischen Völker besaßen große Herden, doch da die Viehzucht nicht ihre Hauptbeschäftigung war, überließen sie das Hüten den Kindern. Möglicherweise entstand der Hirtenhund erst später in Europa durch die Kreuzung mit nordischen Hunderassen.

Neben den Windhunden und den Tibetdoggen gab es eine Unmenge von Hunden, die der Mensch als Gefährten mehr oder weniger ablehnte, wie die rasselosen Straßen- oder Pariahunde in Indien.

Szene aus einer Löwenjagd.
Die Tibetdoggen griffen sogar
große Raubkatzen an. Hethitisches
Flachrelief aus Malatya (9. Jh. v. Chr.)

*Dogge beim Spaziergang im königlichen Park.
Ausschnitt aus einem assyrischen Flachrelief im
Palast von Ninive, den Assurbanipal um 649
v. Chr. erbaute*

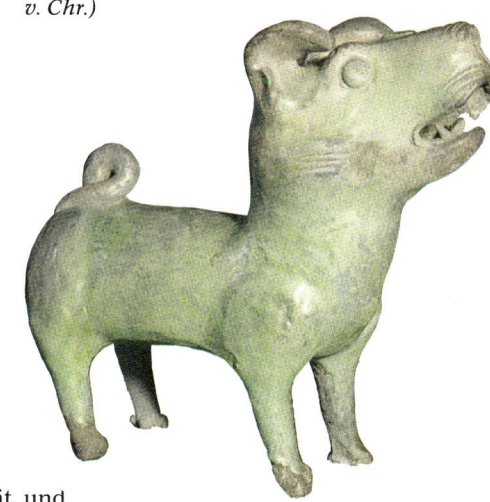

*Wachhund. Glasierte chinesische
Terrakotta aus der Hanzeit (3. Jh.
v. Chr.)*

Asien

Nach China kam der Hund erst verhältnismäßig spät, und
man traf ihn nur vereinzelt an. Dort war die Landwirtschaft schon sehr früh hoch entwickelt, und jedes Fleck-
chen Erde, auf dem Reis angebaut werden konnte, galt als
heilig. Auf bestellten Böden durfte nicht gejagt werden,
und die Wüsten waren zu weit entfernt. Die Viehzucht war
unbekannt; man hielt nur Schweine, die mit Abfällen
gefüttert wurden. Mit Ausnahme des Spitzes in Nordjapan
und in den sibirischen Steppen scheint man den Hund in
China und Japan tatsächlich nicht gebraucht zu haben. Er
war ein Luxustier, und abendländische Herrscher sandten
Hunde den chinesischen Kaisern als Geschenk. Das Schu-
king (Buch der Urkunden) aus dem 9.–7. Jahrhundert
v. Chr. erwähnt die Einfuhr einiger Hunde für die kaiserlichen Zwinger, und man erfährt, daß bereits um 3450
v. Chr. Fu-hi mit dem Gedanken spielte, in seinem Palast
„Muffhunde" zu züchten, um im Winter nicht mehr an den
Fingern zu frieren. Die Kaiser der Dschoudynastie (etwa
1050–249 v. Chr.) ließen sich von den Gesandten ihrer
fernen Provinzen Jagdhunde schenken; dem Volk war es
zwar untersagt zu jagen, aber die Herrscher liebten die
Jagd als Zeitvertreib.

Etwa zur gleichen Zeit gelangte die Tibetdogge nach
China. Sie wurde für die Jagd und im Krieg eingesetzt, aber
auch als Schlachttier gehalten. Diese Tibetdoggen erfreu-
ten sich unter den Hankaisern (206 v. Chr. – 220 n. Chr.)
großer Beliebtheit und wurden im 3. Jahrhundert v. Chr.
oft auf Keramiken dargestellt. Der eigentliche chinesische
Speisehund kam aus dem Norden, und man züchtete ihn
bereits seit Jahrtausenden. Als er sehr viel später nach
Europa exportiert wurde, entwickelte er sich zum Chow-
Chow. Die Chinesen scheinen 3000–4000 Jahre vor
Beginn unserer Zeitrechnung auch Windhunde mit rauhem Haar für die Eber- und sogar die Tigerjagd verwendet
zu haben.

*Doggen bewachten in China und im
Vorderen Orient die Paläste. Diese
Keramik, eine Grabbeigabe, stammt
aus der Hanzeit*

Mehrere Jahrtausende hindurch bis 1912 wurde China
von Kaisern regiert. Während dieses langen Zeitraums ver-
götterte man kleine Palasthunde in der Verbotenen Stadt;
nur die Mingkaiser (1368–1644) bevorzugten Katzen. Die
Herrscher schätzten diese Hündchen als Geschenk so
sehr, daß sie die Schenkenden großzügig belohnten, und
sie ließen „Hundebücher" mit Abbildungen ihrer Lieb-
lingstiere führen. Offenbar fütterte man diese Palasthunde
von Geburt an sehr sparsam, um ihr Wachstum zu beein-

Hunde waren den chinesischen Kaisern so teuer, daß sie jahrhundertelang nur in der Verbotenen Stadt gehalten werden durften. Fabeltier, hellgrüne Porzellanfigur aus der Sungzeit (11.–12. Jh.)

Anubis, der hundeköpfige Totengott der alten Ägypter, der sich der Einbalsamierung und Bestattung der Verstorbenen annahm. Bronzefigürchen aus der Frühzeit

flussen, doch die Verformung der Vorderläufe scheint eher das Ergebnis einer wahllosen Paarung als der Ernährungsweise zu sein. Durch Kreuzung mit anderen kleinen Hunden – zum Beispiel mit jenen, die Byzanz dem Kaiser Kao-tsu als Präsent übersandte und bei denen es sich möglicherweise um Malteserhündchen handelte – entstand eine kleinwüchsige, krummbeinige Rasse mit platt gedrücktem Gesicht, aus der ab dem 17. Jahrhundert die Pekingesen hervorgingen. Andere Hunde, Geschenke der tibetischen Lamas an die Mandschukaiser (1644–1911), ergaben die Löwenhündchen (Lhasa Apso).

In England tauchten im 17. Jahrhundert vereinzelt chinesische Hündchen auf, aber erst 1860 kamen sie richtig in Mode. Nach dem Zusammenbruch des chinesischen Kaiserreichs wurden fast alle Hunde der kaiserlichen Zuchten getötet. Einige wenige Exemplare wurden gerettet und von Händlern an die neuen Freunde dieser Rasse, die Engländer, verkauft.

Im übervölkerten Japan gab es kaum Platz für Hunde. Nur im Norden des Landes hielt man chinesische Hunde als Zugtiere. Neben dem Spitz wurden jedoch ab dem 7. Jahrhundert die Chins – der Name bedeutet Kostbarkeit – gezüchtet, eine Zwergrasse, die der Kaiser von China dem Herrscher Nippons als Geschenk gesandt hatte. Erst viel später gelangte der Chin ins Abendland.

Ägypten

Die Ägypter kannten und schätzten den Hund seit uralter Zeit. Wie in den indoeuropäischen Ländern stand er dem Menschen so nah, daß dieser ihn zur Gottheit erhob. Anubis, der Totengott der Ägypter, besaß einen Hundekopf. Man hat verschiedentlich behauptet, daß der Kopf eher dem des Schakals oder des Wolfs ähnelt; der griechische Name für den Kultort dieses Gottes ist jedoch Kynopolis, also Hundestadt, und tatsächlich hatte Anubis den Kopf eines Wolfshundes. Lange vor ihm gab es einen anderen hundegestaltigen Gott: Seth, den Gott der Dürre und Verkörperung des Bösen, dargestellt als Windhund mit Stehohren, aber mit einem Eselsschweif.

Ägypten scheint das Herkunftsland der heutigen europäischen Windhunde zu sein, deren Vorfahren möglicherweise aus Mesopotamien kamen, wahrscheinlicher aber aus Äthiopien. Im Grab eines gewissen Pti aus der Zeit um 2600 v. Chr. ist ein gelblicher Windhund mit Hängeohren

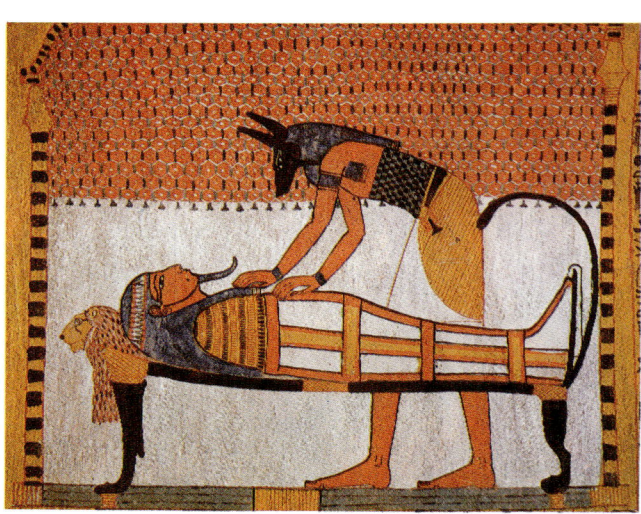

Der Priester, der die Leiche umsorgt, trägt eine tönerne Hundekopfmaske. Thebanische Nekropole

abgebildet, der ein Wild jagt. In ihren Grabstätten hatten die Ägypter und ihre Künstler seit frühester Zeit die Gegenstände, Menschen und Tiere dargestellt, die sie zu Lebzeiten umgaben, und die Stele Antefs II. aus dem 11. Jahrhundert v. Chr. ist eine Art erster Bestandsaufnahme der Hunderassen. Man sieht darauf zu beiden Seiten des Pharaos zwei Windhunde sowie einen Hund, der sowohl dem australischen Dingo als auch dem Deutschen Schäferhund gleicht, und vor allem einen sehr langgestreckten Hund, von dem möglicherweise die Dackel, Bassets und Terrier abstammen.

Zu Beginn des Mittleren Reichs bekamen die Windhunde durch Einkreuzen von Stöberhunden Hängeohren. Danach wurden sie kleiner, denn man verwendete sie nur noch als Begleithunde. Um 1800 v. Chr. fielen die Hyksos,

Der König mit seinen schnellen Windhunden auf Straußenjagd in der Wüste bei Heliopolis. Von den Ägyptern zum Gott erhoben, war der Hund auch ein wertvoller Jagdhelfer. Flabellum oder Zeremonienfächer aus der 18. Dynastie (1530 v. Chr.)

Der Gott Seth, Gott der Dürre und Verkörperung des Bösen (häufig mit dem Körper eines Windhundes dargestellt), und die Göttin Nephtis. Ägypten (1250 v. Chr.)

Zwei Windhunde und ein Hirtenhund, Beispiele verschiedener Rassen im Ägypten der Pharaonenzeit. Stele Antefs II. (11. Jh. v. Chr.)

19

die aus Asien stammten, in Ägypten ein. Sie brachten Windhunde in der Art der Saluki und vor allem Doggen mit, die im Land blieben, nachdem ihre Herren vertrieben worden waren. Diese Hunde wurden wahrscheinlich im Krieg verwendet, und in einer Szene, die Tutanchamun, den berühmten Pharao der 18. Dynastie, bei der Verfolgung der Nubier zeigt, sind auch Doggen abgebildet, die mit Eisenspitzen versehene Halsbänder tragen.

In Ägypten konnten Kinder die Herden hüten, denn die großen Raubtiere waren vertrieben worden. Nur in Anatolien, wo es noch viele Wölfe gab, dienten die Doggen den Viehzüchtern als Hütehunde. An der Schwelle zum Neuen Reich verlor der Hund in Ägypten seine Bedeutung. Obwohl der Windhund noch einiges Ansehen genoß – auf seine Mißhandlung stand körperliche Züchtigung – und nach wie vor einbalsamiert wurde, übernahm er eine neue Funktion: Er wurde zum Begleittier.

Zwei Hunde werden aufeinander losgelassen. Hundekämpfe waren schon sehr früh eine beliebte Zerstreuung. Flachrelief von der Akropolis in Athen, etwa 510 v. Chr.

Griechenland

Herakles holt den Kerberos aus der Unterwelt. Attische Vase (5. Jh. v. Chr.)

Bereits in grauer Vorzeit hatten die Griechen eine Art Wolfshund mit Stehohren, eine Rasse, die damals in ganz Europa verbreitet war. Bald war der Hund für die Griechen ein Gefährte, der zur Hausgemeinschaft gehörte und den Hausherrn täglich, vor allem bei der Jagd, begleitete.

Es wird von Hunden indischer Herkunft berichtet, die bellten, wenn sie ein Stück Wild aufgestöbert hatten, und von Windhunden, die wegen ihrer Schönheit eingeführt wurden. Nach dem Sieg über den Perserkönig Xerxes, 480 v. Chr., gelangten die Tibetdoggen nach Griechenland. Alexander der Große, der sie auf seinen Feldzügen dazu benutzte, den Gegner in Panik zu versetzen, sandte sie aus ihrem Herkunftsland Indien in seine Heimat. Aus ihnen züchtete man die berühmten Molosser, nach dem Zuchtgebiet Molossis in Epirus (Südalbanien) benannt.

Wachhunde spielten bei den Griechen eine große Rolle. Im Peloponnesischen Krieg gelang es dem einzigen Überlebenden der 50 Mastiffs, die die Stadt Korinth bewachten, die Bewohner vor einem Angriff zu warnen. Zum Dank errichtete die Stadt ihren vierbeinigen Verteidigern ein Denkmal, und das überlebende Tier erhielt ein silbernes Halsband, auf dem geschrieben stand: Dem Beschützer und Retter Korinths. Auch im Frieden setzten die Griechen Hunde als Wächter ein, zum Beispiel in den Tempeln und Heiligtümern, wo diese Tiere Barbaren, die sich einzuschleichen versuchten, von Griechen zu unterscheiden wußten.

In der Literatur der Griechen hat der Hund ebenso seinen Platz wie in ihrer Mythologie. Homer setzte in der *Odyssee* der unerschütterlichen Treue des Hundes ein Denkmal: Als Odysseus nach 20 Jahren Abwesenheit endlich nach Hause kommt, erkennt ihn nur sein Hund Argos, der aber gleich darauf an Altersschwäche und vor Freude über das Wiedersehen stirbt. Unter den Tieren, die Äsop (6. Jahrhundert v. Chr.) zu Handlungsträgern seiner Fabeln machte, befindet sich auch der Hund. Xenophon (um 430–355 v. Chr.) widmete eines seiner Werke der Jagd und behandelt darin auch die Dressur der Jagdhunde, und in Aristoteles' *Tiergeschichte* ist von mehreren Hunderassen, ihrer Zucht und ihren Krankheiten die Rede. Als Wächter der Unterwelt stellten sich die Griechen den Kerberos (Zerberus), einen dreiköpfigen Hund mit dem Schwanz einer Schlange, vor, aus dessen Rücken eine Reihe Schlangenköpfe sproß.

Kerberos, nach dem griechischen Mythos der dreiköpfige Hund, der den Eingang zum Totenreich bewacht. Vase aus einem griechischen Grab in Italien (5. Jh. v. Chr.)

Aktaion, der große Jäger, wird von seinen eigenen Hunden zerfleischt, weil er die Göttin Artemis beim Bad überrascht hat. Metope aus einem griechischen Tempel von Selinus (6.–4. Jh. v. Chr.)

Römisches Reich

Seit den Anfängen ihrer Stadt war der Hund den Römern vertraut. Sie hatten ihn von den Griechen übernommen, und in einer Wölfin – seiner Wildvorfahrin – sahen sie sogar die Nährmutter der mythischen Gründer Roms. Aber war es wirklich eine Wölfin, die Romulus und Remus säugte, oder etwa eine jener noch zur Etruskerzeit verbreiteten wolfsähnlichen Hündinnen, die ihre Welpen verloren hatte und an ihrer Stelle die Zwillinge aufzog?

In Rom und später im Römischen Reich waren die Hunde in viele Lebensbereiche einbezogen. Sie begleiteten ihren Herrn auf der Jagd, denn wie ihre indoeuropäischen Vorfahren und ihre Vorbilder, die Griechen, liebten die Römer das Weidwerk. Zunächst benutzte man Stöber- und Windhunde. Doch bald schon setzte sich eine neue Art der Jagd, die Niederwildjagd, durch, für die sich mittelgroße Hunde besser eigneten; diese waren darüber hinaus lenksamer als die zu schnellen Windhunde. So entwickelten sich die Vorstehhunde. Den Molosser, der in erster Linie ein Kampfhund war, ließen die Römer in den Arenen gegen Gladiatoren antreten.

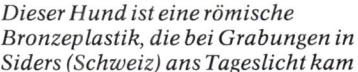

Dieser Hund ist eine römische Bronzeplastik, die bei Grabungen in Siders (Schweiz) ans Tageslicht kam

Szene einer Saujagd. Mosaik im Jagdpavillon eines Statthalters der Kaiserzeit. Römische Villa in Casale (3.–4. Jh.)

Die Molosser waren im kaiserlichen Rom sehr beliebt. Sie nahmen an den zirzensischen Spielen teil, zogen mit den römischen Legionen, um Lager und Herden zu beschützen, und begleiteten die reichen Römer auf der Jagd. Kopf eines Molossers. Ausschnitt aus einem Mosaik der römischen Villa von Casale (3.–4. Jh.)

Gegen Ende des Römischen Reichs wird der Hund zum Begleittier. Gallorömische weiße Terrakotta aus dem französischen Departement Allier

Der Hund zog auch mit seinem Herrn in den Krieg. Laut dem griechischen Geschichtsschreiber Polyänos, der zur Regierungszeit Marc Aurels in Rom lebte und in seinem Werk *Strategemata* die berühmtesten Kriegslisten seiner Zeit zusammenstellte, hatten die Hunde bei militärischen Operationen drei Aufgaben: Man setzte sie beim Angriff ein, sie verteidigten das Lager, und sie dienten als Kuriere; zu diesem Zweck ließ man den Hund eine Kupferkapsel mit einer Nachricht schlucken und tötete ihn am Ziel, um sie wiederzuerlangen. Die Hunde, die für die beiden ersten Aufgaben verwendet wurden, waren offenbar Abkömmlinge der sumerischen Doggen, die von den Persern und danach von den Griechen gezüchtet worden waren.

Die römischen Hunde bewachten die öffentlichen Gebäude und auch die Städte selbst. Das taten sie lange Zeit mit großem Erfolg. Nur einmal wurden sie von anderen Tieren übertroffen, und zwar von Gänsen, die bei einem nächtlichen Angriff der Gallier auf das Kapitol durch ihr Geschnatter die Römer weckten. Wie sehr die römischen Patrizier den Hund als Wachtier schätzten, verraten beispielsweise die Bodenmosaiken im Eingang der pompejischen Häuser. Diese Wachhunde stammten von den Molossern ab.

Die Römer waren große Hundeliebhaber. Aufschluß darüber geben die Flachreliefs und vor allem die Mosaiken, auf denen man verschiedene Hundetypen erkennt: Wachhunde wie die von Pompeji, Kampfhunde, Windhunde mit Steh- oder Hängeohren und kleinwüchsige Jagdhunde, aus denen die Bracken hervorgingen. Der Hund ging auch in die beschreibende Literatur ein. Varro (1. Jahrhundert v. Chr.) gibt in seinem Werk *Rerum Rusticarum Libri* zum erstenmal eine genaue Definition des Hirtenhundes. Man dürfe, so sagt er, ihn weder bei einem Fleischer kaufen, sonst greife er das Vieh an, noch bei einem Jäger, da der Anblick eines Hasen oder eines Fuchses ihn sehr schnell vom Bewachen der Herde ablenke. Columella, der im 1. Jahrhundert n. Chr. lebte, beschreibt ausführlich in seinem Werk *De re rustica* die Wachhunde und besonders ihre Haarfarben. Ein Jahrhundert später erteilt der griechische Geschichtsschreiber Arrian Ratschläge darüber, was beim Erwerb von Hunden für die Niederwildjagd zu beachten sei. In seinen *Metamorpho-*

Ein Windspiel beim Fassen eines Hasen. Griff eines gallischen Bronzemessers, gefunden in Mâcon

sen schildert der Dichter Ovid den Windhund, der blitzschnell und voller Begeisterung den flüchtenden Hasen verfolgt.

Von Vergil, dem Dichter der *Bucolica*, erfährt man, daß die Römer ihren Hirtenhunden nicht etwa aus ästhetischen Gründen Ohren und Rute kupierten, sondern damit sich Wölfe und Füchse nicht darin verbeißen konnten.

Die Begleithunde waren während der langen Kriege der Republik und des Kaiserreichs die Lieblinge der Patrizierinnen. Vielleicht war diese Mode auf den Feldzug Julius Cäsars in Ägypten zurückzuführen, denn im Land am Nil scheint man eine besondere Vorliebe für diese Tiere gehabt zu haben. Viele kleine, mehr oder weniger zwergwüchsige Hunde wurden in Rom eingeführt, Malteser und Hunde, aus denen die späteren italienischen Windspiele hervorgingen. Die reichen Römerinnen schmückten diese Tiere sogar mit Juwelen und ließen ihnen Grabmäler errichten.

In den Kriegen des Römischen Reichs begleiteten die Hunde die römischen Legionen bei der Eroberung Galliens und Britanniens, wo sich seit dem 5. Jahrhundert v. Chr. die Kelten angesiedelt hatten. Dieses Volk war vom Kaspischen Meer die Donau entlang über Mitteleuropa bis nach Nordfrankreich und Britannien vorgedrungen und hatte Kriegspferde, sehr viele Hunde und eine fortgeschrittene Technik der Eisenverarbeitung mitgebracht. Die Kampfhunde der Römer trafen auf die Hunde der Kelten, die ebenfalls für den Krieg abgerichtet waren. 110 v. Chr. drangen die Kimbern in Gallien ein, und in dem Werk *Naturalis historia* von Plinius dem Älteren liest man im Zusammenhang mit ihnen, daß „die Hunde nach dem Gemetzel der Kimbern die Familien ihrer Herren verteidigten".

Ob die Kelten Windhunde hielten, ist umstritten, denn da die Jagd der Landwirtschaft Platz gemacht hatte, verringerte sich vermutlich die Anzahl dieser Hunde in Gallien sowie in England und Spanien. Bei den Kelten war der Hund wohl noch mehr Freund des Menschen als bei den Römern. Die Galloromer hatten bereits spezialisierte Hunderassen (man begann zwischen Hirtenhund, Jagdhund und Begleithund zu unterscheiden), die erstaunlicherweise die düsteren Jahrhunderte, die auf den Verfall des Römischen Reichs folgten, fast unverändert überlebten.

Der Hund nimmt zu allen Zeiten teil am Leben seiner Herren – wie dieser, der zu Füßen der Liebenden von Bordeaux liegt. Galloromische Terrakotta

Die Hunde bei Hofe

Der heilige Rochus mit seinem Hund (15. Jh.). Kirche von Saint-Junien, Haute-Vienne (Frankreich)

Der Hund in der Religion

Der Urmensch fürchtete sich vor den wilden Tieren, und um sie zu besänftigen, erhob er sie zu Gottheiten. Einige Religionen räumten sogar Haustieren einen Platz in ihrem Götterhimmel ein. So stellten sich die alten Ägypter ihren Totengott Anubis als hundeköpfigen Menschen vor. Beim Tod eines Haushundes schoren sie sich zum Zeichen der Trauer den Kopf kahl. Das antike Griechenland und später Rom übernahmen den Hundekult Ägyptens in abgewandelter Form: In ihrer Mythologie ist der Wächter der Unterwelt der mehrköpfige Hund Kerberos oder Zerberus.

Im christlichen Abendland hegte die Kirche, der die heidnischen Götzen ein Dorn im Auge waren, Argwohn gegen den Hund und gegen Tiere ganz allgemein. Dennoch war sie es, welche die heiligen Märtyrer Kosmas und Damianus, Schutzpatrone der Ärzte und Apotheker, beauftragte, kranke Hunde zu retten, und Sankt Hubertus obliegt die Behandlung der Tollwut. Außer den Haustierweihen haben sich noch andere christliche Bräuche dieser Art bis in die Gegenwart erhalten, beispielsweise die Hubertusmesse, auf die eine Segnung der Meutehunde folgt. Auch im Leben einiger Heiliger spielte der treue Hund eine Rolle: So wurde der heilige Rochus in der Wüste von seinem Hund gerettet, der ihm jeden Tag einen Laib Brot brachte.

Im frühen Mittelalter war es um den Hund schlecht bestellt, doch bald konnte er seinen alten Platz zurückgewinnen. Königen und Fürsten war er bei der Jagd unentbehrlich – sie legten sich große Meuten zu, denen sie die beste Pflege angedeihen ließen –, und auch in allen anderen Gesellschaftsschichten wurde der Hund sehr geschätzt.

Das Mittelalter

Mit dem Sturz des Romulus Augustulus im Jahr 476 n. Chr. endete das weströmische Kaisertum. Die Barbaren, die von Osten her in Europa einfielen, zerstörten die städtischen und ländlichen Gemeinschaften, und um den durchziehenden Horden zu entrinnen, flüchteten die Bauern vielerorts in die Wälder. Dabei liefen ihnen die Hunde voraus oder folgten ihren Spuren.

Im frühen Mittelalter nahmen diese Hunde wieder das Verhalten ihrer Vorfahren an und lebten halb verwildert in Meuten, die weite Gebiete durchstreiften und vermutlich verschiedene Krankheiten weitertrugen, unter anderem die Tollwut. Die allgemeine Armut und wiederholte Hungersnöte zwangen diese Hunde sehr wahrscheinlich dazu, sich wie in ihrer Frühzeit von den Abfällen der menschlichen Lager zu ernähren. Sie schreckten auch vor Aas nicht zurück und scharrten sogar Leichname aus. Erfüllt von abergläubischer Furcht, betrachteten die Menschen sie als Ausgeburten der Hölle, und es dauerte fast 100 Jahre, bis der Hund wieder wie einst zum Freund des Menschen wurde.

In jener Zeit gebar die Phantasie der Menschen den Werwolf und den Hundemenschen – ein Ungeheuer, halb Mensch, halb Hund –, an deren Existenz niemand zweifelte. Hundemenschen sind im Tympanon der Basilika von Vézelay in Burgund aus dem 12. Jahrhundert dargestellt, und um 1250 beschrieb ein Mönch den Kampf, den solche Schreckgestalten angeblich gegen die Mongolen führten. Marco Polo schilderte sie als eher komische Wesen: Kopf, Zähne und Schnauze seien die eines Mastiffs, im übrigen hätten sie Menschengestalt. Solche

Ende einer Eberjagd. Monatsbild Dezember, Stundenbuch des Herzogs von Berry (15. Jh.)

Legenden erzählte man sich nicht nur auf dem europäischen Festland, sondern auch in Irland, Schottland und Wales, wo die Molosser heimisch geworden waren.

Da die Felder kaum noch bestellt wurden, gab es Wild im Überfluß, und die Menschen lebten vorwiegend von der Jagd. Dafür brauchte man doch noch bestimmte Hunde. Die armen Leute allerdings, denen die Haltung selbst von kleinen Tieren zu teuer war, fingen Vögel mit Netzen, in Fallen oder mit Leimruten, und nur die Feudalherren, deren Macht ständig wuchs, jagten mit Meuten. Die Jagdhunde waren Kreuzungen aus Windhunden mit Molossern, und man schützte sie sorgfältig vor ihren halb verwilderten, ausgehungerten Artgenossen, die überall umherirrten. So wurden auf dem europäischen Festland und in England in den Zwingern der grausamen und ungebildeten, aber kriegs- und jagdbegeisterten Adelsherren allmählich die Parforcehunde gezüchtet.

Die Leidenschaft des Adels für die Jagd und für Hunde, die auch die Ordensgeistlichkeit teilte, erregte das Mißfallen der Kirche. Sie verbot den Geistlichen den Besitz von Hunden und übte auf Karl den Großen Druck aus, dafür zu sorgen, daß die weltlichen Adligen ihre kostbaren Spürhunde nicht in die Kirchen mitbrachten. Da sich aber diese Herren nicht von ihren Tieren trennen wollten, ließen sie die Kirchentüren öffnen und wohnten der Messe auf dem Kirchenvorplatz bei. So konnten auch ihre vierbeinigen Begleiter den Segen des Priesters erhalten. Später

Hinter dem weißen Windhund im Vordergrund des Bildes erkennt man einen anderen Hund, aus dem sich möglicherweise der Bloodhound entwickelte, sowie Laufhunde, die bereits für die Jagd verwendet wurden. Grimanibrevier, Venedig (1515)

Hängeohriger Jagdhund und Wolf. Miniatur zu den Äsopfabeln. Französische Handschrift (14. Jh.)

Die Jagd mit Falken und Laufhunden gehörte zum Alltag der Feudalherren des Mittelalters. Ausschnitt aus dem Teppich von Bayeux, den die Königin Mathilde gestickt haben soll (11. Jh.)

Hunde schützten die chinesische Provinz Kueitschou vor einer Löweninvasion. Aus dem Reisebericht des Marco Polo (15. Jh.)

„Wie der gute Weidmann jagen und das Wild *a force erlegen soll.*" Parforcejagd auf einen Hirsch; die Meute besteht teilweise aus Windhunden. Das Jagdhandbuch des Gaston Phébus (14. Jh.) enthält viele Ratschläge für die Hundeaufzucht

Der heilige Eustachius mit seinen Bracken, einem großen und einem kleinen stehohrigen Windhund. Stich von Dürer (15.–16. Jh.)

Vision des heiligen Eustachius. Neben Wind- und anderen Jagdhunden sind zwei kleine Spaniels abgebildet. Gemälde von Pisanello (15. Jh.)

wurde eine jährliche Hundesegnung eingeführt, die am Hubertustag – Hubertus ist der Schutzheilige der Jäger – stattfand.

Ab dem 11. Jahrhundert pochten die Adligen immer mehr auf ihre Jagdprivilegien und bemühten sich, für ihre Meuten die besten Jagdhunde zu erwerben. Man begann wieder, Vieh zu halten, und es wurden erneut Hütehunde benötigt.

Nach wie vor waren Jagd- und Hütehunde jedoch kaum voneinander zu unterscheiden. Um dem abzuhelfen, legte Knud I., König von Norwegen, der auch über Dänemark und England herrschte, im Jahr 1016 fest, daß im Umkreis von mindestens zehn Meilen von seinen Jagdrevieren allen Bauernhunden die Beinsehnen durchzuschneiden seien. Diese barbarische Sitte verbreitete sich sehr rasch über ganz Europa und wurde erst im 18. Jahrhundert abgeschafft.

Damals unterschied man zwischen mehreren Gattungen von Hunden je nach ihrer Verwendung. Es gab die Bracken, die den Wildfährten folgten, die Stöberhunde, die den Hirsch aufjagten, und wieder andere Hunde, die ihn hetzten; es gab die Windhunde für die Hasen- und Eichhörnchenjagd und schließlich die Molosser für die Jagd auf Wisent und Elch. Die Vorfahren der Terrier stellten den Biber; andere Hunde wurden auf Federwild angesetzt.

Etwa im 12. oder 13. Jahrhundert tauchte in Spanien ein Jagdhund auf, der später sehr beliebt wurde. Um auf seine Herkunft hinzuweisen, nannten ihn die Franzosen Epagneul, die Engländer Spaniel.

Im ausgehenden Mittelalter verfaßten einige Adlige Abhandlungen über die Jagd und über Hunde. Schon der deutsche Kaiser Friedrich II. (1194–1250) schrieb ein Werk mit dem Titel *De arte venandi cum avibus*, das allerdings hauptsächlich von der Falkenjagd handelte. Im 14. Jahrhundert verfaßte Gaston Phébus, Graf von Foix, der angeblich nie ohne seine 1600 Hunde reiste, ein Werk über die Jagd, das 30 Jahre später auch in englischer Sprache erschien. Darin ging er auf alle zu seiner Zeit existierenden Hunderassen ein, erklärte, wie man sie kreuzt, im Zwinger hält, abrichtet und – etwas wirklich Neues – wie man sie richtig füttert.

Mit der zunehmenden Verfeinerung der Sitten fingen die adligen Damen wieder an, Begleithunde wie etwa die zierlichen Windspiele zu halten.

Die Renaissance

Mit der Renaissance bahnte sich im Abendland eine geistige Erneuerung an. Diese Entwicklung, die von Italien ausging, gründete sich im wesentlichen auf die Wiederentdeckung der Formen und Werte der Antike auf den Gebieten von Wissenschaft, Philosophie, Literatur und Kunst.

Zu Beginn dieser Epoche wurde der Hund immer noch hauptsächlich von wohlhabenden Männern als Jagdhund gehalten. Zahlreiche Werke über Hunde wurden veröffentlicht. 1486 erschien *The Boke of St. Albans*, dessen Jagdkapitel mit 14 Hunderassen der Herzog von York verfaßt hatte. 1561 schrieb Jacques du Fouilloux, ein Schriftsteller aus dem Poitou, ein Jagdbuch mit dem Titel *La Vénerie*, das verschiedene Hinweise und Heilmittel für Hundekrankheiten enthält und die französischen Laufhundrassen beschreibt. Das 1570 erschienene *De canibus britannicis* von Dr. Johannes Cajus gibt die vollständigste Auskunft über Englands historische Hunderassen.

Überall begann man, die Hunde genauer nach verschiedenen Merkmalen zu unterscheiden, und man war von genauen Rassebeschreibungen nicht mehr weit entfernt. Es gab noch zum Hetzen die Windhunde, aber auch schon Vorsteh- und Erdhunde. Im Krieg wurden weiterhin Molosser und andere Doggenarten verwendet.

Im 16. Jahrhundert war die Hundehaltung jedoch nicht mehr dem Adel vorbehalten, und auch die reichen Bürger besaßen Haustiere, mit denen sie sich malen ließen. Dies war vor allem bei den flämischen Handelsherren verbreitet. Die Künstler stellten die Magistratsbeamten oder die Kaufleute mit ihren Angehörigen und ihren Hunden auf

Die Spaniels – der Name deutet auf ihre spanische Herkunft – kamen als Vogelhunde oder Begleithunde sehr früh in Mode. Anonymes Aquarell (16. Jh.)

Zwei Frauen an der Balustrade. Während die Jagd noch eine Domäne des Mannes bleibt, erfreuen sich die Frauen an zwergwüchsigen Hunden. Gemälde von Veronese (16. Jh.)

Das aufmerksam blickende Hündchen leistet dem heiligen Hieronymus Gesellschaft. Der heilige Hieronymus im Gehäus (Ausschnitt) von Carpaccio (15. Jh.)

Festen und Kirmessen, Stadtratssitzungen und Bruderschaftsversammlungen dar. Es waren allerdings keine Jagdhunde, denn ein Kaufmann hatte für solche Tiere keine Verwendung. Er benötigte vielmehr kleine Rattenfänger, die seine Waren gegen die hungrigen Nager verteidigten. Die zartesten und niedlichsten dieser Hunde blieben bei den Frauen.

Maler, Bildhauer und Graveure stellten immer seltener Molosser dar, dafür mehr und mehr den eleganten Windhund. Dürer hat auf einem Stich den heiligen Eustachius zusammen mit fünf Windhunden abgebildet. Jedes Tier sieht anders aus, was auf verschiedene Eignungen hindeutet. Der englische Windhund, den es seit der Römerzeit gab, war noch immer ein sehr geschätzter Jagdhund, wurde aber bald unter dem Namen Greyhound zum Rennhund. Der Name rührt nicht vom grauen Fell her, sondern von seinem angeblich griechischen (englisch *Greek*) Ursprung. Es könnte aber auch sein, daß er auf das keltische Wort *greg* oder *grech* zurückgeht, das Hund bedeutet.

*Diana als Jägerin. Die Göttin
wird von einem Windhund begleitet. Schule von Fontainebleau
(16. Jh.)*

*Porträt der Madame de Porcin.
Schoßhündchen waren die Lieblinge der Hofdamen und der
reichen Bürgersfrauen. Gemälde
von Greuze (18. Jh.)*

In England machte die Hundezucht große Fortschritte. Schon seit Jahrhunderten unterschieden die Engländer fünf Hundearten, die fast Rassen entsprachen: die Greyhounds oder englischen Windhunde; die Erdhunde, die verschiedene neue Formen annahmen; die Slowhounds, ein heute nicht mehr existierender Hundetyp für die Sumpfjagd; die großen Doggen, die man als Hof-, Wachoder Jagdhunde benutzte; und schließlich die berühmten Bulldogs, die man gegen Stiere kämpfen ließ, ein Sport, der erst 1835 verboten wurde.

Aus diesen fünf Hundetypen züchteten die Engländer ab dem 16. Jahrhundert eine Anzahl verschiedener Rassen, vor allem Hirten- und Wachhunde, genannt Bandogges, Tynkers und Mooners (Mondanbeller). Unter den Jagdhunden findet man die Bloodhounds, die Gazehounds, die Lymeers, die Tenneblers und die Harriers sowie andere Terrier. Die Engländer interessierten sich auch für Vogelhunde, das heißt Spaniels und Setter, sowie für Luxushunde wie die Comforters (Tröster), die Saltators (Tanzhunde der Artisten) und die Turnspits (Bratspießdreher).

Sehr bald wurden die Engländer die wichtigsten Hundeexporteure der Welt und sind es bis heute noch geblieben. Die Tudorkönige hatten eine eigene Insel, die Hundeinsel, auf der sie prachtvolle Hundezwinger einrichten ließen, und unter ihren Nachfolgern, den Stuarts, wurden sie modernisiert, um der europäischen Nachfrage gerecht zu werden. Franz I. von Frankreich und die Herzöge von Mailand waren Abnehmer von Parforce- und Windhunden; Philipp I. von Spanien wünschte Kampfhunde. Außerdem wurden Begleithunde immer beliebter.

Mit der Zeit jedoch wollten die französischen Adligen und vor allem die Könige von Frankreich nicht länger von ihren englischen Hundelieferanten abhängig sein, und nach etlichen Jahren gelang es den Franzosen, einen Laufhund zu züchten, der bis zur Revolution von 1789 berühmt blieb: der Blanc de Roy (weißer Königshund), ein Ahne des heutigen Billy.

Trotzdem kauften die Franzosen weiterhin Hunde im Ausland, vor allem in Schottland, um ihre Meuten aufzufrischen. In Chambord nahmen die königlichen Hunde erneut einen bedeutenden Platz ein. Wieder ließ man den Hunden der Bauern die Beinsehnen durchschneiden oder ihnen einen großen hölzernen Halsknüppel anlegen, damit sie nicht in den königlichen Jagdrevieren wilderten, die den weißen Hunden vorbehalten waren. Die Damenhunde, Zwergspaniels oder italienische Windspiele, wurden immer zahlreicher. Heinrich III. beschäftigte eigene Beamte, die seine Zwerghunde betreuten. Das Haus Oranien hatte eine Vorliebe für Möpse, seitdem Wilhelm der Schweiger 1572 von seinem Mops gewarnt worden war, als die Spanier sein Lager angriffen.

Die Hunde der Könige, Fürsten und Bürger

Nach der Renaissance spielten die Hunde im Leben aller Gesellschaftsschichten eine große Rolle. Die Könige von Frankreich, Spanien und England besaßen große Meuten, mit denen sie in riesigen Revieren jagten, während sich ihre Gattinnen Begleithunde hielten. Alle diese Hunde wurden von hundekundigen Beamten versorgt. Der Adel, der immer mehr von seinen Vorrechten einbüßte, mußte, um den König nicht zu übertrumpfen, seine Meuten verkleinern. Die Bürger leisteten sich nur Hunde, die weder zu groß noch zu teuer waren und deren Unterhalt sie

Don Antonio el Inglés. Velazquez stellte die Persönlichkeiten des spanischen Hofes häufig mit ihren Hunden dar (17. Jh.)

Hund, der ein Stück Wild bewacht. Die Meuten der französischen Könige bestanden bis zur Revolution aus den Blancs de Roy. Ausschnitt aus einem Gemälde von A. F. Desportes. Französische Schule

finanziell nicht zu sehr belastete. Das gemeine Volk begnügte sich mit rasselosen Hunden und ließ sie das Vieh hüten, da die aufgezwungenen Verstümmelungen sie für die Jagd ungeeignet machten.

Die an europäischen Höfen am meisten geübte Jagdart war die Parforcejagd, die nach bestimmten Regeln ablief. Die Leitung hatte der Erzpikör, der mit vier Pikören und 80 bis 100 Hunden arbeitete. Das Feld bestand aus 60 Reitern. Gejagt wurde ein vom Rudel getrennter Hirsch; hatte die Meute ihn gestellt, wurden ihm von Pikören die Sehnen der Hinterläufe durchschlagen und vom Jagdherrn der Fangstoß mit dem Hirschfänger gegeben. Unter vielen Zeremonien wurde die noble Tierquälerei beendet. Die besten Parforcehunde waren die Blancs de Roy, daneben die Chiens noirs (schwarze Hunde). Bei der Wildschweinhatz jagte man mit Saupackern, schweren, doggenähnlichen Hunden. Die schärfsten Saupacker besaßen die Könige von Sachsen. Diese Hunde fielen manchmal während der Jagd Pferde und Reiter an.

In England war die Jagd zu dieser Zeit stärker verbreitet

Der kaiserliche Prinz Frankreichs und seine Bracke Nero. Die Adligen waren immer noch begeisterte Hundeliebhaber. Skulptur von Carpeaux (1865)

Joseph Greenway mit seinem Terrier. Porträt von Jens Juel (18. Jh.)

Parforcejagden im Wald von Fontainebleau. Die großen Meuten, die nach der Französischen Revolution wieder gehalten wurden, bestanden nicht mehr aus Blancs de Roy. Gemälde von Carl Vernet (1756–1836)

Oben rechts: Layla läßt sich auf dem von einer Kuppel überdachten Balkon ihres Hauses von einem Verehrer betören. Persische Miniatur (17. Jh.)

Voltaire beim Aufstehen. Als treuer Gefährte ist der Spaniel bei allen Handlungen des täglichen Lebens zugegen. Gemälde von Jean Huber (18. Jh.)

als je zuvor. Man jagte vor allem Niederwild, zum Beispiel Füchse und Vögel, wofür man selbständigere, nicht so große und leicht zu pflegende Hunde benötigte. Daher züchteten die Engländer viele kleinwüchsige Jagdhunde wie Terrier, Spaniels, Foxhounds und Harriers, die in viele Länder exportiert wurden.

Einen Begleithund zu besitzen war in der Renaissance Mode geworden. Bereits Heinrich III. von Frankreich erschien auf den Ratssitzungen mit seinen Papillons und nahm diese Tiere sogar mit ins Bett. Die erste eigene Rasse von Begleithunden geht auf Karl I. und Karl II. von England zurück. Es waren die schwarz-lohfarbenen oder weiß-gelbroten kleinen King Charles Spaniels. Neben den Königshunden gab es am Hof noch andere Hunde: die Schoßhündchen der Damen. Es waren Malteser oder Bologneser, die man auch bei reichen Bürgern antraf. Die flämischen Bürger hatten wieder andere Zwerghundrassen wie den Mops, den Schipperke (Schifferspitz) sowie den Belgischen und den Brabanter Zwerggriffon.

Im 18. Jahrhundert wurde die Jagd in England immer weiteren Gesellschaftsschichten zugänglich. Die Spürhunde und die Molosser waren, da es an Großwild mangelte, verschwunden, und an ihre Stelle traten die Spaniels, die Setter und vor allem die Pointer. Außerdem benötigte man Retriever zum Apportieren des Wilds.

Der französische König Ludwig XV. und seine Adligen bevorzugten weiterhin die Jagd in ihrer klassischen Form, doch die Zusammensetzung ihrer Meuten veränderte sich ein wenig. Man mischte unter sie italienische und englische Bracken, Hunde, die der König außerordentlich schätzte. Auf diese Weise entstanden in Frankreich zahlreiche Brackenarten, von denen die berühmteste die Saint-Germain-Bracke war. Für die Jagd auf Wasserwild verwendeten die Jäger kleinwüchsige Hunde mit langem, dichtem Haar, das die Tiere vor der Kälte schützte. Damit sie jedoch nicht ertranken, mußte man ihnen den Hinterleib scheren. Eines Tages warf eine Hündin dieser Rasse vier wunderschöne schwarze Welpen mit gekräuseltem Haar, die Vorfahren der Pudel.

In Rußland jagte man weiterhin den Wolf, der auch in West- und Mitteleuropa noch nicht ausgerottet war. Für die Wolfsjagden, die oft als Anlaß für Empfänge und Feste dienten, hielten alle großen Adelsfamilien Meuten von prachtvollen, langhaarigen Windhunden, den Barsois.

Die neue Ära des Hundes

Im 19. Jahrhundert schlossen sich die Hundefreunde erstmals zu Organisationen zusammen, die noch heute existieren und in erster Linie die Verbesserung der Hunderassen anstreben. Das 20. Jahrhundert bot neue Bereiche, in denen der Hund eingesetzt werden konnte: im Film, in der Werbung und sogar in der Raumfahrt.

Liegender Barbet. Aus diesem Wasserhund wurde einer der beliebtesten Hunde gezüchtet: der Pudel. Alabasterskulptur (18. Jh.)

Der Hund im frühen 19. Jahrhundert

Als die Rassezucht begann, war sie die Liebhaberei des Landadels und der Gutsbesitzer; erst später wurde sie von breiteren Kreisen betrieben. Als erste fingen die Engländer damit an; die anderen europäischen Völker folgten später nach. Interessant ist, wie sich aus den gleichen Grundformen in England der Collie und in Deutschland der Deutsche Schäferhund, in England die Bulldogge und in Deutschland der Boxer entwickelt haben. In Deutschland entstanden Pinscher und Schnauzer, in England etwa 20 Terrier. Der Pointer wurde in England für eine spezielle Aufgabe gezüchtet; in Deutschland wurde der gleiche Stamm in einen vielseitigen Gebrauchshund, den Deutschen Vorstehhund, verwandelt.

Die Hundezucht fing in Deutschland mit der Revolution von 1848 an. Durch die Reform des Jagdrechts konnten breite Bevölkerungsschichten die Jagd ausüben, doch ihnen fehlten jede Tradition und jede züchterische Erfahrung. So entstanden zunächst keine Rassen, sondern örtliche Schläge oder Familienstämme über mehrere Generationen. Schläge nennt man eine Gruppe von Tieren einer Rasse mit gemeinsamen Hauptmerkmalen. Familienstämme sind die Tiere eines Züchters und deren Nachkommen. Heute nennt man sie Zuchtgruppen.

Windspiel beim Aufnehmen eines Hasen. Heute sind die Windspiele allerdings mehr Begleit- als Jagdhunde. Bronzeplastik von A.-L. Barye (1830)

Gumersinda Coicoechea de Goya, die Schwiegertochter des Künstlers, wird mit einem Malteserhündchen porträtiert. Gemälde von Goya (1805)

Fuchsjagd. Beagle und Harrier erleichterten den englischen Meuten ihre Aufgabe. Stich von Henry Alken (1820)

Der Hund in Amerika

In Nordamerika war der Hund ein wertvolles Zugtier, vor allem im Winter, solange die im Sommer stark befahrenen Wasserläufe zugefroren waren. Das Pferd brachte man zwar 1680 nach Nordamerika, aber auch danach blieb der Hundeschlitten für einen großen Teil der Einwohner das wichtigste Fortbewegungsmittel.

Um die kleinwüchsigen Nordlandhunde Nordamerikas kräftiger zu machen, kreuzte man sie mit Bouviers, Hirtenhunden und Doggen, die ab 1665 ins Land gebracht wurden. Das Produkt war ein robuster Allzweckhund für die Siedler. Im Sommer hütete er die Herden und gab Laut, wenn er Indianer witterte. Im Winter zog er unermüdlich den Hundeschlitten, und im Frühling half er beim Einsammeln des Ahornsirups.

Ab 1675 verwendete man ihn beim Bau von Quebec zum Ziegeltransport. Mit Hilfe eines festen Geschirrs zog er in Neufrankreich zur Winterzeit Brennholzladungen, im Sommer fuhr er Eisblöcke und zu allen Jahreszeiten Brot aus. Auch die berittene Polizei Kanadas

Die Indianer spannten den Hund vor ihre Toboggans, mit Haltegriffen ausgestattete Schlitten, auf denen sie die verschiedensten Güter beförderten

bis Nôme in Alaska. Er benötigte für die 5000 km lange Strecke zwei Jahre, wobei er täglich im Durchschnitt 24 km zurücklegte.

Der Hund bei den Indianern
Im Norden wie im Süden benutzten die Indianer den Hund als Wächter, Jagdgehilfen und Zugtier. Im Winter spannten sie ihn vor den Toboggan, einen flachen Schlitten aus einem oder mehreren etwa 35 cm breiten, dünnen Brettern mit zwei Haltegriffen für den Lenker. Wenn man unterwegs die Hunde anhalten wollte, kippte man den Toboggan einfach auf die Seite. Gab es kein Holz, baute man den Schlitten aus einem Stück gefrorenen Fleisches, aus Walknochen oder sogar aus Eisblöcken. Für die Riemen des Hundegeschirrs wurde Karibuleder verwendet, und man spannte die Hunde fächerförmig an.

Die Konquistadoren hetzen Molosser auf die Indianer. Ausschnitt aus einem Stich von Theodore de Bry (16. Jh.)

Peary und seine Nordlandhunde. Der amerikanische Forschungsreisende erreichte am 6. April 1909 als erster Mensch den Nordpol

setzte ihn ein. Die erste Hundeschlittenpatrouille tat 1872 Dienst, die letzte verabschiedete sich 1969, nachdem die Motorisierung dieser Polizeieinheiten abgeschlossen war. Als Gefährte der Schürfer und Abenteurer während des großen Goldrausches von 1893 schleppte dieser Hund Geräte und anderes Gepäck zu den Fundstellen und bewachte die meist nicht sehr zahlreichen Goldklumpen, mit denen die Männer zurückkehrten.

Dank der Schlittenhunde gelang es Peary, am 6. April 1909 als erster Mensch den Nordpol zu erreichen. Sein Schlitten war allerdings zusätzlich mit Segel und Hilfsmotor ausgestattet. 1974 fuhr der Japaner Naomi Vemura mit zehn Schlittenhunden von der Westküste Grönlands

Die tiefgreifendste Wandlung vollzog sich jedoch auf dem Gebiet der Auslese. Bisher war ein Hund wertvoll, wenn er die ihm zugedachte Aufgabe erfüllte. Wichtig waren seine Funktion und seine Fähigkeit, bestimmte Leistungen zu bringen. Die körperliche Erscheinung war von zweitrangiger Bedeutung. Das änderte sich, als man den Hund nicht mehr als reines Gebrauchstier sah, sondern Ansprüche an sein Aussehen stellte. So nahm sich 1846 der Landwirt und Hundehändler Heinrich Essig aus Leonberg vor, einen Hund zu züchten, der dem Löwen im Stadtwappen ähnlich sah. Aus Bernhardinern, Neufundländern, Rottweilern und Pyrenäenhunden entstand der mächtige Leonberger. Interessant ist, daß Essigs Vorgehensweise, ein Ergebnis seiner praktischen Erfahrung als Züchter, genau mit den Vererbungsgesetzen übereinstimmte, die Gregor Mendel erst 15 Jahre später formulierte. Auf der Grundlage der Mendelschen Gesetze konnte nun jeder mit mehr oder weniger Erfolg rassereine Hunde züchten.

Der Hund im industriellen Zeitalter

Als Folge der industriellen Revolution des 19. Jahrhunderts und der damit verbundenen zunehmenden Mechanisierung verlor die Jagd an Bedeutung, der Anteil der Landwirtschaft an der Gesamtproduktion ging zurück. So war der Hund als Jagdhelfer und Herdenhüter weniger gefragt, dafür schätzte man ihn mehr als Gesellschafter und wendete immer strengere ästhetische Kriterien auf sein Aussehen an. Es entstanden Frisiersalons für Hunde, in denen Schnauzer, Pudel und Malteser gepflegt und getrimmt wurden. Die Gebrauchshunde waren ebenso von dieser neuen Einstellung betroffen. Wach- und Hirtenhunde erhielten komfortablere Hütten, und man verwendete mehr Sorgfalt auf ihr Futter, auch wenn es noch hauptsächlich aus Abfällen bestand. Die Hundeliebhaber organisierten sich, und die erste Hundeausstellung, die 1859 in

Der Maharadscha Jawan di Mewar bei der Eberjagd. Der Windhund war der treue Jagdgefährte der Fürsten Indiens und des Vorderen Orients. Miniatur (um 1835)

Schnepfenjagd. Die Spaniels eignen sich vorzüglich für die Vogeljagd, bei der sie alle anderen Hunde übertreffen. Stich von H. Merke (1809)

England stattfand, erregte auf dem Kontinent großes Aufsehen. Die Franzosen veranstalteten erst 1863 eine Hundeausstellung in Paris, auf der 48 Hunde von den Professoren Quatrefages und Geoffroy Saint-Hilaire des Naturhistorischen Museums bewertet wurden. Die erste internationale Hundeausstellung fand 1865 statt.

1873 gründeten die Engländer einen Verband mit der Aufgabe, die englischen Hunderassen zu veredeln und ihre Haltung sowie die Züchtung selten gewordener Ras-

Die Bracke ist einer der besten Vorstehhunde. Bronzeplastik von P.-J. Mène (um 1843)

Die Cruft's Dog Show

Charles Cruft, nach dem die berühmteste Hundeausstellung der Welt benannt ist, hatte im vorigen Jahrhundert die Idee, Schiffszwieback als Hundefutter zu verkaufen. Da er damit sehr erfolgreich war, wurde in London eine Firma für den Verkauf dieser Art Zwieback gegründet. Als ihr Vertreter besuchte Cruft unzählige Hundezüchter in England und auf dem europäischen Festland.

Bald war er in Kynologenkreisen so bekannt, daß die französischen Züchter ihn baten, auf der Weltausstellung von 1878 in Paris die Abteilung Hunde zu organisieren. Die Erfahrungen, die er dabei sammelte, bewogen ihn, 1886 eine Ausstellung in London zu veranstalten, und 1891 fand die erste Cruft's Dog Show statt.

Nach dem Tod von Charles Cruft im Jahr 1938 bat seine Witwe 1942 den Kennel Club, diese Veranstaltung weiterzuführen. Die erste Ausstellung unter dessen Regie fand 1948 statt und war ebenfalls — wie auch alle weiteren — sehr erfolgreich. Bei der Cruft's Dog Show werden sechs Kategorien von Hunden gezeigt. Der Gewinner jeder Kategorie wird ausgezeichnet und nimmt danach an dem Wettbewerb um den besten Hund der Ausstellung teil (Best in Show).

Die sanften Windhunde waren in der Romantik sehr beliebt. Lithographie nach einer Vorlage von A. de Dreux (1853)

sen zu fördern. Außerdem sollte er untersuchen, welche ausländischen Rassen geeignet wären, die heimischen zu verbessern. Nach dem Vorbild dieser Organisation, des Kennel Clubs, gründete Heinrich Meyer 1878 in Hannover den Verein zur Veredelung der Hunderassen für Deutschland. In diesem Verein ging es hauptsächlich um Deutsche Vorstehhunde, Schweißhunde und Dackel. Da man aber den englischen Vorsprung aufholen wollte, bildete sich 1880 die Delegierten Commission, die für alle Rassen das Deutsche Hundestammbuch anlegte. Aber erst 1906 regelte das Kartell der stammbuchführenden Spezialclubs für Jagd- und Nutzhunde die Zuchtbücher einheitlich und stellte die deutsche Hundezucht den anderen Länderorganisationen gleich. Diese schlossen sich später in der Fédération Cynologique Internationale (F.C.I.) zusammen.

Der Kennel Club

Der Kennel Club, eine typisch englische Vereinigung, wurde 1873 mit dem Ziel gegründet, die Bestimmungen und Normen für die immer beliebter werdenden Hundeausstellungen auszuarbeiten. Er war die erste Organisation dieser Art auf der Welt.

Zunächst erstellte der Kennel Club ein zehn Artikel umfassendes Reglement für Hundeausstellungen. Jeder Hund sollte durch Namen, Alter und Herkunft genau identifiziert werden. Die Ausstellungsverwaltung behielt sich vor, die Einschreibung von Hunden zu verweigern, die den Normen nicht entsprachen oder krank waren. Der Kennel Club legte ein Zuchtbuch (Stud Book) an. Im ersten — es erschien 1874 — wurden die Ziele des Clubs veröffentlicht: die Verbesserung der Rassen sowie die Organisation von Ausstellungen und Wettbewerben. Die erste Ausstellung des Clubs fand vom 17. bis 20. Juni 1873 im Crystal Palace in London statt.

Ziele, Aufbau und Reglements des Kennel Clubs dienten ähnlichen Organisationen in zahlreichen anderen Ländern der Welt als Vorbild. Der Kennel Club gehört nicht der Fédération Cynologique Internationale an, sondern ist assoziiertes Mitglied dieses Verbands mit eigenen Statuten.

Er führte eine Rassengruppierung ein, die von anderen Clubs mit gewissen Abweichungen übernommen wurde. Er unterteilte die Hunde in zwei Kategorien: die Sporthunde, das heißt Lauf-, Vorsteh- und Erdhunde einerseits und die Gebrauchs- und Begleithunde andererseits. 1880 wurde ein allgemeines System für die Namenseintragung in das Stud Book festgesetzt.

Der Kennel Club legt großen Wert auf die Erziehung der Hunde zum Gehorsam. Ein Folgsamkeitswettbewerb wurde erstmals auf der Ausstellung von 1920 veranstaltet. Der Kennel Club vertritt nämlich die Auffassung, daß gehorsame Hunde zum guten Ruf ihrer Artgenossen beitragen und daß ein wohlerzogenes Tier ein zuverlässiger Begleiter und dadurch für seinen Halter um so wertvoller ist.

1875 verabschiedete der Kennel Club eine Entschließung gegen die Vivisektion. Das Kupieren der Ohren war bereits heftig umstritten. Ab 1898 wurden Hunde mit gestutzten Ohren zu Ausstellungen des Kennel Clubs nicht mehr zugelassen. Nur ein kupierter Schwanz wird bei bestimmten Rassen gestattet.

Der Club, bei dem heute 200 000 Hunde mit Stammbaum eingeschrieben sind, überwacht die verschiedenen Zuchtmethoden, damit keine Mängel auftreten.

1888 kannte man in Frankreich als Rasse die Schäferhunde der Beauce, aber bereits 1896 unterschied man zwischen dem Beauceron oder Rotstrumpf und dem Briard
(Champagne-Schäferhund), die einander nicht mehr sehr
ähneln. Ende des 19. Jahrhunderts gab es bereits drei Rassen Belgischer Schäferhunde. 1899 legte Friedrich Max
Emil von Stephanitz endgültig den Standard des Deutschen Schäferhundes fest. 30 Jahre vorher hatte K. L. F.
Dobermann den Hund gezüchtet, der seinen Namen trägt.
1837 stellte der Maler Landseer einen schwarz-weißen
Neufundländer dar, der später hauptsächlich rein schwarz
gezüchtet wurde. In England gab es ab 1850 den Border
Terrier, ab 1851 den Sealyham und ab 1854 den Welsh
Terrier. In Frankreich erschien 1886 der Billy. 1833 wurde
der französische Basset d'Artois in England zum Basset
Hound, während in Deutschland sich der Deutsch-Kurzhaar festigte. Die Französische Bracke blieb unverändert,
man verwandelte sie aber auch in die Bourbonnaiser
Bracke oder in die nach ihrem Züchter benannte Braque
Dupuy, deren blauer Schlag die Blaue Auvergner Bracke
ist. Bei den Jagdhunden wurde der Bretonische Vorstehhund entwickelt und 1907 als eigene Rasse vorgestellt. Der
Holländer Korthals schuf zwischen 1872 und 1886 den
Korthals-Griffon, einen rauhhaarigen Vorsteh- und Wasserhund. Um 1820 stellten die Engländer den Labrador
und 1858 den Golden Retriever vor.

Auch die Begleithunde wurden verbessert, und man
entwickelte neue Rassen. Aus dem alten chinesischen
Spitz entstand um 1880 die europäische Rasse Chow-
Chow. In der zweiten Hälfte des 19. Jahrhunderts wurden
Rassen gezüchtet, die für das jeweilige Land spezifisch
waren: in Frankreich beispielsweise die Französische
Bulldogge und in Amerika der Boston Terrier, eine Kreu-
zung aus Bulldogge und weißem englischem Terrier.

*Zirkusclown bei der Hundedressur.
Um die Jahrhundertwende waren die
Pudel Stars der Manege. Zeichnung
von Toulouse-Lautrec (1899)*

Der Hund im 20. Jahrhundert

Im Ersten Weltkrieg wurden von den alliierten Streitkräf-
ten mehr als 15 000 Hunde eingesetzt. Sie dienten unter
anderem als Wächter, Meldeläufer, Sanitätshunde, Muni-
tionsträger und in den Schützengräben als Rattenjäger. Im
Zweiten Weltkrieg setzten die Russen Hunde für Todes-
kommandos ein. Man ließ die Tiere hungern und brachte
ihnen bei, auf Übungspanzer zu springen, an denen Futter
befestigt war. So konnten sie darauf dressiert werden, mit
einer elektromagnetischen Mine auf dem Rücken auf
feindliche Panzer zu springen. Ab 1963 benützten die
amerikanischen Streitkräfte in Vietnam speziell abgerich-
tete Hunde zur Minenräumung und zum Aufspüren feind-
licher Soldaten. Diese Tiere waren in der Lage, 20 cm tief
im Boden vergrabene oder 2 m über dem Boden hängende
Minen zu finden.

Auch heute werden Hunde für vielerlei militärische
Zwecke verwendet. Sie bewachen Flugplätze und Munitionslager, spüren Minen auf, übermitteln Nachrichten,
helfen beim Materialtransport, sind Kundschafter, Späher
und stellen Untiefen in Flüssen fest. Allein durch ihr Mienenspiel (gespitzte Ohren, die Schnauze in Richtung der
Bedrohung) warnen sie vor Gefahren.

In der medizinischen Forschung spielt der Hund als
Versuchstier eine wichtige Rolle. Andererseits kommen
ihm die Fortschritte in der Tiermedizin in hohem Maße
zugute, da sie ihm ein längeres und gesünderes Leben
sichern.

*Badende und ihr Hund (Ausschnitt).
Die Belgischen Zwerggriffons, durch
die reichen flämischen Bürger in
Mode gebracht, wurden rasch sehr
beliebt. Gemälde von Renoir (1870)*

*Der Kriegshund. Zu allen Zeiten
waren die Hunde Kampfgefährten
des Menschen. Illustration aus* Nos
bons toutous *(Unsere lieben Hündchen) von R. de la Nézière*

Frau mit Windhunden. Um 1930 standen die Barsois hoch in der Gunst der Hundehalter. Gemälde von J.-G. Domergue

Windhund. Bronzeplastik von Pompon, 1932

Zwischen den beiden Kriegen kamen im Zuge der Begeisterung für alles Englische die Fox Terrier in Mode. Werbung für die Schallplattenfirma His Master's Voice (Die Stimme seines Herrn)

Aber auch in vielen anderen Bereichen wird der Hund heute eingesetzt. Er läuft Rennen, tritt zu Schönheitswettbewerben an, schmückt Plakate und spielt in Filmen wie *Rin-Tin-Tin, Lassie* oder *Pongo und Perdita.* Jeder kennt Pluto aus den Micky-Maus-Geschichten, Struppi, den treuen Gefährten des schlauen Tim, oder Katanplan, den Freund Lucky Lukes. Der kleine Idefix vom großen Obelix ist weltberühmt, und Snoopy ist nicht nur als Comicfigur, sondern auch als Stofftier beliebt.

Heute zieht der Hund nicht mehr Leiterwägelchen mit Milch, Brot oder Butter, sondern höchstens im Winter noch hier und da einen Schlitten. Aber er führt Blinde und unterrichtet Schwerhörige durch lautes Bellen vom Eintreffen eines Besuchs oder warnt vor einer Gefahr. Meistens jedoch leistet der Hund dem Menschen ganz einfach Gesellschaft, eine Tätigkeit, die nicht zu unterschätzen ist, denn in der modernen Welt ist die Vereinsamung ein häufiges Problem. Vielleicht ist dies der Grund für die ständig wachsende Anzahl von Hunden. Man schätzt, daß es auf der ganzen Welt mehr als 150 Millionen gibt. In der Bundesrepublik Deutschland sind es über drei Millionen und ungefähr acht Millionen in Frankreich.

Die spektakulärste Aufgabe jedoch, die je ein Hund übernommen hat, war zweifellos die der kleinen russischen Hündin Laika, die 1957 noch vor dem Menschen in den Weltraum flog.

Fox Terrier. Bronzeplastik von Dumouchel (um 1932)

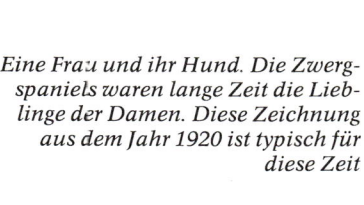

Eine Frau und ihr Hund. Die Zwergspaniels waren lange Zeit die Lieblinge der Damen. Diese Zeichnung aus dem Jahr 1920 ist typisch für diese Zeit

Die Morphologie
des Hundes

Morphologische Merkmale

Der Körper

Die einzelnen Körperteile des Hundes sind je nach Rasse verschieden proportioniert; die Grundkonstruktion bleibt jedoch immer gleich. Der Widerrist ist der höchste Punkt der Schulter; hier wird die Größe des Hundes gemessen. Ein langer und gut ausgebildeter Widerrist – wie beim Windhund – läßt auf eine schnelle Gangart schließen. Die Oberlinie wird aus dem Rücken oder Rist und der Lende gebildet. Manchmal ist sie gewölbt (Windhund), sie darf aber auf keinen Fall hohl sein. Die Kruppe ist entweder waagrecht und rund (Bracke, Spaniel) oder abfallend (Windhund, Collie), oder sie steigt bis zur Lendengegend an und fällt zum Schwanz hin stark ab (Bulldog).

Eine gut entwickelte Brust soll je nach Rasse breit oder hoch und tief sein. Der Bauch soll wenig ausgeprägt und die Flanken weder zu aufgetrieben noch zu schmal sein. An der Unterseite des Bauchs ist das Gesäuge, das beim Rüden nur aus zwei Reihen Brustwarzen besteht; bei der Hündin sind noch die Milchdrüsen ausgebildet. Beim Rüden sind die Geschlechtsteile vom Vorhautsack geschützt. Seitlich an den Rändern des Anus liegen zwei Drüsen, die ein Sekret absondern; es dient zur Markierung des Territoriums und zur Wiedererkennung, wenn Hunde sich gegenseitig beschnuppern.

Gliederung

Auf der Basis der morphologischen Besonderheiten des Hundes sind verschiedene Gliederungen entstanden: Hunde mittlerer Größe (Spaniels) werden als eumetrisch, sehr große (Deutsche Dogge) als hypermetrisch bezeichnet. Entsprechend nennt man kleinwüchsige Hunde elliptometrisch. Ein Hund, bei dem die Widerristhöhe der Länge des Körpers entspricht, gilt als mittelwüchsig. Ist die Widerristhöhe eindeutig größer als die Körperlänge, wird der Hund als langwüchsig bezeichnet; bei dieser Körperform sind die Schultern oft nicht sehr breit (Windhunde). Umgekehrt nennt man einen Hund kurzwüchsig, wenn er etwa wie die Französische Bulldogge gedrungen und untersetzt ist.

Es gibt noch andere Möglichkeiten, Hunde in Kategorien einzuteilen. Man kann Hunde beispielsweise nach ihrem Seitenprofil unterscheiden, wobei man das ganze Tier berücksichtigen kann oder auch nur den Kopf.

Körperbau

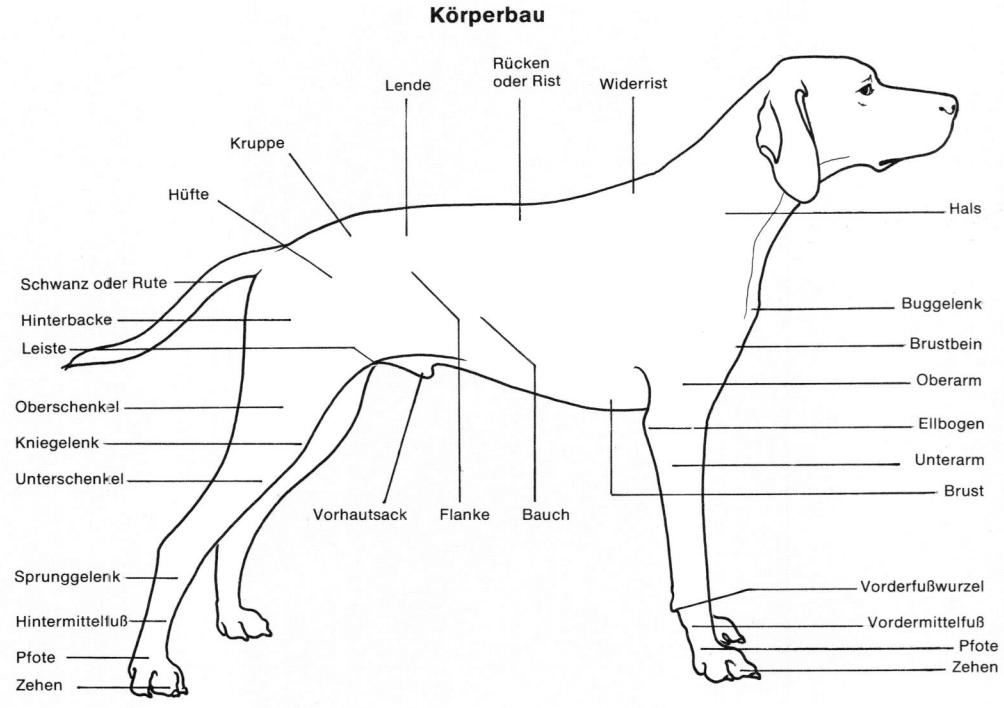

Lende · Rücken oder Rist · Widerrist · Kruppe · Hüfte · Hals · Schwanz oder Rute · Hinterbacke · Leiste · Buggelenk · Brustbein · Oberarm · Oberschenkel · Kniegelenk · Unterschenkel · Ellbogen · Unterarm · Brust · Vorhautsack · Flanke · Bauch · Sprunggelenk · Hintermittelfuß · Pfote · Zehen · Vorderfußwurzel · Vordermittelfuß · Pfote · Zehen

Mittelwüchsiger Typ: Deutscher Schäferhund

Langwüchsiger Typ: Barsoi

Kurzwüchsiger Typ: Französische Bulldogge

Bei den geradlinigen Rassen wie Settern, Bracken oder Spaniels verlaufen die Linien von Stirn und Angesichtsschädel parallel, und der Stop oder Stirnabsatz ist wenig ausgeprägt. (Der Angesichtsschädel wird gewöhnlich als Nasenrücken bezeichnet, der Stop ist der Knick zwischen Stirn und Nasenrücken; siehe Abbildung unten.) Die gewölbtlinigen Rassen (Windhunde, Bull Terrier, Bedlington Terrier) haben keinen Stop; die Stirn ist abgerundet und der Nasenrücken in der Verlängerung nach unten gebogen. Die hohllinigen Rassen wie die Bulldoggen haben einen sehr ausgeprägten Stop, der gelegentlich zu Atembeschwerden führt. Das Gesicht ist verkürzt und nach oben gebogen, die Schädelform rund.

Der Kopf

Der Kopf besteht aus einer Hirnschädel-Stirnpartie, deren Knochenkamm mehr oder weniger deutlich sichtbar ist. Der Angesichtsschädel setzt sich von der Hirnschädel-Stirnpartie mit dem Stop ab. Er beherbergt die Nasenhöhlen und endet am Nasenspiegel (auch Nasenschwamm, Nasenknorpel oder Trüffel genannt). Farblosigkeit des Nasenspiegels oder Leuzismus ist ein Schönheitsfehler und ein Zeichen von Degeneration. Der Fang ist der gesamte Schnauzenteil mit Lefzen und

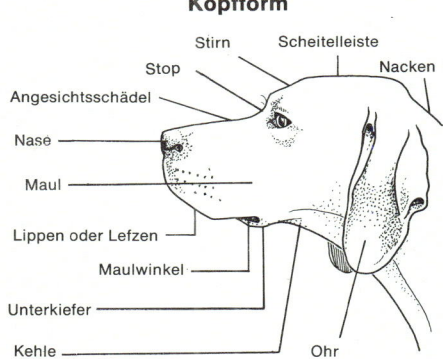

Kopfform

Stirn
Scheitelleiste
Stop
Nacken
Angesichtsschädel
Nase
Maul
Lippen oder Lefzen
Maulwinkel
Unterkiefer
Kehle
Ohr

Geradlinig: Collie

Hohllinig: Boxer

Gewölbtlinig: Bull Terrier

Wolfstyp: Malinois

Brackentyp: Weimaraner

Molossertyp: Bordeauxdogge

Greyhoundtyp: Afghane

sets (Artésiens-Normands oder Bleus de Gascogne) dar. Die Brackenartigen sind wiederum in zwei Arten unterteilt: in Laufhunde (Sankt-Hubertus-Hunde oder Bloodhounds, Saintongeois, Poitevins, Briquets, Harrier und Beagle) und Vorstehhunde (Bracken, Pointer, aber auch Spaniels, Cockers oder Setter).

● Die Molosserartigen haben aufgrund ihres verkürzten Stops einen massigen, runden Kopf. Der Fang ist kurz, die Lefzen sind wulstig und lang und die Ohren klein. Bei diesen Hunden sind alle Größen vom Riesen- bis zum Zwergwuchs vertreten: Sie sind hypermetrisch (Bernhardiner), eumetrisch (Boxer), elliptometrisch (Französische Bulldogge) und sogar superelliptometrisch (Mops). Alle sind jedoch hohllinig und kurzwüchsig. Zu dieser Familie gehören unter anderem der Pyrenäenberghund, der Briard, verschiedene Doggen, der Dobermann und der Schnauzer.

● Die Greyhoundartigen, deren länglich-kegelförmiger Kopf kleine, nach hinten gelegte oder aufgestellte Ohren trägt, haben keinen Stop. Die Nase ist vorstehend und spitz, die Lefzen sind schmal und kurz. Die Glieder sind fein, und der Bauch ist deutlich aufgezogen. Diese Hunde sind geradlinig oder geringfügig gewölbtlinig, immer langwüchsig, manchmal hypermetrisch. Zu dieser Familie gehören die Windhunde, die auch eumetrisch wie der Sloughi oder elliptometrisch wie das Italienische Windspiel sein können, sowie Collies und Shelties.

Die Ohren

Bei der Geburt sind die Ohren klein, gerade und geschlossen. Wenn der Hund drei Wo-

Mundhöhle. Die Lefzen oder Lippen sind je nach Rasse verschieden geformt, zum Beispiel überhängend oder anliegend, und bilden den Lippen- oder Maulwinkel, auch Mundfalte genannt. Der Gaumen, der rosa oder marmoriert wie die Zunge sein kann, ist bei Hunden mit dunklem Fell oder mit dunkler Maske pigmentiert (Maske nennt man die abstechende Färbung des Angesichtsschädelhaars und der Lefzen); die Zunge kann auch ganz pigmentiert sein (Chow-Chow).

● Die Wolfsartigen sind durch einen pyramidenförmigen, kaum gewölbten Kopf mit aufgestellten Ohren, einem länglichen Angesichtsschädel und einem Fang mit schmalen, aufeinanderliegenden Lefzen gekennzeichnet. Diese Hunde – unter anderem der Keeshond, der Chow-Chow und der Spitz – sind eumetrisch, geradlinig und kurzwüchsig. Der Deutsche Schäferhund, der auch zu dieser Familie gehört, stellt jedoch nicht diesen Typus dar. Aufgrund zahlreicher Merkmale ist er dem Wolf weniger ähnlich als die vorgenannten Hunde.

● Die Brackenartigen, deren Fang an der Spitze und an der Basis gleich breit ist, haben einen prismenförmigen Kopf. Der Stop ist gut ausgeprägt, die Ohren hängen, und die Lefzen sind lang und dick, wobei die obere Lefze den Unterkiefer überragt. Diese Tiere sind eumetrisch, gewölbtlinig und mittelwüchsig. Eine elliptometrische Variante stellen die Bas-

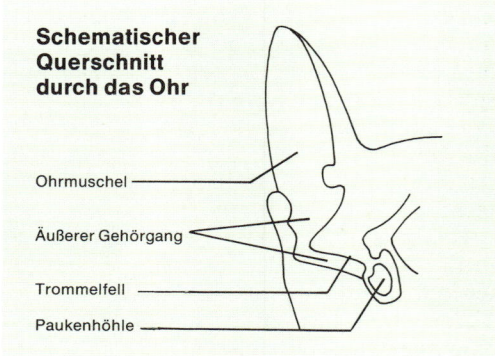

Schematischer Querschnitt durch das Ohr

Ohrmuschel

Äußerer Gehörgang

Trommelfell

Paukenhöhle

Ohrstellung

Stehohr: Deutscher
Schäferhund, Malinois,
Berger Picard

Fledermausohr: Französische Bulldogge, Boston Terrier

Kleines, dickes Stehohr:
Chow-Chow

Korkenzieneronr: Basset
Artésien-Normand

Rosenohr: Whippet

Hängeohr: Pudel

Die Augen

Von allen Haustieren mit Ausnahme der Katze hat der Hund im Verhältnis zum Körpergewicht das größte Auge. Bei kleinwüchsigen Rassen ist dies besonders ausgeprägt. Da die Augenhöhle ein geringes Fassungsvermögen und der Augapfel die Form einer Kugel mit großer Vorder-Hinter-Achse hat, schiebt sich das Auge vor, was vor allem bei hohllinigen Rassen wie den Bulldoggen auffällig ist. Die Pupille ist meist erweitert, da das Sehvermögen verhältnismäßig schwach ist. Dagegen ist das Gesichtsfeld seitlich und nach hinten erheblich größer als beim Menschen. Die Iris ist gelblich oder bräunlich, beim Siberian Husky manchmal blau oder meliert.

Der Hund verfügt über ein sehr bewegliches drittes Augenlid (Blinzhaut, Nickhaut), das als zusätzlicher Schutz dient.

Das normal ausgebildete Auge ist hell und offen mit feinen, abstehenden, beweglichen und pigmentierten Lidern; die rosig gefärbte Bindehaut soll nicht sichtbar sein.

Schematischer Querschnitt durch das Auge

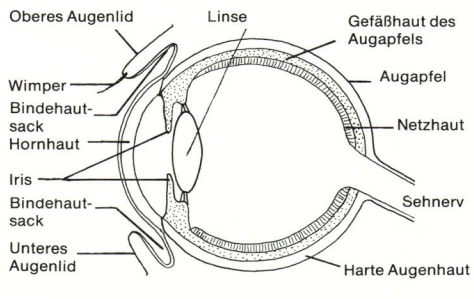

Außenansicht des Auges

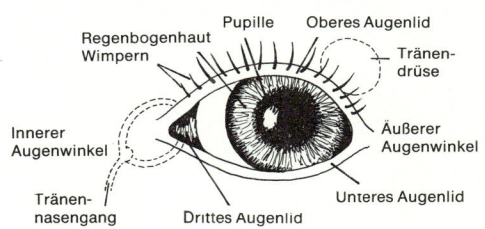

Verschiedenfarbige Augen gelten bei allen Rassen außer beim Siberian Husky als Fehler

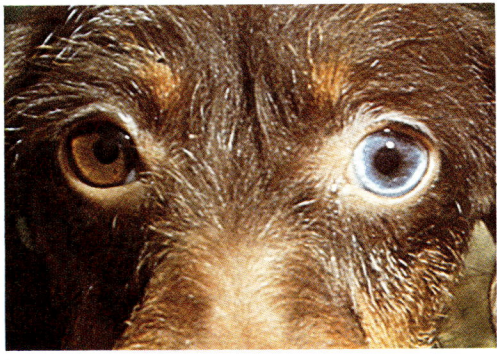

chen alt ist, entwickeln sie sich zu Kippohren und öffnen sich. Ihr endgültiges Aussehen erhalten sie erst im vierten Monat. Hunde, die über zwölf Monate alt sind und Form- und Stellungsfehler der Ohren zeigen, sollten dem Tierarzt vorgeführt werden.

Je nach Rasse haben Hunde unterschiedliche Ohrstellungen und -formen. Beim Deutschen Schäferhund sind die Ohren gerade und gleichschenklig, beim Belgischen Schäferhund spitz. Der Chow-Chow hat kleine, dicke, nach vorn gerichtete Stehohren; die Stehohren der Französischen Bulldogge sind dagegen recht groß und gerade. Merkmale einiger Terrier sind kleine, V-förmige Kipp- und Knopfohren. Beim Pekingesen sind sie herzförmig fallend, beim Cocker lappig, beim Basset Artésien-Normand und bei der Bracke flach hängend. Je nach Höhe des Ohrenansatzes bezeichnet man den Hund als schön oder schlecht behangen. Das Ohr gilt als klein, wenn es nicht bis in Höhe des Nasenspiegels oder nicht bis unter die Kehle reicht. Bei einigen Rassen schneidet man einen Teil der Ohrmuschel weg. Dadurch bleiben Ohren, die normalerweise hängen würden, aufrecht stehen.

Hänge- und Kippohren bei Rassen mit aufrecht stehenden Ohren oder umgekehrt gelten bei Ausstellungsrichtern als Fehler. Der Tierarzt kann hier chirurgisch eingreifen und eine Korrektur vornehmen.

Das Gebiß des Hundes

Molar 1–2
Praemolar 4
Praemolar 1–3
Caninus (Hakenzahn)
Eckzahn
Mittelzahn
Zange
Zange
Mittelzahn
Eckzahn
Caninus (Hakenzahn)
Molar 2–3
Molar 1 = Reißzahn
Praemolar 1–4
Unterbiß
Vorbiß

Die Zähne

Der Welpe wird zahnlos geboren. Die Schneidezähne des Oberkiefers kommen einige Tage vor denen des Unterkiefers, und zwar die Zangen mit etwa 25 Tagen, die Mittelzähne mit 28 Tagen, die Eckzähne mit 30 Tagen und die Hakenzähne bis Ende des ersten Monats; die Praemolaren kommen je nach Rasse in

der vierten bis achten Woche. Wie bei allen Säugetieren sind die ersten Zähne, die Milchzähne, nicht von Dauer. Vom vierten Monat an werden sie durch bleibende Zähne ersetzt. Zuerst wechseln die Zangen. 15 Tage danach werden die Mittelzähne ersetzt. Die Eckzähne kommen mit fünf Monaten, ebenso die Fangzähne. Die Backenzähne kommen zwischen dem vierten und dem siebten Monat. Nur der erste Vormahlzahn (Praemolar), der mit vier bis fünf Monaten erscheint, hat keinen Milchzahnvorläufer. Mit sieben Monaten ist der Zahnwechsel abgeschlossen. Das bleibende Gebiß besteht aus 42 Zähnen.

Der Praemolar 4 im Oberkiefer und der Molar 1 im Unterkiefer dienen dem Abreißen der Nahrung und werden daher Reißzähne genannt. Nach der Abnutzung der Schneidezähne kann man das Alter des Hundes bestimmen, vorausgesetzt, das Tier wird richtig ernährt und hat keinen Kieferdefekt. Wenn der Hund dreieinhalb Jahre alt ist, macht sich der Abrieb der oberen Zangen, mit viereinhalb Jahren der der oberen Mittelzähne bemerkbar. Zwischen sieben und acht Jahren sind die Zahnkronen stark abgenutzt und die Hakenzähne abgestumpft. Außerdem setzen die Zähne immer mehr Zahnstein an, der entfernt werden sollte.

Bei Leistungsschauen und auf Ausstellungen sind die Preisrichter bei der Beurteilung der Zähne des Hundes besonders streng, denn sie sind sein einziges Greiforgan. Eine Beeinträchtigung des Zahnbildes wäre über Generationen für Gebrauchs- und Schutzhunde untragbar; für das Wohlbefinden und sogar den Fortbestand der meisten anderen Rassen wäre sie fatal. Schon die Beschwerden, unter denen Hunde mit verkürztem Oberkiefer leiden, lassen dies erkennen. Außer bei Rassen, bei denen dieses Merkmal erwünscht ist, gilt untere Prognathie oder Vorbiß als fehlerhaft. Wenn dagegen der Unterkiefer zurücksteht, spricht man von oberer Prognathie oder Unterbiß.

Abnutzung der Schneidezähne

2½ Monate: ausschließlich Milchzähne

6–7 Monate: komplettes Erwachsenengebiß

1½ Jahre: Abrieb der Zangen des Unterkiefers

2½ Jahre: Abrieb der Mittelzähne des Unterkiefers

6 Jahre: Zähne abgenutzt und gelb (Abrieb der Zangen des Oberkiefers)

10 Jahre: Abnutzung erreicht Wurzel (Zahnstümpfe); Hakenzähne abgestumpft

Die Rute

Die Rute, wie der Schwanz des Hundes genannt wird, unterstreicht die Eleganz des Körpers, wenn sie richtig getragen wird. Vorstehhunde tragen die Rute gerade und waagrecht, bei Laufhunden ist sie nach hinten erhoben. Doggen und Windhunde tragen sie hängend. Die Art, die Rute zu tragen, verrät auch den Gemütszustand des Hundes. Hoch aufgestellt drückt sie Freude, aber auch Imponiergehabe aus; eine zwischen die Beine eingezogene Rute ist ein Zeichen, daß der Hund Angst hat.

Der Schwanz spielt jedoch vor allem bei der Fortbewegung eine wichtige Rolle. In Verbindung mit dem Hals stellt er ein Pendel dar, das den Körper des Hundes im Gleichgewicht hält, insbesondere bei großer Geschwindigkeit und beim Springen.

Je nach Rasse ist die Rute verschieden lang, hat aber immer 20–23 Schwanzwirbel, die über das Kreuzbein mit der Wirbelsäule verbunden sind. Die Haltung der Rute wird vom Spiel verschiedener Muskeln bestimmt. Wenn ihr Tonus fehlerhaft ist, weicht die Stellung in der einen oder anderen Richtung, nach oben oder unten, vom Rassestandard ab.

Es gibt auch schwanzlose Hunde, das heißt solche, die wie Bobtails oder Schipperkes ohne Schwanz geboren werden. Ultrakurzwüchsige Hunde wie die Französische Bulldogge haben einen entsprechend kurzen Schwanz. Manchen Hunden wird die Rute aus traditionellen ästhetischen Gründen kupiert, das heißt gestutzt (Bracken, Spaniels, einige Terrier). Windhunde haben eine lange Rute, Pointer oder Setter dagegen eine nur mittellange.

Wenn die Rute hoch und gerade über der Kruppe angebracht ist, wird sie in der Fachsprache als kerzenförmig bezeichnet; von einer zu fröhlichen Rute spricht man, wenn sie zu hoch getragen wird, und von einer gebrochenen Rute, wenn sie unnormale Knicke aufweist. Sie wird krumm genannt, wenn der Knick zur Seite geht, und hakenförmig, wenn sie vor der Spitze geknickt ist.

Rutenformen

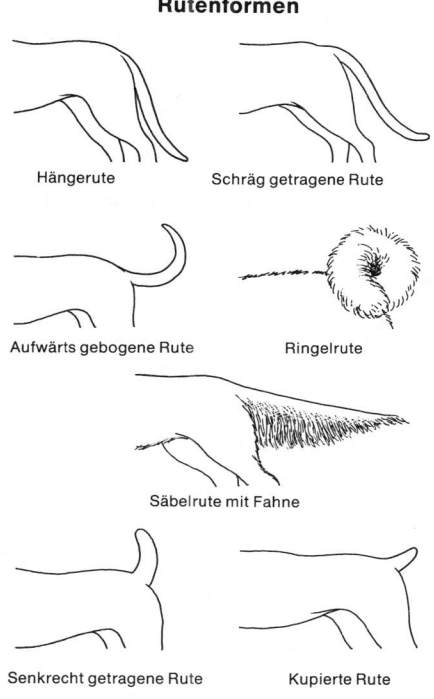

Hängerute   Schräg getragene Rute

Aufwärts gebogene Rute   Ringelrute

Säbelrute mit Fahne

Senkrecht getragene Rute   Kupierte Rute

Gliedmaßenstellung

Die Glieder sollten parallel ausgerichtet sein, das heißt, bei den Vordergliedmaßen sollten der Abstand zwischen den Schultergelenken und der zwischen den Ellbogengelenken gleich sein wie auch bei den Hintergliedmaßen der Abstand zwischen den Hinterbacken und der zwischen den Sprunggelenken. Haltungsfehler sind unschön und stellen eine funktionelle Störung dar. Wenn die Ellbogen nach innen gedreht sind und die Vorderläufe unten auseinanderlaufen, spricht man von der X-Bein-Stellung. Wenn die Ellbogen oder die Knöchel nach außen gedreht sind und die Vorderläufe unten zusammenlaufen, ist der Hund O-beinig. Da solche Fehler von jedem Gelenk ausgehen können, kann der Hund X- oder O-beinig im Oberarm oder im Unterarm sein. Andere Stellungsfehler betreffen den Abstand zwischen den Hintergliedmaßen.

Gliedmaßenstellungen

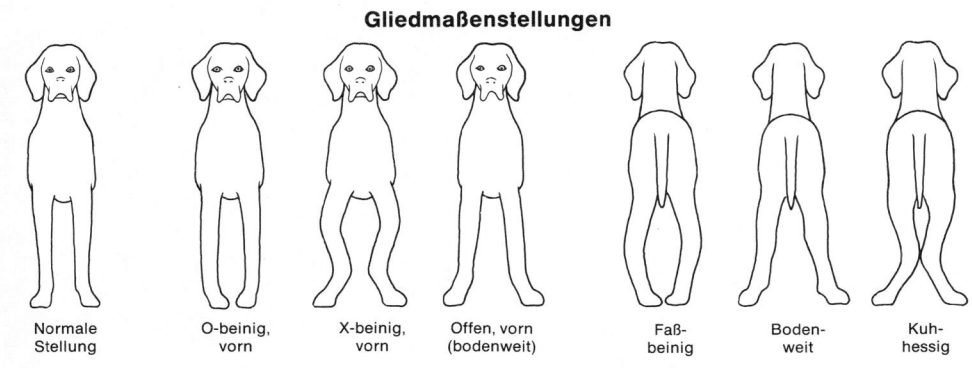

Normale Stellung   O-beinig, vorn   X-beinig, vorn   Offen, vorn (bodenweit)   Faßbeinig   Bodenweit   Kuhhessig

Stellungen im Profil

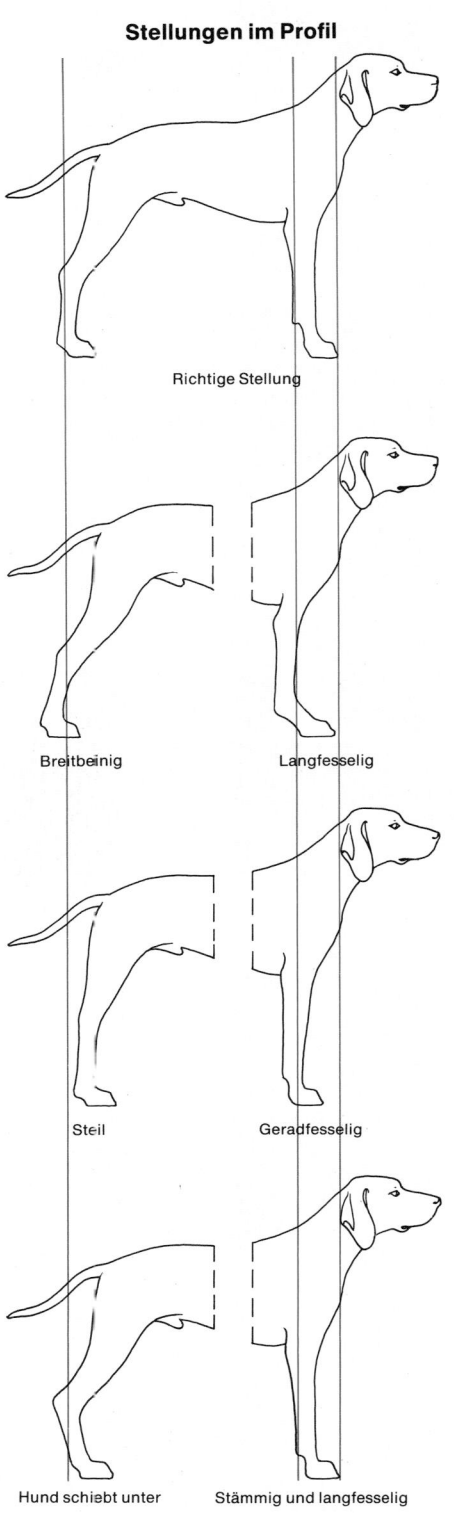

Richtige Stellung

Breitbeinig — Langfesselig

Steil — Geradfesselig

Hund schiebt unter — Stämmig und langfesselig

steil, wenn die Gliedmaßen unter den Körper gezogen sind. Bei einem gut gewachsenen Hund liegt die Ellbogenspitze in gleicher Höhe wie die untere Oberschenkelpartie. So ist die Wirbelsäule normal belastet, und die verschiedenen Gangarten können mühelos ausgeführt werden (siehe Seite 314).

Das Haarkleid

Die Haut kann nackt sein (Mexikanische Nackthunde), ist aber meist mit einem Haarkleid bedeckt. Das Fell kann kurzhaarig (Doggen), mittellang, seidig, gewellt oder wollig (Pudel, Collies oder Spaniels), lang und drahtig (Terrier und Pinscher), einfarbig – beispielsweise schwarz, weiß, rehbraun, rot, kastanienbraun oder mausgrau – oder mehrfarbig sein. Eine Mischung aus zwei Farben nennt man meliert. Bei grauem Fell sind weiße und schwarze Haare vermischt; Blau ist eine Variante davon und reicht vom hellen Anthrazitgrau bis Stahlblau. Falb ist die Bezeichnung für die Mischung von roten und weißen Haaren. Bei der Wildfarbe, der ursprünglichen Färbung des Hundes, sind die einzelnen Haare mehrfarbig; sie reicht von Grau über gelbliche bis zu rötlichen Tönungen. Bei Wolfsgrau sind die Haare silbergrau mit schwärzlichen Spitzen. Ein schwarz-rotes Haarkleid findet man bei fast allen Rassen; der Grund ist rein schwarz, und die verschieden großen mahagonifarbenen Flecken verteilen sich über den ganzen Körper. Scheckig nennt man ein Haarkleid mit scharf umrissenen Farbflecken auf weißem Grund. Harlekin ist ein scheckiges Fell mit gleichmäßigen Flecken, und Wachtel wird ein scheckiges Fell genannt, bei dem die Flecken gestromt, das heißt mit unregelmäßigen schwarzen Streifen durchzogen sind. Das Haarkleid kann auch aus weißen, schwarzen und roten Haaren (rotgrauschimmlig) oder aus rehbraunen, schwarzen oder weißen Flecken auf grauem Grund zusammengesetzt sein. Trikolorfell ist ebenfalls dreifarbig, und zwar meist schwarz, weiß und lohfarben oder braun. Das Fell zeigt noch weitere Varianten und kann getupft, gesprenkelt, gestromt oder gestreift sein. Die Haare können eine Halskrause (Collie), Bart und Augenbrauen (Schnauzer), Hosen (Bernhardiner), einen Schopf oder Wirbel bilden.

Die Fellfarbe wird von einem besonderen Gen bestimmt, kann aber je nach Alter variieren. Viele Hunde werden schwarz geboren und nehmen erst später ihre endgültige Farbe an; der graue Pudel und der Yorkshire Terrier sind Beispiele dafür. Der Dalmatiner bekommt seine Flecken erst verhältnismäßig spät. Nach Vollendung des fünften Lebensjahrs werden die meisten Hunde um die Nase grau. Ernährung und Hygiene sowie der allgemeine Gesundheitszustand wirken sich auch auf die Beschaffenheit des Fells aus. Schur

Die Abbildung oben zeigt verschiedene Stellungen im Profil. Wenn eine Linie, die von der Hinterbacke senkrecht nach unten gezogen wird, hinter den Gliedmaßen endet, sagt man, der Hund schiebt unter. Umgekehrt bezeichnet man die Stellung als zu eng oder

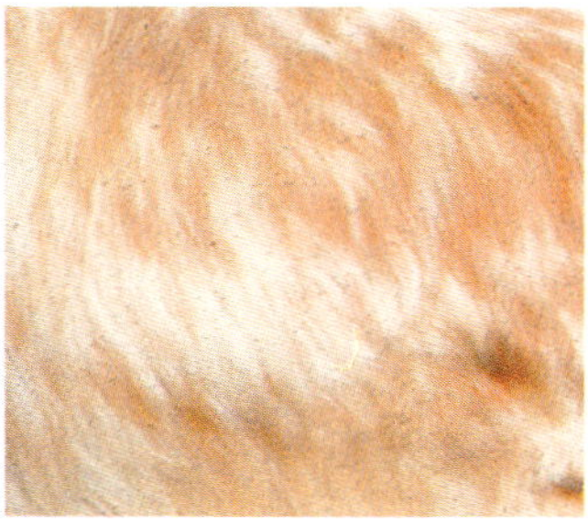

**Die Färbung
des Haarkleids**

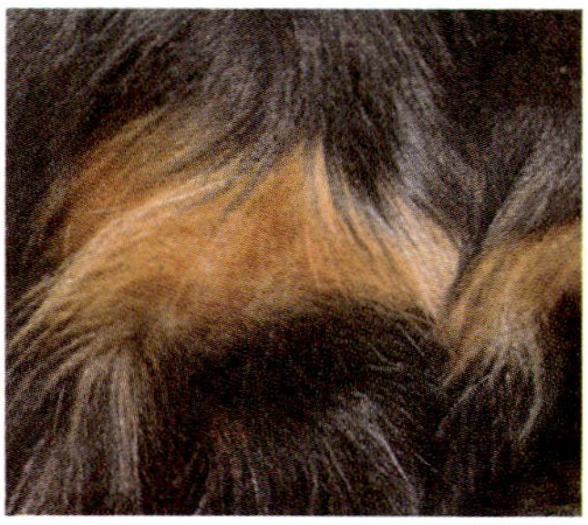

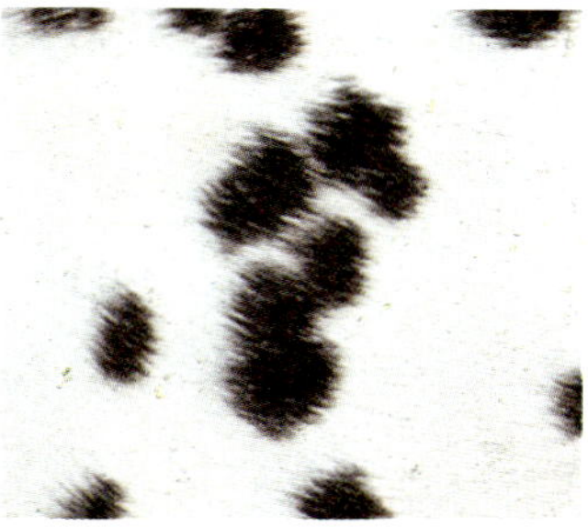

1 Falbe
2 Schwarz mit Feuerrot
3 Schwarzscheckig
4 Harlekin
5 Wachtel
6 Gestromt
7 Gesprenkelt
8 Trikolor

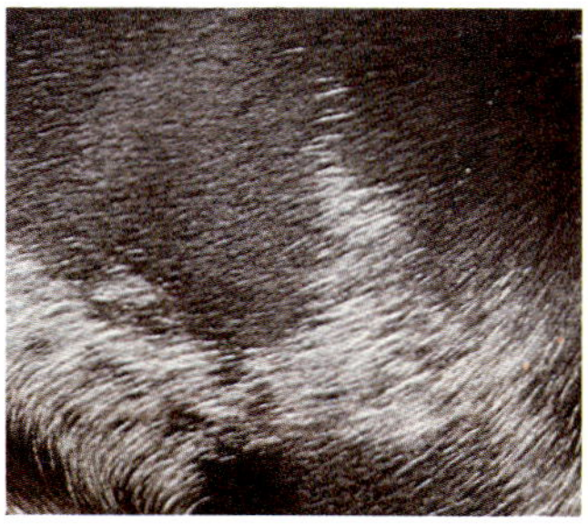

(Bildnummern 1–8 zu den Fellfotos)

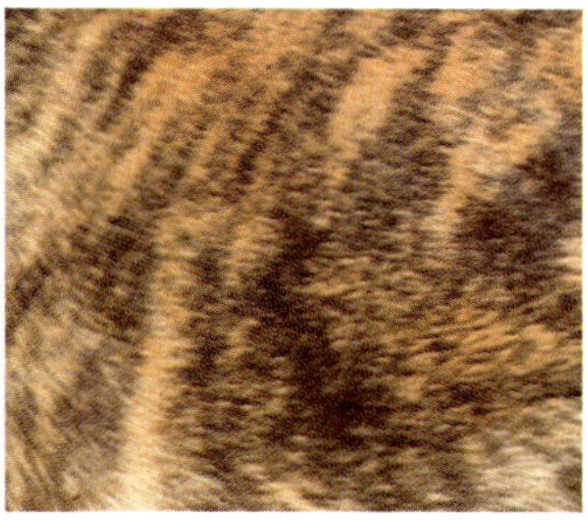

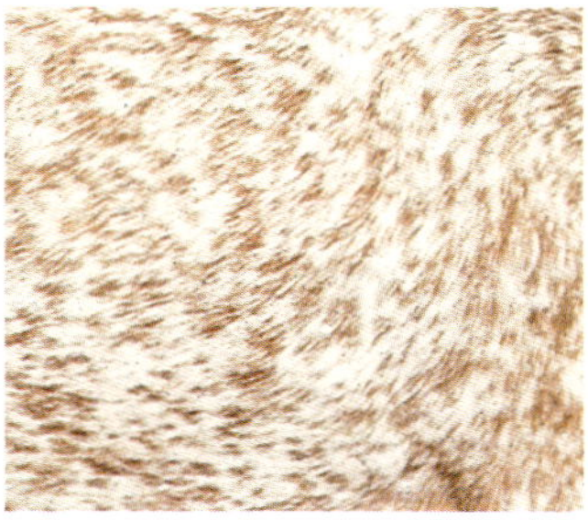

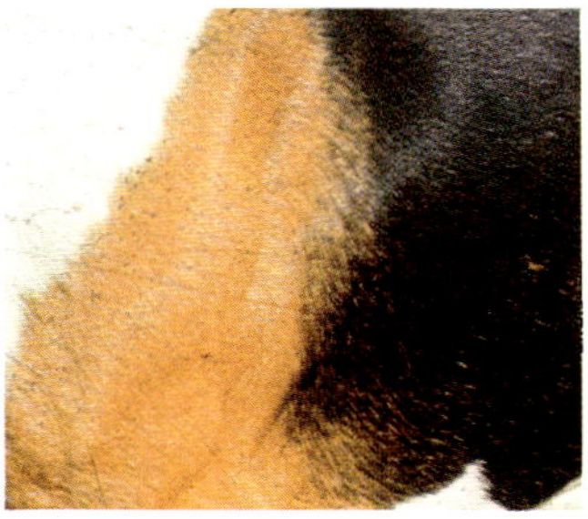

und Narben führen meist jedoch zu einer sehr viel ausgeprägteren Färbung. Klimatische Bedingungen spielen ebenfalls eine Rolle; durch sehr starkes Sonnenlicht wird beispielsweise schwarzes Haar rötlich. Manche Fellhaare wachsen ständig (Pudel), so daß regelmäßiges Scheren nötig ist; andere Hunde mit unregelmäßigem Haarwachstum haben zeitweilig Haarausfall.

Die Pfoten

Der Vorderfuß, auch Hand genannt, hat fünf Zehen, die Hinterhand vier. Die Pfoten können wie beim Fox Terrier eine abgerundete Form haben – die sogenannte Katzenpfote –, eine runde (Schnauzer), eine ovale (Pyrenäenschäferhunde) oder eine längliche (Windhunde); diese nennt man Hasenpfoten.

Das Alter des Hundes

Das Alter läßt sich nicht nur durch den Zustand der Zähne bestimmen, sondern auch aufgrund der grauen Partien des Haarkleids um die Nase, die Augen und auf der Stirn. Die Augen alter Hunde treten in den Höhlen zurück, und die Haut am Ellbogen und außen an den Sprunggelenken bildet Schwielen.

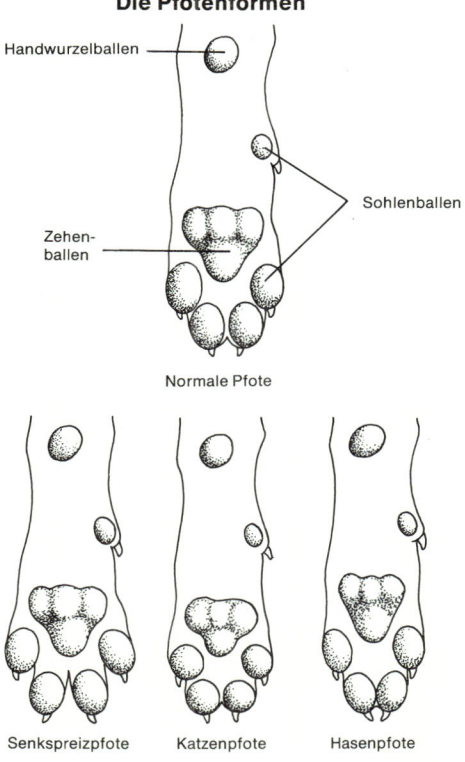

Die Pfotenformen

Handwurzelballen

Sohlenballen

Zehen-
ballen

Normale Pfote

Senkspreizpfote   Katzenpfote   Hasenpfote

Einteilung der Rassen nach ihrer Verwendung

Auf den vorangegangenen Seiten wurden die verschiedenen Einteilungen behandelt, die auf der Morphologie des Hundes beruhen.

Die Fédération Cynologique Internationale (F.C.I., siehe Seite 364), der eine Anzahl nationaler Verbände für das Hundewesen angehören, so auch der Verband für das Deutsche Hundewesen e.V. (VDH, siehe Seite 365), hat eine weitere Einteilung vorgenommen, die zehn Gruppen von Rassehunden nach ihrem Verwendungszweck unterscheidet:

1. Gruppe: Schäferhunde

2. Gruppe: Wach-, Schutz- und Gebrauchshunde

3. Gruppe: Terrier

4. Gruppe: Deutsche Dachshunde

5. Gruppe: Laufhunde für Hochwild

6. Gruppe: Laufhunde für Niederwild

7. Gruppe: Vorstehhunde (ohne britische Hunde)

8. Gruppe: Jagdhunde britischer Rasse

9. Gruppe: Haushunde

10. Gruppe: Windhunde

Dieser Einteilung entsprechend werden die einzelnen Rassen im nachfolgenden Hauptteil des Buches vorgestellt.

Atlas
der Rassen

Die Darstellung der Rassen

In diesem Buch werden rund 150 Hunderassen aus aller Welt und, wenn nötig, ihre wichtigsten Schläge vorgestellt.

Jede Rasse ist farbig abgebildet; dazu kommt oft eine weitere Zeichnung, ebenfalls in Farbe oder schwarzweiß, die eine anatomische Besonderheit, eine typische Haltung oder eine Varietät der betreffenden Rasse zeigt.

Die **Haupttexte** geben detaillierte Informationen über das Tier, seine charakterlichen und körperlichen Eigenschaften sowie seine besonderen Fähigkeiten.

Die **Gruppenangabe** gibt Auskunft darüber, welcher Gruppe die Hunderasse gemäß der Klassifizierung der Fédération Cynologique Internationale (Weltorganisation der Kynologen) angehört.

Die Spalte **Zur Geschichte** behandelt, wenn möglich, die Entwicklungsgeschichte der Rasse von ihren Ursprüngen bis heute.

Im **Standard** sind die charakteristischen körperlichen Merkmale der Rasse zu finden: Größe, Gewicht, die ideale Beschaffenheit der verschiedenen Körperteile wie Kopf, Augen, Ohren, Gliedmaßen, Rute usw. Die Reihenfolge der einzelnen Punkte bleibt stets die gleiche. Das Größenmaß bezieht sich auf die Höhe des Hundes vom Boden bis zum Widerrist. Ist unter den Stichwörtern Größe und Gewicht nur eine Zahl genannt, so gilt sie für den Rüden. Die Fehler (von den Normen abweichende Gestalt oder Charakterzüge), die unter dem Standard aufgeführt sind, werden je nach Grad der Abweichung von der Norm mehr oder weniger toleriert. Die Gründe für den Ausschluß sind schwerwiegende Fehler, die bei Wettbewerben eine Disqualifizierung zur Folge haben oder verhindern, daß das Tier als Rassehund anerkannt wird.

Die **Ratschläge für die Haltung** sind Tips für Körper- und Fellpflege, Fütterung, Auslauf und Haltung. Außerdem werden hier oft Krankheiten genannt, für die die Rasse anfällig ist. Die Symbole beziehen sich auf den benötigten Auslauf, die Pflege und die Futtermenge. Die Dauer des Auslaufs wird durch das Bild eines laufenden Hundes dargestellt. Die weiße Zeichnung bedeutet, daß der Hund sich mit einem kurzen Auslauf begnügt, die hellgraue Zeichnung, daß er sich regelmäßig austoben muß. Die dunkle steht für Rassen, die extrem viel Auslauf benötigen.

Auch für die Pflege wurden Symbole gewählt. Hier geht es vom kurzen Bürsten (Zeichnung) bis zur täglich erforderlichen, sehr aufwendigen Fellpflege.

Die Symbole für die Futtermenge sind wie folgt zu lesen: Die Zeichnung einer Hundeschüssel entspricht einer täglichen Futtermenge von 300 bis 600 g, die hellgraue von 600 g bis 1 kg und die dunkelgraue von 1 kg und mehr.

Selbstverständlich können diese Hinweise nur allgemein sein, da die Bedürfnisse des Hundes je nach Alter und Lebensbedingungen stark schwanken. Das Register am Ende des Buchs ermöglicht es, jede der abgehandelten Rassen rasch zu finden.

Malinois

Dieser Belgische Schäferhund hat eine schöne Gestalt, ist lebhaft, sehr widerstandsfähig und seinem Herrn treu ergeben.

Der Malinois ist etwas eigenwillig und nicht so leicht auszubilden. So kommt es selbst bei oft wiederholten Übungen vor, daß er seinen eigenen Weg geht, da die eigene Persönlichkeit nicht ganz aufgegeben wird. Dies ist ein Zeichen für seine Eigenständigkeit. Dennoch wird er von der Polizei wegen seines stark entwickelten Geruchssinnes vor allem als Spürhund eingesetzt. Der Malinois braucht eine starke Hand, gleichzeitig viel Liebe und Einfühlungsvermögen. Er darf niemals zu hart angefaßt werden und muß sich richtig austoben können; dann ist er zu Hause ein lieber, anhänglicher Freund und Spielkamerad der Kinder.

Zur Geschichte

Die kurzhaarige Hündin Diane brachte nach der Kreuzung mit Samulo, einem schönen, kurzhaarigen und gescheckten Rüden, dessen Herkunft unbekannt ist, den kurzhaarigen Rüden Tony zur Welt. Dieser wiederum wurde mit Gona, einer ebenfalls kurzhaarigen Hündin, gekreuzt, die daraufhin 1899 Tjop warf. Er und Duwet, ebenfalls kurzhaarig, gelten als Gründer dieser Rasse. Ihren Namen verdankt die Rasse der Region Malines, in der die meisten Malinois auf die Welt kamen.

Standard

Allgemeine Erscheinung: Der Malinois ist elegant und dabei kräftig.
Größe: Rüde 60–65 cm; Hündin 56–60 cm.
Gewicht: im Standard nicht erwähnt (30 kg).
Kopf: trocken, markant; schwarze Nase; gerader Nasenrücken; geringer Stop; dünne, gut anliegende Lefzen; kräftiges Scherengebiß.
Augen: mittelgroß, leicht mandelförmig, bräunlich; lebhafter, kluger und fragender Blick.
Ohren: hoch angesetzte, dreieckige Stehohren.
Hals: frei und sehr muskulös; keine Wamme.
Körper: lange, schräge Schultern; schmale, aber tiefe Brust; starker Widerrist; breiter, gerader und stark bemuskelter Rücken.
Rute: stark angesetzt, leicht aufgebogen.
Gliedmaßen: Vorderhand kräftig, aber trocken bemuskelt; Hinterhand kräftig, mit breiten, sehr muskulösen Keulen.
Pfoten: leicht oval; gewölbte, gut geschlossene Zehen.
Haar: kurz, am Keulenansatz länger.
Farbe: nur gelb mit Kohlestichelung; schwarze Maske.
Fehler: halblanges oder lockiges Haar; keine oder nur stellenweise schwarze Haarspitzen; fehlende Maske.

Ratschläge für die Haltung: Bei Haltung in der Wohnung täglich auf genügend Auslauf achten. Bei Überernährung erkrankt er an Fettleibigkeit und Juckreiz und verliert sein Haar. Man sollte ihn mindestens zweimal pro Woche gut bürsten.

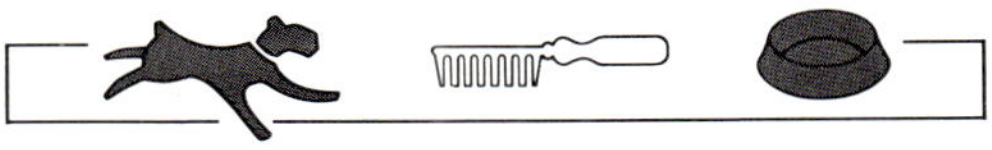

Deutscher Schäferhund

Dieser prächtige, robuste und zugleich wohlproportionierte Hund ist bekannt für seine Intelligenz, seinen Mut und seine Vitalität. Der Deutsche Schäferhund gehört zu den am meisten vertretenen Hunderassen der Welt. Die Meinungen über ihn gehen auseinander. Für die einen ist er *der* Hund schlechthin, für die anderen ein angriffslustiges, gefährliches Tier. Dieses vorschnelle Urteil beruht zweifellos auf der Ähnlichkeit mit seinem ungezähmten „Bruder", dem Wolf. Er wird deshalb ja auch manchmal Wolfshund genannt. Der Deutsche Schäferhund ist nur dann gefährlich, wenn sein Halter ihn nicht zu beherrschen versteht, denn dann kann er tatsächlich aggressiv werden. Von klein an mit Geduld und Fingerspitzengefühl erzogen, erweist er sich jedoch als anhänglich, gutmütig und gehorsam.

Sein ganzes Leben lang bleibt er verspielt. Zu Kindern hat er meist eine sehr gute Beziehung; er bewacht und beschützt sie und läßt sich fast alles von ihnen gefallen. Von seiner ursprünglichen Aufgabe, nämlich Schafherden zusammenzuhalten, hat er den Instinkt bewahrt, ihm anvertrautes Gut, selbst unter Einsatz seines Lebens, zu verteidigen. Genauso beschützt er auch seinen Halter, dessen Familie und „sein" Haus. Sein dickes Fell und seine Widerstandsfähigkeit machen ihn unempfindlich gegen alle Witterungen. Manchmal verschmäht er sogar seine Hundehütte und zieht es vor, im Freien zu schlafen. Obwohl eigentlich für ein Leben in der Natur geschaffen, läßt er sich ohne weiteres in der Wohnung halten, vorausgesetzt, er bekommt oft Gelegenheit, seine überschüssigen Kräfte loszuwerden, indem man ihn ungehindert herumtollen läßt.

Wichtig ist, daß man ein Tier kauft, dessen Eltern auf Hüftgelenksdysplasie untersucht worden sind.

1. Gruppe
Schäferhunde

Zur Geschichte

Der Ursprung des Deutschen Schäferhundes ist sehr umstritten. Nach Ansicht der einen Fachleute war die Rasse bereits vor mehreren tausend Jahren gefestigt; andere hingegen meinen, daß sie vor ungefähr 10 000 Jahren aus Kreuzungen mit dem nordeuropäischen Wolf hervorgegangen sei, was ihr wolfsartiges Aussehen erklären würde und genetisch durchaus denkbar ist. Wieder andere behaupten, daß er vom Wolf abstammt, der, vor etwa 2000 Jahren domestiziert, zum ersten Hütehund wurde. Doch der Deutsche Schäferhund, so wie wir ihn heute kennen, existiert erst seit 1899. Er wurde von Hauptmann Max von Stephanitz geschaffen, der verschiedene deutsche Schäferhundearten miteinander kreuzte. Von Stephanitz entwickelte ein ausgeklügeltes Inzuchtprogramm und züchtete streng auf Leistungsfähigkeit.

Ein vielseitiger Diensthund

Da der Deutsche Schäferhund sehr lernfähig ist und eine feine Nase hat, kann er zum Schutz- und Wachhund, zum Diensthund für Militär und Polizei sowie zum Lawinen- und Blindenführhund ausgebildet werden. Mit der Ausbildung beginnt man am besten schon beim zehnwöchigen Welpen. In diesem Alter muß er bereits mit seinem endgültigen Namen angesprochen und langsam an Halsband und Leine gewöhnt werden, die er bald als Symbole für Spazierengehen und Spielen begreifen soll. Nach und nach lernt der junge Hund mit Hilfe von Belohnungen – er darf nie bestraft werden –, die einfachsten Gehorsamsübungen auszuführen, beispielsweise bei Fuß zu gehen (angeleint oder frei folgend) oder sich auf Handzeichen hinzusetzen. Mit acht bis zwölf Monaten beginnen die eigentlichen Übungen: Unterordnung mit und ohne Leine, suchen, bringen, eine Fährte verfolgen, springen, kommen, voraussenden usw. Gleichzeitig erweitert der Welpe seinen „Wortschatz". Er lernt die Bedeutung von „Platz! Bleiben! Auf! Hinlegen! Lauf!" usw. Bei der Ausbildung zum Schutz- und Wachhund arbeitet man im letzten Abschnitt mit einem Helfer, der den Verbrecher darstellt; ein gut ausgebildeter Hund greift ihn nur auf Befehl des Ausbilders an, wobei blindwütiges Beißen durch Gehorsam vermieden wird. Vorher muß er auf Schußfestigkeit trainiert werden und lernen, eine Drohung mit dem Stock nicht zu fürchten. Diensthunde für Militär oder Polizei werden nach den gleichen Prinzipien ausgebildet. Die Aufgaben dieser Tiere ähneln ja einander: Sie bewachen Munitionslager, suchen Minen, begleiten Patrouillen und folgen Fährten.

Wegen ihres ausgezeichneten Geruchssinns und ihrer Ausdauer sind sie auch heute noch das schnellste und zuverlässigste Rettungsmittel bei Lawinenunglücken. Die Hunde, die für die Suche und Rettung Verschütteter ausgebildet sind, werden auch nach Explosionen, Erdbeben oder Überschwemmungen eingesetzt. Die Ausbildung zum Blindenführhund dauert etwa sechs Monate und beginnt im Alter von einem Jahr.

Standard

Allgemeine Erscheinung: robust, gelenkig, etwas langgestreckter, muskulöser Körper. Seine natürliche Vornehmheit und sein Selbstbewußtsein flößen Respekt ein.

Größe: Rüde 60–65 cm; Hündin 55–60 cm.

Gewicht: im Standard nicht erwähnt (etwa 32 kg).

Kopf: in guter Proportion zum Körper stehend, trocken, zwischen den Ohren mäßig breit; schwach ausgeprägter Stop; starker Fang; straffe, trockene, gut anliegende Lefzen; schwarzer Nasenschwamm; gerader Nasenrücken.

Augen: mittelgroß, mandelförmig, etwas schräg stehend, möglichst dunkel; lebhafter Ausdruck.

Ohren: mittelgroß, breit und hoch angesetzt, aufrecht getragen und etwas nach vorn gestellt; junge Hunde haben manchmal bis zum sechsten Lebensmonat oder länger Kippohren.

Hals: kräftig, mit gut entwickelten Muskeln.

Körper: tiefe, nicht zu breite Brust; lange, wohlgeformte, nicht zu flache Rippen; mäßig aufgezogener Bauch; gerader Rücken; breite, kräftige und gut bemuskelte Lendenpartie; lange, leicht abfallende Kruppe.

Rute: buschig, leicht säbelförmig.

Gliedmaßen: gerade Vorderhand, Ellbogen weder abstehend noch schräg; Hinterhand mit breiten, gut bemuskelten Keulen, feste, kräftige Sprunggelenke.

Pfoten: gut geschlossen, sehr harte Ballen.

Haar: Beim stockhaarigen Schlag ist es dicht, glatt, hart und fest anliegend; an den Keulen Behosung; unterschiedlich lang; bei der langstockhaarigen Varietät ist das Haar weder dicht noch fest anliegend; beim langhaarigen Schlag ist das Haar im allgemeinen sehr weich und auf dem Rücken gescheitelt.

Farbe: schwarz mit braunen, gelben und hellgrauen Abzeichen; schwarzer oder dunkler Sattel; kleine weiße Abzeichen auf der Brust oder der Innenseite der Gliedmaßen sind zulässig.

Fehler: alle Mängel, die seine Ausdauer und Leistungsfähigkeit beeinträchtigen.

Ratschläge für die Haltung: Der Deutsche Schäferhund sollte täglich gebürstet und ein- oder zweimal im Jahr gebadet werden. Es kann Hüftgelenksdysplasie auftreten, ein erblich und umweltbedingtes Gebrechen. Deshalb den Hund bei einem Züchter kaufen, der nur mit Hunden züchtet, die keine Hüftgelenksdysplasie haben.

Bobtail

1. Gruppe
Schäferhunde

Der große, behende Bobtail ist der Urtyp des englischen Hirtenhundes. Mit seinem zottigen Fell aus langen graublauen Haaren scheint er wie geschaffen für die nebelige schottische Moorlandschaft. Sein Pelz ist so warm, daß man ihn früher schor wie die Schafe, die er bewachte, um aus seiner Wolle Decken zu weben; sie gaben sehr warm und galten als unverwüstlich.

Das besondere Aussehen des Bobtails hat zahlreiche englische Maler inspiriert. So sieht man ihn beispielsweise auf einem Gemälde von Thomas Gainsborough; darauf begleitet er einen Herzog von Buccleuch, einen Angehörigen eines alten schottischen Adelsgeschlechts; ein berühmtes Bobtailbildnis hat auch Philip Reinagle geschaffen.

Im Englischen bedeutet *bobtail* Stummelschwanz. Vermutlich um einer Steuer zu entgehen, mit der einst in England Luxushunde belegt wurden, schnitt man diesen Schäferhunden die Rute ab. Diese Verstümmelung wies sie als Gebrauchshunde aus, zeigte an, daß es sich um Hütehunde handelte, deren Aufgabe Anfang des 18. Jahrhunderts im wesentlichen darin bestand, Rinder und Schafe zu den Märkten zu treiben. Die schweren, kräftigen Bobtails flößten allen Räubern Angst ein. Deshalb setzte man sie auch für die Bewachung von Herden und sogar von Ställen ein.

Dieser temperamentvolle Hund ist überaus liebenswürdig und spielt für sein Leben gern mit Kindern. Er beschützt sie mit größter Fürsorge. Die Amerikaner nennen ihn bezeichnenderweise *nanny dog*, was soviel heißt wie „vierbeiniges Kindermädchen". Aber dieses gutmütige Kindermädchen hat seine frühere Tätigkeit als Hirtenhund offenbar noch nicht ganz vergessen. Trotz der langen Haare, die ihm über das Gesicht fallen, entgeht nichts seinem wachsamen Auge. Wenn er als Schäferhund arbei-

Zur Geschichte

Der Bobtail scheint vor sehr langer Zeit aus verschiedenen Schäferhundrassen hervorgegangen zu sein. Wahrscheinlich stammt er von den heute ausgestorbenen alten italienischen Mastiffs ab, die die Römer auf ihrem Eroberungszug mit nach Britannien brachten. Die Rasse entwickelte sich in Großbritannien, wo man den Bobtail als den ältesten bodenständigen Hirtenhund ansieht. Während des Hundertjährigen Krieges wurden andere Hirtenhunde, so der russische Oftscharka und der ungarische Puli, vielleicht aber auch der französische Briard, eingekreuzt. In Großbritannien war die Rasse bereits im 18. Jahrhundert gefestigt. Seine heutige Gestalt erhielt der Bobtail durch die englischen Züchter, die ihn seit Beginn des Jahrhunderts vor allem nach ästhetischen Gesichtspunkten veredelten. In Großbritannien wurde die Rasse 1888 offiziell anerkannt, in den Vereinigten Staaten 1904, dem Gründungsjahr des ersten Bobtail Clubs.

tete, sah er sofort, wenn sich die Herde nicht in die gewünschte Richtung bewegte oder auseinanderlaufen wollte, und griff ein. Diese Begabung zeigt sich auch, wenn er als Familienhund gehalten wird. Bleiben beim Spazierengehen „seine" Menschen nicht zusammen, läuft er so lange von einem zum anderen, bis wieder alle beieinander sind.

Der Bobtail hat nur einen Schönheitsfehler: seine Stimme; sie klingt brüchig wie eine geborstene Glocke und hat einst ihre Wirkung auf das Vieh gewiß nicht verfehlt. Sein etwas schwerfälliger Gang erinnert an den des Bären. Wie dieser legt er im Schritt und im Trab den Paßgang ein, das heißt, er bewegt die Beine einer Körperseite gleichzeitig nach vorn. Im Galopp hingegen, wenn ihn sein langes Haar umweht und er seine ganze Kraft entfaltet, wirkt er ausgesprochen elegant.

An die Rolle des Begleithundes, in die er Anfang des Jahrhunderts übergewechselt ist, hat sich der Bobtail gut gewöhnt. Er ist etwas phlegmatisch geworden und weiß Bequemlichkeit zu schätzen. Wegen seines dicken Fells mag er keine zu große Hitze, und wie auch früher als Hirtenhund liebt er es, im Freien umherzutollen.

Standard

Allgemeine Erscheinung: kräftig, kompakt, muskulös und symmetrisch. Das Gebäude muß quadratisch wirken. Der Hund darf keine Ähnlichkeit mit dem Pudel oder dem Schottischen Windhund haben. Er hat eine charakteristische Gangart.
Größe: Rüde 56 cm und mehr; Hündin etwas weniger.
Gewicht: im Standard nicht erwähnt (25–30 kg).
Kopf: mächtiger, rechteckiger Schädel; die Partien über den Augen sind gut gewölbt und mit Haaren bedeckt; lange, kräftige, quadratische und abgestumpfte Kiefer; ausgeprägter Stop; breite schwarze Nase; kräftige breite Zähne, gut gestellt und gut schließend.
Augen: dunkelbraun oder Glasaugen; blaue Augen sind zugelassen.
Ohren: klein, weniger behaart und flach seitlich hängend getragen.
Hals: ziemlich lang, schön geschwungen und stark behaart.
Körper: eher kurz und kompakt; mächtige, tiefe Brust; kräftige, leicht gewölbte Nierenpartie; schräggestellte Schultern.
Rute: keine; entweder angeboren oder kupiert (in den ersten vier Lebenstagen).
Gliedmaßen: Vorderläufe ganz gerade, gut behaart, starkknochig; Hinterläufe rund und bemuskelt; tiefgestellte Sprunggelenke, an den Oberschenkeln längeres Haar als am übrigen Körper.
Pfoten: klein, rund; gut gewölbte Zehen; dicke, runde Ballen.
Haar: üppig, kräftig, etwas rauh, ungelockt.
Farbe: grau, blau oder blauscheckig mit oder ohne weiße Flecken; alle Braun- oder Beigetöne sind verwerflich.
Fehler: langer, schmaler Kopf.

Ratschläge für die Haltung: Dieser sportliche Hund muß Gelegenheit zum Laufen haben. Obwohl robust, ist er ein wenig hitzeempfindlich. Regelmäßig mit einem Wattestäbchen die Ohren säubern und prüfen, ob nicht verklebtes Haar die Gehörgänge verstopft, und, wenn nötig, vorsichtig entfernen. Mindestens zweimal wöchentlich das Fell mit einer harten Bürste bürsten, damit das Haar nicht verfilzt. Es ist übrigens so beschaffen, daß kein Staub daran hängenbleibt. Daher darf der Hund nur ausnahmsweise gebadet werden.

  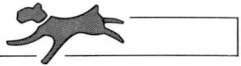

Den Bobtail bürsten

Das Fell wird mit einer harten Bürste in Richtung der schwarzen Pfeile gebürstet, wie auf den Zeichnungen unten angegeben.

Das Gesichts- und Kopfhaar soll nach vorn gebürstet werden, damit der Kopf wie eine Chrysanthemenblüte wirkt. Am Körper wird es vom Kopf zur Rute hin gebürstet, an der Hinterhand von innen nach außen, damit sie aussieht wie eine große Puderquaste. Die Gliedmaßen bürstet man von unten nach oben. Zum Schluß die Haare der Hinterläufe durch Betupfen mit der Bürste abflachen (heller Pfeil).

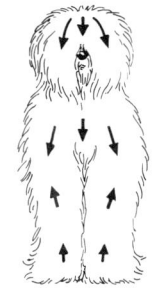

Bürsten der Vorderseite

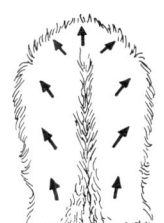

Bürsten der Rückseite

Bürsten der Seiten

Berger de Beauce

Dieser selbstbewußte, furchtlose Hund ist auch heute noch ein rein gezüchteter Hütehund mit kräftigem, gut bemuskeltem Gebäude, das aber nicht massig wirkt. Der häufig auftretende schwarzrote Schlag heißt wegen der roten Abzeichen über den dunklen Augen, an Brust, Kehle und Pfoten auch Rotstrumpf; in Frankreich wird er auch noch Beauceron genannt. Das Haarkleid der gefleckten Varietät ist grau, schwarz und rot. Der lebhafte, energiegeladene Berger de Beauce liebt die Freiheit und zeigt auch nach langen Ausflügen über Berg und Tal keine Ermüdungserscheinungen.

Im 19. Jahrhundert bewachte er die Schafherden auf der Weide und trieb sie über die Landstraßen. Unterstützt von nur zwei Beaucerons, war ein Schäfer in der Lage, 200 oder sogar 300 Schafe zu hüten. Aber die Zeiten haben sich geändert; heute grasen die Schafe auf eingezäunten Weiden. Deshalb hat der Beauceron, wenn er als Schäferhund eingesetzt wird, nichts anderes mehr zu tun, als die Schafe sicher von einem Weideplatz zum anderen zu geleiten. Doch da er intelligent, mutig und leicht auszubilden ist, hat man andere Aufgaben für ihn gefunden. Sein Mißtrauen gegenüber Fremden und seine schnellen Reflexe prädestinieren ihn zum Wach- und Schutzhund. Auf dem Land bewacht er oft Bauernhäuser, Ställe und Schäfereien. Er eignet sich aber auch für den Dienst bei Polizei und Militär.

Dem impulsiven Wesen und der natürlichen Schärfe dieses Hundes stehen seine Folgsamkeit und eine uneingeschränkte Treue zu seinem Halter gegenüber. Dieser

1. Gruppe
Schäferhunde

Zur Geschichte

Entgegen einer weitverbreiteten Meinung bedeutet der Name Beauceron nicht, daß diese Rasse aus der Beauce stammt, so wie der Name Briard – der eines anderen Schäferhundes – nicht besagt, daß die Landschaft Brie seine Heimat ist. Diese beiden Hirtenhunde, der eine kurz-, der andere langhaarig, hießen früher einfach französische Flachlandschäferhunde. 1896 gab ein Ausschuß von Wissenschaftlern und Tierärzten ihnen ihre heutigen Namen, die völlig willkürlich gewählt wurden.

muß jedoch mit ihm umzugehen wissen, denn er ist wegen seines unabhängigen Charakters schwer zu lenken.

Ein schlecht erzogener, ungeliebter Berger de Beauce kann allerlei Unheil anrichten. So etwa suchten vor ungefähr zehn Jahren in der Normandie Gendarmen mehr als acht Tage lang eine „Bestie", die bei Bauern Tiere gerissen hatte. Es handelte sich um einen großen, unglücklichen Beauceron, den sein Halter ausgesetzt hatte.

Der Hund braucht viel Bewegungsfreiheit und sollte möglichst nur auf dem Land gehalten werden, denn das Leben in der Stadt bekommt ihm nicht. Noch mehr aber leidet er unter einer laxen, lieblosen Hand.

Den Kindern seines Halters ist er, wenn er mit ihnen aufwächst, ein liebevoller Freund.

Standard

Allgemeine Erscheinung: Der stattlich gebaute, muskulöse, aber nicht plump wirkende Berger de Beauce gefällt vor allem wegen seines ungezierten Auftretens und seiner Wendigkeit.
Größe: Rüde 67 cm; Hündin 65 cm, mit Abweichungen bis zu 2 cm darunter und 3 cm darüber.
Gewicht: im Standard nicht erwähnt (27–37 kg).
Kopf: lang; Schädel flach oder leicht gewölbt; wenig ausgeprägter Stop; ganz leicht gewölbter Nasenrücken; Fang weder schmal noch zugespitzt; trockene, geschlossene und gut pigmentierte Lefzen; normaler Kieferschluß; Scherengebiß mit starken, weißen Zähnen; gut entwickelter Nasenschwamm, der schwarz sein muß und keine Furche aufweisen darf.
Augen: horizontal, rund, stets dunkel.
Ohren: hoch angesetzt; kupierte Stehohren, leicht nach vorn zeigend; unkupiert sollten sie nicht anliegen, sondern flach und kurz sein.
Hals: muskulös, ohne Kehlhaut.
Körper: schräggestellte, mittellange Schultern; hohe, breite, tiefgezogene Brust; gerader Rücken; kräftige, gut angesetzte Nierenpartie; Kruppe in Richtung Rutenansatz leicht abfallend.
Rute: tief getragen, mit leicht aufgebogener Spitze.
Gliedmaßen: Vorderhand stark bemuskelt und glatt, gut senkrecht auf dem Boden stehend; Hinterhand ebenfalls gut senkrecht; kräftige Sprunggelenke mit doppelter Afterkralle.
Pfoten: stark, rund, mit harten, elastischen Ballen und schwarzen Krallen.
Haar: am Kopf kurz, am Rumpf etwas länger, kräftig, fest anliegend; Unterwolle sehr kurz, fein, dicht, flaumig, sehr fest anliegend, meist mausgrau.
Farbe: schwarz und rot (tiefschwarz mit eichhörnchenroten Abzeichen); die Abzeichen befinden sich über den Augen, an Backen, Brust, Kehle, an den Pfoten und der Unterseite der Rute; bei Harlekins sind die Farben Grau, Schwarz und Feuerrot zugelassen.
Fehler: flacher oder zu runder Schädel; nicht genügend oder zu stark ausgeprägter Stop; zu kleiner oder zu schwerer Kopf; zu helle Augen; schlecht getragene Ohren; zu zylindrische Brust; kupierte oder geringelte Rute; zu langes oder zu kurzes Haar; flache Pfoten; einfache oder fehlende Afterkrallen; weiße Flecken an der Brust.

Ratschläge für die Haltung: Der Berger de Beauce fühlt sich auf dem Land wohler als in der Stadt. Er ist nicht krankheitsanfällig. Man muß darauf achten, daß die Afterkrallen nicht einwachsen. Im Freien gehalten, muß er täglich kräftig gebürstet werden. Wenn er naß ist, sollte man ihn abfrottieren und zusätzlich bürsten.

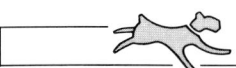  

Die doppelte Afterkralle

Die Afterkralle ist die mehr oder weniger verkümmerte fünfte (oder erste) Zehe des Hundes und entspricht dem menschlichen Daumen. Sie sitzt an der Innenfläche des Mittelfußes. Gewöhnlich tritt sie an den beiden Vorderläufen in Erscheinung, doch bestimmte Rassen haben sie auch an den Hinterläufen.

Der Berger de Beauce hat an jeder Hinterhand eine doppelte Afterkralle. Sie ist im Standard vorgeschrieben und darf nicht entfernt werden.

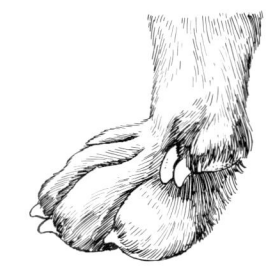

Schäferhundwettbewerbe

Die International Sheep Dog Society, gegründet 1906, veranstaltet spezielle Wettbewerbe für Schäferhunde.

Die wichtigste Leistungsprüfung besteht darin, daß der Hund schnellstmöglich eine Gruppe von 25 Schafen aus einem Pferch in einen anderen treibt. Der zurückzulegende Weg ist zwar 6 m breit, aber gewunden und voller Hindernisse.

Der Hund wird von seinem Schäfer begleitet, der ihn auf die gewohnte Art – durch Zurufe oder mit einer Pfeife – dirigiert. Zusätzliche Handzeichen sind in gewissen Fällen erlaubt.

Ausgezeichnet werden die intelligentesten, energischsten und folgsamsten Hunde. Sie dürfen den Schafen nichts zuleide tun; Bisse ziehen den Ausschluß vom Wettbewerb nach sich.

Die Schäferhundwettbewerbe variieren je nach Land und sogar nach Gegenden sehr stark, und zwar sowohl was die Art wie auch die Anzahl der Leistungen betrifft.

Berger de Brie

Der Berger de Brie ist ein kräftig gebauter Landhund, dessen üppiges langes Haar dem Ziegenhaar ähnelt. Es fällt ihm in langen Strähnen über Gesicht und Augen und bildet am Fang einen Bart. Man kann dem vertrauensvollen, ruhigen Blick dieses intelligenten und fröhlichen Hundes, der so gutmütig wirkt wie ein Teddybär, nur schwer widerstehen.

Seine rasche Auffassungsgabe und seine Beweglichkeit machten ihn zu der Zeit, als es noch große Herden gab, zu einem tüchtigen Hütehund, der unter den ihm anvertrauten Tieren für Ruhe und Ordnung zu sorgen wußte. Zwei oder drei Briards, wie er auch genannt wird, genügten, um auf 600–700 Schafe aufzupassen, ohne daß sie Tiere, die sich von der Herde entfernten, bissen oder der Schäfer eingreifen mußte. Dieser Hund ist ein geborener Läufer – er rennt mühelos 80 km am Tag –, und es macht richtig Spaß, einen Briard mit wehendem Haar in langen Sätzen geschmeidig dahinjagen, wenden und wieder zurückrasen zu sehen.

Der Briard, der sich Geräusche und Bilder sehr gut einprägt, wird heute kaum noch als Hirtenhund eingesetzt, sondern vor allem als Blindenführhund, als Spürhund, Lawinensuch- oder Wachhund. Nur mit liebevoller Zuwendung kann man alles von ihm erreichen, denn dieser große Hund ist überaus sensibel und leicht verletzbar. Seine ganze Liebe gehört seinem Halter. Jeder Versuch einer gewaltsamen Ausbildung verängstigt ihn derart, daß er nicht mehr fähig ist zu gehorchen. Er haßt es, allein zu sein, und kann aggressiv werden, wenn man ihn an die Kette legt. Fühlt er sich glücklich, so zeigt er sich besonders wachsam und ist sehr liebevoll zu Kindern.

---

1. Gruppe
Schäferhunde

Zur Geschichte

Der Briard ist sicher sehr alten Ursprungs, denn in seiner Abhandlung über die Jagd beschreibt Gaston Phébus im 14. Jahrhundert einen Hund mit weißem Haarkleid, der ihm stark ähnelt. Ein Jahrhundert später stellte Andrea Mantegna auf seinem Gemälde Das Martyrium des Hl. Sebastian *zwei Briards dar. Wahrscheinlich hat sich das Erscheinungsbild dieses Hundes im Lauf der Jahrhunderte durch Einkreuzen anderer Rassen verändert. Im vorigen Jahrhundert wurden der kurzhaarige Beauceron und der langhaarige Briard unter der Bezeichnung Flachlandschäferhunde als eine einzige Rasse geführt. 1809 sprach der Abbé Rozier in seinem Werk über die Landwirtschaft erstmals von zwei verschiedenen Rassen. Diese Gebrauchshunde wurden auf der Hundeausstellung von 1863 in Paris gezeigt. Erst 1888 trennte der Kynologe Pierre Mégnin eindeutig den Briard vom Beauceron, und 1896 wurden die beiden Rassen offiziell anerkannt.*

Standard

Allgemeine Erscheinung: gut proportionierter, geschmeidiger, muskulöser Landhund; lebhaft und aufgeweckt.
Größe: Rüde 62–68 cm; Hündin 56–64 cm.
Gewicht: im Standard nicht erwähnt (25–30 kg).
Kopf: kräftig, ziemlich lang, mit deutlichem Stop; Fang weder schmal noch zugespitzt; starke, weiße Zähne; schwarze Nase.
Augen: horizontal, gut geöffnet, eher groß, dunkel.
Ohren: hoch angesetzt, meist kupiert und aufrecht getragen.
Hals: muskulös, gut von den Schultern abgesetzt.
Körper: breite, tiefe Brust; gerader Rücken; kaum abfallende Kruppe.
Rute: tief getragen, gut behaart, an der Spitze aufgebogen.
Gliedmaßen: gut bemuskelt, starkknochig und gut senkrecht.
Pfoten: rund und stark; harte Ballen; geschlossene Zehen.
Haar: langes, trockenes „Ziegenhaar".
Farbe: alle Unifarben sind zugelassen, außer Weiß; dunklere Farbtöne werden bevorzugt.
Fehler: fehlende Afterkralle; nicht vorhandene oder kupierte Rute; helle Nase; Glasaugen; gekräuseltes oder zweifarbiges Haarkleid; Haarlänge unter 7 cm.

Ratschläge für die Haltung: Der Berger de Brie ist ein unempfindlicher Hund, der in der Wohnung gehalten werden kann, wenn man ihm genügend Auslauf bietet. Sein Haar über der dichten Unterwolle ist wasser- und schmutzabweisend, und im Freien gehalten, braucht man ihn nie zu waschen. Lebt er jedoch in einer Wohnung, muß man ihn regelmäßig bürsten und kämmen, um die tote Unterwolle zu entfernen, die sonst verfilzt, und ihn ab und zu waschen.

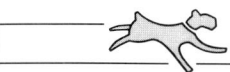  

Das Kupieren der Ohren

Gemäß den Rassevorschriften müssen die Ohren kupiert werden. Obwohl auch ungestutzte Ohren gestattet sind, kann ein Hunderichter sie mit einem Strafpunkt belegen. Manche Leute finden diesen Eingriff grausam und überflüssig, andere halten ihn aus hygienischen und ästhetischen Gründen für erforderlich. Tatsächlich handelt es sich hierbei um eine sehr alte Tradition. Früher stutzte man den Hirtenhunden die Ohren, damit sie sich bei Raufereien untereinander nicht in sie verbeißen konnten; außerdem boten kupierte Ohren weniger Angriffsfläche bei Kämpfen mit Wölfen und Bären.

Beim Briard ist das ästhetische Argument nicht überzeugend, denn er sieht mit unkupierten Ohren genauso gut aus wie mit kupierten. Manche Fachleute sind für das Kupieren, weil das dichtbehaarte Ohr dadurch gut belüftet werde und sich somit seltener entzünde, und außerdem könnten sich Fremdkörper nicht so leicht darin festsetzen.

Das günstigste Alter für die Operation liegt zwischen der sechsten und achten Woche; denn ab etwa 5 kg Gewicht verträgt der Welpe die Vollnarkose. Das kupierte Ohr darf nicht schmal sein und spitz zulaufen, sondern soll eine fast runde Form haben; man nennt sie Muschelschnitt. Das gestutzte Ohr soll ungefähr so lang sein wie der Nasenrücken.

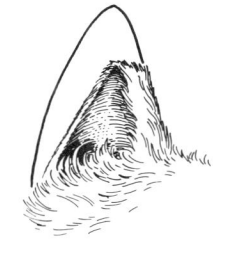

Bouvier des Flandres

Der sanftmütige Riese, den die Natur mit einem mächtigen, eckigen Körper, buschigen Augenbrauen, einem kräftigen Schnauzbart und harschem, leicht zerzaustem Haar ausgestattet hat, kann auf den, der ihn nicht kennt, fast bedrohlich wirken. In Wirklichkeit ist der Bouvier des Flandres jedoch ein freundlicher, ausgeglichener und ausgesprochen ruhiger Hund, der mit seinem Herrn eng verbunden und ihm unverbrüchlich treu ergeben ist. Von all diesen Eigenschaften ist man sogleich überzeugt, wenn man in seine dunklen, intelligenten und sehr wachen Augen schaut.

Der Bouvier des Flandres ist zweifellos der sympathischste unter den Treibhunden, die früher die Rinderherden führten und bewachten, während die Schäferhunde die Schafe und Lämmer hüteten. Aufgrund seines überdurchschnittlichen Witterungsvermögens, seines guten Charakters und seiner Körperkraft wurde der Bouvier des Flandres nicht nur als Hütehund, sondern auch als Zugtier verwendet.

Früher wurde das Schlachtvieh auch über weite Entfernungen zu Fuß zu den Schlachthöfen gebracht. Diese harte Arbeit verrichteten Viehtreiber – und ihre Hunde halfen ihnen dabei. Diese Viehtransporte wurden bei jedem Wetter durchgeführt und dauerten manchmal mehrere Tage und Nächte lang. Zu den Hunden, deren Aufgabe es war, den Männern zu helfen, das Vieh zusammenzuhalten, gehörte auch der Bouvier des Flandres. Seine unternehmerische Intelligenz befähigte ihn, selbständig und ohne daß sein Herr ihm Befehle gab, seine Aufgabe

---

1. Gruppe
Schäferhunde

Zur Geschichte

Über seine Herkunft weiß man wenig. Laut manchen Fachleuten soll er aus der Kreuzung eines Beaucerons mit einem Griffon hervorgegangen sein. Andere zählen den Berger Picard, den Barbet und den Deerhound zu seinen Vorfahren. Anfang des 20. Jahrhunderts nannte man ihn in Flandern wie andere Treibhunde auch „Kuhhund", „Rinderhund" oder „Schmutzbart". Nachdem die Rasse während des Ersten Weltkriegs fast ausgestorben war, wurde sie 1923 wiederbelebt. Interessierte flämische Züchter verwendeten dazu einige Exemplare, die den Krieg überdauert hatten. Da es zum Streit gekommen war, ob der Bouvier des Flandres belgischer oder französischer Herkunft sei, klassifizierte man ihn als Französisch-Belgischen Treibhund.

zuverlässig zu erfüllen; ja, der Treiber mußte nicht einmal immer dabeisein. Allein mit Hilfe seiner Körperkraft, durch Schieben und Schubsen, brachte er störrische Rinder zum Weitergehen oder holte ausgebrochene Tiere zur Herde zurück; er brauchte sie nicht in die Beine zu beißen. Aber mit der Technisierung der Landwirtschaft hatte der Bouvier des Flandres, der oft mit dem Riesenschnauzer oder dem Briard verwechselt wird, als Treibhund ausgedient.

Man fand jedoch, da man seine außergewöhnlichen Qualitäten kannte, bald andere Verwendungsmöglichkeiten für ihn. Er ist heute ein bewährter Wachhund, dem man ein Wohnhaus ebenso unbesorgt anvertrauen kann wie einen großen Bauernhof. Welcher Herumtreiber wird sich schon mit einem solchen Ungetüm von Hund anlegen wollen? Da der Bouvier des Flandres sehr gelehrig ist, kann man ihn auch zum Blindenführhund ausbilden, und die Polizei setzt ihn bei der Spurensuche ein. Während des Ersten Weltkriegs erwarb er sich große Verdienste als Meldegänger und Sanitätshund, der Verwundete suchen half. Leider mußte er für diese Tätigkeit teuer bezahlen, denn da er ständig auf den Schlachtfeldern sein mußte, drohte seine Rasse ausgelöscht zu werden. Der Zweite Weltkrieg war dann fast genauso verhängnisvoll für ihn.

Der sportliche Bouvier des Flandres liebt Wasser über alles, sei es in einem Fluß, sei es in der Badewanne. Er ist seinem Halter treu ergeben und eignet sich sehr gut als Familienhund. Fürsorglich bewacht er die Allerkleinsten „seiner Familie" und kennt im Spiel mit den größeren Kindern keine Müdigkeit und läßt sich geduldig alles von ihnen gefallen.

Das Kupieren der Ohren

Wie den meisten Wachhunden kupierte man früher auch dem Bouvier des Flandres die Ohren, um sie vor Verletzungen zu bewahren. Heute macht man es vor allem aus ästhetischen Gründen.

Die Ohren kann man ab der siebten Lebenswoche stutzen, aber nicht mehr nach dem dritten Monat. Man schneidet das Ohr ganz leicht konvex, fast gerade, damit es dreieckig wirkt. Der kurze Schnitt entspricht der Entfernung vom Ohransatz zum äußeren Augenwinkel, d. h., man schneidet etwas mehr als das obere Drittel ab. Nach dem Kupieren benötigt das Ohr keine Stütze.

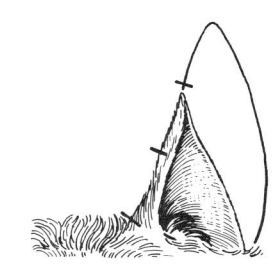

Standard

Allgemeine Erscheinung: wuchtig, gedrungen, kraftvoll, aber nicht plump wirkend; der Blick verrät Intelligenz, Energie, Arbeitseifer und Mut.
Größe: Rüde 62–68 cm; Hündin 59–65 cm.
Gewicht: Rüde 35–40 kg; Hündin 27–35 kg.
Kopf: durch den Schnauzbart eher massig wirkend, gut geformt, proportional zur Körpergröße; aufrecht getragen; Stop sieht ausgeprägter aus, als er ist; hohe Augenbrauen; breiter, kräftiger, starkknochiger Fang, der sich zur Nase hin verjüngt; gut entwickelte, breite, schwarze Nasenkuppe; offene Nasenlöcher; gut entwickelte Kiefer mit starken, weißen Zähnen; sehr breit gestellte Fangzähne; Scherengebiß.
Augen: mittelgroß, weder vortretend noch tiefliegend, möglichst dunkel; ovale Lidöffnungen; offener Blick.
Ohren: hoch angesetzt, zu dreieckigen Stehohren kupiert.
Hals: stark und muskulös, ohne Wamme.
Körper: kräftig; eckiges, quadratisches Format; gewölbte Rippen; bis zu den Ellbogen herabreichende Brust; kurze Flanken; kurzer, breiter, muskulöser Rücken; kurze, gut bemuskelte Nierenpartie; waagrechte Kruppe; lange, muskulöse,

ein wenig schräggestellte Schultern.
Rute: auf etwa 5 cm gekürzt, hoch angesetzt und in Bewegung flott getragen; angeborene Schwanzlosigkeit gilt nicht als Fehler.
Gliedmaßen: vordere gerade, starkknochig, gut bemuskelt, Ellbogen eng am Körper anliegend; hintere kräftig, muskulös, mit breiten, tiefreichenden Keulen und breiten, bemuskelten Sprunggelenken; keine Afterkrallen.
Pfoten: rund, stark, gut geschlossen, mit kräftigen, schwarzen Krallen und harten Ballen.
Haar: sehr reichlich, harsch, etwa 6 cm lang, zerzaust, aber weder wollig noch gelockt, am Kopf kurz, am Rücken hart und trocken; feine, dichte Unterwolle; dichter Schnauzbart; sehr dunkle Haut; hohe Augenbrauen aus aufstehenden Haaren.
Farbe: grau, braunschwarz, schwarz, gestromt, weißer Brustfleck zulässig.
Fehler: nicht aufrecht getragene Ohren; weiches, wolliges, zu langes, zu kurzes oder seidiges Haar; schlanker, langer Körper; helle Augen; abfallende Kruppe; glänzendes Fell.
Gründe für den Ausschluß: zweifarbige oder zu helle Augen; teilweise pigmentlose Nasenkuppe; standardwidriges Gebiß; schokoladenbraunes oder überwiegend weißes Haarkleid.

Ratschläge für die Haltung: Der Bouvier des Flandres sollte hauptsächlich im Freien gehalten werden. Er hat eine robuste Konstitution und wird selten krank. Die Rute wird gleich nach der Geburt kupiert, die Ohren im zweiten bis dritten Lebensmonat, wenn man will, daß er den Rassevorschriften entspricht. Sein rauhes, sprödes Haar und seine feine, dichte Unterwolle striegelt man zweimal wöchentlich.

Berger Picard

1. Gruppe
Schäferhunde

Dieser rauhhaarige, mittelgroße, kräftige, aber doch schlanke Schäferhund wirkt sehr sympathisch und erweckt den Eindruck der Verläßlichkeit. Seine Augen unter den gut gewölbten Brauen blicken lebhaft, intelligent und aufmerksam. Da er aufgrund der Technisierung der Landwirtschaft und der Viehtransporte immer weniger zum Bewachen und Führen von Schafherden, seiner ursprünglichen Arbeit, benötigt wird und leicht auszubilden ist, wird er immer häufiger als Dienst- und Schutzhund eingesetzt und leistet dabei gute Arbeit.

Sein dichtes, harsches Haar und eine feine, dichte Unterwolle schützen ihn vor den Unbilden der Witterung. Der unkomplizierte, treue, ein wenig eigenwillige Berger Picard ist nur dann scharf, wenn die Situation es erfordert. Wegen seiner außerordentlichen Widerstandskraft war er früher der bevorzugte Hütehund der nordfranzösischen Hirten. Als man die Schafherden noch vor Füchsen und Wölfen schützen mußte, verwendete man meist helle Hirtenhunde, die nachts leicht vom Raubwild zu unterscheiden waren. Obwohl ursprünglich nicht für das Leben in der Wohnung geschaffen, ist der Berger Picard inzwischen zum Begleithund geworden. Dabei scheint es ihm nicht schwergefallen zu sein, sein natürliches Ungestüm abzulegen und ein ausgeglichenes, ruhiges Wesen zu entwickeln. Dieser Hund, der einst verirrte Schafe rettete, ist heute Kindern ein gutmütiger und ausgelassener Spielgefährte. Fremden gegenüber zeigt er sich vorsichtig, ja sogar unfreundlich; er eignet sich daher vorzüglich als Wachhund.

Wie bei allen größeren Hunderassen sollte man beim Kauf eines Picards darauf achten, daß keine Veranlagung für Hüftgelenksdysplasie vorhanden ist.

Zur Geschichte

Der Berger Picard stammt von mehreren alten, in Frankreich seit Jahrhunderten bekannten Schäferhundrassen ab. Auf Gemälden und Stichen des Mittelalters findet man gut proportionierte, mittelgroße Hunde mit langem, harschem Haar, die dem heutigen Berger Picard auffallend ähneln. Trotzdem weiß man noch immer nicht viel über die Entwicklungsgeschichte dieses Hundes, nur daß die Züchter beim heutigen Berger Picard die wichtigsten Merkmale der einstigen Schäferhunde beibehalten haben. Die ersten dieser Hunde wurden 1863 ausgestellt. Ab 1898 züchtete man sie systematisch. 1925 wurde die Rasse offiziell anerkannt, 1948 erneut gefestigt, und 1953 wurden die ersten Tiere der neuen Generation in das französische Zuchtbuch eingeschrieben.

Die Ausbildung der Schäferhunde

Die Anlagen eines guten Schäferhundes wie des Berger Picards sind zu einem großen Teil ererbt. Aber seine angeborenen Fähigkeiten müssen durch die Ausbildung gefördert werden. Diese beginnt zwischen der sechsten und der achten Lebenswoche. Zunächst bringt man dem Welpen bei, in ein Schaffell zu beißen, ohne dabei Wollbüschel herauszureißen. Fällt dieser erste Test positiv aus, kann man beinahe sicher sein, daß der Hund seinen „Beruf" als Hütehund gern ausüben wird. Daneben läßt man den angeleinten Hund seinen älteren Artgenossen bei der Arbeit zusehen, damit er diese nachzuahmen lernt. Ein guter Schäferhund darf die Tiere, die er bewacht, nicht reißen, sondern nur kneifend fassen.

Wenn die Schäfer ihre Herden auf ebenem Gelände weiden lassen, teilen sie ihnen eine gewisse Fläche zu, z. B. 1 m² pro Tier. Jedes Schaf soll seinen Teil in einem Zug vollständig abweiden, weil Schafe nicht auf zertrampelten Flächen grasen. Der Schäfer begrenzt daher eine quadratische Fläche, in der sich die Herde aufhalten soll. Er markiert eine Spur als Abgrenzung ins Gras und läßt den Hund davon Witterung aufnehmen. Sobald ein Schaf das abgesteckte Gelände verlassen will, muß es der Hund sofort zurückjagen. Anfangs lernt der Hund, angeleint zu arbeiten. Er darf erst dann frei arbeiten, wenn sicher ist, daß er die von seinem Lehrer erwartete Aufgabe verstanden hat. Je nach Anlagen des Hundes bildet ihn der Schäfer zum Hütehund oder zum Beihund aus. Dieser hält sich nahe bei seinem Herrn auf und arbeitet nur auf Befehl. Der Hütehund, der sich fünf bis sechs Stunden 200–300 m entfernt auf der anderen Seite der Herde aufhält, arbeitet selbständig. Abends, wenn die Herde nach Hause zurückkehrt, läuft der Hütehund hinter den Tieren hin und her — man nennt dies revieren —, um sie in gedrängter Ordnung vorwärts zu bringen. Er hat dabei dafür zu sorgen, daß sich kein Schaf zu weit von der Herde entfernt. Es dauert etwa drei Jahre, einen Hütehund so auszubilden, daß er eine Herde selbständig bewacht und ein Lamm zur Schäferei zurückbringt, das von einem beim Werfen närrisch gewordenen Muttertier im Stich gelassen wurde.

Standard

Allgemeine Erscheinung: kräftig, gut gebaut, elegant.

Größe: Rüde 60–65 cm; Hündin 55–60 cm.

Gewicht: im Standard nicht erwähnt (19–23 kg).

Kopf: gut proportioniert; geringer Stop; deutliche Augenbrauen; leicht gewölbte Stirn; starker, nicht zu langer Fang; stets schwarze Nase; trockene, enganliegende Lefzen; gerader Nasenrükken; kräftige, gut aufeinanderpassende Kiefer; leichter Schnurr- und Kinnbart.

Augen: mittelgroß, nicht hervortretend, dunkel, nie heller als haselnußbraun.

Ohren: mittelgroße Stehohren mit leicht abgerundeten Enden, breit und ziemlich hoch angesetzt.

Hals: kräftig und gut bemuskelt, mittellang und aufgerichtet, von den Schultern gut abgesetzt.

Körper: verhältnismäßig tiefe Brust; gerader Rükken; kompakte Nierenpartie; leicht aufgezogener Bauch; lange, schräggestellte und gut bemuskelte Schultern.

Rute: gut behaart, hängend, mit leicht aufgebogener Spitze.

Gliedmaßen: gerade, starkknochige Vorderläufe mit ausgeprägten Gelenken; Hinterhand mit langen, muskulösen Oberschenkeln, geschmeidigen Läufen; mäßig gewinkelte Sprunggelenke.

Pfoten: rund und kurz, gut geschlossen, leicht gewölbt; starke Krallen; feste Ballen.

Haar: rauh, am ganzen Körper, einschließlich der Rute, 5–6 cm lang.

Farbe: grau, schwarzgrau, graublau, graurot, rotblond und Mischungen dieser Farbtöne.

Fehler: Höhe, die 2 cm über die obere Grenze hinausgeht; unproportionierter, unbehaarter oder übermäßig behaarter Kopf; zu langer, feiner oder zu kräftiger Fang; Hängelefzen; ausgeprägter Hinterbiß; zu große, zu tief angesetzte oder zu eng stehende, schlecht getragene Ohren; verstörter, unsteter Blick; zu tief getragene oder fehlende Rute; zu langes oder zu kurzes, gelocktes oder zu glattes, weiches oder wolliges Haar; Farbe: schwarz, weiß, gescheckt, schwarz-weiß, zuviel Weiß an der Brust.

Ratschläge für die Haltung: Nach dem zehnten Lebensjahr wird die Hinterhand für Arthrose anfällig. Als Begleithund gehalten, muß er jeden Tag mit einer harten Bürste gebürstet und mit einem langzinkigen Kamm gekämmt werden. Das nasse Fell darf nicht gekämmt werden, da man sonst ganze Haarbüschel ausreißt.

Collie

Jahrhunderte hindurch waren die Collies außerhalb des Südens Schottlands unbekannt, wo sie als Wachhunde die großen Schafherden in relativer Freiheit hüteten. Aber 1860 fand Königin Victoria während eines Aufenthalts im Schloß Balmoral Gefallen an dieser Rasse und nahm einige Exemplare nach Windsor mit. Und dann dauerte es nicht mehr lange, bis der Collie zum Modehund wurde; Briten und Amerikaner vernarrten sich in die Rasse, wobei Snobismus keine geringe Rolle spielte.

In geschlossenen Räumen zeigt sich der Collie oft uninteressiert, wird aber sehr aktiv, sobald er ins Freie kommt. Zweifellos in Erinnerung an eine weit zurückliegende Vergangenheit schleicht er manchmal durch die Gegend, als wolle er sich einem Schaf nähern, ohne es zu erschrecken.

Die Ohren des Collies – oder vielmehr deren Hörvermögen – sind besonders eindrucksvoll: Bei Aufmerksamkeit halb stehend nach vorne getragen, mit leicht überhängenden Spitzen, vermögen sie einen Pfiff oder sogar die Stimme des Herrn aus mehr als 1,5 km Entfernung zu hören.

Kräftig, sensibel und leicht träumerisch, mißtraut der Collie allen Fremden; doch seinem Herrn und dessen Familie gegenüber zeigt er große Anhänglichkeit und Treue. Seine Liebe zu Kindern und ein sehr stark entwickelter Besitzinstinkt machen ihn zu einem vortrefflichen Wachhund. Mit seinem Mut, Lerneifer und seiner Intelligenz besitzt er alle Eigenschaften, die nötig sind, um ihn zu einem vortrefflichen Schutz- oder Blindenhund auszubilden.

Zur Geschichte

Der Collie stammt vermutlich von einer einheimischen Rasse aus dem Norden der Britischen Inseln und den Schäferhunden der Römer ab, die sie etwa im 5. Jahrhundert v. Chr. dorthin mitbrachten. Vor sehr langer Zeit mag er auch mit dem Neufundländer und dem Deerhound gekreuzt worden sein. Im 13. Jahrhundert gab es einen kleineren Collie, der einen breiteren Kopf hatte als die heutige Rasse. Zu Beginn des letzten Jahrhunderts war man bemüht, die Rasse als Schäferhund weiter zu verbessern; deshalb kreuzte man ihn 1830 mit dem Barsoi, um seine Gestalt zu verfeinern, und erreichte so tatsächlich eine Rasse mit schlankem Bau, längerem Kopf und schönerem Fell. 1840 wurde die Rasse endgültig anerkannt, und der Collie-Club legte seinen Standard fest.

Die Varianten

Es gibt den Langhaar-, den Kurzhaar-, den Bearded und den Border Collie; die drei letzteren sind weniger verbreitet als der langhaarige Collie, haben aber die gleichen fernen Ahnen.

Der langhaarige Collie, entstanden aus einer Kreuzung des Smooth Collies mit dem Greyhound, ist zur Zeit in Mode. Der Bearded Collie, gezüchtet aus dem Rough Collie und dem Bobtail, hat von den letzteren das reiche, struppige, schiefergraue oder fahlrote Fell. Diese Rasse ist im Kommen. Der sehr verbreitete Border Collie ist als Hüter von Herden spezialisiert. Der von den Shetlandinseln stammende Sheltie (siehe dort) ist eine Miniaturausgabe des großen Collies. Er ist im Begriff, in Mitteleuropa ein gesuchter Begleithund zu werden.

Bearded Collie

Langhaariger Collie

Standard

Allgemeine Erscheinung: ein sehr schöner Hund, der sich würdevoll, ruhig und graziös bewegt.

Größe: Rüde 56–61 cm; Hündin 51–56 cm.

Gewicht: Rüde 20–29 kg; Hündin 18–20 kg.

Kopf: Oberkopf flach, mäßig breit zwischen den Ohren, gegen die Augen zu schmaler werdend; Schnauze fast geradlinig bis zur Nase; leichter Stirnabsatz; Nase schwarz.

Augen: von mittlerer Größe, ein wenig schräg, mandelförmig und von dunklem Braun.

Ohren: klein, an der Basis wenig breit, nicht allzu hoch, aber auch nicht zu tief an der Seite des Kopfes angesetzt.

Hals: muskulös, kräftig, gut lang und leicht gebogen.

Körper: eher lang; die Rippen deutlich abgesetzt; die Brust tief; die kräftige Lendenpartie leicht gewölbt.

Rute: mittellang, in Ruhe tief getragen, das Ende bei Erregung leicht nach oben gekrümmt.

Gliedmaßen: vordere gut senkrecht gestellt; hintere sehnig und kräftig, gut gewinkelt.

Pfoten: oval, mit geschlossenen Zehen.

Haar: sehr dicht und lang, sich hart anfühlend; Unterwolle weich und sehr dicht. Mähne und Halskrause sehr reichlich.

Farbe: zobelfarbig, blaumarmoriert und dreifarbig.

Fehler: im Verhältnis zum Körper allzu langer Kopf oder barsoiartige Kopfform. Augen rund, mit hartem Ausdruck.

Ratschläge für die Haltung: sehr widerstandsfähig gegen Kälte und Regen, verträgt jedoch Hitze und Untätigkeit nicht gut. Er braucht unbedingt täglichen Auslauf. Im Haus gehalten, verliert er leicht Haare.

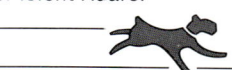  

Lassie, der Filmstar

Die Hündin Lassie wurde in den vierziger Jahren in Hollywood durch ihre überraschende schauspielerische Begabung ein Star. Die erste Lassie, eine empfindsame und ausdrucksvolle Hündin, kaufte der Ausbilder Rudd Weatherwax für fünf Dollar; sie siegte beim Wettbewerb über 300 andere Hunde, indem sie meisterhaft die gestellte Aufgabe bewältigte: Es galt, einen Fluß auf einer Furt zu überqueren und sich am anderen Ufer völlig erschöpft niedersinken zu lassen.

Metro Goldwyn Mayer engagierte sie für 500 Dollar je Woche und drehte mit ihr den erfolgreichen Film *Lassie kehrt zurück.* Sie erhielt daraufhin einen Siebenjahresvertrag mit einer Wochengage von 1800 Dollar, die nach dem dritten Film auf 8000 Dollar gesteigert wurde.

Als sie an Altersschwäche starb, verheimlichte man ihren Tod. Eine ihrer Töchter übernahm ihre Nachfolge, ohne daß die Zuschauer es merkten. Fünf Lassies folgten bereits einander auf dem Bildschirm.

Welsh Corgi

Die Welsh Corgis Cardigan und Pembroke sind kleine Hunde mit Fuchskopf, sehr kräftigem Körper auf kurzen Läufen, die ihnen eine einzigartige Gangart verleihen. Die Legende will, daß die Ursprünge dieser Rasse, die anfänglich keine Spielarten kannte, in die keltische Zeit zurückgehen: Der Welsh Corgi soll damals als Jagdhund verwendet worden sein. Jedenfalls betrachteten ihn die Waliser Bauern seit dem Mittelalter als einen bemerkenswerten Herdenführer, der, unermüdlich und energisch, mit den besten Schäferhunden konkurrieren konnte. Als kleiner, sehr flinker Hund steht er in dem Ruf, daß er den Hornstößen auszuweichen versteht, die Nachzügler in die Ferse kneipt, ohne sie zu verletzen, und sie damit zum Aufholen antreibt – eine Gewohnheit, die ihm den Namen *ci sodli*, Hackler, eingetragen hat –, und er versteht es geschickt, die Tiere auf einer Fährte zusammenzuhalten. Da der Welsh Corgi wachsam und gewissenhaft und mit einem sehr feinen Gehör ausgestattet ist, wird er auch als Hofwächter eingesetzt.

Im Lauf der Jahrhunderte haben sich viele Legenden in Wales um diesen Hund gerankt, der von Anfang an sehr beliebt gewesen zu sein scheint, und das sowohl wegen seiner Qualitäten als Wächter als auch wegen seiner Talente als Viehtreiber und sogar als Jäger. Offiziell tritt er allerdings erst 1892 auf einer Hundeausstellung im walisischen Bencyfelin in Erscheinung. Man nannte ihn damals *curs*, ein Wort, das die Waliser *currgi* aussprechen. Er hatte gleich Erfolg, und sehr schnell interessierten sich englische Züchter für ihn. Die besten Exemplare werden zur Zucht ausgewählt. Heute ist der Welsh Corgi im wesentlichen Gesellschaftshund. Sein kleiner Wuchs, sein friedliches Wesen und sein fröhlicher Charakter machen ihn zu einem perfekten, komischen und anhänglichen Hund für die Wohnung und zum großen Freund der Kinder. Er spielt und tollt gern mit ihnen herum und ist dabei sehr langmütig.

Zur Geschichte

Der Stammbaum des Welsh Corgis vom Typ Cardigan, der älteren Spielart, geht, wie es heißt, bis ins 10. Jahrhundert zurück. Er stammt vielleicht von den Waliser Hütehunden ab, die mit den Buhunds und den Vallhunds, die die Wikinger auf ihren Raubzügen begleiteten, gekreuzt wurden. Der Vallhund ähnelt dem Corgi wirklich stark, wenn er auch viel größer ist. Einige Autoren schreiben dem Corgi auch eine Verwandtschaft mit den Hunden zu, die die flämischen Weber mitbrachten, als sie sich in der Regierungszeit Heinrichs I. in Wales ansiedelten. Da die Rasse im Süden des Gebiets isoliert war, ist sie praktisch im Lauf der Zeit rein geblieben. Der Kennel Club hat 1934 ihren Standard festgelegt.

Die Pembrokes vom Buckingham-Palast

Der Pembroke ist ein bißchen kleiner als der Cardigan. Heute ist er die bekanntere Spielart des Welsh Corgis, namentlich in den angelsächsischen Ländern. Einige Kynologen schreiben dem Pembroke einen anderen Ursprung zu als dem Cardigan. Danach ging er aus einer Kreuzung von Spitz, Keeshond und Schipperke hervor. Tatsächlich unterscheidet er sich vom Cardigan: Seine Rute ist kurz, die des Cardigans dagegen mittellang; er hat ein dichtes geschmeidiges Fell, der Cardigan ein drahtiges kurzes.

Trotz seiner offiziellen Anerkennung durch den Kennel Club im Jahr 1934 wäre der Pembroke wahrscheinlich nie so beliebt geworden, wie er es heute ist, wenn nicht 1933 der Herzog von York, der spätere König Georg VI., für seine Töchter, die Prinzessinnen Elizabeth und Margaret, einen Pembroke Corgi namens Rozavel Golden Eagel gekauft hätte. Elizabeth ließ sich von der Persönlichkeit des Tieres so einnehmen, daß sie ihn zu ihrem Lieblingshund machte. Später, nachdem sie Königin geworden war, gab es kaum eine offizielle Fotografie, auf der sie nicht mit dem einen oder anderen ihrer Corgis zu sehen war. Jetzt, d. h. seit mehreren Jahrzehnten, ist der Pembroke der große Favorit im Buckingham-Palast, und diese bevorzugte Stellung hat offenkundig über sein Geschick entschieden: In Großbritannien genießt er eine immer noch wachsende Beliebtheit.

Amerika hat den Pembroke erst vor einigen Jahren entdeckt, aber seitdem wächst sein Liebhaberkreis rasch; das gleiche gilt für Deutschland, Frankreich, die Niederlande und die Schweiz, wo die zuständigen Clubs sich große Mühe geben, um das Ansehen und die Verbreitung der Rasse zu fördern.

Welsh Corgi Cardigan

Welsh Corgi Pembroke

Standard

Allgemeine Erscheinung: Die beiden Varianten des Welsh Corgis, der Cardigan und der Pembroke, unterscheiden sich im wesentlichen in der Farbe und Beschaffenheit des Fells, der Farbe der Augen, der Rute und vor allem in der Größe; aber beide sind stämmig gebaut, wachsam und lebhaft und ähneln dem Fuchs.

Größe: Cardigan 30 cm; Pembroke 25–30 cm.

Gewicht: für Cardigan im Standard nicht erwähnt (10–12 kg); Pembroke 9–11 kg beim Rüden, 8–10 kg bei der Hündin.

Kopf: fuchsähnlich; flacher, ziemlich breiter Schädel; spitze Schnauze; Nase beim Pembroke schwarz, auch beim Cardigan, aber nicht bei blaumarmorierten Tieren.

Augen: bei beiden mittelgroß, beim Cardigan eher dunkel, beim Pembroke braun, je nach Fellfarbe.

Ohren: beim Cardigan ziemlich groß, beim Pembroke etwas kleiner.

Hals: muskulös, breit und nicht zu kurz.

Körper: kräftig und lang beim Cardigan und beim Pembroke; gerader Rücken; tiefe, aber wenig breite Brust und hervortretende Rippen beim Cardigan; tiefe und breite Brust, abgerundete Rippen beim Pembroke.

Rute: mäßig lang, kräftig beim Cardigan; kurz oder kupiert beim Pembroke.

Gliedmaßen: vorn kurz bei beiden, beim Cardigan leicht nach vorn gebogen, beim Pembroke so gerade wie möglich; hinten stämmig bei beiden; Wolfsklauen werden entfernt.

Pfoten: beim Cardigan rund und eher groß, beim Pembroke oval mit längeren Mittelzehen.

Haar: Der Cardigan ist kurz- und stockhaarig, der Pembroke hat dichtes, weiches, mittellanges Haar.

Farbe: beim Cardigan alle einheitlichen oder gemischten Farben zulässig, nur nicht reines Weiß; der Pembroke darf rostrot, sandfarben oder rehbraun, zweifarbig schwarzbrandig oder mit weißen Flecken an Pfoten, Brust und am Hals sein.

Fehler: alles, was vom Standard abweicht, je nach Grad der Abweichung.

Ratschläge für die Haltung: Wie alle Hunde auf kurzen Läufen neigt er auf feuchtem Boden dazu, sich die inneren Organe zu erkälten: Darum muß er nach Spaziergängen gut abgetrocknet werden. Er muß viel laufen, sonst droht ihm Fettleibigkeit.

Die Pflege ist einfach: Man muß ihn nur regelmäßig bürsten.

65

Berger des Pyrénées

Dieser kleinste unter den französischen Schäferhunden ist dem Leben im Gebirge bestens angepaßt. Sein dreieckiger Kopf mit den pfiffig, manchmal mißtrauisch blickenden dunklen Augen erinnert an den eines kleinen Braunbären. Er ist schnell und trittsicher und darum ein idealer Hirtenhund, der im Frühjahr die Schaf-, Pferde- oder Rinderherden zuverlässig und wohlgemut zu den Hochweiden hinauftreiben hilft. Ohne müde zu werden, bewegt er sich wagemutig und behende in der felsigen Landschaft und versteht es mit unnachahmlichem Geschick, verirrte Tiere zur Herde zurückzubringen.

In Körperbau wie auch in Höhe und Gewicht unterscheidet er sich grundlegend vom Pyrenäenberghund (Chien de Montagne des Pyrénées), mit dem zusammen er lange Zeit eingesetzt wurde. Während dieser beim Almauf- oder -abtrieb die Tiere vor Wölfen, Luchsen und Bären schützte, führte der kleine Berger des Pyrénées umsichtig und, wenn nötig, mit sanfter Gewalt die Herde zu ihrem Ziel.

Dieser außerhalb seiner Bergheimat bis zum Ersten Weltkrieg kaum bekannte Hund wurde ab 1916 beim Militär eingesetzt, und zwar als Wachhund und Meldegänger, außerdem bildete man ihn auch für die Suche nach Verwundeten aus. Viele dieser mutigen kleinen Schäferhunde ließen auf den Schlachtfeldern ihr Leben, was den Fortbestand der Rasse ernsthaft gefährdete.

Da es inzwischen kaum noch große Herden gibt, steht der kleine Schäferhund vor einer neuen Karriere: Er wird zum Begleithund. Trotz seiner Freiheitsliebe hängt dieser hervorragende Wachhund mit dem ausgezeichneten Gehör und dem lebhaften Blick, der Fremden grundsätzlich mißtraut, an seinem Halter und dessen Kindern. Um aus diesem ungestümen Energiebündel einen wohlerzogenen Hund zu machen, muß man ihn mit Zuneigung, aber auch mit Strenge aufziehen. Der Berger des Pyrénées ist äußerst robust und wird nur selten krank.

---

1. Gruppe
Schäferhunde

Zur Geschichte

Diese Rasse blickt auf eine lange Vergangenheit zurück. In der Abgeschiedenheit seiner Heimat pflanzte er sich fast nur durch Inzucht fort, wodurch sich sein Erscheinungsbild in den verschiedenen Tälern allmählich änderte. Seit die Rasse 1927 offiziell anerkannt wurde, spricht man nicht mehr von Talschlägen (Argelès, Azun usw.), sondern nur von drei Haupttypen: dem lang- und dem halblanghaarigen mit normal behaartem Fang und dem Face rase mit wesentlich glatterem und kürzerem Haar und längerem Fang.

Glatthaarvariante

Dieser Hund ist etwas größer als sein Vetter, sein Fang etwas länger, und das Haar darf am Widerrist eine Länge von 6 bis 7 cm und am Rücken von 5 cm nicht überschreiten. Von ruhigerem Wesen und Fremden gegenüber nicht so mißtrauisch wie der Berger des Pyrénées, steht er diesem an Freundlichkeit und Temperament nicht nach.

Berger des Pyrénées à face rase
(Glatthaarvariante)

Berger des Pyrénées

Standard

Allgemeine Erscheinung: aufgeweckter Gesichtsausdruck; lebhafte Bewegungen; eher klein und leicht, temperamentvoll; beim Trab, seiner bevorzugten Gangart, trägt er den Kopf hoch und scheint zu schweben, denn er hebt kaum die Läufe.

Größe: Rüde 40–48 cm; Hündin 38–46 cm.

Gewicht: im Standard nicht erwähnt (8–15 kg).

Kopf: mittelgroßer, fast flacher Schädel, an den Seiten gleichmäßig gerundet; geringer Stop; gerader, eher kurzer, schmaler, keilförmiger Fang; schwarze Nase; schmale, fest am Unterkiefer anliegende Lefzen; Lefzen- und Gaumenschleimhaut schwarz oder größtenteils schwarz pigmentiert.

Augen: ausdrucksvoll, gut offen, dunkelbraun, weder hervortretend noch tiefliegend; bei jeder Haarfarbe dünne, schwarzgeränderte Lider; Glasaugen nur bei schiefergrauen und buntscheckigen Hunden zugelassen.

Ohren: ziemlich kurz, im allgemeinen kupiert, können jedoch bei schöner Stellung unkupiert bleiben, dürfen aber nur zu zwei Dritteln aufgerichtet sein (Kippohr).

Hals: eher lang, genügend bemuskelt.

Körper: mittelbreite Brust, bis zu den Ellbogen herabreichend; langer Rücken; kurze, leicht gewölbte Nierenpartie; ziemlich kurze, schräg abfallende Kruppe; nicht sehr tief herabreichende Flanke.

Rute: nicht sehr lang, gut befranst, mit gebogener Spitze; sie wird oft gekürzt; manchmal angeborene Stummelrute; bei Aufmerksamkeit darf sie nicht die Höhe der Rückenlinie überschreiten.

Gliedmaßen: Vorderläufe trocken, sehnig, befedert; Hinterläufe mit gut bemuskelten, nicht tief herabreichenden Schenkeln, trockenen, tief gestellten Sprunggelenken; einfache oder doppelte Afterkrallen erwünscht.

Pfoten: trocken, ziemlich flach, deutlich oval; dunkle Ballen; kleine, im Haarkleid verschwindende Krallen.

Haar: lang oder halblang, stets dicht, fast glatt oder leicht gewellt, auf der Kruppe und an den Schenkeln wolliger und noch dichter, am Fang kürzer, an den Backen länger und von vorn nach hinten wachsend (keine Sichtbehinderung).

Farbe: helleres oder dunkleres Fahlrot mit oder ohne schwarzem Haar dazwischen; häufig ein wenig Weiß an Brust und Pfoten; mehr oder weniger helles Grau mit weißen Flecken an Kopf, Brust und Pfoten; gescheckt in verschiedenen Tönungen; einfarbige Tiere werden gemischtfarbigen vorgezogen, ausgenommen buntscheckige.

Fehler: zu kurzer, zu langer, zu schmaler Kopf; zu spitz gewölbter Oberkopf; zu langer, quadratischer Fang; gelocktes Haar; schlecht getragene Rute; geradestehende Ohren; Vorbiß; Glasaugen, außer bei gescheckten oder schiefergrauen Tieren; nicht vollständig schwarze Nase.

Ratschläge für die Haltung: In der Wohnung gehalten, muß er regelmäßig gebürstet werden, sonst ist er anfällig für Hautausschläge. Lebt er auf dem Land, können sich im Sommer Ährchen von Gräsern in die Haut bohren, vor allem zwischen den Zehen und unter den Achseln. Die Afterkrallen dürfen nicht einwachsen.

Tervueren

Der Tervueren ist das genaue Abbild des Grœnendaels; nur in der Farbe unterscheidet er sich von ihm. Der Grœnendael ist schwarz, der Tervueren rehbraun. Sie sind von der gleichen Robustheit, der gleichen Eleganz, der gleichen Harmonie der Formen, und beide eignen sich für das Leben in der Familie wie im Freien, denn sie widerstehen allen Witterungsunbilden.

Wie der Grœnendael ist der Tervueren ein geborener Hütehund und besitzt einen stark entwickelten Unternehmungsgeist. Er ist sehr intelligent und handelt immer mit dem angeborenen Sinn dafür, „was sich gehört".

In Gastwirtschaften wird er oft als Wachhund benutzt; aber es käme ihm nicht in den Sinn, die Gäste zu beißen. Doch sowie das Lokal seine Pforten geschlossen hat, wird er unnahbar, und wehe dem Unvorsichtigen, der wagen würde, das Haus zu betreten.

Wie alle empfindlichen Hunde ist er mit Vorsicht zu behandeln. Es ist für ihn lebenswichtig, einen Herrn zu haben, der ihn zu nehmen versteht und ihn mit viel Güte erzieht. Das ist das beste Mittel, seinen komplizierten Charakter in den Griff zu bekommen und ihn gehorsam zu machen. Wenn man den Tervueren mißachtet oder zurückstößt, verliert er alle seine Fähigkeiten, die ihn auszeichnen.

Im Welpenalter verträgt dieser liebevolle Hund weder Anschreien noch eine zu starke Autorität. Was manche jungen Hunde ohne Traumatisierung akzeptieren, kann bei ihm einen Angst- und Frustrationskomplex hervorrufen. Da er sein Herz vorbehaltlos seinem Herrn schenkt, kann er sich eifersüchtig zeigen – man muß also in manchen Situationen Fingerspitzengefühl und Diplomatie beweisen. Wenn beispielsweise Kinder in der Familie sind, wird er sie um so leichter akzeptieren, je mehr Zuneigung man ihm zuteil werden läßt, denn der Tervueren liebt es, Mittelpunkt seiner kleinen Welt zu sein, und er tut alles mögliche, um die Aufmerksamkeit „seiner" Familie auf sich zu lenken.

Ein wichtiges morphologisches Detail

Die Rassenorm der Belgischen Schäferhunde sieht vor, daß die langen, breiten und muskulösen Beine in den Sprunggelenken angemessen gewinkelt sein müssen, aber nicht übermäßig. Außerdem sollen die Sprunggelenke bodennah, breit und muskulös sein, ein morphologisches Detail, das seine Bedeutung hat. Diese Winkelung der Sprunggelenke erklärt, warum der Belgische Schäferhund verhältnismäßig gerade wirkt im Vergleich zu anderen Schäferhundrassen. Weil die Sprunggelenke so beschaffen sind, leidet er auch nicht an Hüftgelenksdysplasie, einem Gebrechen, das beispielsweise beim Deutschen Schäferhund ziemlich häufig auftritt. Nach Meinung der Spezialisten sind die nach oben wirkenden Kräfte, namentlich in Höhe des Hüftgelenks, um so bedeutender, je ausgeprägter der Winkel des Sprunggelenks ist. Je offener das Sprunggelenk ist, desto mehr sind die Muskelbänder dieses Gelenks kräftigen Stößen ausgesetzt, die ihre Funktionstüchtigkeit beeinträchtigen.

Zur Geschichte

Während der Grœnendael mit schwarzer Fellfarbe gezüchtet wurde, erzog ein Brauer namens Gorbells fast gleiche, aber rehbraune Hunde. Aus der Vereinigung des Rüden Tom und der schwanzlosen Hündin Poes ging 1895 eine Hündin hervor, Miss, die von Duc de Grœnendael gedeckt wurde und 1897 schwarze und rehbraune Welpen warf. Unter den letzteren war ein Rüde, dem der Name Milsart gegeben wurde. Aus den Nachkommen, die er mit seiner Mutter und seinen Töchtern zeugte, entstand der Tervueren (den die Belgier Tervuren schreiben, nach der Stadt, der dieser Hund seinen Namen verdankt). Nach einigen Generationen haben sich der Grœnendael und der Tervueren durch eine sehr hochgradige Blutsverwandtschaft als Spielarten stark gefestigt. 1907 ist der Typus des Tervueren festgelegt worden; er hat sich seitdem kaum verändert. Im Ersten Weltkrieg wurde der Bestand an Belgischen Schäferhunden sehr stark dezimiert. Nach dem Waffenstillstand haben sich die Züchter erneut dieser Rasse angenommen. Die Kynologen entschieden, daß nur die schwarze Farbe für die Langhaarigen zulässig sei. Aber die Freunde des Tervueren züchteten weiter, und zwar rehbraune Exemplare; sie schieden langhaarige graue, die vom Tervueren abstammten oder aus Verbindungen von Tervueren und Grœnendael hervorgegangen waren, aus. 1922 wurden sie zunächst ins Belgische Hundestammbuch aufgenommen, anschließend offiziell anerkannt und dann auch ins Stammbuch der Königlichen St.-Hubertus-Gesellschaft eingetragen, was erklärt, warum viele Tervueren damals zwei Nummern und zwei Namen hatten. Den Züchtern ist es gelungen, den Tervueren weder zu bäuerlich noch zu fein zu halten. Sie haben es mit viel Geschick geschafft, diese beiden Richtungen harmonisch zu vereinen. Farbschläge von Silbergrau bis Beige sind zugelassen; sie müssen aber schwarz maskiert sein.

Standard

Allgemeine Erscheinung: harmonischer Hund mit sportlicher, kraftvoller Gangart.

Größe: Rüde 60–66 cm; Hündin 56–62 cm.

Gewicht: im Standard nicht angegeben (30 kg).

Kopf: gut gemeißelt, wohlgeformt, maßvoll lang; die Schnauze läuft zur Nase verschmälert zu, ohne spitz zu sein; geradliniger Nasenrücken; leichter Stop; trockener Backenansatz mit flacher Bemuskelung; schmale und gut pigmentierte Lefzen; kräftiges Scherengebiß; schwarze Nase.

Augen: mittelgroß, möglichst dunkel, weder vorstehend noch tiefliegend, leicht mandelförmig; schwarz umrandete Lider; lebhafter, intelligenter und forschender Blick.

Ohren: hoch angesetzt, dreieckig, steif und stehend; Muscheln am Ansatz abgerundet.

Hals: gut abgesetzt, muskulös, ohne Wamme; Nacken leicht gebogen.

Körper: lange und schräge Schultern; wenig breite, aber tiefe und abfallende Brust; ausgeprägter Rist; breiter und gerader, sehr muskulöser Rücken; maßvoll breite Kruppe; mäßiger, weder eingezogener noch windhundartiger Bauch.

Rute: am Ansatz kräftig, mittellang, in Ruhe hängend, Spitze leicht aufgebogen, aufgestellt, wenn der Hund in Aktion ist.

Gliedmaßen: vordere kräftig bemuskelt, Unterarme lang und sehr muskulös; hintere kräftig, ohne Schwere, breite und sehr muskulöse Schenkel, lange, breite, muskulöse, in den Sprunggelenken maßvoll geknickte Läufe, bodennahe, breite und muskulöse Sprunggelenke; keine Wolfsklauen.

Pfoten: eher rund, hinten leicht oval; gekrümmte und sehr dichte Zehen; dicke und elastische Ballen; dunkle und dicke Krallen.

Haar: langes, üppiges, dichtes, gut strukturiertes Fell, das mit dem wolligen Unterhaar einen ausgezeichneten Schutzmantel bildet.

Farbe: mahagonirotbraun mit dunkler Kohlestichelung wird bevorzugt; schwarze Maske.

Fehler: ungenügende Maske; Haarkleid ohne schwarzen Schimmer oder nur stellenweise schwärzlich; Schwanzlosigkeit oder zu kurze Rute; Hängeohren.

Ratschläge für die Haltung: solider, an Witterungsunbilden gewöhnter, selten kranker Hund. Obwohl er Gelegenheit braucht, um sich auszutoben, kann er in der Wohnung leben, wo er sich als zurückhaltend und ruhig erweist, vorausgesetzt, er hat sonst genügend Bewegung. Sein langhaariges und üppiges Fellkleid erfordert wenig Aufwand; gelegentliches Durchbürsten genügt. Zur Zeit des Haarwechsels kommt es häufig vor, daß das Unterhaar ins Stockhaar vordringt, besonders an den Hosen und an der Halskrause, wo die Haare am üppigsten sind. Diese abgestoßene Unterwolle muß ausgekämmt werden. Zwischen den Zehen sind überflüssige Haare regelmäßig auszuschneiden.

Kuvasz

1. Gruppe
Schäferhunde

Dieser große Hirtenhund mit seinem mächtigen Körper und der majestätischen Haltung zeigt zugleich Kraft und Adel. In seiner Heimat Ungarn war er ein bemerkenswerter Hirtenhund, nüchtern und ausdauernd (er ist imstande, ohne anzuhalten und ohne Anstrengung 25–30 km zurückzulegen), widerstandsfähig gegen Witterungsunbilden aller Art, und verteidigte mit großem Mut die Herden auf der Pußta.

Der Kuvasz ist auch ein guter Wächter und berühmt für seine Klugheit. Außerdem ist er gelehrig, leicht auszubilden und unbestechlich. Früher wurde er wegen seines guten Geruchssinns für die Jagd auf Wölfe und Wildschweine verwendet. Er ist auch ein fröhlicher Begleithund, der sich durch Zuverlässigkeit auszeichnet.

Zur Geschichte

Wie bei so vielen anderen Rassen ist die Herkunft des Kuvasz noch ungeklärt. Manche Kynologen glauben, daß es ihn schon zur Zeit der Hunnen gegeben habe. Er sei mit den ursprünglichen ungarischen Stämmen nach Mitteleuropa gekommen. Andere Fachleute dagegen meinen, er sei im 13. Jahrhundert von den Kumanen in die Karpaten gebracht worden, in die dieses ursprünglich türkische Nomadenvolk unter dem Druck der Mongolen einwanderte.

Standard

Allgemeine Erscheinung: Der Kuvasz ist wohlproportioniert, sein Gang raumgreifend, vorn schnürend.

Größe: Rüde 71–75 cm; Hündin 66–70 cm.

Gewicht: Rüde 40–52 kg; Hündin 30–42 kg.

Kopf: edel, länglich; gerade, sich verjüngende, jedoch nicht spitze Schnauze; schwarze Nase; Stirnfurche setzt sich auf dem Nasenrücken fort; starkes, regelmäßiges Scherengebiß; gut anliegende schwarze Lefzen.

Augen: schräg, mandelförmig, dunkelbraun.

Ohren: V-förmig, hoch angesetzt, hängend.

Hals: ziemlich kurz, muskulös, ohne Wamme.

Körper: tiefe Brust; lange, schräge Schultern; mittellanger Rücken; kurze Lendengegend; Kruppe leicht abfallend, muskulös und breit.

Rute: tief angesetzt, reichlich behaart, bis zu den Sprunggelenken reichend, leicht gekrümmt, ohne sich zu ringeln.

Gliedmaßen: vordere gerade und gut gestellt; hintere muskulös und mit langen, kräftigen Sprunggelenken; Afterklauen müssen entfernt werden.

Pfoten: fest geschlossen; elastische Ballen; starke schiefergraue Krallen.

Haar: mittellang (4–12 cm), mit Kämmen und Wirbeln; wolliges Unterhaar.

Farbe: weiß.

Fehler: langer Hals; gerade Ohren; gelbe Augen; geringelte Rute; gelbes Fell.

Ratschläge für die Haltung: Sein Fell muß gebürstet und gekämmt werden.

Komondor

Der kraftvolle und in seinem zottigen Fell imposante Komondor bewegt sich mit viel Grazie. Mit seinem unerschütterlichen Mut schützte dieser Hirtenhund lange Zeit auch die Schafe vor Wölfen und Bären und kämpfte gegen Räuber.

Er ist fähig, seinen Herrn bis zum Tod zu verteidigen, und bewacht heute auch Bauernhöfe und Häuser. Man schätzt ihn in zunehmendem Maß als Begleithund, denn er ist aufopfernd, treu, sehr anhänglich, sanft im Umgang mit Kindern und spielt gerne. Aber er ist empfindlich und verträgt weder Ungerechtigkeit noch zu große Strenge.

Zur Geschichte

Der ungarische Hirtenhund Komondor stammt von den tibetischen Molossern ab, die mit den großen Mongoleneinfällen im 13. Jahrhundert nach Mitteleuropa kamen. 1920 wurde er erstmals auf einer Ausstellung gezeigt, auf der man auch seinen Standard festlegte. Seither ist die Rasse sehr einheitlich geblieben, so daß der Komondor zu einem vollkommenen Begleithund geworden ist. Mit seiner Treue und Zuverlässigkeit ist er in seiner Heimat Ungarn sehr populär. Aber seine Verbreitung in den USA und in ganz Europa nimmt immer mehr zu.

Standard

Allgemeine Erscheinung: sehr großer und mächtiger Hund.
Größe: Rüde 80 cm; Hündin 70 cm.
Gewicht: Rüde 50–60 kg; Hündin 40–50 kg.
Kopf: breit und wohlgeformt, von reichlichen Haaren bedeckt; gewölbter Oberkopf; deutlicher Stirnabsatz; gerader Nasenrücken; schwarze Nase; kräftiges Scherengebiß; festanliegende Lefzen.
Augen: dunkelbraun; Lidränder straff und schwarz.
Ohren: hoch angesetzt, V-förmig hängend.

Hals: eher kurz, muskulös, ohne Wamme.
Körper: Rücken gerade und muskulös; leicht abfallende Kruppe; wenig aufgezogener Bauch.
Rute: tief angesetzt, glatt herabhängend.
Gliedmaßen: vordere säulenartig, mit kräftigen Knochen; hintere gut gewinkelt; lange Schenkel.
Pfoten: dicke Ballen; kräftige Krallen; Katzenpfoten.
Haar: lang, zottig, dicht, mit Unterwolle.
Farbe: weiß.
Fehler: zu klein; gelbe Flecken an Läufen oder Körper; auswärts stehende Hinterläufe.
Ausschließungsgründe: aufgerichtete Ohren; kurze Rute; kurze Haare.

Ratschläge für die Haltung: Dieser Hund muß viel Bewegung haben; er kann weite Strecken laufen. Er ist weder in der Stadt noch in einer Wohnung zu halten. Sein Fell muß in fingerdicke Zotten gezogen werden; man sollte sich die Technik zeigen lassen. Der Komondor ist äußerst robust und liebt es, immer draußen zu sein.

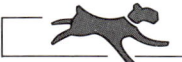  

Grœnendael

Der Grœnendael ist quadratischer als der Deutsche Schäferhund und in einen reichen schwarzen Pelz gehüllt, der manchmal durch einen weißen Stern an der Brust aufgehellt wird. Er ist ein wirklicher „Aristokrat", sowohl körperlich wie seinem Verhalten nach.

Er verfügt über einen überdurchschnittlichen Geruchssinn, ist ein vortrefflicher Springer, widerstandsfähig und mutig, reagiert blitzschnell und bewegt sich außerordentlich behende. Zu allen diesen körperlichen Fähigkeiten, die ihn zu einem gewissenhaften und tüchtigen Schäferhund machen, kommen seine Intelligenz und Sensibilität, die ihn besonders anziehend machen.

Durch Liebe und Überredung erreicht man bei diesem zartbesaiteten Schäfer alles – durch Gewalt und Brutalität gar nichts. Er ist mit Leib und Seele seinem Herrn ergeben und wird alles für ihn tun, wenn er sich geliebt und verstanden fühlt, und er überträgt seine Zuneigung auch auf dessen Kinder, mit denen er leidenschaftlich gerne spielt. Fremden gegenüber verhält er sich mißtrauisch, und er zögert nicht, sich auf einen „ungebetenen Gast" zu stürzen.

Die Belgischen Schäferhunde sind seit langem bekannt. Sie erscheinen auf Stichen und Zeichnungen des 15. Jahrhunderts neben ihren Herren, den Habsburger Prinzen und den Herzögen von Burgund.

Die Ausbildung eines Grœnendaels erfordert viel Fingerspitzengefühl. Bevor er gehorcht, muß er erst begreifen, was man von ihm erwartet, ob er als Schutz- oder Wachhund, als Spür-, Lawinen- oder Hirtenhund eingesetzt werden soll. Da er sich nur an einen Herrn anschließt, verträgt er Wechsel in der Führung schlecht, wie sie bei der Polizei oder im Heer unvermeidlich sind.

1. Gruppe
Schäferhunde

Zur Geschichte

Über die ferne Herkunft der Belgischen Schäferhunde weiß man nichts Genaues. Manche glauben, sie seien Nachkömmlinge der mitteleuropäischen Hirtenhunde. Andere wiederum sind der Meinung, sie seien aus Kreuzungen zwischen lokalen Rassen hervorgegangen, zwischen dem Mâtin (Vlaamsche Trekhond), dem Deerhound und dem von Mönchen im 13. Jahrhundert nach Belgien importierten englischen Windhund. Der erste Grœnendael, der dem heute bekannten Typ entsprach, soll angeblich aus der Kreuzung eines Hirtenhundes namens Picard mit einem langhaarigen Weibchen namens Petite entstanden sein. Der von ihr geborene Welpe wurde nach dem Schloß in der Nähe von Brüssel, wo der Zwinger untergebracht war, Duc de Grœnendael genannt. Durch Paarung mit seinen Schwestern begründete er die Rasse. Seinen Namen erhielt der Grœnendael 1898, als der erste belgische Schäferhundclub bereits seit sieben Jahren bestand. Widerstandskraft gegen Ermüdung und Witterungsunbilden sowie eine ausgewogene Gestalt hatten damals Vorrang vor der Eleganz. In der Folge versuchte man das Aussehen des Grœnendaels zu verbessern, damit dieser kräftige Hund nicht zu einem reinen „Arbeitstier" wurde, sondern auch den Adel und harmonischen Körperbau bewahrte, der ihn heute charakterisiert. 1907 wurde die Rasse in die USA eingeführt, wo sie erst nach dem Ersten Weltkrieg Erfolg hatte. Der wirkliche Aufschwung begann 1920 mit der Festlegung des Standards. 1959 gab der American Kennel Club dem Grœnendael die Bezeichnung Belgischer Schäferhund und anerkannte gleichzeitig die beiden anderen Spielarten, den Tervueren und den Malinois. Die Franzosen, als große Liebhaber dieser prächtigen Hunde bekannt, behaupten, die schönsten Exemplare zu besitzen. Dies hält jedoch Freunde in anderen europäischen Ländern nicht ab, diese Hunde zu züchten.

Wie man einen Spürhund schult

Die Spurensuche ist eine sehr schwierige Kunst, in der nur Hunde mit eigener Initiative mit Erfolg ausgebildet werden können. Der Grœnendael hat alle Voraussetzungen dazu.

Die erste Phase besteht darin, daß sich der Ausbilder einige Meter von seinem Schüler verbirgt und ihn ruft – dieser muß begreifen, daß er ihn suchen und finden muß. Die Übung wird dadurch allmählich erschwert, daß sich der Ausbilder in immer größeren Entfernungen versteckt.

Sobald der Schüler die Suche nach seinem Herrn begriffen hat, muß er einen Gegenstand suchen. Das geschieht in der Weise, daß man ihn verbirgt und den Hund anleitet, ihn zu finden und zurückzubringen. Herr und Hund sind dabei durch eine Leine verbunden, die je nach dem Fortschritt des Tieres verlängert wird. Dann muß der Hund Gegenstände suchen, die fremden Personen gehören. Diese Schulung, die sich auf den Geruchssinn des Hundes stützt, ist im Durchschnitt nach sechs Monaten abgeschlossen.

Die Spurensuche ist eine schwierige Angelegenheit, denn oft wird der Hund erst angefordert, wenn die Gerüche durch Regen oder Wind bereits verändert oder durch Fußspuren anderer Leute überdeckt sind. Selbst die besten Hunde versagen da manchmal.

Standard

Allgemeine Erscheinung: Der Grœnendael ist ein wohlproportionierter, eleganter, aber robuster Hund.

Größe: Rüde 60–65 cm; Hündin 56–60 cm.

Gewicht: im Standard nicht erwähnt (etwa 30 kg).

Kopf: trocken, gut geformt, nicht übertrieben lang; Schnauze zur Nasenkuppe allmählich schmäler werdend; leichter Stirnabsatz; trockene Wangen; dünne, straffe Lefzen; kräftiges Scherengebiß; schwarze Nasenkuppe mit gut geöffneten Nasenlöchern.

Augen: mittelgroß, leicht mandelförmig; bräunlich, möglichst dunkel gefärbt; lebhafter, intelligenter und fragender Blick.

Ohren: hoch angesetzt, dreieckig, hoch getragen; Muscheln an der Basis gut gerundet.

Hals: gut angesetzt, muskulös, ohne Wamme.

Körper: lange und schräge Schultern; tief herabgezogene Brust; betonter Widerrist; Rücken breit, gerade und sehr muskulös; leicht abfallende Kruppe; Bauch mäßig, weder zu hängend noch windhundähnlich aufgezogen, in harmonischer Kurve die Linie der Brust fortsetzend.

Rute: stark an der Basis, mittellang, in Ruhe hängend, Spitze leicht nach oben gekrümmt, bei Aufmerksamkeit erhoben.

Gliedmaßen: vordere mit trockener, kräftiger Muskulatur, langen, gut bemuskelten Unterarmen; hintere kräftig, ohne Schwere, mit breiten und sehr muskulösen Schenkeln, langen, breiten, muskulösen Unterschenkeln mit mäßig gewinkelten, tiefsitzenden kräftigen Sprunggelenken.

Pfoten: eher rund, die hinteren leicht oval; gekrümmte, engstehende Zehen; dicke elastische Ballen; dunkle und starke Krallen.

Haar: kurz am Kopf, den Außenseiten der Ohren, lang und glatt am übrigen Körper, länger und reichlicher um den Hals und am Brustansatz, wo es eine Mähne bildet; Haarbüschel im Ohrinneren; sehr langes, eine Hose bildendes Haar am Hinterteil.

Farbe: einfarbig schwarz (ohne weiße Flecken); ein weißer Brustfleck ist kein Fehler; Duc de Grœnendael, der Stammvater der Rasse, hatte eine weiße Krawatte.

Fehler: rötlich schimmerndes Haar; graue Hose; Nase, Lefzen oder Pupillen entpigmentiert; keine Unterwolle; helle Augen.

Ratschläge für die Haltung: Der Grœnendael ist ein robuster und sehr gesunder Hund. Er muß genügend Auslauf haben. Während des Haarwechsels ist auf die abgestorbenen Haare zu achten, die den Pelz verdicken, besonders an der Hose und der Mähne. Man kann auch das Fell an der Oberfläche der Ohren ausdünnen und allzu lange Haare, die aus der Muschel vorstehen, abschneiden.

Puli

Der Puli war der populärste Hund Ungarns, wo er die großen Schafherden auf der Pußta trieb. Sein üppiges Fell, das teilweise die Formen des Tieres völlig verdeckt, verleiht ihm ein plumpes und struppiges Aussehen. Typisch für diese Rasse sind die kurzen, hüpfenden Schritte, mit denen sich die Tiere ruckartig und schnell fortbewegen.

Das lange, schwere Fell macht den Puli zum Nichtschwimmer; es würde ihn unter Wasser ziehen. Deshalb geht er nur bis zum Bauch ins Wasser.

Dieser intelligente und zuverlässige Wachhund ist zwar ein bißchen kläffig, aber ein folgsamer, treuer Gefährte. Obwohl ursprünglich für das Leben im Freien gezüchtet, kann er gut in der Wohnung gehalten werden.

Zur Geschichte

Der Puli stammt von den frühen asiatischen Schäferhunden ab. Er soll zur Zeit der mongolischen Invasion mit den Magyaren nach Ungarn gekommen sein. Seit 1922 in Deutschland gezüchtet, gelangte er 1930 auch in die USA und ist dort heute sehr beliebt. 1936 anerkannte ihn der Kennel Club in den USA, und 1966 wurde der Standard von der F.C.I. neu erstellt.

Standard

Allgemeine Erscheinung: Der trockene, aber muskulöse Puli ist lebhaft und wendig; Rumpf und Gliedmaßen bilden ein Quadrat.
Größe und Gewicht: 37–47 cm und 13–15 kg.
Kopf: klein und zierlich; kurzer Fang; betonter Stop; ausgeprägte Augenbrauenbogen; große, schwarze und rundliche Nasenkuppe; gerader Nasenrücken; schwarze Lefzen; Scherengebiß.
Augen: lebhaft, kaffeebraun.
Ohren: bilden breites, abgerundetes V, hängend.
Hals: mittellang und muskulös; bildet zum Rükken einen Winkel von 45°.
Körper: schräge Schultern; mittellanger Rücken; kurze Lenden; gewölbte Rippen; etwas kurze, abfallende Kruppe; tiefe und breite Brust; leicht aufgezogener Bauch.

Rute: an den Lenden gebogen; kaum sichtbar.
Gliedmaßen: muskulös; Vorderhand mittellang, fest angesetzt, lange, gerade Unterarme; Hinterhand gewinkelt, trocken, sehr muskulös.
Pfoten: kurz, rund und gut geschlossen; kräftige, schwarze Krallen; harte, federnde Ballen.
Haar: grobes Deckhaar und feine Unterwolle, von deren Verhältnis die Beschaffenheit des Haarkleids abhängt, das lange, fingerbreite Filzzotten bilden soll; wenn die Haare gleichmäßig dicht fallen und gewellt sind, entsteht das Schnürenfell; an Kruppe, Lenden und Keulen länger.
Farbe: klares Schwarz und rötlicher Anflug, Grau, Weiß.
Fehler: zu langer Rumpf oder Nasenrücken; steiler Hals; herabhängende Rute; glattes, offenes oder zu stark verfilztes Fell; hellbraune Augen; waagrechte Kruppe.

Ratschläge für die Haltung: nicht bürsten, selten baden; das Haar muß gezottet werden.

Australian Kelpie

1. Gruppe
Schäferhunde

Ohne Zweifel fließt schottisches Blut durch die Adern dieses kräftigen und flinken Australischen Schäferhundes, was ihm auch den Namen Kelpie eingetragen hat, der in den Sagen seiner Heimat einen sich manchmal in ein Pferd verwandelnden Wassergeist bezeichnet. Als hervorragender Schäferhund arbeitet der Kelpie unermüdlich, häufig auch außer Sicht seines Herrn. Zusätzlich zu seiner großen Schnelligkeit ist er auch ein wenig Akrobat und springt über die Rücken der Schafe, um schneller jene zu erreichen, die er absondern soll. Er ist imstande, ganz allein 50 – 100 Tiere von der Herde zu trennen und zur Wasserstelle zu treiben – und dabei verliert er die übrigen Tiere nicht aus den Augen. Man behauptet, der Hund könne die Arbeit von mehreren Menschen verrichten und an einem einzigen Tag mehr als 60 km zurücklegen.

Für die großen Weiten Australiens ist dieser lebhafte, selbständige und schwer zu beherrschende Hund wie geschaffen. Dort wird er auf den Farmen hauptsächlich als Schäferhund verwendet. In Europa ist der Kelpie kaum bekannt; außer in Australien ist er auch in Neuseeland weit verbreitet.

Zur Geschichte

Seine fernen Ahnen sind vermutlich die gleichen wie die der Hunde auf manchen Inseln des Golfs von Siam, die dem Kelpie erstaunlich ähneln. Dieser hat zweifellos auch Blut vom Dingo, dem wilden Hund Australiens, und ebenso vom kurzhaarigen Collie, der kurz vor 1870 nach Australien gebracht wurde. King's Kelpie, der erste Champion dieser Rasse, siegte 1872 beim ersten australischen Wettbewerb für Schäferhunde. Coil, ein anderer berühmter Champion, gewann 1898 die beiden Prüfungen der nationalen Konkurrenz, obwohl er sich bei einem Unfall einen Hinterlauf gebrochen hatte. Die Robustheit des Kelpies wurde so glänzend bewiesen.

Standard

Allgemeine Erscheinung: robust, lebhaft.
Größe und Gewicht: 40 cm und 13–15 kg.
Kopf: lang und schmal, zwischen den Ohren breiter; ausgeprägter Stirnabsatz; Nasenrücken relativ lang; kräftige, gut schließende Zähne.
Augen: dunkel, mandelförmig, ausdrucksvoll.
Ohren: mittelgroß, spitz, steil aufgerichtet getragen, den aufmerksamen Eindruck, den der Hund macht, verstärkend.
Hals: kräftig, ein wenig gebogen.

Körper: tiefe Brust; gerader Rücken; gut entwickelte Lendengegend; kräftige, gerundete Kruppe.
Rute: mittellang, gut behaart, ziemlich tief getragen.
Gliedmaßen: vordere gerade und muskulös; hintere lang, gut bemuskelt.
Pfoten: rund, geschlossen; gekrümmte Zehen; harte Ballen.
Haar: kurz und glatt.
Farbe: meist schwarz mit Weiß und Rot oder Fuchsrot oder einheitlich schwarz, braun oder rot.

Ratschläge für die Haltung: robuster Hund, der ein Leben in der Wohnung nicht verträgt.

Sheltie

Der Sheltie, bisweilen auch noch Shetland Sheepdog genannt, ist kein Zwerg-Collie, wie manche meinen, sondern eine eigenständige Rasse. Er ist selbstbewußt, robust und lebhaft, dabei aber sehr feinfühlig. Wenn es darum geht, den eigenen Kopf durchzusetzen, handelt er klug, fast möchte man sagen: raffiniert. Er beweist seinem Herrn rund um die Uhr seine Treue, will dafür aber stets und überall dabeisein. Der Sheltie ist kein Hund, den man mal beim Nachbarn abgeben kann. Fremden gegenüber zeigt er sich mißtrauisch und ablehnend, und wenn Bekannte der Familie mit ihm Freundschaft schließen wollen, weicht er gewöhnlich aus – er nimmt von ihnen zwar gerne Leckerbissen an, läßt sich aber dadurch nicht gewinnen. Der Sheltie gehört zu den Britischen Hütehunden, und sein Hüte- und Bewachungstrieb ist auch heute noch so stark ausgeprägt, daß er Haus und Garten zuverlässig bewacht.

Wildern und Jagen ist ihm zwar fremd, dennoch sollte man einen Sheltie niemals in Waldnähe frei laufen lassen, denn er könnte von Jägern mit einem Fuchs verwechselt werden. Heute wird er viel in der Stadt gehalten, denn er fühlt sich auch in Etagenwohnungen wohl.

Zur Geschichte

Der Shetland Sheepdog stammt, wie schon sein Name sagt, von den Shetlandinseln. Er war ein zäher, zuverlässiger Hütehund der Schafherden. Zweifellos wurde er später mit dem Collie gekreuzt, was sich bis heute mit Shelties in Übergröße bemerkbar macht. Der Sheltie ist seit 1840 bekannt, und der erste Shetland Collie Club wurde 1906 gegründet. Der Shetland Sheepdog Club entstand 1914. In Deutschland registrierte man 1935 den ersten Sheltie. Baronin von Richthofen-Schweidnitz war die erste deutsche Züchterin dieser Rasse. Heute erfreut sich der Sheltie in England größter Beliebtheit. In Deutschland war die Rasse lange Zeit fast unbekannt und findet erst jetzt einen ständig wachsenden Liebhaberkreis. Der Club für Britische Hütehunde betreut den Sheltie.

Standard

Allgemeine Erscheinung: sehr schön und reichbehaarter, intelligenter und wachsamer Hund mit schnellen und eleganten Bewegungen.
Größe: Rüde 36,5 cm; Hündin 35 cm.
Gewicht: im Standard nicht erwähnt.
Kopf: von oben gesehen ein langer, stumpfer Keil; Schädel flach und mäßig breit zwischen den Ohren; leichter, aber sichtbarer Stop; Scherengebiß; Nase immer schwarz.
Augen: schräg gestellt, mandelförmig, dunkelbraun, blau bei blaumarmorierten Tieren.
Ohren: bei Ruhe zurückliegend, bei Aufmerksamkeit halbhoch stehend mit nach vorn fallenden Spitzen.
Hals: gut muskulös, gut gewölbt und lang genug, um den Kopf stolz tragen zu können.

Körper: angemessen lang; gerader Rücken; tiefer Brustkorb, gut gewölbte Rippen; flache Schultern.
Rute: tief angesetzt, sie muß stark behaart sein und mindestens bis zum Sprunggelenk reichen; in der Bewegung wird sie erhoben, aber niemals über dem Rücken getragen.
Gliedmaßen: vordere gerade und starkknochig; hintere mit muskulösen Keulen, gut abgewinkelt.
Pfoten: oval und geschlossen.
Haar: hat zwei Schichten, das Deckhaar ist lang, rauh und glatt, die Unterwolle weich, kurz und dicht; Mähne und Brusthaar müssen lang und dicht, die Vorderläufe gut befedert sein.
Farbe: tricolour, sable (gelb-weiß), blue merle (blaumarmoriert), schwarz-weiß und schwarzbraun.
Fehler: mehr als 2,5 cm über Standardgröße.

Ratschläge für die Haltung: idealer Wohnungshund, will aber ständig Gesellschaft. Nicht für Haltung im Garten geeignet Das Haar verfilzt nicht, der Haarwechsel ist aber nicht zu übersehen – dagegen hilft jedoch der Staubsauger.

Mastiff

Der Mastiff geht, so nehmen die Fachleute an, wahrscheinlich über die assyrischen Doggen und über den griechischen Molosser auf die Tibetdogge zurück. Er scheint mit den Hunden der chinesischen Literatur aus dem 12. Jahrhundert v. Chr. oder den löwenjagenden Doggen, die auf assyrischen Flachreliefs dargestellt sind, verwandt zu sein.

Zu allen Zeiten ließ man den Mastiff gegen Tiere kämpfen, die viel größer waren als er: So beschreibt beispielsweise der „Vater der Geschichte", Herodot, den Kampf zwischen einem Mastiffweibchen und einem Elefanten, und der englische Dichter Chaucer berichtet von einer Meute, die über 20 weiße, hirschgroße Mastiffs zählte und Löwen und Damwild jagte; und Julius Cäsar war von diesen „breitmäuligen Hunden" beeindruckt, als sie bei der Invasion der Britischen Inseln an der Seite der Einheimischen kämpften.

Der Mastiff ist ein guter Wachhund, braucht allerdings eine starke Hand, da er sonst gefährlich werden könnte.

2. Gruppe
Wach-, Schutz- und Gebrauchshunde

Zur Geschichte

Über die frühen Ursprünge dieser Rasse sind sich die Wissenschaftler nicht einig. Das bekannteste Mastiffgeschlecht geht auf eine Hündin zurück, die berühmt wurde, weil sie bei der Schlacht von Azincourt 1415 ihren verletzten Besitzer mehrere Stunden lang verteidigte. Während des Zweiten Weltkriegs wäre die Rasse fast ausgerottet worden, wenn nicht einige in die USA exportierten Exemplare überlebt hätten. Der internationale Standard wurde 1876 festgelegt.

Standard

Allgemeine Erscheinung: wuchtig, gut gebaut.
Größe und Gewicht: im Standard nicht erwähnt (über 75 cm; 100 kg und mehr).
Kopf: massig; flache, faltige Stirn; Fang kurz, stumpf endend und viereckig; deutlich markierter Stop; breite, kräftige Kiefer; schwarze Nase.
Augen: dunkelhaselnußbraun.
Ohren: hoch angesetzt, hängend.
Hals: ziemlich lang, leicht geschwungen, muskulös.

Körper: leicht schräge, schwere, muskulöse Schultern; breite, tiefe Brust; gebogene Rippen; Rücken und Lenden breit und muskulös; tiefe Flanken.
Rute: hoch und breit angesetzt.
Gliedmaßen: vordere gerade und kräftig; hintere breit und muskulös, mit gut gewinkelten Sprunggelenken.
Pfoten: breit, rund, mit schwarzen Krallen.
Haar: kurz, dicht.
Farbe: apricot, grau, gelb, dunkelgold gestromt.
Fehler: zu klein; zu leicht.

Ratschläge für die Haltung: Dieser kurzhaarige Hund ist einfach zu pflegen; Bürsten genügt.

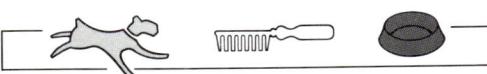

Neufundländer

Dieser gewaltige Hund mit dem massigen Kopf und den sanften Augen beeindruckt durch seine ruhige Kraft – dadurch wurde der Neufundländer in allen Ländern der Welt der Inbegriff für Ergebenheit und Mut.

Im 19. Jahrhundert erkannten französische Fischer seine Fähigkeiten und brachten ihm das Seemannsleben bei. Sie setzten ihn ein, wenn Schiffbrüchige gerettet werden mußten; seine Tagesarbeit aber war, Fische einzusammeln, die durch die Maschen der Netze geschlüpft waren. Nicht selten konnte man einen Neufundländer sehen, der 25–30 Fische holte, sobald die Trawler beidrehten. Außerdem half er, im Wasser Netze zu schleppen.

Eine Anekdote bezeugt sein Talent als Fischer. Vor 150 Jahren sah sich in Großbritannien der Herzog von Tankerville gezwungen, gegen den Neufundländer des Grafen von Home einen Prozeß anzustrengen. Dieser Hund war ein Meister in der Kunst des Lachsfangs: Er fischte mit Eifer den Fluß leer, der durch das Gebiet des Herzogs floß. Der Hund lauerte an einer Staustufe, die es den Lachsen ermöglichte, stromaufwärts zu schwimmen, und fing sie am Durchfluß. Er fraß sie nicht auf, sondern legte sie am Ufer in einer Reihe ab. Trotz der 10–20 Lachse, die er jeden Vormittag schlug, fiel der Urteilsspruch des Gerichts zu seinen Gunsten aus.

Auf der Insel, deren Namen er trägt, wurde der Neufundländer früher als Zughund eingesetzt; man spannte ihn vor die Schlitten. Gegen Ende des letzten Jahrhunderts besorgte er auch den Posttransport zwischen den einzelnen Ansiedlungen auf der Insel.

In Kanada war der Neufundländer gleichermaßen sehr geschätzt und wurde als Hund für alle möglichen Aufgaben verwendet: Er jagte, hütete Herden und Häuser und zog auch Karren.

Die Ausbildung des Neufundländers zum Rettungshund ist leicht. Seine Liebe zum Wasser und seine Intelligenz machen es ihm möglich, sich wirklich sehr schnell die verschiedensten Rettungsmanöver anzueignen. Auf Befehl oder auf Anruf kommt er Schiffbrüchigen zu Hilfe, bringt sie an Land, kann ein abgetriebenes Boot ziehen und vom Ufer oder von einem Schiff aus ins Wasser springen.

In der Familie ist er ein friedfertiger, gutmütiger und bezaubernder Hund. Er verträgt sich sogar mit Katzen; nicht selten sieht man ihn voller Hingebung junge Kätzchen lecken – und das unter dem unbesorgten Blick der Mutter. Er ist lieb, sanft, beißt nicht, bellt nicht grundlos, was ihn aber nicht daran hindert, ein guter Wachhund zu sein.

Der Neufundländer ist von bewährter Treue, seinem Herrn tief ergeben, und darum erträgt er es nicht, wenn er von ihm getrennt wird oder in andere Hände kommt. Da er sehr verspielt ist und ausgelassen sein kann, ist er auch ein lustiger Gefährte für Kinder; er versteht sich ausgezeichnet mit ihnen und beschützt sie instinktiv. So viele Charaktervorzüge haben den englischen Dichter Lord Byron veranlaßt, ihn in einem knappen, aber beredten Satz zu loben: „Der Neufundländer hat alle Tugenden des Menschen, aber keinen seiner Fehler!"

Zur Geschichte

Der Neufundländer ist vermutlich einer der wenigen ureingesessenen Hunde des nordamerikanischen Kontinents. Nach Meinung einiger Autoren soll der Neufundländer von großen schwarzen Hunden abstammen, die der norwegische Seefahrer Leif Eriksson mitgebracht habe. Eriksson erreichte im frühen 11. Jahrhundert die Ostküste Nordamerikas. Andere wiederum meinen, er sei aus einheimischen Labradors und eingeführten nordischen Hunden hervorgegangen, die im 18. Jahrhundert von Seefahrern eingeführt worden seien. Man sagt auch, er habe Blut vom Bernhardiner, ja sogar vom Pyrenäenberghund, den baskische Fischer mitgebracht hätten. Indessen scheinen ihn die Indianer schon 1000 Jahre v. Chr. gekannt zu haben, denn man hat in Gräbern von Indianerhäuptlingen aus dieser und sogar früheren Epochen Knochenreste von ihm gefunden. Wie dem auch immer sei, der Ursprung der Rasse bleibt unbestimmt. Der erste Zuchtverein für Neufundländer wurde 1886 in Großbritannien gegründet.

Hunde mit Schwimmhäuten

Der Neufundländer hat zwischen den Zehen eine Haut, die bis zum zweiten Glied reicht. Sie hält die Ballen auseinander und bildet aus der Fußsohle eine Fläche, die dem Hund beim Schwimmen große Geschicklichkeit verleiht.

Doch der Neufundländer ist nicht der einzige Hund, der diese Besonderheit aufweist: Auch andere Wasserhunde haben sie, z. B. der Labrador; aber man nimmt an, daß die Gene des Neufundländers den Ursprung für die europäischen Rassen mit Schwimmflossenpfoten darstellten.

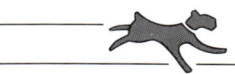

Standard

Allgemeine Erscheinung: großer, starker Hund, der sich mit Leichtigkeit bewegen soll.
Größe: Rüde 70 cm; Hündin 65 cm.
Gewicht: Rüde 50–62 kg; Hündin 40–50 kg.
Kopf: breit und massig; gut entwickelter Hinterkopf; kurze, eher eckige Schnauze; gut markierter Stop; Scherengebiß.
Augen: dunkelbraun, mandelförmig, klein, eher tiefliegend.
Ohren: klein, dreieckig, hoch angesetzt, anliegend.
Hals: kräftig, fest auf Schultern und Rücken aufsitzend.
Körper: tiefe und ziemlich breite Brust; mächtige Rippen; breiter Rücken; starke, muskulöse Lenden.
Rute: mittellang, dicht behaart; sie soll weder eine Fahne bilden noch über den Rücken gebogen sein.
Gliedmaßen: vorn gerade, muskulös, Ellbogen weit hinunterreichend; hinten sehr kräftig; Oberschenkel breit.
Pfoten: groß, breit und gut geformt; Zehen mit Schwimmhäuten.
Haar: lang, schlicht, dicht; dichtes Unterhaar; starke und von Natur ölige Struktur.
Farbe: schwarz, braun und weiß-schwarz; ein kleiner weißer Fleck auf der Brust und an den Pfoten wird toleriert.
Fehler: schwacher oder eingefallener Rücken; Kuhhessigkeit; gespreizte oder nach außen stehende Pfoten.

Ratschläge für die Haltung: Der Neufundländer muß sich austoben und in aller Muße baden können. Er verabscheut Wärme. Seinen Pelz mit einem Striegel bürsten. Shampoos sind nicht zu empfehlen.

Der Neufundländer als Rettungshund

Der Neufundländer verfügt über erstaunliche Kraft und große Intelligenz. Diese Eigenschaften und seine Anpassungsfähigkeit ans Wasser machen ihn zu einem ausgezeichneten Rettungshund.

Die Ausbildung, der er in diesem Fall unterzogen wird, fördert Ausdauer und Gehorsam. Nach und nach wird er durch Übung im Schwimmen noch schneller und noch kräftiger. Ganz zu Anfang bringt man ihm bei, Gegenstände zu apportieren. Der Hund lernt, eine Boje zu „retten", dann ein immer schwereres Boot und schließlich eine mannsgroße Puppe. Die Ausbildung ist abgeschlossen, wenn er in der Lage ist, einen Taucher am Arm aus dem Wasser zu ziehen.

Aber der Neufundländer kann nur ein guter Retter sein, wenn er auch Initiative zu ergreifen vermag: Er muß beispielsweise selbst den kürzesten und sichersten Weg herausfinden, um jemanden aus dem Wasser zu holen.

Deutsche Dogge

Der Franzose Buffon bezeichnete in seinen ersten Klassifikationen diesen prächtigen Hund als *Great Dane* (großer Däne); unter dieser Bezeichnung ist er noch heute in allen englischsprachigen Ländern bekannt, während die Italiener es lange Zeit vorzogen, ihn nach seiner Herkunft *Alano* (spanische Bulldogge) zu nennen. Das Wort Dogge gibt deswegen zu Diskussionen Anlaß, weil sich der Hund deutlich durch die Größe des Kopfes, durch Gesichtsbildung, Schnauze und Gebiß von den Mitgliedern der Doggenfamilie unterscheidet. Aus diesem Grund zögerten manche Puristen lange, ihm diesen Namen zuzubilligen, obwohl er der einzige ist, unter dem ihn die F.C.I. anerkannt hat. Berühmt gemacht hat die Deutsche Dogge im 19. Jahrhundert der Reichskanzler Bismarck, denn er wählte sie zum Begleiter.

Majestätisch, elegant, athletisch, prächtig – man ist nicht um Eigenschaftswörter verlegen, um diesen Riesen unter den Hunderassen zu ehren, der überall, wo er hin-

Zur Geschichte

Die Deutsche Dogge stammt von den tibetischen Molossern ab, die die Ahnen aller Doggen und großen Hunde sind. Man glaubt, daß phönikische Kaufleute sie in das Mittelmeergebiet gebracht haben. Von da kamen sie nach Gallien, dann nach England. Wahrscheinlich waren es die Alanen, die, als sie von Attila aus Mitteleuropa vertrieben wurden, diese Hunde im 5. Jahrhundert nach Frankreich mitbrachten. Eine Abart davon entwickelte sich zur Bordeauxdogge. Von ihr stammt durch Kreuzung mit Windhunden die heutige Deutsche Dogge ab. Ihr Standard wurde 1880 festgelegt und später von den Briten für ihren Great Dane übernommen.

kommt, Aufsehen erregt. Mit seinem noblen Kopf, seinem harmonischen Körperbau, seiner schlanken, kräftigen Muskulatur, seinem ausgreifenden, geschmeidigen Gang lenkt er alle Blicke auf sich.

Er ist schon durch seine Statur ein eindrucksvoller Wachhund, trotzdem jedoch liebevoll in seinem Verhalten zu Hause, geduldig mit Kindern, seinem Herrn treu ergeben, mißtrauisch aber Fremden gegenüber. Dieser Koloß mit dem zärtlichen Herzen stößt auf Unverständnis: Man hält ihn für gefährlich, obwohl Zuchtwahl und Ausbildung über alle Schwierigkeiten hinweg die Ausschaltung unerwünschter Eigenschaften gestatten. Und deshalb wird dieser Hund trotz eines zeitweiligen Unverständnisses von allen jenen gepriesen, die ihn gut kennen.

Standard

Allgemeine Erscheinung: großer Hund mit edlem Körperbau, eleganten, geschmeidigen Bewegungen, ohne Nervosität.
Größe: Rüde 80 cm; Hündin 72 cm.
Gewicht: im Standard nicht erwähnt (etwa 60 kg).
Kopf: länglich, ausdrucksvoll, fein geformt; Stirnabsatz deutlich; Stirn parallel zur Nase; Schnauze und Oberkopf von gleicher Länge; Lefzen stark ausgeprägt; Nase groß und schwarz; Scherengebiß.
Augen: rund, mittelgroß, sehr dunkel; bei blauem Fell werden hellere Augen toleriert; bei Schecken sind hellere oder andersfarbige Augen unerwünscht, aber zugelassen.
Ohren: spitz kupiert, aufrecht getragen, steif und gerade.
Hals: lang, trocken, muskulös, leicht gebogen, ohne Wamme.
Körper: Brust bis zu den Ellbogen reichend, tief und gut gerundet; Rücken kurz und fest; Kruppe voll; Lendenpartie kräftig, gerundet; Bauch gut gewölbt; Schulterblätter lang und schräg.
Rute: hoch angesetzt, nur bis zu den Sprunggelenken reichend, breit am Ansatz und in eine Spitze auslaufend.
Gliedmaßen: vordere kräftig und gut bemuskelt, Gelenke senkrecht; hintere mit breiten, starken Keulen und langen, kräftigen Unterschenkeln.
Pfoten: gerundete Katzenpfoten; kurze, kräftige Krallen.
Haar: kurz, dicht, glänzend.
Farbe: bei gestreiften oder gestromten Doggen Grundfarbe Goldgelb, heller oder dunkler; für gelbe Doggen helles oder dunkleres Gold mit schwarzer Maske; bei blauen Doggen Stahlblau ohne Spuren von Gelb bis Schwarz; bei schwarzen Doggen glänzendes Lackschwarz; bei getigerten oder gefleckten Doggen Grundfarbe Reinweiß mit unregelmäßig über den ganzen Körper verteilten schwarzen Flecken.
Fehler: apfelförmiger, gerundeter oder keilförmiger Kopf; kein Stirnabsatz; spitze Schnauze; hängende Lefzen; kein Scherengebiß; Zahnfäule; helle, zu eng stehende Augen; sichtbare Bindehaut; schlecht getragene Ohren; zu kurzer Hals; Wamme; abfallender oder erhöhter Rücken; Rute zu lang oder zu hoch getragen; Ellbogen nach innen oder außen gedreht; auswärts oder einwärts stehende Vorderläufe; Hasenpfoten; Afterklauen an den Hinterläufen; Haar zu lang oder matt; Isabellfarbe. Vom Verkauf ausgeschlossen: Albinos.

Ratschläge für die Haltung: nicht für das Leben in Kleinstwohnungen geeignet. Der Hund hat einen starken Bewegungsdrang, besonders während des Wachstums, braucht aber wenig Pflege. Er frißt viel, 1–2 kg Fleisch täglich, ebensoviel Reis, Karotten, grünes Gemüse und Käse. Seine Ohren müssen im zweiten bis dritten Lebensmonat kupiert und notfalls mehrere Wochen lang mit einem Häubchen hochgebunden werden.

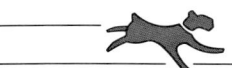  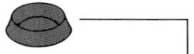

Grönlandhund

Auch heute noch lebt der Grönlandhund in großer Zahl in seiner Heimat Grönland, der größten Insel der Erde, die fast vollständig vom Inlandeis bedeckt und nur auf einem schmalen Küstenstreifen bewohnt ist. Mensch und Tier wird unter diesen lebensfeindlichen Bedingungen das Äußerste abverlangt. Die Hunde sind auf Grönland wie eh und je im Winter das einzig zuverlässige Transportmittel: Es gibt keine Straßen, Motorschlitten konnten sich wegen der zerklüfteten Landschaft nicht durchsetzen, das Meer ist meterdick gefroren, und das stürmische Wetter bringt häufig den Flugverkehr zum Erliegen. Deshalb sind die Schlittengespanne für die Grönländer auch heute noch lebensnotwendig. Die Hunde werden als reine Arbeitstiere angesehen, die ein Höchstmaß an Leistung, Zugkraft, Ausdauer und Widerstandskraft aufweisen müssen.

Zwar lebt der Grönlandhund in seiner Heimat als echte Naturrasse, die in erster Linie durch die erbarmungslose Natur geformt wurde, doch auch die Grönländer prägten ihre Hunde nach ihren Bedürfnissen und Vorstellungen. So berichtet Jean Malaurie von Grundsätzen der Zuchtauswahl: „Mut und Kühnheit, die bei der Bärenjagd sehr kostbar sind, kommen durch die Mutter, und sie muß entsprechend ausgewählt werden; Schnelligkeit und Kraft kommen vom Vater." Es ist selbstverständlich, daß man solche Tiere nicht ohne weiteres in unsere zivilisierte Welt verpflanzen kann. Selbst in Skandinavien und in der Schweiz, seiner europäischen Heimat, wo es den Grönlandhund schon seit dem Bau der Jungfraubahn gibt, ist die Anzahl der Grönlandhunde sehr begrenzt geblieben, und in den übrigen europäischen Ländern ist er die seltenste Rasse der Schlittenhunde und wird nur von ausgesprochenen Liebhabern gehalten.

Der Grönlandhund ist ein ausdauernder und harter Arbeiter. Von diesem Arbeitswillen und dem streng geordneten Zusammenleben im Rudel ist sein Charakter geprägt. Fehlen ihm die Anforderungen der Schlittenarbeit – die körperliche Auslastung und die notwendige Disziplin –, so explodieren seine Energien, und er ist nur noch schwer zu halten. Jeder Grönlandhund sollte deshalb arbeiten – allein vor dem Schlitten oder im Gespann.

Die strenge Rangordnung, die im Rudel immer wieder neu bestimmt wird, muß auch vom Menschen respektiert werden. Das gilt nicht nur für die Hunde untereinander, sondern auch für den Menschen: Er muß sich seinen Platz als Chef erst erringen und dann auch erhalten. Sorgt man für ausreichende Arbeit und klare Führung, so kann man einen Grönlandhund gut halten. Seine scheinbare Wildheit entpuppt sich oft als Ungestüm und Lebensfreude. Für eine liebevolle Ansprache sind Grönlandhunde mehr als dankbar. Kaum zu verhindern ist allerdings, daß Grönlandhunde gern und heftig um die Rangordnung im Rudel streiten, was nur selten ohne Blessuren abgeht. Rudelfremden Hunden gegenüber verhalten sie sich oft recht ablehnend. Auch der alte Bärenjäger ist in vielen Hunden noch sehr lebendig, was nicht verwundert, denn die meisten der in Europa lebenden Hunde stammen von Tieren ab, die aus Alaska eingeführt wurden.

2. Gruppe
Wach-, Schutz- und Gebrauchshunde

Zur Geschichte

Vor etwa 2000 Jahren kamen nomadisierende Eskimo auf die bis dahin völlig unbewohnte Eisinsel Grönland. Sie hatten ihre unentbehrlichen Helfer bei sich – ihre Schlittenhunde. Diese entwickelten sich im Lauf der Jahrhunderte in der Abgeschiedenheit der arktischen Insel zu einer eigenständigen Rasse der Schlittenhunde. Die harten Lebensbedingungen auf der Insel, der immerwährende Kampf ums Überleben und die natürliche Auslese hatten zur Folge, daß die Hunde fast grenzenlos leistungsfähig und ausdauernd sowie äußerst genügsam wurden. Damit waren sie die idealen Helfer bei der Eroberung der Pole. Gleich, wer nun von den beiden Amerikanern Cook (1908) und Peary (1909) als erster den Nordpol erreichte – sicher ist, daß beide nur mit „ihren" Grönländern – Menschen und Hunden – ihr Unternehmen vollenden konnten. Und auch beim Kampf um die Bezwingung des Südpols verdankte der Norweger Amundsen im Jahr 1911 seinen Grönlandhunden den Sieg. Sein Rivale, der Engländer Scott, mußte den Irrtum bei der Wahl seiner Transporttiere – er setzte Islandpferde ein – mit dem Leben bezahlen. Der heutige Rassehund nach Standard entstand erst nach dem Zweiten Weltkrieg in den skandinavischen Ländern. Deshalb gilt Skandinavien auch als „Ursprungsland" des Grönlandhundes. Der Standard wurde 1957 weltweit anerkannt.

Standard

Allgemeine Erscheinung: starker Polarhund, gebaut für harte Arbeit als Schlittenhund unter extremen Bedingungen.
Größe: Rüde 60 cm; Hündin 55 cm.
Gewicht: im Standard nicht erwähnt (25–35 kg).
Kopf: Schädel breit und leicht gewölbt; Stop deutlich ausgeprägt; Schnauze kräftig, keilförmig, nicht spitz; Nasenrücken breit, gerade; Nase im Sommer schwarz, im Winter fleischfarben; Lefzen dünn und eng geschlossen; Gebiß außerordentlich kräftig; Scherengebiß.
Augen: dunkel oder der Haarfarbe entsprechend, schräg eingesetzt, nicht hervorstehend, mit freiem, furchtlosem Ausdruck.
Ohren: dreieckig, aufrecht stehend.

Hals: sehr kräftig und kurz.
Körper: Rumpf sehr stark und gut bemuskelt; Brust breit, tief; Rücken gerade; Lenden breit; Bauch nicht aufgezogen.
Rute: buschig, hoch angesetzt, über dem Rücken und seitlich geringelt.
Gliedmaßen: Vorderläufe starkknochig, kräftig bemuskelt, von vorn gesehen gerade; Hinterläufe sehr kräftig, nur leicht bemuskelt, von hinten gesehen gerade.
Pfoten: relativ groß, rund, mit starken Krallen und widerstandsfähigen Ballen.
Haar: weiche, dichte Unterwolle; langes, rauhes, gerades, dichtes Deckhaar, nicht wellig und ohne Locken.
Farbe: alle Farben zugelassen.
Fehler: Albino.

Ratschläge für die Haltung: Die Führung eines Grönlandhundes erfordert viel Einfühlungsvermögen, man muß sich aber auch konsequent durchsetzen können. Wenn er ausreichend beschäftigt wird, ordnet er sich mühelos in sein „Rudel" Familie ein und lernt schnell, was Gebote und Verbote sind.

Leonberger

Er heißt nach der Kleinstadt Leonberg in Baden-Württemberg, in der die Rasse geschaffen wurde; Leonberg bedeutet Löwenberg – und der Leonberger ähnelt auch in gewisser Weise einem Löwen, wie es der geniale Züchter Heinrich Essig, sein Erfinder, gewollt hatte: Sein Fell ist löwenfarbig, er hat eine Halskrause oder Mähne und ist groß, stark und mutig.

Der erste Leonberger wurde 1846 geboren; er war aus Kreuzungen zwischen Landseer, Bernhardiner und einem weißen Hirtenhund aus den Pyrenäen hervorgegangen. Bereits in den sechziger Jahren hatte sich die Rasse endgültig durchgesetzt. Um das Jahr 1870 sollen bis zu 1000 Mark für besonders schöne Exemplare gezahlt worden sein – eine für die damalige Zeit wahrlich schwindelerregende Summe. Er wurde Freund und Begleiter von Königen, Fürsten und berühmten Künstlern; so hielten beispielsweise Bismarck und Wagner Leonberger. Auf einem Gemälde im Kunsthistorischen und Naturhistorischen Museum der Stadt Wien ist ein wunderschöner Leonberger neben Sissi, der österreichischen Kaiserin Elisabeth, abgebildet. Und als Romy Schneider im Film die Sissi spielte, bekam sie den Leonberger Rüden namens Tassolein als Partner.

Heute ist die Rasse nicht nur in ihrem Heimatland weit verbreitet, sondern erfreut sich auch in Belgien, Dänemark, Frankreich, Österreich, in den Niederlanden und in der Schweiz großer Beliebtheit, und der Kreis seiner Anhänger nimmt ständig zu. Jeden Herbst treffen sich Freunde der Rasse aus nah und fern in Leonberg, um die schönsten Exemplare auszuzeichnen.

Der stattliche, majestätisch anmutende Koloß mit dem treuen Blick ist ein unbestechlicher Schutz-, Wach- und Begleithund, auf den man sich verlassen kann. Seine unabdingbare Treue und Anhänglichkeit seinem Herrn gegenüber ist sprichwörtlich, und Kinder mag er besonders gern. Er ist klug, gelehrig und überaus gutmütig, braucht aber viel Liebe und muß wie ein Familienangehöriger behandelt werden – dann fühlt er sich wohl und gibt die empfangene Zuneigung doppelt zurück.

**2. Gruppe
Wach-, Schutz- und Gebrauchshunde**

Zur Geschichte

Im Gegensatz zu manchen Kynologen, nach denen der Leonberger eine sehr alte Rasse sein soll, datiert der Deutsche Club für Leonberger die Entstehung auf das Jahr 1846. Der Leonberger Tierfreund Heinrich Essig (1808–1889) wollte einen großen Hund züchten, der dem Wappentier seiner Stadt, dem Löwen, nahekam. Er kreuzte eine schwarzweiße Landseerhündin mit einem langhaarigen Bernhardinerrüden. Die Nachkommen ließ er sich über vier Generationen fortpflanzen. Das Ergebnis stellte ihn nicht zufrieden. Als er dann zufällig einen großen weißen Hirtenhund aus den Pyrenäen erhielt, bezog er ihn in seine Kreuzungen mit ein. Die folgenden Würfe entsprachen seiner Vorstellung – er züchtete einen Hund, der in seinen Charakter- und Körpermerkmalen alle Vorzüge seiner Vorfahren aufwies.

Lawinensuchhunde

Der Leonberger ist ein sehr guter Lawinensuchhund. Die in mehreren Abschnitten ablaufende Ausbildung beginnt im Alter von etwa zehn Monaten. Zunächst vergräbt sich der Besitzer des Hundes im Schnee, und ein Ausbilder gibt die Befehle „such" und „grab". Anschließend gräbt sich der Besitzer des Tieres immer tiefer ein. Im nächsten Abschnitt wird der Besitzer zusammen mit einer weiteren Person im Schnee eingegraben, deren Geruch der Hund nicht kennt. Im dritten Abschnitt muß das Tier einen Fremden im Schnee suchen und dabei nun auf seinen Besitzer hören. Als Abschluß schließlich muß das Tier Verschüttete in einem künstlichen Lawinenfeld ausmachen.

Dabei entwickelt jeder Hund seine eigene Methode: Entweder er setzt eine Pfote an die Stelle, an der er etwas aufgespürt hat, und beginnt kräftig zu graben, oder er kreist um die ausfindig gemachte Stelle. Durch seine sehr ausdrucksvolle Mimik teilt er seinem Besitzer mit, ob die Verschütteten tot oder noch am Leben sind.

Lawinensuchhunde können je nach ihrer körperlichen Verfassung bis ins Alter von sieben oder acht Jahren und noch länger arbeiten. Die besten sind in der Lage, 15–16 Stunden hintereinander zu suchen, wenn sie jede Stunde einige Minuten ausruhen.

Seit 1977 gibt es einen Befähigungsnachweis für Lawinenhunde, der Besitzer und Hund gleichzeitig verliehen wird.

Standard

Allgemeine Erscheinung: großer, kräftiger, muskulöser, aber eleganter Hund.
Größe: Rüde 72–80 cm; Hündin 65–75 cm.
Gewicht: im Standard nicht erwähnt (etwa 80 kg).
Kopf: Oberkopf mäßig gewölbt; Stirnabsatz mäßig; Nasenrücken gleichmäßig breit; Lefzen tiefschwarz.
Augen: mittelgroß, hell- bis dunkelbraun, mit klugem, gutmütigem Ausdruck.
Ohren: hoch angesetzt, schlicht am Kopf anliegend, abgerundet, fallend.
Hals: kräftig, ohne Wamme.
Körper: etwas länger als am Widerrist hoch; Nierenpartie kräftig; Brustkorb tief und nicht zu tonnenförmig; Rücken stramm.
Rute: sehr reich behaart, stets halb gesenkt getragen, nie zu hoch oder gar auf dem Rücken gerollt.
Gliedmaßen: Vorderläufe muskulös, gerade, normal gestellt, mit kräftigen Knochen; Hinterläufe mit kräftig bemuskelten Keulen, gut ausgeprägten, eher mehr gewinkelten als zu steilen Kniegelenken.
Pfoten: gut geschlossen, ziemlich gerundet, Zehen meistens durch Schwimmhäute verbunden.
Haar: mittelweich bis derb, reichlich lang, schlicht, gewellt zugelassen, mit guter Unterwolle; Hals und Brust mit Mähne versehen.
Farbe: löwenfarbig, goldgelb bis rotbraun mit schwarzer oder dunkler Maske, dunkle bis schwarze Haarspitzen erlaubt.
Fehler: helle Augen; ausgeprägtes Rollhaar; starke Ringel- oder Hakenrute; braune Nase. Bissigkeit und scheues Wesen.

Ratschläge für die Haltung: Der Leonberger braucht Familienanschluß und recht viel Auslauf. Er ist gegen alle Witterungseinflüsse unempfindlich und schwimmt sehr gerne; er muß hinterher aber ausreichend Gelegenheit zum Trocknen und Aufwärmen haben, z. B. durch Bewegung. Das Haar muß regelmäßig gebürstet und gekämmt werden. Augen, Ohren und Zähne sollten laufend überprüft und gereinigt werden. Wenn nötig, läßt man die Krallen vom Fachmann kürzen.

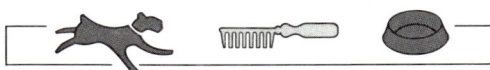

Bernhardiner

Zur Geschichte

Der kurzhaarige Bernhardiner, der ursprüngliche Schlag, geht auf die Molosser der Antike zurück, die mit den römischen Truppen die Alpen überquerten. Sie paarten sich mit großen schweizerischen Hunden und bildeten so mit der Zeit eine eigene Rasse. Die Aufzucht dieser Tiere im Hospiz des Großen St. Bernhard war schon um 1800 in ganz Europa bekannt. Im Jahr 1830 entstand durch Einkreuzung eines Neufundländers der langhaarige Schlag. Heinrich Schumacher gelang es, wieder den kurzhaarigen Bernhardiner herauszuzüchten, und im Jahr 1880 wurde die Bezeichnung Bernhardiner anerkannt. Parallel dazu gab es einen englischen Typ, der größer und schmäler wurde. Im Jahr 1887 wurde nach einem harten Kampf zwischen Engländern und Schweizern schließlich der schweizerische Standard angenommen.

Wer kennt nicht das rührende legendäre Bild, auf dem ein Bernhardiner mit einem Fäßchen am Halsband im Schnee zu sehen ist? Aber seine Berühmtheit verdankt er wohl eher seiner eindrucksvollen Gestalt als seiner Tapferkeit. Sein mächtiger Kopf verleiht ihm ein freundliches Aussehen, das seinem ruhigen und geduldigen Wesen entspricht. Sein dichtes Haarkleid, das je nach Schlag kurz oder lang ist, erinnert an den schönen Pelz eines Bären.

Trotz seines bemerkenswerten Geruchssinnes und Instinktes hielt man ihn das gesamte 17. Jahrhundert hindurch und sogar bis ungefähr 1750 ausschließlich als Wachhund. Erst später wurden seine seltenen Charaktereigenschaften und seine besondere Fähigkeit, Menschen in Bergnot zu retten, erkannt. Der Bernhardiner kann einen ganzen Tag lang über Schneefelder gehen; er findet seinen Weg selbst im dichtesten Nebel und ist in der Lage, auf 50 m Entfernung einen Menschen auszumachen, der 3 m tief im Schnee begraben liegt. Hat er den Verletzten erst einmal gewittert, befreit er ihn, leckt und wärmt ihn und bellt, um Hilfe herbeizuholen. Außerdem vermag er dank seines sehr sicheren Instinktes Unwetter und Lawinen „vorherzusehen".

Heutzutage ist der Bernhardiner oder St.-Bernhards-Hund im Gebirge immer noch im Einsatz, obwohl auch andere Rassen, u. a. der Deutsche Schäferhund, für die Rettung ausgebildet werden. Allerdings ist er als Begleithund noch mehr geschätzt: Dieses sowohl fröhliche, ja sogar schelmische als auch sanfte und anhängliche Tier fügt sich sehr gut in das Leben einer Familie ein. Dank der ihm angeborenen Opferbereitschaft erträgt er die Neckereien der Kinder gelassen, und durch sein zurückhaltendes Wesen wirkt seine ausladende Gestalt nicht störend. Außerdem kann dieser unerbittliche Wächter, wenn nötig, auch energisch durchgreifen.

Ein internationaler Star

Zur Verbreitung der Rasse im 19. Jahrhundert trug weitgehend der Bernhardiner Barry (Barry, ein Dialektwort, bedeutet „Bär") bei. Er wurde 1800 geboren und konnte dank seiner außergewöhnlichen Fähigkeiten während seiner zwölf Arbeitsjahre 40 Menschen das Leben retten. Nach einem verdienstreichen Leben starb er 1814 in Bern. Als Andenken an diesen wackeren Streiter der Berge ließen ihn die Behörden präparieren, und seitdem kann man ihn im Naturgeschichtlichen Museum von Bern bewundern. Seit damals wird immer der schönste Rüde im Hospiz Barry genannt.

Mehrere seiner Nachkommen wurden ebenfalls berühmt, starben jedoch auf tragische Weise: Barry II. verscholl in einer Gletscherspalte, und Barry III. stürzte in eine Schlucht.

Standard

Allgemeine Erscheinung: Dieser muskulöse, kräftige und massige Hund macht einen sehr intelligenten Eindruck.

Größe: Rüde mindestens 70 cm; Hündin mindestens 65 cm.

Gewicht: im Standard nicht erwähnt (55–80 kg).

Kopf: sehr kräftig; der starke, breite, gewölbte Oberkopf geht seitlich in sehr kräftige, hohe Backenpartien über; oberer Augenrand stark entwickelt; gerader Nasenrücken; zwischen den Augen über dem Oberkopf ausgeprägte Längsfurche; Oberkieferlefzen stark entwickelt und leicht überhängend; kräftiges Scherengebiß; sehr kräftige, breite, schwarze Nase; weit offene Nasenlöcher; über den Augen bildet die Stirnhaut Falten.

Augen: mittelgroß, mäßig tiefliegend, dunkelbraun; untere Lider leicht herabhängend; kluger, freundlicher Blick.

Ohren: ziemlich hoch angesetzt, mittelgroß, an der Basis muskulös und leicht abstehend; Hängeohren, die sich an die Backen anschmiegen.

Hals: sehr kräftig und hoch angesetzt; ausgesprochene Kehl- und Halswamme.

Körper: Schultern schräg, breit, sehr muskulös und kräftig; gut gewölbte und mäßig tiefe Brust; sehr breiter, gerader Rücken; Kruppe sanft abfallend; nur wenig aufgezogener Bauch.

Rute: breit und kräftig, lang und sehr schwer, mit kräftiger, leicht gekrümmter Spitze; in Ruhe gerade herabhängend, in Bewegung mehr oder weniger angehoben.

Gliedmaßen: vordere gerade, stämmig, sehr kräftig und muskulös; hintere gut entwickelt, stark bemuskelte Keulen, mäßig gewinkelte Sprunggelenke.

Pfoten: breit, mäßig geschlossen, mit gewölbten Zehen.

Haar: sehr dicht; glatt oder leicht gewellt beim langhaarigen Schlag; fester und anliegend beim kurzhaarigen Schlag; an der Rute ziemlich lang; auf dem Rücken und in der Hüft- und Kruppengegend stärker gewellt; an Gesicht und Ohren kurz und weich; Vorderläufe leicht befedert; Keulen mit Hosen.

Farbe: Rot mit Weiß, niemals einfarbig; nötige Abzeichen: weiße Brust, Füße und Rutenspitze, Nasenband, Stirnband und Genickfleck.

Fehler: Alles, was vom Standard abweicht, ist mehr oder weniger stark zu bestrafen, je nach Ausmaß der Abweichung.

Ratschläge für die Haltung: Der widerstandsfähige Bernhardiner braucht viel Platz und Bewegung. Wie alle großen Hunde wächst er sehr schnell. Solange er noch klein ist, muß vor allem auf die Nahrung geachtet werden. Zur Pflege des Haarkleides genügen wöchentliches Bürsten und von Zeit zu Zeit ein Bad; kein Shampoo verwenden, das die Fettschicht der Haare zerstört. Der Bernhardiner ist anfällig für Erkrankungen der Haut und der Augen und leidet manchmal an Hüftgelenksdysplasie.

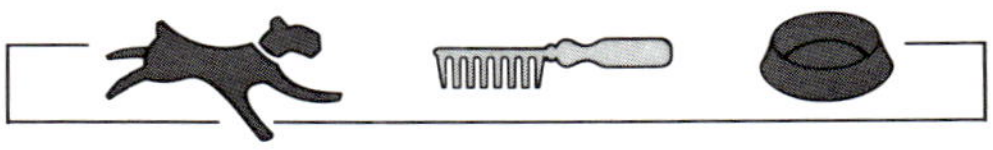

Bordeauxdogge

Mit den tiefen Falten, die wie bei einem alten, müden Boxer die Schnauze der Bordeauxdogge furchen, sieht dieser stämmige, große und schwere Hund recht gefährlich aus, verbirgt aber unter seinem griesgrämigen Aussehen ein Herz voll Zärtlichkeit.

Ursprünglich war er ein wilder Draufgänger, gezüchtet zum Kampf gegen Stiere, Bären oder andere Hunde. Jahrhundertelang stand er in dem Ruf, ungebärdig und bösartig zu sein. In der französischen Umgangssprache hat sich eine Anspielung darauf in dem Ausdruck *humeur de dogue* erhalten; das bedeutet Hundelaune.

Im 14. Jahrhundert schrieb Gaston Phébus recht abfällig über die Doggen seiner Zeit: „... mit ihren großen Köpfen, großen Lefzen und großen Ohren eignen sie sich gut für die Jagd auf Bären und Wildschweine, denn sie halten diese mit aller Kraft. Aber sie sind plump und häßlich, und wenn eine dabei umkommt, ist nicht allzuviel verloren."

Nach dem Mittelalter wurden diese Doggen nicht mehr zur Jagd verwendet und auch nicht mehr als Kampfhunde eingesetzt; sie dienten vielmehr als Wächter für Haus und Hof. Besonders beliebt waren sie aber bei den Metzgern; diese bedienten sich ihrer, um die außerhalb der Stadt gekauften Rinder sicher heimzubringen und auf Trab zu halten. Ohne Zweifel verdanken ihnen die Doggen den Beinamen Fleischerhunde und die Erhaltung ihrer Rasse.

Von den Fleischerläden gelangten die Doggen zu den reichen Landgütern, von den bürgerlichen Wohnungen zu den Palästen der Aristokraten; so wurden sie im Lauf der Zeit zu hervorragenden, wachsamen und mutigen Schutzhunden. Das stellte sich während der Französischen Revolution als fatal für sie heraus, denn zahlreiche Doggen wurden mit ihren Herren umgebracht.

Die Bordeauxdogge wurde nie sehr populär, weil sie in der Deutschen Dogge und dem Boxer starke und weitverbreitete Konkurrenten hatte. Doch inzwischen nimmt die Zahl dieser aus dem alten Aquitanien, das im Südwesten Frankreichs lag, stammenden Rasse beträchtlich zu. Vor 20 Jahren gab es kaum noch zehn Exemplare, heute jedoch zählt man bereits wieder mehr als 500. Und das mit Recht. Die ruhige und sanftmütige Bordeauxdogge ist voll überströmender Liebe zu ihrem Herrn und von engelhafter Geduld Kindern gegenüber, die so gut wie alles mit ihr anstellen können.

---

2. Gruppe
Wach-, Schutz- und Gebrauchshunde

Zur Geschichte

Diese Rasse ist sehr alt und stammt von der Tibetdogge ab. Im 14. Jahrhundert gab es in Frankreich zwei Abarten: den Veaultre-Alanen, den man als direkten Ahnen der Bordeauxdogge betrachtet, und den Edel-Alanen, der aus dem ersteren durch Kreuzung mit Windhunden entstand. Er gilt auch als Vorfahre der Deutschen Dogge. Während der Französischen Revolution wurde die auf Kampfkraft gezüchtete reine Rasse praktisch ausgerottet. Die Überlebenden degenerierten durch Kreuzungen mit anderen Hunden. Gegen Ende des letzten Jahrhunderts war die Bordeauxdogge außer in ihrer engeren Heimat ziemlich verschwunden. 1863 wurde anläßlich der ersten französischen Hundeausstellung in Paris erstmals der Name Bordeauxdogge für einen Rüden namens Magenta verwendet; seine Schulterhöhe betrug immerhin 70 cm. 20 Jahre später gewann ein anderer Hund, der Rüde Bataille, mit nur 67 cm den ersten Preis. Um diese Verkleinerung zu erreichen, kreuzte man englische Bulldoggen ein; dadurch wurde der Typus verändert, und außerdem bekam die Bordeauxdogge eine schwarze Maske. Gegen Ende des 19. Jahrhunderts erschienen dann schöne, ausgewogene Tiere auf den verschiedensten Ausstellungen. Heute muß die Bordeauxdogge eine rote oder schwarze Maske tragen. Das Fehlen dieser Maske wird als Fehler bewertet.

Die Molosser aus Epirus

Diese großen Kampfhunde des Altertums verdanken ihren Namen dem in Epirus lebenden Volksstamm der Molosser und hatten die Tibetdogge als Ahnen, deren Ursprung auf gut 3000 v. Chr. zurückgeht. Sie kamen schließlich in den mittleren Orient, wo sie die treuen Jagd- und Kampfgefährten der Assyrer und der Sumerer wurden. Nach Griechenland, wo sie den Namen Molosser erhielten, kamen sie vermutlich im ersten Perserkrieg um 480 v. Chr. Im 4. Jahrhundert v. Chr. schlug Alexander der Große seine Feinde u. a. auch dadurch in die Flucht, daß er seine Molosser in das wilde Schlachtgetümmel hetzte. Und als später Cäsar in Gallien einfiel, brachte er Kampfhunde mit, die in den römischen Arenen gekämpft hatten. Bei den Gladiatorenkämpfen erhielten die treuen Gefährten der Gladiatoren, die Molosser, die Namen ihrer Herren.

Die Bordeauxdogge, der Mastino Napoletano und der Perro de Presa sind zweifellos die direktesten Nachkommen der Molosser.

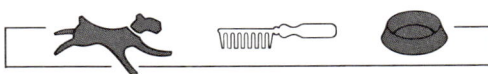

Standard

Allgemeine Erscheinung: mächtiger Hund mit kräftigem, aber harmonischem Körperbau.
Größe: Rüde 63–68 cm; Hündin 58–66 cm.
Gewicht: Rüde mindestens 50 kg; Hündin mindestens 45 kg.
Kopf: sehr massig, eckig, groß und ziemlich kurz; symmetrische Falten beiderseits des Stirnabsatzes; Stirnabsatz sehr deutlich; mächtiger, breiter, dicker Fang; Nasenschwamm groß, mit gut geöffneten Nasenlöchern und in der Farbe der Maske; bei geschlossener Schnauze dürfen die Schneide- und Eckzähne nicht sichtbar sein; Kinnbakken breit und sehr kräftig; Zähne sehr stark; Lefzen dick, ein wenig hängend.
Augen: oval, weit auseinanderstehend, braun bis dunkelbraun, hellere Farbe bei Hunden mit roter Maske zugelassen.
Ohren: steif über die Backen hängend, hoch angesetzt, am Ende leicht gerundet.
Hals: sehr kräftig, muskulös, gedrungen aussehend, Wamme deutlich ausgeprägt.
Körper: Brust mächtig, tief und breit; Schultern kräftig, mit vorspringenden Muskeln; Rücken breit und gut bemuskelt; Oberschenkel gut abgesetzt; Lendengegend breit, ziemlich kurz, fest; Kruppe leicht abfallend.
Rute: in Ruhe hängend, bei Bewegung gehoben.
Gliedmaßen: vordere sehr muskulös und starkknochig; hintere mit gut entwickelten, dicken Schenkeln, kurzen und kräftigen Sprunggelenken.
Pfoten: kräftig, mit engstehenden Zehen, kurzen und starken Krallen und gut entwickelten und geschmeidigen Ballen.
Haar: fein, kurz, weich.
Farbe: einfarbig mahagonifarben oder ins Fahlrote spielend; weiße, wenig ausgedehnte Abzeichen an Brust und Pfoten zulässig; deutlich abgesetzte schwarze oder rote Maske.
Fehler: Kopf klein, zu lang, schmal, rund, oval; Schnauze zu lang oder zu kurz; unpigmentierter Nasenschwamm; Zangen- oder Scherengebiß; zu lange oder zu schlaffe Lefzen; weiche Backen; sichtbare Bindehaut; gesprenkelte Pupillen (Ausschließungsgrund); Rosenohren; schmale Brust; verkrümmte, gestutzte oder geknickte Rute; ganz weißes Fell; derbe, harte, lange oder gewellte Haare.

Ratschläge für die Haltung: Sein kurzes Fell ist leicht zu pflegen; man bürstet es von Zeit zu Zeit, um Staub und abgestorbene Haare zu entfernen. Jahrhundertelang wurde er von Brotsuppe ernährt, um ihn im Kampf beißwütiger zu machen; heute hat er Anspruch auf eine ausgeglichene Ernährung. Der große Kopf der Welpen erschwert manchmal die Geburt und erfordert einen Kaiserschnitt. Um seine von den Kampfhunden ererbte Aggressivität gegenüber Artgenossen zu beherrschen, muß man ihn schon in frühester Jugend an Gehorsam gewöhnen. Nur so erreicht man, daß er auf Ruf zurückkommmt.

Deutscher Boxer

Dieses eigenwillige, ungestüme Muskelpaket von Hund braucht einen sportlichen Halter, der lange Fußmärsche liebt und ihm damit Gelegenheit gibt, seinen unbändigen Spieltrieb auszuleben.

Noch in einem Alter, in dem seine Artgenossen bereits ruhig und gesetzt sind, fordert der Boxer mit unmißverständlichem Mienenspiel „seine" Menschen auf, mit ihm zu spielen. Er ist also ein ausgezeichneter Gefährte für Kinder, die er übrigens ganz besonders liebt.

Der fröhliche, gesellige, aber ein wenig eigensinnige Boxer ist stets voller Überschwang, der durch eine sehr konsequente Erziehung gedämpft werden sollte, damit seine hervorragenden Charaktereigenschaften voll zum Tragen kommen. Er hängt sehr an seinem Halter und erweist sich auch als guter Wach- und Schutzhund, der mit den besten Rassen dieser Gruppe konkurrieren kann. Wenn die Situation es erfordert, verteidigt er seinen Herrn, dessen Familie und Besitz unerschrocken und wohlüberlegt. Kenner bezeichnen ihn als einen der ausgeglichensten Wachhunde, da er bei allem Mut stets beherrscht bleibt und sich bei seinen Aufgaben so gut wie nie ablenken läßt.

Heutzutage wird der Deutsche Boxer immer mehr als Begleithund gehalten. Da er reinlich und verhältnismäßig ruhig ist, eignet er sich vorzüglich als Wohnungshund, immer aber vorausgesetzt, daß man in der Lage ist, ihm die nötige Bewegung zu verschaffen – und das möglichst jeden Tag. Aber natürlich ist ein rein häusliches Leben, vor allem für ein junges Tier, nicht ideal.

Wer sich einen Boxer anschafft, gewinnt einen charaktervollen Freund, der keine Falschheit kennt und nie grundlos bösartig oder bissig wird. Er ist, sagen viele Kenner, so, wie ein Hund eigentlich in der Gesellschaft der Menschen sein sollte. Das ist zweifellos der Grund, weshalb dieser Hund weltweit immer beliebter wird.

Zur Geschichte

Die Vorfahren des Boxers sind die heute ausgestorbenen Bullen- und Bärenbeißer. Ursprünglich für die Bären- und Schwarzwildjagd abgerichtet, bewachten sie später Viehherden. Diese Hunde wurden zusammen mit Mastiffs, denen man sie ähnelten, in den Zwingern bayerischer Feudalherren gehalten. Um 1850 kreuzten die deutschen Züchter den Bullenbeißer mit der Bulldogge. Durch Selektion und weiteres Einkreuzen von Bulldoggen gelang es ihnen, eine neue Rasse zu schaffen: den Deutschen Boxer. 1895 wurde dieser Hund erstmals auf einer Ausstellung gezeigt; der Standard liegt seit 1905 fest.

Die Ohren kupieren – ja oder nein?

Unter dem Druck der Tierschutzverbände hat man in Großbritannien, Dänemark und in der Schweiz das Stutzen der Ohren verboten. In diesen Ländern treten die Deutschen Boxer bei Wettbewerben und auf Ausstellungen mit unkupierten Ohren an. Sonst hält man sich überall an die Rassebestimmungen, die für den Boxer kupierte Stehohren mit nicht zu langen Spitzen vorschreiben. Das Kupieren ist nur ein kleiner Eingriff, der, unter Vollnarkose und in den ersten Lebenswochen des Hundes vorgenommen, nicht schmerzhafter ist als eine Mandeloperation für ein Kind. Nachdem man früher verschiedenen Hunderassen die Ohren aus rein zweckdienlichen Gründen stutzte, geben heute hierfür überwiegend ästhetische Gesichtspunkte den Ausschlag.

Standard

Allgemeine Erscheinung: mittelgroßer, glatthaariger Hund mit kompaktem, muskulösem, fettlosem Körper und lebhaften, kraftvollen und eleganten Bewegungen.

Größe: Rüde 57–63 cm; Hündin 53–59 cm.

Gewicht: Rüde mindestens 30 kg; Hündin mindestens 25 kg.

Kopf: gut proportioniert, weder zu leicht noch zu schwer, möglichst fein und eckig, mit kräftigen, aber nicht vortretenden Backen, ziemlich trocken, ohne Falten, außer beim Stellen der Ohren; die dunkle Maske beschränkt sich auf den gut entwickelten Fang; leicht gewölbter Schädel; sehr betonter Stop; breite, kräftige Kiefer mit sichtbarem Vorbiß, wobei die Zähne des Unterkiefers verdeckt bleiben müssen; fleischige, schwarze Lefzen; breite, schwarze Nasenkuppe.

Augen: dunkelbraun; offener, intelligenter Blick.

Ohren: hoch angesetzt und spitz kupiert, nicht zu breit, aufrecht getragen.

Hals: wohlgeformt, rund und ziemlich lang; kräftig und muskulös, ohne Wamme.

Körper: quadratisches Gebäude; der Brustkorb reicht bis zu den Ellbogen herab; die Brusthöhe soll die Hälfte der Widerristhöhe betragen; die Rippen sind gerundet, aber nicht zylindrisch; kurzer, breiter, gerader, muskulöser Rücken; breite, gerundete Kruppe; kurze, gespannte, aufgezogene Flanken; der Bauch verläuft in elegantem Schwung zur Hinterhand hin.

Rute: hoch angesetzt, kupiert, aufrecht getragen.

Gliedmaßen: vordere gerade und parallel gestellt; hintere gerade und mit breiten, gerundeten Keulen.

Pfoten: klein, geschlossen, Katzenpfoten; harte, schwarze Ballen; schwarze Krallen.

Haar: kurz, glänzend, hart, eng am Körper anliegend.

Farbe: gelb oder gestromt (dunkle Streifen auf gelblichem oder braunem Grund).

Fehler: Fehlen des stolzen Ausdrucks, unfreundliches Gesicht; Kopf wie Griffon oder Bulldogge; vortretende Zunge oder Zähne bei geschlossenem Fang; Sabbern; helle Augen; sichtbare Bindehaut; Karpfen- oder Sattelrücken; schmale Kruppe; tief angesetzte Rute; Hasenpfoten; unpigmentierte Krallen; reinweißes oder schwarzes Haarkleid, mehr als ein Drittel weiß.

Ratschläge für die Haltung: Dieser sportliche Hund sollte nicht mit Knochen gefüttert werden, weil der Boxer mit seinem Vorbiß gern große Stücke auf einmal verschlingt. Deshalb deckt man seinen Kalziumbedarf in Form von Tabletten. Er sollte täglich viel bewegt und beschäftigt werden.

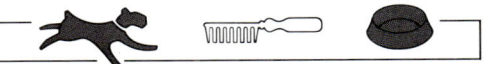

Schweizer Sennenhunde

Die Schweizer Sennenhunde wurden lange Zeit als gewöhnliche Hofhunde angesehen und daher von den Kynologen nicht weiter beachtet. Heute jedoch sind sich alle Fachleute einig, daß es sich um vier eigene, allerdings einander nahestehende Rassen handelt.

Der schönste der vier ist der Berner Sennenhund mit seinem prächtigen Haarkleid. Er wurde 1892 von den Kynologen als Rasse anerkannt. Der kurzhaarige Große Schweizer, der dem Berner sehr ähnlich ist, gilt seit 1905 als selbständige Rasse. Der Appenzeller Sennenhund (siehe dort) mit seinem kurzen, glänzenden Haar stammt, wie sein Name besagt, aus dem Kanton Appenzell. Der Entlebucher Sennenhund schließlich war 1912, als man ihn wieder zu züchten begann, fast schon ausgestorben.

Alle Schweizer Sennenhunde sind ausgezeichnete Wach- und Begleithunde und haben folgende Eigenschaften miteinander gemein: unverbrüchliche Treue, große Anhänglichkeit, hohe Intelligenz und ein hervorragendes Gedächtnis, das ihnen ermöglicht, jedes Tier der ihnen anvertrauten Herde wiederzuerkennen. In seinem Buch *Die Schweizer Hunderassen* rühmt Hans Räber die Wesenszüge, derentwegen die Schweizer Bauern diese Hunde so sehr schätzen: „… ist ein Hund gut, wenn er wachsam und scharf ist, ohne zu beißen, beim Ausgehen bei Fuß folgt, am Wagen zwischen den Hinterrädern und nicht auf den Kulturen herumläuft, den Meister im Notfall verteidigt …, nicht wildert …, nicht herumvagabundiert. In gebirgigen Gegenden werden die Eigenschaften des Viehhütens und Viehtreibens … geschätzt." Hinzugefügt sei noch, daß sich die Schweizer Sennenhunde auch als Lawinensuchhunde bestens bewähren.

Zur Geschichte

Die vier Schweizer Sennenhunde stammen von der Tibetdogge ab. Nach Professor A. Heim gab es in vorgeschichtlicher Zeit in der Schweiz keine doggenartigen Hunde. Die ersten asiatischen Doggen soll Xerxes mitgebracht haben. Später seien sie dann durch die Phöniker und Griechen nach Europa gelangt. Zur Zeit der großen römischen Eroberungszüge begleiteten diese Hunde die Proviantherden der Legionäre. Eine der großen Heeresstraßen in das jenseitige Gallien führte über den Sankt Gotthard. Die Hunde der römischen Truppen wurden dort seßhaft, und die heutigen Schweizer Sennenhunde sind ihre Nachfahren. Die älteste Darstellung eines solchen Hundes ziert eine römische Öllampe, die in Windinsch im Kanton Aargau gefunden wurde.

Die Tugenden der Schweizer Sennenhunde

Der Berner Sennenhund, auch „Bärchen" genannt und nach dem Schweizer Kynologen Professor Heim „der schönste Hund der Welt", ist dem Großen Schweizer sehr nahe verwandt und unterscheidet sich von ihm eigentlich nur durch sein langes, gewelltes Haar. Er ist arbeitswillig, energisch und ein sehr guter Wachhund, der sich auch für Zugdienste eignet. Er besitzt ein außergewöhnlich gutes Gedächtnis und bringt selbst die störrischsten Kühe dazu, ihm zu gehorchen. Der Berner ist unkompliziert, ruhig und sehr anhänglich. Er lernt zwar langsam, doch was er einmal kann, behält er für immer. In der Schweiz gehört er zu den Sporthunden und nimmt an Wettbewerben für Diensthunde, besonders an solchen für Schutz-, Sanitäts- oder Lawinensuchhunde, teil. Die Römer verwendeten ihn im Krieg. Den Hals geschützt durch ein Band mit Eisenspitzen, wurde er bei Sturmangriffen eingesetzt.

Der Große Schweizer Sennenhund verrichtet praktisch dieselben Dienste wie der Berner. Er ist in den Kantonen seit dem 12. Jahrhundert bekannt und begleitete die ersten Eidgenossen in den Kampf. 1489 ordnete der Bürgermeister von Zürich, Hans Waldmann, mittels Erlaß an, diesen Hund auszurotten, da er die Wildbestände dezimiere und in den Weinbergen Schaden anrichte. Doch die Bauern weigerten sich, ihre treuen Gefährten zu töten, und kehrten sich nicht an den Erlaß. Der Große Schweizer ist nicht nur sehr wachsam, leicht auszubilden und ein vorzügliches Zugtier, das sich mühelos führen läßt, sondern auch ein äußerst anhänglicher Gefährte.

Der Appenzeller verträgt die strengen Fröste des Hochgebirgswinters ebenso gut wie die Sommerhitze. Er ist ständig in Bewegung und sorgt mit Umsicht dafür, daß in seiner oft Hunderte von Tieren umfassenden Herde Ordnung herrscht. Er ist sehr anschmiegsam und hängt in großer Treue an seinem Herrn.

Der Entlebucher Sennenhund ist die kleinste der vier Unterrassen und stammt aus den Kantonen Luzern und Bern. Er hat die Eigenart, oft mit einer Stummelrute geboren zu werden. Er ist ausdauernd, unempfindlich gegen schlechtes Wetter, ein hervorragender Wachhund und leistet auf der Alm wie auf dem Bauernhof beste Dienste.

Berner Sennenhund

Standard

Allgemeine Erscheinung: Alle Schweizer Sennenhunde haben ein starkes Knochengerüst, sind kräftig und aufgeweckt. Die Unterrassen unterscheiden sich nur in Einzelheiten wie Größe, Gewicht und Haarkleid. Farbe und Zeichnung sind bei allen gleich.

Größe: beim Berner Sennenhund 64–70 cm für den Rüden, 58–66 cm für die Hündin; beim Großen Schweizer Sennenhund 65–72 cm für den Rüden, 60–68 cm für die Hündin; beim Entlebucher Sennenhund 50 cm.

Gewicht: in den Standards nicht erwähnt (für den Berner und den Großen Schweizer ungefähr 40–50 kg, für den Entlebucher 22–35 kg).

Kopf: beim Berner flacher Scheitel; leichter Stirnabsatz; beim Großen Schweizer kräftig und mit nur leicht ausgeprägtem Stop; beim Entlebucher ist der kräftige Fang von Stirn und Backe deutlich abgesetzt.

Augen: bei allen Unterrassen dunkel- bis mittelbraun; alle vier Hunde haben mandelförmige Lidöffnungen.

Ohren: hoch angesetzt, dreieckig (beim Entlebucher unten gerundet), hängend, aber im Affekt nach vorn gedreht.

Hals: bei allen Unterrassen kräftig, muskulös, mittellang, nur beim Entlebucher etwas kürzer.

Körper: alle Unterrassen mit breiter, tiefer Brust, muskulöser Nierenpartie, starkem, geradem Rücken und breiter kräftiger Kruppe.

Rute: beim Berner buschig, leicht schwebend getragen; beim Großen Schweizer schwer, bis zu den Sprunggelenken reichend; der Entlebucher hat eine Stummelrute.

Gliedmaßen: bei allen Unterrassen gerade und kräftig; gut gewinkelte Sprunggelenke.

Pfoten: bei allen kurz, rundlich, mit geschlossenen Zehen.

Haar: kurz und glatt, außer beim Berner Sennenhund.

Farbe: glänzend schwarz mit leuchtend braunroten Abzeichen über den Augen, an Backen und Läufen; leichte bis mittelstarke symmetrische Kopfzeichnung und Brustkreuz; weiße Pfoten und weiße Rutenspitze, außer beim Entlebucher.

Fehler: zu helle Augen; schlecht getragene Ohren und Rute; stumpfe oder unreine Farben; alle Größenabweichungen.

Ratschläge für die Haltung: Die robusten Schweizer Sennenhunde werden selten krank. Allerdings benötigen sie viel Freiraum. Nach dem 18. Lebensmonat sollten sie keinesfalls mehr den Besitzer wechseln. Ihr Haarkleid braucht nur ab und zu kräftig durchgebürstet zu werden. Die Afterkrallen werden nach der Geburt entfernt.

Dobermann

Dieser Hund flößt Respekt ein, und zwar zu Recht, denn er hat eine edle Haltung, ist groß, elegant und muskulös gebaut. Am Dobermann ist alles Intelligenz; und er hat genauso das Bedürfnis, sich, wenn möglich, durchzusetzen wie sich unterzuordnen; das letztere tut er aber nur, wenn er einen Herrn bekommt, der mit sicherer Hand und Einfühlungsvermögen fähig ist, ihn Gehorsam zu lehren und seine Liebe zu erwerben.

Der Dobermann ist autoritär, stolz und herrschsüchtig, und das schon als Junghund. Nicht selten knurrt er schon mit wenigen Monaten und zieht die Lefzen hoch. Doch dieses Verhalten ist nur ein Spiel zur Einschüchterung, eine Bekundung der Unabhängigkeit, das rasch schwindet, wenn man mit ihm energisch ist. Als Begleiter seines Herrn paßt sich dieser Hund allen Situationen an, und eine einzige Erfahrung genügt, um ihn begreifen zu lassen, was man von ihm erwartet. In der Natur freigelassen, berauscht sich der junge Dobermann an Entdeckungen und neuen Gerüchen, und es fällt ihm schwer, auf den ersten Ruf zurückzukommen. Aber er kommt einem wie verrückt nachgerast, wenn er glaubt, man lasse ihn zurück.

Der Dobermann wurde gegen Ende des vorigen Jahrhunderts als Wach- und Schutzhund gezüchtet und war auf diesem Gebiet ein voller Erfolg. Er ist treu, mutig, mit scharfer Witterung begabt und hat einen ausgesprochenen Sinn für Eigentum. Beim geringsten Geräusch stürzt er mit gesträubtem Fell und gefletschten Zähnen herbei, sein Reich zu verteidigen gegen wen auch immer.

Die ersten Exemplare dieser Rasse waren gefürchtet, und der Schweizer Züchter Gottfried Lietchi sagte von ihnen: „Sie waren äußerst robust und hatten vor überhaupt nichts Angst, nicht einmal vor dem Teufel persönlich …" Auf diesen Mut verließ sich als erste die berittene Polizei Thüringens. Unter dem Namen „Gendarmenhund" wurde er im Ersten Weltkrieg von der deutschen Armee als Botengänger und Wachhund eingesetzt, während er im Hinterland erblindeten Soldaten als Führungshund diente.

Heute treffen viele Züchter ihre Wahl mehr nach Schönheit und Eleganz als nach dem Charakter. Man findet immer mehr Exemplare, deren natürliche Angriffslust gemildert ist: Wenn man mit der Ausbildung schon sehr früh beginnt, kann der Dobermann ein ausgezeichneter Begleithund werden.

Zur Geschichte

In Apolda, der Hauptstadt des damaligen Herzogtums Sachsen-Weimar, fand seit 1863 jedes Jahr ein bedeutender Hundemarkt statt, und in dieser Stadt züchtete Karl Friedrich Louis Dobermann in den siebziger Jahren des vorigen Jahrhunderts die neue Rasse. Er war Hilfsexekutor für die Steuereinnahmestelle, Hundefänger, Abdeckereiverwalter und Nachtpolizist. Daher wohl seine Idee, einen großen, flinken Terrier mit allen Eigenschaften eines Wachhundes zu züchten, der alle bisher existierenden übertreffen sollte. Obwohl er nie genau angegeben hat, welche Rassen er einkreuzte, scheint er auf unterschiedliche zurückgegriffen zu haben, so auf den Weimaraner, den Rottweiler, den Pinscher und vielleicht auch auf den französischen Beauceron, dem der Dobermann weitgehend ähnelt. Als letztes kam noch Blut der Deutschen Dogge und von Windhunden dazu. 1900 begann sich der erfahrene Züchter Otto Göller für diesen Hund zu interessieren. Er kreuzte ihn mit einem Manchester Terrier, was ihm das elegante Aussehen gab, ohne ihm etwas von seiner Kraft und Kampflust zu nehmen. Der Standard des heutigen Dobermanns wurde 1910 festgelegt.

Standard

Allgemeine Erscheinung: mittelgroß, kräftig, muskulös, jedoch nicht zu betont; sein Gang muß geschmeidig, bei langsamer Bewegung eher katzenartig sein. Er ist fast quadratisch gebaut, besonders der Rüde.

Größe: Rüde 68–70 cm; Hündin 63–67 cm.

Gewicht: im Standard nicht erwähnt (20–26 kg).

Kopf: lang und hager, gut vom Hals abgesetzt, von länglicher, stumpfer Keilform; Stirnabsatz wenig ausgeprägt; Backen flach; Fang tief und breit; Lefzen dicht anliegend; Nase schwarz.

Augen: oval, mittelgroß, möglichst dunkle werden bevorzugt.

Ohren: hoch angesetzt, aufgerichtet, im Verhältnis zur Kopflänge kupiert.

Hals: trocken und muskulös, gefällig gebogen aus Rumpf und Schultern aufsteigend.

Körper: Widerrist gut ausgeprägt; Rücken fest und kurz; Kruppe leicht gerundet; markant ausgeprägte Vorderbrust; Bauch stark aufgezogen.

Gliedmaßen: vordere gerade; hintere mit breiten muskulösen Schenkeln und gut entwickelten Sprunggelenken.

Pfoten: kurz, gewölbt und geschlossen.

Haar: kurz, hart und dicht, enganliegend und glatt.

Farbe: schwarz, dunkelbraun oder blaugrau mit rostrotem, gut abgegrenztem und einheitlichem Brand.

Fehler: schwerer und massiger Bau; kurzer, dikker Kopf; spitzer Fang; wackeliger Gang; furchtsames Temperament; Nervosität; Trägheit.

Ratschläge für die Haltung: Der Dobermann ist besonders in kalten Zeiten für Verdauungsstörungen und Hautkrankheiten anfällig. Er muß regelmäßig gestriegelt und jeden Tag gebürstet werden, um abgestorbene Haare und Fellunreinheiten zu entfernen. Energisches Bürsten mit einer zweiseitigen Bürste, deren eine Seite ein Striegel ist, erhält die Muskeln geschmeidig, belebt den Kreislauf, beruhigt das Nervensystem und fördert die Verdauung. In seiner Jugend steckt sich der Dobermann leicht mit einer parasitären Hautkrankheit an, die durch graue Haare übertragen wird, die in der Augengegend, an den Gelenken und am Körper ausfallen, und eine Behandlung durch den Tierarzt erfordert. Auch leidet er oft an Staphylokokken, besonders zwischen den Zehen. Außer in England, wo das Kupieren verboten ist, verlangt der Standard kupierte Ohren. Das Ohr wird im Alter von sechs bis acht Wochen länglich beschnitten, unten konvex, nach oben hin konkav. Die Rute wird im Alter von drei bis fünf Wochen kupiert. Dieser energiegeladene Hund muß täglich Auslauf haben.

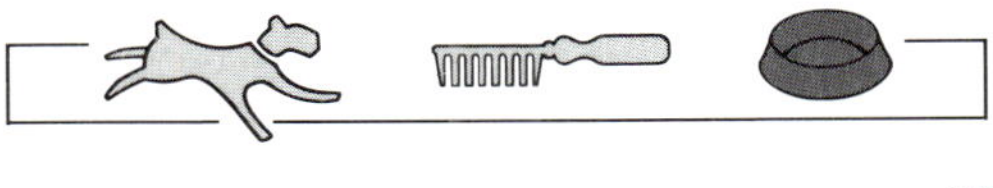

Akita Inu

Der kräftige, mutige und temperamentvolle Akita Inu ist für viele Hundefreunde der schönste aller japanischen Hunde. Er war ursprünglich ein hervorragender Jagdhund für Rot- und Schwarzwild und griff sogar den Schwarzbären der Insel Hokkaido an. Außerdem hielt ihn die Kriegerkaste der Samurai als Gefährten. In der Feudalzeit diente er fast 300 Jahre bis 1926 als Kampfhund und drohte auszusterben, da diese Darbietungen ihn meist das Leben kosteten. Danach wurden diese Kämpfe verboten und der Akita Inu zum Nationalhund Japans erklärt; seitdem steht er unter staatlichem Schutz. Er zeichnet sich dadurch aus, daß er vielseitig verwendet werden kann: als Schutz- und Wachhund sowie als Blinden-, Rettungs-, Minen- und Schlittenhund.

Trotz seiner Vitalität ist er ein folgsames, anhängliches Tier, das sich allmählich zu einem geschätzten Begleithund entwickelt hat.

2. Gruppe
Wach-, Schutz- und Gebrauchshunde

Zur Geschichte

Die Rasse ist schon seit dem 15. Jahrhundert bekannt, aber ihr Ursprung liegt viel weiter zurück, denn Skelettfunde deuten darauf hin, daß es ähnliche Hunde bereits vor 5000 Jahren in Japan gegeben hat. Sie wurden nach der Provinz Akitu der Insel Honshu benannt, wo der Ursprung der Rasse liegen soll. Das Wort Inu bedeutet nichts anderes als Hund.

Standard

Allgemeine Erscheinung: imposant und kräftig.
Größe und Gewicht: 60,5–66,5 cm und 40–50 kg.
Kopf: breite Stirn; ausgeprägter Stop; kurzer, gerader Nasenrücken; starker Fang; kräftige Kiefer; Zangengebiß; große, schwarze Nase.
Augen: nicht sehr groß, dunkelbraun.
Ohren: klein, dreieckig, aufrecht stehend.
Hals: massig und gut bemuskelt.
Körper: breite, tiefe Brust; gerader Rücken; muskulöse Lenden; gewölbte Rippen.

Rute: buschig, hoch und über dem Rücken ringförmig eingerollt getragen.
Gliedmaßen: vordere mit geraden Unterarmen und dicht anliegenden Ellbogen; hintere gerade und knochig, mit langen Oberschenkeln und steiler Winkelung der Sprunggelenke.
Pfoten: breit; harte Ballen.
Haar: Stockhaar mit feiner, dichter Unterwolle.
Farbe: Alle Farben sind erlaubt.
Fehler: zu kurze, hängende Rute; hängende Ohren; Über- oder Unterbiß; langes Haarkleid; scheues Wesen.

Ratschläge für die Haltung: Sein Fell ist leicht zu pflegen: Regelmäßiges Bürsten genügt.

Alaskan Malamute

Der große, schwere Malamute ist der stärkste unter den nordischen Hunden. Der Kopf und die mandelförmigen Augen gleichen denen des Wolfs, doch das sind die einzigen Merkmale, die er mit diesem teilt. Er ist ein zuverlässiger, ausdauernder Schlittenhund, der schon bei zahlreichen Polarexpeditionen eingesetzt wurde und viele Rekorde aufgestellt hat.

Seinen Namen verdankt er den Mahlemut, einem Eskimostamm Alaskas. Im Lauf der Jahrhunderte haben ihn diese Menschen als Arbeitshund, Jagdbegleiter und Bewacher ihrer Lager gezüchtet.

Heute ist dieses schöne Tier ein beliebter Begleit- und Schlittenhund.

2. Gruppe
Wach-, Schutz- und Gebrauchshunde

Zur Geschichte

Er soll vom nördlichen Wolf abstammen. In der Literatur des 19. Jahrhunderts wird er als ausgezeichneter Schlittenhund erwähnt. Die Rasse wurde in den USA 1935 vom American Kennel Club offiziell anerkannt.

Standard

Allgemeine Erscheinung: robuster, kompakter, gut gebauter Hund.
Größe: 58–67 cm.
Gewicht: 29–38 kg.
Kopf: stark, aber gut proportioniert; breiter, massiger Fang, der sich zur Nase hin leicht verjüngt; kräftige Kiefer; große, starke Zähne.
Augen: dunkel, schräg verlaufende Lidspalten.
Ohren: mittelgroß, dreieckig.
Hals: kräftig, etwas gebogen.

Körper: kraftvolle, gut entwickelte, tiefe Brust; gerader Rücken; sehr muskulöse Lendenpartie.
Rute: buschig, über dem Rücken getragen.
Gliedmaßen: starke, gerade und gut bemuskelte Vorderhand; Hinterhand mit breiten und sehr muskulösen Oberschenkeln.
Pfoten: groß, mit gut gewölbten Zehen und starken Ballen.
Haar: dichtes Deckhaar und dichte, weiche Unterwolle.
Farbe: wolfsgrau oder schwarz und weiß.
Fehler: schwache Gliedmaßen; offene Pfoten.

Ratschläge für die Haltung: Er braucht viel Auslauf und sollte im Freien untergebracht werden. Man sollte ihn wöchentlich (während des Haarwechsels öfter) bürsten und striegeln. Obwohl er ein nordischer Hund ist, fühlt er sich auch im gemäßigten Klima wohl. Die Afterklauen werden in den ersten Lebenstagen entfernt.

Bullmastiff

Der schwermütige Gesichtsausdruck des massigen Hundes, hervorgerufen durch die schwarze Maske um die dunklen Augen, den breiten Fang und die wuchtigen Kiefer, entspricht ganz und gar nicht seinem wahren Wesen, denn er ist ein aktiver, lebensfroher Hund.

Sobald er verstanden hat, was von ihm erwartet wird, worin seine Aufgabe besteht, erweist er sich als einer der besten Wachhunde, die es heute gibt. Allerdings sollte man ihn erst nach sorgfältiger Ausbildung und Unterordnungsübungen für diesen Zweck einsetzen, da er von Natur aus ziemlich scharf ist. Das überrascht nicht, denn die beiden dominanten Ahnen des Bullmastiffs – Bulldog und Mastiff –, die ihm bestimmte Wesensmerkmale vererbt haben, wurden in der Vergangenheit als Kampfhunde eingesetzt, und ihre Gefährlichkeit war sprichwörtlich.

Zu den von seinen Stammvätern ererbten Eigenschaften gehören ein hochentwickelter Geruchssinn, Beherztheit, Schnelligkeit beim Angreifen und außergewöhnliche Intelligenz. Deshalb wird er in Großbritannien häufig als Polizeihund verwendet.

Trotz seiner Abstammung von Kampfhunden, seiner imposanten Größe und seines Körpergewichts – er wird jedoch nicht so schwer wie der Mastiff – ist er ein ruhiger, liebenswürdiger und kinderfreundlicher Familienhund. An seinen Herrn fühlt er sich sein Leben lang gebunden. Wenn man sich viel mit ihm beschäftigt und er genügend Zuwendung erhält, kann man auf seine Treue zählen, ohne je enttäuscht zu werden. Man sollte ihn nicht viel allein lassen, denn dann langweilt er sich und verschläft die meiste Zeit, was nicht gerade dazu beiträgt, seine Muskulatur und das für einen Wachhund nötige Reaktionsvermögen zu erhalten oder zu verbessern. Dem British Bullmastiff Club zufolge vereint dieser Hund drei große Vorzüge in sich: urtümliche Schönheit, großen Schneid und unerschütterliche Gutmütigkeit.

2. Gruppe
Wach-, Schutz- und Gebrauchshunde

Zur Geschichte

Der Bullmastiff wurde in der zweiten Hälfte des 19. Jahrhunderts als Schutzhund gegen Wild- und Felddiebe gezüchtet. Er entstand aus einer Kreuzung von Mastiff und Bulldog. Der Mastiff, Abkömmling schwerer, kraftvoller Hunde, die bereits vor 2000 Jahren in England gehalten wurden, war zwar ein gefürchteter Kampfhund, seinem Wesen nach aber eher ein Schutzhund – im Gegensatz zum Bulldog, der in der Arena gegen Stiere kämpfte und dessen Angriffslustigkeit die Züchter durch die Jahrhunderte ständig gesteigert hatten. Der erste Bullmastiff, den der British Kennel Club einschrieb, war ein Rüde namens Faircraft Fidelity. 1924 wurde die Rasse offiziell anerkannt. Um ihre Reinblütigkeit zu erhalten, entschied der Club, nur solche Hunde einzuschreiben, die über drei Generationen von reinrassigen Bullmastiffs abstammten. Von da an hörten die Züchter auf, Bulldogs und Mastiffs miteinander zu kreuzen. 1928 erkannte auch der American Kennel Club die Bullmastiffs als Rasse an. Der Standard wird von Großbritannien überwacht.

Die Ausbildung des Bullmastiffs im 19. Jahrhundert

In der zweiten Hälfte des 19. Jahrhunderts suchten die englischen Jagdaufseher, die immer wieder von Wilddieben bedroht und angegriffen wurden, nach einem schnell reagierenden Hund, der angriffslustiger und wendiger als der Mastiff, aber weniger scharf und etwas größer als der Bulldog sein sollte. Er durfte beim Nahen eines Gegners keinen Laut von sich geben, nur auf Befehl angreifen und mußte in der Lage sein, einen Mann festzuhalten, ohne ihn zu beißen. Sie fanden ihn im Bullmastiff, dessen Selektion und Ausbildung größte Sorgfalt erforderte.

Es begann damit, daß man von einem Wurf stets nur den stärksten Welpen behielt. Man fütterte ihn reichlich und ließ ihn vom vierten Monat an ein besonderes Übungsprogramm absolvieren. Als erstes gewöhnte man ihn daran, Haushunde in seiner Umgebung zu dulden und zu fremden Hunden Distanz zu halten. Danach wurde der junge Bullmastiff mit Rind- und Federvieh zusammengebracht, bis er es kaum noch beachtete. Das tat man, damit er sich später bei seiner Arbeit nicht von diesen Tieren ablenken ließe. Der nächste Schritt war das Training auf Schußfestigkeit. Außerdem mußte er lernen, eine Mauer zu erklimmen, über Gräben und andere Hindernisse zu springen und einen Fluß zu durchqueren. Im achten Monat legte man ihm einen Maulkorb an und hetzte ihn auf einen Menschen. Dieser empfing ihn jedesmal mit Stockhieben, bis der Hund lernte, ihn zu Boden zu werfen, um seinen Schlägen zu entgehen. Bei jeder Unterrichtsstunde leistete der Mann ein wenig länger Widerstand. Gegen Ende der Ausbildung, zwischen dem 14. und 18. Monat, lernte der Hund schließlich, auch einen bewaffneten Menschen ohne Zögern anzugreifen.

Standard

Allgemeine Erscheinung: kraftvoller, symmetrischer, sehr starker Hund, der aber nicht schwerfällig wirkt.
Größe: Rüde 63–69 cm; Hündin 60–66 cm.
Gewicht: Rüde 50–59 kg; Hündin 41–50 kg.
Kopf: breiter, viereckiger Schädel mit vielen Hautfalten; gut entwickelte Backenmuskeln; kurzer Fang; breiter Unterkiefer; breiter Nasenschwamm mit weit geöffneten Nasenlöchern; ausgeprägter Stop; parallele Kiefer; Zangengebiß; leichter Vorbiß wird toleriert; kräftige, weit auseinanderstehende Fangzähne.
Augen: dunkel oder haselnußbraun, mittelgroß.
Ohren: V-förmig, am Oberkopf hoch und gut getrennt voneinander angesetzt, wodurch der Schädel quadratisch wirkt; klein und dunkler als das übrige Haarkleid; im Affekt sollen sich die Enden in Augenhöhe befinden.
Hals: leicht geschwungen, mittellang, muskulös.
Körper: breite, tief zwischen die Vorderläufe herabreichende Brust mit markierter Vorbrust; sehr kräftige, muskulöse, gewinkelte Schultern; kurzer und gerader Rücken; breite, muskulöse Nierenpartie; tiefe Flanken.
Rute: hoch angesetzt, im Ansatz kräftig, zur Spitze hin dünner werdend; gerade oder gebogen getragen.
Gliedmaßen: gerade, kräftige, gut voneinander entfernt stehende Vorderläufe mit geraden, kräftigen Mittelfüßen; starke, muskulöse Hinterläufe mit mäßig gewinkelten Sprunggelenken.
Pfoten: nicht zu groß, gut gewölbt, mit harten Ballen und gut gerundeten Zehen; Katzenpfoten.
Haar: kurz, hart, fest am Körper anliegend, schützt den Hund sehr gut.
Farbe: jede Nuance von Ziegelrot, Rehbraun oder Rötlich, aber klar und einheitlich; dunkler Fang, zu den Augen hin heller werdend; dunkle Augenumrandung, die dem Tier ein ausdrucksvolles Gesicht gibt.
Fehler: helle oder gelbe Augen; Rosenohren; unregelmäßiges Gebiß; Karpfen- oder Sattelrücken; Kuhhessigkeit; platte Pfoten; Knickrute; langes, seidiges oder wolliges Haar.

Ratschläge für die Haltung: Der Bullmastiff ist robust und widerstandsfähig gegen Krankheiten. Seine Lebenserwartung ist für einen Molosser ziemlich hoch: Er wird im Durchschnitt zwölf Jahre alt. Als Fellpflege genügt gelegentliches Bürsten mit einer festen Bürste. Die Hautfalten sollten mit lauwarmem Wasser gesäubert werden. Wenn er in der Wohnung gehalten wird, genügt ein Bad alle sechs Monate. Auf dem Land kann er, je nach seinen Aktivitäten, öfter gebadet werden. Er braucht nicht übermäßig viel Bewegung.

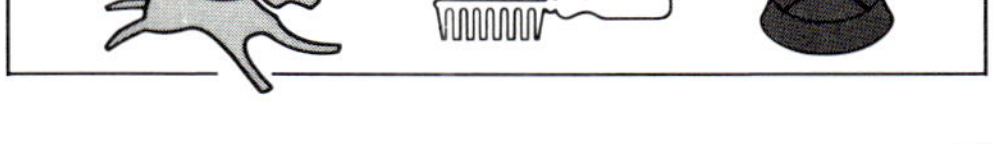

Mastino Napoletano

Früher gehörte der Mastino Napoletano zu den Kampf- und Kriegshunden. Heute ist er der Wachhund par excellence, ein Athlet unter den Hunden mit mächtigem Kopf, starken Knochen und hohem Gewicht, das bis zu 100 kg betragen kann. Unter dem kurzen, meist grauen Haarkleid zeichnen sich überall mächtige Muskeln ab. Sein Schritt erinnert an die Gangart von Raubtieren – weit ausholend, teilweise Paß gehend, ruhig und majestätisch, unerschütterliche Selbstsicherheit ausdrückend.

Züchterfleiß schuf aus den einst mörderischen Tieren heute eine der besten Wach- und Schutzhundrassen der Welt. Wachsamkeit, Mut, Nervenfestigkeit und absolute Gutartigkeit seinem Herrn und dessen Familie gegenüber zeichnen den Mastino Napoletano aus. Er ist folgsam und außerordentlich lernfähig, braucht aber von Anfang an eine konsequente Erziehung. Man sollte ihn niemals auf Angriff abrichten, denn dann kann er zur unkontrollierbaren Waffe werden. Das, was der Mastino Napoletano an Kampfanlagen als Erbe seiner Vorfahren mitbringt, reicht auch ohne Ausbildung dazu, jeden Eindringling in Schach zu halten.

Er ist ein ruhiger Hund mit ungeheuer viel Selbstvertrauen, daher auch kein Kläffer und Raufer. Er ist relativ bewegungsarm und braucht daher nicht viel Auslauf. Natürlich ist er schon von seiner Größe her kein Hund für die Etagenwohnung. Er ist kein Hund für Prahler – und kein Statussymbol. Der Mastino Napoletano ist vielmehr ein unbestechlicher Kumpan aus dem Tierreich, mit dem man durch dick und dünn gehen kann.

Anschaffung und Haltung sind relativ teuer. Er ist wenig anfällig für Krankheiten, und seine Lebenserwartung liegt bei etwa zehn Jahren.

Die Herkunft des Namens Mastino ist umstritten. Marco Polo erwähnt ihn 1309, und etwa zur gleichen Zeit gebrauchen Dante und Boccaccio diesen Namen für einen Hund. Man nimmt an, daß das Wort vom keltischen *mas* gleich Wohnstatt und vom ebenfalls keltischen *tuin* gleich bewachen abgeleitet ist: der Hund, der die Wohnstatt bewacht.

2. Gruppe
Wach-, Schutz- und Gebrauchshunde

Zur Geschichte

Der Mastino stammt von der Tibetdogge und den alten assyrischen Kampf- und Kriegshunden ab. Erste Hinweise auf große Kampfhunde sind rund 4000 Jahre alt, und es gibt Flachreliefs aus dem Palast des Assurbanipal in Ninive (700 v. Chr.), die einen fast standardgerechten Mastino Napoletano zeigen. Mit Alexander dem Großen (356–323 v. Chr.) wurden diese großen Hunde weit verbreitet. Von Griechenland wurden sie nach Rom importiert, um dort zu blutigen Spektakeln in den Arenen mißbraucht zu werden. Später wurden die „breitmäuligen Hunde Britanniens", die Mastiffs, eingekreuzt. Zur Zeit der Bourbonenherrschaft in Neapel (1735 bis 1860) kam die alte Rasse nochmals zur Blüte; sie wurde als „Pakker" bei der Jagd auf Hirsch und Keiler benutzt. Von da an ging die Rasse zurück. Lediglich einige Bauern an den Hängen des Vesuvs züchteten noch diese Hunde. Durch Vermischung mit anderen Rassen drohte der alte Mastino auszusterben. Nach dem Zweiten Weltkrieg gab es nur noch etwa zehn Exemplare, die einigermaßen rein gezüchtet waren. Erst 1946 begann man systematisch diese Rasse zu retten, und danach vergingen noch drei Jahre, bis sie offiziell als Rasse anerkannt wurde.

Das Kupieren der Rute und der Ohren

Der Standard verlangt das Kürzen der Rute; der Tierarzt kürzt sie dem drei Tage alten Welpen bis zum Sprunggelenk (etwa ⅓ der Länge). Damit wird dem sehr schmerzhaften Aufschlagen der Rutenspitze vorgebeugt.

Der Standard erlaubt das kupierte und das unkupierte Ohr. Allerdings kommt der charakteristische Ausdruck nur beim kupierten Ohr zur Geltung. Das Ohr wird im Alter von sieben bis acht Wochen vom Tierarzt unter Narkose sehr kurz kupiert. Das Kupieren gehört immer in die Hand des Fachmannes und ist dann später ein hervorragender Schutz vor Ohrenkrankheiten, weil mehr Sauerstoff an die Gehörgänge gelangt.

Standard

Allgemeine Erscheinung: trotz Masse sehr beweglich.
Größe: Rüde 65–75 cm; Hündin 60–68 cm.
Gewicht: pro Zentimeter Widerristhöhe etwa 1,2 kg.
Kopf: massig; leicht flacher Oberkopf; kurzer Fang; gerader Nasenrücken; starke, über den Unterkiefer herabhängende Lefzen; Kopf stark befaltet; Scheren- oder Zangengebiß.
Augen: möglichst dunkel in der Farbe des Fells.
Ohren: kupiert oder unkupiert.
Hals: kurz, mächtig, etwa 8/10 der Widerristhöhe gleich Halsumfang, mit charakteristischer, doppelter Wamme.
Körper: harmonisch, breit, muskulös; alle Partien gut entwickelt; starke Knochen; gerade Rückenlinie.
Rute: stark am Ansatz, um 1/3 gekürzt.
Gliedmaßen: alle mächtig, mit starken Knochen und guter, plastisch hervortretender Muskulatur.
Pfoten: rund, sehr groß, gut gewölbt, mit harten Ballen.
Haar: fein, kurz, seidig schimmernd.
Farbe: Grau in allen Schattierungen, schwarz gestromt, isabellfarben; kleine weiße Abzeichen an Brust und Zehen erlaubt.
Fehler: rein weißes Fell; Nase ohne Pigmentierung.

Ratschläge für die Haltung: sehr pflegeleichter, kurzhaariger Hund. Kombinierte Wohnungs- und Zwingerhaltung ist zu empfehlen. Ist erst mit etwa zwei Jahren ausgewachsen und braucht daher zusätzlich zum normalen Futter Kalzium.

Die zweimal gerettete Rasse

Um 1700 war die Rasse zum erstenmal ausgestorben. Erst die Spanier mit ihrer Jagdleidenschaft erinnerten sich wieder dieser Hunde. Durch Einkreuzung des spanischen Perro de Presa erhielt man einen vorzüglichen „Packer" für Großwild. Nach der spanischen Herrschaft erlosch das Interesse am Mastino wieder. Alle Mastino - Napoletano - Freunde auf der ganzen Welt verdanken heute einem Mann, dem Schweizer Schriftsteller Dr. Piero Scanziani, daß sie sich an dieser imposanten Rasse wieder erfreuen können. Er sichtete nach dem Zweiten Weltkrieg die letzten Exemplare und begann mit seinem weltbekannten Zwinger „di Villanova" in Rom die moderne Mastino-Napoletano-Zucht.

Heute wird die Rasse außerhalb Italiens in Deutschland, aber auch noch in den Niederlanden, in Frankreich und Österreich gezüchtet.

Großspitz

Sein kluger, fuchsähnlicher Kopf mit den dunklen, aufmerksamen Augen und den enggestellten Stehohren und sein üppiges Haarkleid, das ihn gegen alle Witterungseinflüsse schützt, machen den Großspitz zu einem auffallend schönen, stattlichen Hund. Er ist ein kinderlieber Haus- und Familienhund. Da er sehr gelenkig und leicht auszubilden ist, wird er immer wieder auch als Artistenhund im Zirkus verwendet. Mit ein wenig Geduld kann man ihm auch als Laie kleine Kunststücke beibringen.

Der Großspitz zeichnet sich durch ausgeprägte Beschützereigenschaften aus, außerdem ist er mutig und äußerst mißtrauisch gegen Fremde; deshalb gilt er für viele als der ideale Wächter. Und in der Tat, eigentumsbewußt, wie er ist, verteidigt er Haus und Habe seines Herrn, ohne zu zaudern. Zu den Menschen, die er kennt, verhält er sich liebevoll ergeben. Er ist ein problemloser, fröhlicher Hausgenosse.

Wie allen Deutschen Spitzen, so fehlt auch dem Großspitz jegliche Jagdleidenschaft. Er streunt und wildert nicht und lebt mit anderen Haustieren erfreulich harmonisch zusammen. Der Besitzer eines Spitzes bekommt keinen Ärger mit Nachbarn, denn er läßt deren Hühner oder Katzen in Ruhe. Bei Spaziergängen im Wald und in der freien Feldmark wird der Großspitz nicht versuchen, die Wildtiere zu hetzen.

Als Michelangelo die Sixtinische Kapelle ausmalte, lag ihm stets sein Spitz zu Füßen. Mozart komponierte für die Spitzhündin seiner Schwester sogar eine Arie. Erklärte Spitzfreunde waren beispielsweise auch Thomas Gainsborough, Königin Victoria, Martin Luther, Ludwig Richter, Wilhelm Busch, Marie von Ebner-Eschenbach und Pfarrer Kneipp.

Der Großspitz, der in Frankreich Grand-Loulou heißt, ist eine Varietät der Hunderasse Deutscher Spitz. Er gehört zur Rassengruppe der spitzartigen Hunde. Viele Länder haben eigenständige Spitzrassen, wie beispielsweise Italien den Volpino, die Sowjetunion die Laika, Norwegen den Elkhound, Großbritannien den Pomeranian, Japan den Japanspitz, China den Chow-Chow.

**2. Gruppe
Wach-, Schutz- und Gebrauchshunde**

Zur Geschichte

Die Rassengruppe der Spitze ist uralt. Steinzeitliche Knochenfunde beweisen, daß bereits vor 6000 Jahren die Bauern in den Siedlungen an Bodensee und Ladogasee den „Torfspitz" (canis familiaris palustris) züchteten. Er ist der Ahnherr zahlreicher europäischer Haushundrassen sowie der nordischen Hirten- und Schlittenhundrassen. Als Ursprungsland für den Deutschen Spitz wird Deutschland von der F.C.I. anerkannt. Seit Menschengedenken wird hier die Rasse in verschiedenen Spielarten gezüchtet. Württemberg gilt als das Stammland der schwarzen Varietäten. An Mittel- und Niederrhein bevorzugt man wolfsgraue Spitze. In Norddeutschland züchtet man von alters her weiße Spitze. 1899 wurde der Verein für Deutsche Spitze e. V. gegründet, der Schönheit, Reinzucht und Veredelung der Rasse fördert und überwacht.

Der Wolfsspitz

Der Wolfsspitz, niederländisch: Keeshond, ist ein robuster Gebrauchshund mit einer Rückenhöhe von 45 bis 60 cm. Er muß quadratisch erscheinen, d. h., er darf nicht länger als hoch (Widerristhöhe) sein. Das gilt übrigens für alle Größenschläge des Deutschen Spitzes. Während der Großspitz in den Farben Weiß, Schwarz und Braun gezüchtet wird, ist das Fell des Wolfsspitzes wolfsgrau-graugewolkt, das ist ein Silbergrau mit schwärzlichem Anflug der einzelnen Haarspitzen; um die Augen, an den Läufen, am Bauch und an der Rute ist es heller gefärbt.

Er ist in den Niederlanden als Wach- und Familienhund so beliebt, daß er lange als Nationalhund galt, obwohl allein Deutschland von der F.C.I. als Ursprungsland des Wolfsspitzes anerkannt wird und somit den Standard festlegt. Aber in beiden Ländern, die ja bis zum Ende des Dreißigjährigen Krieges staatsrechtlich zusammengehörten, hat man von jeher den Wolfsspitz sehr geschätzt und eifrig gezüchtet. Die niederländischen Schiffer nennen ihn Barkenspitz, weil er als zuverlässiger Wächter die Kahnladungen gegen Eindringlinge verteidigt.

Dank seiner unermüdlichen Aufmerksamkeit ist der Wolfsspitz auch ein ganz hervorragender Wachhund für das Haus, der gleichermaßen die Qualitäten eines zuverlässigen Begleithundes besitzt. Er ist ein absolut treuer Freund, der „seine Familie" über alles liebt und ihr gegenüber keinerlei Aggressivität zeigt.

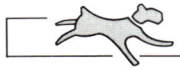

Wolfsspitz

Großspitz

Standard

Allgemeine Erscheinung: Der Großspitz ist wohlproportioniert und von unerschrockener und temperamentvoller Wesensart. Er zeichnet sich durch ein prächtiges Fell aus.

Größe: 40–50 cm.

Gewicht: im Standard nicht erwähnt (etwa 20 kg).

Kopf: mittelgroß, von oben gesehen hinten am breitesten und sich zur Nasenspitze hin keilförmig verschmälernd; Nase klein und rund, schwarz, bei braunen Spitzen dunkelbraun.

Augen: dunkel, mittelgroß, mandelförmig, leicht schräg gestellt.

Ohren: klein, dreieckig zugespitzt, hoch angesetzt, stets aufgerichtet.

Hals: mittellang, mit üppiger Kragenmähne.

Körper: Brust vorne tief; gewölbte Rippen; Rücken gerade und so kurz wie möglich; Bauch nach hinten mäßig aufgezogen.

Rute: mittellang, hoch angesetzt, fest auf dem Rücken liegend gerollt.

Gliedmaßen: vordere mittellang, kräftig, gerade; hintere in den kräftigen Sprunggelenken wenig gebogen.

Pfoten: so klein wie möglich, rundlich zugespitzt, mit gewölbten Zehen; Katzenpfoten.

Haar: kurz und dicht an Gesicht, Ohren, Läufen und Pfoten, am übrigen Körper reich und lang; dichte Unterwolle.

Farbe: schwarz, ohne jede Spur Weiß, oder reinweiß oder einheitlich dunkelbraun.

Fehler: flacher Kopf; Apfelkopf; zu große oder zu helle Augen; zu lange oder zu weit auseinanderstehende Ohren; Kippohren; gewellte Haare; zu kurze Rute; Vorbiß.

Ratschläge für die Haltung: Der Großspitz erfreut durch robuste Gesundheit und große Widerstandskraft gegen Kälte und Witterungsunbilden. Das Geheimnis der perfekten Haarkleidpflege ist Bürsten, Streicheln und Fönen gegen den Strich, also von der Rute in Richtung Kopf. So wird das Standvermögen des Deckhaares verbessert. Die Unterwolle sollte möglichst unberührt bleiben. Unterwollknötchen werden vorsichtig mit der Hand herausgezupft. Spitzhaare pflegt man mit Bürsten aus kurzen Naturborsten.

Samojede

Dieser große weiße, spitzähnliche Hund mit dem lächelnden Gesicht fand von allen uns heute bekannten Polarhunden zuerst Liebhaber in Europa, und zwar zunächst in Großbritannien. Seine rasch wachsende Popularität verdankt er nicht nur seinem Einsatz durch Polarforscher, wie z. B. Nansen bei seiner Expedition von 1893 bis 1896, und der Tatsache, daß Königin Alexandra, die Gemahlin Edwards VII., sich für diese Rasse interessierte. Die Ursache für seine schnelle Verbreitung lag im Wesen des Samojeden; er wurde geschildert als treuer, gehorsamer, sanfter, anschmiegsamer und doch wiederum selbständiger Hausgenosse. Dazu kommen die auffallend stolze Haltung, sein kräftiger und doch eleganter Wuchs sowie sein lächelndes Interesse für alles, was um ihn herum geschieht. So nimmt es nicht wunder, daß ein vorzüglich gepflegter Samojede für viele Hundeliebhaber heutzutage als einer der schönsten Hunde gilt. Man kann ihn sowohl als Sporthund für Schlittenhundrennen verwenden als auch als Haus- und Familienhund. Er ist ein guter Wächter, aber als Schutzhund ungeeignet.

2. Gruppe
Wach-, Schutz- und Gebrauchshunde

Zur Geschichte

Zu den Vorfahren der Rasse gehört wahrscheinlich auch der Torfhund, der schon in der Steinzeit über Europa und Nordasien verbreitet war. Im Jahr 1889 brachten Pelzhändler aus Sibirien die weißen, spitzählichen Hunde mit, die sie bei den zwischen dem Weißen Meer und dem Jenissei lebenden Samojedennomaden vorgefunden hatten; sie hüteten Rentierherden, trugen oder zogen Lasten und halfen bei der Jagd. Forscher schätzten bald ihre Leistungsfähigkeit auf Expeditionen in die Arktis und Antarktis.

Standard

Allgemeine Erscheinung: länger als hoch, kräftig gebaut, trotzdem elegant und beweglich.
Größe: Rüde 57 cm; Hündin 53 cm.
Gewicht: im Standard nicht erwähnt.
Kopf: kräftig, keilförmig; deutlicher, aber nicht tiefer Stop; schwarze Nase; zum „Lächeln" hochgezogene Mundwinkel.
Augen: mandelförmig, mit lebhaftem Ausdruck.
Ohren: klein, hoch angesetzt, aufrecht stehend.

Hals: kräftig, gut lang.
Körper: breite, tiefe Brust; sehr kräftige Lendenpartie; mittellanger, gerader Rücken.
Rute: auf dem Rücken getragen.
Gliedmaßen: Vorhand sehr knochenstark, kräftig bemuskelt; Hinterhand mit guter Winkelung.
Pfoten: oval, mit gut gepolsterten Ballen.
Haar: glattes, steif abstehendes Deckhaar und weiche, sehr dichte Unterwolle.
Farbe: weiß, sahnegelb, weiß mit Abzeichen.
Fehler: tonnenförmige Brust.

Ratschläge für die Haltung: täglich bürsten; für das Stadtleben nicht geeignet.

Siberian Husky

Unter dem Namen Husky, der heiser bedeutet, sind verschiedene Schlittenhunde zusammengefaßt; sie haben alle eine sehr rauhe Stimme und bellen nicht, sondern heulen manchmal wie Wölfe. Der kräftige und dennoch elegante Siberian Husky ist unbestreitbar einer der besten Schlittenhunde und von den europäischen Rennpisten nicht mehr wegzudenken. Mit seinem vielfarbigen Fell und seinen lausbubenhaften Augen, die blau und braun oder meliert sein können, wirkt er äußerst attraktiv.

Zwar ist er in die Gruppe der Schutzhunde eingestuft, doch als Schutzhund versagt er, da er ohne Aggressionen dem Menschen gegenüber geboren wird. Er ist seinem Wesen nach ein Zug- und Arbeitshund. Sein Drang zum Laufen und seine Unabhängigkeit sind so groß, daß er sich nur bedingt als Begleithund eignet.

Zur Geschichte

Die Rasse entstand vor ungefähr 2000 Jahren bei den Tschuktsche-eskimo in Sibirien. Da diese Nomaden sehr isoliert lebten, wurde die Zucht der Rasse rein gehalten. Erst um 1909 brachte der russische Fellhändler Goosak den Siberian Husky zu Schlittenhundrennen nach Alaska. Ein junger Schotte war von ihm so beeindruckt, daß er in Sibirien 60 Hunde kaufte, auf die fast alle in Amerika und Europa lebenden Siberian Huskys zurückgehen. 1930 erkannte der amerikanische Kennel Club die Rasse an.

Standard

Allgemeine Erscheinung: mittelgroß, kräftig, aber dennoch anmutig, mit dickem Fell.
Größe: Rüde 54–60 cm; Hündin 51–56 cm.
Gewicht: Rüde 20–27 kg; Hündin 15–22,5 kg.
Kopf: oben rundlich, zu den Augen hin schmaler werdend; Fang mittellang; dunkle, gut anliegende Lefzen; starke Kiefer; Scherengebiß.
Augen: schräg; braun oder blau, blaumeliert, eines blau, eines braun.
Ohren: leicht abgerundete Stehohren.
Hals: kräftig, gebogen.

Körper: tiefe, kräftige Brust; starker Rücken; straffe Lendenpartie; gut gewinkelte Schultern.
Rute: reich behaart, sichelförmig.
Gliedmaßen: Vorderhand gerade und sehr muskulös; Hinterhand kräftig und gut gewinkelt, gut gebeugte Kniegegend, Afterkrallen entfernen.
Pfoten: oval, mit widerstandsfähigen Ballen.
Haar: dichte, weiche Unterwolle; sehr dichtes, sich weich schmiegendes mittellanges Deckhaar.
Farbe: alle Farben und Abzeichen.
Fehler: zu schwerer Kopf; massiver Fang; zu große Ohren; Karpfenrücken; schlechter Knochenbau; weiche, sich verbreiternde Pfoten.

Ratschläge für die Haltung: während des Haarwechsels mit dem Stahlkamm kämmen.

Rottweiler

Der stämmige Rumpf, unter dessen schwarzem Fell mit rotbraunen Abzeichen sich gewaltige Muskelpakete abzeichnen, läßt den Rottweiler als breitschultrigen Athleten erscheinen, dessen ruhiger Blick Mut und Gutartigkeit ausstrahlt. Doch seine imposante, gedrungene Gestalt weist nicht nur auf große Kraft, sondern auch auf Wendigkeit und Ausdauer hin. Wenn er in seine natürliche Gangart, den Trab, verfällt, kann er erstaunliche Spitzengeschwindigkeiten erreichen und diese über lange Strecken durchhalten. Außerdem zeichnet er sich durch große Sprungkraft und Widerstandsfähigkeit aus – dieses kräftige Tier fühlt sich zu jeder Jahreszeit bei jedem Wetter im Freien wohl.

Neben diesen körperlichen Vorzügen besitzt der Rottweiler auch geistige Fähigkeiten: Er ist sehr intelligent und versteht und behält alles, was man ihm beibringt. Es heißt, er vergesse nie, was er einmal gelernt habe. Da er beides, Kraft und Intelligenz, gern beweist, kann man ihn durchaus vor einen kleinen Wagen oder Schlitten spannen und Kinder spazierenfahren.

Wenn der mutige und außergewöhnlich starke Rottweiler auf Angriff und Verteidigung ausgebildet wird, erweist er sich als furchtloser Wachhund, der Fremden und Eindringlingen gefährlich werden kann. Er braucht eine feste Hand, die ihn führt und anleitet. Da der Rottweiler sich seiner Kraft bewußt ist, ist er nicht mißtrauisch, sondern sogar gutmütig. Aber er vermag sehr schnell zu erkennen, wenn sich jemand verdächtig benimmt, und reagiert dann sofort.

Während des Ersten Weltkrieges setzten die deutschen Truppen den Rottweiler erfolgreich als Meldegänger und Sanitätshund ein. Heute ist er u. a. als Polizeihund im Einsatz oder als scharfer Wachhund für Fabriken, Grundstücke und Geschäfte. In der Familie dagegen ist er sehr zutraulich und anhänglich, vor allem gegenüber Kindern, die er ganz spontan beschützt.

2. Gruppe
Wach-, Schutz- und Gebrauchshunde

Zur Geschichte
Der Rottweiler stammt wahrscheinlich von den großen Molossern ab, die während der Perserkriege mit den griechischen Truppen nach Europa kamen. Seine Ahnen kommen vermutlich aus Persien. Der Rottweiler-Klub ist der Meinung, seine Vorfahren seien mit den römischen Legionen über die Alpen gekommen, andere behaupten, mit den Phönikern, die mit Italien Handel trieben. Sicher aber ist, daß sich der Molosser mit bodenständigen Rassen des Raumes Rottweil vermischte, wodurch dann im Lauf der Zeit der heutige Rottweiler entstand. 1907 wurde der Allgemeine Deutsche Rottweiler-Klub gegründet.

Eine ruhige, verläßliche Kraft

Der Rottweiler verdankt seinen Namen der baden-württembergischen Stadt Rottweil, die früher Freie Reichsstadt und ein bedeutendes Handelszentrum mit großem Vieh- und Getreidemarkt war.

Zahlreiche Händler verschiedener Zünfte, u. a. auch Metzger und Viehhändler, kamen von weit her nach Rottweil, um einzukaufen oder ihre Waren anzubieten. Da wurden große Viehherden getrieben, und die Leute hatten viel Geld bei sich. Deshalb brauchten sie zu ihrem Schutz gegen Wegelagerer einen Hund, der ihnen mit seiner Intelligenz, seiner Kraft und seinem Mut zur Seite stehen konnte, denn die Reise über Land war gefährlich; außerdem mußten die Herden getrieben und bewacht werden. So entschieden sie sich für den Rottweiler, der wegen seiner Schlauheit und Intelligenz bekannt war. Da hauptsächlich Metzger den Rottweiler bei sich hatten, bekam er den Beinamen „Metzgerhund". Die Metzger züchteten ihn nur auf Leistung und für ihren Verwendungszweck, so daß ein hervorragender Kampf-, Hüte- und Treiberhund entstand. Als Mitte des 19. Jahrhunderts der Viehtrieb nachließ, geriet die Rasse in Vergessenheit.

Doch die Rasse wurde gerettet, als man zu Beginn des 20. Jahrhunderts darauf kam, daß der leicht auszubildende, entschlossene und zähe Rottweiler einen guten Polizei- und Wachhund abgeben könnte. Diese Aufgaben erfüllt er neben anderen auch heute noch. So gehören Rottweiler zu Sondereinheiten, die Straßendemonstrationen überwachen. Und in Brasilien, wo viele Vertreter dieser Rasse zu Hause sind, wird er bei Manövern der Streitkräfte mit Fallschirmen abgesetzt – ein Beweis dafür, daß ihn so leicht nichts aufregt.

Standard

Allgemeine Erscheinung: kräftiger und muskulöser, etwas über mittelgroßer Hund, der weder plump noch leicht wirkt und Wendigkeit und Ausdauer verrät.
Größe: Rüde 61–68 cm; Hündin 56–63 cm.
Gewicht: im Standard nicht erwähnt (etwa 50 kg).
Kopf: mittellang; Schädel zwischen den Ohren breit; Hinterhauptstachel gut entwickelt, ohne stark hervorzutreten; Stop ausgeprägt; Nasenrükken gerade; Nasenkuppe breit, schwarz; Lefzen schwarz, fest anliegend; kräftiges Scherengebiß.
Augen: mittelgroß, mandelförmig, tiefbraun, mit anliegenden Lidern.
Ohren: möglichst klein, hängend, dreieckig, hoch angesetzt, sehr weit auseinander stehend.
Hals: kräftig, mäßig lang, gut bemuskelt, mit leicht gewölbter Nackenlinie aus der Schulter wachsend, trocken, ohne Wamme.
Körper: geräumige, breite und tiefe Brust mit gut entwickelter Vorbrust und gut gewölbten Rippen; gerader, kräftiger und fester Rücken; kurze, starke und tiefe Lendenpartie; Kruppe breit, von mittlerer Länge, in leichter Rundung verlaufend, weder gerade noch stark abfallend; Flanken nicht aufgezogen; lange, gut gestellte Schultern.

Rute: kurz kupiert.
Gliedmaßen: Vorderläufe gerade, nicht eng stehend, mit kräftig entwickelten und bemuskelten Unterarmen; Hinterläufe mit mäßig langen, breiten und stark bemuskelten Keulen, langen, kräftigen und breit bemuskelten Unterschenkeln und kraftvollen, gut gewinkelten, nicht steilen Sprunggelenken, von hinten gesehen gerade, aber nicht eng gestellt.
Pfoten: rund, gut geschlossen und gewölbt, mit harten Ballen und kurzen, schwarzen und kräftigen Krallen.
Haar: Deckhaar mittellang, derb, dicht und straff anliegend, Unterwolle darf nicht daraus hervortreten.
Farbe: schwarz mit gut abgegrenzten, rotbraunen Abzeichen an Backen, Fang, Halsunterseite, Brust, Läufen, über den Augen und unter der Rutenwurzel.
Fehler: Anomalie der Hüftgelenke; vorstehender Ober- und Unterkiefer; fehlende Backenzähne; lose, einwärts gerollte oder offene Augenlider; stechender Blick; gelbe oder verschiedenfarbige Augen; Ängstlichkeit; Bösartigkeit; Bewegungsunlust; zu langes oder gewelltes Haar; zu eng oder zu weit gewinkelte Gelenke; kuhhessige oder faßbeinige Läufe.

Ratschläge für die Haltung: Dieser widerstandsfähige, kraftstrotzende Hund kann gut im Zwinger gehalten werden, braucht aber viel Bewegung. Man sollte ihn nicht an die Kette legen, da sich sonst der Charakter schnell nachteilig ändert.

Das Haarkleid muß täglich gekämmt und gebürstet werden, um tote Haare zu entfernen.

Pyrenäenberghund

Der majestätische weißhaarige Pyrenäenberghund (Chien de Montagne des Pyrénées) ist seiner Herkunft nach ein Hirtenhund. Ihm wurde aufgetragen, die Herden auf den Hochweiden der Pyrenäen nachts zu bewachen. Er begleitete die Herden auch auf ihren Wanderungen zusammen mit einem zweiten Hund, dem kleineren Schäferhund der Pyrenäen (Berger des Pyrénées). Dieser sollte die verirrten und zurückgebliebenen Tiere zur Herde zurückbringen, während der Pyrenäenberghund Wölfe fernhielt.

Der Pyrenäenberghund ist intelligent, robust und läßt sich leicht ausbilden, besonders als Jungtier. Er ist ein ausgezeichneter Hüter, und sein Unternehmungsgeist macht ihn zu einem wertvollen Helfer für seinen Herrn. Obwohl er ansonsten eher behäbig aussieht, ist sein Blick lebhaft. Er wird mit Erfolg als Blindenhund und im Rettungswesen eingesetzt und bewährt sich in Kanada neben den nordischen Hunden zum Ziehen von Schlitten.

Er ist folgsam, liebevoll, treu und sehr sanft im Umgang mit Kindern. Seine hervorragenden Eigenschaften haben ihn auch zu einem gesuchten und beliebten Begleithund gemacht. Aber er braucht Raum und muß sich auslaufen können, sonst wird er dick und schwerfällig.

Er läßt sich durchaus auch als Verbindungshund einsetzen: In besonders harten Wintern sah man schon kleine Kolonnen von Pyrenäenberghunden zu einsamen Dörfern ziehen, die durch den Schnee von der Umwelt abgeschnitten waren. Auf ihren Rücken trugen die Tiere Verpflegung für die notleidenden Einwohner.

Obwohl der Pyrenäenberghund untertags selten anschlägt, begleitet er, wenn er etwa eine Koppel zu bewachen hat, seine Runden mit mächtigem, dumpfem Gebell. Zum Schutz einer Herde eingesetzt, streift er die ganze Nacht herum und sorgt dafür, daß sich kein Angreifer den Tieren nähert. Wachsamkeit und Mut machen ihn zu einem der besten Wachhunde.

2. Gruppe
Wach-, Schutz- und Gebrauchshunde

Zur Geschichte

Sein Ahne ist sicherlich die Tibetdogge. Schon im Altertum wanderten zentralasiatische Völkerstämme nach Europa ein und brachten ihre Herden und Hunde mit. Sie ließen sich in den gebirgigen Gegenden nieder, wo das Klima dem ihrer Heimat am ehesten entsprach. Im 14. Jahrhundert wurde in Frankreich erstmals ein Hund beschrieben, der dem Pyrenäenberghund ähnlich ist. Aus dem 17. Jahrhundert stammen Schilderungen der Rasse, die in den Pyrenäen verfaßt wurden, und zwei Jahrhunderte später tauchen die Hunde in den Berichten von Pyrenäenreisenden auf. 1907 wurde schließlich je ein Club in Argelès und Cauteret gegründet; sie haben auch den ersten Standard festgelegt.

Die Wanderungen der großen weißen Hunde

Es ist kein Zufall, wenn die Hirtenhunde gebirgiger Gegenden einander recht ähnlich sind. Sie haben alle als gemeinsamen Ahnen die Tibetdogge oder den Molosser, die von den Hochebenen Zentralasiens stammen. Im Verlauf der Wanderungen ihrer Herren blieben sie in Polen als Tatrahunde, in Ungarn als Komondor oder Kuvazs, in der Tschechoslowakei als slowakischer Tschuvatsch, in Italien als Maremmano oder Abruzzenschäferhund und schließlich auch in den französischen und spanischen Pyrenäen. Die Spur der Wanderung läßt sich verfolgen: von Zentralasien nach Kleinasien, von dort über Osteuropa weiter nach Westen.

Die Tibetdogge gibt es immer noch. Wachsam und kampfbereit hütet sie die Herden und Camps der Nomaden, aber auch Dörfer.

Standard

Allgemeine Erscheinung: großgewachsener, imposanter und kräftig gebauter Hund.

Größe: Rüde 70–80 cm, Hündin 65–72 cm.

Gewicht: im Standard nicht erwähnt (45–55 kg).

Kopf: im Verhältnis zur Größe eher klein, seitlich ziemlich flach; Oberkopf leicht gewölbt; Schnauze breit, nach vorne schmäler werdend; Lefzen schwarz, gut anliegend; Scherengebiß.

Augen: eher klein, tief dunkelbraun; Lider anliegend, schwarz gesäumt und leicht schräg; sanfter, freundlicher Blick.

Ohren: klein und dreieckig, am Ende gerundet und flach am Kopf herabhängend.

Hals: kräftig, ziemlich kurz; Wamme wenig entwickelt.

Körper: breite und tiefe Brust; Seiten leicht gerundet; Rücken lang und breit; Kruppe abfallend; Hüften ziemlich ausgeprägt; Flanken wenig eingefallen.

Rute: ziemlich lang, dicht behaart, federbuschartig, in Ruhe hängend, am Ende leicht aufgebogen; bei Erregung schlägt der Hund ein Rad damit.

Gliedmaßen: vordere gerade, kräftig und reichlich mit Fransen besetzt; die hinteren müssen ebenfalls Fransen tragen, aber längere und dichtere; starke Keulen; Kniegelenke breit, kaum gebogen; je zwei ausgeprägte Afterkrallen an den Hinterläufen.

Pfoten: kurz, gedrungen; Zehen leicht gekrümmt.

Haar: dicht, glatt, leicht gewellt, geschmeidig und lang, länger an Rute und Hals, an Hosen feiner und wolliger und möglichst dicht.

Farbe: weiß oder weiß mit grauen Flecken, mit dachsfarbenem (am meisten geschätzt) oder blaßgelbem oder isabellfarbenem Haar an Kopf, Ohren und Rutenansatz; einige Flecken am Körper sind zulässig.

Fehler: zu schwerer Kopf; zu großer Oberkopf; deutlicher Stirnabsatz; runde, helle und vorspringende Augen; wenig pigmentierte Schleimhäute; Hängelefzen; zurückstehender Unterkiefer (Unterbiß); wenig behaarte, schlecht getragene Rute; kurzes oder gekräuseltes Haar; unzulängliche Größe und Gewicht; plumper Allgemeineindruck; jede Ähnlichkeit mit Bernhardiner, Neufundländer und Leonberger; keine doppelten Afterkrallen an den Hinterläufen (wenn nicht laut Attest operativ entfernt).

Ratschläge für die Haltung: Der Hund muß gebürstet, soll aber nur selten gebadet werden. Achtung vor Überfütterung! Die Nahrung darf nicht allzuviel Fett und Kohlenhydrate enthalten. Übergewicht kann Arthrose der Hüftgelenke fördern. Viel Aufenthalt im Freien und viel Auslauf sind zu empfehlen. Das Wachstum muß vom dritten Monat an überwacht werden, um Knochenmißbildungen vorzubeugen.

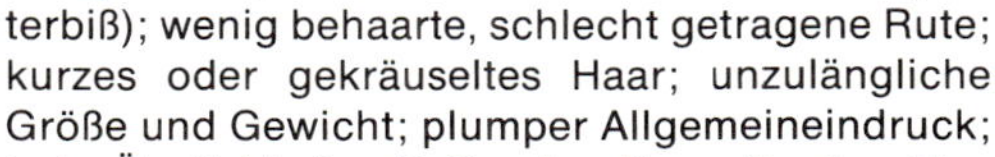

Hovawart

Es passiert Hovawartbesitzern nicht selten, daß sie auf Spaziergängen mit ihrem Hund angesprochen werden: Schön sei das Tier ja, heißt es dann, aber leider eben ein Mischling. Obwohl der Hovawart mittlerweile seit über 40 Jahren als Rasse anerkannt ist, blieb er in Deutschland, seiner Heimat, weitgehend unbekannt.

Er besticht durch seine Größe und seinen kräftigen Körperbau. Dabei ist er nicht plump, im Gegenteil, seine Bewegungen sind elegant und geschmeidig. Seine Treue und sein großer Mut befähigen ihn, sowohl die Familie als auch das Haus und Grundstück gegen jeden Eindringling wirksam zu verteidigen. In der Familie jedoch zeigt er sich stets als liebenswerter, angenehmer Kamerad. Er ist anhänglich, kinderlieb und stets darauf bedacht, Kontakt zu allen Familienmitgliedern zu halten. Er wird dabei nicht lästig und verhält sich im Haus oder Zwinger ruhig. Der Hovawart hat so gute Eigenschaften, daß er vielseitig ausgebildet werden kann. Was er einmal gelernt hat, sitzt fest verankert, und wenn man ihm Aufgaben stellt, führt er sie freudig aus.

Zur Geschichte

Sein Name verrät, was er früher einmal war: Hofwächter, Hofwart. In mittelalterlichen Schriften wird der Hovawart zu den Hunden gezählt, für die man bei Diebstahl oder Tötung Ersatz leisten mußte. Noch 1473 zählte er zu den fünf edlen Hundearten. Dann allerdings starb die Rasse gänzlich aus. Erst in den zwanziger Jahren unseres Jahrhunderts hat man aus Bauernhunden im Schwarzwald, Harz und Odenwald durch Einkreuzung verschiedener Hirten- und Hütehunde den Typ Hovawart wieder herausgezüchtet, wie er durch verschiedene Überlieferungen zu erkennen war. 1936 wurde der Hovawart als Rasse anerkannt, und 1964 nahm man ihn als siebte Rasse zu den Gebrauchshunden auf.

Standard

Allgemeine Erscheinung: kraftvoller, langhaariger Hund, hart, aufmerksam, unerschrocken.
Größe: Rüde 63–70 cm; Hündin 58–65 cm.
Gewicht: im Standard nicht erwähnt.
Kopf: kraftvoll, mit gewölbter, breiter Stirn; gerader Nasenrücken; nicht zu lang, aber auch nicht gedrungen; anliegende Lefzen.
Augen: dunkel, dem Pigment angepaßt.
Ohren: hängend, dreieckig, in Form und Größe der Kopfform entsprechend, locker anliegend.

Hals: mittellang, kräftig, ohne Wamme.
Körper: breite, tiefe, kräftige Brust; fester gerader Rücken; leicht abfallende Kruppe; der Rumpf muß länger sein, als der Widerrist hoch ist.
Rute: lang und gut behaart.
Gliedmaßen: vordere gerade und kräftig; hintere gut gewinkelt und bemuskelt.
Pfoten: geschlossen, mit harten Ballen.
Haar: lang, wollarm, leicht gewellt und geschlossen.
Farbe: blond, schwarz oder schwarzmarken.
Fehler: gescheiteltes und gelocktes Haar.

Ratschläge für die Haltung: Der Hovawart ist pflegeleicht; ein- bis zweimaliges Bürsten in der Woche genügt. Bei großer Hitze braucht er einen schattigen Platz. Wichtig ist, daß man täglich lange Spaziergänge mit ihm macht und ihn ständig vom Tierarzt auf Hüftgelenksdysplasie untersuchen läßt.

Appenzeller Sennenhund

2. Gruppe
Wach-, Schutz- und
Gebrauchshunde

Dieser urwüchsige, kräftige und muskulöse Sennenhund ist der Universalhund für den Landwirt. Zum Hüten und Treiben des Viehs ist er ihm eine unentbehrliche Hilfe. Hart, pfiffig, ausdauernd und fleißig, bleibt er zu jeder Tages- und Jahreszeit bei der Herde.

An seinen Herrn, dessen Familie und Lebensraum fühlt er sich eng gebunden. Er ist äußerst wachsam, unbestechlich und Fremden gegenüber sehr mißtrauisch. Groß und klein lieben sein geselliges, treues Wesen und seinen fröhlichen, oft geradezu humorvollen Blick. Jede Liebkosung weiß der Appenzeller Sennenhund zu schätzen und verleiht seiner Freude durch ständiges Hochspringen sichtbaren Ausdruck.

Seine Intelligenz und Arbeitsfreude, seinen Mut und seine Beweglichkeit weiß der Sportkynologe zu schätzen. Er läßt sich vielseitig ausbilden und bewährt sich als Schutz-, Sanitäts- und Lawinenhund.

Zur Geschichte

Wie die anderen drei Schweizer Sennenhunde stammt der Appenzeller von der Tibetdogge ab, die die Römer in die Alpen brachten, wo sie sich rasch einlebte. Im Lauf der Jahrhunderte entwickelte sie sich je nach geographischen Verhältnissen und Ansprüchen der Halter zu großen und kleineren Sennenhunden in verschiedenen Haarvariationen; in Farbe und Abzeichen blieben sie sich aber gleich. Sie alle wurden nach dem Kanton, in dem sie vorkamen, benannt. 1906 wurde in der Schweiz der Appenzeller-Sennenhund-Club gegründet. Seit 1923 gibt es den Schweizer Sennenhund-Verein für Deutschland e.V.

Standard

Allgemeine Erscheinung: kräftiger, sehr lebhafter, mittelgroßer Hund.
Größe: Rüde 52–58 cm; Hündin 48–54 cm.
Gewicht: im Standard nicht erwähnt.
Kopf: Oberkopf ziemlich flach; kräftiger, nicht zu spitzer Fang.
Augen: etwas schief, gegen die Nase gestellt; freundlicher, eher lustiger Gesichtsausdruck.
Ohren: dreieckig, hängend.
Hals: kräftig, muskulös.
Körper: breite, tiefe Brust; rund gewölbte Rippen;

kräftige Brust- und Schultermuskulatur; gerader Rücken; breite Lenden.
Rute: über der Kruppe seitlich gerollt, in der Bewegung hoch getragen.
Gliedmaßen: vordere gerade, kräftig; hintere gut bemuskelt, mit gut gewinkelten Sprunggelenken.
Pfoten: rundlich, geschlossen.
Haar: enganliegend, dicht, glänzend.
Farbe: glänzend schwarz, mit leuchtendbraunrotem Brand an den Backen, über den Augen und an allen Läufen, weiße Blesse; weiße Pfoten.
Fehler: alle schweren Abweichungen vom Standard.

Ratschläge für die Haltung: Als Familienhund gehört er möglichst ins Haus oder zum Vieh. Sein kurzes Haar macht die Pflege leicht; er sollte aber täglich gebürstet werden. Fütterungsprobleme gibt es nicht. Er braucht jeden Tag Bewegung.

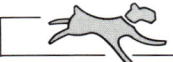  

Landseer

Der Landseer gehört heute zu den seltenen und weithin unbekannten Hunderassen. Vor etwa 200 Jahren wurden die ersten Exemplare dieser mächtigen, weiß-schwarzen Hunde nach Europa gebracht. Fischer aus Frankreich und Großbritannien hatten sie auf Neufundland kennengelernt und waren von ihnen sogleich angetan. Sie verkauften die Tiere als Neufundländer in europäischen Fischereihäfen; die Nachfrage war so groß, daß die Rasse wegen der zahlreichen Exporte in Neufundland ausstarb. Doch die Briten nahmen sich der Rasse an und brachten sie zu einer eindrucksvollen Hochform.

Der Vater ihres Ruhms war der berühmte britische Tiermaler Sir Edwin Landseer. Er schuf 1937 ein Gemälde mit dem Titel *Ein verdienstvolles Mitglied der Lebensrettungsgesellschaft* – es zeigte einen weiß-schwarzen Neufundlandhund. Danach wurden die Hunde Landseer genannt.

Der Landseer ist außerordentlich anhänglich, immer zum Schmusen bereit und Kindern gegenüber unendlich langmütig. Haus und Grundstück bewacht er zuverlässig.

Zur Geschichte

Paul Pry hieß der Hund, mit dessen Porträt der Tiermaler Sir Edwin Landseer die Rasse schlagartig bekannt machte. Das Tier stammte bereits aus englischer Zucht, bewies aber, daß der Rettungstrieb seiner neufundländischen Vorfahren, die den Fischern als geschickte Schwimmer und Taucher bei der Netzarbeit geholfen hatten, voll erhalten war. Paul Pry rettete 1832 seinem schiffbrüchigen Herrn das Leben – bei einem zweiten Unglück konnte er ihn nur noch tot an Land schaffen. Von da an lebte er auf sich gestellt an der Themse als Lebensretter. Daraufhin wurde er zum Ehrenmitglied der Lebensrettungsgesellschaft ernannt und von dieser ernährt. Er war so beliebt, daß man ihm später ein Denkmal setzte.

Standard

Allgemeine Erscheinung: großer, starker, harmonisch gebauter Hund.
Größe: Rüde 72–80 cm; Hündin 67–72 cm.
Gewicht: im Standard nicht erwähnt.
Kopf: breit und massig; deutlicher Stirnabsatz; trockene Lefzen; Scherengebiß; schwarze Nase.
Augen: mittelgroß, braun bis dunkelbraun.
Ohren: hoch angesetzt, dreieckig, gegen die Augen gelegt, den Kopfseiten dicht anliegend.
Hals: muskulös und breitnackig.
Körper: Rücken straff, gerade, breit und kräftig; Brust tief und breit; Bauch nur wenig aufgezogen; Lendenpartie stark bemuskelt.

Rute: stark, dicht und buschig behaart.
Gliedmaßen: Vorderläufe kräftig, starkknochig, gerade, gut bemuskelt; Hinterläufe starkknochig und kräftig bemuskelt.
Pfoten: groß, mit Schwimmflossen.
Haar: außer am Kopf lang, schlicht, sich fein anfühlend, mit gröberer Unterwolle; gegen den Strich gebürstet, fällt es von selbst in die richtige Lage zurück.
Farbe: weiß, mit zerrissenen schwarzen Platten auf Rumpf- und Kruppenpartie; Hals, Vorbrust, Bauch, Läufe und Rute weiß, Kopf schwarz mit weißer Blesse.
Fehler: schwacher Rücken; Senkrücken; schlaffe Lenden; zu stark aufgezogener Bauch.

Ratschläge für die Haltung: Man sollte ihm möglichst oft Gelegenheit zum Schwimmen geben.

  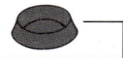

Bulldog

Betrachtet man sein mürrisches, faltiges Gesicht, hinter dem sich jedoch ein unendlich gutmütiges Wesen verbirgt, und seinen auf kurze, gerade Beine gestellten stämmigen Körper, weiß man nicht so recht, ob man ihn schön oder häßlich finden soll. Auf jeden Fall ist er anders als alle anderen Hunde. Die Liebhaber dieses eigentümlich gebauten kleinen Athleten mit dem auffallend großen Kopf sehen in ihm den englischsten und den vornehmsten Hund überhaupt. Für die humorvollen Engländer symbolisiert er ihre Nationaleigenschaften: Mut, Ausdauer und Gelassenheit. Jeder, der einen Bulldog besitzt oder einmal besessen hat, rühmt seine Treue, Anhänglichkeit und Sanftmut. Aber dem war nicht immer so. Der Bulldog diente ursprünglich als Kampfhund, dem man einen Bären oder Dachs, seltener einen anderen Hund, am häufigsten aber einen Stier zum Gegner gab.

Zur Geschichte

Der Bulldog stammt wahrscheinlich vom Molosser ab, auf den alle unsere Doggen zurückgehen und den vermutlich phönikische Seefahrer nach Britannien brachten. Man richtete ihn zum Kampfhund ab und ließ ihn gegen wilde Tiere und Bullen antreten. Vor etwa 100 Jahren ähnelte er noch sehr dem Staffordshire Bull Terrier. Seine heutige Gestalt soll das Ergebnis von Anomalien – Zwergwuchs der Gliedmaßen, Mißbildung der Kiefer, plattes Gesicht – sein, die durch Zuchtwahl weitervererbt wurden, bis sich die Rasse gefestigt hatte.

Standard

Allgemeine Erscheinung: Der Bulldog ist ein untersetzter, schwerer, eher niedriger Hund, der sehr kraftvoll wirkt.
Größe: im Standard nicht erwähnt (30–50 cm).
Gewicht: etwa 25 kg.
Kopf: kurz, mit lockerer Haut bedeckt, die viele Falten und Wülste bildet; sehr breiter Schädel; flache Stirn; plattes Gesicht; sehr starker Stop; der Kopfumfang soll der Schulterhöhe entsprechen; kurzer, breiter, nach oben gekrümmter Fang; schwarze Nase; dicke Hängelefzen; wuchtige, viereckige Kiefer, der untere stark vorstehend und nach oben gebogen.
Augen: rund, mittelgroß, sehr dunkel.
Ohren: ziemlich weit auseinanderstehend, klein, dünn, als Rosenohr getragen.
Hals: kurz, dick, tiefreichend, stark, mit guter Nackenwölbung und gefalteter Haut, die beidseitig eine Wamme bildet.
Körper: mittellang, stämmig, ziemlich niedrig gestellt, kräftig; kurzer, kräftiger Rücken, in der Nierenpartie schmal, charakteristischer Kampfrücken; breite, tiefe, starke Brust; gut aufgezogener Bauch; schwere, muskulöse Schultern.
Rute: gerade, kurz, tief angesetzt.
Gliedmaßen: Vorderläufe gerade, kräftig, gut bemuskelt, weit auseinanderstehend; Hinterläufe kräftig, gut bemuskelt, höher und schlanker als die Vorderläufe, tief gestellte Sprunggelenke mit leichter Winkelung.
Pfoten: mittelgroß, rund, geschlossen.
Haar: fein, kurz, anliegend, glatt.
Farbe: rötlich gestromt, andere gestromte Farben, Rot, Beige, Gelbrot, alle mit Weißanteil möglich.
Fehler: leberfarben, schwarz, schwarz und rot.

Ratschläge für die Haltung: Dieser sehr robuste Hund hat kaum jemals körperliche Beschwerden; doch manche Exemplare sind schweratmig. Er sabbert vor allem im Affekt oder wenn er etwas begehrt. Man muß ihm viel Auslauf verschaffen.

Finnenspitz

Mit seinem rotbraunen oder gelbbraunen Haarkleid ähnelt der Finnenspitz, der Nationalhund Finnlands, dem Fuchs, und man sieht ihm seine Lebhaftigkeit und Kühnheit auf den ersten Blick an. Er wird vorzugsweise für die Jagd auf Federwild gezüchtet, doch er bewährt sich genausogut bei der Hochwildjagd, und früher hat er mutig auch Bären und Wölfe angegriffen.

Um die Gebrauchseigenschaften zu fördern, werden in Finnland und Nordschweden harte Prüfungen abgehalten, die Hund und Besitzer Können und Ausdauer abverlangen. Doch nicht nur auf der Jagd beweist er seine Qualitäten – seine ausgezeichneten Sinne, seine Anhänglichkeit und Bellfreudigkeit machen ihn auch zu einem ausgezeichneten Wächter für Haus und Hof.

Zur Geschichte

Man nimmt an, daß die finnisch-ugrischen Stämme aus Zentralrußland einen spitzähnlichen Hund mitbrachten. Auf der langen Wanderung und dann auch im heutigen Finnland mischte sich die Rasse mit anderen Hundeschlägen. Das Ergebnis war ein Jagdhund, der dem Wildreichtum (Elch, Wildren, Bär, Luchs, Vogelwild) entsprechend vielseitig einsetzbar war. 1889 wurde der Finnische Kennelclub gegründet, der 1897 Standard und Name festlegte: Suomenpystykorva.

Standard

Allgemeine Erscheinung: eher quadratisch gebauter Hund mit kühnem Auftreten.
Größe: Rüde 44–50 cm; Hündin 39–45 cm.
Gewicht: im Standard nicht erwähnt.
Kopf: mittelgroß, trocken; Stirn leicht gewölbt; Stop ausgeprägt; Fang schmal, spitz zulaufend; Nase pechschwarz; Lefzen straff anliegend, dünn.
Augen: mittelgroß, dunkel bevorzugt.
Ohren: aufrecht, sehr spitz und beweglich.
Hals: muskulös, bei Rüden wegen der dichten Behaarung kürzer wirkend, als er ist, bei Hündinnen mittellang.

Körper: Rücken straff und gerade; Brust tief; Bauch leicht aufgezogen.
Rute: verläuft in kräftigem Bogen von der Wurzel aus nach vorne, unten und hinten.
Gliedmaßen: Vorderläufe stark und gerade; Hinterläufe stark, mit relativ gerader Winkelung.
Pfoten: rund.
Haar: am Körper halb oder ganz aufgerichtetes Deckhaar; kurze, weiche, dichte Unterwolle.
Farbe: rotbraun oder gelbbraun mit helleren Abstufungen; weiße Markierungen an Pfoten und schmaler weißer Bruststreifen zugelassen.
Fehler: fleischiger Kopf; grober Fang; langes, weiches oder zu kurzes, zu anliegendes, gewelltes oder gelocktes Haar; Afterklauen.

Ratschläge für die Haltung: Sein Fell wird schön und dicht, wenn er sich viel im Freien aufhält.

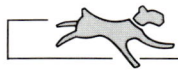  

Welsh Terrier

3. Gruppe
Terrier

Der Welsh Terrier sieht wie ein zu klein geratener Airedale aus; deshalb wird er auch oft mit jungen Hunden dieser Rasse verwechselt. Dabei handelt es sich aber beim Welsh um eine eigenständige und um vieles ältere Rasse.

Dieser mittelgroße, lebhafte und fröhliche Hund wurde ursprünglich im nördlichen Wales gezüchtet, einem über Jahrhunderte von der Außenwelt isolierten Gebiet. Wales besaß damals großen Wildreichtum, und die Waliser züchteten den Welsh Terrier besonders für die Jagd auf Fuchs und Dachs. Zu seinen Liebhabern zählte auch König Edward VIII., der, als er noch Prinz von Wales war, selbst Welsh Terrier züchtete.

Heute ist dieser sportliche und ausdauernde Jagdhund aber auch ein beliebter Haushund, denn er ist anhänglich, genügsam, folgsam und leicht zu halten. Er braucht allerdings viel Bewegung und will beschäftigt sein.

Zur Geschichte

Wahrscheinlich stammt der Welsh Terrier vom Old English Rough Black and Tan Terrier ab. Man weiß, daß die Familie Jones aus Ynysfor in den Bergen der damaligen Grafschaften Merionetshire und Caernavonshire schon 1750 schwarzlohfarbene Terrier aufzog. 1884 wurden die ersten Welsh Terrier auf Ausstellungen gezeigt. Zwei Jahre später wurde der erste Welsh Terrier Club gegründet und der bis heute gültige Standard festgelegt. Im Jahr 1923 wurde dann die Welsh Terrier Association ins Leben gerufen.

Standard

Allgemeine Erscheinung: mutiger Hund mit robuster Konstitution und quadratischem Körperbau.
Größe und Gewicht: 39 cm und 9 kg.
Kopf: ziemlich lang, mit flacher Schädeldecke; kräftiger, langer Fang; geringer Stirnabsatz; schwarze Nase; kräftiges, volles Gebiß.
Augen: klein, ziemlich tief liegend, ausdrucksvoll, dunkel, lebhaft und intelligent.
Ohren: V-förmig, klein, hoch angesetzt, nach vorn getragen.
Hals: mäßig lang und dick, etwas gebogen.
Körper: quadratisch; gut aufgerippt; tiefe Brust; nicht zu breite Front; schräge Schultern.

Rute: hoch angesetzt, aufrecht und gerade getragen.
Gliedmaßen: vordere Läufe stark bemuskelt und gerade; Hinterhand gut bemuskelt und gut gewinkelt.
Pfoten: klein und rund, mit dicken Ballen; Katzenpfoten.
Haar: rauh; doppelte Behaarung aus dichtem, hartem Deckhaar und weicher, kurzer und dichter Unterwolle.
Farbe: schwarzlohfarben oder grauschwarzlohfarben.
Fehler: helle Nase; Stehohren, tulpen- oder rosenförmig; viel Schwarz unterhalb der Sprunggelenke.

Ratschläge für die Haltung: drei- bis viermal jährlich im Frühjahr und Herbst trimmen.

Fox Terrier

3. Gruppe
Terrier

Smooth Fox Terrier
(Glatthaar)

Wire Fox Terrier
(Drahthaar)

Eher ein Tänzer als ein Marschierer, streitlustig, arrogant, elegant, verwirrend, tollkühn, aggressiv, all das ist der Fox Terrier, dieser aus Großbritannien stammende Wirbelwind von einem Hund, seiner Veranlagung nach ein Jäger, gelegentlich auch ein Salonhund.

Seinen Charakter erkennt man in seinen vor Leben, Intelligenz und Feuer sprühenden Augen, und wenn man ihn mit einem einzigen Wort beschreiben müßte, wäre das erste, was einem in den Sinn käme, das Wort pfiffig. Lustig sieht er aus mit seinem rechteckigen Kopf und dem struppigen und dichten Kinnbart. Sein muskulöser kleiner Körper verrät unbändige Energie. Sein Fell ist weder wollig noch seidig, sondern hart und struppig. Der Blick seiner dunklen runden Augen verrät große Intelligenz – und diese beweist er in der Freundschaft zu seinem Herrn, dem er manche Überraschung zu bereiten weiß; wenn er meint, eine nichtvorhandene Bisamratte suchen zu müssen, kann es durchaus sein, daß er dabei Blumenbeete verwüstet. Besonders gern neckt er Kinder, doch beißt er sie nie.

Dieser kleine wohlproportionierte Athlet, der keine Gefahr kennt und gegen Schmerzen unempfindlich ist, braucht einen verständnisvollen, aber energischen Herrn.

Zur Geschichte

Als gebürtiger Brite hat der drahthaarige Fox Terrier als Ahnen glatthaarige Fox Terrier, Dackel, Beagle und vielleicht auch Staffordshire Bull Terrier. Um 1810 begannen englische Züchter für die Parforcejagd auf Füchse eine Auswahl zu treffen und diese Rasse auf drei ihrer schönsten Vertreter aufzubauen: Old Jack, Old Top und Tatar ... Der Fox Terrier Club wurde 1876 gegründet. Im gleichen Jahr legte man den Standard sowohl für den drahthaarigen wie für den glatthaarigen Fox Terrier fest. Zu Beginn unseres Jahrhunderts entwickelte die Herzogin von Newcastle in ihrem Zwinger den drahthaarigen Fox Terrier, wie wir ihn heute kennen. Nach einer Periode geringen Interesses erlebte der Fox Terrier in Amerika und in Europa einen ungeheuren Erfolg.

Ihm in irgend etwas nachzugeben, um Ruhe zu haben, oder ihn behüten zu wollen, wäre ein Fehler. Zwischen dem Fox Terrier und seinem Herrn muß eine Freundschaft entstehen, die auf Komplizenschaft beruht und sich in gemeinsamen Abenteuern bewähren muß.

Als unternehmungslustiger, wachsamer und flinker Jäger ist der Fox Terrier jederzeit bereit, auf das geringste Zeichen hin loszustürmen. Er ist besonders gut bei der Jagd auf Tiere, die in Erdbauen leben; er gräbt verbissen, um seiner Beute näher zu kommen, sei es ein Wurf Kaninchen, Füchse, Dachse oder Maulwürfe. Selbst Wildschweinen gegenüber zeigt er den gleichen Mut.

Gegen 1920 wurde er zum Modehund, populär gemacht durch die Zeichnungen von Paul Rab, dem Schöpfer der berühmten Ric und Rac, eines weißen Foxes und eines schwarzen Scottish Terriers.

Ob er frei auf dem Lande lebt oder sich dem Leben in der Stadt anpaßt – mit seiner lebhaften und hitzigen Natur braucht er ein Maximum an Freiheit. Ihn anzuketten oder einzusperren hieße, ihn dazu zu verurteilen, ein trauriger Hund zu werden, ihn, der so übermütig ist.

Standard

Allgemeine Erscheinung: lebhafter Hund mit raschen Bewegungen und intelligentem Ausdruck. Der Standard gilt auch für den glatthaarigen Fox Terrier.
Größe: Rüde 39,5 cm; Hündin etwas kleiner.
Gewicht: Rüde ungefähr 8 kg; Hündin 7,1 kg.
Kopf: Oberkopf flach und eher schmal, zu den Augen hin schmaler werdend; Stirnabsatz nicht zu auffällig; Nasenrücken zur schwarzen Nasenkuppe hin schmaler werdend; Wangen eher trocken; starke und gut bemuskelte Kiefer; gleichmäßiges Gebiß; keine erkennbaren Augenhöhlen.
Augen: dunkel, klein, rund und eher tiefliegend, voll Feuer, Leben und Intelligenz.
Ohren: klein, V-förmig, mittelstark, nach vorne gekippt, nicht zur Seite.
Hals: elegant und muskulös, ohne Wamme, von guter Länge, gegen die Schultern dicker werdend.
Körper: tiefe, mittelbreite Brust; kurzer, gerader und kräftiger Rücken; lange, schräge Schultern, ziemlich weit nach hinten gezogen, nach unten schlank, dem Widerrist gut eingefügt; kräftige, leicht gewölbte Lendengegend; die ersten Rippen mäßig gebogen, die letzten tief.
Rute: eher hoch angesetzt, aufrecht getragen, weder auf dem Rücken liegend noch eingerollt, ziemlich dick.
Gliedmaßen: kräftiger Knochenbau; vordere gerade, gut gewinkelt; hintere kräftig und muskulös, gerade, mit langen und mächtigen Schenkeln, ziemlich geraden und parallel stehenden Sprunggelenken und gut gewinkelten Kniegelenken.
Pfoten: weder nach innen noch nach außen gedreht, rund, fest, mit harten, dicken Ballen und mäßig gebogenen Zehen.
Haar: dicht und hart, weder wolliges noch seidiges Deckhaar, feine Unterwolle.
Farbe: vorherrschend weiß, rote oder geflammte Flecken sind zugelassen.
Fehler: weiße, rote oder sehr gefleckte Nase; gerade, Tulpen- oder Rosenohren; Lefzen nicht geschlossen.

Ratschläge für die Haltung: Weil der Fox Terrier streitsüchtig ist und auch vor größeren Hunden keine Angst hat, wird er bisweilen gebissen. Man sollte sich deshalb eine Hundeapotheke anlegen. Der Fox braucht eine sorgfältige Fellpflege.

Airedale Terrier

3. Gruppe
Terrier

Zur Geschichte

Der Airedale Terrier wurde um 1850 durch Kreuzung von Old English Black and Tan Terrier (einer ausgestorbenen Rasse) und Otterhund gezüchtet. Vom ersteren hat er sein ausgezeichnetes Gehör und sein gutes Sehvermögen, vom zweiten seine feine Nase, seine Kraft und seine Ausdauer im Schwimmen geerbt. Zunächst hieß er Waterside Terrier oder Bingley Terrier, Working Terrier oder auch Warfedale Terrier. 1879 wurde die Rasse anerkannt und erhielt den Namen Airedale. Nach dem Krieg war der Airedale – wohl wegen seiner Größe – weniger gefragt. Doch schon einige Jahre später erfreute er sich nicht nur in England, sondern auch in Deutschland, Kanada und den Vereinigten Staaten wieder großer Beliebtheit.

Die Röhren und Erdlöcher der Wiesel und Kaninchen sind eng – der Airedale Terrier, der größte und kräftigste Terrier, versucht dennoch verbissen, sich hineinzuzwängen. Doch er schreckt auch vor keinem großen Wild zurück, sei es Wildschwein oder Hirsch, der Bär in Kanada oder der Löwe in Kenia. Er wurde früher auf den Dachs angesetzt, besonders gut war er jedoch bei der Fischotterjagd, für die er „erfunden" wurde.

Seinen Namen verdankt der Airedale einem kleinen Fluß in der Gegend der englischen Stadt Leeds, wo einst viele Fischotter heimisch waren. Für die Jagd auf dieses hauptsächlich im Wasser lebende intelligente Säugetier, das in fischreichen Gewässern großen Schaden anrichtete, brauchte man einen Hund, der gut schwimmen, aber auch unerschrocken durch sumpfige Moore laufen und in die Otterbaue eindringen konnte, jene unterirdischen Anlagen mit zwei Zugängen, einer unter Wasser liegenden Einfahrt und einem luftzuführenden Landschacht.

Zu diesem Zweck wurde der Airedale gezüchtet. Dieser vielseitige, elegante Terrier war einer der ersten Hunde, den die englische und die deutsche Polizei als Diensthund einsetzte. Im Ersten Weltkrieg erledigte er als vierbeiniger Soldat auf den morastigen Schlachtfeldern auch bei schrecklichem Trommelfeuer unermüdlich und zuverlässig Meldegänge zwischen vorderster Linie und Befehlsstellen.

Der Airedale Terrier bewährt sich seit langem aber auch als Wach-, Blinden- und Schäferhund. Und da er unkompliziert ist, gutmütig, gesellig und anhänglich, eignet er sich gut als Haushund. Manchmal geht allerdings sein Terriertemperament mit ihm durch, und dann jagt er unter Möbeln imaginäre Dachse. Er braucht viel Bewegung und muß ständig beschäftigt werden. Er sollte vom ersten Tag an liebevoll, aber mit einer gewissen Strenge erzogen werden.

Die Pflege des Airedales

Der Airedale wird ähnlich getrimmt wie der Fox Terrier, wobei jedoch gewisse Besonderheiten zu beachten sind. Da der Kopf lang und schmal erscheinen soll, müssen die Haare in und an den Ohren ausgeputzt werden, ebenso am Oberkopf und den Seiten, an den Backen und am Unterkiefer. Der Bart wird ab dem Lefzenwinkel und dem Stirnabsatz beibehalten. Die Augenbrauen bleiben dicht. Der Hals wird stufenförmig epiliert, damit der Hund von vorn gesehen schmal wirkt, der Rücken gleichmäßig, so daß er gerade erscheint. Die Seiten werden nur leicht abgestuft hergerichtet. Um die Gestalt optisch zu verkürzen, werden die Hinterseiten der Keulen und das Becken sorgfältig kurz getrimmt. Die Rute soll gleichmäßig getrimmt werden und muß möglichst mit dem übrigen Körper harmonieren.

Standard

Allgemeine Erscheinung: temperamentvoll, schnelle Bewegungen. Die einzelnen Körperteile sollen so proportioniert sein, daß sich ein symmetrisches Bild ergibt. Das Format sollte quadratisch sein.

Größe: Rüde 58,5–61 cm; Hündin 56–58,5 cm.

Gewicht: im Standard nicht erwähnt (etwa 25–28 kg).

Kopf: langgestreckt und flach, zwischen den Ohren nicht zu breit, zu den Augen hin sich verjüngend; Nasenrücken ziemlich gerade gestreckt; Stop wenig ausgeprägt; flache Backen; dünne Lefzen; kräftige, bemuskelte Kiefer, die wie ein Schraubstock arbeiten, aber nicht überentwickelt sein dürfen; starke Zähne, Scherengebiß; schwarze Nase.

Augen: dunkel, klein, nicht vorstehend; ausdrucksvoller, intelligenter Blick.

Ohren: klein, V-förmig und seitlich getragen, der Größe des Hundes entsprechend; die vordere gefaltete Ohrenpartie soll die Schädellinie überragen; die Spitze fällt nach vorn bis auf Augenhöhe.

Hals: glatt, muskulös, ausreichend lang und mäßig dick, am Schulteransatz recht kräftig; keine Wamme.

Körper: Rücken kurz und gerade; gut bemuskelte Lenden; gut entwickelter Brustkorb; geringer Abstand zwischen letzter Rippe und dem Becken; Brust tief und mäßig breit; Schultern lang und schräg nach hinten gestellt; flache Schulterblätter.

Rute: hoch angesetzt, aufrecht, nicht über dem Rücken gekrümmt getragen; kräftig und ziemlich lang, nur leicht kupiert.

Gliedmaßen: Vorderläufe gerade, starke Knochen, Ellbogen fest anliegend und sehr beweglich; Hinterläufe muskulös, mit kräftigen Keulen und muskulösen Unterschenkeln, Sprunggelenke tief angesetzt, von hinten gesehen parallel.

Pfoten: kurz, rund und geschlossen; Zehen mäßig gewölbt, weder nach außen noch nach innen gedreht; dicke Sohlenballen.

Haar: dichtes Drahthaar, das nicht zu lang sein soll, sonst wirkt es gelockt; das härtere Haar ist teilweise leicht gewellt; es sollte möglichst dicht anliegen.

Farbe: Kopf und Ohren lohfarben; dunkle Markierungen an beiden Seiten des Schädels; Läufe bis zu den Schenkeln und Ellbogen ebenfalls lohfarben; schwarzer oder dunkelgrauer Körper.

Fehler: gelockte Behaarung; seitlich fallende Ohren.

Ratschläge für die Haltung: Der Airedale ist selten krank und paßt sich allen Klimas problemlos an. Sein dichtes rauhes Fell ist leichter zu pflegen, wenn man das tote Haar regelmäßig mit den Fingern oder mit einem Kamm entfernt. Unterläßt man dies, sieht er bald aus wie ein wolliges Bärenjunges.

Irish Terrier

3. Gruppe
Terrier

Der Irish Terrier ist ein ungewöhnlich mutiger und selbstsicherer Hund, der seinen Artgenossen gegenüber sehr streitbar sein kann. Menschen gegenüber ist er jedoch ausgesprochen freundlich und ausgeglichen. Er liebt seinen Herrn hingebungsvoll, ist sanft zu ihm und wacht unbestechlich über sein Haus. Wird sein Herr oder das Haus bedroht, zögert er nicht, sie zu verteidigen.

Mit seinem Gang und Gehaben ist er nicht zu übersehen; er strotzt vor Stolz, weiß aber seinen Charme zu nutzen. Dieser flinke und kluge Hund bewährte sich früher bei der Jagd. Als ausdauernder Läufer genießt er den Ruf, Spuren über weite Entfernungen zu verfolgen.

Heute ist der Irish Terrier wegen seiner Anpassungsfähigkeit sehr gesucht, besonders als Begleithund, als mutiger Bewacher und großer Kinderfreund. Seine Beliebtheit verdankt er nicht zuletzt seinem besonderen Temperament, denn er bellt nur, wenn es wirklich nötig ist, und weiß ganz genau, wer zu seinem Haus oder in die Nachbarschaft gehört.

Zur Geschichte

Der Irish Terrier erschien zum erstenmal auf einem Gemälde des 18. Jahrhunderts, aber er soll schon viel früher gezüchtet worden sein. Aller Wahrscheinlichkeit nach hat der Irish Terrier gemeinsame Ahnen mit dem drahthaarigen Fox Terrier, aber sein Stammbaum ist ungewiß, und man kann schwerlich sagen, welche der beiden Rassen der andern vorangegangen ist. Der gegenwärtige Standard wurde 1875 festgelegt, und offiziell erschien der Irish Terrier erstmals 1876 auf einer Ausstellung in Bristol. Sehr elegante und wohlgebaute Hunde, die dem heutigen Typ entsprachen, wurden dann 1879 in Glasgow ausgestellt. Schon damals wurde das Kupieren der Ohren verboten.

Standard

Allgemeine Erscheinung: lebhafter und flinker Hund ohne Schwere.
Größe: etwa 45 cm.
Gewicht: Rüde 12 kg; Hündin 11 kg.
Kopf: lang; flacher Oberkopf; kräftiger, aber nicht zu breiter Fang; fest aneinanderliegende Lefzen; Scherengebiß und kräftige, gleichmäßige Zähne; das harte Haar an der Schnauze nur so lang, daß es den Eindruck von Kraft vermittelt.
Augen: dunkel, klein, voll Leben und Feuer.
Ohren: klein, V-förmig, nach vorn fallend, an den Wangen anliegend.
Hals: gut lang und ohne Wamme; leichte Krause; Halskrause beidseitig bis fast zum Ohransatz.

Körper: feine, lange, schräge Schultern; tiefe, muskulöse Brust, weder plump noch breit; kräftiger, gerader Rücken; kräftige und leicht gewölbte Lendenpartie.
Rute: im allgemeinen auf ¾ ihrer Länge kupiert, ohne Fransen, aber gut mit hartem Haar bewachsen, hoch angesetzt und erhoben getragen.
Gliedmaßen: vordere gerade; hintere stark und muskulös, mäßig gewinkelt, Sprunggelenke nahe dem Boden.
Pfoten: kräftig, ziemlich rund; Zehen gebogen; schwarze Krallen sehr wichtig.
Haar: hart, drahtig; feinere Unterwolle.
Farbe: einfarbig rot, rotweizen oder gelbweizen; kleiner weißer Fleck auf der Brust ist zugelassen.
Fehler: Abweichungen vom Standard.

Ratschläge für die Haltung: Der Irish Terrier ist ein sportlicher Hund, der viel Auslauf braucht.

Manchester Terrier

3. Gruppe
Terrier

Dieser kurzhaarige Terrier mit dem langgezogenen Kopf ist überaus anmutig und elegant. Er hat große Ähnlichkeit mit seinem ausgestorbenen Vorfahren, dem English Terrier; von ihm hat er sein Haarkleid und seine hochgeschätzten Arbeitsfähigkeiten geerbt.

Bei den Engländern war der Manchester Terrier wegen seiner Eleganz und Lebhaftigkeit im 19. Jahrhundert sehr beliebt, und sie hielten ihn sozusagen als „Mädchen für alles". Mutig nimmt er es mit Füchsen und Dachsen auf und ist trotz seines etwas großen Körpers, der ihm den Zugang zu manchen Bauen unmöglich macht, ein exzellenter Baujäger.

Früher wurden diese Tiere auch „Rat Terrier" genannt, denn noch zu Beginn dieses Jahrhunderts mußten sie in Bauernhöfen und Lagerräumen Ratten jagen.

Zur Geschichte

Im 18. Jahrhundert versuchte ein englischer Züchter namens John Hulme aus Clumpsall in der Gegend von Manchester, einen vielseitigen Hund zu züchten, der sowohl in Häusern den Ratten nachstellen als auch auf freiem Feld Hasen jagen sollte. So entstand der Manchester Terrier durch Kreuzung des heute verschwundenen English Terriers (Black and Tan Terrier) mit dem Whippet und wahrscheinlich dem West Highland White Terrier. Die Rassemerkmale wurden 1850 zusammengestellt.

Standard

Allgemeine Erscheinung: gedrungen, mit gutem Knochenbau.
Größe: im Standard nicht erwähnt (38–40 cm).
Gewicht: 8 kg.
Kopf: lang; flacher, schmaler und keilförmiger Schädel; geringer Stop; waagrechte, spitz zulaufende Kiefer; schwarze Nase.
Augen: klein, länglich und ziemlich eng stehend, dunkel und lebhaft.
Ohren: kleine, V-förmige Kippohren.
Hals: ziemlich lang und leicht gebogen; hat keine Wamme.
Körper: kurz, mit leichtem Karpfenrücken; stark hervortretende Rippen; deutliche, sehr schräge Schultern; schmale und tiefe Brust.
Rute: kurz, dicht und sich verjüngend.
Gliedmaßen: vordere gerade und gut gebaut; hintere mit guter Beinstellung und stark gebogenen Kniegelenken.
Pfoten: klein und kräftig, fast Hasenpfoten.
Haar: dicht, glatt, glänzend und fest.
Farbe: pechschwarz mit mahagonifarbenen, deutlichen Abzeichen an Fang, Unterkiefer, Kehle, unter den Knien und den Innenseiten der Hinterläufe, außerdem an jeder Backe, über den Augen, unter dem Schwanz und an beiden Brustseiten.
Fehler: Abweichungen vom Standard.

Ratschläge für die Haltung: täglich bürsten. Bei Haltung in der Wohnung Krallen schneiden.

Kerry Blue Terrier

3. Gruppe
Terrier

Dieser kompakte, doch elegante, mittelgroße Terrier im üppigen, seidigen, blaugrauen Haarkleid ist ein Blickfang, ein attraktiver Begleithund und dabei ein richtiger Familienhund, voller Liebe und Zärtlichkeit für „seine" Menschen, ein idealer Kamerad, der alles begeistert mitmacht und überall dabeisein will. Er fühlt sich zu Kindern hingezogen und bleibt bis ins Alter jugendlich.

Der Kerry ist intelligent und selbstbewußt, er lernt gern, aber er braucht bei seinem Temperament eine feste Hand und muß konsequent behandelt und geleitet werden.

Er neigt nicht zum Wildern, doch gibt es jagdlich gut veranlagte und wasserfreudige Hunde, die mit den vielen, die Schutzhundprüfungen abgelegt haben, zeigen, daß sie echte Nachkommen der alten irischen Kerries sind.

Das dichte, feine, wellige Haar färbt sich etwa bis zum Alter von zwei Jahren in Blautöne von Rauchblau bis Silberblau um. Die Welpen werden schwarz geboren. Sehr angenehm ist, daß der Kerry nicht haart. Der richtige Haarschnitt bringt die sportliche Terrierfigur zur Geltung.

Zur Geschichte

Die Rasse stammt aus Irland und hat gemeinsame Vorfahren mit dem Softcoated Wheaten Terrier und dem Red Irish Terrier. Die blaugrauen Fellfarben gehen wahrscheinlich auf die Einkreuzung des Irish Wolfhounds zurück. Nach der Mitte des 19. Jahrhunderts haben sich Hunde mit blauem, weichem Haar besonders in der Grafschaft Kerry erhalten. Sie waren gute Wach- und Hütehunde und kämpften mutig mit Füchsen, Dachsen oder Fischottern. 1922 wurde der Kerry Blue Terrier Club of England gegründet. Als man Mitte der zwanziger Jahre anfing, das reicher gewordene Haar zu schneiden, um den Terriercharakter zu betonen, fand die Rasse überall Bewunderer.

Standard

Allgemeine Erscheinung: nach Wesen und Aussehen ein echter Terrier.
Größe: 46–48 cm.
Gewicht: 15–17 kg.
Kopf: lang; leichter Stop; schwarze Nase; kraftvolle Kiefer.
Augen: möglichst dunkel, klein bis mittelgroß.
Ohren: klein bis mittelgroß, V-förmig, nach vorn fallend, aber so hoch angesetzt wie bei anderen Terriern.

Hals: kräftig und gestreckt.
Körper: kurz; tiefe Brust; gerader Rücken.
Rute: kupiert, hoch angesetzt, aufrecht getragen.
Gliedmaßen: vordere gerade, mit kräftigen Knochen; hintere stark, mit tiefsitzenden Sprunggelenken.
Pfoten: klein und rund; schwarze Krallen.
Haar: weich und seidig, reich und gekräuselt.
Farbe: Blau in jeder Nuance, an Kopf, Beinen und Rute häufig dunkler.
Fehler: hartes oder wolliges Haar; Rosenohr; falsche Farbe; Vor- und starker Rückbiß.

Ratschläge für die Haltung: Der Kerry braucht Auslauf. Das Fell regelmäßig mit Pudel- und Borstenbürste und mittelweitem Kamm pflegen. Den Bart täglich nach dem Fressen waschen. Den

Kerryhaarschnitt sollte man sich zeigen lassen.

Bedlington Terrier

3. Gruppe
Terrier

Mit seinem leicht gelockten Haar und dem birnenförmigen Kopf erinnert dieser seltsame Hund zunächst an ein Schaf. Er ist zwar zierlich gewachsen, aber kräftig und zäh. Ursprünglich setzte man ihn gegen Mäuse, Ratten, Dachse und Füchse ein. Wegen seiner Unerschrockenheit und Schnelligkeit war er lange Zeit Gefährte der Wilderer; daher auch sein Name „Zigeunerhund".

Nachdem das Erscheinungsbild des Bedlington Terriers durch das Einkreuzen anderer Rassen, u. a. von Greyhounds, eleganter geworden war, ohne daß er seine ursprünglichen Charaktereigenschaften verloren hatte, entwickelte er sich im Lauf der Zeit zum Begleithund. Seine Größe und seine Haarfarbe änderten sich, und durch Trimmen und Scheren wurde sein Haar feiner und glänzender.

Obwohl mitunter ziemlich eigensinnig und anderen Hunden gegenüber oft aggressiv, ist der Bedlington zu seinen Haltern ausgesprochen freundlich. Außerdem zeichnen ihn ein fröhliches Wesen und Treue aus.

Zur Geschichte

Diese vor allem in Großbritannien verbreitete Rasse stammt wahrscheinlich aus Northumberland, aber ihre Entwicklungsgeschichte liegt im dunkeln. Man weiß jedoch, daß der Dandie Dinmont Terrier und der Bedlington ursprünglich eine Rasse waren. Zu seinen Ahnen zählen u. a. der alte English Terrier, der Otterhound, der Greyhound und wahrscheinlich auch der Bull Terrier. Der erste offiziell registrierte Bedlington Terrier war ein Rüde namens Old Flint, dessen Nachkommenschaft bis 1780 belegt ist. Schon ab 1820 wurde die Rasse planmäßig gezüchtet, und 1870 wurden die ersten Exemplare auf verschiedenen Ausstellungen gezeigt.

Standard

Allgemeine Erscheinung: anmutig und fein.
Größe: Rüde 42 cm; Hündin etwas kleiner.
Gewicht: 8–10 kg.
Kopf: schmaler, gerundeter Schädel mit üppigem, seidigem Schopfhaar, das fast weiß sein sollte; kein Stop; trockene Lefzen; kräftiges Scheren- oder Zangengebiß.
Augen: glänzend, tief liegend, dreieckig.
Ohren: mittelgroß, lambertsnußförmig, ziemlich tief angesetzt und dicht an den Wangen herabhängend, mit kurzen feinen Haaren bedeckt, an den Spitzen mit weißen seidigen Haaren befranst.
Hals: lang, ohne Wamme.

Körper: bemuskelt, aber sehr beweglich; flache Rippen; tiefe, angemessen breite Brust; Rücken gerundet; höchste Stelle über der Lendenpartie, diese deutlich aufgezogen.
Rute: mittellang, am Ansatz dick, zur Spitze hin schlanker werdend.
Gliedmaßen: vordere gerade, an der Brust weiter auseinander als an den Pfoten; hintere kräftig bemuskelt und sehr gut gewinkelt.
Pfoten: lang; Hasenpfoten; dicke, gut geschlossene Sohlenballen.
Haar: dicht und flockig, zur Lockenbildung neigend, besonders an Kopf und Stirn.
Farbe: blau, blauloh-, leber-, sandfarben.
Fehler: alles, was vom Standard abweicht.

Ratschläge für die Haltung: alle sechs bis acht Wochen trimmen; dazwischen täglich bürsten.

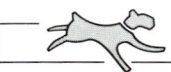  

Bull Terrier

3. Gruppe
Terrier

Der einstige „Gladiator unter den Hunderassen" gilt heute als der „weiße Kavalier". Diese zwei Bezeichnungen dokumentieren die züchterische Entwicklung über mehr als 100 Jahre. Sein eigenwillig geformter Kopf, seine kleinen funkelnden, schräggestellten dreieckigen Augen, sein kräftiger Körperbau, sein freundliches, übermütiges Wesen haben ihn bei den Leuten beliebt gemacht, die das Besondere schätzen. Sein Name „Gladiator" stammt aus der Zeit, als er einzig und allein gezüchtet wurde, um gegen Bullen und seine Artgenossen zu kämpfen. Bei diesen Kämpfen zeichnete er sich durch einmaligen Mut, Schnelligkeit und Härte aus und war jederzeit bereit, bis zum Tod zu kämpfen.

Wenn er geduldig und konsequent erzogen wird, verhält sich der selbstbewußte, lebhafte Bull Terrier, der für sein Leben gern mit Kindern spielt, wie ein Kavalier, wie ein echtes Mitglied der Familie, die er bei bedrohlichen Situationen, ohne zu zögern, verteidigt.

Zur Geschichte

Der Bull Terrier hat als Ahnen den kräftigen und bei Bullenkämpfen bewährten Bulldog sowie den schnelleren und angriffsfreudigeren White English Terrier. Der Hund, der aus dieser Zucht entstand, wurde Bull and Terrier genannt und bei Hundekämpfen, dem „Sport" des kleinen Mannes, eingesetzt. Diese Kämpfe wurden 1835 verboten, und danach züchtete man die Rasse mehr auf ein einheitliches Aussehen hin. 1860 entstand dann eine weiße Varietät, die Rasse Bull Terrier war damit begründet. Die heute einheitliche Rasse wird immer beliebter, und zwar nicht nur in Großbritannien, sondern auch auf dem Kontinent.

Standard

Allgemeine Erscheinung: Der Bull Terrier ist muskulös, lebhaft, entschlossen und äußerst intelligent.
Größe: 42–50 cm.
Gewicht: 20–34 kg.
Kopf: lang, kräftig, eiförmig; Unterkiefer kräftig; Nase schwarz; Zähne kräftig, Scherengebiß; Lefzen glatt und straff anliegend.
Augen: schmal, schräg eingesetzt, dreieckig, tief liegend, so dunkel wie möglich, dabei von durchdringendem Feuer.
Ohren: klein und dünn, hoch angesetzt, dabei senkrecht.

Hals: sehr gut bemuskelt, lang und geschwungen.
Körper: wohlgerundet, mit ausgeprägter Rippenwölbung und großer Brusttiefe; Rücken kurz und stark, im Lendenbereich leicht aufgewölbt; Ellenbogen gut anliegend; Schultern stark bemuskelt.
Rute: tief angesetzt, sich zur Spitze verjüngend.
Gliedmaßen: Vorderläufe gerade, parallel gestellt, mäßige Länge, sehr starke, runde Knochen; Hinterhand parallel gestellt, Oberschenkel stark bemuskelt, festes Knie, gute Winkelung.
Pfoten: klein, rund, kompakt, gut aufgeknöchelt.
Haar: kurz, hart, mit feinem Glanz, anliegend.
Farbe: reinweiß, gestromt, rot, falb, dreifarbig.
Fehler: jegliche Abweichung vom Standard.

Ratschläge für die Haltung: Der robuste Bull Terrier braucht täglich Bewegung im Freien.

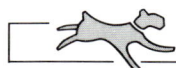  

Deutscher Jagdterrier

Der Deutsche Jagdterrier dient ausschließlich dem Jagdgebrauch, und dabei ist er unermüdlich lebhaft und kampffreudig. Er gleicht dem Fox Terrier, von dem er abstammt. Er apportiert, wenn er richtig ausgebildet ist, alles Wild, das er tragen kann: Ente, Fasan, Kaninchen, Schnepfe und Rebhuhn. Aber seine Hauptaufgabe ist die Arbeit auf Raubwild, also auf Fuchs und Dachs. Doch wegen seiner Härte und seiner guten Nase bewährt er sich genausogut auf der Schwarzwildjagd; er findet die Sauen und sprengt die Rotten. Seine vielseitigen Fähigkeiten haben ihn unter den Jägern, die ihn zur Spitzengruppe der Terrier zählen, sehr beliebt gemacht.

Mit seiner Kampflust und Energie ist er kein leichter Charakter und deshalb einer der wenigen Terrier, der kein Begleithund wurde, obwohl er Eigenschaften dazu hat. Er mißtraut Fremden, braucht einen energischen Herrn und gehorcht niemand anderem.

Zur Geschichte

Der Deutsche Jagdterrier stellt ein Paradox dar: Er hat nur englische Ahnen, und doch ist sein Ursprungsland Deutschland. Nach dem Ersten Weltkrieg wollten Züchter östlich des Rheins einen Hund erzielen, der imstande war, die besten englischen Terrier zu übertreffen. Sie nahmen als Ausgangsrasse Jagdstämme des Fox Terriers sowie schwarzrote englische Rauhhaarterrier. Die Auswahl wurde systematisch betrieben: Die Züchter schieden weniger mutige oder aber stumm jagende Exemplare aus der Zucht aus. Die F.C.I. anerkannte die Rassekennzeichen 1968.

Standard

Allgemeine Erscheinung: mittelgroßer, kräftiger, gut gebauter Hund.
Größe: 40 cm.
Gewicht: 9–10 kg.
Kopf: flacher Schädel; wenig ausgeprägter Stirnabsatz; kräftiger Fang; schwarze oder braune Nase; gut ausgebildeter Unterkiefer mit kräftigen Zähnen; Scherengebiß.
Augen: klein, dunkel, mit gutem Lidschluß.
Ohren: nicht allzu klein, V-förmig, hoch angesetzt, leicht anliegend.
Hals: kräftig, nicht zu lang.
Körper: tief gewölbte Brust; starker gerader Rücken; Nierenpartie und Kruppe kräftig bemuskelt; lange Schultern.
Rute: ⅓ gekürzt, eher flach als zu steil getragen.
Gliedmaßen: vordere gerade, gut bemuskelt; hintere gut gewinkelt und bemuskelt, tiefe Sprunggelenke.
Pfoten: gut geschlossen.
Haar: dickes, hartes Rauhhaar oder derbes Glatthaar.
Farbe: schwarz, schwarzgrau, dunkelbraun mit helleren Flecken an Augenbrauen, Fang, Brust, Gliedmaßen und unter der Rute; helle oder dunkle Maske wird toleriert.
Fehler: stehende, Rosen- oder Tulpenohren; kurzes oder wolliges Haar.

Ratschläge für die Haltung: Dieser Hund braucht unbedingt viel Auslauf und ist in keiner Weise als Zimmerhund geeignet. Er ist selten krank und braucht keine besondere Pflege. Weil er bei der Jagd sehr ungestüm ist, verletzt er sich recht oft.

Staffordshire Bull Terrier

3. Gruppe
Terrier

Kräftig und ausdauernd wie ein Bulldog, beweglich wie ein Terrier: Der Staffordshire Bull Terrier wurde für den Kampf gezüchtet, früher gegen Bullen, später gegen seinesgleichen. Die Hundekämpfe fanden in eigenen Kampfringen *(pits)* statt, die zumeist auf dem Land in alten Scheunen und Gaststätten, in der Großstadt in eigenen Kampfarenen errichtet wurden. Als im Jahr 1835 die Hundekämpfe verboten wurden, geriet der Staffordshire Bull Terrier für nahezu ein Jahrhundert in Vergessenheit.

Sein heutiger Name ist abgeleitet von der englischen Grafschaft, aus der diese Rasse stammt und in der sie auch heute noch am häufigsten vertreten ist. Trotz seiner kämpferischen Vergangenheit besitzt dieser Hund ein gutartiges und freundliches Wesen. In England verwendet man ihn auch heute noch zur Jagd auf Ratten und Raubzeug. In erster Linie ist er jedoch ein angenehmer Familienhund, gutartig und freundlich zu Mensch und Tier, wenn man ihn rechtzeitig konsequent erzieht.

Zur Geschichte

Der Staffordshire Bull Terrier entstammt Kreuzungen zwischen Bulldog und verschiedenen englischen Terrierschlägen. Zuchtziel war ein tapferer, bis zum äußersten entschlossener Kampfhund. In den dreißiger Jahren des 20. Jahrhunderts wurde er auf einheitlichen Rassetyp gezüchtet. Dank seiner kompakten Gestalt kann man ihn gut auch in engen Wohnungen halten. Auch auf dem Kontinent wird er immer beliebter.

Standard

Allgemeine Erscheinung: glatthaariger Hund, kräftig, stark bemuskelt, lebhaft und beweglich, mutig, intelligent und beharrlich.
Größe: 35–40 cm.
Gewicht: 11–17 kg.
Kopf: kurz und kräftig, breiter Oberkopf; betonter Stop; kurzer Fang; Scherengebiß.
Augen: rund, mittelgroß, möglichst dunkel.
Ohren: Rosenohr oder halb aufgerichtet.
Hals: muskulös, eher kurz, glatt.

Körper: kurz und gedrungen; breite und tiefe Brust; starke Rippenwölbung.
Rute: mittellang, spitz zulaufend.
Gliedmaßen: vordere gerade, breit stehend, parallel; Hinterläufe gut gewinkelt.
Pfoten: gut aufgeknöchelt, mittelgroß, kräftig.
Haar: glatt, kurz, enganliegend.
Farbe: rot, falb, weiß-schwarz oder blau oder eine dieser Farben mit weißen Abzeichen; jede gestromte Farbschattierung oder gestromt mit weißen Abzeichen.
Fehler: leberfarben oder schwarz mit Lohfarbe.

Ratschläge für die Haltung: Der Hund ist pflegeleicht und robust. Man muß ihn bürsten, damit das Fell glänzt. Läuft der Hund die Krallen nicht genügend ab, müssen sie geschnitten werden. Er läßt sich problemlos auch in Wohnungen halten.

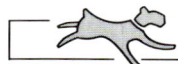  

Silky Terrier

3. Gruppe
Terrier

Sein Name ist treffend, denn Silky Terrier heißt übersetzt Seidenhaar-Terrier, und seidiges Haar hat er. Er gehört zur Gruppe der Niederläufer, zeigt aber auch auf längeren Wanderungen eine für seine Größe erstaunliche Ausdauer. Der Silky ist unkompliziert, intelligent, lebhaft, listig, anhänglich, furchtlos und sehr wachsam.

Standard

Allgemeine Erscheinung: kompakter Hund mit feiner Struktur.
Größe und Gewicht: 20–25 cm und 3–4,5 kg.
Kopf: mäßig lang, kräftig, mit typischem Terriercharakter; flacher Schädel; mäßig breit zwischen den Ohren; kräftige Kiefer; Scherengebiß.
Augen: klein, rund, möglichst dunkel, mit klugem, wachsamem Ausdruck.
Ohren: klein, V-förmig, hoch angesetzt, stehend.
Hals: schlank, mittellang, mit langen seidigen Haaren bedeckt.
Körper: mäßig breite, tiefe Brust; gerader Rücken.
Rute: kupiert, gerade getragen, ohne Befederung.
Gliedmaßen: vordere oben gewinkelt, unten gerade; hintere gut entwickelt, Kniegelenke stark gewinkelt.
Pfoten: klein, Katzenpfoten; schwarze Krallen.
Haar: fein, seidig, glänzend, 13–15 cm lang, am Rücken gescheitelt, seidige Struktur.
Farbe: blau und loh oder graublau und loh.
Fehler: keine schwarze Nase; lockiges, wolliges kurzes, hartes Haar; nicht normgerechte Farben; Vor- oder Unterbiß; helle Krallen.

Ratschläge für die Haltung: idealer Haushund, da er nicht haart. Tägliches Kämmen und Bürsten und gelegentliches Baden genügen. Nach dem Baden fönen.

  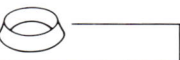

Zur Geschichte

Das Ursprungsland des Silky Terriers ist Australien. Als seine Vorfahren gelten der Australian Terrier und der Yorkshire Terrier. Vom Australian hat er seinen Mut und seine Stärke geerbt, und vom Yorkshire stammen seine Eleganz und sein seidiges Haarkleid. Ein weiteres Erbe dieser Ahnen sind die Farben Blau und Loh sowie seine Größe, die genau zwischen der von Australian und Yorkshire Terrier liegt. Doch auch der Dandie Dinmont Terrier soll an der Entstehung des Silky Terriers beteiligt gewesen sein; auf ihn wird der seidige Haarschopf zurückgeführt. Um die Jahrhundertwende wurden zwei Silky-Typen gezüchtet: der Melbourne Silky und der Sydney Silky; deshalb enthält der Standard auch heute noch zwei Farbvariationen. Um 1930 kamen die ersten Silkies nach Amerika und Europa. Während in Amerika ihre Zahl rasch stieg, nahm sie in Europa nur langsam zu.

Dandie Dinmont Terrier

Obwohl der Dandie Dinmont mit seinem pfeffer- und senffarbenen Fell zur Rasse der Terrier gehört, hat er nichts von deren typischem kurzstockigem Aussehen mitbekommen. Er ist ein Original mit harmonischen Linien, einem leicht gewölbten Rücken und säbelartiger Rute. Unter dem üppigen, seidenweichen Haarschopf verraten die großen Augen Aufmerksamkeit, Intelligenz, Würde und eine große Entschlossenheit.

Einst war er geschätzt für die Jagd auf Hase, Fischotter, Dachs und Iltis. Heute ist er besonders als Begleithund begehrt. Er paßt sich allen Situationen an und fühlt sich ebenso wohl in der Wohnung wie auf Reisen. Sehr würdevoll und bedachtsam, zeigt er sich Fremden gegenüber zurückhaltend, seinem Herrn aber sehr liebevoll, heiter und außerordentlich treu. Er ist ein zu Späßen geneigter Hund, der genau weiß, was er will, und braucht daher eine feste Hand, die ihm beibringt, wer der Herr ist, sonst tyrannisiert er seine Umgebung. Er ist gesellig veranlagt, kommt recht gut mit anderen Hunden aus und spielt gern mit Kindern.

Trotz aller dieser Eigenschaften und seines originellen Aussehens wurde der Dandie Dinmont nie sehr populär. Man trifft ihn fast nur auf den Britischen Inseln.

3. Gruppe
Terrier

Zur Geschichte

Bei der Herkunft dieses Hundes ist es schwer, zwischen Legende und Wirklichkeit zu unterscheiden. Er soll sehr alten Ursprungs sein und aus Schottland stammen. Manche glauben, seine Ahnen seien Skye, Scottish, Cairn und Border Terrier. Nach anderen sollen die mit Wilhelm dem Eroberer aus Flandern mitgekommenen Bassets bei der Entstehung der Rasse mitgewirkt haben. Einen dem Dandie Dinmont gleichen Typ gab es vor etwa 200 Jahren an der schottischen Grenze. Dieser Hund sei später durch Einkreuzung von Bedlington Terrier veredelt worden. Die Auswahl hatte das Ziel, einen vollkommen neuartigen Terrier zu bekommen.

Standard

Allgemeine Erscheinung: robust, kurzbeinig.
Größe und Gewicht: 20–25 cm und 8 kg.
Kopf: dick und groß; Kinnbacken sehr entwickelt; Stirn gut gewölbt; Nase schwarz.
Augen: groß, rund, weit gestellt, glänzend, dunkelbraun; Blick ein wenig traurig.
Ohren: über die Wangen hängend, 7,5–10 cm lang, ziemlich weit hinten und tief angesetzt, mit leichten hellen Fransen, die sich erst bei den Ein- oder Zweijährigen zeigen.
Hals: gut entwickelt, kräftig, stark bemuskelt.
Körper: lang, kräftig, beweglich; Flanken gerundet, gut ausgebildet; Rücken an den Schultern eher eingesenkt; Brust gut entwickelt und tief.
Rute: eher kurz, 20–25 cm lang.

Gliedmaßen: vordere kurz, sehr kräftig; hintere etwas länger als die vorderen, eher breit stehend, Schenkel gut entwickelt.
Pfoten: Krallen mehr oder weniger dunkel, je nach der Haarfarbe.
Haar: vom Kopf bis zum Schwanzende 5 cm lang; die Mischung aus hartem und weichem Haar fühlt sich wie gekraust an.
Farbe: Pfeffer und Senf; Pfeffer geht von dunklem bläulichem Schwarz bis zu hellem Silbergrau; die Körperfarbe wird an Schultern und Hüften heller und geht dann allmählich wieder in die Pfotenfarbe über; die Senffarbe schwankt von Rötlichbraun bis Fahlrot; der Kopf ist weißlich; Pfoten und Läufe sind dunkler als der Kopf.
Fehler: weiße Läufe.

Ratschläge für die Haltung: Im Zimmer gehalten, neigt er zum Dickwerden. Er braucht täglich zweimal Auslauf und nicht zuviel Nahrung. Er sollte alle Tage mit einer langhaarigen, nicht zu harten Bürste möglichst gründlich gebürstet werden.

Sealyham Terrier

3. Gruppe
Terrier

Der Sealyham ist ein stämmiger und sehr beweglicher Terrier auf kurzen Beinen. Bis in die zwanziger Jahre war es seine Aufgabe, im Bau Fuchs und Dachs zu stellen; er hat sich aber auch bei der Otterjagd hervorragend bewährt, da er sehr gerne ins Wasser geht. Im Lauf der Zeit ist er jedoch ein selbstsicherer, ausgeglichener, freundlicher und anhänglicher Haushund geworden, der bei entsprechender Erziehung leichtführig ist und dessen Jagdpassion sich heute nur noch auf Mäuse beschränkt. Er benötigt eine liebevolle, aber feste Hand, sonst wird er sehr schnell „Herr im Haus".

Standard

Allgemeine Erscheinung: sehr aktiver, wachsamer und furchtloser Hund von liebenswürdiger Wesensart.
Größe und Gewicht: nicht über 31 cm; Rüde um 9 kg, Hündin um 8,2 kg.
Kopf: Schädel leicht gewölbt und breit zwischen den Ohren; Fang quadratisch, kräftig, lang; Nase schwarz.
Augen: dunkel, gut eingesetzt, rund, mittelgroß.
Ohren: seitlich der Wangen getragen, spitz, leicht gerundet.
Hals: ziemlich lang, dick und muskulös.
Körper: gerade, beweglich, mit ausgeprägten Rippenbogen.
Rute: hoch angesetzt und aufrecht getragen.
Gliedmaßen: Vorderläufe kräftig, kurz und so gerade wie möglich; Hinterhand kraftvoll, Oberschenkel tief und muskulös, mit gewinkeltem Knie, Sprunggelenke kräftig.
Pfoten: rund und katzenartig, mit dicken Ballen.
Haar: drahtiges Deckhaar mit wetterfester Unterwolle.
Farbe: weiß oder weiß mit gelben, braunen, blauen oder dachsfarbenen Abzeichen an Kopf und Ohren.
Fehler: alle Abweichungen vom Standard.

Ratschläge für die Haltung: Der Sealyham sollte mindestens drei- bis viermal jährlich abgetrimmt werden. Außerdem muß man ihn täglich bürsten und kämmen.

Zur Geschichte

Im 19. Jahrhundert begann Captain John Edwardes in Pembrokeshire, Wales, den Sealyham Terrier zu züchten. Captain Edwardes war Gutsherr auf „Sealyham", und seine ganze Passion galt der Jagd. Die zur Verfügung stehenden Hunde befriedigten ihn nicht, auch verlor er immer wieder einen seiner hauptsächlich braunen Hunde dadurch, daß sie mit dem Fuchs verwechselt wurden. Sein Zuchtziel bestand daher darin, einen kleinen, wendigen und mutigen Jagd- und Bauhund zu züchten, der weiß sein sollte. Als Grundstock benützte er dann rauhhaarige Bassets und kreuzte Dandie Dinmont, aber auch Fox Terrier und Cheshire Terrier, eine Art kleiner Bull Terrier, ein. Captain Edwardes betrieb eine harte Auslese auf reine Jagdneigung und Robustheit. So ist der Sealyham Terrier auch heute noch nicht wehleidig und selten krank. 1911 wurde die Rasse vom britischen Kennel Club, 1913 in den Vereinigten Staaten anerkannt. Daraufhin bemühten sich die Züchter, ihm ein einheitlicheres und gefälligeres Aussehen zu geben. In den dreißiger Jahren erfreute er sich sehr großer Beliebtheit, geriet aber dann etwas in Vergessenheit. Heute wird er, wegen seiner vielen angenehmen Eigenschaften, zusehends populärer.

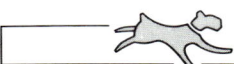  

Norwich und Norfolk Terrier

Norfolk Terrier

Norwich Terrier

3. Gruppe
Terrier

Diese beiden kleinen Terrierrassen sind kraftvoll und von außergewöhnlicher Vitalität. Sie haben rauhes Haar, kurze Läufe und einen kompakten Körperbau. Früher waren es geschätzte Arbeitshunde, die man auf Ratten, Mäuse, Füchse und Kaninchen ansetzte. Heute werden sie vorwiegend als Familienhunde gehalten.

Als der englische Kennel Club die Norwich Terrier 1932 anerkannte, durften sie sowohl Steh- als auch Kippohren haben. 1964 erhielt die kippohrige Variante einen neuen Namen: Norfolk Terrier. Heute sind es zwei Zuchtrichtungen: Beide sind jedoch fröhliche, kühne und bezaubernde Gefährten.

Zur Geschichte

Der Norwich Terrier entstand um 1870 in Cambridge, als ein Hunde-händler an Studenten kleine rote oder schwarz-rote Terrier verkaufte, die zunächst Trumpington Terrier genannt wurden. Der Bereiter Frank Jones begann schließlich, sie intensiv zu züchten. Er kreuzte verschiedene niederläufige Terrier ein und tat viel für die Verbreitung der neuen Rasse. So nannte man sie eine Zeitlang auch Jones Terrier. In Großbritannien, Skandinavien und den USA haben sie heute einen festen Liebhaberkreis. Im übrigen Europa sind sie noch so unbekannt, daß man nur selten einen sieht.

Standard

Allgemeine Erscheinung: ein kleiner, niedriger, lebhafter, kompakter und kräftiger Hund.
Größe und Gewicht: 25 cm und 5–6 kg.
Kopf: breiter, leicht gerundeter Schädel; Fang kräftig, „fuchsig"; gut markierter Stop; starker Kiefer; Scherengebiß.
Augen: dunkel, ausdrucksvoll, glänzend, lebhaft.
Ohren: aufrecht stehend beim Norwich, kleines Kippohr beim Norfolk.
Hals: mittellang und kräftig.
Körper: kurz, kompakt, gut aufgerippt.

Rute: etwas über die Hälfte kupiert.
Gliedmaßen: kurz, gerade und kräftig vorne; gut gewinkelt, muskulös und mit großer Vortriebskraft hinten.
Pfoten: rund, mit dicken Ballen.
Haar: hart, drahtig, gerade, am Körper anliegend, länger und rauher an Hals und Schultern, kürzer und weicher an Kopf und Ohren.
Farbe: rot, weizengelb, schwarz mit lohfarben oder gestromt.
Fehler: leichter Knochenbau; langer, schwacher Rücken; gelbe oder blasse Augen; weiches, lockiges oder seidiges Haar.

Ratschläge für die Haltung: Das rauhe Haarkleid wirkt wasser- und schmutzabstoßend, sollte aber regelmäßig gebürstet und etwas getrimmt werden, d. h., man faßt das lange, tote Haar zwischen Daumen und Zeigefinger und zupft es aus. Norfolk und Norwich brauchen täglich Auslauf; als Stubenhocker sind sie nicht geeignet.

Border Terrier

3. Gruppe
Terrier

Der früher vorwiegend als Arbeitshund verwendete Border Terrier ist trotz seiner geringen Größe imstande, mit einem Jagdpferd Schritt zu halten. Sein Name leitet sich von der Gegend her, in der er viele Jahrzehnte fast im verborgenen gezüchtet wurde, nämlich dem Gebiet beiderseits der englisch-schottischen Grenze (border). Der zähe, mutige und freundliche Border Terrier zeichnet sich durch ungewöhnliche Vitalität aus und besitzt sehr gute Jagdeigenschaften. Andererseits ist er ein sehr liebenswerter Haus- und Familienhund, sehr kinderfreundlich und leicht erziehbar. Seine jagdliche Vergangenheit liegt ihm allerdings noch sehr im Blut, und er bedarf deshalb einer sehr aufmerksamen Erziehung, wenn er nicht auf eigene Faust in der Feldmark oder im Wald sein Vergnügen suchen soll. Der Border Terrier ist ein äußerst wendiger Hund, von dem gesagt wird, er ginge „über, unter oder durch jeden Zaun oder jede Hecke", wenn er meint, draußen sei das Leben interessanter als im Haus oder Garten.

Zur Geschichte

Schon im ausgehenden 18. Jahrhundert haben verschiedene Maler Terrier dargestellt, die dem heutigen Border ähneln; die Rasse, wie man sie heute kennt, hat sich aber erst später herausgebildet. Und während beispielsweise Dandie Dinmont und Bedlington Terrier schon im vergangenen Jahrhundert anerkannt waren, wurde der Border erst 1920 offiziell vom Kennel Club anerkannt; doch auf Hundeausstellungen war er schon lange vorher vertreten. Der Border Terrier ist außerhalb Großbritanniens noch wenig bekannt. Doch erfreut er sich steigender Beliebtheit in Schweden, den Niederlanden, Belgien, Dänemark und Deutschland.

Standard

Allgemeine Erscheinung: ein unbekümmerter, flinker und ausdauernder Arbeitsterrier.
Größe: im Standard nicht erwähnt (34–37 cm).
Gewicht: Rüde 6–7 kg; Hündin 5,25–6,30 kg.
Kopf: fischotterähnlich; kurzer, kräftiger Fang; schwarze Nase.
Augen: dunkel, mit lebhaftem Ausdruck.
Ohren: klein, V-förmig, mäßig dick und nach vorn fallend, eng an den Wangen liegend.
Hals: mittellang.
Körper: ziemlich lang, schmal, tief; Rippen gut nach hinten reichend; kräftige Nierenpartie.
Rute: mittellang, hoch angesetzt.
Gliedmaßen: Vorderläufe gerade, nicht zu starkknochig; Hinterläufe mit muskulösen Schenkeln und leicht gewinkelten Sprunggelenken.
Pfoten: klein, rund, mit dicken Ballen.
Haar: dicht, harsch, mit üppiger, enganliegender Unterwolle.
Farbe: rötlich, weizengelb, blau, blau-lohfarben, grau-rotmeliert.
Fehler: Aggressivität gegenüber anderen Hunden; helle Augen; lange, dünne oder über den Rücken gelegte Rute.

Ratschläge für die Haltung: Der Border muß nur zweimal jährlich gründlich getrimmt werden.

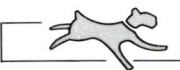  

West Highland White Terrier

Wie die anderen Terrierrassen ist der West Highland White Terrier abgehärtet und widerstandsfähig. Er braucht gute Nahrung, genügend Auslauf und viel Zuneigung.

Wenn man ihn täglich bürstet und richtig trimmt, sieht er immer zum Vorzeigen aus. Er ist ein Terrier mit viel Charme, ein liebenswerter, unempfindlicher, fröhlicher und wachsamer Familienhund, der Kinder liebt. Obwohl selbstbewußt, läßt er sich problemlos halten.

Standard

Allgemeine Erscheinung: kleiner, kraftvoll gebauter Hund mit unverfrorener Gangart.
Größe und Gewicht: 28 cm und 7–10 kg.
Kopf: etwas gewölbter Schädel, nicht zu schmal zwischen den Ohren; leichter Stop; gerader Nasenrücken; schwarze Nase; kräftige Zähne.
Augen: mittelgroß, weit auseinander stehend, etwas tief in den Höhlen liegend, dunkel.
Ohren: klein und spitz, nicht zu eng stehend, aufrecht.
Hals: ausreichend lang, muskulös, am Ansatz dicker.
Körper: kompakt; tiefe Brust; ziemlich gerundete Rippen; flacher und gerader Rücken; schräge Schultern.
Rute: 13–15 cm lang, aufrecht getragen, nicht kupiert.
Gliedmaßen: muskulös; vorn kurz; hinten stämmig.
Pfoten: rund; schwarze Krallen; dicke Ballen; vordere größer als hintere.
Haar: drahtig, glatt, ohne Krause; doppelte Behaarung.
Farbe: immer rein weiß.
Fehler: alles, was vom Standard abweicht, je nach dem Grad der Abweichung.

Ratschläge für die Haltung: robuster Hund. Jeden Tag bürsten und mindestens alle 12–14 Wochen trimmen.

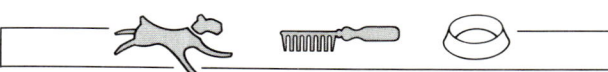

Zur Geschichte

Schottland ist das Ursprungsland des Skye, Cairn, Scotch, Dandie Dinmont und des West Highland White Terriers. Welche davon die Ursprungsrasse ist, konnte noch nicht zweifelsfrei geklärt werden.

Zur Jagd brauchte man in Schottland eine Hunderasse, die sich im bergigen, felsigen Gelände und in Kaninchenbauen zurechtfinden konnte. Die meisten schottischen Clans züchteten die Terrierrasse, die ihren Vorstellungen entsprach und den Aufgaben gewachsen war. So bildeten sich im Lauf der Zeit die obengenannten fünf Terrierrassen heraus. Die meisten Historiker behaupten, der Skye Terrier sei die älteste dieser Rassen und der West Highland White Terrier die jüngste. Scotch, Cairn und West Highland White Terrier haben wahrscheinlich denselben Ursprung. Im 19. Jahrhundert hatten Jäger, die den Cairn Terrier zur Jagd auf Füchse, Dachse usw. benutzten, eine Abneigung gegen weiße Welpen und töteten sie. Da erschoß Colonel Malcom von Poltalloch auf der Jagd seinen eigenen Hund, weil er ihn für ein Kaninchen hielt. Daraufhin schwor er, nur noch weiße Arbeitsterrier zu züchten, die besser von den Beutetieren unterschieden werden konnten. Er tötete alle Tiere im Wurf, die nicht weiß oder fast weiß waren, und begründete so die Rasse.

Scottish Terrier

Die buschigen Augenbrauen, der dichte Schnurrbart, der struppige Kinnbart und die steil nach oben gerichtete Rute verleihen dem Scottish Terrier ein ungewöhnliches und drolliges, aber dennoch würdevolles Aussehen.

In seinem Heimatland Schottland setzte man diesen etwas untersetzten, aber dennoch temperamentvollen und kühnen Terrier zur Dachs- und Fuchsjagd ein. Obwohl er schon vor langer Zeit zum Haus- und Familienhund geworden ist, hat sein Wesen darunter nicht gelitten. Dieser kleine, ungezwungene, aber manchmal etwas eigensinnige Hund ist sehr lebhaft und hat viel Charakter.

In den dreißiger Jahren machte ihn der Humorist Pol Rab, der von seinem unnachahmlichen Gang begeistert war, zum Hauptdarsteller eines Zeichentrickfilms. Unter dem Namen Rac wurde er zusammen mit dem rauhhaarigen Fox Terrier Ric bald in Frankreich sehr berühmt.

Der Scottish Terrier ist zu Menschen, die er gern hat, sehr lieb und lustig, Fremden gegenüber verhält er sich oft recht zurückhaltend, mitunter sogar mißtrauisch.

Zur Geschichte

Die Vorfahren dieser Rasse lebten schon im Schottischen Hochland, bevor die Römer die Britischen Inseln eroberten. Man nannte sie später allgemein Scotch Terrier nach scotia, was Schottland bedeutet, sowie Highland Skye oder auch Aberdeen Terrier nach der schottischen Hauptstadt, in der ein großer Zwinger dieser Hunde existierte. Gegen Ende des 19. Jahrhunderts wurde er dann allmählich unter dem Namen Scottish Terrier ausgestellt, und 1882 ist das Gründungsjahr des ersten Clubs dieser Rasse. Bei der Auslese der Nachkommen ist es gelungen, das Äußere der Tiere zu verbessern, ohne daß die Arbeitsfähigkeit darunter litt, und so entstand der heute bekannte Typ.

Standard

Allgemeine Erscheinung: kräftig, kurzbeinig und sehr lebhaft, mit raumgreifendem Gang.
Größe und Gewicht: 25–28 cm und 8,5–10 kg.
Kopf: lang; leichter, aber deutlicher Stop; schwarze Nasenkuppe.
Augen: klein und dunkel, mandelförmig.
Ohren: kleine, spitze Stehohren.
Hals: kräftig und muskulös, mittellang.

Körper: mäßig kurz; breite, tiefe Brust; kurzer gerader Rücken; muskulöse Lendenpartie.
Rute: mittellang, aufrecht getragen.
Gliedmaßen: vordere gerade; hintere muskulös, mit gut gewinkelten Sprunggelenken.
Pfoten: rund; geschlossene, gewölbte Zehen.
Haar: kurze, dichte und weiche Unterwolle; längeres, dichtes, rauhes und hartes Deckhaar.
Farbe: schwarz, weizenfarben oder gestromt.
Fehler: alle Abweichungen vom Standard.

Ratschläge für die Haltung: Das Haarkleid des Scotties muß getrimmt werden; die Rute soll breit am Ansatz wirken und zu einer Spitze zulaufen. Der Scottish Terrier ist widerstandsfähig. Bei falscher Ernährung könnte er unter Hauterkrankungen leiden. Da es sich um eine kräftige, breit ge- baute Terrierart handelt, halten Laien die Tiere oft für dick – fett sollte man sie aber, wie alle Hunde, nicht werden lassen.

Australian Terrier

Dieser kuriose kleine Hund ist lebhaft, intelligent und mutig wie alle Terrier. Der kurzläufige, stämmige, auch Aussie genannte Hund besitzt ein struppiges Haarkleid und wurde für die Kaninchen- und Rattenjagd gezüchtet. Er ist ein flinker Gebrauchshund, und in Australien, seinem Ursprungsland, tötet er sogar Schlangen. Die Briten halten ihn wegen seines fröhlichen Wesens und seiner Anhänglichkeit gern als Begleithund, denn er liebt lange Spaziergänge, und außerdem ist er besonders kinderfreundlich.

Standard

Allgemeine Erscheinung: niederläufiger, wachsamer, lebhafter, intelligenter Hund; erscheint ruppig und kühn.
Größe und Gewicht: 25 cm und 6,3 kg (ideal).
Kopf: lang, mit flachem Schädel; leichter, aber ausgeprägter Stirnabsatz; Fang stark und so lang wie der Schädel.
Augen: klein, dunkelbraun, mit klugem, wachem Ausdruck.
Ohren: klein, aufrecht stehend, spitz, ohne lange Haare.
Hals: gut lang, kräftig und leicht gebogen.
Körper: eher lang; Brust mäßig tief und breit; Rückenlinie eben; Lenden stark; Flanken tief.
Rute: kupiert.
Gliedmaßen: vordere gerade, hintere stark.
Pfoten: rund, geschlossen; schwarze oder dunkle Krallen.
Haar: oberes rauh, glatt, dicht, 6 cm lang; Unterwolle kurz.
Farbe: blau, stahlblau oder dunkelgraublau mit reicher Rotgoldzeichnung oder nur rot.
Fehler: helle Krallen oder Nase; weiche, wollige oder gewellte Behaarung; krumme Vorderläufe; helle Augen.

Ratschläge für die Haltung: Den Aussie braucht man nur zu kämmen. Für genügend Auslauf sollte man sorgen.

Zur Geschichte

Der Australian Terrier entstand aus Kreuzungen zwischen verschiedenen britischen Terriern, die mit Einwanderern nach Australien kamen. Zu seinen Vorfahren gehören wahrscheinlich der Cairn, der Dandie Dinmont, der Irish, der Scotch und vielleicht auch der Yorkshire Terrier. Die Rasse wurde erstmals 1899 in Sydney der Öffentlichkeit vorgestellt, doch mit der Züchtung hatte man bereits etwa 20 Jahre früher in Australien begonnen. Die ersten Exemplare, die 1906 nach Großbritannien gebracht wurden, hatten nicht den erwarteten Erfolg. 1921 machte Lady Stradbroke, die Gattin des früheren Gouverneurs des australischen Staates Victoria, wieder auf diese Rasse aufmerksam, als sie einige Exemplare nach England einführte. Im selben Jahr wurde der Australian Terrier Club gegründet und der erste Standard erstellt. Es war wohl der Herzog von Gloucester, der am meisten dazu beitrug, daß dieser Hund in Großbritannien populär wurde. Er hatte ihn während seines Aufenthalts in Australien kennen- und schätzengelernt. Offiziell wurde die Rasse vom Kennel Club 1936 anerkannt. Seit 1960 wird der Aussie auch in den Vereinigten Staaten gezüchtet.

Skye Terrier

Dieser Hund mit dem geschmeidigen Körper scheint mühelos über unwegsames Gelände zu gleiten. Früher setzte man ihn wie andere Terrier auch als Jagd-, Wach- und Hütehund ein. Da er sehr raubzeugscharf und lebhaft ist und ein langgestrecktes, flexibles Gebäude aufweist, war er für die schottischen Jäger ein idealer Hund für die Bauarbeit auf der Fuchs- und Dachsjagd.

Obwohl der Skye Terrier heute als Haus- und Familienhund gehalten wird, hat er sich doch viele gute Eigenschaften seiner Vorfahren bewahrt.

Trotz seiner neuen Lebensweise bleibt der Skye Terrier unbestreitbar ein widerstandsfähiges, stämmiges und überaus lebhaftes Tier, das genügend Bewegung an der frischen Luft braucht. Gleichzeitig liebt er aber auch den Komfort. Er nimmt mit seiner starken Persönlichkeit voll am Familienleben teil, ist allerdings feinfühlig und verträgt keine Ungerechtigkeiten. Außerdem ist er sehr selbständig und wehrt sich gegen jeglichen Zwang, weshalb er sich wenig für einseitige Zwingerhaltung eignet. Der Skye Terrier hängt sehr an seinem Besitzer.

Zur Geschichte

Diese wahrscheinlich ziemlich alte Hunderasse stammt nach Meinung mancher Fachleute von den langhaarigen Terriern ab, die auf der Insel Skye und auf den Hebriden entstanden waren. Vor etwa 400 Jahren schrieb Dr. Caius über einen dem Skye Terrier ähnlichen Hund: „Man zeigte uns Köter von fremden Küsten aus dem barbarischen Norden, die wegen der Länge ihres Fells weder Kopf noch Körper erkennen ließen." Romantischer Überlieferung nach sind Skye Terrier Nachkommen von Kreuzungsprodukten einheimischer Hunde mit Maltesern oder Spanischen Pudeln, die sich 1588 von den sinkenden Schiffen der spanischen Armada an Land gerettet hatten. 1864 wurden die ersten Hunde ausgestellt.

Standard

Allgemeine Erscheinung: langgestreckter Hund mit glattem, langem Haarkleid.
Größe und Gewicht: 25 cm und etwa 11 kg.
Kopf: lang und kräftig; Schädel zwischen den Ohren schmaler als an der Augenpartie; geringer Stop; starke Kiefer; schwarze Nase.
Augen: mittelgroß, braun, eng stehend.
Ohren: hoch angesetzte Steh- oder seitlich herabfallende Hängeohren; gut befranst.
Hals: lang und anmutig gebogen.
Körper: lang und tiefliegend; tiefe, ovale Brust; die gut sichtbaren Rippen seitlich deutlich abgeflacht; ebener Rücken; kräftige Kruppe.

Rute: lang und gut mit Haar befedert; der obere Teil hängt fast senkrecht herab und wird in der Bewegung leicht pendelnd getragen; der untere Teil verläuft in leichtem Bogen nach hinten.
Gliedmaßen: Vorder- und Hinterhand kurz und muskulös.
Pfoten: groß und rund; dicke Ballen; dicke, kräftige schwarze Krallen.
Haar: langes, glattes und hartes Deckhaar; kurze, dichte und weiche Unterwolle.
Farbe: schwarzgrau, dunkel- oder hellblau, hellgrau, platin-, creme- oder sektfarben; dunklere Spitzen an Ohren, Fang und Rute.
Fehler: gelbe Augen; über den Rücken gerollte Rute; Mißbildungen; braune Nase; braunes Haar.

Ratschläge für die Haltung: Dieser widerstandsfähige Hund läßt sich gut in der Wohnung halten, braucht aber entsprechend Auslauf. Das Fell ein- bis zweimal pro Woche kräftig bürsten und täglich rechts und links am Körper herunterkämmen.

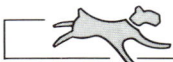  

Dackel

Alles an dem Hund, der auch Teckel oder Dachshund genannt wird, ist Widerspruch: Die Länge seiner Läufe widerspricht den Proportionen seines Körpers, die Bosheit der Zärtlichkeit, die ihn als Gesellschaftshund kennzeichnet, und der Mut und die Ausdauer, die er als Jäger beweist, der „Gier" seines Bellens, das aus einem noch so bescheidenen Großmaul hervorschießt und mehr als einen Herumstreicher in die Flucht schlagen kann.

Wie schon sein Name Dachshund sagt, zögert er nicht, dieses wenig umgängliche Tier mit einer Kühnheit anzugreifen, die in umgekehrtem Verhältnis zu seiner Kleinwüchsigkeit steht. Er gehört zu den am meisten geschätzten und verbreiteten Gesellschaftshunden, wird aber auch als Jagdhund gehalten.

Weder Buschwerk noch Dickicht können ihn aufhalten. Unermüdlich dringt er vor und stöbert bellend auf. Dank seines beachtlichen Geruchssinns zeichnet er sich vor allem aus, wenn es darum geht, weidwundes Wild aufzuspüren. Man sagt von ihm, er sei ein unfehlbarer Schweißhund, weil er in der Lage ist, einen Keiler oder einen Hirsch nach einem oder zwei Tagen aufzuspüren, wenn er ein paar Tropfen Blut des Tieres gewittert hat, und das sogar, wenn sich das Tier in irgendein Unterholz weit entfernt von dem Ort, wo es verletzt worden ist, geflüchtet hat. Gleichermaßen ist er Spezialist auf Hase und Kaninchen. Seine Behendigkeit und sein verkleinertes Format machen aus ihm einen kämpferischen Fuchsbauhund, der für Reineke so gefährlich wird wie für den Dachs.

Der Dackel ist ein pfiffiger, sehr fröhlicher, ein klein bißchen komödiantischer und eher dickköpfiger Gesellschaftshund, der mit liebenswerten Tricks versucht, sein Herrchen zu dressieren, anstatt sich selbst ausbilden zu lassen. Von Anfang an muß man ihn mit Milde, aber auch mit Festigkeit an den ihm zustehenden Platz gewöhnen, andernfalls wird er sich bald den besten Sessel zu eigen machen oder das Bett seiner Wahl mit Beschlag belegen und sich darin wie in einem Bau häuslich einrichten – und sich nicht so leicht ausquartieren lassen.

4. Gruppe
Deutsche Dachshunde

Zur Geschichte

Obwohl man aufgrund altägyptischer Skulpturen weiß, daß es kurzläufige Hunde schon sehr lange gibt, bleibt der Ursprung des Dackels im dunkeln. Er ist zwar eine deutsche Zucht, aber seine Vorfahren kommen nicht aus Deutschland. Er soll aus der Dachsbracke entstanden sein. Auch der Bruno, ein Laufhund aus dem Jura, und der Basset Griffon Vendéen werden als Ahnen genannt, was aber umstritten ist. Der Dackel, wie wir ihn heute kennen, taucht in der Literatur erstmals im 18. Jahrhundert auf. Er kommt in drei Größen vor: als Normal-, Zwerg- und Kaninchendackel, und zwar in drei Haararten: kurz, lang und rauh. Aus dem Kurzhaardackel wurden die beiden anderen Spielarten weitergezüchtet.

Kurzhaardackel

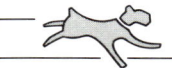

Rauhhaardackel

Langhaardackel

Standard

Allgemeine Erscheinung: niedriger, langgestreckter, aber strammer Hund, der sich auf kurzen Läufen unbeschränkt bewegt; darf weder plump noch krüppelhaft erscheinen; auffallend die keck herausfordernde Haltung des Kopfes.

Größe: im Standard nicht erwähnt.

Gewicht: Normaldackel weniger als 9 kg; der Zwergdackel mit 15 Monaten nicht mehr als 35 cm Brustumfang und der Kaninchendackel im gleichen Alter nicht mehr als 30 cm.

Kopf: langgestreckt, sich bis zur Nasenspitze verschmälernd; Oberkopf nur flach gewölbt, mit geringem Stirnabsatz; Nasenrücken leicht gewölbt; Nasenlöcher gut offen; Fang weit dehnbar; Lippen straff, den Unterkiefer gut deckend; Gebiß stark entwickelt; kräftige, genau ineinandergreifende Eckzähne.

Augen: oval, seitwärts liegend, dunkelrotbraun bis schwarzbraun, mit energischem, doch freundlichem Ausdruck.

Ohren: hoch und nicht weit vorn angesetzt, reichlich lang, Enden schön abgerundet, an den Wangen anliegend.

Hals: genügend lang, muskulös, trocken, ohne Wamme, hoch getragen.

Körper: derbes, stark vorspringendes Brustbein; breiter, langer Brustkorb; leicht gewölbte Lendenpartie; Bauch mäßig aufgezogen; hoher, langer Widerrist.

Rute: in der Linie des Rückgrats angesetzt und verlaufend, ohne starke Krümmung.

Gliedmaßen: vordere muskulös, gedrungen, breit, mit stark knochigen Oberarmen und kurzen Unterarmen; hintere mit derben Oberschenkeln und voll ausgerundeten Keulen, Unterschenkel im rechten Winkel zum Oberschenkel.

Pfoten: geschlossen, gut gewölbt.

Haar: beim Kurzhaar kurz, dicht, glänzend; beim Rauhhaar dicht, drahtig, mit Unterwolle; beim Langhaar lang, seidenartig.

Farbe: beim Kurzhaar rot, rotgelb, gelb, mit oder ohne schwarze Stichelung, zweifarbig oder getigert und gestromt; beim Rauhhaar alle Farben und wie beim Kurzhaar; beim Langhaar wie beim Kurzhaar.

Fehler: Über- und Unterbiß; abgesetzte Brust; schwarze oder weiße Farbe ohne Brand; schwächliche, hochläufige Gestalt.

Ratschläge für die Haltung: Der Dackel ist ein starker Esser und neigt zur Fettleibigkeit, vor allem wenn er alt wird. Er kann von der Paralyse des Hinterleibs, der Dackellähme, befallen werden. Dabei wird das Rückenmark durch vorgefallene Bandscheiben geschädigt. Die Hündinnen neigen zu Scheinschwangerschaften.

Gråhund

Dieser schöne untersetzte Hund heißt in seiner norwegischen Heimat Norsk Elghund grå; das bedeutet Grauer Norwegischer Elchhund. Er ist seinem natürlichen Lebensraum vollkommen angepaßt, und sein graues Fell hat die Farbe des Gesteins, das für die norwegischen Wälder so typisch ist. Der Gråhund gehört zu seiner nordischen Heimat wie sein Gegner – der Elch.

Es gibt keinen Hund, der besser für die harte und schwierige Elchjagd geeignet ist als er. Doch er ist durchaus auch für andere Jagdarten zu gebrauchen. Besonders in den Vereinigten Staaten von Amerika, wo er sehr beliebt und weit verbreitet ist, wird er auch bei der Jagd auf Bären, Luchse, Dachse, Hasen und Vögel eingesetzt.

Der Elchhund ist ein selbständiger Jäger, der mit großer Ausdauer das Wild sucht und stellt. Seine Erziehung verlangt zwar Geduld und Konsequenz, bereitet jedoch keine großen Schwierigkeiten. Er streunt nicht und entfernt sich selten mehr als 100 m von seinem Herrn.

Der Elchhund zeigt das typische Rudelverhalten. Er ist nicht auf einen Herrn fixiert, sondern verhält sich allgemein gegenüber Menschen freundlich und ergeben; seine „Familie" liebt er aber ganz besonders.

Er ist anderen Hunden gegenüber nicht aggressiv und kommt auch mit Vertretern anderer Rassen gut aus. Paare vertragen sich ausgezeichnet und bleiben immer beisammen; ihr ausgeprägter Reviersinn macht sie zu hervorragenden Wächtern. Der Elchhund ist überdies sehr lerneifrig und kann seinem Herrn die verschiedensten Dienste leisten.

Im Rudel werden Rangordnungskämpfe ausgetragen, die aber nicht blutiger verlaufen als bei anderen Rassen auch. Dennoch verhält er sich ausgesprochen sozial, was sich besonders bei der gemeinsamen Jagd im Rudel zeigt.

Außerhalb Skandinaviens, wo er immer mehr auch als Begleithund gehalten wird, ist er in den USA, Kanada, Großbritannien und den Niederlanden weit verbreitet. In Deutschland, Österreich, Frankreich und in der Schweiz hat er noch wenig Anhänger gefunden.

---

5. Gruppe
Laufhunde für Hochwild

Zur Geschichte

In Skandinavien durchgeführte Grabungen haben Hundeskelette zutage gefördert, die aus der Steinzeit stammen und dem heutigen Elchhund entsprechen. Dieser Nachweis bestätigt das Alter und die Herkunft dieser Hunde, die viel später die Wikinger auf ihren weiten Expeditionen mitnahmen. Die Rasse hat sich im Lauf der Jahrtausende praktisch unverändert erhalten. Die immerwährende Auswahl nach den jagdlichen Eigenschaften hat zu jener vollkommenen Widerstandskraft und Eleganz geführt, die den Hund auszeichnen. Die Rasse wurde in Norwegen erstmals 1879 vorgeführt und sogleich vom norwegischen Kennel Club anerkannt, 1901 dann auch vom englischen Kennel Club.

Die Elchjagd

Im allgemeinen verfolgt der Elchhund von sich aus mutig und unermüdlich den Elch, nur von seinem Herrn begleitet, und zeigt dabei einen kaum zu bremsenden Eifer. Sein Geruchssinn ist so gut, daß er einen Elch auf mehrere Kilometer Entfernung ausmachen kann. Sobald er einen aufgespürt hat, stürzt er auf ihn zu und umtänzelt ihn instinktiv so, daß er keine Möglichkeit zur Flucht hat. Sobald er die Beute gestellt hat, meldet er es dem Jäger durch lautes Bellen. Bis dieser eintrifft, bemüht sich der Hund, das Tier zurückzuhalten; bisweilen zögert er zu diesem Zweck auch nicht, es mit Kühnheit anzugreifen und in die Läufe zu beißen. Der starke Elch verteidigt sich verbissen mit den riesigen Schaufeln seines Geweihs, aber der Hund weicht ihm mit unglaublichem Geschick aus. Wenn sich der Elch trotz der ständigen Angriffe frei machen und die Flucht ergreifen kann, verfolgt ihn der Hund schweigend und meldet ihn erst wieder, wenn er den Elch erneut gestellt hat.

Er jagt den Elch mit einer Begeisterung und mit einem Mut wie kein anderer Hund. Da jedoch die Elchjagd streng geregelt ist und in Norwegen beispielsweise nur zwei Wochen lang dauert, mit einer Woche Unterbrechung, hat der Hund wenig Gelegenheit, seine Fähigkeiten zu zeigen. Ihm bleibt aber als Ersatz die Dachsjagd, die in der Nacht betrieben wird. Und dazu ist er ebenfalls hervorragend geeignet, denn er sieht nachts ausgezeichnet und bewegt sich in der Dunkelheit so rasch und sicher wie am Tag.

Standard

Allgemeine Erscheinung: gedrungener, kräftiger Hund, der Energie und Ausdauer verrät.

Größe: Rüde 52 cm; Hündin 49 cm.

Gewicht: im Standard nicht erwähnt (ungefähr 21–24 kg).

Kopf: zwischen den Ohren breit; Stirn und Hinterkopf leicht gewölbt; deutlicher Stirnabsatz; Fang allmählich spitz zulaufend; gerader Nasenrücken; kräftige Kiefer.

Augen: dunkelbraun, mit lebhaftem, energischem, aber freundlichem Ausdruck.

Ohren: hoch angesetzt, fest, aufrecht getragen, spitz und sehr beweglich.

Hals: mittellang, fest, muskulös und aufrecht getragen.

Körper: breiter und gerader Rücken; Brust tief und breit mit gut gerundeten Rippen; muskulöse Lenden; Bauch sehr wenig aufgezogen.

Rute: hoch angesetzt, gut über dem Rücken geringelt.

Gliedmaßen: vordere fest, kräftig und senkrecht; hintere gerade, ohne Afterkrallen.

Pfoten: kompakt, oval; Zehen gut geschlossen.

Haar: dicht, voll, hart, widerstandsfähig gegen Witterungseinflüsse; langes Deckhaar, wolliges Unterhaar.

Farbe: verschiedene Grautöne.

Fehler: Afterkrallen an den Hinterläufen; jede auffällige Variation der grauen Farbe ebenso wie zu helle oder zu dunkle Tönungen.

Ratschläge für die Haltung: Der Hund erträgt Kälte und Schnee sehr gut, die Wärme dagegen nicht. Er braucht viel Auslauf und ist daher nicht für ein Leben in der Stadt geeignet. Sein Fell wird von Zeit zu Zeit fest durchgebürstet, um abgestorbene Haare zu entfernen. Da er einen gesunden Appetit hat, muß man sehr darauf achten, daß er nicht überfüttert wird.

Ein geschwätziger Hund

Dieser mutige Jäger drückt seine Gefühle durch eine ganze Skala verschiedener Laute aus: Munter begrüßt er Freunde, sonor und eindringlich meldet er Fremde, und mit Brummen und Seufzen zeigt er seine Zufriedenheit und Zuneigung.

Aber er weiß durchaus auch zu schweigen, wenn er auf der Fährte eines Wildes ist, bis er dieses gestellt hat. Dann ruft er seinen Herrn mit einem ganz besonderen Gebell, dem *stalos*. Flüchtet die Beute, gibt er wieder anders Laut: Mit dem *drevlos* meldet er, daß er die Verfolgung aufnimmt.

Poitevin

5. Gruppe
Laufhunde für Hochwild

Der Poitevin ist der einzige Laufhund, dessen elegante Gestalt an den Windhund erinnert.

Früher galt der Poitevin als bester Hund für die Wolfsjagd. Sein Geruchssinn ist so fein ausgebildet, daß er auf mehrere hundert Meter Fährten zu wittern vermag – und selbst, wenn sie fast erkaltet sind.

Dieser große und kräftige Laufhund ist besonders für die Jagd auf Hasen, Rehe, Hirsche oder Wildschweine geeignet, denn er nähert sich dem Wild zügig und hetzt es schnell und unermüdlich; wenn es sein muß, jagt er vom frühen Morgen bis zum späten Abend.

Zur Geschichte

Angeblich stammt der Poitevin von den weißen Königshunden ab, die mit irischen Laryes gekreuzt wurden. Mit einigen Exemplaren, die die Französische Revolution überlebt hatten, wurde die Rasse im 19. Jahrhundert wiederaufgebaut. Die Zahl der Hunde nimmt ab, da die Hetzmeuten allmählich verschwinden. Seine Heimat ist die Landschaft Poitou in Westfrankreich.

Standard

Allgemeine Erscheinung: kräftig und gleichzeitig leicht und elegant.
Größe: Rüde 62–72 cm; Hündin 60–70 cm.
Gewicht: im Standard nicht erwähnt (etwa 35 kg).
Kopf: länglich, mit eher flachem Schädel; Nasenrücken leicht gebogen, spitz zulaufend; sehr kräftiger, breiter und vorstehender schwarzer Nasenschwamm.
Augen: groß und braun, schwarz umrandet, ausdrucksvoll.
Ohren: fein und mittelbreit, ein wenig tief angesetzt, halblang und leicht gedreht.
Hals: lang und dünn und ohne Wamme.
Körper: sehr tiefe Brust, höher als breit; lange

Rippen; Rücken und Lenden muskulös; leicht aufgezogene Flanken; lange, flache und schräge Schultern.
Rute: mittellang und dünn, nicht nach oben gebogen, starker Ansatz.
Gliedmaßen: Vorderhand gerade und gut bemuskelt; Hinterhand mit sehr muskulösen Keulen und gut gestellten und leicht gewinkelten Sprunggelenken.
Pfoten: eher lang und kräftig; Wolfsklauen.
Haar: kurz und glänzend.
Farbe: dreifarbig mit schwarzem Mantel oder großen Flecken; manchmal weiß und orange; bei vielen Tieren falbes Haar.
Fehler: weiße und schwarze Hunde; Wamme; leichter Hinterbiß zulässig.

Ratschläge für die Haltung: Wie alle Meutehunde eignet er sich kaum als Begleithund.

Hannoverscher Schweißhund

Dieser Brackentyp ist außerhalb Deutschlands wenig bekannt, da er über ein Jahrtausend speziell für die deutsche Art der Hochwildjagd gezüchtet wurde. Er ist ein direkter Nachkömmling der großen europäischen Leithunde und damit die älteste deutsche Jagdhundrasse.

Wegen seines besonders hochentwickelten Geruchssinnes wurde er immer schon als Fährtenhund auf der Hochwildjagd (Rotwild, Schwarzwild, Damwild usw.) verwendet und ist heute speziell für die Suche nach totem oder verletztem Wild geeignet. Er arbeitet am langen Riemen und führt den Jäger zum Zufluchtsort des Wildes. Nur wenn das Wild aus dem Wundbett flüchtet, nimmt der Schweißhundführer die Halsung vom Hund ab und läßt ihn das kranke Stück hetzen und stellen.

5. Gruppe
Laufhunde für Hochwild

Zur Geschichte

Vor über 1000 Jahren als Leithund vor der Meute zum Bestätigen von Hochwild gezüchtet, wurde er, nachdem Feuerwaffen aufkamen und sich damit die Einzeljagd entwickelte, mehr und mehr zur Arbeit nach dem Schuß eingesetzt. Deshalb nannte man ihn dann nicht mehr Leit-, sondern Schweißhund.

Standard

Allgemeine Erscheinung: kräftig gebaut, mit schwungvollem, elastischem und raumgreifendem Bewegungsablauf.
Größe: Rüde 50–55 cm, Hündin 48–53 cm.
Gewicht: ohne Angabe im Standard.
Kopf: Oberkopf flach gewölbt, nach hinten breiter werdend; Augenbogen, von der Seite gesehen, deutlich abgesetzt; Nasenrücken leicht gewölbt oder fast gerade; Fang kräftig, tief und breit; Nase breit, meist schwarz, selten dunkelbraun.
Augen: dunkelbraun, guter Lidschutz.
Ohren: mittellang, dicht am Kopf herabhängend.

Hals: lang und stark; leichte Wamme.
Körper: tief und geräumig; Rücken stark und elastisch; Kruppe breit und lang.
Rute: hoch angesetzt, sich allmählich verjüngend.
Gliedmaßen: vordere mit flach anliegenden, fest bemuskelten Schulterblättern, langen, anliegenden Oberarmen und geraden, gut bemuskelten Unterarmen; hintere mit kräftig bemuskelten Oberschenkeln und geraden Unterschenkeln.
Pfoten: kräftig, rund, geschlossen.
Haar: kurz, dicht, derb bis harsch.
Farbe: hell- bis dunkelkirschrot, mehr oder weniger stark gestromt; mit und ohne Maske.
Fehler: starke Wamme, Fehlfarben.

Ratschläge für die Haltung: Nur Leute, die sich auskennen, sollten den Hund halten.

Français Blanc et Noir

Der Weiß-schwarze Franzose, wie sein Name heißt, stammt von den großen französischen Laufhunden ab; sein geschmeidiger und weit ausgreifender Lauf ist das Ergebnis späterer Zucht. Von den körperlichen Eigenschaften seiner Ahnen hat er nichts eingebüßt. Er ist groß, kräftig und gut bemuskelt, hat aber an feinem Bau und damit an Eleganz gewonnen. Sein vornehmer Gang, den manche sogar als eine gewisse Hochnäsigkeit bezeichnen, ist nur Ausdruck seines großen Geschicks für die Jagd.

Manche seiner charakteristischen Merkmale beweisen seine Abstammung, so etwa die schwarzen oder bläulichen Hautverfärbungen und insbesondere das Rehzeichen, der kleine, aus grauen und fahlroten Haaren gebildete Fleck, den der Hund oberhalb der Sprunggelenke an der Rückseite der Schenkel trägt. Diese Besonderheit im Fell findet man auch beim Gascon-Saintongeois.

Der Français Blanc et Noir hat einen außerordentlich feinen Geruchssinn und ist sehr ausdauernd. Er geht beim Aufspüren sehr sorgfältig und beharrlich vor. Als würdiger Erbe seiner guten Abstammung zählt man ihn zu den besten französischen Laufhunden.

Als hervorragender Meutehund verfolgt er unermüdlich Hirsch und Reh. Er ist in französischen Meuten stark vertreten und hat häufig als Gefährten die dreifarbige Abart, die sich von ihm nur durch das Fell unterscheidet. Der dreifarbige Franzose ist weiß, schwarz und hochrot mit Flecken in noch lebhafteren Farben, die bis Kupferrot gehen können.

Der Weiß-schwarze Franzose bewährt sich mit seiner feinen Nase und Ausdauer auch hervorragend als Einzelhund. Es ist erstaunlich, mit welchem Geschick er Niederwild aufspürt. Wenn er eine Spur aufgenommen hat, verliert er sie nicht mehr und erreicht immer seine Beute.

5. Gruppe
Laufhunde für Hochwild

Zur Geschichte
Dieser französische Laufhund ist ein Nachkömmling der Hunde aus der Charente und Gascogne. Sicher erhielt die Rasse ursprünglich einen Zufluß englischen Bluts. Ihr Standard wurde 1957 festgelegt und gilt für beide Spielarten, die weißschwarze und die dreifarbige. Die letztere entstand aus einer Kreuzung des Weiß-schwarzen Franzosen mit dem Foxhound. Die beiden Spielarten gleichen sich sehr und unterscheiden sich nur durch die Fellfarbe. Eine dritte, weiß-orange Spielart ist sehr selten und stammt aus einer Kreuzung zwischen Poitevin und Billy.

Die Meutehunde

Eine Meute ist eine Schar von Hunden, die man zur gemeinsamen Jagd auf Nieder- oder Hochwild ausgebildet hat. Meutehunde sind Laufhunde, die ihrem Geruchssinn folgen – im Gegensatz zu den Vorstehhunden, die auch auf Sicht jagen.

Für eine Meute sind wenigstens zehn Hunde nötig, die nicht unbedingt von derselben Rasse sein, aber so gut wie möglich zusammenpassen müssen. Daher werden für die Hetz- oder Parforcejagd Hunde nach gewissen Normen wie Größe oder Fähigkeiten ausgesucht.

Es ist nicht leicht, eine Meute zu bilden, denn die Hunde werden ebenso nach ihren physischen Qualitäten wie nach ihrem Geschick für die Jagd gewählt. Sie müssen intelligent und zuverlässig sein und sowohl der Stimme ihres Herrn wie einem Hornsignal gehorchen. Die Hunde einer Meute müssen „gleichen Schritt" halten, d. h. gleich schnell laufen. Sie jagen „Nase am Boden" und „der Fährte oder Spur folgend", d. h., sie müssen auf der Jagd hinter dem Wild an Stellen haltmachen, wo die Spur verwischt ist oder wo sich ihre Richtung ändert. Es ist dann sehr wichtig, wie sich der Hund verhält: Er muß die Spur wiederfinden, indem er immer größere Kreise um den Punkt läuft, an dem sie verschwand, ohne mit erhobener Nase zu warten und ohne der Spur, auf der er gekommen ist, nach rückwärts zu folgen. Ein Hund, der zuviel oder zuwenig bellt, wird aus der Meute ausgeschieden, da er seine Aufgabe nicht voll erfüllen kann.

Zu einer Meute gehört häufig auch ein Spürhund. Dieser ist wegen seines besonders feinen Geruchssinns dazu ausgebildet, das Wild aufzuspüren, ohne „Laut zu geben". Man führt ihn am frühen Morgen vor der Jagd „am Fährtengeschirr" (an der Leine), damit er in aller Stille den Ort findet, an dem das Wild aufhält, ohne es zu alarmieren. Der Hundepfleger sorgt für die Tiere, der Piqueur (Vorreiter) folgt der Meute und dirigiert sie während der Jagd. Auch wenn diese Leute die Arbeit für ihn erledigen, so sollte der Besitzer einer Meute doch jeden einzelnen Hund gut kennen.

Standard

Allgemeine Erscheinung: großer Hund mit vornehmem Gang und kraftvollem ebenmäßigem Bau.

Größe: Rüde 65–72 cm; Hündin 62–68 cm.

Gewicht: im Standard nicht erwähnt (etwa 35 kg).

Kopf: ziemlich mächtig, eher länglich; Oberkopf leicht gewölbt, eher schmal; deutlich ausgeprägtes Hinterhauptbein; leicht angedeuteter Stop; wenig gekrümmter Nasenrücken; schwarze, gut geöffnete Nasenlöcher; Unterkiefer bedeckende Lefzen.

Augen: dunkel; intelligenter und vertrauensvoller Blick.

Ohren: in Augenhöhe angesetzt, leicht gedreht hängend.

Hals: ziemlich lang, kräftig, manchmal mit leichter Wamme.

Körper: lange trockene und schräge Schultern; eher tiefe als breite Brust; lange, mäßig gerundete Rippen; Rücken ziemlich lang und gut gestützt; Lendengegend muskulös und gut eingefügt; Flanken leicht aufgezogen.

Rute: am Ansatz ziemlich dick, eher lang.

Gliedmaßen: vordere kräftig und gut gestellt; hintere mit ausreichender Muskulatur und kräftigen Sprunggelenken.

Pfoten: eher lang, trocken, widerstandsfähig.

Haar: kurz, eher hart, anliegend; Haut in der Farbe des Haares, das sie bedeckt: weiß unter weißen, schwarz unter schwarzen Haaren, mit bläulichen oder helleren Flecken in der Haut des Bauches und der Schenkelinnenseiten.

Farbe: weiß und schwarz; großer schwarzer Mantel oder mehr oder weniger ausgedehnte Flecken; manchmal schwarze oder bläuliche Sprenkelung oder sogar Flammung nur auf den Gliedmaßen; heller Fleck über den Augen; leichte Verfärbung an den Wangen, unter den Augen, unter den Ohren und am Rutenansatz; Rehzeichen an den Schenkeln ziemlich häufig vorhanden.

Fehler: zu langer, zu runder, zu flacher Kopf; zu deutlicher Stop; helle Augen und Nase; flache, zu kurze oder schlecht angesetzte Ohren; zu große Wamme; dünne, schlecht gestellte Läufe; dicke Pfoten; Ängstlichkeit; sichtlich englisches Blut in der Gesamterscheinung; Ähnlichkeit mit dem Poitevin in der Schwarzweißfärbung; zu lebhafte Flammung.

Ratschläge für die Haltung: Dieser Franzose ist ein robuster Hund. Wie alle Meutehunde lebt er im Zwinger und verträgt sich gut mit seinen Artgenossen. Eine Meute bleibt nur gesund, wenn man durch systematische Impfung vorbeugt und alle sechs Monate entwurmt, um die Meute-anämie zu vermeiden. Gute Unterbringung und strikte Hygiene im Zwinger verhüten Zwingerhusten, der immer sehr schwer zu bekämpfen ist.

Bloodhound

Der Bloodhound hat zwar einen englischen Namen, stammt aber aus dem Gebiet des heutigen Belgiens und Luxemburgs. Er ist kein anderer als der Sankt-Hubertus-Hund. Es handelt sich um einen hochläufigen, schweren Meutehund, der bereits im frühen Mittelalter im Ardennengebiet gehalten und ab dem 11. Jahrhundert auch in England weitergezüchtet wurde. Die Engländer gaben ihm den Namen Bloodhound, das heißt Bluthund. Dr. Johannes Caius, Leibarzt des französischen Königs und Kynologe, erklärte 1553 den Ursprung dieses Namens wie folgt: „Man weiß ja, (daß die Bloodhounds) ihrer Beute nicht nur nachstellen, solange sie noch lebt, sondern auch nach ihrem Tod, wenn sie den Geruch des Blutes (blood) aufgenommen haben." Aber diese Auslegung ist umstritten; der Name könne, so sagen manche Fachleute, genausogut auch reinblütig bedeuten oder aber, daß nur Adlige einen solchen Hund besitzen durften. Wie dem auch sein mag, der Bloodhound war in den großen königlichen Meuten sehr geschätzt. Wilhelm der Eroberer liebte diese Hunde sehr und verfügte, daß in seinen Ländereien allen Hunden anderer Rassen – soweit sie nicht ihm gehörten – drei Zehen zu amputieren seien, damit sie dem Bloodhound beim Aufbringen des Wilds nicht den Rang ablaufen konnten.

Der mächtige, beeindruckende Bloodhound bewegt sich ausgesprochen würdevoll. Seine starken Stirn- und Wangenfalten, die langen Ohren und die Augen mit den hängenden Unterlidern erinnern an den Basset Hound, aber sein Gesichtsausdruck wirkt erhabener. Eines seiner auffallendsten Merkmale ist der hohe Hirnschädel mit dem deutlichen Hinterhauptbein. Aufgrund seines außergewöhnlich guten Witterungsvermögens gilt er als der beste Spürhund überhaupt. Allerdings arbeitet er langsamer als andere Laufhunde. Dieser gelehrige, gewissenhafte Jagdhund wird auch heute noch in Großbritannien und in den Vereinigten Staaten sehr geschätzt.

5. Gruppe
Laufhunde für Hochwild

Zur Geschichte

Der Sankt-Hubertus-Hund ist wahrscheinlich der Nachkomme des Segusius der Kelten und Gallier, von dem der griechische Geschichtsschreiber Arrian von Nikomedia in seinem Werk Kynegetikos spricht. In der Abtei von Andain, der späteren Abtei Saint-Hubert, im Ardennengebiet, der heutigen belgischen Provinz Luxemburg, entstand etwa im 9. Jahrhundert diese Rasse von großen Laufhunden. Jedes Jahr sandten die Mönche ihre sechs schönsten Tiere dem französischen König als Geburtstagsgeschenk. Die Sankt-Hubertus-Hunde waren am Königshof sehr geschätzt und wurden von eigens dafür abgestellten Bediensteten betreut. Zur Zeit der Kreuzzüge löste der aus dem Orient eingeführte Chien Gris de Saint-Louis sie ab. Dieser Hund, der zwar schneller, aber nicht so ausgeglichen und gehorsam war wie der Sankt Hubertus, konnte sich aber auf Dauer nicht halten. Danach nahm wieder der Sankt-Hubertus-Hund den ersten Platz in den großen königlichen Meuten ein und behielt ihn bis 1570. Da König Karl IX. ihn für die Hirschhatz zu langsam fand, ersetzte er ihn in jenem Jahr jedoch durch den Weißen Königshund, der übrigens ebenso ein Abkömmling von Sankt-Hubertus-Hunden des weißen Schlags war wie der englische Talbot. Als Spürhund wurde der Hubertushund in den Meuten jedoch weiterhin verwendet. Er blieb in Frankreich reinblütig bis zur Revolution 1789; dann hörte man auf, ihn zu züchten. Zum Glück waren im 11. Jahrhundert mit Wilhelm dem Eroberer Sankt-Hubertus-Hunde nach England gekommen und in den Zwingern des Herzogs der Normandie weitergezüchtet worden. Man nannte sie Bloodhounds, und eigentlich handelte es sich um eine neue Rasse, denn sie waren aus dem schwarzen Schlag des Sankt-Hubertus-Hundes hervorgegangen.

Standard

Allgemeine Erscheinung: ein schwerer Hund mit langsamem, würdevollem Gang.

Größe: Rüde 67 cm; Hündin 60 cm.

Gewicht: Rüde 40–50 kg; Hündin 36–45 kg.

Kopf: groß, lang, aber schmal; die lockere Haut bildet Falten und Wülste; große, gut offene Nasenlöcher; sehr lange Hängelefzen, die in die Wamme übergehen.

Augen: ziemlich tiefliegend, gelb bis dunkelbraun.

Ohren: lang und tief angesetzt, feinhäutig und mit seidigem Haar bedeckt, eingedreht.

Hals: lang und gut bemuskelt, starke Wamme.

Körper: tiefe Brust; breiter, tiefer Rücken; leicht aufgezogene Lenden; schräggestellte, muskulöse Schultern.

Rute: lang, elegant, etwas über der Rückenlinie getragen.

Gliedmaßen: vordere gerade, mit starken, runden Knochen; hintere sehr robust, mit gewinkelten Sprunggelenken.

Pfoten: rund, Katzenpfoten.

Haar: kurz, am Körper ziemlich hart, an den Ohren und am Schädel weich und seidig.

Farbe: schwarz und rot (der beliebteste Schlag), rötlichbraun oder fahlrot; das Schwarz soll den Rücken, die Flanken und die obere Nackenpartie bedecken.

Fehler: rosa Nase oder in einer anderen Farbe als Schwarz oder Braun; hellgelbes Haarkleid; hellgelbe Iris.

Ratschläge für die Haltung: Ein Bloodhound muß viel laufen. In einer Wohnung wird er neurotisch. Die Ohren müssen regelmäßig kontrolliert und, wenn nötig, gesäubert werden; das gleiche gilt für die Gesichtsfalten.

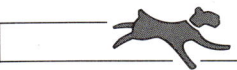  

Foxhound

Die Behendigkeit und der Eifer des Foxhounds (Fuchs-
hundes) machen ihn zu einem vortrefflichen Jäger. Er ist
fähig, fünf oder sechs Stunden lang mit so hoher
Geschwindigkeit dahinzurasen, daß den Pferden der
nachfolgenden Jäger dabei der Atem ausgeht – er ist fast so
schnell wie der Greyhound.

Dieser in England gezüchtete Hund war hauptsächlich
für die Fuchsjagd bestimmt, wodurch sich sein Name
erklärt; in Frankreich wurde er mehr auf Wildschweine
angesetzt. Er ist sehr mutig und scheut bei der Jagd kein
Wetter. Napoleon III. schätzte diese Rasse sehr und besaß
eine Meute von mehr als 120 Hunden.

Um die Mitte des 17. Jahrhunderts wurde der Foxhound
in die USA gebracht, wo man ihn mit französischen und
irischen Laufhunden kreuzte. Der amerikanische Foxhound ist leichter, flinker und ein besserer Spürhund als
sein britischer Vetter.

5. Gruppe
Laufhunde für Hochwild

Zur Geschichte

*Seit dem 15. Jahrhundert bemühten
sich die Engländer, für die Fuchsjagd eine schnellere Hunderasse
zu schaffen als den Staghound
(Hirschhund). Man kreuzte diesen
mit Terriern, Bulldoggen und sogar
mit Windhunden; manche Fachleute meinen, auch französische Laufhunde seien eingekreuzt worden. Es
dauerte auf jeden Fall mehrere Jahrhunderte, bis die Rasse endgültig
festgelegt war.*

Standard

Allgemeine Erscheinung: sehr muskulöser Hund
mit kräftigem Knochenbau.
Größe: im Standard nicht erwähnt (58–64 cm).
Gewicht: im Standard nicht erwähnt (etwa 30 kg).
Kopf: länglich; breiter Oberkopf; geringer Stirn-
absatz; schwarze Nase; dicke, ein wenig hängen-
de Lefzen.
Augen: ziemlich groß, rund, braun, sanft.
Ohren: kurz, am Kopf anliegend.

Hals: lang, muskulös, nicht dick, ohne Wamme.
Körper: mächtige Brust; langer Rücken; Lenden-
gegend ein wenig aufgezogen.
Rute: hoch angesetzt, fröhlich getragen.
Gliedmaßen: vordere gerade, mit kräftigen Kno-
chen; hintere muskulös.
Pfoten: Zehen geschlossen, niemals gespreizt.
Haar: kurz, glatt.
Farbe: drei- oder zweifarbig, weiß mit Orange und
Grau, weiß und schwarz mit Lohfarbe.
Fehler: starke Schultern; kurzer Hals.

Ratschläge für die Haltung: Wie alle Meutehunde
verträgt er Alleinsein und Untätigkeit schlecht.

Griffon Fauve de Bretagne

6. Gruppe
Laufhunde für Niederwild

Der fahlrote bretonische Griffon ist ein kraftvoller, stämmiger, robuster Hund; er hat ein borstiges Fell und einen ebensolchen Charakter. Manche sagen, er sei wie die meisten Bretonen – Menschen und Tiere – eigensinnig und sogar ein wenig starrköpfig.

Dieser mittelgroße Laufhund mit dem kühnen Blick verbindet Geschick und Mut und ist ideal für die Jagd auf Füchse, Wildschweine oder Hasen. Seine Jagdinstinkte werden unterstützt von der herbstlichen Farbe seines Fells, die von der reifen Getreides bis zum lebhaften Braunrot abgefallener Blätter geht.

Er bewahrt auch im Haus seinen unabhängigen Charakter, außer Kindern gegenüber, die so gut wie alles mit ihm anstellen dürfen.

Zur Geschichte

Der bretonische Griffon ist zweifellos ein Nachkomme des heute verschwundenen größeren Typs, von dem er eine verkleinerte Form ist. Man glaubt übrigens, daß ihr gemeinsamer Ahne, wie bei allen Laufhunden, der weiße Sankt-Hubertus-Hund oder der Talbot sei, eine inzwischen ausgestorbene Rasse. Der Griffon Fauve de Bretagne wurde 1951 anerkannt und wird hauptsächlich im Westen Frankreichs geschätzt. In andern Gebieten trifft man ihn selten an.

Standard

Allgemeine Erscheinung: Dieser muskulöse Hund strotzt vor Kraft und Robustheit.
Größe: Rüde 50–55 cm; Hündin 47–52 cm.
Gewicht: im Standard nicht erwähnt (etwa 20 kg).
Kopf: Oberkopf eher länglich, flach, nach vorne schmäler werdend; Nasenrücken ziemlich lang, gerade, leicht gewölbt; Stop schwach; Nasenschwamm schwarz oder dunkelbraun; Schnauze ohne Lefzen; Nasenlöcher weit geöffnet.
Augen: dunkel; Blick kühn und intelligent.
Ohren: schmal, mittellang, spitz zulaufend, mit feinen, weichen Haaren bedeckt.
Hals: ziemlich kurz, muskulös.
Körper: tiefe, breite Brust; Rippen gut gerundet; Rücken kurz und breit; Bauch leicht aufgezogen; Schultern schräg.
Rute: mittellang, gut geformt, gut getragen, häufig buschig, zur Spitze hin sich verjüngend.
Gliedmaßen: vordere und hintere gut bemuskelt; starke Schenkel.
Pfoten: geschlossen, trocken, hart.
Haar: sehr hartes Haar, nicht allzu lang, weder wollig noch gelockt.
Farbe: fahlrot, weizengelb oder lebhaftes Braunrot.
Fehler: zarte oder schlanke Erscheinung; spitze, kurze Schnauze mit Lefzen; tief angesetzte, kurze oder zu lange Ohren mit gelockter Behaarung; zu weit aufgezogener Bauch; zu runde Lendenpartie; weiche, breite Pfoten.

Ratschläge für die Haltung: regelmäßig bürsten; Ohren und Pfoten kontrollieren.

Beagle

Ein guter Laufhund kann keine falschen Farben haben, sagen die Jäger. Diese Redensart gilt auch für den Beagle mit seinem prachtvollen schwarz-weiß-lohbraunen Haarkleid.

Dieser Hund, der aussieht wie ein verkleinerter Foxhound, besitzt eine erstaunliche Stimme. Das wohltönende Gebell einer Beaglemeute hat diesen Tieren den Beinamen *singing beagles* eingetragen. Der Name Beagle soll sich vom keltischen *beag* oder vom altfranzösischen *bugle* ableiten; *beag* bedeutet klein und *bugle* tönen. Tatsächlich ist dieser Jagdhund der kleinste englische Laufhund. Wie aus verschiedenen alten Texten hervorgeht, wird er seit 1475 zur Jagd verwendet.

Bei der Verfolgung von Hoch- und Niederwild zeigt sich der Beagle unermüdlich. Er ist, darin sind sich die Fachleute einig, unbestreitbar ein vortrefflicher Jagdhund. Man setzt ihn vor allem auf den Hasen an; er eignet sich aber auch vorzüglich für die Schweißarbeit; außerdem ist er auch gut im Stöbern von Rehwild. Manchmal benutzt man ihn als Meutehund, doch meist jagt man mit nur einem oder zwei Beagle.

Vor allem in den Vereinigten Staaten und in Kanada ist dieser Hund populär. Man jagt mit ihm dort den Feldhasen. In Mittel- und Nordeuropa findet er nur langsam Anhänger unter den Jägern.

Der Beagle ist ein angenehmer Haushund und wird vor allem wegen seines fröhlichen Wesens geschätzt. Seine Jagdleidenschaft verliert er allerdings nie; man muß also bei Spaziergängen in Wald und Feld gut auf ihn aufpassen. Leider werden an ihm oft Tierversuche vorgenommen.

Zur Geschichte

Die Rasse ist offensichtlich sehr alt. Vielleicht hat Xenophon schon ihre Ahnen beschrieben … Im 18. Jahrhundert ging man in England daran, verschieden große Beagle zu züchten. Manche sehen in diesen Tieren Abkömmlinge französischer Laufhunde, die im 11. Jahrhundert nach England kamen. In Frankreich tauchten sie erst 1860 wieder auf und werden dort gern für die Niederwildjagd verwendet.

Der Beagle Harrier

Über den Ursprung des Beagle Harriers herrscht Ungewißheit. Manche meinen, er sei im 17. Jahrhundert in England gezüchtet worden, andere dagegen, der französische Baron Gérard habe ihn geschaffen.

Durch Paarung von Beagle und Harrier wollte man einen Hund erhalten, der die sehr feine Nase und den ausgeprägten Jagdinstinkt der einen Rasse mit der Schnelligkeit der anderen verbinden würde.

Dieser Laufhund hat die Erwartungen, die man in ihn setzte, nicht enttäuscht. Er ist jedoch im deutschsprachigen Raum als Einzel- oder Meutehund weitgehend unbekannt geblieben.

Standard

Allgemeine Erscheinung: kräftiger, kompakter Hund; er ist selbstsicher und vital, stets gut gelaunt und ausgeglichen.
Größe: möglichst nicht unter 33 cm und nicht über 41 cm.
Gewicht: im Standard nicht erwähnt (etwa 17 kg).
Kopf: mäßig lang; leicht gewölbter, mäßig langer Schädel; deutlicher Stop; gerader Nasenrücken; stumpfer Fang; die Lippen gut bedeckende Lefzen; schwarze Nase.
Augen: ziemlich groß, weder tiefliegend noch hervortretend; tief dunkelbraun bis haselnußfarben; lebhafter, sanfter Blick.
Ohren: ziemlich lang, flach, an der Unterkante rund.
Hals: ausreichend lang; geringe Wamme zugelassen.
Körper: Rückenlinie gerade und parallel zur Standfläche; tiefer, breiter Brustkorb, bis unter die Ellbogen reichend; kurze Lendenpartie.
Rute: mäßig lang, stark, hoch angesetzt, fröhlich getragen, nicht über den Rücken geneigt.
Gliedmaßen: vordere gerade, senkrecht und kräftig; hintere stark bemuskelt und mit starken und tief angesetzten Sprunggelenken.
Pfoten: fest, gut geschlossen; starke Fesseln; kurze Krallen; kräftige Ballen.
Haar: kurz, dicht und wetterfest.
Farbe: zwei- oder dreifarbig (selten graublau mit schwarzen oder weiß mit lohfarbenen Flecken); Rutenspitze weiß.
Fehler: schmaler oder bulldoggenartiger Kopf, d. h. mit zu ausgeprägtem Stop und schwerem, sattelförmigem Fang; in Falten herabhängende oder V-förmige Behänge; kleine oder sehr engstehende Augen; feiner oder kurzer Hals; schwacher Rücken; lange Nierenpartie; Hasenpfoten.

Ratschläge für die Haltung: Diese Rasse ist robust, und nur die langen Ohren und Zähne bedürfen besonderer Pflege. Sie müssen regelmäßig gesäubert werden. Das Fell ein- oder zweimal wöchentlich kräftig bürsten, um Staub und abgestoßene Haare zu entfernen.

Der Beagle, ein unermüdlicher Jäger

In seinem 1790 erschienenen Werk über die Vierbeiner sagt Thomas Bewick vom Beagle: „Man läßt ihn nur den Hasen jagen, obwohl er ihm an Schnelligkeit unterlegen ist. Aber dank seiner außerordentlich empfindlichen Nase folgt er seiner Beute. Er hinterläßt auf der gesamten Fährte des fliehenden Tiers, und mag es noch so viele Haken schlagen, seine Abdrücke und verfolgt es, bis es erschöpft ist und er es dem Jäger stellen kann."

Zu jener Zeit hatten die Züchter Beagle verschiedener Größe geschaffen. Einige davon waren so klein, daß sie in der Tasche eines Jagdrocks Platz fanden. Ein gewisser Oberst Hardy, der mit seinen Hunden eine Jagdhütte aufsuchen wollte, soll sie in große Körbe gesetzt haben, die an die Sättel der Pferde gehängt wurden. Die letzten Zwergbeagle gab es um 1910.

Auch heute noch sind die Jagdeigenschaften dieser Hunde sehr geschätzt; doch in den deutschsprachigen Ländern werden sie nur vereinzelt von Jägern verwendet.

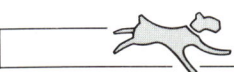  

Basset Hound

6. Gruppe
Laufhunde für Niederwild

Vom Basset Hound, der in jüngster Zeit viele Liebhaber gefunden hat, sagt man, er sei seiner Höhe nach ein halber Hund und seiner Länge nach zwei Hunde. Mit seinem niedriggestellten langen Körper, dem gutmütigen, ernsten Augenausdruck und dem faltigen, von überlangen Ohren eingerahmten Gesicht hat dieser Hund etwas Clownhaftes an sich. Deshalb nimmt es nicht wunder, daß der im amerikanischen Fernsehen auftretende Basset Hound Cleo ein Star geworden ist, den alle Amerikaner ins Herz geschlossen haben. Und es war ebenfalls ein Basset Hound, mit dessen Abbild bequeme Freizeitschuhe weltweit bekannt gemacht wurden.

Der Basset Hound stammt zwar aus Frankreich, gilt heute jedoch als amerikanischer Hund, da die Züchter in den Vereinigten Staaten diese Rasse wiederbelebt haben.

Der Basset Hound, in erster Linie ein Jagdhund, ist in der Lage, auch in schwierigem Gelände eine Fährte zu verfolgen, vor allem die eines Hasen. Sein Spürsinn wird nur noch von dem des Bloodhounds übertroffen. Ursprünglich ein Meutehund, wird er heute vor allem für die Pirschjagd eingesetzt. Er ist ausdauernd wie kaum ein anderer Hund, und sein ausgeglichener Charakter bewahrt ihn davor, seine Energie zu verschwenden. Trotz seines massiven Körpers bewegt er sich im Dickicht überraschend behende.

Der Basset Hound wird aber nicht nur als Jagd-, sondern auch als Begleithund gehalten. Er ist sehr anhänglich, außerordentlich freundlich, unaufdringlich, ruhig und zurückhaltend. Nie würde er eintreffende Gäste vor Freude anspringen. Er nähert sich ihnen langsam, schnuppert höflich und kehrt dann auf seinen Platz zurück. Doch man ziehe keine voreiligen Schlüsse: Obwohl er äußerlich einem etwas schwermütigen Beamten älteren Jahrgangs gleicht, ist er ein außerordentlich sportlicher Hund. Nicht nur als Jungtier tobt er gern im Freien umher. Ein Garten reicht für seinen Bewegungstrieb nicht aus. Um seine überschüssige Kraft loszuwerden, muß er über Felder und Wiesen rennen können, bis ihm der Atem ausgeht.

Zur Geschichte

Nach Meinung mancher Kynologen stammt der Basset Hound von einer alten Rasse französischer Jagdhunde ab, vielleicht von dem heute verschwundenen Basset d'Artois. Andere Hundekenner sehen seinen Ursprung im Orient: Kreuzfahrer sollen ihn aus Konstantinopel mitgebracht haben. Die im 15. Jahrhundert in England eingeführten Bassets wurden zur Verbesserung des Geruchssinns mit Bloodhounds gekreuzt. So entstanden die Vorfahren des heutigen Basset Hounds. 1866 erwarb Lord Galway vom Grafen von Tournon ein Paar, Basset und Belle: Sie waren die ersten Basset Hounds, die einen Stammbaum besaßen. Sechs Jahre später wurde ein Wurf dieses Paares an Lord Onslow verkauft, der mit diesen Hunden seine Zucht verbesserte und sie mit einigen französischen Exemplaren kreuzte. Bald besaß er 15 Paare, die zu den Stammeltern der besten Basset Hounds wurden, die es heute gibt. 1875 war die Rasse erstmals auf einer Ausstellung vertreten. In den Vereinigten Staaten begann man sie 1883 zu züchten. Zwei Jahre später erkannte der Kennel Club sie offiziell an. Der Basset Hound Club der Vereinigten Staaten wurde 1935 gegründet.

150

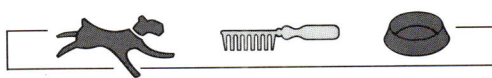

Standard

Allgemeine Erscheinung: Der Basset Hound ist ein kurzläufiger Laufhund mit vielen Qualitäten. Seine Laufbewegung ist flüssig: Die Vorderläufe greifen weit vor, und die Hinterläufe zeigen mächtigen Schub.

Größe und Gewicht: 33–38 cm und etwa 23 kg.

Kopf: gewölbt, mit etwas Stirnabsatz und hervortretendem Hinterhauptbein, in Höhe der Augenbogen mittelbreit und sich zum Fang hin leicht verjüngend; Haut am Kopf so lose, daß sie erkennbare waagrechte Stirnfalten über den Augenbogen und an den Schläfen bildet; Lefzen überdecken Lippen des Unterkiefers erheblich; Nase schwarz, außer bei hellfarbigen Hunden, groß, mit weitgeöffneten Nasenlöchern, über den Lefzenansatz vorstehend; gleichmäßig angeordnetes Scherengebiß; Zangenbiß erlaubt.

Augen: braun, bei hellfarbigen Hunden in Schattierungen bis Haselnußbraun, weder hervortretend noch tiefliegend; im Ausdruck ruhig und ernst; das Rote des Unterlids ist sichtbar.

Ohren: tief, unter der Waagrechten der Augen angesetzt, sehr lang, schmal, sich einwärts drehend, sehr weich, fein, samtig.

Hals: muskulös und ziemlich lang, mit ausgeprägter, aber nicht übertriebener Wamme.

Körper: Brust weder schmal noch übertrieben breit; leicht hervortretendes Brustbein; Rippenkorb gut gewölbt und von guter Breite; Rücken breit, gerade; Widerrist und Hüfthöcker auf nahezu gleicher Höhe; Lendenpartie leicht gewölbt; Rücken vom Widerrist bis zum Hüfthöcker nicht zu lang.

Rute: ziemlich lang, stark am Ansatz, zur Spitze hin sich verjüngend, mit mäßiger Bürstenbildung an der Unterseite, in der Bewegung als Säbelrute getragen, nie als Posthornrute.

Gliedmaßen: Vorderhand kurz, mächtig, mit großartiger Knochensubstanz, Ellbogen weder ein- noch ausgedreht, Hautfalten zwischen Vorderfußwurzel und Pfoten; Hinterhand stark bemuskelt, von hinten fast kugelförmig, mit gut gewinkelten Kniegelenken und möglichst bodennahen Sprunggelenken sowie Hautfalten zwischen Sprunggelenk und Sprunggelenkhöcker.

Pfoten: groß, gut gewölbt und gepolstert; Zehen entweder gerade oder auswärts gestellt; bei geschlossenen Ballen wird das Körpergewicht von allen Zehen gleichmäßig getragen.

Haar: glatt, kurz, dicht, aber nicht zu fein.

Farbe: gewöhnlich schwarz, weiß und rotbraun oder lemonweiß, jedoch ist jede bei Laufhunden anerkannte Farbe erlaubt.

Fehler: nicht korrekt gebaute Läufe und Pfoten; Gebißfehler; Mangel an Ausgewogenheit; eine für den Basset Hound untypische Erscheinung.

Ratschläge für die Haltung: Da der Basset Hound ständig mit tiefer Nase umherläuft, bekommt er leicht Durchfall und bestimmte Viruskrankheiten. Man muß daher seine Exkremente kontrollieren. Keine gefährlichen Gegenstände in Reichweite eines Welpen lassen, denn er frißt wahllos alles, was am Boden liegt. Die empfindlichen Ohren müssen regelmäßig mit trockener Watte gereinigt werden. Damit sie ihm nicht ins Fressen hängen, empfiehlt sich die Anschaffung einer hohen, schmalen Spezialschüssel. Da der Basset Hound vor allem ein Jagdhund ist, benötigt er viel Auslauf.

151

Bleu de Gascogne

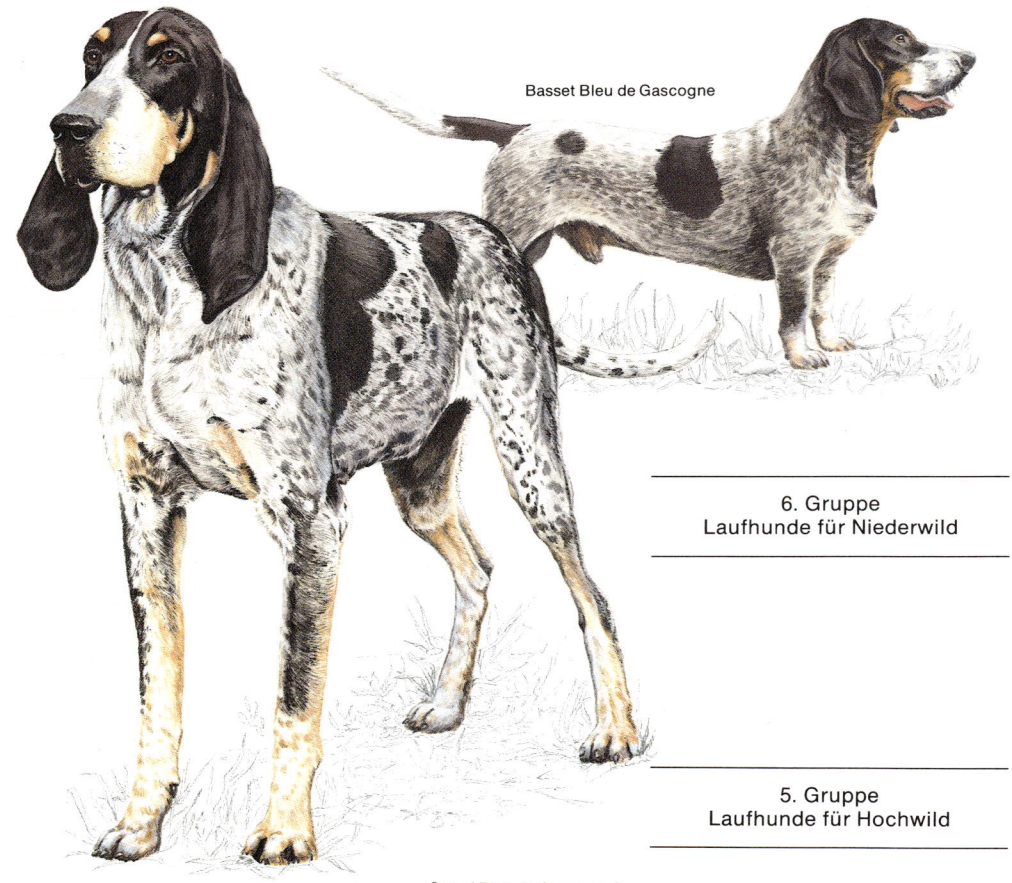

Basset Bleu de Gascogne

6. Gruppe
Laufhunde für Niederwild

5. Gruppe
Laufhunde für Hochwild

Grand Bleu de Gascogne

Heute gibt es in der Gascogne keine Wölfe mehr und mithin auch keine – oder fast keine – Grands Bleus und Petits Bleus de Gascogne (Große und Kleine Blaue Gascogner).

Der Grand Bleu de Gascogne war einst ein mutiger Wolfsjäger und Parforcehund, den unsere Nachbarn, die Franzosen, sehr schätzten. Obwohl gleichfalls für die Hasen- und Rehjagd tauglich, wird er kaum noch gehalten, denn im Südwesten Frankreichs werden wie auch in anderen Gegenden Parforcemeuten immer seltener.

Dieser Hund mit dem edlen Kopf, dem schiefergrauen Haarkleid und dem reservierten Wesen ist von sehr alter Rasse und ähnelt keinem seiner Artgenossen.

Der Grand Bleu de Gascogne stammt von einem Sankt-Hubertus-Hund ab, den Gaston Phébus, Graf von Foix, nach einem Feldzug am Rhein aus den Ardennen ins Béarn mitbrachte. Von seinem Urahn sind ihm der nachdenkliche Augenausdruck, das ausgezeichnete Witterungsvermögen und die starke dunkle Stimme geblieben. Sein Format allerdings wurde im Lauf der Jahrhunderte feiner und leichter, und mit seinen hohen, kräftigen Läufen wirkt er eher schlank als massig.

Obwohl etwas langsam, nahm er aufgrund seiner erstklassigen Jagdeigenschaften in den Meuten König Heinrichs IV. von Frankreich einen festen Platz ein. Dieser Herrscher soll so sehr an seinen Hunden gehangen haben, daß er sie häufig in ihrem Zwinger besuchte. Als er, ein

Zur Geschichte

Der Grand Bleu de Gascogne, eine alte französische Rasse, leitet sich vom Sankt-Hubertus-Hund ab, der wahrscheinlich mit örtlichen Laufhunden gekreuzt wurde. Wohl bedingt durch das warme, trockene Klima Südwestfrankreichs, bekam er allmählich ein blaues Haarkleid. Der Grand Bleu de Gascogne wurde zum Stammvater verschiedener hochläufiger Hunderassen, z. B. des Virelade oder des Français Blanc et Noir. Der ebenfalls vom Grand Bleu abstammende Basset Bleu de Gascogne ist das Ergebnis einer strengen Zuchtwahl durch die Parforcejäger Südwestfrankreichs. Sie paarten stets die kleinsten Tiere eines Wurfs miteinander, bis sich die Rasse gefestigt hatte.

leidenschaftlicher Parforcejäger, an der Gicht litt, ließ er seine Stiefelschäfte abschneiden, um ohne zu große Schmerzen das Wild hetzen zu können.

Der kleine Vetter des Großen Blauen Gascogners, der Petit Bleu de Gascogne, eignet sich wegen seiner Schnelligkeit besonders für die Hasenjagd. Mit seiner heiseren Stimme heult er weithin hörbar. Im übrigen besitzt er den gleichen vorzüglichen Spürsinn und ausgeprägten Jagdinstinkt wie der Grand Bleu. In der ersten Hälfte dieses Jahrhunderts war er im Südwesten und Süden Frankreichs sehr beliebt, ist aber heute nur noch selten zu sehen, obwohl er wegen seines ausgeglichenen, zutraulichen Wesens auch als Begleithund gehalten werden könnte.

Standard

Allgemeine Erscheinung: typisch französischer Laufhund mit edler Kopfform. Die Rassekennzeichen des Grand Bleus und des Petit Bleus de Gascogne sind im wesentlichen dieselben. Da dieser aber kürzer ist, wird von ihm größere Geschlossenheit gefordert.
Größe: Rüde beim Grand Bleu 65–72 cm, Hündin 62–68 cm; Rüde beim Petit Bleu 60 cm, Hündin 50–56 cm.
Gewicht: im Standard nicht erwähnt (Grand Bleu etwa 75 kg; Petit Bleu 25–30 kg).
Kopf: beim Grand Bleu gestreckt und eher kräftig, beim Petit Bleu feiner, ziemlich lang und eher leicht; leicht gewölbter Schädel mit gut sichtbarem Hinterhauptbein und geringem Stop beim Grand Bleu, trockener und eher konisch gewölbter Schädel beim Petit Bleu; beide mit langem Nasenrücken und Lefzen, die den Unterkiefer überlappen, und schwarzer Nase.
Augen: dunkelkastanienbraun; Lider, an denen ein wenig von der roten Bindehaut sichtbar ist.
Ohren: fallend, feinhäutig, tief angesetzt, beim Petit Bleu weniger gedreht als beim Grand Bleu.
Hals: mittellang, im oberen Teil gerundet, manchmal im unteren Teil mit Wamme.
Körper: tiefe, hochreichende Brust; Rücken eher lang und schön gerade; leicht gerundete Rippen; Nierenpartie beim Grand Bleu eher flach, beim Petit Bleu leicht gewölbt.
Rute: ziemlich lang, sichelförmig getragen.
Gliedmaßen: Vorderläufe gut bemuskelt; Hinterläufe häufig schwächer, mit bodennahen Sprunggelenken.
Pfoten: oval, mit trockenen Zehen und schwarzen Ballen.
Haar: beim Grand Bleu ziemlich dick, nicht sehr kurz; beim Petit Bleu mittelfein.
Farbe: beim Grand Bleu weiß mit schwarzen Flecken; durch die starke schwarze Tüpfelung reflektiert der Grund schiefergrau; orangefarbene Abzeichen (Brandzeichen) über den Augen, an den Wangen, Lefzen, Pfoten und an der Rutenunterseite; beim Petit Bleu blau mit verschieden großen schwarzen Flecken; Brandzeichen am Kopf, an der Innenseite der Ohren und an den Gliedmaßen.
Fehler: beim Grand Bleu kurzer Kopf, zu flacher Schädel, hoch angesetzte kurze Ohren, helle Augen, schmächtige Gliedmaßen, fliehende Kruppe, keine Brandzeichen, Pigmentmangel, gespreizte Pfoten; beim Petit Bleu zu schwerer Kopf, gespreizte Pfoten, helle Augen, Pigmentmangel.

Ratschläge für die Haltung: Die Gascogner brauchen sehr viel Bewegung und eignen sich daher nicht als Wohnungshunde. Mit elf bis zwölf Jahren kann der Grand Bleu Arthrose bekommen. Der Petit Bleu ist anfällig für Bindehautentzündungen. Die Ohren beider müssen regelmäßig kontrolliert werden.

Der Basset Bleu de Gascogne

Über den Ursprung dieses Niederlaufhunds herrscht Uneinigkeit. Nach Ansicht mancher Fachleute ist er aus einer Mutation hervorgegangen, die im vorigen Jahrhundert in einer Meute Großer Blauer Gascogner auftrat. Von ihm hat er die Farbe, die Stimme und die feine Nase. Andere wiederum meinen, er stamme trotz seines Namens gar nicht aus der Gascogne. Der französische Major Malric schließlich, der während des Ersten Weltkriegs diese Rasse in großem Stil züchtete, hielt den Basset Bleu de Gascogne einfach für einen Artésien-Normand, den die Natur versehentlich mit einem blauen Haarkleid ausgestattet hatte.

Der Basset Bleu ist ein ausgezeichneter Kleinhund für die Pirschjagd, vor allem auf Hase und Reh. Er hat eine sehr laute Stimme, und es heißt, daß vier Bassets ebensoviel Lärm machen wie eine ganze Meute. Da er stundenlang rennen kann, gut gehorcht und gelehrig ist, wird er von den Jägern sehr geschätzt. Anderen Hunden steht er zwar ein wenig an Schnelligkeit nach, gleicht dies jedoch aus durch große Fährtensicherheit und einen hervorragenden Jagdinstinkt. Mit seinem sanften, ein wenig scheuen Blick und seinem liebenswürdigen Wesen ist er, obwohl er gern bellt, auch ein angenehmer Begleithund.

Der Basset Bleu wiegt etwa 15 kg und ist etwa 34–42 cm hoch. Das blaue Haarkleid weist mehr oder weniger große schwarze Flecken auf. Dazu kommen mehr oder weniger ausgeprägte Brandzeichen an den Wangen, Lefzen, an der Innenseite der Ohren und an den Läufen. Sein Haar ist nicht besonders fein, dafür aber sehr dicht. Er hat schwarze oder schwarzweiß marmorierte Haut und einen schmalen, nicht sehr langen, aber stark gewölbten Kopf. Seine braunen Augen blicken sanft, manchmal fast schwermütig. Bei manchen Tieren hängt das Unterlid ein wenig, so daß die Bindehaut zu sehen ist. Die langen, feinen, gefalteten Ohren sind tief angesetzt, so daß der Schädel gut freiliegt. Die Nase ist schwarz und hat gut offene Nasenlöcher.

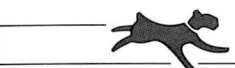  

Harrier

Weniger kräftig gebaut und nicht so groß, aber eleganter als der Foxhound, sieht der Harrier wie eine verkleinerte Ausgabe dieses Hundes aus. Er ist zweifellos der einzige Hund, der ausschließlich für die Hasenjagd gezüchtet wurde. Auch sein Name geht auf das englische Wort *hare*, das Hase bedeutet, zurück.

Er ist zugleich tüchtig und leicht, besitzt einen außergewöhnlichen Geruchssinn und hat ein schönes Geläut, wie man sein Bellen nennt. Mit seiner Flinkheit und Widerstandskraft ist er besonders auf ebenem Gelände in seinem Element und jagt auch den Fuchs gut.

Früher mußten die Hunde bei der Hasenjagd, begleitet von Jägern zu Fuß, dem Wild folgen, seinen Lauf voraussehen und seine Listen vereiteln. Gegen Ende des 19. Jahrhunderts glich sich die Hasenjagd immer mehr der Fuchs-, also der Parforcejagd an. Dabei zwangen die Hunde ihre Beute zu geradliniger Flucht.

Zur Geschichte

Der heutige Harrier stammt aus dem Süden Englands, wo er seit dem 12. Jahrhundert bekannt ist. Er wurde nach der Meinung vieler Fachleute aus dem Foxhound gezüchtet; andere Kynologen glauben, daß die großen Laufhunde seine Ahnen sind. Kreuzungen zwischen dem Sankt-Hubertus-Hund und dem Fox Terrier hätten zum heutigen Harrier geführt, der über eine besonders feine Nase verfügt, sagen wieder andere. Die erste Harriermeute ist in einer Schrift von 1260 dargestellt. Später, im 17. Jahrhundert, beschreiben andere Texte Meuten bei der Hasenjagd, die von Jägern zu Fuß geführt werden.

Standard

Allgemeine Erscheinung: kraftvoll und vornehm, mit schönem, geschmeidigem Gang.
Größe: 48–55 cm.
Gewicht: im Standard nicht erwähnt (etwa 40 kg).
Kopf: ausdrucksvoll, mittelbreit; Schnauze ziemlich lang; Hinterkopf leicht betont; Lefzen die Unterlippe bedeckend; Nase schwarz.
Augen: dunkel, mittelgroß, nicht allzu rund, keinesfalls vorstehend.
Ohren: V-förmig, fast flach, hoch angesetzt, leicht verdreht.
Hals: lang und frei, oben leicht gekrümmt.

Körper: schräge und gut bemuskelte Schultern; Brust mehr tief als breit; gerader muskulöser Rücken; Hüften kräftig und gut abgesetzt; leicht gerundete Lendenpartie.
Rute: mittellang, säbelförmig.
Gliedmaßen: vordere gut gestellt; hintere mit langen, weit hinabreichenden Schenkeln.
Pfoten: weder zu eng stehend noch zu rund.
Haar: glatt, anliegend, nicht zu kurz.
Farbe: üblicherweise mit weißem Grund und mit allen Nuancen von Schwarz bis Orange; vielfach dreifarbig mit einer schwarzen Decke.
Fehler: lange und weiche Lendengegend; schwache Schenkel; unpigmentierte Nase; Unterbiß.

Ratschläge für die Haltung: obwohl liebenswert, als Begleithund wenig geeignet.

  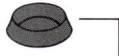

Rhodesian Ridgeback

Der Rhodesian Ridgeback ist die einzige aus dem südlichen Afrika stammende Hunderasse; er gilt als ein Jagd- und Schutzhund von außergewöhnlichem Format. Schon das Erscheinungsbild dieses früher zur Jagd auf Großkatzen eingesetzten Hundes verrät eine harmonische Kombination nicht alltäglicher Eigenschaften.

Der große, leuchtend hell- bis rotweizenfarbene Hund ist ausdauernd, sehr wendig und schnell. Sein blitzartiges Reaktionsvermögen, seine ausgeprägte Mann- und Raubzeugschärfe sind Ergebnis langer Auslese im Busch.

Das markante äußere Kennzeichen der Rasse ist der *ridge* – ein Rückenkamm aus Haaren, die entgegengesetzt zur Fellrichtung wachsen. Wenn man diesen Hund als Partner akzeptiert, erbringt er großartige Leistungen. Er ist sehr leichtführig und seinem Herrn treu ergeben.

Zur Geschichte

Der Rhodesian Ridgeback wurde zum erstenmal von portugiesischen Siedlern, die sich am Kap niederließen, im 15. Jahrhundert erwähnt. Er war damals das einzige Haustier der Hottentotten und für diese, wie die Portugiesen feststellten, unentbehrlich. Später formten die Buren und vor allem die Großwildjäger in Rhodesien den Löwenhund, der seit 1922 als Rhodesian Ridgeback anerkannt ist. Er wird heute in den verschiedensten Bereichen eingesetzt, etwa als Jagd-, Polizei- und Blindenhund.

Standard

Allgemeine Erscheinung: stattlicher, muskulöser, selbstbewußter Hund.
Größe: Rüde 64–69 cm; Hündin 61–66 cm.
Gewicht: im Standard nicht erwähnt (etwa 36 kg).
Kopf: flacher Schädel; ausgeprägter Stop; langer Fang; starke Kiefer; schwarze oder braune Nase.
Augen: oval, klar, strahlend und intelligent.
Ohren: mittelgroß, mit abgerundeter Spitze.

Hals: kräftig und lang, ohne Wamme.
Körper: sehr tiefe Brust; kräftiger Rücken; starke, muskulöse und leicht gewölbte Lenden.
Rute: stark am Ansatz, leicht gekrümmt.
Gliedmaßen: vordere gerade und kräftig; hintere muskulös, mit tiefen Sprunggelenken.
Pfoten: kräftig, elastisch, mit gerundeten Zehen.
Haar: kurz, dicht, glatt und glänzend.
Farbe: hell- bis rotweizenfarben.
Fehler: aufgerollte Rute; wolliges Haar.

Ratschläge für die Haltung: verträgt das europäische Klima gut; regelmäßig bürsten.

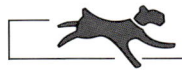  

Podenco Ibicenco

Typisch für den Podenco Ibicenco sind Stehohren, ein langer und schmaler Kopf, bernsteingelbe Augen und ein rot-weißes, einfarbig weißes oder rotes Fell. Diesen schlanken Hund mit dem besonders feinen Geruchssinn zählen einige Kenner zu den Windhunden, international wird er aber als Laufhund für Niederwild registriert.

Die Rasse ist im gesamten Balearenraum vertreten, vor allem aber auf den Baleareninseln Mallorca, Ibiza, Menorca und Formentera sowie in den Küstengebieten Kataloniens. In seiner Heimat wird er hauptsächlich für die Kaninchenjagd ohne Schußwaffe eingesetzt, und zwar bei Tag und bei Nacht. Auch in Gegenden mit üppiger Vegetation stöbert er Kaninchen rasch auf, denn er jagt mehr nach Nase und Ohr als mit den Augen – wie dies die Windhunde tun. Er ist sehr wendig und schnell und fängt das Wild rasch. Außerdem leistet er gute Arbeit bei Hasen- und Großwildjagden sowie als Meutehund. Als Haushund zeigt er Disziplin, Treue, Wachsamkeit und Kinderliebe.

6. Gruppe
Laufhunde für Niederwild

Zur Geschichte

Der Podenco Ibicenco ist wahrscheinlich Nachfahre der Pharaonenhunde, die möglicherweise die Phöniker, Karthager oder aber die Römer auf die Inseln mitgebracht haben. Es handelt sich also um einen Typus des primitiven und ländlichen Hundes, der eine der ältesten existierenden Rassen darstellt. Sie läßt sich nach Abbildungen in Pharaonengräbern und vielen Museumsstücken bis 3400 v. Chr. zurückverfolgen.

Standard

Allgemeine Erscheinung: elegant wie eine Gazelle, temperamentvoll wie ein Vollblut.
Größe: Rüde 66–72 cm; Hündin 60–67 cm.
Gewicht: im Standard nicht erwähnt.
Kopf: lang, schmal; wenig definierter Stop; schmale Stirn; fleischfarbene Nase; feine, anliegende Lefzen; Scherengebiß.
Augen: klein und schräg stehend, bernsteingelb bis karamel; sehr intelligenter Blick.
Ohren: immer steif, sehr beweglich, fein.

Hals: sehr trocken, muskulös, leicht gewölbt.
Körper: langer, flexibler Rücken; schmale, lange und tiefe Brust; aufgezogener Bauch.
Rute: lang und schlank, tief angesetzt.
Gliedmaßen: vordere gerade und eng stehend; hintere mit kräftigen, aber flachen Muskeln und bodennahen Sprunggelenken.
Pfoten: Hasenpfoten mit langen, straffen Zehen.
Haar: glatt, rauh oder lang.
Farbe: weiß-rot, einfarbig weiß oder rot.
Fehler: alle Merkmale, die das Blut eines anderen Windhundes anzeigen.

Ratschläge für die Haltung: Der Podenco ist sportlich und braucht viel Auslauf.

Porcelaine

6. Gruppe
Laufhunde für Niederwild

Diese herrliche Bracke mit dem sehr vornehmen Wesen verdankt ihren Namen ihrem feinen weißen Fell, das verschiedene Farbschattierungen aufweisen kann.

Der Porcelaine ist ein lebhafter, fröhlicher und sehr wendiger Hund, der trotz seines empfindlichen Aussehens sehr widerstandsfähig ist. Dieser begeisterte Jagdhund hat einen feinen Geruchssinn und ist in der Lage, lange Zeit sehr schnell zu laufen. Aufgrund seines energischen und ungestümen, jedoch nicht zu hitzigen Wesens ist er für die Hasen- und Rehjagd besonders geeignet; manche Jäger haben ihn aber auch schon mit Erfolg bei der Pirschjagd eingesetzt. Der Porcelaine ist leicht zu führen.

Zur Geschichte

Für die Schweizer stammt der Porcelaine vom Sankt-Hubertus-Hund ab, für die Franzosen von den Hunden der Abtei von Luxeuil. Er hat Ähnlichkeit mit dem weiß und orange gezeichneten Schweizer Laufhund. Ende des 19. Jahrhunderts wurde er mit dem Somerset Harrier und dem Gascon-Saintongeois wegen deren Schnelligkeit und Ausdauer gekreuzt. Heute ist die Rasse fast verschwunden.

Standard

Allgemeine Erscheinung: Die natürliche Vornehmheit des Hundes zeigt den Adel dieser Rasse.
Größe: Rüde 55–58 cm; Hündin 53–56 cm.
Gewicht: im Standard nicht erwähnt (etwa 28 kg).
Kopf: trocken und fein modelliert, eher länglich; breiter Oberkopf; rundliches Hinterhauptbein; flache Stirn; deutlicher Stop; gerader, am Ende leicht gebogener Nasenrücken; mittelgroßer Fang; tiefschwarzer Nasenschwamm; Nasenlöcher gut geöffnet; schwarze Lefzen.
Augen: dunkel und mittelgroß.
Ohren: fein und eher spitz, gut gedreht.
Hals: ziemlich lang und leicht; leichte Wamme.

Körper: mittelbreite, tiefe Brust; breiter, gerader und muskulöser Rücken; volle, leicht aufgezogene Flanken; breite, sehr muskulöse und gut angesetzte Lende.
Rute: mittellang, mit starkem Ansatz, zur Spitze hin breit und leicht gebogen getragen.
Gliedmaßen: vordere ziemlich lang und trocken, aber nicht zu dünn; hintere mit langen, muskulösen Keulen und tiefliegenden Sprunggelenken.
Pfoten: feine, gut geschlossene Zehen; harte Ballen.
Haar: kurz, dicht und glänzend.
Farbe: schneeweiß mit orangefarbenen Flecken.
Fehler: helle Augen oder Nase; rauhes, dickes Fell; leuchtend orangefarbene Flecken; Mantel; spitz zulaufende Rute.

Ratschläge für die Haltung: Bei diesem robusten Meutehund nur auf die Ohren achten.

Schweizerische Laufhunde

Alle schweizerischen Laufhunde für die Jagd auf Niederwild, mit Ausnahme des Brunos (Juralaufhund vom Typ Sankt Hubertus), haben, abgesehen von der Farbe und Art des Fells, die gleichen allgemeinen Kennzeichen. Im Gegensatz zu den französischen Laufhunden wurde bei ihnen nie englisches Blut eingekreuzt.

Sie sind ausgezeichnete Wildfinder, lebhaft, intelligent, kräftig, tapfer und ausdauernd. Sie haben sehr feine Nasen und sind voll Jagdeifer. Sie folgen einer Fährte mit Sicherheit, und ihr mächtiges, tiefes Gebell erleichtert es dem Jäger, ihnen zu folgen. Selbst in felsigem Gelände entwickeln sie eine beachtliche Sicherheit. Sie sind sehr ausdauernd und zeigen auch nach Stunden noch keine Müdigkeit.

Sie sind bestimmt schon seit undenklichen Zeiten in der Schweiz heimisch. Woher sie stammen, ist kaum mit Sicherheit festzustellen. Man nimmt im allgemeinen an, daß sie von den römischen Armeen in die Schweiz mitgebracht wurden und sich dort im Lauf der Zeit zu den verschiedenen Typen weiterentwickelt haben.

Seit dem 15. Jahrhundert verfügte die Schweiz über hochwertige Zuchten. Es gibt aus dieser Zeit Hinweise darauf, daß vor allem in den Bergen bei St. Gallen und in Graubünden eine Rasse von Laufhunden zu Hause war, die höchsten Ruf genoß, und zwar besonders in Italien, wo man von den einheimischen Rassen nicht mehr viel hielt. So besorgte sich die Mailänder Herzogsfamilie der Sforza seit 1472 Laufhunde bei Albrecht von Bonstetten, dem Diakon der Abtei Einsiedeln, und bei Jean Arnold Sägisser, dem Bürgermeister von Aarau. Am 15. April 1476 schrieb Mario Sforza an den Diakon: „... diese Spürhunde sind wirklich die besten für die Jagd ...“

Seit der zweiten Hälfte des 18. Jahrhunderts waren die schweizerischen Laufhunde auch in Frankreich sehr gesucht. 1750 schrieb der Marquis de Foudras ausführlich darüber in seiner Betrachtung über die zeitgenössische Hetzjagd *La Vénerie contemporaine.* Ludwig XV. interessierte sich daraufhin für die Hunde und wollte sich vom Herzog von Choiseul ein Paar besorgen lassen. Der Minister ließ aber eine ganze Meute von 60 Hunden kommen. Von da an wurde ihr Wert allgemein anerkannt.

6. Gruppe
Laufhunde für Niederwild

Zur Geschichte

Der canis intermedius, der vermutliche Ahne der Schweizer Laufhunde, existierte in Italien und Österreich seit dem Bronzezeitalter. Auf schweizerisches Gebiet muß er mit den Römern oder schon früher gekommen sein. Gefundene Schädel in den Resten von Pfahlbaudörfern und römische Mosaiken, insbesondere in Avenches (Aventicum), bezeugen jedenfalls ihren alten Ursprung, und ihr häufiges Erscheinen auf Jagdszenen im Mittelalter weist auf ständige Verwendung hin. Außerdem scheint die Zucht in der Schweiz nie unterbrochen worden zu sein. In Frankreich überlebte die Rasse die Revolution und hat sich dank der Bemühungen der Abteien in Cîteaux und Luxeuil ganz rein erhalten. Nach der Restauration gab es wieder Meuten schweizerischer Laufhunde. Gegen 1880 brachte eine in Zürich organisierte Hundeausstellung die Rasse wieder in Mode.

Der Juralaufhund vom Typ Sankt Hubertus

Man nennt ihn auch Aargauer oder Bruno de Jura. Mit seinem breiten Rücken, den äußerst kräftigen Gliedmaßen, dem massigen Kopf mit der faltigen Stirn und den dunklen melancholischen Augen erinnert der Bruno an seinen Vorfahren Sankt Hubertus. Er ist der schwerste aller schweizerischen Laufhunde.

Er hat eine erstaunlich mächtige und tiefe Stimme mit einem seltsam doppelten Klang, die jedoch ihre volle Kraft erst im Alter von drei bis vier Jahren erreicht. Wie die anderen schweizerischen Laufhunde ist er sehr alten Ursprungs.

So erscheint er bereits auf den Fresken im Frauenmünster von Zürich, die aus dem 12. Jahrhundert stammen, bei der Verfolgung von Hirschen, seinem bevorzugten Jagdwild. Aus einer Kreuzung des Sankt Hubertus mit den schweizerischen Laufhunden hervorgegangen, haben sich die Brunos durch allmähliche Zuchtwahl entwickelt. Die Rasse ist vor allem im Süden und Westen der Schweiz wie auch in den angrenzenden französischen Gebieten heimisch. Der Bruno ist ausdauernd, robust und unermüdlich bei der Arbeit und wird sehr häufig auch zur Jagd auf Rehböcke und Füchse verwendet.

Bruno (Juralaufhund vom Typ Sankt Hubertus)

Schweizer Laufhund

Standard

Allgemeine Erscheinung: mittelgroßer, wohlproportionierter, ziemlich langgestreckter Hund, der auf Kraft, Ausdauer und Adel gezüchtet ist. Alle Laufhunde schweizerischer Herkunft, mit Ausnahme des Brunos vom Typ Sankt Hubertus, haben die gleichen allgemeinen Charakteristika. Nur Farbe und Art der Haare unterscheiden die drei gegenwärtigen Varietäten: den Schweizer, den Luzerner und den Berner (siehe dort).
Größe: 42 cm, besser 45–50 cm.
Gewicht: 27–30 kg.
Kopf: trocken, lang, schmal und der Größe des Hundes entsprechend; Stirnabsatz angedeutet; Fang gestreckt, mit fein gezeichnetem und häufig leicht gewölbtem Nasenrücken; sehr kräftiges Zangen- und Scherengebiß; Nase schwarz.
Augen: möglichst dunkel; sanfter Blick.
Ohren: sehr tief und weit hinten angesetzt, schmal und weich, sehr lang und faltig herabhängend, am Ende gut gerundet.

Hals: ziemlich lang, kräftig, ohne beträchtliche Wamme.
Körper: tiefe Brust, nicht allzu breit, wenig gerundet; ziemlich langer, starker und gerader Rücken; feste und muskulöse Hüftpartie.
Rute: nicht allzu lang, waagrecht oder leicht gekrümmt getragen, aber nie im Bogen.
Gliedmaßen: vordere ganz gerade, mit kräftigen Knochen; hintere mit starken muskulösen Schenkeln und mit leicht gekrümmten Sprunggelenken; keine Afterklauen.
Pfoten: rund; Ballen derb und hart.
Haar: immer sehr dicht, kurz und hart; der Luzerner ist immer kurzhaarig.
Farbe: Der Luzerner und der Schweizer haben ein weißes Fell mit farbigen Flecken; beim ersteren sind sie orange und rot getüpfelt, beim zweiten dunkel oder schwarz mit grauen oder blauen Sprenkelungen. Bei den drahthaarigen Hunden sind alle Farben zugelassen, außer einheitliches Schwarz oder Schokoladebraun.
Fehler: geringelte Rute.

Ratschläge für die Haltung: Zur Jagdsaison muß man das Fell der Laufhunde kräftig und regelmäßig bürsten. Auch müssen ihre Ohren sorgfältig untersucht werden, um sicherzustellen, daß sie weder Verletzungen noch störende Haarbüschel in der Nähe des Gehörgangs haben. Diese kann man mit einer Pinzette zu entfernen versuchen. Wenn eine Entzündung vorliegt, sollte man den Tierarzt aufsuchen.

159

Basset Artésien-Normand

Wie sein englischer Vetter, der Basset Hound, dem er ähnelt, sieht der Basset Artésien-Normand mit seinem übermäßig langen, auf kurzen Läufen ruhenden Rumpf, den langen Behängen, der stets am Boden schnüffelnden Nase und dem sanften, nachdenklichen Blick eher spaßig aus. Aber man täusche sich nicht: Trotz des Eindrucks der Ausgeglichenheit, den er erweckt, ist er ein hervorragender Jagdhund.

Eigenartigerweise hat man in Ägypten ein Bild und eine Mumie eines Hundes vom Typ des Basset Artésien-Normand gefunden; beide stammen aus der Pharaonenzeit. Doch er scheint dort nur ein kurzes Gastspiel gegeben zu haben, denn für die folgenden Jahrtausende bleibt er verschwunden. Zwar erwähnt im 16. Jahrhundert der französische Jagdschriftsteller Du Fouilloux, der eine bemerkenswerte Abhandlung über die Parforcejagd verfaßte, die Existenz von Niederlaufhunden in Frankreich, doch erst im 19. Jahrhundert tauchten diese Hunde in größerer Anzahl wieder auf.

Der Basset Artésien-Normand für die Niederwildjagd ist ein sportlicher Hund mit kompaktem, kräftigem Körperbau. Er hat sehr viel Temperament und gilt als einer der intelligentesten Laufhunde. Er nimmt zwar kaum noch an Parforcejagden teil wie seine Vorfahren, leistet dafür aber bei der Pirschjagd auf Hase, Fuchs, Reh und Schwarzwild ausgezeichnete Dienste.

Hat er eine Fährte aufgenommen, wirkt er wie verwandelt: Er verliert seine ernste Miene und Gemessenheit, und sein Blick wird lebhaft, energisch, ja sogar fröhlich. Er ist der ideale Hund für die Jagd in schwer gangbarem Gelände, vorausgesetzt, es ist für seine kurzen Läufe nicht zu uneben. Er zwängt sich durch die dichtesten Gestrüpp und Dornenhecken und sticht so die großen, weniger behenden Hunde aus, die nicht überall einzudringen vermögen.

6. Gruppe
Laufhunde für Niederwild

Zur Geschichte

Die französischen Bassets entstanden durch sprunghafte Änderungen im Erbgut, die sich bei den großen Laufhunden vollzogen und Niederläufigkeit zur Folge hatten. Diese Charakteristik wurde dann von den Züchtern durch Auslese und Kreuzungen verstärkt, bis sie gefestigt war. Der im 19. Jahrhundert für die Jagd verwendete Basset Artésien-Normand entstammt der Kreuzung kräftiger Laufhunde, die seitdem verschwunden sind. Dabei handelte es sich zum einen um den schweren Basset Normand, den nach seinem Züchter benannten Basset Lane, und zum anderen um den leichteren Basset d'Artois, der nach seinem Züchter Basset le Coulteux genannt wurde. Nach dem Verschwinden dieser beiden Ursprungsrassen des Bassets Artésien-Normand wurde dieser 1938 offiziell als Rasse anerkannt und nach dem Zweiten Weltkrieg mit dem Basset Hound gekreuzt, um letzteren leichter zu machen.

Der Basset Artésien-Normand bellt weithin hörbar mit einer tiefen Stimme, die irgendwie gar nicht zu seiner kleinen Statur paßt. Beim Finden und Apportieren des Wilds erweist er sich als absolut fährtensicher. Für den Jäger, der nur einen oder zwei Hunde besitzt, ist er besonders wertvoll, da er wie ein Meutehund mit dem ihm beigestellten Artgenossen gut zusammenarbeitet. Diese Eigenschaften haben ihn weit über Frankreichs Grenzen hinaus bekannt gemacht. Die Engländer und Amerikaner schätzen ihn vor allem als Meutehund. Aber wegen seines unverwechselbaren Äußeren, seiner Verträglichkeit, Treue und Zuneigung zu seinem Herrn wird er immer mehr als Begleithund gehalten. Das ist keineswegs zu begrüßen, denn schließlich handelt es sich um einen Jagdhund, also einen Hund, der nicht für das Leben in einer Wohnung geschaffen ist. Er muß Gelegenheit finden, sich zu verausgaben, das bedeutet, man muß sich schon die Mühe machen, täglich ausgedehnte Spaziergänge mit ihm zu unternehmen.

Standard

Allgemeine Erscheinung: Der Basset Artésien-Normand ist ein edler Hund, sehr lang für seine Höhe, kräftig und in allen Teilen gut ausgewogen. Er zeigt ein gesetztes Wesen.
Größe: 26–36 cm.
Gewicht: im Standard nicht erwähnt (etwa 15 kg).
Kopf: mittelgroß; gewölbter Schädel, soll trocken wirken; die Backen werden von einer oder zwei Hautfalten gebildet; manchmal sichtbares Hinterhauptbein; deutlicher, aber nicht übermäßig ausgeprägter Stop; mittellanger, ziemlich breiter Nasenrücken; breiter, schwarzer Nasenschwamm mit gut geöffneten Nasenlöchern.
Augen: groß, dunkel; manchmal ist die Bindehaut des Unterlids sichtbar; ruhiger, nachdenklicher Blick.
Ohren: tief angesetzt, am Ansatz schmal, korkenzieherartig, spitz endend, lang und weich.
Hals: ziemlich lang, mit leichter Wamme.
Körper: Brust breit und gerundet; Brustbein vorstehend; Rücken stramm; Nierenpartie leicht gewölbt; Flanken tief und voll.
Rute: eher lang, kräftig an der Wurzel, oft säbelförmig, aber nie auf den Rücken fallend; Haar nicht länger als das des übrigen Körpers, keine Bürste.
Gliedmaßen: Vorderläufe kurz, kräftig, gedreht oder halb gedreht, nie nach vorn geknickt; gut bemuskelte Schenkel und starke, leicht gewinkelte Sprunggelenke an der Hinterhand.
Pfoten: gerade ausgestellt; Trittsiegel im Schnee oder auf weichem Boden wie die eines großen Hundes.
Haar: glatt, kurz und dicht, aber nicht zu fein.
Farbe: dreifarbig oder weiß und orange; der dreifarbige Hund hat größtenteils einen lohfarbenen Kopf und eine schwarze, hasen- oder dachsfarbene Decke oder ebensolche Flecken.
Fehler: flacher Kopf; breite Stirn; flache, dicke oder hoch angesetzte und breite Ohren; zu lange Rute; Rückbiß; gerade Läufe; schwarze Sprenkelung, durch die das Weiß des Haarkleids bläulich wirkt.

Ratschläge für die Haltung: Dieser robuste Hund ist leicht aufzuziehen. Die Behänge sind empfindlich: Ohrenschmalz oder Schorf (grau oder rötlich) kann den Gehörgang verstopfen. Wenn der Basset Artésien-Normand auf hartem Boden jagt, ohne daran gewöhnt zu sein, besteht die Gefahr, daß sich die Fußballen entzünden. Solche Entzündungen behandelt man mit zusammenziehenden und das Abschwellen fördernden Mitteln. Dabei sollte das Tier ruhen.

  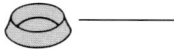

Die Niederläufigkeit

Die Basset-Rassen unterscheiden sich von den Hunden, aus denen sie gezüchtet wurden, nur durch ihre kurzen und manchmal gedrehten Läufe, der übrige Körper ist gleich. Manche Fachleute halten die Niederläufigkeit für eine Folge von Rachitis, andere meinen, daß es sich um eine erbliche Mißbildung handelt, die durch Mutation hervorgerufen wurde. Wie auch immer, die neuen Merkmale der Niederlaufhunde sind von den Züchtern gefestigt und noch verstärkt worden.

Die erhebliche Störung im Wachstum der Röhrenknochen, die schon im Mutterleib entsteht, nennt man Achondroplasie. Angeblich beruht sie auf einer übermäßigen Vermehrung der Wachstumsknorpelzellen an den Enden der Röhrenknochen. Dadurch wird deren Längenwachstum eingeschränkt – sie verdicken sich, und es kommt zu mehr oder weniger starken Deformationen. Damit die Niederläufigkeit erhalten bleibt, wird eine strenge Zuchtwahl vorgenommen. Sonst würden die Röhrenknochen wieder länger wachsen und die Hunde hochläufig werden.

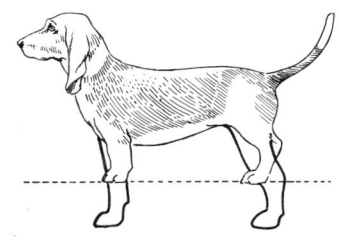

Ein geborener Jäger

Der Basset Artésien-Normand hat einen sehr starken Jagdinstinkt. Er ist bei jeder Art Wild fährtensicher, doch bei der schwierigen Verfolgung des Hasen erweist er sich als besonders flink. Er gilt als einer der besten Laufhunde. Die Jungtiere müssen nicht eigens für die Jagd ausgebildet werden. Man braucht sie nur in eine erfahrene Meute einzugliedern, dann folgen sie einfach dem Beispiel ihrer älteren Artgenossen. Die besten Tiere – diejenigen, die einen guten Spürsinn, Ausdauer, Schnelligkeit, Mut und Stimme besitzen – werden sehr bald auffallen.

Basenji

Der Basenji ist ein ganz besonderer Hund: Er bellt nicht, ist jedoch auch nicht stumm. Er erzeugt ein eigenartiges Geräusch – eine Mischung aus Lachen und Jodeln. Charakteristisch für ihn sind außerdem der stolz getragene Kopf mit Spitzohren und die gerunzelte Stirn, die auf der Kruppe schräg aufliegende Rute und der schnelle, ausgreifende, unermüdliche, federnde Schritt. Als weitere Eigenart gilt seine peinliche Sauberkeit; er pflegt sich wie eine Katze.

Seine „Gespräche" unterstreicht dieser selbstbewußte, charmante Hund durch fröhliches Schwanzwedeln. Wenn etwas seine Aufmerksamkeit erregt – was ständig geschieht –, spitzt er sofort die Ohren und kraust die Stirn. Das verleiht seinem Gesicht einen verwunderten Ausdruck von unwiderstehlicher Komik.

Der Basenji ist seit Jahrhunderten in Zentralafrika bekannt und beliebt und stellt, das ist sicher, eine sehr alte Rasse dar. Hunde dieser Art wurden offenbar in Ägypten für die Niederwildjagd ausgebildet. Mit einer Holzglocke um den Hals trieben sie das Wild in aufgespannte Netze. In Gräbern aus der Zeit um 3600 v. Chr. hat man Darstellungen eines Tiers gefunden, das dem heutigen Basenji erstaunlich ähnelt. Die Archäologen nennen ihn übrigens Cheops-Hund nach dem Pharao, der die Pyramiden von Gise erbaute. Mehr war über ihn nicht bekannt, bis der deutsche Afrikaforscher Dr. Georg Schweinfurth 1869 in einem damals noch wenig bekannten Gebiet zwischen Sudan und Kongo Basenjis sah.

Die Eingeborenen, die ihn mit großer Sorgfalt aufziehen, verwenden ihn als Spürhund im Busch und als Bewacher ihrer Dörfer und Lager. Da er einen sehr guten Geruchssinn besitzt, wird er auch hier für die Jagd benutzt.

Der ruhige, anhängliche, intelligente Basenji eignet sich auch gut als Familienhund. Obwohl mitunter durchaus eigenwillig, gehorcht er im allgemeinen seinem Herrn, schon allein, um ihn „um die Pfote zu wickeln".

Er ist in Zentralafrika inzwischen fast ausgestorben, in Großbritannien und in den USA erfreut er sich als Begleithund großer Beliebtheit.

---

6. Gruppe
Laufhunde für Niederwild

Zur Geschichte

Als in den zwanziger Jahren Mrs. Olivia Burn, die Frau eines englischen Kolonialbeamten im Kongo (der heutigen République du Zaïre), ihren Gatten auf seinen Reisen begleitete, fielen ihr die Hunde der Buschmänner besonders auf. Als passionierte Pferde- und Hundekennerin kaufte sie alsbald den Zwergmännern eine Meute dieser Hunde ab und züchtete sie in England (1936/1937) sehr erfolgreich. Sie war es auch, die aus der Rikongo-lingua-franca der Eingeborenen den Namen „das kleine Bush-Ding" auf Basenji abwandelte und international einführte. Der Basenji wurde allein durch Zuchtwahl veredelt. Miss Veronica Tudor Williams hat mit Fula, die sie 1959 aus dem Kongo mitbrachte, die Basenji-Zucht in England erweitert. Der amerikanische Basenji-Club wurde 1941 gegründet.

Standard

Allgemeine Erscheinung: ziemlich hochläufiger, geschmeidiger, aufgeweckter Hund mit schöner Kopfhaltung.
Größe: Rüde etwa 43 cm; Hündin etwa 40 cm.
Gewicht: Rüde etwa 11 kg; Hündin etwa 10 kg.
Kopf: mittelbreit, ab den Augen schmäler; hoch getragener flacher Schädel; der von den Augen zur Nase konisch verlaufende Fang ist kürzer als der Schädel; Scherengebiß; Nasenschwamm vorzugsweise schwarz, ganz leichtes Rosa ist erlaubt.
Augen: klein, mandelförmig, schräg angeordnet, dunkelbraun.
Ohren: klein, spitz, leicht nach vorn geneigt, hoch angesetzt und von feiner Struktur.
Hals: kräftig und gut lang, ohne dabei dick zu sein, gewölbt und kräftig am Ansatz, mit anmutiger Biegung.
Körper: schräge, gut am Körper anliegende Schultern; mittelbreite, tiefe Brust; gut gewölbte Rippen; tiefer, ovaler Brustkorb; gerader Rücken; kurze, taillenartig abgesetzte Lendenpartie.
Rute: hoch angesetzt, ein- bis zweimal gerollt.
Gliedmaßen: Vorderläufe gerade, mit gut sichtbaren Sehnen und eher geradem Mittelfuß; Hinterläufe kräftig und gut bemuskelt, lange Oberschenkel, tiefsitzende, gerade Sprunggelenke.
Pfoten: schmal und fest; gut gebogene Zehen.
Haar: kurz und seidig; elastische Haut.
Farbe: fuchsrot, rein schwarz oder schwarz und lohfarben; Füße, Brust und Schwanzspitze immer weiß; Bein, Hals und eine Blesse am Vorderkopf können ebenfalls weiß sein.
Fehler: Cremefarbene Tiere sind von Wettbewerben und von der Zucht ausgeschlossen.

Ratschläge für die Haltung: Man bürstet ihn mit einer halbweichen Bürste. Damit sein Fell glänzt, reibt man ihn täglich mit einem Roßhaarhandschuh.

Berner Laufhund

Dieser ansprechende Hund, dessen schlanker, langgestreckter Körper Kraft und Ausdauer verrät, hat einen edlen, schmalen, gut geschnittenen Kopf und lange, in Falten gelegte Behänge.

Er verfügt über einen ausgezeichneten Spürsinn sowie eine gewaltige Stimme und ist ein ausgezeichneter Wildfinder, der zuverlässig auf der Fährte bleibt und den auch ein schwieriges Gelände nicht abschrecken kann. Er wird besonders gern bei der Hasenjagd eingesetzt, für die er sich hervorragend eignet.

Der Berner Laufhund gehört der Gruppe der Schweizer Laufhunde an, zu der auch der Schweizer und der Luzerner Laufhund zählen, von denen er sich nur durch die Farbe und Beschaffenheit seines Haarkleids unterscheidet: Das seine ist weiß, schwarz und braun oder rostrot.

6. Gruppe
Laufhunde für Niederwild

Zur Geschichte

Die französischen und Schweizer Laufhunde sind zwei sehr alte Rassen. Sie existierten in beiden Ländern bereits zur Zeit der Kelten und Gallier. Aber im Gegensatz zu den französischen Laufhunden sind ihre Schweizer Verwandten nicht mit englischen Hunden gekreuzt worden. Sie wurden vor allem für den Einsatz im Gebirge gezüchtet.

Standard

Allgemeine Erscheinung: sehr robuster, mittelgroßer Hund von langgestrecktem Format.
Größe: 45–50 cm.
Gewicht: im Standard nicht erwähnt (27–30 kg).
Kopf: trocken, lang, schmal; ausgeprägter Stop; fast keine Lefzen; sehr starke Kiefer; Scherengebiß; große schwarze Nase; gut geöffnete Nasenlöcher; langer Fang.
Augen: möglichst dunkel; sanfter Ausdruck.
Ohren: tief und hinten angesetzt, weich.
Hals: ziemlich lang, kräftig, ohne Wamme.
Körper: tiefe Brust, weder zu breit noch zu stark abgerundet; langer, gerader, strammer Rücken; kompakte, gut bemuskelte Nierenpartie; lange, schräggestellte Schultern.
Rute: nicht zu lang, waagrecht gestreckt oder ein wenig gebogen, aber nie geringelt getragen.
Gliedmaßen: Vorderläufe ganz gerade, trocken, stämmig; Hinterläufe gut bemuskelt, mit leicht gewinkelten Sprunggelenken.
Pfoten: rundlich, mit harten Ballen.
Haar: sehr dicht.
Farbe: Grundfarbe Weiß mit großen schwarzen Platten und einzelnen schwarzen Tupfen; braune Abzeichen über den Augen, an den Backen, auf der Innenseite des Behangs und am Ansatz der Rute.
Fehler: alle Abweichungen vom Standard.

Ratschläge für die Haltung: Dieser sportliche Hund ist nicht für das Leben in einer Wohnung geeignet. Er ist wohl sehr robust und wird kaum jemals krank; man muß jedoch seine Ohren überwachen und regelmäßig säubern. Sein kurzes Haar benötigt praktisch keine Pflege. Nur wenn er sehr schmutzig ist, muß er gebürstet werden.

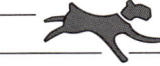  

Bayerischer Gebirgsschweißhund

Der Bayerische Gebirgsschweißhund ist ein leichter, sehr muskulöser Hund, der ausschließlich auf die Nachsuche von Rot-, Dam-, Schwarz-, Rehwild und Gams spezialisiert ist, d. h., er muß geschossenes oder angeschossenes Wild finden, und zwar auch im wildesten Gebirgsgelände.

Er ist wetterfest – auch große Kälte und tiefe Schneelagen machen ihm nichts aus –, ausdauernd und läßt sich auf der Fährtensuche weder von Wasserläufen noch von Felswänden abhalten. Dabei kann es durchaus vorkommen, daß sein Führer ihm kaum mehr zu folgen vermag. Seinem Herrn ist er unverbrüchlich treu ergeben, er fordert von ihm aber sehr viel Fingerspitzengefühl. Wenn er richtig ausgebildet und mit viel Verständnis gehalten wird, setzt er sich bis zur Selbstaufgabe ein. Ein Jäger, der seinen Hund aus Versehen samt Riemen auf einer Fährte durchgehen ließ, fand ihn nach zwei Tagen eingeschneit in einem Gebüsch, in dem sich der Riemen verfangen hatte. Der Hund hatte den Riemen nicht durchgebissen und sich befreit, da ihm der festliegende Riemen als Zeichen galt, auf seinen Herrn zu warten.

Zur Geschichte

In der zweiten Hälfte des 19. Jahrhunderts ging man in den Hochgebirgsregionen von den Großjagden mit vielen Treibern und Hetzhunden immer mehr auf die Einzeljagd mit Pirsch und Ansitz über. Dafür eigneten sich die temperamentvollen und leichtfüßigen Bracken nicht in gewünschter Weise, und der ruhige, suchfeste Hannoversche Schweißhund war für das schwierige Gebirgsgelände zu schwer. Man kreuzte daher Bracke und Hannoveraner und erhielt so den Bayerischen Gebirgsschweißhund, der die Suchfestigkeit des Hannoveraners und die Leichtigkeit und Hetzfreude der Bracken aufwies. Der Klub für Bayerische Gebirgsschweißhunde wurde 1912 gegründet; der Standard besteht seit 1883.

Standard

Allgemeine Erscheinung: sehr beweglicher, muskulöser Hund mit etwas langgestrecktem Körper.
Größe: Rüde 48–50 cm; Hündin bis 45 cm.
Gewicht: im Standard nicht erwähnt.
Kopf: Oberkopf verhältnismäßig breit, flach gewölbt, nicht zu schwer; Fang nicht zu lang und nicht zu spitz; Nase schwarz, auch dunkelrot.
Augen: klar, dunkelbraun, auch etwas heller.
Ohren: schwer, hoch und breit angesetzt, ohne Drehung an den Kopfseiten herabhängend.
Hals: mittellang, kräftig.
Körper: Rücken nicht zu kurz, aber kräftig; Nierenpartie breit, bemuskelt, leicht gewölbt;

Kruppe lang, flach zur Rute verlaufend; Brust nicht zu breit; Bauch hinten leicht aufgezogen.
Rute: hoch angesetzt und horizontal oder leicht schräg abwärts getragen.
Gliedmaßen: vordere starkknochig, von vorn gesehen gerade, stark bemuskelt; hintere mit breiten und langen Keulen, von hinten gesehen parallel zueinander stehend.
Pfoten: gut gewölbt, mit widerstandsfähigen Ballen und geschlossenen Zehen.
Haar: dicht, mäßig rauh, mit wenig Glanz.
Farbe: tiefrot, hirschrot, rotbraun, rotgelb, fahlgelb bis semmelfarben, rotgrau.
Fehler: kurz zusammengeschobene Figur; zu hohe oder zu niedrige Läufe; zu schwache, leichte Knochen; Mangel an Muskulatur.

Ratschläge für die Haltung: Der Hund gehört in die Hand eines erfahrenen Jägers.

Sauerländer Brackenschläge

Die Bracken sind die älteste bekannte Jagdhundrasse in Deutschland – unsere Vorfahren haben sie schon in germanischer Zeit als Jagdhunde geführt.

Die Rasse verbreitete sich später auch außerhalb ihres Heimatlandes, besonders in Skandinavien und im Alpenraum; aber auch bis nach Übersee wurde sie gebracht.

Die Bracken sind Jagdhunde, die einen besonders starken Bewegungsdrang haben. Nur wenn dieses Bedürfnis befriedigt wird, bleiben sie ausgeglichen und gesund.

Da die Bracken mit einem ausgeprägten Jagdtrieb ausgestattet sind, gehören sie nach Möglichkeit in die Hand eines Jägers. Als Jagdgebrauchshunde für die Waldarbeit werden die Bracken vornehmlich zur „Lauten Jagd" auf Hase, Fuchs und Sau verwendet. Sie eignen sich wegen ihres unermüdlichen Spürwillens, ihrer hervorragenden Spürsicherheit und wegen ihres lockeren Spurlaufs besonders zum Einsatz in Bergrevieren mit zusammenhängenden Waldungen und undurchdringlichen Dickungen.

Je nach jagdlicher Verwendung leistet die Bracke auch vorzügliche Arbeit bei der Nachsuche auf Schalenwild, und in Hochwildrevieren wird sie vorwiegend als Schweißhund geführt.

Unzutreffenderweise werden Bracken auch heute noch bisweilen als Hetzhunde bezeichnet; doch Bracken werden ganz anders geführt und eingesetzt.

Die Bracke jagt ruhig, fährtenlaut und bringt das Wild nicht in Gefahr. Wie alle spurlauten Hunde gewährt sie dem verfolgten Wild eben durch das Bellen auf der Fährte einen recht großen Vorsprung, denn das Wild kennt den Abstand des jagenden Hundes und vermag daher Fluchtweg und Fluchtgeschwindigkeit entsprechend einzurichten.

Stummjagende und sichtlaute Hunde, die also bellen, wenn sie das Wild sehen, machen dies „kopflos", veranlassen es zu panikartigen Reaktionen; solche Hunde sind daher weit gefährlicher als spurlaute Bracken.

Die Bracken sind feinfühlige Hunde und brauchen einen engen und häufigen Kontakt mit dem Hundeführer. Obwohl als Jagdhunde vornehmlich für die Zwingerhaltung geeignet, kann man sie durchaus auch im Haus halten, denn sie sind sauber, treu, wachsam und kinderlieb.

Zur Geschichte

Neben den beschriebenen Sauerländer Brackenschlägen gibt es verschiedene Varianten: Brandl-, Steirische Rauhhaar- und Tiroler sowie Alpenländische Dachsbracken. Die heutigen Brackenschläge sind überwiegend aus Selektionen entstanden. Alle Bracken ähneln sich im äußeren Erscheinungsbild. Der langgestreckte Kopf mit den langen, breit angesetzten, runden Behängen ist das typische Erkennungszeichen der Bracken. Was die Hunde der verschiedenen Zuchtrichtungen voneinander trennt, ist im wesentlichen – neben der Größe – die Farbe. Die bunte Farbe der Sauerländer Brackenschläge ist nicht willkürlich vorhanden, sondern absichtlich herangezüchtet worden; sie dient dazu, die Hunde während der Suchjagd im dichten Unterholz vor einer Verwechslung mit dem Wild zu bewahren. Die Schwarzfärbung der vorwiegend im Hochgebirge eingesetzten Brandlbracke soll beispielsweise den Hund deutlich von der Schneelandschaft abheben.

Zuchtanforderungen

Die Sauerländer Brackenschläge werden züchterisch allein vom Deutschen Bracken-Club e.V. (DBC) mit Sitz in Olpe in Westfalen betreut.

Das Zuchtziel des Clubs ist die Reinerhaltung und Förderung von Hunden, die den Rassemerkmalen der genannten Schläge entsprechen und als Jagdgebrauchshunde geeignet sind; dies wird nach den Grundsätzen einer auslesenden Leistungszucht gewährleistet.

Von ausschlaggebender Bedeutung für die Zucht sind die genetisch bedingten Eigenschaften des Hundes. Hinzu kommt, daß bei der Zuchtzulassung in erster Linie die gezeigte Leistung des Hundes entscheidend ist; nur bei gleichwertigen Tieren wird das schönere bevorzugt.

Nur reinrassige und in das Zuchtbuch des DBC eingetragene, völlig gesunde, wesensstarke und Hunde in guter körperlicher Verfassung, die frei von Gebißanomalien sind und das erforderliche Mindestalter aufweisen, dürfen zur Zucht verwendet werden.

Die Einzelanforderungen ergeben sich aus der Zuchtordnung des Clubs. Danach wird die Zuchteignung nur einem Hund, der die Anlagenprüfung oder die Gebrauchsprüfung – in Verbindung mit einer Schauwertung – erfolgreich abgelegt hat, zuerkannt.

Deutsche Bracke

6. Gruppe
Laufhunde für Niederwild

Sauerländer Dachsbracke

Standard

Allgemeine Erscheinung: Die Deutsche Bracke ist ein leichter, hochstehender, eleganter, doch kräftig gebauter Jagdhund.

Für die Sauerländer Dachsbracke gelten ganz ähnliche Merkmale wie für die Deutsche Bracke; sie ist jedoch – bei einer Schulterhöhe von etwa 30–35 cm – niederläufiger, mit stärkerer Muskulatur ausgestattet und wirkt in der Gesamterscheinung etwas gedrungener. Alle Farben der Deutschen Bracke – mit mehr oder weniger Weiß – sind zulässig.

Größe: 35–45 cm.

Gewicht: im Standard nicht erwähnt (15–25 kg).

Kopf: schmal und langgestreckt; Oberkopf leicht gewölbt; Stirnabsatz gering; Nasenrücken fast gerade; fast fleischfarben pigmentierte Nasenkuppe; Lippen mäßig überfallend; Mundfalte klein; Kopflänge etwa 21 cm; Gebiß äußerst kräftig und regelmäßig.

Augen: klar, hell, mit freundlichem Ausdruck.

Ohren: etwa 14 cm lang und 9 cm breit, gut anliegend, unten abgerundet, hängend.

Hals: mäßig lang und im Verhältnis zum Kopf ziemlich stark.

Körper: Brust tief, bis unter die Ellbogen reichend, flach gewölbt mit langem Rippenkorb; Rücken nur ganz leicht gewölbt; Kruppe leicht abgeschlagen.

Rute: lang, buschig und stark behaart, etwas bürstig, leicht hängend getragen.

Gliedmaßen: vordere hoch und fast gerade, feinknochig; hintere lang und nicht sehr breit, gut gewinkelt.

Pfoten: derb; gut geschlossene Zehen; Ballen groß und fest.

Haar: für einen kurzhaarigen Hund eher lang, sehr dicht, hart, fast stockig und auch die Bauchseite dicht und gut behaart.

Farbe: dreifarbig – rot bis gelb mit schwarzem Sattel und den weißen Brackenabzeichen, nämlich durchgehende Blässe, weißer Fang mit Halsring, weiße Brust sowie weiße Läufe und Rutenspitze.

Fehler: Teckelkopf; langgestreckter, niedriger Körperbau; spitzer, faltiger und kurzer Behang; krumme und schlechte Läufe.

Ratschläge für die Haltung: Da die Bracken sehr sensibel sind, muß man sich viel mit ihnen beschäftigen und sie die Zuneigung spüren lassen. Sie werden als Jagdhunde normalerweise im Zwinger gehalten, doch eignen sie sich durchaus als Hausgenossen. Der Pflegeaufwand ist relativ gering: Es genügt, wenn man sie bürstet und ein- bis zweimal im Jahr badet. Wichtig ist, daß die Hunde täglich Auslauf haben.

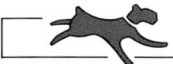  

Deutscher Wachtelhund

6. Gruppe
Laufhunde für
Niederwild

Der Deutsche Wachtelhund ist ein vielseitig verwendbarer kleiner Jagdhund. Als Stöberhund muß er das Wild im Dickicht auffinden und lauthals verfolgen, bis es den Jägern zu Gesicht kommt, die das Treiben umstellt haben. Wird dabei ein Hase geschossen, so soll er ihn seinem Herrn zutragen, wie auch alles andere Wild, das er apportieren kann.

Während die Jäger in Schwarzwildrevieren den Wachtel nach seiner Leistung bei der winterlichen Saujagd einschätzen, wird er in anderen Gegenden nach seiner Fähigkeit im Aufstöbern und Jagen des Hasen beurteilt. Allgemein aber ist es die Aufgabe des Hundes, beschossenes Wild aufzufinden, das nicht vor den Augen des Jägers verendet. Das kann oft recht schwierig werden, wenn das kranke Stück erst am nächsten Tag nachgesucht werden kann und bei einer nicht tödlichen Verletzung sehr weit durch Dornen und Dickicht gezogen ist. Seine Jagdpassion beweist der Wachtelhund auch bei der Wasserjagd. Unermüdlich stöbert er im Schilf, selbst an kalten Herbst- und Wintertagen.

Obwohl ein liebenswürdiger Hausgenosse, ist er wegen seiner ausgeprägten Jagdpassion und mangelhaften Wachsamkeit als Liebhaberhund kaum geeignet.

Zur Geschichte

Mit der planmäßigen Zucht begann man zwar erst um die Jahrhundertwende, doch war er seit alters in Deutschland bekannt. Schon im frühen Mittelalter gab es den „Hapihhunt", der als Stöberer bei der Jagd mit Falken und Habicht diente und schon in den Gesetzen der Friesen (um 802) erwähnt wurde. Die Bezeichnung Wachtelhund kommt erstmals in Grimmelshausens Roman „Der Abentheuerliche Simplicissimus Teutsch" vor: „Sie waren mir … gehorsam wie die Wachtelhunde", sagt sein Held von seinen Gesellen. Auch auf Bildern niederländischer Maler des 17. Jahrhunderts sind kleine Jagdhunde abgebildet, die als Wachtelhunde gelten können. Anfang des 18. Jahrhunderts wurde der Wachtel im „Vollkommenen teutschen Jäger" als Deutscher Stöber bezeichnet. 1903 wurde der Verein für Deutsche Wachtelhunde e.V. gegründet.

Standard

Allgemeine Erscheinung: derbknochiger und muskulöser Hund mit langen Linien.
Größe: Rüde 48–54 cm; Hündin 45–51 cm.
Gewicht: im Standard nicht erwähnt.
Kopf: Schädel und Fang etwa gleich lang; Stirnabsatz fast unmerklich; Fang lang, kräftig, Nase braun, groß, mit weiten Nüstern; Gebiß kräftig.
Augen: möglichst dunkelbraun, ausdrucksvoll.
Ohren: hoch und breit angesetzt, flach, ohne Drehung herabhängend.
Hals: kräftig, aber edel, ohne Wamme.

Körper: Widerrist hoch und lang; Nierenpartie breit und gut bemuskelt, leicht gewölbt; Bauch und Flanken nach hinten mäßig aufgezogen.
Rute: hoch angesetzt, mäßig gestutzt.
Gliedmaßen: Vorderläufe gerade, stramm, kräftig, senkrecht zur Erde stehend; Hinterläufe mit gut gewinkelten, kräftigen Sprunggelenken.
Pfoten: löffelförmig.
Haar: kräftig, dicht, wellig oder flach.
Farbe: dunkelbraun, auch mit weißen Abzeichen und Braunschimmel sowie Braun-Weiß-Schecken.
Fehler: ausgeprägter Stop; schwarze Farbe.

Ratschläge für die Haltung: Der Hund braucht einen erfahrenen Führer.

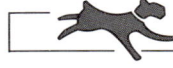  

Vizsla

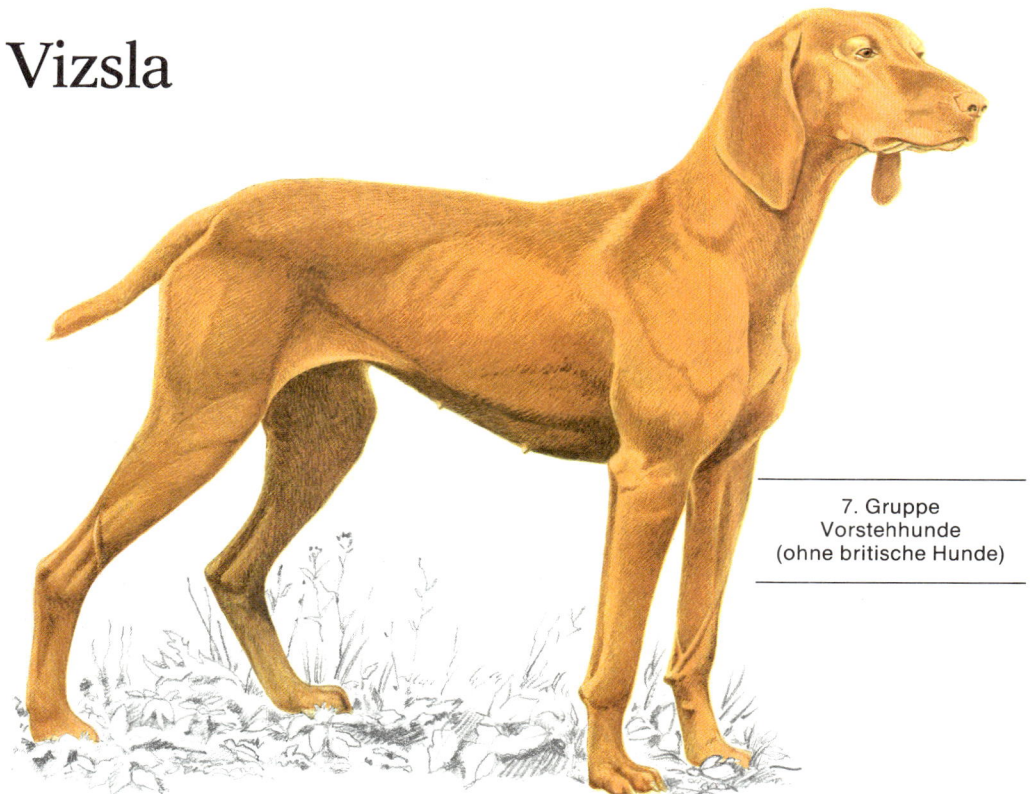

7. Gruppe
Vorstehhunde
(ohne britische Hunde)

Dieser in Ungarn, seinem Herkunftsland, sehr populäre Vorstehhund hat seine Liebhaber in ganz Europa gefunden. Darüber hinaus geht er seinen Weg in alle Erdteile. So gibt es in den USA 21 Vizslaclubs. Er besitzt einen ausgeprägten Spürsinn, ist wesensfest, sensibel gegen grobe Behandlung, mit Konsequenz leicht auszubilden und arbeitet ruhig auf der Jagd in jedem Gelände, auch im Wasser. Im Körperbau ähnelt er dem Deutsch-Kurzhaar, besitzt aber im Gegensatz zu diesem einfarbig rötlichgelbes (rostfarbig) harsches Haar. Es gibt zwei Schläge: den häufigeren kurzhaarigen Rövidszörü Vizsla und den in den dreißiger Jahren über die Einkreuzung des Deutsch-Drahthaars geschaffenen Drötszörü Vizsla.

Zur Geschichte

Die Rasse soll im 18. Jahrhundert entstanden sein, und zwar aus der pannonischen Bracke, dem gelben türkischen Vorstehhund, doch auch der Sloughi soll nach Meinung einiger Fachleute Blut geliefert haben. Gegen Ende des 19. Jahrhunderts wurde die Rasse durch Einkreuzung des Pointers, des Hannoverschen Schweißhundes und des Deutsch-Kurzhaars den neueren Erfordernissen des europäischen Jagdbetriebs angepaßt.

Standard

Allgemeine Erscheinung: kräftiger Mittelschlag.
Größe: Kurzhaar 52–65 cm; Drahthaar 51–65 cm.
Gewicht: im Standard nicht erwähnt (22–30 kg).
Kopf: trocken, edel und gut proportioniert; mäßig breiter, leicht gewölbter Schädel mit mäßigem Stop; gerader Nasenrücken; weite Nasenlöcher.
Augen: etwas dunkler als die Haarfarbe.
Ohren: V-förmig, flach liegend.
Hals: mittellang, muskulös und leicht gebogen.
Körper: tiefe, nicht zu breite Brust; markanter Widerrist; gerader Rücken; feste Lendenpartie.
Rute: etwas niedrig angesetzt, um ¼ gekürzt, waagrecht, mit leichter Aufkrümmung am Ende getragen.
Gliedmaßen: gerade Vorderläufe; gut bemuskelte, mäßig gewinkelte Hinterläufe mit etwas tiefliegenden Sprunggelenken.
Pfoten: leicht oval, mit starken, gut gewölbten, fest geschlossenen Zehen und Krallen.
Haar: kurz und dicht anliegend sowie schön glänzend beim Kurzhaar und gerade und rauh beim Drahthaar.
Farbe: Sandgelb in verschiedenen Nuancen, kleine weiße Flecken an Brust und Pfoten sind erlaubt.
Fehler: Afterkrallen; Wamme.

Ratschläge für die Haltung: Beide Vizsla-Arten sind leicht in der Wohnung und im Familienkreis zu halten. Sie brauchen viel Bewegung. Beim Kurzhaar beschränkt sich die Fellpflege auf die Zeit des Haaraustausches; das Drahthaar wird zweimal wöchentlich mit einer Gumminoppenbürste gebürstet.

Braque Saint-Germain

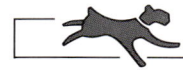

7. Gruppe
Vorstehhunde
(ohne britische Hunde)

Sie ist die eleganteste unter den französischen Bracken und ähnelt im Aussehen und in ihren Jagdeigenschaften dem Pointer. Trotz ihrer unbestreitbaren Qualitäten – man kann sie auf Fasane ebenso ansetzen wie auf Kaninchen – ist sie aber nicht einmal in Frankreich sehr verbreitet. Man benutzt sie sogar zum Aufspüren von Großwild. Die Saint-Germain-Bracke eignet sich generell für jedes Gelände, zeigt sich aber im Wald ausdauernder als im Sumpfgebiet. Sie arbeitet sehr gründlich, ohne sich weit vom Jäger zu entfernen, steht gut vor und ist bringfreudig. Die Ausbildung dieses intelligenten, ruhigen und gelehrigen Hundes ist unproblematisch. Er hängt sehr an seinen Haltern.

Zur Geschichte

Im Jahr 1830 ließ der französische Baron Larminat, der damals Forstaufseher im Wald von Compiègne war, eine Pointerhündin von einem prachtvollen französischen Brakenrüden decken. Die Jungen dieser beiden Hunde wurden in den Wald von Saint-Germain gebracht, wo sie aufwuchsen. Daher nannte man diese schönen Hunde und ihre Nachkommen Saint-Germain-Bracken.

Standard

Allgemeine Erscheinung: eleganter, gut proportionierter Hund.
Größe und Gewicht: 56–62 cm und 20–25 kg.
Kopf: leicht gewölbter Schädel; Stop kaum ausgeprägt; Nasenrücken gerade oder leicht konvex.
Augen: goldgelb; offener, gutmütiger Blick.
Ohren: in Augenhöhe angesetzt, etwas abgesetzt vom Kopf getragen, weich.
Hals: stark und muskulös, leichte Wamme.

Körper: breite, tiefe Brust; lange Rippen; kurze Nierenpartie; leicht abfallende Kruppe; etwas vorstehendes Gesäß; lange Schultern.
Rute: unterhalb der Lendenlinie angesetzt; am Ansatz stärker; nicht kupiert.
Gliedmaßen: gerade, kräftige Vorderläufe; muskulöse Keulen an den Hinterläufen.
Pfoten: länglich; geschlossene Zehen.
Haar: fein, kurz.
Farbe: mattweiß mit orangefarbenen Abzeichen.
Fehler: Abweichungen vom Standard.

Ratschläge für die Haltung: Das Wachstum dieses Hundes bringt keine Probleme mit sich und erfordert keine besonderen Maßnahmen, außer Kalziumgaben bis zum sechsten oder siebten Monat. Sein Futter soll Frischgemüse und ein wenig Pflanzenöl enthalten. Das Fell ein- bis zweimal wöchentlich bürsten.

Bracco Italiano

Die edle Italienische Bracke, wie ihre Bewunderer sie manchmal nennen, blickt auf eine lange, ruhmreiche Vergangenheit zurück. Dieser Hund existiert, seit der Mensch jagt. Wie die von Gaston Phébus beschriebenen Vogelhunde half er im Mittelalter bei der Jagd mit dem Fangnetz und später bei der Falkenjagd. Alle Adligen und alle Herrscher Europas, Ludwig XII., dann Karl V. und Franz I., schwärmten für ihn. Dieser großartige Jagdhund hat inzwischen aber gegenüber den ausländischen Vorstehhunden, an deren Entstehung er beteiligt war, an Bedeutung eingebüßt.

Zur Geschichte

Seine Spuren sind bis in das 5. Jahrhundert v. Chr. zurückzuverfolgen. Er ist der Stammvater aller europäischen Bracken. Im Lauf der Jahrhunderte hat sich seine Gestalt verändert, und es entwickelten sich zwei Schläge: die Große Bracke und die Leichte Bracke, die seit 1926 als eine Rasse gelten. Im Standard werden ihre unterschiedlichen Farben als gleichberechtigt anerkannt.

Standard

Allgemeine Erscheinung: robuster, harmonisch gebauter, kräftig wirkender Hund mit ernstem Gesichtsausdruck und sanftem Blick.
Größe und Gewicht: 55–67 cm und 25–40 kg.
Kopf: eckig, trocken; gerader oder leicht gewölbter Nasenrücken; rosa oder kastanienbraune Nase; Hängelefzen.
Augen: gelb oder ocker.
Ohren: hinten angesetzt, gut entwickelt, hängend, weichhäutig und gefaltet.

Hals: kräftig, ziemlich kurz, mit Wamme.
Körper: tiefe Brust; gewölbte Rippen; sichtbarer Widerrist; breiter, muskulöser Rücken; kurze, abfallende Kruppe.
Rute: kupiert; kräftig im Ansatz.
Gliedmaßen: vordere gerade; hintere muskulös, lange Oberschenkel, Afterkrallen.
Pfoten: dick, rund, mit starken Krallen.
Haar: kurz, glänzend.
Farbe: cremeweiß oder weiß mit orange- bzw. bernsteinfarbenen oder mittelbraunen Flecken.
Fehler: Farben Schwarz, Rot oder Braun.

Ratschläge für die Haltung: Der Bracco Italiano sollte möglichst im Zwinger gehalten werden. Der Hund eignet sich für alle Jagdzwecke. Die Große Bracke füttert man reichlich, die Leichte Bracke weniger. Regelmäßig die Ohren kontrollieren, die länger und empfindlicher sind als bei den anderen Brackenarten.

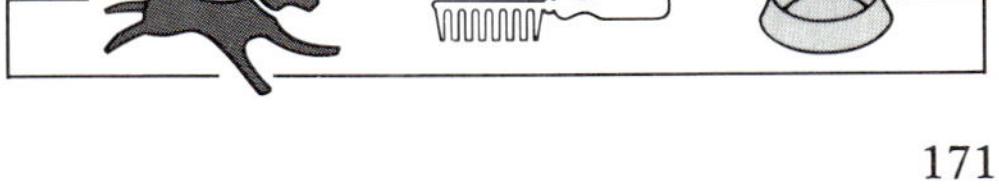

Korthals-Griffon

Der ausdrucksvolle Blick des Korthals-Griffons läßt den ganzen guten Willen und die Treue erkennen, derer dieser Hund fähig ist. Er ist energisch, zäh, widerstandsfähig, wenig empfindlich für Witterungsunbilden, mutig und sehr unternehmungslustig.

Dieser so vielseitig begabte Hund zeichnet sich bei Jagden aller Art aus, so daß man ihn als Universalhund bezeichnet hat. Er paßt sich jedem Gelände und jedem Klima an. Von seinem struppigen Fell geschützt, zögert er nie, in das dichteste Buschwerk einzudringen oder aus dem Wasser zu apportieren.

Der Korthals-Griffon eignet sich gut als Wachhund, beißt jedoch nie. Er ist sanftmütig, anhänglich und kommt mit Kindern sehr gut aus.

Zur Geschichte

Der Holländer Edward Korthals (1851–1896) züchtete vor mehr als 100 Jahren in Hessen den nach ihm benannten Griffon. Ihm waren die guten Eigenschaften der Griffons aufgefallen, und da er einen rein kontinentalen Jagdhund schaffen wollte, der es mit den englischen Hunden aufnehmen konnte, kaufte er sieben Griffons, kreuzte sie untereinander und behielt vom Nachwuchs nur Tiere mit den besten Charaktereigenschaften und körperlichen Qualitäten.

Standard

Allgemeine Erscheinung: lang gebauter, auf kräftigen Läufen stehender Hund.
Größe: Rüde 57–64 cm; Hündin 55–60 cm.
Gewicht: im Standard nicht erwähnt (25 kg).
Kopf: groß, lang, mit hartem, buschigem Haar; Schnurrbart und Augenbrauen betont; Schnauze lang und eckig; Nasenrücken leicht gewölbt.
Augen: groß, hell oder dunkelbraun.
Ohren: mittelgroß, flach anliegend.
Hals: von angemessener Länge, ohne Wamme.

Körper: tiefe, nicht zu breite Brust; kräftiger Rücken; lange, sehr schräge Schultern.
Rute: waagrecht oder leicht nach oben getragen, im allgemeinen um 1/3 oder 1/4 gekürzt.
Gliedmaßen: vordere gerade, kräftig, gut gestellt, stark behaart; hintere mit langen, gut bemuskelten Schenkeln.
Pfoten: rund, fest, mit geschlossenen Zehen.
Haar: hart, grob; feines, dichtes Unterhaar.
Farbe: stahlgrau mit braunen Flecken oder ganz braun, weiß und braun oder weiß und orange.
Fehler: krauses, wolliges Haar.

Ratschläge für die Haltung: Der Korthals-Griffon ist nicht als Wohnungshund geeignet.

Braque Français

7. Gruppe
Vorstehhunde
(ohne britische Hunde)

Die Französische Bracke, früher Karl-X.-Bracke genannt, war bis zum 19. Jahrhundert sehr in Mode, trat aber dann ihren Platz an englische Vorstehhunde wie den Setter und den Pointer ab.

Von den zwei Schlägen, dem größeren Gascognetyp und dem kleineren Pyrenäentyp, hat der zweite in letzter Zeit wieder sehr an Beliebtheit gewonnen, denn er kann in jedem Gelände eingesetzt werden. Man sagt von ihm, er sei ausgebildet geboren. Auch wegen seines kleinen Wuchses und seiner Behendigkeit wird er sehr geschätzt. Beide Schläge stehen zuverlässig vor und eignen sich ausgezeichnet für die Jagd auf Wachtel, Schnepfe, junges Rebhuhn, ja sogar auf den Auerhahn.

Zur Geschichte

Da die Französische Bracke zunächst nur im Südwesten Frankreichs verbreitet war, wo man sie seit dem 17. Jahrhundert kennt und wo sie auch heute noch viel gehalten wird, nimmt man an, daß sie von der Iberischen Bracke abstammt. Doch auch die Italienische Bracke wird als Ahne genannt. Beide Brackenarten gehen auf eine Kreuzung zwischen Ägyptischem Laufhund und Molosser oder Assyrischem Mastiff zurück.

Standard

Allgemeine Erscheinung: robust, kräftig, nicht schwer wirkend.
Größe und Gewicht: Gascognetyp 56–65 cm und 25–32 kg; Pyrenäentyp 50–55 cm und 17–25 kg.
Kopf: kräftig, aber nicht zu schwer; leicht gewölbter Schädel; mäßiger Stop; breiter, rechteckiger Fang (beim Pyrenäentyp weniger); braune Nase mit geöffneten Nasenlöchern; gut herabhängende Lefzen.
Augen: offen, kastanienbraun oder dunkelgelb.
Ohren: mittelgroß, in Augenhöhe angesetzt.
Hals: gut lang, ein wenig gebogen, wegen der Wamme etwas dick erscheinend; beim Pyrenäentyp fehlt die Kehlhaut.
Körper: breite, tiefe Brust; gerader Rücken; kurze abfallende Kruppe; gerade, muskulöse Schultern.
Rute: auf die Hälfte kupiert.
Gliedmaßen: vordere gerade, mit starken Fesseln; hintere mit kräftigen, nicht tief herabreichenden Oberschenkeln, breiten Sprunggelenken.
Pfoten: fast rund, mit starken Krallen und dicken Ballen.
Haar: stark, dicht, an Kopf und Ohren feiner.
Farbe: weiß mit braunen Flecken, manchmal gesprenkelt, geflecktes Braun oder Sprenkelungen, auch braun getüpfelt ohne Flecken.
Fehler: alle Abweichungen vom Standard.

Ratschläge für die Haltung: Dieser Jagdhund gehört in die Hand eines Jägers.

Deutsch-Langhaar

7. Gruppe
Vorstehhunde
(ohne britische Hunde)

Dieser kräftige, edle Vorstehhund wird wegen seiner Robustheit und Leichtführigkeit von Jägern sehr geschätzt – und weil er für viele Jagdarten verwendbar ist. Er sucht ruhig im Feld, hat eine vorzügliche Nase und steht fest vor. Er ist ein Hund mit Jagdverstand, so daß man kein Meisterführer sein muß, um mit ihm zu arbeiten. Sein ruhiges, beherrschtes Wesen macht ihn zum idealen Hund für die Nachsuche angeschossenen Wildes. Er findet auf der Schweißfährte (Schweiß nennt der Jäger das Blut des Wildes) am langen Riemen noch nach vielen Stunden krankes größeres Wild sicher und verfolgt die Wundspur eines Hasen oder Fuchses zäh und ausdauernd und trägt das gefundene Wild seinem Herrn zuverlässig zu. Seine Domäne aber ist die Wasserarbeit. Kein Wasser ist zu tief und kein Schilf zu dicht für ihn – er holt erlegte Wildenten heraus. Selbst eisige Temperaturen schrecken ihn nicht ab. Sein gut gefettetes Haarkleid schützt ihn hervorragend.

Zur Geschichte

Auf Bildern aus dem Mittelalter sind langhaarige Jagdhunde dargestellt; sie dienten als Habichtshunde, die das Wild für die Falkner aufstöberten, und als vorstehende Hühnerhunde für Rebhühner und Wachteln sowie als Wasser- und Otterhunde – es waren die Vorfahren der Deutsch-Langhaar-Rasse. Als Schußwaffen aufkamen, änderten sich die Jagdarten, und man brauchte einen vielseitigen Jagdgebrauchshund. Die Anlagen dazu hatten diese alten Hatz-, Vogel- und Wasserhunde. Schon in der zweiten Hälfte des 19. Jahrhunderts war die Rasse gefestigt.

Standard

Allgemeine Erscheinung: kräftiger, muskulöser, edler Hund.
Größe: Rüde 62–67 cm; Hündin 60–65 cm.
Gewicht: im Standard nicht erwähnt.
Kopf: langgestreckt; Schädel und Fang gleich lang; Stirnabsatz leicht ansteigend; Nase braun.
Augen: braun.
Ohren: oben breit angesetzt, unten stumpf abgerundet, am inneren Rand behaart.
Hals: kräftig, edel, ohne Wamme in schöner Linie sich zur Brust hin erweiternd.
Körper: breiter, tiefer Brustkorb mit Vorbrust; gerader, fester, nicht zu langer Rücken; Schultern etwas höher als Kruppe; besonders muskulöse Nierenpartie; mäßig abfallende Kruppe.

Rute: hoch angesetzt und gerade oder leicht aufwärts gebogen.
Gliedmaßen: Vorderläufe gerade und starkknochig, in der Schulter gut anliegend und vom Schulterblatt zum Oberarmbein gut gewinkelt; Hinterläufe gerade und mit gut gewinkelten Sprunggelenken.
Pfoten: gut geschlossen, mit kräftigen Ballen.
Haar: besonders dicht, mit guter Unterwolle, an den Seiten 3–5 cm lang.
Farbe: einfarbig braun, braun mit weißem oder geschimmeltem Brustfleck, braun-weiß, Dunkelschimmel, Hellschimmel, Forellenschimmel.
Fehler: bärenhaftes Aussehen; schwacher Knochenbau; überfeinerter Kopf; zu schmale Brust; helle Augen; zu üppige und zu knappe Behaarung; Wesensschwäche.

Ratschläge für die Haltung: Der Hund gehört in die Hand des Jägers.

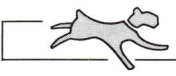  

Epagneul Breton

Er ist der kleinste, aber auch bekannteste französische Spaniel – stämmig, aber sehr elegant, voll Leben und Kraft, stets auf dem Sprung und sehr intelligent. Als idealer Vorstehhund wird er von vielen Jägern bevorzugt, denn er ist nicht nur ein unvergleichlicher Gefährte mit zärtlichem Herzen, sondern auch ein geschickter und schlauer Helfer.

Schon in frühester Jugend mit einem beachtlichen Instinkt und Geruchssinn begabt, vereinigt er in sich alle Eigenschaften eines guten Jagdhundes. Seine Hartnäckigkeit, sein fanatischer Eifer bei der Arbeit haben ihm zu Unrecht den Ruf eingebracht, eigensinnig, sogar starrköpfig zu sein. In Wirklichkeit ist der Bretonenspaniel ein sehr sensibler Hund.

Dieser kleine Hund vergißt manchmal seine Jagdleidenschaft und wird ein Begleithund voll Sanftmut und Zärtlichkeit, der glücklich in der Familie lebt.

Zur Geschichte

Sein Ahne ist vermutlich der Oyselhund. Der Epagneul verbreitete sich im 16. Jahrhundert über ganz Frankreich bis in die Bretagne, von wo der Name stammt. Auf manchen Bildern Rembrandts ist er schwanzlos und mit spitzerer Schnauze als heute dargestellt. Zu Beginn des 19. Jahrhunderts gewann er durch Kreuzungen mit englischen und irischen Settern und mit den Pointern an Gewicht und einige Zentimeter an Größe sowie einen besseren Geruchssinn. Der erste offizielle Standard wurde 1907 festgelegt, der gegenwärtige stammt von 1956.

Standard

Allgemeine Erscheinung: sehr widerstandsfähiger Hund mit energischen Bewegungen.
Größe: Rüde 48–50 cm; Hündin 47–49 cm.
Gewicht: im Standard nicht erwähnt (etwa 15 kg).
Kopf: gerundet; Stirnabsatz deutlich; Nase braun oder rötlich; Lefzen dünn.
Augen: dunkelbernsteinfarben.
Ohren: hoch angesetzt, herabhängend.
Hals: mittellang, ohne Wamme.

Körper: tiefe Brust; kurzer Rücken; Hüften tiefer als Widerrist; Kruppe etwas abfallend.
Rute: gerade und hängend, stets kurz (10 cm).
Gliedmaßen: vordere sehr gerade, schlank und gut bemuskelt; hintere breit, mit weit herabreichenden, sehr muskulösen Schenkeln.
Pfoten: mit enggestellten Zehen.
Haar: fein, eher glatt oder leicht gewellt.
Farbe: weiß und orange, weiß und braun, weiß und schwarz, dreifarbig oder rotgrau.
Fehler: zu groß oder zu klein; scheckig.

Ratschläge für die Haltung: wenn man ihn im Haus hält, für viel Auslauf sorgen.

Weimaraner

Es war vor allem die Farbe seines Haarkleids, ein einheitliches Silber-, Reh- oder Mausgrau, die diesen Vorstehhund berühmt gemacht hat. Ein Amerikaner, der den Weimaraner schätzengelernt hatte, nannte ihn *grey ghost*, was grauer Geist bedeutet, und bewirkte damit, daß die Rasse von einem Tag zum anderen weltweit bekannt wurde.

Wegen seiner hervorragenden Jagdeigenschaften und ausgezeichneten Fähigkeiten als Wach- und Begleithund hat der Weimaraner in Europa den Erfolg, den er verdient; allerdings wurde er nie zum Modehund. Seine elegante, muskulöse Gestalt und seine intelligenten, bernsteinfarbenen Augen haben ihm im 18. Jahrhundert am Hof des Großherzogs Karl August von Sachsen-Weimar den Beinamen „Aristokrat" eingetragen.

Er ist ein edler Jagdhund, der mit gezügeltem Temperament und großer Ausdauer seinen sehr gut entwickelten Geruchssinn nicht nur bei der Feld- und Waldarbeit, sondern auch bei der Wasserjagd einsetzt. Mit tiefer Nase sucht er gewissenhaft jeden Quadratzentimeter Boden ab, damit ihm nichts entgeht. Früher jagte er alle Wildarten und fürchtete sich weder vor der Wildkatze noch vor dem Wolf. Im Gegenteil, die beiden gaben ihm Gelegenheit, seinen Mut und seine Jagdleidenschaft voll zu entfalten. Da er kräftige Kiefer besitzt, ist er in der Lage, auch einen schweren Fuchs zu apportieren.

Er wird im Gegensatz zu vergleichbaren Rassen ausgesprochen spät reif. Entsprechend später beginnt dann auch seine Ausbildung – nicht nur als Jagdhund, sondern auch als Polizei- und Schutzhund, wozu er gut geeignet ist.

Dem flämischen Maler van Dyck gefiel der Weimaraner offenbar so gut, daß er ihn im Bild festhielt. Wegen seiner Schönheit, aber auch aufgrund seines angenehmen Wesens und seiner Gelehrigkeit wurde er drei Jahrhunderte später der treue Begleiter von Präsident Eisenhower.

7. Gruppe
Vorstehhunde
(ohne britische Hunde)

Zur Geschichte

Die Entstehung des Weimaraners liegt sehr weit zurück und ist noch immer nicht ganz geklärt. Höchstwahrscheinlich, so sagen die einen, stammt er vom Sankt-Hubertus-Hund ab, dem direkten oder indirekten Stammvater so vieler Jagdhundrassen. Einige sehen in ihm einen Abkömmling der Chiens Gris de Saint Louis, die im 15. Jahrhundert über den Rhein gekommen sein sollen. Andere dagegen meinen, es handle sich um eine einheimische deutsche Rasse, eine Abart des Deutsch-Kurzhaars mit dem Leithund als gemeinsamem Ahnherrn, der seinerseits von den alten Deutschen Laufhunden abstammte. Eines steht jedoch fest: Der Weimaraner existierte schon lange, bevor er am Hof der Herzöge von Sachsen-Weimar auftauchte. Daß Großherzog Karl August ihn aus einem weiß-orangefarbenen Pointer, kleinen Sankt-Hubertus-Hunden und unbekannten Rassen züchten ließ, wie manche behaupteten, erscheint kaum denkbar. Aber die Herzöge von Sachsen-Weimar ließen dafür sorgen, daß der Weimaraner, zu dessen Vorfahren möglicherweise ein Pointer, eine Deutsche Dogge und ein Deutsch-Kurzhaar zählen, durch strenge Zuchtwahl sein schönes graues Fell erhielt. 1896 wurde die Rasse anerkannt, 1935 ihr Standard aufgestellt. Er wird als Kurz-, Stock- und Langhaar gezüchtet.

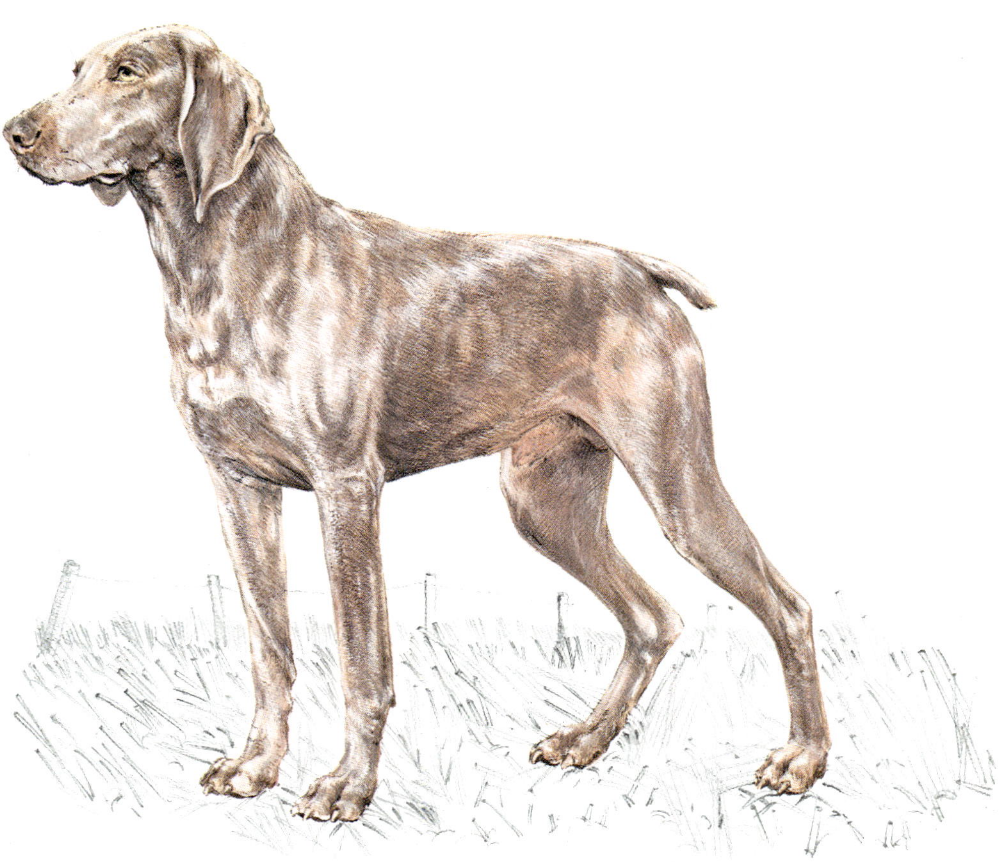

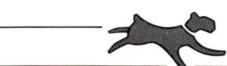

Standard

Allgemeine Erscheinung: großer Jagdgebrauchshund mit kräftiger Muskulatur.
Größe: Rüde 59–70 cm; Hündin 57–65 cm.
Gewicht: im Standard nicht erwähnt (etwa 23–28 kg).
Kopf: trocken, proportional zur Körpergröße, beim Rüden größer als bei der Hündin; geringer Stop; gerader oder leicht gewölbter Nasenrücken; dunkelfleischfarbene Nasenkuppe.
Augen: rund; ganz leicht schräggestellte Lidöffnungen; hell- oder dunkelbernsteinfarben, beim Welpen hellblau.
Ohren: hoch angesetzt, ziemlich lang.
Hals: muskulös, fast rund, nicht zu kurz, elegant getragen.
Körper: gut proportioniert und bemuskelt; gut bemuskelte Schultern; kräftige Brust; muskulöser Rücken.
Rute: beim Kurzhaar um die Hälfte gekürzt.
Gliedmaßen: vordere gerade stehend; hintere lang und kräftig, gut gewinkelte Sprunggelenke.
Pfoten: kompakt, geschlossen.
Haar: beim Kurzhaar kurz, glatt, sehr dicht; beim Rauhhaar mittellang, dicht, gerade; beim Langhaar weich, lang, glatt oder wellig.
Farbe: silber-, reh-, mausgrau oder Zwischentöne; kleine weiße Abzeichen an Brust und Läufen sind erlaubt.
Fehler: zu großer oder zu kleiner Wuchs; rosa Nase; falsche Farbe; keine bernsteinfarbenen Augen.

Ratschläge für die Haltung: Der Weimaraner ist ausgesprochen anfällig für Infektionskrankheiten, beispielsweise für die Staupe. Regelmäßig die Ohren reinigen.

Das graue Fell des Weimaraners

Es gibt eine ganze Reihe Hunderassen, deren Haarkleid grau sein kann, aber beim Weimaraner ist Grau die einzige zulässige Farbe.

Über die Entstehung dieser Farbe wurden zahlreiche Theorien aufgestellt. Die einen meinten, ein schwarzer Sankt-Hubertus-Hund sei durch Mutation grau geworden; andere schrieben das Grau des Weimaraners seiner Verwandtschaft mit den blauen Deutschen Doggen zu oder aber einem Vitaminmangel, durch den Braun zu Grau mutierte.

Inzwischen hat man die Existenz eines Erbfaktors nachgewiesen, der die Pigmentierung abschwächt. Da sich dieses Gen bei Hunden mit schwarzem Haarkleid rezessiv verhält, kommt es vor, daß zwei schwarze Tiere graue oder blaue Nachkommen haben. Die verschiedenen Nuancen sind ein Asch- oder Mausgrau wie beim Greyhound, Whippet und Pudel, ein Stahlgrau wie beim Berger de Brie und Yorkshire und ein Wolfsgrau wie beim Spitz.

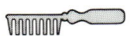

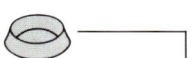

Deutsch-Kurzhaar

Er gehört, darin sind sich die Fachleute einig, zu den besten Jagdhunden und kann in jedem Gelände verwendet werden; außerdem besitzt er viele Eigenschaften eines guten Begleithundes. Man schätzt ihn wegen seines angenehmen Wesens und seiner ausgeprägten Persönlichkeit ebenso wie wegen seines gefälligen Äußeren. Im Lauf des vorigen Jahrhunderts veränderten nämlich die Züchter sein ursprüngliches Erscheinungsbild und machten ihn geschmeidiger und leichter, wodurch er Eleganz und Adel erlangte. Damit wuchs auch seine Beliebtheit in ganz Europa, vor allem in Italien, Frankreich, Polen, Großbritannien, in den Niederlanden und in der Schweiz, wo er inzwischen einen festen Kreis von Anhängern hat.

Der Kurzhaarige Deutsche Vorstehhund, wie er auch genannt wird, kann überall eingesetzt werden, im Moor wie im Dickicht, im Wald wie im Gebirge. Voller Begeisterung und unermüdlich verfolgt er die Fährte, am liebsten mit tiefer Nase, was eine Eigenart seiner Rasse ist. Die Jäger ziehen ihn den meisten anderen Vorstehhunden vor, weil er jede Art Wild zu suchen vermag und sich beim Vorstehen als äußerst zuverlässig erweist. Er ist ausdauernd und nicht kälteempfindlich. Im flachen Gelände ist er allerdings nicht ganz so schnell wie ein Setter oder Pointer.

Bereits mit acht Monaten, also sehr früh, wird er geschlechtsreif. Hündinnen dürfen aber erst im Alter von 18 Monaten zur Zucht verwendet werden. Bei seiner Erziehung und Ausbildung – er ist übrigens sehr lernwillig – muß man äußerst sorgfältig und auch streng vorgehen, denn er versucht manchmal, seinem Herrn seinen Willen aufzuzwingen. Der freundliche, intelligente Deutsch-Kurzhaar ist nebenbei auch ein guter, unbestechlicher Wachhund.

Dieser gesellige Hund, der sich auch vorzüglich in einer Wohnung halten läßt, hat also einen langen Weg zurückgelegt vom kostbaren, begehrten Jagdhund, der um die Mitte des 17. Jahrhunderts bei den deutschen Fürsten ebenso beliebt war wie bei den Wilderern, denen er durch seine Fähigkeit, im Dunkeln zu jagen, hervorragende Dienste leistete.

7. Gruppe
Vorstehhunde
(ohne britische Hunde)

Zur Geschichte

Der Deutsch-Kurzhaar tauchte auf, als im 17. Jahrhundert in Preußen die Arkebuse als Jagdwaffe gebräuchlich wurde. Seine ersten Züchter führten spanische Bracken ein, die sie mit Bluthunden kreuzten, und schufen so den Deutsch-Kurzhaar. Dieser alte Typ war noch längst nicht so edel wie der heutige, sondern ein wenig schwer, breit und stämmig. Aber er vereinigte die Eigenschaften eines Vorstehhundes für Feder- und Haarwild, eines Apportier- und eines Laufhundes, der Tag und Nacht auf der Fährte bleibt, mit denen eines Wach- und Begleithundes. Um 1830 beschlossen die Züchter, sein allgemeines Erscheinungsbild und seine Jagdeigenschaften zu verbessern, denn er lief ein wenig langsam und schwerfällig, und sein Witterungsvermögen reichte nicht an das der englischen Vorstehhunde heran. Die bereits durch verschiedene Einkreuzungen veränderte Rasse wurde nun durch Pointer veredelt. Es entstanden zwei Schläge: der Große und der Leichte Vorstehhund. Der letztgenannte hatte die Intelligenz seines Vorfahren geerbt, war aber schlanker und rascher, ein besserer Fährtensucher und Bringer als dieser und besaß außerdem eine feinere Nase. Der erste Deutsch-Kurzhaar wurde vom zuständigen Club 1872 eingetragen.

Das Vorstehen

Den Instinkt des Vorstehens hat eine Gruppe von Jagdhunden, die man, um sie von den Laufhunden und Terriern zu unterscheiden, Vorstehhunde genannt hat. Der Vorstehhund zeichnet sich durch die besondere Art aus, auf die er dem Jäger zeigt, daß er das gesuchte Wild gefunden hat. Die Stellung, die er dabei einnimmt, ist ihm angeboren. Er verharrt reglos, meist stehend und gespannt, mit hoher Nase, einem gehobenen Vorderlauf und starrer Rute. Der zuletzt genannte Hinweis ist insofern sehr wichtig, als man daran erkennt, ob der Hund vorsteht oder nur momentan innegehalten hat. Das Vorstehen kann sitzend, liegend oder stehend in Wartehaltung erfolgen. Die Vorstehstellung darf vom Jäger nicht verändert werden. Das Vorstehen endet, wenn das Wild aufsteht oder flieht. Statt aufzufliegen, retten sich manche Vögel oft ins hohe Gras. Der Hund zieht daraufhin nach und steht nochmals vor, um das Wild festzumachen, wie die Jäger sagen.

Eine andere bemerkenswerte Eigenart ist das Sekundieren beim Vorstehen. Wenn zwei Hunde gemeinsam vorstehen, stehen sie ein wenig versetzt, wobei der hintere die gleiche Stellung einnimmt wie der vordere; das machen die Hunde ohne Aufforderung des Jägers.

Standard

Allgemeine Erscheinung: ein edler, widerstandsfähiger, schneller Hund.

Größe: Rüde 60–65 cm; Hündin 58–63 cm.

Gewicht: im Standard nicht erwähnt (30 kg).

Kopf: mittelstark, trocken, fein modelliert; flach gewölbter Schädel; leichter Stop; langer, kräftiger Fang; starke Kiefer; Scherengebiß; braune Nase.

Augen: mittelgroß, dunkelbraun.

Ohren: hoch und breit angesetzt, das Ende abgerundet, glatt an der Wange anliegend.

Hals: muskulös, mittellang, leicht gebogen.

Körper: muskulöse Schultern; kräftige, tiefe Brust; kurzer, breiter Rücken; kurze, breite, bemuskelte Nierenpartie; lange, breite Kruppe.

Rute: hoch angesetzt, kupiert, waagrecht oder leicht erhoben getragen.

Gliedmaßen: vordere gerade, gut bemuskelt; hintere mit kräftigen Oberschenkeln und starken, geraden Sprunggelenken.

Pfoten: fest und geschlossen, rund bis länglich; gewölbte Zehen; starke Krallen; sehr harte Sohlenballen.

Haar: kurz, dicht, derb, an der Brust reichlicher, an Kopf und Ohren feiner und kürzer; filzartige Unterwolle.

Farbe: braun ohne Abzeichen oder weiß gesprenkelt mit weißen Platten, weiß mit Braun gesprenkelt und mit brauner Maske sowie braunen Platten; Braunschimmel mit braunen Platten oder Tupfen; schwarz mit den gleichen Farbnuancen wie die Braunen; gelber Brand ist immer zugelassen.

Fehler: zu breiter Kopf; schmaler Schädel; zu ausgeprägter Stop; zu lange oder zu kurze Kiefer; zu schwere Lefzen; zu große Augen mit unpigmentierten Lidern; gerollte oder gefaltete Ohren; nicht tiefreichende Brust; Sattelrücken; Posthornrute; schwach bemuskelte Gliedmaßen; dreifarbiges Haarkleid; gewelltes, zu feines oder zu langes Haar; zu großer oder zu kleiner Körperbau.

Ratschläge für die Haltung: Der Deutsch-Kurzhaar soll einmal wöchentlich gebürstet werden. Man muß regelmäßig seine Ohren reinigen und darauf achten, daß sich die Haut zwischen den Ballen nicht entzündet, besonders wenn sie bereits gerötet ist und er sich sehr oft die Pfoten leckt. Bewegung ist wichtig.

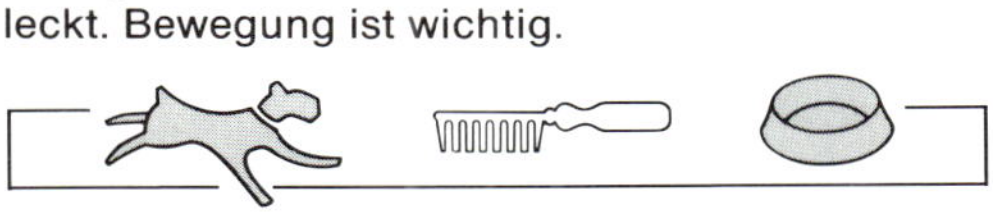

Spinone Italiano

Der Spinone, ein struppiger, rauhhaariger Vorstehhund, ist kräftig und robust und erweckt auf den ersten Blick Sympathie. Groß und sehr muskulös, wie er ist, ähnelt er stark dem Deutsch-Drahthaar, von seiner ganz anderen Fellfarbe einmal abgesehen. Außerhalb Italiens wird er kaum gehalten; in seinem Ursprungsland ist er das Gegenstück zu den drahthaarigen Vorstehhunden, die in den anderen europäischen Ländern gezüchtet und zur Jagd verwendet werden.

Die Rasse ist sehr alt; schon um 400 v. Chr. erwähnte der griechische Schriftsteller Xenophon Hunde, die dem Spinone sehr ähnlich sind; und einige Jahrhunderte später beschrieben die beiden ebenfalls bekannten Schriftsteller Seneca und Flavius Arrianus, der eine in Rom, der andere in Griechenland, diesen Hund. Viel später, im Jahr 1863, sagte Sélincourt in seinem Buch über den Jäger: „Die besten Griffons kommen aus Italien und dem Piemont."

Der Spinone hat in der Tat ein richtiges Jägertemperament und verfügt über alle Eigenschaften, die man vom altfranzösischen Griffon kennt. Er ist kraftvoll, sehr widerstandsfähig und jagt in jedem Gelände, im Wald und in der Ebene, ja sogar in Sümpfen, denn er ist ein ausgezeichneter Schwimmer. Im Winter schützt ihn sein dichtes und rauhes, leicht krauses Fell, das gut am Körper anliegt, ebensogut vor stacheligen Sträuchern und Gestrüpp wie vor dem eisigen Wasser.

Der Spinone ist leicht auszubilden und mit einem sehr feinen Geruchssinn ausgestattet, so daß er bei Kennern als einer der besten europäischen Vorstehhunde gilt. Außerdem zeichnet ihn eine angeborene Apportierfreudigkeit aus. Wegen seiner Vielseitigkeit wird er in Italien für die verschiedensten jagdlichen Aufgaben eingesetzt. Über all diese Eigenschaften hinaus ist der Spinone intelligent, sehr gesellig und überaus anhänglich. Als mutiger und treuer Hund ist er seinem Herrn und dessen Familie ein zuverlässiger Beschützer.

7. Gruppe
Vorstehhunde
(ohne britische Hunde)

Zur Geschichte

Die Kynologen nehmen an, daß der Spinone das älteste Geschlecht der drahthaarigen Vorstehhunde darstellt. Im 19. Jahrhundert gab es zwei Spielarten: den Cane di Pelo Duro (Drahthaar) und den Cane Griffon (Langhaar), der aus einer Kreuzung zwischen dem altitalienischen Drahthaar Spinone und dem langhaarigen französischen Griffon Boulet, der 1809 in Italien eingeführt worden war, hervorging. In der Folgezeit wurde dem Spinone auch noch Pointerblut zugeführt. Schließlich teilte sich die Rasse in zwei Spielarten auf – in eine schwerere, die an den alten Griffon erinnerte, und eine leichtere, die dem heutigen Spinone entspricht.

Die Jagd auf Federwild

Durch sorgfältige und gründliche Zuchtwahl ist es gelungen, in den Erbanlagen der Vorstehhunde den Moment festzumachen, da sie wie alle Raubtiere im Lauf innehalten und sich darauf konzentrieren, sich auf ihre Beute zu stürzen. Ein guter Hund versteht es vor allem in den Bergen in der Lage, das Wild eine halbe Stunde lang zu stellen und zu warten, bis ihn sein Herr eingeholt hat.

Das Federwild wird von dem Hund an einem Ort festgehalten, aus dem es nur entkommen kann, wenn es auffliegt. Es duckt sich in der Hoffnung, nicht gesehen zu werden, eng an den Boden. Wenn es sich dann ungedeckt zeigt, hat es nicht viel Aussicht, sich den kräftigen Kiefern seines Verfolgers zu entziehen.

Diese instinktive Verteidigung ist oft erfolgreich. Es wird behauptet, daß ein von einem Vorstehhund gestellter Vogel sogar in der Lage sei, Körperausdünstungen zu unterdrücken, um dem Geruchssinn des Hundes zu entgehen. Aber bisher hat noch niemand einen wissenschaftlichen Beweis für diese Theorie erbracht. Es ist wahrscheinlicher, daß sich das Wild schützt, indem es sich totstellt. Der Hund schnüffelt immer an den Ausdünstungen seiner Beute, aber wenn diese gleichbleibend von einem völlig unbeweglichen und scheinbar toten Tier ausgehen, läßt sich der Hund täuschen und zögert unwillkürlich, sich auf das Federwild zu stürzen.

Früher waren die Hunde so ausgebildet, daß sie sich still dem Wild näherten, um es dann am Boden festzuhalten, bis der Jäger kam und ein trichterförmiges Netz mit Gewichten am Rand darüberwarf. In Italien wurden diese Hunde *cane di rete*, also Netzhund, genannt. Nach Meinung einiger Experten leitet sich von dem italienischen Wort das französische *chien d'arrêt*, das Vorstehhund heißt, ab.

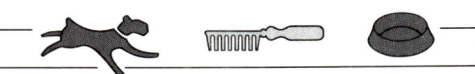

Standard

Allgemeine Erscheinung: kräftiger, ziemlich langleibiger Hund mit starkem Knochenbau.
Größe: Rüde 60–70 cm; Hündin 58–65 cm.
Gewicht: Rüde 32–37 kg; Hündin 28–32 kg.
Kopf: Nasenrücken gerade oder ein bißchen gebogen; leichter Stop; eher schmale Lefzen; starke Kiefer; kräftige, gut angepaßte Zähne; großer Nasenschwamm mit weiten und gut geöffneten Nasenlöchern.
Augen: groß und weit offen; die Lider sollen gut anliegen; Iris tiefgelb beim weißen und orangeweißen Spinone und ockerfarben beim Spinone mit kastanienschimmeligem Fell; sehr sanfter Blick.
Ohren: in Augenhöhe angesetzt, mäßig lang, herabhängend, an der Spitze ein bißchen abgerundet, von dichtem kurzem, von Flaumhaar durchsetztem Fell bedeckt.
Hals: stark und muskulös, leichte Wamme.
Körper: schräge, kräftige und muskulöse Schultern; breite, sehr offene, weite bis in Höhe der Ellbogen herabreichende Brust; stark gerundete, schräge Seiten; die Länge des Körpers ist gleich der Widerristhöhe; gerader Rücken, steigt gegen die Lenden leicht an; breite, robuste, muskulöse Kruppe; wenig aufgezogener Bauch.
Rute: auf der Linie der Kruppe angesetzt; am Ansatz dick, 15–20 cm unterhalb des Ansatzes kupiert.
Gliedmaßen: gerade Vorderläufe mit starkem Knochenbau; die Hinterhand mit langen, breiten und muskulösen Keulen.
Pfoten: rund, geschlossen; Zehen untereinander gut verbunden und gewölbt; trockene und harte Ballen; kräftige und gekrümmte Krallen; Hinterpfoten etwas ovaler als die vorderen.
Haar: hart, dicht, leicht gekräuselt und an der festen, dicken Haut eher anliegend, 4–6 cm lang am Körper, an den Pfoten kürzer, lange und borstige Haare an den Augenbrauen, lang, aber weniger struppig auf den Backen.
Farbe: weiß, weiß mit orangefarbenen Flecken, *bianco sudicio* (trübes Weiß), einheitlich orangegeflecktes Weiß, weiß mit kastanienbraunen Flecken, einheitliches und sehr fein mit kastanienbraunem Fell geflecktes Weiß (Kastanienschimmel), mit oder ohne kastanienbraunen Flecken.
Fehler: sichtbare Bindehaut der Augen.

Ratschläge für die Haltung: Der Spinone ist sehr robust. Man sollte ihm allerdings bis zum sechsten Monat Kalzium in Form vitaminhaltiger Präparate geben, um der Rachitis vorzubeugen. Sein dichtes Fell erfordert regelmäßiges und kräftiges Bürsten, vor allem im Winter. Auf seine Ohren ist zu achten.

Deutsch-Drahthaar

In Deutschland, seinem Ursprungsland, ist der Deutsch-Drahthaar sehr beliebt und am stärksten von allen drahthaarigen Hunden verbreitet; außerdem gehört er zu den jüngsten Zuchtprodukten. Tatsächlich wurde er erst zu Beginn dieses Jahrhunderts geschaffen – ein schöner Erfolg der Kynologie. Als Nachkomme der besten Vorstehhunde hat dieser vielseitige Hund von seinen verschiedenen Ahnen die hervorragende Jagdneigung, die mannigfaltigen Fähigkeiten, das ansehnliche Äußere und den guten Charakter geerbt. Er verdankt seinen Namen der Härte seines drahtigen Fells, das ihn wirksam gegen Kälte, Nässe und Verletzungen schützt, die er sich in Busch und Röhricht zuziehen könnte.

Er ist wetterfest, mutig und unermüdlich, wie immer auch das Terrain beschaffen sein mag. Bei der Arbeit ist er energisch und beflissen, fast ein wenig hitzig, in gleicher Weise begabt für Wald und Sumpf, jagt Wild aller Art, befiedertes oder behaartes, groß oder klein, und betätigt sich auch gerne als ausdauernder Laufhund. So treibt er geschickt seinem Herrn einen Hasen zu oder apportiert mit sichtlichem Stolz einen Fasan oder ein Rebhuhn, das er vorsichtig zwischen den Zähnen trägt. Er folgt seiner Spur im Trab oder auch im vollen Lauf, so gut ist sein Geruchssinn entwickelt. Er ist auch im offenen Feld zu gebrauchen und lernt fast von sich aus vorzustehen.

Als junger Hund ist er verspielt und liebevoll, überschäumend von Energie und Dynamik, die er sein ganzes Leben hindurch behält. Dennoch kann man mit seiner Ausbildung im Alter von einem Jahr beginnen. Von da an ist es nicht schwer, seinen manchmal vorhandenen Eigensinn zu dämpfen, und er wird rasch fügsam und diszipliniert. Mit seiner Treue und Anhänglichkeit ist er ein angenehmer Familiengenosse und weiß deren Mitglieder bei Gefahr zu verteidigen. Trotz gewisser Ähnlichkeiten muß man sich hüten, ihn mit Hunden aus der Rasse der Griffons, wie beispielsweise dem Korthals oder dem Spinone, zu verwechseln, sonst zieht man sich den Unwillen der Liebhaber zu.

Zur Geschichte

Zu Beginn des 20. Jahrhunderts beschlossen die deutschen Jäger, einen neuen Schlag von rauhhaarigen Vorstehhunden zu schaffen, der für alle Terrains und Wildbretarten verwendbar sein sollte. Gewünscht wurden ein gefälliges Aussehen, eine gute Nase und ein hartes und dichtes Deckhaar zum Schutz gegen Witterungsunbilden. Um zu diesem Ergebnis zu gelangen, begann man mit einer sorgfältig ausgewählten Rassekreuzung, bei der vor allem der Pudelpointer verwendet wurde, das Ergebnis einer Kreuzung zwischen dem englischen Pointer und dem Barbet, einem Ahnen des Pudels, ferner der Deutsch-Stichelhaar, ein Nachkomme der deutschen rauhhaarigen Vorstehhunde des 18. Jahrhunderts, der Kurzhaar und der Korthals-Griffon. Der Versuch war erfolgreich. 1902 konstituierte sich der Verein Deutsch-Drahthaar, der den idealen Standard festlegte, vor allem was die Haarstruktur anlangte. 1912 zählte man bereits 700 registrierte Hunde, 1939 18000. Wegen der Abstammung von verschiedenen Rassen ist der Typus nicht in allen Ländern vollkommen identisch; daher muß die Übereinstimmung mit dem Standard beharrlich überwacht werden.

Zwei Hunde, die man nicht verwechseln sollte

Wer sich nicht auskennt, kann den Deutsch-Drahthaar mit dem Korthals-Griffon verwechseln, um so mehr als dieser zu den Vorfahren des Deutsch-Drahthaars gehört. Obwohl sie sich im Körperbau unterscheiden, besteht unbestreitbar eine gewisse Ähnlichkeit. Die jeweiligen Züchter verfolgten nämlich das gleiche Ziel, Hunde mit einem harten und widerstandsfähigen Fell zu züchten, das durch dichte Unterwolle verstärkt und so beschaffen sein sollte, daß das Tier gegen die Rauheit des kontinentalen Winters gut geschützt war. Als vielseitige Vorstehhunde gleichen sich Korthals-Griffon und Deutsch-Drahthaar auch in ihrem Verhalten bei der Jagd, jedoch nicht im äußeren Erscheinungsbild. Außerdem sind beide aus einer sehr komplizierten Rassenmischung hervorgegangen, wobei der Korthals-Griffon auf kontinentale Typen beschränkt blieb, während der Deutsch-Drahthaar auch Beimischungen englischen Bluts erhielt. Aber die Unterschiede sind ebenfalls deutlich sichtbar. Der Deutsch-Drahthaar ist zunächst größer und schwerer, sein Haar fühlt sich hart und steif an wie Stahlwolle, sein Fell schwankt von Hellbraun zu Dunkelbraun. Der Korthals-Griffon hingegen hat stärker betonte Augenbrauen und Barthaare, einen eckigen Fang, gröbere Haare, die an Wildschweinborsten erinnern, ein eher stahlgraues Fell mit braunen Flecken, oder er ist weiß mit Braun oder weiß mit Orange. Sein Charakter ist außerdem etwas sanfter als der des Deutsch-Drahthaars.

Standard

Allgemeine Erscheinung: Vorstehhund mittlerer Größe, kräftig gebaut und selbstbewußt, mit sehr harter Behaarung, die die ganze Haut bedeckt; intelligent, treu und energisch.

Größe: Rüde 60–67 cm; Hündin 56–62 cm.

Gewicht: im Standard nicht erwähnt (27–32 kg).

Kopf: mittellang; breiter Schädel; Hinterkopf wenig ausgeprägt; Fang breit und kräftig; mittelstarker Stirnabsatz; Nasenkuppe dunkelbraun; Nase gut geöffnet; kräftiges Scherengebiß; Lefzen anliegend und behaart.

Augen: dunkel, mittelgroß, lebhaft und mit intelligentem Ausdruck; buschige Brauen.

Ohren: mittellang, hoch angesetzt, dicht am Kopf herabhängend.

Hals: mittellang, kräftig.

Körper: schräge, gut angesetzte Schultern; tiefe und breite Brust; gut gewölbte Rippen; kurzer und gerader Rücken; muskulöse Lendenpartie; breite Hüften; lange, breite und leicht abfallende Kruppe; kurze, hoch angesetzte Flanken; nach hinten zu leicht aufgezogener Bauch.

Rute: in der Verlängerung des Rückens, gerade und waagrecht getragen, auf ⅓ gekürzt.

Gliedmaßen: vordere senkrecht, mit geraden Ellbogen; hintere mit starken, muskulösen Schenkeln, leicht gewinkelten Knie- und Sprunggelenken.

Pfoten: ovalrund, gut geschlossen, mit dicken, derben Ballen.

Haar: drahtig-hart, mittellang, dicht, eng am Körper anliegend, mit dichter Unterwolle; Haare gegen das Ende der Läufe zu kürzer, an Schultern und Rute dichter.

Farbe: hell- oder dunkelbraun, braun- sowie schwarzschimmelfarben.

Fehler: Haar zu fein, zu lang, weich oder gewellt; keine Unterwolle; zu schmaler oder zu spitzer Fang; Karpfenrücken; kurze oder erhöhte Kruppe; schmale Brust.

Ratschläge für die Haltung: Man sollte das Fell ein- oder zweimal je Woche bürsten und im Frühjahr und Herbst während des Haarwechsels striegeln. Während der Grasblüte im Frühsommer muß man sehen, ob sich nicht Pflanzenteile im Fell verfangen haben, denn sie können zu Abszessen führen. Auch die Ohren müssen regelmäßig gereinigt und kontrolliert werden. Die Rute sollte gleich nach der Geburt kupiert werden. Während des Wachstums braucht der Hund regelmäßig und viel Bewegung, mindestens einen Spaziergang pro Tag; später sollte er noch mehr freien Auslauf haben. Er paßt sich dem Leben in der Wohnung an, zieht jedoch einen großen Garten vor und schläft Sommer wie Winter gern in der Hundehütte. Er hat eine robuste Gesundheit und scheut sich vor keinem Wetter. Sein Appetit ist beträchtlich; zur Jagdzeit sollte man ihn daher reichlich füttern.

  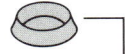

Epagneul Français

Der Französische Spaniel ist der Prototyp des kontinentalen Vorstehhundes. Er ist ruhig, arbeitet methodisch und hat einen sehr feinen Geruchssinn. Bei der Jagd mit der Büchse entfernt er sich nie weit von seinem Herrn, durchstöbert aber gründlich das Gebiet. Er läuft mit erhobener Nase im Zickzack, so daß man darauf achten muß, gegen den Wind vorzugehen. Er steht vollendet vor, und dieses Verhalten erscheint bei ihm ab dem dritten Lebensmonat so natürlich, daß er durchaus imstande ist, vor einem Huhn oder Sperling vorzustehen. Er ist für alle Geländearten geeignet, für die größten Dickichte ebensogut wie für die Sümpfe, und springt ohne weiteres ins Wasser, um eine Schnepfe zu holen… Er ist ein leicht auszubildender Hund und besonders für die Niederwildjagd geeignet. Außerdem ist er treu, sanft und gesellig.

7. Gruppe
Vorstehhunde
(ohne britische Hunde)

Zur Geschichte

Einst nannte man ihn Oyselhund, weil er oiseaux, Vögel, aufstöberte. Der Französische Spaniel wurde bis ins 18. Jahrhundert sehr geschätzt. Nachdem man ihm eine Zeitlang die englischen Hunde vorgezogen hatte, stellte der Abbé Fournier im 19. Jahrhundert die Rasse wieder her.

Standard

Allgemeine Erscheinung: großer, kräftiger, aber nicht schwerer Hund mit edler Kopfhaltung.
Größe und Gewicht: 55–60 cm und 20–25 kg.
Kopf: stark, länglich; Oberkopf gerundet; deutlicher, aber nicht allzu ausgeprägter Stirnabsatz; Nase gut geöffnet, braun, ohne Flecken; Lefzen leicht hängend, gerundet.
Augen: groß, dunkelbernsteinfarben.
Ohren: tief angesetzt, lang, gerundet, reichlich mit wallenden Haaren besetzt.
Hals: in Harmonie mit dem Körper.

Körper: tiefe Brust; langer Rücken; gerade Lendengegend; abfallende Kruppe; eingezogene Flanken; lange, schräge Schultern.
Rute: tief angesetzt, ziemlich lang, befedert.
Gliedmaßen: vordere gerade und muskulös; hintere mit langen und befransten Schenkeln.
Pfoten: trocken und oval; harte Ballen.
Haar: lang und geschmeidig, an Ohren, Hals, Pfoten und Rute gewellt.
Farbe: weiß mit braunen Flecken, ohne oder mit Sprenkelungen, aber dann nicht zu zahlreichen.
Fehler: Oberkopf oder Schnauze flach; helle Nase; helle Augen; zu feines und gelocktes Haar.

Ratschläge für die Haltung: Der Epagneul Français braucht täglich Auslauf. Er ist widerstandsfähig und schwimmt selbst in eisigem Wasser. Wenn er ein zu häusliches Leben führt, kann er Ekzeme bekommen. Er ist regelmäßig zu bürsten, spärlich zu ernähren, wenn er im Haus bleibt, reichlicher aber vor und nach der Jagd.

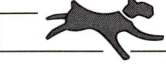  

Kleiner Münsterländer Vorstehhund

7. Gruppe
Vorstehhunde
(ohne britische Hunde)

Braun-weißer Schlag

Braunschimmel

Der Kleine Münsterländer Vorstehhund ist ein intelligenter, leichtführiger, schnell lernender Hund, der seine einmal gemachten Jagderfahrungen sehr schnell auswerten kann. Seine Vorzüge sind ausgeprägter Spurwille und Bringfreudigkeit. Durch eine strenge Zuchtauslese ist die Vorstehanlage verankert. Seine große Wasserfreudigkeit befähigt den Hund in großem Maße für die Entenjagd, weil ihn sein schlichtes, mittellanges Haarkleid im Wasser gegen Nässe und Kälte schützt. Außerdem weist er auch Wild- und Raubzeugschärfe auf. Gut geeignet ist er auch für die Schweißarbeit auf alles Schalenwild und das Verlorenbringen von Haar- und Federwild. Der Kleine Münsterländer Vorstehhund ist ein ausgesprochen vielseitiger Jagdgebrauchshund. Er wird als Braunschimmel und braun-weißer Schlag gezüchtet.

Zur Geschichte

Schon auf Bildern aus dem Mittelalter erkennt man Hunde, die unverkennbar Merkmale der Rasse aufweisen. Damals wurde er als suchender und vorstehender Hund auf der Beizjagd verwendet, daher die frühere Bezeichnung Habichts- oder Vogelhund. Um die Jahrhundertwende entdeckte Edmund Löns im Münsterland einige Hunde dieser alten Rasse wieder. Zu jener Zeit nannte man ihn Spion oder Heidewachtel, weshalb er oft mit dem Deutschen Wachtelhund verwechselt wurde.

Standard

Allgemeine Erscheinung: edler, eleganter und dabei kräftiger Hund.
Größe: Rüde 52–56 cm; Hündin 50–54 cm.
Gewicht: im Standard nicht erwähnt.
Kopf: edel, trocken, leicht gewölbt, mit kleinem Stop; kräftiger, langer Fang; braune Nase mit gut geöffneten Nasenlöchern.
Augen: dunkelbraun, mit fest anliegenden Lidern.
Ohren: breit und hoch angesetzt.
Hals: mittellang, muskulös, im Nacken leicht geschwungen.

Körper: breite, tiefe, geräumige Brust; fester, kurzer bis mittellanger Rücken; feste Nierenpartie; wenig aufgezogener Leib.
Rute: mittellang, mit langer Fahne, im letzten Drittel leicht nach oben gekrümmt.
Gliedmaßen: vordere gerade, befiedert; hintere gut gewinkelt, behost.
Pfoten: rund, gewölbt und geschlossen.
Haar: schlicht, dicht, mittellang, wenig gewellt, fest anliegend.
Farbe: braun-weiß, braunschimmelfarben; lohfarbene Abzeichen an Fang und Auge gestattet.
Fehler: zuviel Behaarung zwischen den Zehen.

Ratschläge für die Haltung: Der Hund ist verhältnismäßig einfach auch in der Wohnung zu halten. Dann muß man allerdings regelmäßig die Zeit aufbringen, um ihm genügend Auslauf zu verschaffen, denn als Jagdhund braucht er Bewegung.

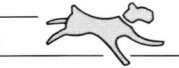

Großer Münsterländer

Ein Vorstehhund wie jeder andere? Nein, mit dieser Beschreibung wird man diesem ebenso liebenswerten wie tüchtigen Jagdgebrauchshund nicht gerecht. Denn die Vegetationsverhältnisse des Münsterlandes und Niedersachsens mit Wällen, Wallhecken, Gestrüpp, Knicks und Buschwerk, Moor- und Heideland, eingesprengten Wiesen und Binnengewässern verlangten vielmehr einen vielseitigen, unempfindlichen, unter der Flinte jagenden Hund; weite Feldsuche war, wie heute auch, weniger gefragt als die Arbeit nach dem Schuß. Das Verlorenbringen, das Apportieren krankgeschossenen Niederwilds und die zuverlässige konzentrierte Nachsuche auf der Wundfährte des Schalenwilds waren und sind seine wichtigsten Aufgaben. Die auf ihrem eigenen Boden jagenden Bauernjäger wollten aber gleichzeitig einen zuverlässigen Wächter für Haus und Hof. So hat sich nach mehr als 60jähriger konsequenter Leistungszucht ein edler, vielseitiger, für die Arbeit vor und nach dem Schuß gleich gut geeigneter Jagdhund herausgebildet.

Zur Geschichte

Die unmittelbaren Vorfahren der heutigen langhaarigen Vorstehhunde, zu denen auch der Große Münsterländer zählt, sind die seit dem Mittelalter geführten Beiz- und Vogelhunde. Aber erst Anfang der siebziger Jahre des 19. Jahrhunderts entstanden die ersten Jagdzuchtvereine, und 1879 wurden die Rassekennzeichen für die in Deutschland gezüchteten langhaarigen und kurzhaarigen Vorstehhunde festgelegt. Dabei wurde für das Langhaar die schwarze und schwarzweiße Farbe nicht zugelassen, obwohl man diesen Hund schon seit vielen Generationen zur Jagd verwendete. Seine Anhänger wollten auf diesen vorzüglichen Hund nicht verzichten und züchteten ihn weiter.

Standard

Allgemeine Erscheinung: kräftiger, muskulöser Hund mit lebhaftem Wesen, ohne Nervosität.
Größe: Rüde 60–65 cm; Hündin 58–63 cm.
Gewicht: Rüde 30 kg; Hündin 28 kg.
Kopf: edel, langgestreckt; geringer Stop; ausgeprägte Kinnmuskulatur; gut ausgebildeter Fang und trockene Lefzen; Scherengebiß; kräftige Zähne, ausgeprägte Fangzähne; gerader Nasenrükken; schwarzer Nasenschwamm.
Augen: gut geschlossen, dunkel.
Ohren: hoch angesetzt, befranst.
Hals: leicht gebogen, muskulös.
Körper: gut bemuskelter Widerrist; breite, tiefe Brust mit deutlicher Vorderbrust; kurzer, fester und gerader Rücken; abfallende Kruppe; aus-geprägte, durch straffe Muskulatur geschützte Nierenpartie.
Rute: waagrecht oder leicht aufwärts getragen, am dritten Lebenstag um 1 cm gekürzt.
Gliedmaßen: Vorderläufe mit fest an den Rippen anliegenden Schulterblättern, gut gewinkelten, langen, kräftig bemuskelten Oberarmen und elastischen Vorderfesseln; Hinterläufe straff und kräftig bemuskelt, mit korrekt gewinkelten Knie- und Sprunggelenken.
Pfoten: gut geschlossen, mäßig gerundet.
Haar: lang, dicht, schlicht; Fransen an Gliedmaßen und Ohren.
Farbe: weiß mit schwarzen Platten und Tupfen oder schwarz geschimmelt; weiße Schnippe oder Blesse zulässig.
Fehler: Abweichungen vom Standard.

Ratschläge für die Haltung: Der Hund gehört in die Hand des Jägers, kann aber, da er die Gesellschaft des Menschen liebt, problemlos in der Wohnung gehalten werden. Er braucht seinen Auslauf und muß gekämmt und gebürstet werden.

Gordon Setter

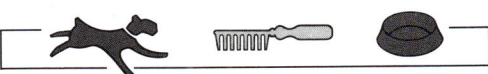

8. Gruppe
Jagdhunde britischer
Rasse

Der Gordon Setter gehört wie die anderen Setter und der Pointer zu den britischen Vorstehhunden, die speziell für die Jagd auf Federwild gezüchtet wurden. Sein ursprüngliches Arbeitsgebiet ist die Jagd auf Moorhühner. Dabei muß der Hund in den unwegsamen Mooren das Wild suchen, finden, festmachen und so sicher vorstehen, daß der Jäger auf Schrotschußentfernung herankommt. Dazu muß der Hund trotz des schwierigen Geländes nicht nur ausdauernd und schnell suchen, sondern dabei auch die Art seiner Suche selbständig dem Gelände, dem Wind und der Vegetation anpassen, damit er nicht mit ungünstigem Wind an das Wild kommt und es herausstößt. Nach dem Schuß muß der Hund das geschossene Wild zuverlässig suchen und dem Jäger bringen. Als vielseitiger Jagdhund setzt man ihn heute nicht nur bei der Feldjagd, sondern auch bei der Wasser- und Waldjagd ein.

Da er gut aussieht und ein angenehmes, ruhiges Wesen hat, wird er auch als Begleithund sehr geschätzt – doch auch dann muß man ihn konsequent ausbilden.

Zur Geschichte

Nach allgemeiner Ansicht ist der Gordon Setter, wie auch die anderen Setter, aus Land Spaniels hervorgegangen. Die ersten gesicherten Hinweise auf Black and Tan Setter tauchen bereits im 18. Jahrhundert in der englischen Jagdliteratur auf. Man weiß, daß in England lange vor dem Herzog von Gordon, von dem der Hund den Namen hat, mit Black and Tan Settern gejagt wurde, aber der Herzog hat doch mit seinem Zwinger viel zum Ruf des Gordons als leistungsfähigem Jagdhund beigetragen. Für die immer auftauchende Behauptung, der Herzog habe eine Colliehündin eingekreuzt, finden sich in der zeitgenössischen Literatur keine gesicherten Belege.

Standard

Allgemeine Erscheinung: eleganter Hund, gebaut zum Galoppieren, wirkt wie ein Jagdpferd.
Größe: Rüde 66 cm; Hündin 62 cm.
Gewicht: Rüde etwa 29 kg; Hündin etwa 24,5 kg.
Kopf: eher tief als breit; klar sichtbarer Stop; große, schwarze Nase; recht langer Fang.
Augen: dunkelbraun und glänzend.
Ohren: tief angesetzt, liegen dicht an.

Hals: lang, schlank, ohne Wamme.
Körper: mäßig lang; tiefer Brustkorb; breite, leicht gewölbte Lenden.
Rute: gerade oder leicht säbelförmig.
Gliedmaßen: vordere gerade, kräftig, flachknochig; hintere lang und muskulös.
Pfoten: oval, geschlossen; gewölbte Zehen.
Haar: mittellang, fein, glatt.
Farbe: glänzend kohlschwarz mit Kastanienrot.
Fehler: spitzer Kopf; zu helle Augen.

Ratschläge für die Haltung: braucht Familienanschluß und viel Auslauf.

187

Irish Setter

Dieses edle Tier mit der sportlichen und zugleich eleganten Haltung gilt als Vollblut unter den Settern. Wie die großen Rennpferde ist er überempfindlich. Da er einen guten Geruchssinn hat, ist er in der Lage, über längere Zeit vorzustehen, und wird daher hauptsächlich von ausdauernden Jägern eingesetzt, die genügend Kraft besitzen, ihm zu folgen. Wenn er die Fährte des Wildes sucht, bewegt er sich sehr schnell vorwärts und leistet sowohl auf freiem Feld als auch im Wald gute Arbeit.

Neben seiner Widerstandsfähigkeit und Energie besitzt der Irish Setter auch einen aufgeweckten Verstand, neigt allerdings stark zur Unabhängigkeit, weshalb er einen energischen Herrn braucht.

Zur Geschichte

Der ehemalige, von englischen Land Spaniels abstammende Irish Spaniel wurde durch rigorose Auslese und Kreuzungen mit dem English Setter, dem Water Spaniel, dem Gordon Setter, dem Springer Spaniel und dem Pointer verbessert. Im 19. Jahrhundert bemühten sich einige Hundefreunde um die Perfektionierung der Rasse. Der erste offiziell registrierte Irish Setter war dann der sehr schöne Rüde Bob. Angeblich wurde später der Barsoi eingekreuzt.

Standard

Allgemeine Erscheinung: sportlich, edel.
Größe: im Standard nicht erwähnt (66–72 cm).
Gewicht: im Standard nicht erwähnt (21–27 kg).
Kopf: lang und trocken; Schädel zwischen den Ohren oval; Stop durch die Augenbrauenbogen verstärkt; ziemlich quadratischer Fang; mahagonifarbene, braune oder schwarze Nase.
Augen: dunkel, haselnußfarben oder braun.
Ohren: hinten angesetzt, am Kopf anliegend.
Hals: mittellang, sehr muskulös, ohne Wamme.

Körper: tiefe, weit herabreichende und eher schmale Brust; muskulöse, leicht gewölbte Lendenpartie.
Rute: mittellang, sich verjüngend, tief angesetzt.
Gliedmaßen: vordere gerade, mit sehnigen Ellbogen; hintere langgestreckt und muskulös.
Pfoten: klein und sehr fest, mit geschlossenen und gewölbten Zehen.
Haar: an Kopf, Gliedmaßen, Ohrenden kurz und fein, sonst mittellang und glatt.
Farbe: leuchtendes Mahagonirot.
Fehler: falsche Farbe.

Ratschläge für die Haltung: möchte mit seinem Besitzer zusammenleben; braucht viel Auslauf.

English Setter

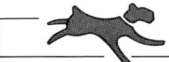

Es ist ein Genuß, diesem schönen englischen Vorstehhund zuzusehen, wie er bei der Arbeit in katzenartigen Sprüngen elegant und schnell galoppiert. Seine sehr feine Nase, seine rasche Suche, seine hervorragenden Reaktionen auf Wildwitterung, sein festes Vorstehen und seine Energie machen ihn zu einem hervorragenden Jagdhund, der in jedem Revier eingesetzt werden kann: auf dem weiten Feld für die Hühner- und Fasanenjagd, im Dickicht, Unterholz oder in Hecken zum Stöbern wie auch in sumpfigem Gelände und bei der Wasserarbeit. Er beherrscht bei richtiger Schulung auch das Nachsuchen, Apportieren und die Schweißarbeit. Als Begleithund ist er verspielt und anhänglich – aber er bleibt immer Jagdhund.

Zur Geschichte

Schon im 16. Jahrhundert wurde der Setter auf englischen Stichen abgebildet. Mitte des 19. Jahrhunderts begründete Sir Edward Lavarack seine berühmte Zucht. Sein Ziel war der schöne Typ. Bald danach züchtete Sir Purcell Llewellin einen auf Leistung angelegten Typ. In Frankreich allerdings hat man es verstanden, beide Zuchtrichtungen zusammenzuführen, so daß es dort den schönen und erstklassigen Jagdhund gibt.

Standard

Allgemeine Erscheinung: mittelgroß, elegant.
Größe und Gewicht: 65–70 cm und 27–30 kg.
Kopf: lang und trocken; deutlich sichtbares Hinterhauptbein; deutlicher Stop; Nasenkuppe schwarz oder leberfarben, je nach Haarfarbe; Lefzen nicht überhängend; gleich lange Kiefer.
Augen: haselnußbraun, möglichst dunkel; freundlich, intelligent blickend.
Ohren: tief angesetzt, an den Backen mit gleichmäßigen Falten anliegend.
Hals: recht lang, muskulös, ohne Wamme.

Körper: tiefe Brust; gerader Rücken; muskulöse Lendenpartie.
Rute: leicht gebogen oder abfallend.
Gliedmaßen: vordere senkrecht, mit tiefstehenden Ellbogen; hintere mit langen Keulen.
Pfoten: kurz, geschlossen, gedrungen.
Haar: lang, seidig, leicht gewellt.
Farbe: schwarz und weiß, zitronengelb und weiß, leberfarben und weiß, dreifarbig schwarz, weiß und gerbrindenfarben; lieber kleine Tupfen als große Abzeichen.
Fehler: breite Schultern; kurzer Fang; helle Augen.

Ratschläge für die Haltung: Der English Setter gehört in die Hand des Fachmanns.

Pointer

8. Gruppe
Jagdhunde britischer
Rasse

Der Pointer ist das Ergebnis einer hervorragenden Auslese; in diesem perfekten Jagdhund sind viele beeindruckende Eigenschaften vereint: Schönheit, edle Gestalt, Intelligenz, Intuition und angeborener Jagdverstand.

Seine Suche ist unvergleichlich elegant und schnell. Immer im Galopp, sucht er regelmäßig und geradlinig mit einmalig hoher Geschwindigkeit und mit außerordentlichem Eifer und Ausdauer das Gelände 100–200 m vor seinem Führer ab. Dieser Feldspezialist ist für die Jagd in der weiten Ebene wie geschaffen. Ganz gleich, ob auf freiem Feld oder im offenen Gelände, zeigt er eine angeborene Quersuche mit hoher Kopfhaltung und mit einer sensiblen Nase, die auch die geringste Witterung wahrnimmt.

Der Pointer ist der Vorstehhund schlechthin, das Vorbild für alle Vorstehhundrassen. Wie außerordentlich sein Geruchssinn ausgebildet ist, zeigt sich in der Geschwindigkeit, mit der er sucht. Wenn er in den Witterungsstrom des Wildes kommt, steht er wie versteinert vor. Er steht, die Muskeln unglaublich angespannt, starr oder unter großer Anstrengung leicht zitternd.

Große Hitze und Anstrengungen machen ihm nichts aus; nur Wasser ist nicht so unbedingt sein Element, wenngleich er auch hier, ohne zu zögern, seine Arbeit macht. Aufgrund seiner Schnelligkeit ist er besonders zur Jagd auf Federwild wie Rebhühner, Wald- und Sumpfschnepfen geeignet. Seine ovale Pfote, Hasenpfote genannt, verleiht ihm einen federnden Gang, der es ihm erlaubt, sich dem Wild fast unbemerkt zu nähern.

Dieser einzigartige Hund ist der ideale Begleiter für den Jäger. Wer ihn führt, weiß, daß dieser Jagdhund unvergleichlich ist. Deshalb wurde er auch zur Verbesserung und Blutauffrischung in die meisten europäischen Vorstehhundrassen eingekreuzt.

Zur Geschichte

Die Vorfahren des heutigen Pointers sind die weiß-bunten Hühnerhunde spanischer Herkunft. Graf Albert von Böllstädt (um 1200 bis 1280), bekannt als Albertus Magnus, Bischof von Regensburg und Naturforscher, erwähnte in seiner Schrift De Animalibus *den spanischen Perro de Punta, den Vorfahren des heutigen Pointers. Dieser Perro de Punta stammt, wie alle Vorstehhundrassen, von der noch älteren, keltischen Brackenart Legusier ab. Da die Eigenschaft des Vorstehens in klarem Widerspruch zu der Arbeit der echten Bracken steht, nimmt man an, daß sie als Mutation aufgetreten ist; diese Eigenschaft wurde dann über Jahrhunderte durch gezielte Reinzucht gefestigt. Auf drei Wegen gelangte der Perro de Punta nach Mitteleuropa: Im 12. Jahrhundert kam er nach Italien, im 15. Jahrhundert nach Frankreich und im 18. Jahrhundert nach England. Zur Verbesserung von Nase, Schnelligkeit und Finderwille wurden in verschiedenen Ländern, insbesondere in Großbritannien, im 18. Jahrhundert Bracken, Foxhound und Greyhound eingekreuzt. Diese Blutanleihe galt im frühen 19. Jahrhundert als abgeschlossen, so daß der Typ heute homogen ist.*

Die Quersuche

Auf diese Art macht der Pointer das Wild ausfindig. Er galoppiert dabei gegen den Wind vor seinem Herrn, wobei er in weiten Schleifen das Gelände durchstreift, um die Wildwitterung aufzunehmen. Man spricht von großer Suche, wenn die Schleifen, die der Hund zurücklegt, auf jeder Seite 100–200 m lang sind. Ständig galoppierend, mit hoher Kopfhaltung, im Wind hängend, dies ist die Domäne des Pointers, nur so kann er seinen Geruchssinn voll zur Geltung bringen. Nicht umsonst bezeichnet man den Pointer als den König des weiten Feldes.

Standard

Allgemeine Erscheinung: symmetrisch und gut gebaut, aufgeweckt, macht den Eindruck eines kraftvollen, ausdauernden, schnellen Hundes.
Größe: Rüde 63–69 cm; Hündin 61–66 cm.
Gewicht: im Standard nicht erwähnt.
Kopf: Schädel mittelbreit, im richtigen Verhältnis zum Fang; deutlicher Stop; ausgeprägtes Hinterhauptbein; Nasenschwamm breit, weich und feucht; Fang endet auf Höhe der Nasenlöcher; Lefzen gut entwickelt, weich; Scherengebiß.
Augen: haselnußbraun oder braun, je nach Haarfarbe, glänzend, freundlich blickend.
Ohren: ziemlich hoch angesetzt, eng am Kopf anliegend.
Hals: lang, muskulös, leicht gewölbt, ohne Wamme.
Körper: Brustkorb genügend breit; Brust bis zu den Ellbogen herabgelassen; gut gewölbte Rippen; Lenden kräftig, muskulös, leicht gewölbt; Rücken kurz; Hüftknochen gut auseinanderliegend und herausragend, aber nicht über die Rückenhöhe hinaus; die ganze Außenlinie verläuft von Kopf bis Rute in eleganten Schwüngen und bietet ein kraftvolles und geschmeidiges Bild.
Rute: mittellang, stark am Ansatz, zur Spitze hin feiner werdend, in Rückenhöhe getragen, ohne sich aufwärts zu krümmen; soll in Bewegung nach beiden Seiten schlagen.
Gliedmaßen: vordere gerade und kräftig, mit substanzvollen, ovalen Knochen und starken, sichtbaren hinteren Sehnen sowie langen, starken, elastischen Fesseln; hintere mit sehr muskulösen Schenkeln und bodennahen Sprunggelenken.
Pfoten: oval, unten gut gepolstert; Zehen gut geschlossen und gewölbt.
Haar: fein, kurz, fest und gleichmäßig verteilt, vollkommen glatt und gerade, mit ausgeprägtem Glanz.
Farbe: in der Regel zitronenfarben und weiß, orange und weiß, leberfarben und weiß sowie schwarz und weiß; Einfarbigkeit und Dreifarbigkeit sind auch korrekt.
Fehler: Vor- oder Rückbiß; hervortretende Bakkenknochen; auf die Nase gerichtete Augen und dreister, starrer Blick.

Ratschläge für die Haltung: Nicht jagen zu dürfen ist für ihn eine Strafe. Dieser sportliche Hund braucht sehr viel Auslauf bei ausgedehnten Spaziergängen. Er ist widerstandsfähig, man muß aber auf seine Ohren achten. Er mag nasse Kälte nicht so sehr, deshalb braucht er nach der Arbeit im Wasser Gelegenheit zum Abtrocknen.

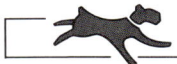  

Labrador Retriever

Der ziemlich kompakte und muskulöse Labrador mit seinem seidig glänzenden Fell soll, so geht die Legende, aus der Verbindung einer Fischotterdame mit einem St.-John's-Hund, den man auch Kleiner Neufundländer nennt, hervorgegangen sein. Und tatsächlich erinnert seine kräftige, rundum mit dickem, dichtem Haar bedeckte Rute an einen Fischotterschwanz. Auch ist dieser Hund wie der Fischotter ein hervorragender Schwimmer, der sich selbst im kältesten Wasser unbeschwert bewegt, da ihn sein kurzes Haarkleid mit dem wasserabweisenden Unterhaar vollkommen schützt.

Früher half der Vorfahre des heutigen Labradors, der St. John's Labrador, den Kabeljaufischern, die den Netzen entwischten Fische einzubringen. Als treuer Gefährte der Seeleute zog er ihre Taue bei stürmischem Wetter an Land und bewachte ihre Boote.

Der Labrador zeichnet sich aus durch seine Wasserfreudigkeit und die imponierende Schwimmtechnik, die er vom St. John's Labrador geerbt hat. Sein ruhiges Wesen und die enge Bindung zu seinem Herrn, gepaart mit seiner vorzüglichen Nase und dem weichen Griff, mit dem er das Wild aufnimmt, machen es leicht, ihn zu einem hervorragenden Apportierer auszubilden.

Der Labrador ist kein Vorstehhund, sondern ein Spezialist für alle Arbeiten nach dem Schuß. In Großbritannien, wo den dortigen Jagdverhältnissen entsprechend für jeweils spezielle Aufgaben verschiedene Jagdhundrassen eingesetzt werden, wird von einem Retriever vor allem verlangt, daß er ruhig neben dem Schützen sitzen bleibt und beobachtet, wo auf den Schuß Wild gefallen ist. Erst wenn er das Kommando durch Handzeichen dazu erhält, soll er das Stück zügig suchen und bringen. Dabei soll er sich durch Handzeichen willig in die jeweilige Richtung einweisen lassen.

In der Bundesrepublik wird der Labrador vielseitiger geführt. Er erledigt alle anfallenden Arbeiten im Revier und hat sich durch seine Ruhe und Ausdauer insbesondere bei der Arbeit auf der Wundfährte bewährt.

Der Labrador ist in seinem Ursprungsland sehr populär, wird aber auch in der übrigen angelsächsischen Welt sehr geschätzt, besonders in Australien.

Sein freundliches Wesen und seine Intelligenz, Ruhe und Geduld erklären, warum der Labrador auch ein immer häufiger begehrter Begleithund ist.

8. Gruppe
Jagdhunde britischer Rasse

Zur Geschichte

Graf Malmesbury führte den Vorfahren des heutigen Labradors, den St. John's Labrador, aus Neufundland in Großbritannien ein. Der Lord war von den Arbeitseigenschaften dieses Hundes begeistert und wollte mit ihm züchten. Jagdpassionierte englische Adlige erkannten sehr schnell die gute Veranlagung dieser Hunde und setzten sie zum Apportieren bei der Wasserjagd ein. Der Erfolg war derart überzeugend, daß die Abkömmlinge des St. John's Labradors bald allgemein Retriever genannt wurden (von englisch to retrieve gleich suchen, finden, apportieren). In der Folge wurden diese Retriever (wegen ihres langhaarigen, welligen Haarkleides damals Wavy coated Retriever genannt) mit verschiedenen anderen in England gebräuchlichen Jagdhundrassen gepaart. Man wollte die Wasserfreudigkeit und Leichtführigkeit des Retrievers verbinden mit der Nasenleistung und Ausdauer der weiträumig suchenden Jagdhunde. Wahrscheinlich ist auch der Pointer eingekreuzt worden. Das Ergebnis war ein stockhaariger, kompakter Hund, der etwas leichter im Gebäude war als der St. John's Labrador, dessen Arbeitseifer und Wasserfreudigkeit er aber bewahrte. Auf dieser Basis wurde systematisch weitergezüchtet, bis sich die Rasse Ende des vorigen Jahrhunderts so stabilisiert hatte, daß sie 1905 zur Abgrenzung von anderen Retrieverschlägen als Labrador Retriever mit eigenem Standard klassifiziert wurde.

Ein Champion in der Entdeckung von Rauschgiften

Die Ausbildung des Labradors zum Aufspürer von Drogen, eine seiner speziellen Fähigkeiten, dauert ungefähr acht Wochen für Haschisch und Marihuana, eine Woche länger für die übrigen Rauschgifte.

Das Lernprogramm beginnt zunächst ganz spielerisch; man wirft ihm lauter gleiche Bälle zu, von denen nur einer die Droge enthält. Der Hund muß ihn herausfinden, was er sehr rasch lernt. Dann macht man das Spiel schwieriger, indem man den Ball in einem Kästchen, einem Koffer oder anderen Behältern verbirgt. Dem Labrador gelingt es, dank seines beachtlichen Geruchssinns, ihn zu finden.

Mit der Hilfe eines so tüchtigen Mitarbeiters konnte das amerikanische Bundesamt für Narkotika in zwei Jahren mehr als 2000mal beträchtliche Mengen verschiedener Rauschgifte feststellen.

Standard

Allgemeine Erscheinung: Obwohl gedrungen und kräftig, ist er ein sehr lebhafter Hund.
Größe: Rüde 55–57 cm; Hündin 54–56 cm.
Gewicht: im Standard nicht erwähnt.
Kopf: trocken, ohne fleischige Backenpartien; Schädel breit; ausgeprägter Stop; Fang kräftig, mittellang, nicht zu spitz; breite Nase mit gut entwickelten Nasenlöchern.
Augen: mittelgroß, braun oder haselnußfarben, mit freundlichem und intelligentem Ausdruck.
Ohren: flach am Kopf anliegend, ziemlich weit hinten angesetzt.
Hals: muskulös, trocken und kräftig.
Körper: breite, tiefe Brust; gut gewölbte Rippen; Rücken kompakt, kurz in den Lenden; kurze Verbindung zwischen letzter Rippe und Becken.
Rute: nach ihrer gerundeten Form Fischotter-schwanz genannt; sie ist für die Rasse charakteristisch; sehr dick am Ansatz, allmählich spitz zulaufend, mittellang, praktisch ohne Befiederung.
Gliedmaßen: Vorderläufe mit guten Knochen, gerade von der Schulter zum Boden verlaufend; Hinterläufe mit gut gewinkelten Knie- und leicht gebogenen Sprunggelenken.
Pfoten: rund, kompakt, mit gut gekrümmten Zehen und entwickelten Ballen.
Haar: ein weiteres Charakteristikum der Rasse; muß kurz und dicht sein, ohne Wellen und leicht rauh anzufühlen; mit wasserabweisender Unterwolle; Stockhaar.
Farbe: einheitlich schwarz oder gelb, aber andere einheitliche Farben sind erlaubt; ein kleiner weißer Fleck auf der Brust wird toleriert.
Fehler: fehlende Unterwolle; Befiederung; spitze Schnauze; über den Rücken gerollte Rute; große, schwere Ohren.

Ratschläge für die Haltung: Dieser robuste Hund ist nicht krankheitsanfällig. Sein kurzes, dichtes Fell braucht wenig Pflege; man bürstet es beim Haarwechsel gut durch. Er braucht genügend Bewegung, andernfalls wird er dick, und das um so leichter, als er einen ungeheuren Appetit hat. Er braucht Familienanschluß.

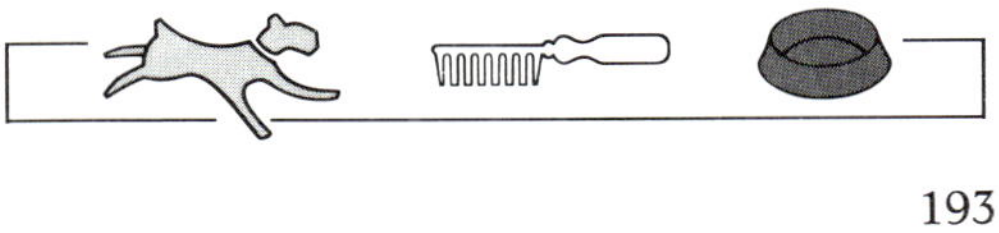

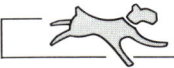  

Chesapeake Bay Retriever

In den USA wird der Chesapeake Bay Retriever bei großen Jagden anstelle des Vorstehhundes verwendet. Lebhaft, mit ausgezeichnetem Geruchssinn und ohne jede Scheu vor noch so kaltem Wasser, eignet er sich hervorragend insbesondere für die Entenjagd. Sein fettiges und sehr dichtes Fell schützt ihn vollkommen vor der Kälte und trocknet in Sekundenschnelle, sobald er sich schüttelt. Er anerkennt nur einen Menschen als Herrn.

Standard

Allgemeine Erscheinung: wohlproportioniert, äußerst kräftig.
Größe: Rüde 58–66 cm, Hündin 53–61 cm.
Gewicht: Rüde 29,5–34 kg, Hündin 25–29,5 kg.
Kopf: breit und gewölbt; Stirnabsatz mittelmäßig; Fang mäßig lang, sich verjüngend, aber nicht zugespitzt.
Augen: mittelgroß, sehr klar, gelblich gefärbt.
Ohren: klein und hängend, lederartig.
Hals: mittellang, sehr muskulös.
Körper: mittellang, eher durchhängend; Flanken gut aufgezogen; Rücken kurz und wohlgeformt; Schultern sehr kräftig.
Rute: mittellang, am Ansatz mäßig dick.
Gliedmaßen: vordere und hintere gerade und mit kräftigem Knochenbau.
Pfoten: große Hasenpfoten mit gut gewölbten, geschlossenen Zehen und Schwimmhäuten.
Haar: kurz, dicht, mit dichter, feiner Unterwolle; Neigung zu Welligkeit an den Schultern; Locken nicht zulässig.
Farbe: jede zulässig, bevorzugt jedoch Einheitlichkeit.
Fehler: gelocktes Haarkleid.

Ratschläge für die Haltung: Er liebt Schnee und Eis und muß regelmäßig schwimmen und laufen, andernfalls neigt er zum Dickwerden. Er ist sehr widerstandsfähig.

Zur Geschichte

1807 erlitt eine englische Brigg Schiffbruch vor der Küste von Maryland. Gerettet wurden auch zwei Neufundländer – ein rothaariger Rüde namens Sailor und eine schwarze Hündin. Diese beiden wurden später mit den örtlichen Hühnerhunden gekreuzt, und so entstanden die ersten Chesapeakes. Zu ihren Ahnen gehören außerdem der Flat-coated und der Curly-coated Retriever sowie der Irish Water Spaniel. 1885 wurde der Standard endgültig festgelegt und ein Rasseclub in Albert Lee, Minnesota, gegründet. Der Hund wurde besonders im Hinblick auf Fell und kräftige Muskulatur gezüchtet, die ihn für die Jagd bestens geeignet machen. Die Rasse ist in den USA weit verbreitet.

Curly-coated Retriever

Der Curly-coated ist der älteste der britischen Retriever. Er fällt vor allem durch sein wunderschönes Fell auf, das wie bei einem Astrachanlamm am ganzen Körper dicht gelockt ist. Besonders im 19. Jahrhundert wurde er viel bei der Jagd verwendet; heute zieht man ihm jedoch seinen glatthaarigen Vetter, den Flat-coated Retriever, vor.

Der Curly-coated Retriever ist ein ausgezeichneter Schwimmer; außerdem zeichnen ihn Aufmerksamkeit und Ausdauer aus. Diese Eigenschaften machen ihn zu einem erstklassigen Apportierhund, der besonders für die Entenjagd in Sumpfgebieten geeignet ist. Er ist kräftig und energisch und charakterlich so veranlagt, daß er sich anderen Hunden gegenüber manchmal recht abweisend verhält.

Zur Geschichte

Der Curly-coated Retriever ist, wie alle Retriever, ein Abkömmling des Neufundländers. Die Rasse entstand im 19. Jahrhundert, als ein Neufundländer mit einem Irish Water Spaniel gekreuzt wurde. In der Folge ließ man dann Hündinnen auch von verschiedenen Pudeln und Labradorhunden belegen. Ein Rasseclub wurde schließlich 1896 in Großbritannien gegründet. Seine größte Beliebtheit erreichte der Curly-coated Retriever zwischen den beiden Weltkriegen.

Standard

Allgemeine Erscheinung: elegant, geschmeidig; ein stets sehr aktiver Hund.
Größe: 63–69 cm.
Gewicht: 31,5–36 kg.
Kopf: langer, gut proportionierter und nicht allzu flacher Oberkopf; kräftiges Gebiß.
Augen: ziemlich groß, aber nicht sehr vorstehend, schwarz oder braun.
Ohren: eher klein, tief angesetzt.
Hals: mittellang, ohne Wamme.

Körper: tiefe Brust; Schultern sehr tief, schräg und muskulös.
Rute: mittellang, spitz zulaufend, gerade getragen.
Gliedmaßen: muskulös, kräftig; tiefe Sprunggelenke.
Pfoten: rund und kompakt, mit stark gewölbten Zehen.
Haar: gelockt am ganzen Körper.
Farbe: schwarz oder leberfarben.
Fehler: zu breiter Kopf; helle Augen; geringelte Rute; schlechtes Gangwerk.

Ratschläge für die Haltung: Der Curly-coated ist nicht für ein Leben in der Stadt geeignet; er muß nach Belieben schwimmen können und viel Auslauf haben, sonst wird er dick. Die Pflege seines Felles ist schwierig, da man seinen fettigen Lok-ken weder mit Kamm noch Bürste beikommt. Nicht shampoonieren!

Flat-coated Retriever

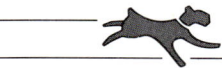

Der stämmige Flat-coated ist, wie alle Retriever, ein ausgezeichneter Schwimmer und ein aufmerksamer, gut apportierender Jagdhund, den die Engländer gerne in Sumpfgebieten verwenden. Er ist liebebedürftig und geduldig, fügsam und gut zu haben.

Eine sorgfältige Ausbildung vervollkommnet leicht die natürlichen Anlagen dieses Hundes, der unglücklich ist, wenn er nicht jagen kann. Er hängt sehr an seinem Herrn, entfernt sich nie weit von ihm und zieht es vor, anderen das Aufspüren entfernterer Beute zu überlassen.

Standard

Allgemeine Erscheinung: mittelgroß und kräftig, ohne massig zu sein.
Größe: 55–61 cm.
Gewicht: 25–36 kg.
Kopf: lang; Oberkopf mittelbreit; kräftiges Gebiß.
Augen: mittelgroß, dunkelbraun oder kastanienbraun.
Ohren: klein und gut am Kopf anliegend.
Hals: lang, ohne Wamme.
Körper: breite, tiefe Brust; Rücken kurz, kräftig; gewölbte Rippen.
Rute: kurz, gerade, nie weit über die Rückenlinie erhoben.
Gliedmaßen: vordere gerade; hintere muskulös, stark befedert.
Pfoten: rund, kräftig; Zehen geschlossen, gut gekrümmt.
Haar: dicht, fein, möglichst glatt.
Farbe: schwarz oder leberfarben.
Fehler: runde, vorspringende Augen.

Ratschläge für die Haltung: Ohne genügend Bewegung neigt er zum Dickwerden. Dann und wann die braunen Haare an den Ohren auszupfen.

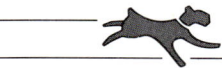  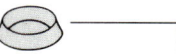

8. Gruppe
Jagdhunde britischer Rasse

Zur Geschichte

Der Flat-coated Retriever ist eine der ältesten Retriever-Rassen; er wurde um das Jahr 1850 zum erstenmal gezüchtet. Neben dem kleineren Neufundländer waren vermutlich noch Setter, Sheepdogs und Water Spaniels an der Entstehung der Rasse beteiligt. Der Standard wurde erstmals 1885 in England aufgestellt. In den achtziger Jahren des vorigen Jahrhunderts löste der Flatcoat den Curly-coated Retriever als vorherrschende Retriever-Rasse ab. Er wurde rasch beliebt und viel von Wildhütern gehalten. Bei den ersten Gun Dog Trials, den Wettbewerben für Jagdhunde, die seit 1900 speziell für Retriever ausgetragen wurden, stellten Flatcoats die Sieger. Aber schon vor dem Zweiten Weltkrieg begann die Rasse gegenüber dem aufkommenden Labrador Retriever beträchtlich an Bedeutung zu verlieren; später wurde sie auch vom Golden Retriever, der immer mehr Liebhaber fand, zahlenmäßig weit überholt. Nach dem Zweiten Weltkrieg war dann der Wiederaufbau der Zucht sehr schwierig, und erst in den letzten Jahren steigt die Zahl der Flatcoated Retriever erfreulicherweise langsam wieder an.

Golden Retriever

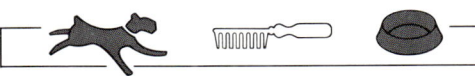

8. Gruppe
Jagdhunde britischer
Rasse

Dieser kräftige, gutgebaute Retriever mit seinem gold- oder weizenfarbigen Fell hat eine solche Vorliebe für das Wasser, daß er das Wild selbst unter den schwierigsten Bedingungen apportiert. Man sagt von ihm, er apportiere so selbstverständlich, wie er atme.

Da er sich in Buschwerk wie in sumpfigen Gebieten in gleicher Weise bewährt, ist der Golden Retriever ein hervorragender Hund für die Büchsenjagd; er sucht das Gelände systematisch ab.

Er ist nicht nur aktiv und kräftig, sondern auch mit einem hervorragenden Geruchssinn ausgestattet, den er vermutlich vom Bluthund geerbt hat. Der Golden Retriever verfügt auch über ein außergewöhnliches Gedächtnis, das seine Dressur erleichtert. Trotz seines stolzen Gehabes ist er ein gehorsamer Hund. Seine Treue, Ruhe und Sanftmut machen ihn zu einem liebenswerten Gefährten und guten Hüter „seiner" Familie.

Zur Geschichte

Der Ursprung des Golden Retrievers steht fest, seitdem im Jahr 1952 die mit großer Sorgfalt geführten Zuchtbücher des ersten Lord Tweedmouth auf seinem Landgut an der schottischen Grenze gefunden wurden. Danach paarte er einen gelben Retriever mit welligem Haarkleid (wavy-coated) namens Nous mit einem Tweed Water Spaniel, der Belle hieß. Nach und nach kreuzte er in deren Nachkommen einen weiteren Wasserspaniel (Water Spaniel) ein, die Nachkommen zweier schwarzer Retriever, einen Irish Setter sowie einen sandfarbenen Bloodhound.

Standard

Allgemeine Erscheinung: kräftiger, aktiver und lebhafter Hund.
Größe: Rüde 56–61 cm, Hündin 51–56 cm.
Gewicht: Rüde 32–37 kg, Hündin 27–32 kg.
Kopf: breiter Schädel; kräftiger, breiter Fang; starkes Gebiß; deutlicher Stop; schwarze Nase.
Augen: ziemlich weit stehend, dunkel, mit sehr sanftem Ausdruck.
Ohren: mittellang, gut geformt und angeordnet.
Hals: muskulös, ohne Wamme.
Körper: sehr harmonisch; tiefe Brust; lange, gut angeordnete Rippen; kräftige muskulöse Lendengegend; weit nach hinten gezogene Schultern.
Rute: weder an der Spitze gebogen noch zu hoch getragen.
Gliedmaßen: vordere gerade; hintere stark und muskulös; Sprunggelenke ziemlich tief.
Pfoten: rund; Katzenpfoten.
Haar: glatt oder gewellt; reichliche und wasserdichte Unterwolle.
Farbe: alle Nuancen zwischen Gold und Weizengelb. Einige weiße Haare auf der Brust werden toleriert.
Fehler: gebogene, zu hoch getragene Rute.

Ratschläge für die Haltung: Der Hund braucht Familienanschluß und viel Auslauf im Freien.

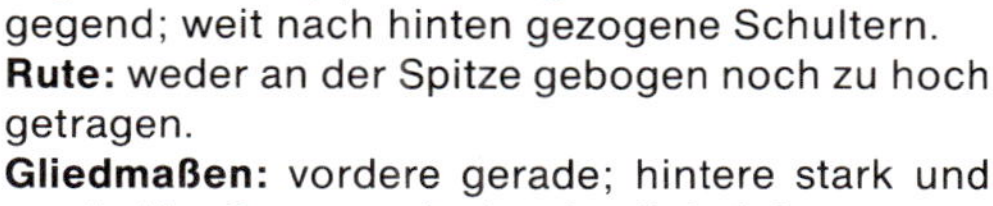

Cocker Spaniel

Der englische Cocker Spaniel ist vor allem ein leidenschaftlicher Jäger. Unermüdlich schlüpft er, was ihm seine Kleinheit erlaubt, überall durch, erforscht ein Gelände methodisch und stöbert Wild an Stellen auf, wo andere Hunde nichts gefunden hatten. Er ist unvergleichlich bei der Schnepfen- und Fasanenjagd, läßt auch Rebhühner auffliegen und scheut sich nicht vor sumpfigem Gelände, wenn es darum geht, Enten oder Rallen aufzustöbern. Außerdem ist er seiner Veranlagung nach ein ausgezeichneter Apportierer.

Aber heute haben ihn seine Schönheit und Eleganz, sein von langen hängenden Ohren eingerahmter hübscher Kopf, sein weiches Fell zu einem sehr gesuchten Begleithund gemacht, der sich durch ein sanftes und heiteres Gemüt auszeichnet und der stets zu Späßen aufgelegt ist. Sehr auf Sauberkeit bedacht, widmet er, fast nach Katzenart, viel Zeit der Säuberung seines Fells.

Er ist stets auf alles ringsum neugierig, folgsam, ohne sklavisch unterwürfig zu sein, und nimmt am Leben seines Herrn, dem er eine leidenschaftliche Liebe entgegenbringt, lebhaften Anteil. „Er ist mein größter Bewunderer und liebt mich, ohne je eine Zeile von mir gelesen zu haben", sagte Rudyard Kipling nicht ohne Humor von seinem Cocker.

Obgleich van Dyck 1630 neben den Kindern Karls I. von England zwei Spaniels dargestellt hatte, die dem gegenwärtigen Cocker ähneln, ist dieser Hundetyp kein Gefährte für Kinder, denn er verträgt ihre Ungeschicklichkeiten und Neckereien nur schlecht.

Da der Cocker Spaniel sehr selbstbewußt und mit einem starken Willen ausgestattet ist, braucht man zu seiner Erziehung eine gewisse Konsequenz, obwohl es schwierig sein mag, seinem treuherzigen Blick zu widerstehen, den er jederzeit wirkungsvoll einsetzt, wenn er sich seinem Herrn gegenüber durchsetzen möchte.

---

8. Gruppe
Jagdhunde britischer Rasse

Zur Geschichte

Wie alle Spaniels hat der Cocker möglicherweise ferne Ahnen in Spanien. Jedoch erscheint er im 14. Jahrhundert erstmals in dem Buch über die Jagd von Gaston Phébus, Graf von Foix, in dem ein ganzes Kapitel den Hühnerhunden gewidmet ist, die er auch Espainholz nennt und die aller Wahrscheinlichkeit nach zu den Ahnen der zeitgenössischen Cocker gehören. Jahrhundertelang wurden diese Hunde in Frankreich und vor allem in Großbritannien für die Treibjagd verwendet. Im 18. Jahrhundert gab es in England bereits zwei Varianten: den Springer Spaniel von beträchtlicher Größe, der besonders für die Jagd auf Wasservögel geschätzt war, und den etwas kleineren, auf Schnepfenjagd spezialisierten Cocker Spaniel. Die Herzöge von Marlborough kümmerten sich um die Zucht und schufen durch Einkreuzung englischer Toy Spaniels die Rasse, die im 19. Jahrhundert endgültig fixiert wurde.

Der Cocker Spaniel Bill

Der berühmteste Hund dieser Rasse ist belgischer Herkunft. Bill wurde 1960 von dem wallonischen Zeichner Roba geschaffen. Seine Abenteuer, die in 20 Heften erschienen, wurden in 19 Sprachen übersetzt, so daß dieser Held der Bildgeschichten in der ganzen Welt bekannt ist. Dieser Cocker mit seiner glänzendschwarzen Nase, den langen, zu allerlei Abenteuern Anlaß gebenden Ohren, dem melancholischen Blick und den treffenden Bemerkungen vermag über die menschlichen Schwächen seiner Umgebung – darunter seines Kumpanen Boule – ohne Bosheit zu lachen und den Leser zum Lachen zu bringen und mit Humor die tausenderlei Begebenheiten des täglichen Lebens zu kommentieren.

Standard

Allgemeine Erscheinung: heiter, wachsam, gut gebaut und trotz seiner Kleinheit von unerschöpflicher Energie und Ausdauer.

Größe: Rüde 38–41 cm; Hündin 37–40 cm.

Gewicht: 11–13 kg.

Kopf: weder schwer noch massig, lang, mit ausgeprägten Flächen; Schädel und Stirn gut entwickelt; Hinterkopf nicht vorspringend; Brauenbogen schützen die Augen; Schnauze rechteckig; Stirnabsatz deutlich; Nasenrücken gerade, fest und breit; Backen trocken und fein geformt; Lefzen weder hängend noch zu knapp, jedoch kräftig; starke Reißzähne; breite Nase mit gut entwikkelten Nüstern.

Augen: groß, die Augenhöhle gut ausfüllend, aber nicht vorquellend, glänzend und munter; Bindehaut nicht sichtbar; Sehachsen der Augen müssen parallel sein, so daß kein Schielen auftritt.

Ohren: lappig, tief angesetzt, fein und weich, mit reichlichem seidenweichem Haar bedeckt und flach an den Backen herabhängend, ohne Locken und Kräuselungen.

Hals: lang und muskulös, ohne Wamme, gut auf den Schultern sitzend.

Körper: kompakt und gedrungen, vermittelt den Eindruck geballter Kraft; Rücken kurz, gerade und kräftig, gegen die Rute zu leicht abfallend; Schultern sehr lang und sehr schräg; Brust breit und tief ausgebildet; Flanken nicht allzu gerundet, aber nie flach oder eingefallen; Lenden sehr kräftig, kompakt, muskulös.

Rute: ein wenig unterhalb der Rückenlinie angesetzt, um ⅔ ihrer Länge kupiert, muß möglichst tief getragen werden; ständiges Pendeln ist ein Charakteristikum der Rasse.

Gliedmaßen: kräftige Knochen; vordere ziemlich gerade, stark und relativ kurz, reichlich behaart, weder zu eng noch zu weit gesetzt; hintere kräftig, breit, gut gerundet, sehr muskulös, Schenkel gut bemuskelt, tief herabreichend; Sprunggelenke ziemlich lang, weder zu weit noch zu nah aneinander stehend.

Pfoten: feste Katzenpfoten; sehr harte Ballen.

Haar: schlicht und seidig, niemals straff oder gelockt, mit reichlichen, sich nicht kräuselnden Fahnen, flach anliegend, dicht und glatt, niemals wollig.

Farbe: alle Farben sind zugelassen, bei Einfarbigkeit jedoch keine Flecken, außer allenfalls einem weißen Brustlatz.

Fehler: dicker Kopf; leichter Knochenbau; gekräuseltes Fell; schwache Sprunggelenke; zu hoch getragene Rute; geringer Stirnabsatz; helle Augen; Aggressivität; breite und offene Pfoten; steile Schultern; langsame Bewegungen.

Ratschläge für die Haltung: Seine Ohren sind für Infektionen anfällig. Man muß daher das Innere des Gehörgangs regelmäßig reinigen, um überschüssiges Ohrenschmalz zu entfernen. Wenn man Spuren von geronnenem Blut findet, sollte man den Tierarzt aufsuchen, da es sich um eine Ohrenentzündung handeln kann. Der Cocker neigt zum Dickwerden; man muß ihn daher entsprechend der täglichen Bewegung ernähren. Im Mittel rechnet man mit 650–800 g Fleisch mit Gemüse oder Getreideflocken. Man kann ihm auch anstelle eines Teils des Fleisches Käse und Früchte geben. Der Cocker braucht sehr viel Auslauf. Man muß mit ihm täglich weite Spaziergänge und einmal je Woche einen Landausflug machen, andernfalls wird er leicht nervös oder sogar aggressiv.

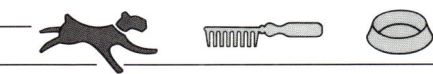

Sussex Spaniel

8. Gruppe
Jagdhunde britischer
Rasse

Dieser massive und energische Spaniel mit dem schönen, melancholischen Blick bewegt sich mit einem ihm eigenen, ausgeprägten Watschelgang. Er wurde in der Absicht gezüchtet, betagte Jäger in Gebieten mit dichtem Unterholz zu unterstützen. Er ist unerschütterlich und langsam und gibt zum besseren Verständnis mit seinem Führer Laut. Im übrigen jagt er wie der Cocker.

Ein Liebhaber schrieb, der Sussex Spaniel „ist mit voller Stimme begabt, die wie eine Glocke schallt, deren Töne er je nach dem Wild, das er vor sich hat, variiert. Dank dieser Stimme wird ein erfahrener Jäger bestimmen können, ob er sich darauf einstellen soll, auf Fell oder Feder zu schießen, und er wird eine heiße Spur von einer alten Fährte unterscheiden können..."

Zur Geschichte
Die Rasse wurde 1795 von M. R. Fuller aus Rosehill Park nahe Hastings in Sussex gezüchtet und immer wieder verbessert. Sie war aus Kreuzungen verschiedener Spaniels hervorgegangen, namentlich dem Norfolk, dem leberfarbenen und weißen Field (heute ausgestorben), dem Springer und dem Clumber. Daraus entstand ein Hund in nur einer Farbe: Er ist leberfarben mit goldenem Schimmer (golden liver). *Die Rasse wurde 1885 offiziell anerkannt und ist heute selten.*

Standard

Allgemeine Erscheinung: Der Sussex Spaniel ist ein massiver, kräftig gebauter Hund.
Größe: 38–40 cm.
Gewicht: Rüde 20 kg; Hündin 18 kg.
Kopf: gut ausgewogen; breiter, mäßig geschwungener Schädel; deutlicher Stop; markierter, aber nicht spitzer Hinterkopf; leberfarbene, gut entwickelte Nüstern; Scherengebiß; starke und gerade Kiefer.
Augen: ziemlich groß, nicht zu voll, nußbraun, mit gutmütigem Ausdruck.
Ohren: stark, ziemlich groß, lappig, unter Augenhöhe angesetzt, am Kopf anliegend, mit weichem, wolligem Haar besetzt.
Hals: lang, stark, leicht geschwungen; wenig Wamme; gut markierte Halskrause.

Körper: kräftig, eben; schräge, freistehende Schulter; tiefe, gut entwickelte Brust; Rücken und Lende gut entwickelt und sehr muskulös; hohe Fehlrippen.
Rute: tief angesetzt, kupiert, gut mit Fell bedeckt, ohne Fahnen.
Gliedmaßen: guter Knochenbau, stark muskulös; vorn eher kurz, kräftig, mäßig befedert; hinten nicht kürzer als vorn, oberhalb der dicken, kräftigen Kniegelenke stark befedert.
Pfoten: rund, zwischen den Zehen befedert.
Haar: füllig, glatt, anliegend, reich an Unterhaar.
Farbe: leberfarben mit Goldschimmer.
Fehler: hinten kürzer als vorn oder in den Kniekehlen zu geschwungen, was ihm das Aussehen eines Setters verleiht; befederte oder über dem Rücken getragene Rute; lockiges Fell; dunkelleberfarben oder flohbraun.

Ratschläge für die Haltung: jeden Tag bürsten; Ohren kontrollieren; auf Verschleimung achten.

English Springer Spaniel

Mit seiner angeborenen Begabung für die Jagd und seinem vorzüglichen Geruchssinn ist dieser größte aller Land Spaniels der ideale Stöberhund, dabei aber so vielseitig, daß man ihn für alle Geländejagden verwenden kann. Neugierig, beharrlich und mutig durchstöbert er alle Gebiete mit Eifer und Intelligenz und sucht mit Begeisterung. Außerdem steht er gut vor und apportiert ausgezeichnet, selbst aus tiefem Wasser. Am besten bewährt er sich bei der Jagd im Wald und im Unterholz, doch wird er in vielen Ländern auch für die Jagd in Sumpfgebieten geschätzt wie auch für die Jagd vom Anstand aus.

Auch als Begleithund bewährt er sich, denn er ist treu, liebevoll, heiter, verspielt und macht sich gerne beliebt. Sein Familiensinn ist stark entwickelt, er liebt Kinder und hat viel Geduld mit ihnen.

Zur Geschichte

Die Herkunft des English Springer Spaniels liegt mehr als 2000 Jahre zurück. Als Abkömmling des alten Field Spaniels ist er seit Jahrhunderten in England bekannt. Zu Beginn des 19. Jahrhunderts begann man Spaniels bewußt zu züchten, um einen Hund zu erzielen, der das Federwild auffliegen (englisch to spring) ließ, und kam so zum Springer Spaniel, der zum Ahnen aller Land Spaniels wurde. Der erste Club wurde 1885 gegründet, die Rasse aber erst 1902 in Großbritannien anerkannt.

Standard

Allgemeine Erscheinung: harmonischer, kompakter, kräftiger, gut gebauter Hund.
Größe: 50 cm.
Gewicht: 22–23 kg.
Kopf: Oberkopf mittellang, ziemlich breit, leicht gerundet; Stirnabsatz durch eine Furche geteilt; flache Wangen; gut entwickelte Nüstern; Lefzen quadratisch und leicht hängend; kräftige Kiefer.
Augen: dunkelnußbraun, mittelgroß.
Ohren: in Augenhöhe angesetzt, flach anliegend, lappenförmig, ziemlich lang und breit.
Hals: kräftig und muskulös, ohne Wamme.

Körper: Brust tiefreichend und gut entwickelt; Rippen gerundet; Lendengegend gut bemuskelt, kräftig; Bauch leicht aufgezogen, stramm.
Rute: tief getragen, in lebhafter Bewegung.
Gliedmaßen: vordere gerade, Ellbogen kräftig und nahe am Körper; hintere von der Hüfte zu den Sprunggelenken ziemlich lang.
Pfoten: geschlossen, kompakt, gut gerundet, mit starken und vollen Ballen.
Haar: straff, anliegend, wetterfest.
Farbe: Alle bei Land Spaniels anerkannten Farben sind zugelassen.
Fehler: graue oder helle Augen; Schafhals; Rute über der Rückenlinie getragen.

Ratschläge für die Haltung: Er braucht viel Auslauf. Regelmäßig kräftig bürsten.

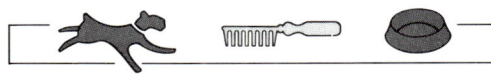

Clumber Spaniel

Ein massiger, niederläufiger Körper, ein quadratischer Kopf und eine breite Schnauze charakterisieren diesen Spaniel, der seinen Artgenossen kaum gleicht. Seinen Namen hat er vom Clumber Park, dem Besitz des Herzogs von Newcastle, der gegen Ende des 18. Jahrhunderts mit einigen ihm von emigrierten französischen Aristokraten mitgebrachten Hunden eine Zucht begann. Ein Gemälde des britischen Malers Francis Weatley zeigt ihn 1788 in Begleitung von drei Clumbers. Ob der Clumber vor oder während der Revolution aus Frankreich importiert wurde, ist nicht sicher – jedenfalls hatte er Erfolg und erreichte im 19. Jahrhundert den Gipfel seiner Popularität, die erst nach dem Zweiten Weltkrieg wieder etwas abnahm.

Er ist wegen seiner Lautlosigkeit ein geschätzter Stöberhund, und während er früher in Meuten verwendet wurde, arbeitet er heute allein oder in kleinen Gruppen. Munter, ruhig und kurzweilig, ist er auch ein sehr liebenswerter Begleithund.

8. Gruppe
Jagdhunde britischer Rasse

Zur Geschichte

Man weiß praktisch nichts über den fernen Ursprung des Clumber Spaniels. Nach manchen Kynologen stammt er aus einer alten französischen Zucht der Familie Noailles, die einzelne Exemplare dem Herzog von Newcastle angeboten habe. Diese Hunde waren lange Zeit bei den britischen Aristokraten sehr begehrt. Die Rasse hat sich seit dem 19. Jahrhundert nur sehr wenig verändert. Sie ist nicht so weit verbreitet wie andere Spanielrassen.

Standard

Allgemeine Erscheinung: sehr massig, aber aktiv, erweckt den Eindruck ruhiger Kraft.
Größe: im Standard nicht erwähnt (28–32 cm).
Gewicht: 20–31 kg.
Kopf: wuchtig, quadratisch, massig; Hinterkopf gut ausgeprägt; schwere Augenbrauenbogen; ausgeprägter Stop; gut entwickelte Lefzen.
Augen: dunkelbernsteinfarben.
Ohren: groß, leicht nach vorn hängend.
Hals: dick, kraftvoll, ziemlich lang, im unteren Teil mit reichlicher Halskrause versehen.
Körper: lang, massig und niedrig; Brust ziemlich tief; Rücken gerade, breit und lang, mit starker und tiefer Lendenpartie; Schultern sehr kräftig, schräg, gut bemuskelt.
Rute: tief angesetzt, reichlich mit Fransen besetzt, auf Rückenhöhe getragen.
Gliedmaßen: vordere kurz, gerade, kräftig, Ellbogen eng stehend; hintere mit mächtigen Schenkeln, tiefgestellten und stark gebogenen Sprunggelenken.
Pfoten: groß und rund, stark behaart.
Haar: reich, seidenweich, sehr fransig.
Farbe: weiß mit gelben oder orangenfarbenen Flecken.
Fehler: Farbabweichungen.

Ratschläge für die Haltung: Er muß sich austoben können und sollte nur auf dem Land gehalten werden. Häufiges und sorgfältiges Bürsten ist wichtig, besonders wenn er im Haus wohnt. Nach der Jagd muß er gründlich auf Parasiten, Dornen oder Kletten untersucht werden. Seine Ohren sind regelmäßig zu überprüfen und zu reinigen.

Irish Water Spaniel

8. Gruppe
Jagdhunde britischer
Rasse

Kein Vorstehhund liebt das Wasser so sehr wie er. Von seinem dichten, öligen Fell geschützt, scheut er sich nicht, bei Tag und bei Nacht in das kälteste Wasser zu springen. Außerdem hat er Schwimmhäute zwischen den Zehen; er ist also der geborene Wasserhund, der sich besonders für die Jagd auf Wildenten in Sümpfen und Seen eignet. Er hat eine geradezu sagenhafte Ausdauer; man könnte meinen, keine noch so anstrengende Jagd könne ihn jemals erschöpfen.

Beim Jagen steht er nicht wirklich vor; er zeigt die Anwesenheit von Wild durch eine beschleunigte Suche und lebhafteres Schwanzwedeln an. Dieser sportliche, für das Leben in freier Natur geschaffene Hund ist außerdem ein ausgezeichneter Begleithund, treu, gelehrig, fröhlich, sogar drollig. Er wird nur noch in kleiner Zahl gezüchtet.

Zur Geschichte

Die Rasse soll im 19. Jahrhundert aus einer Kreuzung zwischen Pudel und Irish Setter hervorgegangen sein; doch auch Pudel und Curly-coated Retriever werden als mögliche Ahnen genannt. 1843 wurde die Zucht aufgenommen, und 1862 war die Rasse in Birmingham zum erstenmal auf einer Ausstellung vertreten. Zwischen 1920 und 1930 erlebte der Irish Water Spaniel seine glorreichste Zeit; damals wurden sehr schöne Exemplare nach Frankreich, in die Vereinigten Staaten und nach Kanada exportiert.

Standard

Allgemeine Erscheinung: gedrungen und kräftig.
Größe und Gewicht: 53–58 cm und 22–26 kg.
Kopf: eher lang; gewölbter Oberkopf; lange, kräftige rechteckige Schnauze; leberfarbene Nase; Oberkopf von langen Locken bedeckt.
Augen: eher klein, mittel- bis dunkelbraun, glänzend und lebhaft.
Ohren: sehr lang, über die Wangen hängend, tief angesetzt.
Hals: ziemlich lang, kräftig.
Körper: tonnenförmig wirkend; normal breite Brust; breiter ebener Rücken; gut ausgebildete Lendenpartie.
Rute: rassetypisch; am Ansatz 8–10 cm mit dichten Locken bedeckt, der Rest nackt oder mit glattem, feinem Haar bedeckt.
Gliedmaßen: vordere wohlgeformt, gerade, gut gestellt; hintere kräftig, mit langen, gewölbten Schenkeln.
Pfoten: groß, ziemlich rund, gespreizt.
Haar: dicht, gekräuselt; stets ölig.
Farbe: dunkelleberfarben mit bläulichviolettem Stich.
Fehler: wolliges Haar.

Ratschläge für die Haltung: Ganz wenig mit weicher Bürste bürsten. Sein öliges Haar muß fett bleiben. Von Bädern mit fettlösendem Shampoo ist abzuraten, denn der Hund reinigt sich selbst, indem er sich ausgiebig im Gras oder Stroh wälzt.

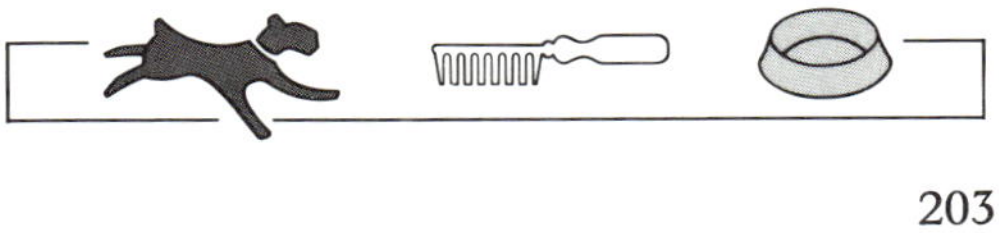

Pudel

Man unterscheidet nach der Größe drei Pudelarten: Großpudel, Mittelpudel und Zwergpudel. Der Großpudel
erreicht eine Schulterhöhe bis zu 60 cm, der Mittelpudel
bis zu 45 cm, und der Zwergpudel wird bis zu 35 cm hoch.

Der Pudel ist, gleich zu welcher Art er gehört, drollig,
intelligent, mutwillig und stets zu Späßen aufgelegt.
Wegen seiner körperlichen Gewandtheit und schauspiele-
rischen, geradezu komödiantischen Begabung wird er
gern in Dressurnummern in Zirkus und Fernsehen eingesetzt. Doch hauptsächlich ist er ein unterhaltsamer
Gefährte. Früher dagegen wurde er vorwiegend in Sumpfgebieten für die Jagd auf Wasservögel verwendet. Daher
hat er auch seinen deutschen Namen, denn Pudel leitet
sich von Pfuhl ab, und das bedeutet Sumpf, Morast oder
große Pfütze.

Die Verwendung als Jagdhund – und nicht die in den
Salons um die Mitte des vorigen Jahrhunderts herrschenden Modelaunen – brachte die Jäger dazu, den Pudel wie
einen Löwen zu scheren. Diese klassische Schur, die auch
heute noch angewendet wird, hatte keinen ästhetischen
Grund, sondern erleichterte den Hunden das Schwimmen
und ließ sie rascher trocknen.

Bereits im 13. Jahrhundert erscheint der Pudel in der
Literatur und auf zahlreichen Bildern. Später dann malten
ihn begnadete Künstler wie Botticelli, Rembrandt, Goya
und viele andere mehr. Heute wird der Pudel nicht mehr
bei der Jagd eingesetzt und auch nicht von reichen Leuten
als parfümierter und mit Juwelen behängter Salonhund
gehalten, sondern er ist weit verbreitet und zählt wegen
seiner Drolligkeit und Treue zu den beliebtesten Haus-
hunden überhaupt.

Mittlerer Schnürenpudel

Zur Geschichte

*Diese Rasse ist, das weiß man, alten
Ursprungs; über ihre Herkunft jedoch sind sich die Fachleute nicht
einig. Als ihre wahrscheinlichsten
Ahnen werden von vielen die zottel-
haarigen Schäferhunde Nordafrikas angesehen. Auch aus den nachfolgenden Jahrhunderten gibt es
Beschreibungen. Aber erst 1750 unterschied der französische Naturforscher Georges Louis Leclerc Graf
von Buffon einen großen und einen
kleinen Pudel, beide mit Löwenschur. Diese klassische Schur, die
auch bei andern Hunden angewendet wurde, führte häufig zu Ver-
wechslungen bei all den „Löwen-
hunden", die seit dem Altertum beschrieben wurden. Bis 1945 galt
Deutschland als Herkunftsland des
Pudels. Im gleichen Jahr erkannte
dann die F.C.I. (Fédération Cynologique Internationale, der Weltver-
band der Kynologen) Frankreich
den Standard der Pudelrasse zu.*

Schur des Pudels

Zur Teilnahme an Ausstellungen war bis 1960 die klassische
Löwenschur vorgeschrieben:
kahlgeschorenes Hinterteil mit
Ausnahme von Manschetten an
den Hinterläufen in Höhe der
Sprunggelenke; Vorderläufe
bis zum Ellbogengelenk geschoren, an den Vorderfußwur-
zeln aber Manschetten, und ab
den Ellbogengelenken sind Hosen zugelassen. Ebenfalls geschoren werden Ober- und Unterseite der Schnauze sowie
die Backen, wobei ein Schnurrbart stehenbleibt. Der Bewuchs
der Ohren darf nicht beschnitten werden. Gewisse, schon
1960 festgelegte Regeln für die
moderne Schur wurden 1965
von den europäischen Pudel-
clubs wieder aufgegriffen. Danach bleibt das Haarkleid an
den vier Gliedmaßen; die Länge der Haare nimmt von unten
nach oben ab, erreicht an
Schulter und Hinterteil 4 bis
7 cm, je nach Größe des Tieres.
Kopf und Rute werden wie bei
der Löwenschur gestaltet; die
Rute kann mit oder ohne Qua-
ste sein. Am Körper werden die
Haare auf 0,5 cm gekürzt.

Zwergpudel
(Löwenschur)

Großpudel
(Moderne Schur)

Standard

Allgemeine Erscheinung: mit seiner Munterkeit und Lebhaftigkeit erweckt dieser Hund den Eindruck von Eleganz und Stolz. Sein Gang soll leicht und tänzelnd sein.
Größe: 46–60 cm der Großpudel, 36–45 cm der Mittelpudel, 28–35 cm der Zwergpudel.
Gewicht: im Standard nicht erwähnt (20 kg der Großpudel, 10 kg der Mittelpudel, 6 kg der Zwergpudel).
Kopf: in gutem Verhältnis zum Körper; Oberkopf oval und wohlgeformt; Stirnfurche zwischen den Augen breit; Stop sehr wenig ausgeprägt; Nasenrücken gerade, nicht spitz; Nasenkuppe gut entwickelt, ganz schwarz bei schwarzen, schwarz bis dunkelbraun bei andersfarbigen Tieren.
Augen: feurig und mandelförmig; schwarz oder tief dunkelbraun bei schwarzen, weißen, grauen und apricotfarbenen Pudeln, dunkelbraun bei braunen Tieren.
Ohren: ziemlich lang, flach, abgerundet, längs der Backen herabhängend, mit sehr langem, krausem Bewuchs.
Hals: kräftig, ohne Wamme.

Körper: seine Länge mißt etwa 10% mehr als die Schulterhöhe; Spitze des Brustbeins hoch und vorspringend; Schultern abfallend und muskulös; Brust tief; Hüften fest und kräftig; Kruppe gerundet; Bauch und Flanken eingezogen.
Rute: hoch angesetzt, gestutzt.
Gliedmaßen: vordere kräftig, vollkommen gerade, muskulös; hintere mit muskulösen Keulen, parallel; keine Afterkrallen.
Pfoten: klein, Zehen gebogen, eng stehend, mit Schwimmhäuten; Sohlenballen hart und dick; Krallen schwarz oder braun.
Haar: charakteristisch gekräuselt, gelockt oder zu Schnüren geformt; Fell dicht, fein und wollig; Haut geschmeidig und dunkel gefärbt; Pigmentierung außer bei weißen Tieren dem Fell entsprechend.
Farbe: schwarz, weiß, braun, grau, apricot; die Farbe muß einheitlich sein.
Fehler: Nase verformt, entfärbt oder gefleckt; helle Augen; zu kurze Ohren; vorstehender Unterkiefer; weiße Haare bei den Farben Schwarz, Braun, Silber, Apricot; weiße Krallen; Angriffslust; Anzeichen von zwerghaften Verkrümmungen bei den kleinen Typen.

Ratschläge für die Haltung: Der Pudel verträgt Einsamkeit schlecht. Er wird sehr alt, manchmal bis zu 18 Jahre, leidet aber im Alter vielfach an Herzbeschwerden sowie an mangelhafter Durchblutung von Gehirn, Augen und Haut. Die Nahrung muß seiner Größe angepaßt werden. Das Fell muß zwei- oder dreimal wöchentlich gebürstet und jeden Monat oder jeden zweiten geschoren werden. Die Ohren muß man regelmäßig von grauen Haaren befreien und innen säubern. Die Rute des Pudels wird bald nach der Geburt kupiert; bei den mittleren und Zwergpudeln um zwei Drittel, bei den großen um die Hälfte. Bei den Schnürenpudeln beläßt man sie hingegen in voller Länge.

Kromfohrländer

Kurzes Rauhhaar

Der Kromfohrländer, eine der jüngsten deutschen Hunderassen, ist ein angenehmer Haus- und Begleithund mit bemerkenswerten Eigenschaften.

So schrieb der Fachmann Dr. E. Schneider-Leyer über den Kromfohrländer: „Es gehört schon viel Züchtermut und Idealismus dazu, eine neue Hunderasse zu schaffen, und vor allem, dieser Rasse in der weiteren Entwicklung Gesundheit, Wesensfestigkeit und auch Artbeständigkeit zu geben und zu erhalten."

Bestätigt werden diese Worte von der Vitalität, der Wesensart und robusten Gesundheit dieser Hunde, welche bei vernünftiger Haltung lange lebhaft bleiben und sehr alt werden können.

Der Kromfohrländer ist intelligent, vital, wachsam und wildert nicht. Gegen Fremde zeigt er sich meist zurückhaltend, dafür ist seine Anhänglichkeit und Bindung an seinen Herrn um so größer. Seine Erziehung bereitet keine Schwierigkeiten, da er sehr intelligent und anpassungsfähig ist. Auffallend schnell und in kurzer Zeit lernt er viele Kommandos zu befolgen und Redewendungen zu verstehen. Er ist ein zuverlässiger, treuer Partner der Familie, ein lustiger Spielgefährte der Kinder, nicht hysterisch oder gar übelnehmerisch. Sein rauh- oder stockhaariges Fell ist weiß mit brauner Zeichnung und hat die besondere Eigenschaft, schmutzabstoßend und stets sauber zu sein.

Das Rauhhaar ist von unterschiedlicher Länge und zeigt mehr oder weniger Bartansatz, während stockhaarige Hunde bartlos sind. Ohren und Rute werden nicht kupiert.

Da er nicht groß ist und höchstens 38–46 cm Schulterhöhe erreicht, läßt er sich auch in kleineren Wohnungen halten, wenn man ihm genügend Auslauf verschafft.

Wenngleich Kromfohrländer in den skandinavischen Ländern häufiger gehalten werden, ist die Rasse, verglichen mit anderen, nicht weit verbreitet, was ihr ein gewisses Maß an Exklusivität verleiht.

Frau Schleifenbaum, die Urzüchterin dieser Rasse, beschrieb das Wesen des Kromfohrländers als eine Mixtur aus Fröhlichkeit und Nachdenklichkeit. Er ist anhänglich, ohne unterwürfig zu sein, treu, eigenwillig, aber nicht widerborstig.

9. Gruppe
Haushunde

Zur Geschichte

Die Heimat des Kromfohrländers ist das Siegerland, und er entstand in den ersten Jahren nach dem Zweiten Weltkrieg. Zu dieser Zeit war Ilse Schleifenbaum aus Siegen in den Besitz eines Bretonischen Griffonrüden gekommen, der eine rauhhaarige Fox-Terrier-Hündin aus der Nachbarschaft deckte. Der Zufall wollte es – die Welpen zeigten ein solches Gleichmaß, daß eine Weiterzucht aussichtsreich erschien, zumal die bemerkenswertesten Eigenschaften der Stammeltern, Temperament und Charakter, die Hunde auszeichneten. Nach Jahren harter Arbeit wurde die Rasse 1955 durch die F.C.I. international anerkannt. Der Name der Rasse kommt von krom Fohr; das heißt krumme Furche und ist ein Flurname im Siegerland.

Langes Rauhhaar

Stockhaar

Standard

Allgemeine Erscheinung: mittelgroßer, eleganter, treuer, wachsamer Hund.
Größe: Rüde und Hündin 38–46 cm.
Gewicht: etwa 12 kg.
Kopf: im Profil länglich, von oben gesehen mittelbreit, harmonisch im Ausdruck; keilförmiger Kopf, im Fang mittelbreit; Oberkopf flach, rundlich, ohne Stirnhöcker, mit nur angedeuteter Stirnfurche und flachem Hinterhauptbein; Stirnabsatz gut angedeutet; Nasenrücken gerade, mäßig breit, stumpfspitz zur Nasenkuppe verlaufend; Unterkiefer zum Oberkiefer passend, ohne Backenansatz; Nase mittelgroß, gut geöffnet, schwarz, Braun gestattet, aber nicht erwünscht; Scherengebiß bevorzugt; Zangengebiß zugelassen.
Augen: dunkelbraun bevorzugt, mittelgroß, oval, etwas schräg liegend.
Ohren: hoch angesetzt, mittelschwer, dreieckig, mit abgerundeten Spitzen und am Kopf flach anliegend (kein Terrierohr).
Hals: mäßig stark und rundlich, zum Rücken hin gut bemuskelt, schräg nach vorne ansteigend getragen, leicht gebogen, ohne Kehlhaut.
Körper: etwas länglich erscheinend, harmonisch im Ausdruck; Widerrist gut angedeutet, mit leichtem Übergang in den Hals; Rücken kräftig, zur Lendenpartie hin schmaler werdend; Lenden gut entwickelt und leicht aufgezogen; Kruppe zur Rute hin leicht abfallend, mäßig breit, aber gut bemuskelt; Brust bis zu den Ellbogen reichend, mäßig breit und tief, mit leicht gewölbten Rippen und leicht betonter Vorbrust; Bauch von der unteren Brust zu den Lenden aufgezogen und gut entwickelt.
Rute: mittellang und leicht gebogen getragen, als Säbelrute bis über den Rücken angehoben, leichte Ringelrute gestattet, am Ansatz kräftig, allmählich bis zur Spitze sich verjüngend; entsprechend dem Körperhaar gut behaart.
Gliedmaßen: vordere gerade gestellt und von vorne gesehen senkrecht, in den Proportionen zum Gesamtkörper harmonisch, gut bemuskelt, Knochenstärke der Größe des Hundes entsprechend; hintere von hinten gesehen gerade zum Boden stehend, im Verhältnis zum Körper kräftig und harmonisch zur Größe des Hundes, gut bemuskelt, Knochen entsprechend stark, Kniegelenkwinkel je nach Stand stumpf bis rechtwinklig, Sprunggelenk je nach Stand des Hundes mehr oder weniger gewinkelt und kräftig.
Pfoten: leicht gewölbt, mit gut geschlossenen Zehen, kräftigen, möglichst schwarzen Krallen und gut entwickelten Ballen.
Haar: Rauhhaar und Stockhaar, bevorzugt mittlere Länge.
Farbe: Grundfarbe Weiß, hellbraune bis stark dunkelbraune Abzeichen, an Kopf und Ohren gefleckt, dadurch Kopfblesse, je gleichmäßiger, desto wertvoller, am Körper verschieden große Flecken, Sattel, wenn durchbrochen, bevorzugt.
Fehler: zu starke Verblassung der braunen Flecken; keine Flecken auf dem Rücken; ungleichmäßige Abzeichen am Kopf, wodurch der Ausdruck des Kopfes gestört wird; zu helle Augen; schwarze Haarfarbe; Afterkrallen an den hinteren Gliedmaßen.

Ratschläge für die Haltung: Der Kromfohrländer ist sehr anpassungsfähig und problemlos zu halten. Er eignet sich auch für eine kleine Etagenwohnung in der Stadt. Da er sich sehr stark an die Familie anschließt und mit Interesse am täglichen Leben teilnimmt, sollte man ihn auf keinen Fall im Zwinger halten. Er ist sehr pflegeleicht, da sein Haar schmutzabweisend ist. Einen Spaziergang pro Tag sollte er haben – und wenn man ihn nur zum Einkaufen mitnimmt.

Yorkshire Terrier

9. Gruppe
Haushunde

Die Meinungen über ihn gehen weit auseinander: Für die einen ist er kein „richtiger" Hund, sondern ein Spielzeug mit einem Schleifchen im Haar; seine Anhänger dagegen sehen in ihm einen allerliebsten, lustigen und zärtlichen Schlingel. Und so wurde er dann auch schon vor langer Zeit der Schwarm der Vornehmen und Stars.

Dabei war er einmal ein einfacher Rattenfänger in den Stollen der Bergwerke von Yorkshire oder der listenreiche Gefährte der Wilderer, die den kleinen Terrier benutzten, um Hasen oder Kaninchen aufzustöbern.

Bekleidet ist er mit einem Mantel aus langem, stahlblauem Seidenfell, das auf der Brust ins Lohfarbene spielt. Er ist ein witziger Kerl, voller Charme, eine starke Persönlichkeit, mutig, unerschrocken. Wenn ein anderer Hund, und sei er auch viel größer als er, sich einer Sache nähert, die ihm oder seinem Herrn gehört, dann verteidigt er sie verbissen, ohne nachzulassen. Da er sehr verspielt ist, haben besonders Kinder ihre Freude an ihm.

Zur Geschichte

Gegen 1870 wanderten schottische Arbeiter aus der Wollindustrie in die Gegend von Leeds und ins übrige Yorkshire ein und brachten ihre Hunde, kleine Terrier, mit. Sie wurden mit dem einheimischen Broken Haired Terrier gekreuzt; daraus ging ein gefürchteter Rattenfänger namens Broken Haired Scotch Terrier hervor. Kreuzungen mit dem langhaarigen Leeds Terrier verlängerten sein Haar. Nach Einkreuzungen weiterer Terrier-Rassen, beispielsweise des Dandie Dinmont Terriers, erhielt er 1876 seinen Namen. 1886 wurde die Rasse in den Kennel Club Großbritanniens aufgenommen, 1898 ihr Standard international festgelegt.

Standard

Allgemeine Erscheinung: kleiner, langhaariger Terrier, dessen Haarkleid ganz glatt an beiden Seiten des Körpers herabhängt. Der Scheitel verläuft vom Kopf bis zur Rute.
Größe: im Standard nicht erwähnt (etwa 20 cm).
Gewicht: bis 3,5 kg.
Kopf: möglichst klein und flach; Schädel weder vorstehend noch rund; Vorgesicht nicht zu lang; schwarze Nase; regelmäßiges Gebiß.
Augen: mittelgroß, nicht hervortretend, dunkel und strahlend; gerader Blick.
Ohren: klein, V-förmig, stehend oder gekippt und nicht zu weit auseinanderstehend.
Hals: schlank und nicht zu kurz.
Körper: kompakt; feste Lenden; gerader Rücken.
Rute: auf halbe Länge kupiert.

Gliedmaßen: vorn und hinten gerade.
Pfoten: so rund wie möglich und mit schwarzen Krallen.
Haar: fein strukturiert, lang und völlig glatt, schlicht, glänzend und geschmeidig wie Seide.
Farbe: dunkles Stahlblau vom Hinterkopf bis zum Rutenansatz; auf der Brust kräftig lohfarben; alle lohfarbenen Haare sollen an der Wurzel dunkler sein als in der Mitte und heller an den Spitzen.
Fehler: vorstehende oder helle Augen; gewelltes Haar; silberblaues Haarkleid; wenn sich das lohfarbene Haar des Kopfes auch bis über den Hals erstreckt; wenn das lohfarbene mit schwarzem oder rauchfarbenem Haar durchsetzt ist; wenn das Blau mit rehbraunem oder bronzenem Haar durchsetzt ist; sektfarbener Schimmer oder tiefschwarzes Haar.

Ratschläge für die Haltung: Tägliche Spaziergänge sind unerläßlich. Jeden Tag bürsten, ganz leicht ölen und jeden Monat baden. Die Haare auf der Stirn festbinden oder -klammern, damit sie nicht ins Gesicht fallen und die Augen reizen.

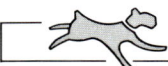  

Boston Terrier

9. Gruppe
Haushunde

Die Rassebezeichnung ist nicht ganz gerechtfertigt. Dieser Hund wurde zwar in Boston gezüchtet, besitzt aber viel mehr Merkmale einer Dogge als eines Terriers. Von diesem hat er vielleicht den starken Spieltrieb und das ungestüme Wesen geerbt. Aber für die Jagd eignet er sich absolut nicht. Dieser kluge, lebhafte und sehr anhängliche kleine Hund kann manchmal recht dickköpfig sein, ist aber gutmütig und wachsam. Obwohl ursprünglich als Kampfhund gezüchtet, ist er ein friedfertiges Tier. Der reinliche, leicht erziehbare, liebenswerte Boston Terrier ist ein ausgezeichneter Begleithund, der zu Recht den Beinamen „amerikanischer Gentleman" trägt.

Zur Geschichte

Ursprünglich wurde der Boston Terrier für die lange Zeit in Boston und Umgebung üblichen und sehr beliebten Hundekämpfe gezüchtet. Man paarte Bull Dogs mit Bull Terriern, um die Kampfbereitschaft beider Rassen zu verbinden und noch zu verstärken. Die so entstandenen Tiere wurden untereinander gepaart, außerdem kreuzte man versuchsweise auch noch andere Rassen ein.

Standard

Allgemeine Erscheinung: gut gebauter Hund mit selbstsicheren und anmutigen Bewegungen.
Größe: im Standard nicht erwähnt (25–40 cm).
Gewicht: drei Klassen, bis 7 kg, 7–9 kg, 9–11,3 kg, nie darüber.
Kopf: flacher, quadratischer Schädel; deutlicher Stop; kurzer, quadratischer Fang; schwarze Nase; viereckiges Kinn.
Augen: groß, rund, dunkel, breit gestellt.
Ohren: kupiert oder unkupiert.
Hals: mittellang, ohne Kehlhaut.
Körper: sehr breite Brust; kurzer, gerader Rücken; kurze, muskulöse Nierenpartie; leicht gerundete Kruppe; schräggestellte Schultern.
Rute: tief angesetzt, kurz, gerade oder schraubenförmig, unbefranst.
Gliedmaßen: Vorderläufe gerade, gut bemuskelt, Ellbogen gut am Körper anliegend; Hinterläufe kräftig, gerade, mit muskulösen Oberschenkeln und gut gewinkelten Sprunggelenken.
Pfoten: rund, kompakt, mit gut gewölbten Zehen.
Haar: kurz, glänzend, fein.
Farbe: gestromt mit weißen Markierungen, schwarz mit weißen Markierungen.
Fehler: runder Schädel; zu kurzer Hals; leichter Körperbau; gewölbter Rücken; zu lange Rute.

Ratschläge für die Haltung: guter Wohnungshund, braucht aber viel Auslauf.

209

Schipperke

Im 15. Jahrhundert schrieb ein Mönch in seinen Chroniken von einem kleinen, schwarzen, schalkhaften Hund ohne Rute, den er als Verkörperung des Teufels betrachtete. Damit meinte er den Schipperke. Um 1700 veranstalteten zahlreiche Handwerker des Saint-Géry-Viertels in Brüssel Schönheitskonkurrenzen unter ihren Schipperkes, die bei dieser Gelegenheit breite, sehr kunstvoll gearbeitete Lederhalsbänder mit Spezialverschlüssen trugen, damit das Haar am Hals nicht abgescheuert wurde.

Der Schipperke war der Lieblingshund der Fährleute Flanderns und Brabants. Das Tier lief hinter den Treidelpferden her oder saß auch ganz gern stolz auf deren Rücken.

Unter den besonderen Eigenschaften dieses hervorragenden Wachhundes sind seine unfehlbare Wachsamkeit und sein sehr sicherer Instinkt zu erwähnen. Außerdem ist dieser unverbesserliche Schnüffler auch ein guter Rattenfänger, Maulwurfs- und Kaninchenjäger.

9. Gruppe
Haushunde

Zur Geschichte
Die Herkunft des Schipperkes ist ungewiß. Vielleicht stammt er von den ausgestorbenen Leuvenaars, kleinen Schäferhunden aus der Region Louvain, ab, die etwas größer waren als er. Der Name kommt wahrscheinlich aus dem Flämischen: entweder von schipper *(kleiner Kapitän) oder* shepperke *(kleiner Schäferhund). Diese 1882 anerkannte Rasse ist heute in England und Südafrika populärer als in ihrem Ursprungsland Belgien.*

Standard

Allgemeine Erscheinung: lebhafter und unermüdlicher kleiner Hund.
Größe: im Standard nicht erwähnt.
Gewicht: je nach Größe 3–9 kg.
Kopf: spitz zulaufend; ziemlich breite, leicht gewölbte Stirn; wenig Stop; kleine Nasenkuppe.
Augen: dunkelbraun; eher oval, nicht vorstehend.
Ohren: klein, aufrecht, dreieckig, hoch angesetzt, sehr beweglich, ziemlich starkes Ohrleder.
Hals: stark, aufrecht getragen.
Körper: kurz und gedrungen; schräge, bewegliche Schultern; breite, tiefe Brust; ziemlich aufgezogener Bauch; gerader und waagrechter Rücken; breite, kräftige Lendenpartie.
Rute: keine.
Gliedmaßen: vordere gerade, gut untergestellt, zarter Knochenbau; Hinterhand sehr breit, lang und muskulös.
Pfoten: rund, mit geschlossenen Zehen, geraden, kräftigen und kurzen Krallen.
Haar: dicht, hart, lang, bildet Mähne, besonders dicht am Hals und an der hinteren Partie.
Farbe: tiefschwarz.
Fehler: schräge Ohren; von Geburt an weiße Haare.

Ratschläge für die Haltung: Er ist widerstandsfähig und muß nur regelmäßig gebürstet werden.

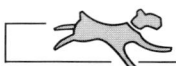  

Französische Bulldogge

9. Gruppe
Haushunde

Die Französische Bulldogge ist ein idealer Haus- und Begleithund. Sie ist intelligent, fröhlich, kinderlieb, aber auch wesensfest und – ohne ein Kläffer zu sein – wachsam und jederzeit bereit, ihren Herrn und dessen Eigentum zu verteidigen. Der Bouledogue Français oder Bully ist sehr empfindsam und benötigt viel Liebe und Zuwendung. Kilometerlange Spaziergänge machen ihm bei normalen Temperaturen viel Freude, andererseits gibt er sich aber auch – wenn einmal nicht anders möglich – mit weniger Bewegung zufrieden. Durch sein glattes, kurzes Fell ist er pflegeleicht. Ohren und Rute sind naturbelassen und nicht kupiert.

Zur Geschichte

In Frankreich geht man davon aus, daß diese Rasse auf Nachkommen des englischen Bulldogs zurückzuführen ist, den englische Spitzenklöppler um 1850 mitbrachten. Jedenfalls wurde das heutige Erscheinungsbild in der zweiten Hälfte des 19. Jahrhunderts in Frankreich durch Einkreuzen von verschiedenen Terriern und Möpsen herausgezüchtet. 1898 wurde der erste Standard festgelegt.

Standard

Allgemeine Erscheinung: kleinformatiger, aber kräftiger, starkknochiger Hund.
Größe: dem Gewicht entsprechend.
Gewicht: 8–14 kg.
Kopf: stark, breit und quadratisch; Kopfhaut bildet fast symmetrische Falten; breiter, fast flacher Schädel; Stirn gewölbt; sehr kurze, gut zurückgestoßene, breite Nase mit gut geöffneten Nasenlöchern; stark betonter Stop; kurzer, breiter Fang mit konzentrischen, symmetrischen, bis zu den oberen Lefzen herabreichenden Falten; breite, eckige, kräftige Kiefer; die unteren Schneidezähne sollen knapp vor den oberen liegen; die dicken Lefzen müssen die Zähne verbergen.
Augen: dunkel, rund, ziemlich groß, leicht hervortretend.
Ohren: rassetypische Fledermausohren, mittelgroß, breit und hoch angesetzt, oben abgerundet, aufrecht getragen.
Hals: kurz, leicht gebogen, ohne Wamme.
Körper: breite, tiefe Brust; gut gewölbte Rippenpartie; breiter, muskulöser Rücken; kurze, kompakte Nierenpartie; abfallende Kruppe; Karpfenrücken; Lenden gut aufgezogen.
Rute: kurz, tief angesetzt, gerade oder Korkenzieher- bzw. Knotenrute.
Gliedmaßen: kurze, gerade, gut bemuskelte Vorderläufe; starke, muskulöse, gut gewinkelte Hinterläufe ohne Afterkrallen.
Pfoten: Katzenpfoten.
Haar: fein, dicht, kurz und glatt.
Farbe: gestromt, d. h. schwarz mit Gold- oder Silberstrom, sowie gescheckt, d. h. weiß mit gestromten Platten.
Fehler: helle Augen; Wamme; zu hoch getragene, zu lange oder eingewachsene Rute.

Ratschläge für die Haltung: Vor extremer Hitze sollte man sie schützen.

Zwergspitz und Kleinspitz

In Frankreich ist der Kleinspitz unter dem Namen Loulou de Poméranie (Pommernspitz) bekannt. In den verrückten zwanziger Jahren war er mit seiner buschigen, schönen Rute und dem üppigen, luftigen Haarkleid die ganz große Mode. Die Vernarrtheit dauerte ungefähr ein Jahrzehnt. Der kleinere Zwergspitz ist ein Gesellschaftshund, wie er im Buch steht, und zählt berühmte Herrchen und Frauchen zu seinen Liebhabern: Zarin Katharina von Rußland, Kaiserin Marie-Antoinette, Kaiserin Josephine, Isaac Newton, Emile Zola. Als im 18. Jahrhundert die Kurfürsten von Hannover den britischen Thron bestiegen, wurde der Spitz Modehund in Großbritannien. Gainsborough hat ihn auf zahlreichen Porträts abgebildet, z. B. auf dem berühmten Bildnis der Schauspielerin Mrs. Robinson im Kostüm der „Perdita". Im darauffolgenden Jahrhundert erhielt Königin Victoria auf einer Florenzreise weiße Spitze zum Geschenk, die in England auf Hundeausstellungen große Erfolge errangen.

Besonders in Großbritannien erfreute sich der Zwergspitz auch gegen Ende des 19. Jahrhunderts zahlreicher Liebhaber. Einer dieser Miniaturhunde namens Bout de Chou ist noch heute wegen seiner Schönheit berühmt. Man erzählt sich, daß ihn ein amerikanischer Züchter erwerben wollte und daß er die Summe von 500 Pfund bot. Doch das Angebot wurde abgelehnt, was ebensoviel Aufsehen erregte wie der Wert des Hundes an sich.

Der kleine Hund ist klug, fröhlich, bezaubernd, listig, humorvoll, sehr attraktiv und wirklich unterhaltsam. Seine rasche Auffassungsgabe und Lernwilligkeit haben ihm oft zu glänzenden Karrieren in Zirkus und Varieté verholfen.

Wie lustig der Zwergspitz auch sein mag, er ist rund um die Uhr wachsam und immer mißtrauisch; trotz seiner geringen Körpergröße hat man daher einen Wächter ohnegleichen an ihm. Beim geringsten Argwohn meldet er sich mit seiner kleinen, hohen Stimme. Der Hang zum Bellen kann ihm durch entsprechende Erziehung ganz schnell abgewöhnt werden. Andererseits kann für einen Schwerhörigen sein lautes Bellen durchaus eine wertvolle Lebenshilfe sein, denn der verständige Spitz, der sehr an seinem Herrn hängt, lernt sehr schnell, das Läuten von Telefon oder Türklingel durch Bellen anzuzeigen.

Zur Geschichte

Der Canis familiaris palustris *(Torfspitz) der Steinzeit ist der Vorfahre aller Größen- und Farbvarietäten des Deutschen Spitzes sowie der anderen Spitzrassen, einschließlich der Schlittenhundrassen. Keine andere Hunderasse hat sich über die Jahrtausende so unverändert im Typ bewahrt. Wenn die Spitze dank ihrer hervorragenden Gebrauchseigenschaften nicht so nützliche Mitstreiter im Lebenskampf gewesen wären, hätten sie sich niemals so lange im Dienste der Menschen halten können. Deutschland gilt als das Ursprungsland des Deutschen Spitzes, einschließlich seiner kleinen Größenschläge Zwerg- und Kleinspitz, und hier wird auch der Rassestandard bestimmt. Der britische Pomeranian wurde als eigenständige Rasse unter besonderer Anleitung von Königin Victoria am Ende des 19. Jahrhunderts gezüchtet. Sein Rassestandard wird in Großbritannien festgelegt. Die übertriebene Kleinzüchtung, wie sie beim Pomeranian betrieben worden ist (einige Exemplare haben schon weniger als 3 kg gewogen), hat neben sehr schönen Exemplaren auch schon häßliche Deformierungen, z. B. übertrieben gewölbte Schädel, Glotzaugen, unvollkommenes Zusammenwachsen der Schädelknochen usw., hervorgebracht.*

Standard

Allgemeine Erscheinung: klein, sehr elegant, mit flinkem und gewandtem Gangwerk.

Größe: Kleinspitz 23–28 cm; Zwergspitz 22 cm, jede Größe darunter zulässig.

Gewicht: im Standard nicht erwähnt.

Kopf: mittelgroß, von oben gesehen hinten am breitesten und sich zur Nasenspitze hin keilförmig verschmälernd; Nase schwarz, bei braunen Spitzen dunkelbraun.

Augen: dunkel, mittelgroß, mandelförmig.

Ohren: klein, dreieckig zugespitzt, hoch angesetzt, stets aufgerichtet.

Hals: mittellang, mit üppiger Kragenmähne.

Körper: Brust vorne tief; Rücken gerade und so kurz wie möglich; Bauch nach hinten mäßig aufgezogen.

Rute: fest auf dem Rücken liegend gerollt.

Gliedmaßen: vordere mittellang, kräftig, gerade; hintere in den Sprunggelenken wenig gebogen.

Pfoten: so klein wie möglich, rundlich zugespitzt, mit gewölbten Zehen; Katzenpfoten.

Haar: kurz und dicht an Gesicht, Ohren, Läufen und Pfoten, am übrigen Körper reich und lang, am längsten unter dem Hals und an der Rute; die Hinterseiten der Läufe stark befedert.

Farbe: schwarz, weiß, braun, orange, wolfsgrau; Zwergspitz auch andersfarbig, z. B. blau, creme, biberfarben und gescheckt; die schwarzen, braunen, grauen oder orangefarbenen Flecken müssen über den ganzen Körper verteilt sein.

Fehler: flacher Kopf; Apfelkopf; zu große oder zu helle Augen; Quellaugen; zu lange oder zu weit auseinanderstehende Ohren; Kippohren; fleischfarbene Nase; gewellte Haare.

Ratschläge für die Haltung: verträgt Kälte, Schnee und Anstrengung gut. Manchmal anfällig für Tränen der Augen und Zahnsteinbildung. So selten wie möglich, so oft wie nötig mit rückfettendem Shampoo baden. Bürsten, Fönen und Streicheln gegen den Strich.

Kleinzüchtung

Heute hat die Mode der Spielzeug- oder Miniaturrassen die der Zwergrassen abgelöst. Diese Minihunde sind nach Meinung mancher Fachleute aus China oder Mexiko gekommen. Der Chihuahua war lange der einzige Hund, der weniger als 1 kg wog. Da einige Rassenormen keine untere Gewichtsgrenze vorschreiben, beispielsweise für den Zwergspitz, den Épagneul Nain Papillon oder den Yorkshire, haben manche Züchter die kleinsten Exemplare ihrer Würfe sich immer wieder fortpflanzen lassen und so ebenfalls Hunde mit einem Gewicht von ungefähr 1 kg hervorgebracht. Diese Züchtung ist nicht ohne Nachteile geblieben, und Zeichen von Degeneration sowohl in der Morphologie als auch im Charakter haben nicht ausbleiben können. Die Fehler des Zwergwuchses, apfelrunder Schädel, Glotzaugen, verkürzte Glieder, rücken die Tiere oft weit ab von den Rassenormen. Weitere Anomalien sind: mangelhaftes Gebiß, zu kurzer Unterkiefer, chronische Triefaugen. Die charakterlichen Veränderungen haben bisweilen zur Folge, daß die Hunde kläffen und ausgesprochen streitsüchtig sind. Darum werden auch einige Rassen, wie z. B. der Toy-Pudel, der weniger als 25 cm mißt, international nicht anerkannt.

Mops

Die Engländer haben den Mops wegen seiner stumpfen Nase *pug* getauft – eine *pugnose* ist eine Stupsnase; seine französische Bezeichnung *carlin* verdankt er dem italienischen Schauspieler Carlo Bertinazzi, genannt Carlino, der im 18. Jahrhundert als Harlekin der Commedia dell'arte berühmt war und diesen Hund in Mode brachte. In Deutschland hat ihm seine scheinbar mürrische Miene den Namen Mops eingetragen, der auf das niederländische Wort *moppen* zurückgeht, das „mürrisch sein" bedeutet.

Mit seinem sonderbaren Aussehen, der komisch verkürzten, wie mit Ruß geschwärzten Schnauze und dem gedrungenen, kräftigen Körper war der Mops seinerzeit in allen Salons der besseren Gesellschaft zu finden. Doch da er verzärtelt und überfüttert wurde, nahmen sich seiner bald die Karikaturisten an. Die Folge war, daß die Nachfrage nach Möpsen rasch nachließ.

Dieser kleine Hund mit seinem einer geballten Faust ähnelnden Profil hat eine lange Geschichte. Man findet sein Bild auf dünnwandigen Porzellangefäßen des alten Chinas. Vermutlich führten ihn holländische Kaufleute, die mit Chinawaren handelten, in Europa ein, wo er zunächst in Flandern in Mode kam, dann in England und schließlich in Frankreich. König Heinrich II. fand seine Möpse unterhaltsamer und würdevoller als seine Narren. Und in Spanien war der Mops lange Zeit der Liebling der Infanten; er ist daher auf zahlreichen Meisterporträts mit abgebildet. Heute wird diese launische, mutwillige, gefühlvolle und treue Miniaturausgabe eines Mastiffs immer noch sehr geschätzt.

Manchmal knurrt dieser leckermäulige Hund, manchmal schmollt er, manchmal schnarcht er sogar, aber seine großen, von Zärtlichkeit erfüllten Augen verleihen ihm einen besonderen Reiz. Er hängt ausschließlich an seinem Herrn und wahrt zumindest den Abstand zu Fremden, wenn er sich ihnen gegenüber nicht gar ausgesprochen feindselig zeigt.

9. Gruppe
Haushunde

Zur Geschichte

Gegen Ende des 19. Jahrhunderts hielt man den Mops für eine verkleinerte Form der Bordeauxdogge. Der italienische Spezialist Firenzo Fioroni vertritt dagegen die Ansicht, er stamme trotz des Größenunterschiedes ebenso wie der Mastino Napoletano von einer sehr alten asiatischen Rasse ab. In dieser habe es Zwergformen gegeben, die sich in ihrer ganzen Reinheit bis heute erhalten hätten.

Berühmte Möpse

Durch seinen seltsamen Charme und sein rührendes Aussehen hat der Mops zahlreiche berühmte Persönlichkeiten für sich eingenommen. Zu ihnen gehörte im 16. Jahrhundert Wilhelm (der Schweizer) von Oranien, dessen Mops ihn nie verließ und ihm eines Nachts, als er in seinem Zelt schlief, das Leben rettete, indem er das Nahen einer Schar Feinde bellend ankündigte, die ihn ermorden wollten.

Im 18. Jahrhundert hielten sich die Marquise de Pompadour sowie Marie-Antoinette einen Mops als Lieblingshund. Aber einer der berühmtesten war zweifellos der Mops Fortune der Joséphine de Beauharnais, der Napoleon biß und damit in die Geschichte einging. „Als ich Madame heiratete, hatte er bereits von ihrem Bett Besitz ergriffen", erzählte der Kaiser.

„Ich wollte ihn daraus entfernen – vergebliche Mühe. Man erklärte mir, ich müsse mich entschließen, anderwärts zu schlafen oder es mit ihm teilen. Das war mir sehr zuwider, aber mir blieb keine Wahl, ich fügte mich. Ihr Liebling war weniger gefällig, ich trage den Beweis dafür an meinem Bein!"

Der Mops Mohilof des Herzogs von Enghien wurde wegen seiner Treue berühmt. Der Herzog wurde auf Geheiß Napoleons zum Tode verurteilt; als er zur Erschießung abgeführt wurde, folgte ihm der Mops und klagte nach der Exekution stundenlang an der Hinrichtungsstelle.

In neuerer Zeit haben die fünf Möpse, die den Herzog und die Herzogin von Windsor überallhin begleiten, die Öffentlichkeit mit dieser von den Großen dieser Welt bevorzugten Rasse wieder vertraut gemacht.

Standard

Allgemeine Erscheinung: stämmig, gedrungen, ebenmäßig gebaut und mit gut entwickelten Muskeln.
Größe: bis zu 32 cm.
Gewicht: 7–8 kg.
Kopf: breit und massig, muß rund sein, doch nicht apfelförmig, mit starken und tiefen Hautfalten; Oberkopf glatt ohne Falten; Fang kurz, abgestumpft, nicht aufgestülpt.
Augen: dunkel, groß, nach vorn gerichtet, kugelförmig, sehr glänzend und von sanftem Ausdruck, doch werden sie voll Feuer, wenn der Hund erregt ist.
Ohren: hoch angesetzt, klein und dünn, weich wie Samt. Zwei Formen sind zugelassen: Rosenohr und Knopfohr.
Hals: verliert sich im Rumpf.
Körper: kurz und untersetzt, nahezu quadratisch; Brust breit; Flanken rundlich abfallend.
Rute: stark eingerollt, über dem Rücken getragen; doppelte Posthornrute gilt als ideal.
Gliedmaßen: vordere muskulös und kräftig; hintere sehr kräftig; Läufe gerade, mittellang und unter den Körper gestellt; Kniegelenke mäßig gewinkelt.
Pfoten: ziemlich rund; Zehen gut getrennt; schwarze Krallen.
Haar: kurz, dicht und glänzend.
Farbe: silbergrau, weißgelb, beige oder schwarz; alle Farben mit deutlich abgegrenzter schwarzer Maske und schwarzen Ohren. Schönheitsmale auf den Backen; großer schwarzer Fleck (Diamant) auf der Stirn.
Fehler: Magerkeit; leichter Knochenbau; kurze Läufe; langer Körper.

Ratschläge für die Haltung: Der Mops verträgt Hitze schlecht, neigt zu Erkältungen und muß gründlich abgerieben werden, wenn er naß ist. Man muß ihn regelmäßig bürsten. Um Verdauungsstörungen zu vermeiden, darf man ihn nicht überfüttern. Seine Augen sind empfindlich und tränen häufig. Vor allem die Falten müssen regelmäßig gereinigt und getrocknet werden, da sich sonst leicht Ekzeme bilden.

  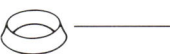

Die Rute des Mopses

Der Mops hat eine charakteristisch geformte Rute. Man nennt sie Schnecken- oder Schraubenschwanz oder aber Posthorn. Die Rute bildet eine einfache oder doppelte Spirale, die so eng wie möglich auf dem Rücken zusammengerollt sein soll. Eine doppelte Einrollung gilt als vollkommen.

Pekingese

Die Herkunft dieses kleinen Luxushundes mit dem prächtigen Haarkleid, der platten Nase und der wunderlichen, sowohl würdevollen als auch nachlässigen und sogar etwas hochmütigen Haltung ist in das mystische Dunkel der Legenden getaucht. Eine Legende über seine Entstehung besagt: Eines Tages verliebte sich ein Löwe in ein Affenweibchen. Wie es die guten Sitten erforderten, bat er den Gott Hai Ho um die Erlaubnis, seine Angebetete zu heiraten. Hai Ho war einverstanden, der Löwe sollte aber seine Größe und Kraft seiner Liebe opfern; und so entstand der Pekingese, das Löwenhündchen. Einer anderen Legende zufolge verwandelte einst ein Zauberer eine chinesische Prinzessin in eine Lotosblüte und einen Prinzen in ein Eichhörnchen. Buddha vereinte die so Ungleichen, und aus ihrer Liebe entstand der Pekingese. Es gibt auch eine Legende über die Intelligenz dieses Tieres: In Chroniken aus dem 7. Jahrhundert wird erwähnt, dieser Hund sei in der Lage, ein Pferd zu lenken, wenn er auf einem Kissen vorn auf dem Sattel sitze.

Als Symbol des Löwen, der Buddha beschützt, hat der Pekingese von jeher ein ungewöhnliches Leben geführt. Viele Jahrhunderte lang besaß nur der chinesische Kaiserhof Tiere dieser Rasse. Innerhalb der Mauern der Verbotenen Stadt wurden die Pekingesen umhegt und verehrt, jedoch beim Tod ihres Besitzers geopfert, damit sie im Jenseits ihren Herrn beschützen konnten. Die Tiere wurden so sehr verehrt, daß sich jeder vor ihnen verbeugte und auf Diebstahl und Ausfuhr eines Hundes die Todesstrafe stand. Unzählige künstlerische Darstellungen zeugen von dieser Verehrung. Traditionsgemäß gab es auch in jeder Familie eine Darstellung des Pekingesen auf Seide, denn die Tiere sollten nicht in Vergessenheit geraten. Besonders bekannt sind die wunderschönen Seidengemälde von Nan-Ping vom Ende des 18. Jahrhunderts. Zwischen 1820 und 1860 erlebte der Pekingese in China seine Blütezeit. 1860 brachten englische Militärs die ersten Exemplare nach Europa, die sie nach der Besetzung Pekings im verwüsteten kaiserlichen Palast gefunden hatten. Die kaiserlichen Hunde sollten unter keinen Umständen in gottlose Hände fallen und waren deshalb bis auf wenige Ausnahmen, die gerade noch diesem Schicksal entgingen, hingerichtet worden. Die wenigen, die überlebt hatten, wurden unter anderem Königin Victoria und den Herzoginnen von Richmond und Gordon geschenkt, die mit ihnen ihre berühmte Zucht begründeten. Ab diesem Zeitpunkt gab es in China immer weniger echte Vertreter dieser Rasse, denn nun konnten viele einen Pekingesen halten, so daß Kreuzungen mit anderen Rassen nicht ausblieben.

Aus seiner prunkvollen Vergangenheit hat sich dieser verwöhnte Hund die besondere Vorliebe für Seidenkissen und seine Abneigung gegen zu lange Spaziergänge bewahrt. Er ist ein guter Wachhund, der bei der geringsten Störung anschlägt und keineswegs zögert, auch Tiere anzugreifen, die größer sind als er selbst. Gegenüber Fremden ist der Pekingese zurückhaltend, dafür aber um so anhänglicher und liebevoller zu seinem Besitzer.

9. Gruppe
Haushunde

Zur Geschichte

Daß der Pekingese aus der Liebe eines Löwen zu einem Affenweibchen entstanden sei, ist ein schmückendes Beiwerk zur Geschichte. Sicher ist auf jeden Fall, daß er aus China stammt und zu den ältesten Rassen der Welt gehört. Die Tiere waren in ganz China verbreitet, wurden jahrhundertelang aber fast ausschließlich am Kaiserhof gezüchtet und behütet, weshalb sie auch Peking-Palasthunde genannt werden. Alle derzeit in Europa oder den USA existierenden Exemplare gehen auf Nachkommen der bei der Plünderung des kaiserlichen Palastes gefangenen Pekingesen zurück, wodurch eine 100%ige Rassegarantie gegeben werden kann. Seitdem sind die Züchter durch rigoroses Auslesen bemüht, die Rasse auch weiterhin rein zu halten. Der Pekingese gehört zu den 20 beliebtesten Hunderassen Großbritanniens, und in Deutschland betreut seit 1926 der Internationale Klub die Rasse.

Die Eigenarten des Pekingesen

Seine Brust ist mächtig, breit, und der Körper muß sich nach hinten löwenartig verjüngen. Die Beine sind kurz, starkknochig, an den Ellbogen ausgebogen. Wenn er geht, vollführen die krummen Beine eine Art Ruderbewegung, so daß der Gang rollend wirkt.

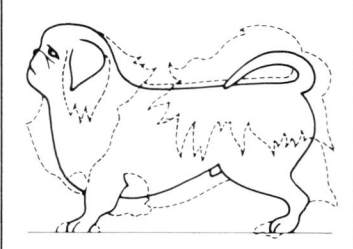

Standard

Allgemeine Erscheinung: kleiner, lebhafter, grotesk wirkender Hund mit verschwenderischer Behaarung.
Größe: im Standard nicht erwähnt (15–25 cm).
Gewicht: 1,5–6 kg.
Kopf: massig; Schädeldecke zwischen den Ohren breit und flach; Gesicht vollkommen platt gedrückt; möglichst kurzer Nasenrücken; tiefflackschwarze Nase, auf Augenhöhe liegend; Kiefer breit und mächtig; Maul flach, platt gedrückt.
Augen: groß, vorgewölbt, dunkel leuchtend.
Ohren: herzförmig, leicht nach vorn flach herabhängend.
Hals: kurz, kräftig, mit langer Halskrause.
Körper: breite Brust; gut gebogene Rippen; strammer Rücken, nicht zu kurz und nicht zu lang, insgesamt nach hinten löwenartig verjüngt.
Rute: hoch angesetzt, in schwungvollem Bogen dicht über den Lenden getragen, mit schönem Federbusch.
Gliedmaßen: Vorderläufe kurz, mit starken Knochen, am Ellbogen gut ausgebogen; Hinterläufe leichter ausgebogen, doch gut geformt und kräftig.
Pfoten: breit und flach, nicht rund.
Haar: langes, gerades und abstehendes Überhaar sowie dichte Unterwolle.
Farbe: alle Farben erlaubt.
Fehler: zu hohe Läufe; Wollhaar.

Ratschläge für die Haltung: Der Pekingese ist anfällig für Erkältungen; er bekommt dadurch Atembeschwerden. Er hat empfindliche Augen, deshalb muß man auf Verletzungen des Augapfels und Hornhautentzündungen achten. Gesichtsfalten mit Watte und lauwarmem Wasser reinigen.

Kaiserin Ts'e-Hi

Zu Beginn dieses Jahrhunderts waren die Hunde der Kaiserin Ts'e-Hi die einzigen reinrassigen Pekingesen, die es noch in China gab. Die Kaiserin förderte die Zucht, kämpfte dagegen, daß die Hunde mit Reiswein betrunken gemacht wurden, um so die Zwergwüchsigkeit zu fördern, und schrieb selbst einen Standard vor, in dem sehr detaillierte Vorschriften festgelegt waren, was Nahrung (Haifischflossen, Brachvogelleber und Wachteleiweiß) und Aussehen betraf: „Laß den Löwenhund klein sein; laß ihn den schwellenden Mantel der Würde um den Hals tragen; laß ihn die wehende Fahne des Pompes über den Rücken entfalten. Laß sein Antlitz schwarz sein und zottig die Brust; gerade sei ihm die Stirn und tief … Laß seine Augen groß sein und leuchtend; laß seine Ohren gesetzt sein wie die Segel der Kriegsdschunke; laß seine Vorderläufe sich biegen, so daß er nicht wünscht, weit zu wandern oder die kaiserliche Umgebung zu verlassen …" Leider wurden die wunderschönen Pekingesen der Kaiserin bei ihrem Tod im Jahr 1908 traditionsgemäß geopfert.

King Charles Spaniel

Dieser kleine Luxushund ist eine alte Rasse. Die Hofdamen der Königin Elisabeth I. verbargen ihn unter ihren umfangreichen Röcken und ließen sich, wie es heißt, winters von ihm wärmen. Es geht auch die Legende, daß man 1587 nach der Hinrichtung Maria Stuarts unter dem Kleid der unglücklichen Königin einen winzigen schwarzweißen, blutbefleckten Spaniel fand, der die letzten Augenblicke seiner Herrin miterlebt hatte.

Dieser kleine kostbare Hund, der Liebling der englischen Könige Karl I. und Karl II., von denen er auch seinen Namen hat, wurde schon damals seit langem nicht mehr für die Jagd verwendet, auf der er sich einst vortrefflich bewährt hatte, sondern lebte in Schlössern und vornehmen Häusern. König Karl II. hielt eine ganze Schar Zwergspaniels, die er überallhin mitnahm.

Als reizender, lebhafter und stets gutgelaunter Gefährte ist der King Charles Spaniel unbestreitbar von allen Luxushunden auch einer der elegantesten.

Zur Geschichte

Manche Fachleute haben behauptet, der King Charles und der Blenheim, zwei gleiche Hunde mit verschiedenen Fellen, hätten nicht dieselben Ahnen; der King Charles sei vor mehreren Jahrhunderten aus Japan oder China gekommen, der Blenheim dagegen stamme aus Spanien. Er wurde im 19. Jahrhundert durch Einkreuzung von Möpsen verändert. Damit wurde er kleiner, Nase und Schnauze gerieten kürzer, und der Oberkopf rundete sich. Diese Kreuzungen ließen allmählich die jagdlichen Eigenschaften der Rasse verschwinden.

Standard

Allgemeine Erscheinung: untersetzt, aber wohlproportioniert, wirkt er elegant und gewandt; seine Bewegungen sind leicht und lebhaft.
Größe: 26–32 cm.
Gewicht: 3,6–6,3 kg.
Kopf: massiger Schädel im Vergleich zur Größe; Oberkopf gewölbt; Stirn vorspringend; kurze Stupsnase; tiefer Stirnabsatz; schwarze Nasenkuppe mit weit geöffneten Löchern; rechteckige, breite, aufgestülpte Schnauze; Unterkiefer betont; Lefzen angepaßt; Wangen gut gefüllt.
Augen: sehr groß und dunkel.
Ohren: tief angesetzt, hängend, sehr lang und reichlich befranst.
Hals: mittellang und leicht gebogen.

Körper: tiefe, breite Brust, ebener Rücken.
Rute: befranst, nicht über Rückenhöhe gehoben.
Gliedmaßen: vordere und hintere kurz, gerade.
Pfoten: lang behaarte Hasenpfoten.
Haar: lang, seidig, glatt, mit reichlich Fahnen.
Farbe: schwarz, leuchtend, mit mahagonifarbenen Flecken auf Schnauze, Ohrenrändern, Brust, Läufen, über den Augen und unter der Rute; dreifarbig, mit perlweißer Stirn, leuchtendbraunen Flecken auf Wangen, Ohrenrändern, unter den Augen, unter der Rute, mit gut verteilten schwarzen Abzeichen und einer weißen Blesse zwischen den Augen; der Blenheim perlweiß, mit gut verteilten kastanienbraunen Flecken, breiter weißer Blesse auf der Stirn und mit einem hellbraunen Fleck in der Mitte; einfarbig rötlichkastanienbraun.
Fehler: gelocktes Haar.

Ratschläge für die Haltung: am besten täglich bürsten und kämmen.

  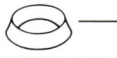

Tibet Spaniel

Obwohl man ihn Spaniel nennt, ist dieser tibetische Hund nicht mit der Familie der Jagdhunde verwandt. Er ist ein zarter, lebhafter Schoßhund, der zu Familienmitgliedern zärtlich ist, zu Fremden jedoch abweisend und mißtrauisch.

In seinem Ursprungsland drehte er die Gebetsmühlen und wurde auch als Schildwache eingesetzt, denn er besitzt ein sehr feines Gehör.

Standard

Allgemeine Erscheinung: zierlicher, lebhafter Zwerghund.
Größe: Rüde 25,5 cm; Hündin etwas kleiner.
Gewicht: Rüde 4,5–7,3 kg; Hündin 4–6,8 kg.
Kopf: mittelgroß; Schädel leicht gewölbt; gut betonter Stop; Fang eben, mit leichtem Vorbiß; Schnauzenpartie stumpf; Nase schwarz.
Augen: groß, frontal plaziert, mit affenartigem Ausdruck.
Ohren: hängend und am Ansatz befedert.
Hals: verhältnismäßig kurz, mit Mähne besetzt.
Körper: ein wenig länger als hoch.
Rute: hoch angesetzt, reichlich befedert und fröhlich über dem Rücken getragen.
Gliedmaßen: Vorderläufe mit leichter Biegung, hinten gut befedert; Hinterläufe mit starker Befederung.
Pfoten: klein, zierlich; Hasenpfoten.
Haar: doppelschichtig, seidig, ziemlich flach anliegend.
Farbe: gold, creme, weiß, gelb, braun, graubraun, rotzobel, schwarz, gescheckt, dreifarbig.
Fehler: Leberfarbe; helle Nase.

Ratschläge für die Haltung: in regelmäßigen Abständen bürsten und kämmen. Baden ist selten nötig.

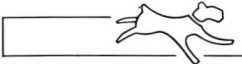  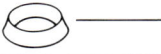

Zur Geschichte

Der ferne Ursprung der Tibet Spaniels hat zu verschiedenen Theorien Anlaß gegeben. Nach manchen Fachleuten wurde er hohen chinesischen Würdenträgern geschenkt, die seinerzeit diese kleinen Hunde als Friedensboten betrachteten und sehr schätzten. Aus einer Kreuzung mit Möpsen soll der Pekingese hervorgegangen sein. Nach anderen Kynologen haben die Chinesen den tibetischen Mönchen einige Pekingesen gesandt. Diese Hunde hätten dann im Lauf der Jahrhunderte ihre Reinrassigkeit eingebüßt, insbesondere durch Kreuzung mit dem Lhasa Apso und dem japanischen Tschin, wodurch man eine neue Rasse schaffen wollte. Die Tibet Spaniels sollen schließlich im 15. Jahrhundert von Missionaren nach Europa gebracht worden sein. Doch erst 1905 wurde in Großbritannien erwähnt, daß solche Hunde im Land waren. 1921 erregte der erste, auf einer Ausstellung gezeigte Tibet Spaniel großes Interesse. Die Rasse wurde erst nach dem Zweiten Weltkrieg richtig eingeführt. Zwischen 1946 und 1947 wurden zwei Tibet Spaniels, sie hießen Lama und Dolma, aus dem Besitz von Sir Edward und Lady Wakefield zu den Ahnen der Rasse, wie sie heute bekannt ist. Weitere, aus Tibet importierte Spaniels trugen in der Folge zu ihrer Weiterentwicklung bei. Gegenwärtig gibt es mehrere tausend Tibet Spaniels in Großbritannien; in Mitteleuropa und in den Vereinigten Staaten sind sie noch ziemlich unbekannt.

Tibet Terrier

Der Tibet Terrier ist ein mittelgroßer Hund, der im Aussehen an den Bobtail erinnert. Vom Terrier hat er nichts als seinen Namen, denn er ist der Natur nach ein Hütehund, verträglich und von ausgeglichenem Temperament.

Jahrhundertelang wurde der Tibet Terrier wie ja auch der Lhasa Apso von den Tibetern eifersüchtig gehütet und war auch in den Klöstern Gegenstand eines wahren Kults. Man sagte ihm nach, er könne an Orten, die den Menschen völlig unzugänglich seien, verlorengegangene Gegenstände wiederfinden. Im Winter wurde sein langes Fell geschoren und die Wolle mit der des Yaks vermischt; daraus stellte man ein weiches, aber wetterfestes Gewebe her.

Der Tibet Terrier ist lebhaft und klug, fröhlich und anhänglich; man hat an ihm einen bezaubernden Gefährten ohne Aggressivität – aber mit einer volltönenden Stimme.

9. Gruppe
Haushunde

Zur Geschichte
Die sehr alte Rasse stammt aus Tibet. In den zwanziger Jahren schenkte eine Tibeterin ihrer englischen Ärztin, Dr. Greig, ein Tibet-Terrier-Pärchen. Sie nahm es nach England mit, wo es die europäische Linie begründete. 1930 wurde die Rasse international anerkannt.

Standard

Allgemeine Erscheinung: ein mittelgroßer, gut bemuskelter Hund, einem kleinen Bobtail nicht unähnlich; er ist flink und beweglich.
Größe: Rüde 35,5–40,5 cm; Hündin etwas kleiner.
Gewicht: im Standard nicht erwähnt.
Kopf: Schädel mittellang, nicht breit oder groß; ausgesprochener, aber nicht übertriebener Stop; Nase schwarz; Scherengebiß.
Augen: groß, dunkel, weder vorquellend noch tiefliegend, weit auseinanderliegend.
Ohren: nicht zu dicht am Kopf herabhängend, V-förmig, nicht zu groß, stark befedert.
Hals: im Standard keine besonderen Vorschriften erwähnt; relativ kurz, muskulös.
Körper: vollkommen quadratisch, kompakt, kräftig; gut aufgerippt; Nierenpartie etwas aufgezogen; Schultern schräg gelagert und gut bemuskelt; Lenden breit und stark.
Rute: mittellang, hoch angesetzt, aufgerollt auf dem Rücken getragen, sehr lang behaart.
Gliedmaßen: Vorderläufe gerade und stark; Hinterläufe mit sehr tiefliegenden, schwungvoll gewinkelten Sprunggelenken, wirken aber gerade.
Pfoten: groß, rund, stark behaart.
Haar: Deckhaar locker, lang, glatt oder gewellt, Unterwolle fein.
Farbe: alle außer Schokoladenbraun.
Fehler: starker Vor- oder Überbiß.

Ratschläge für die Haltung: Dieser robuste Hund braucht kein Wetter zu fürchten. Sein Haar muß täglich mit einem feinen Metallkamm gepflegt werden, damit es nicht verfilzt. Man kämmt immer in beide Richtungen. Nach dem Kämmen wird das Haarkleid mit einer Bürste aus echten Borsten gebürstet.

English Toy Terrier

9. Gruppe
Haushunde

Dieser „Spielzeughund" mit den lebhaften Augen wurde auf verschiedene Weise eingesetzt. Robust und rauflustig, wie er ist, mußte er zunächst in den Bergwerken die Ratten vernichten. Dann nahm sich die Mode dieses Terriers an; man züchtete ihn äußerst klein, so daß er schließlich im 19. Jahrhundert der Liebling der Damen wurde, die ihn im Muff bei sich trugen.

Raton, ein Toy Terrier von der Größe einer Ratte, mit schönem schwarzem Fell, aber weißen Pfoten, war der Lieblingshund Ninons de Lenclos, der berühmten französischen Kurtisane (1620–1705). Dieses sehr komische Tier hatte einen Abscheu davor, sein Frauchen Alkohol trinken zu sehen, und bellte wütend, um seine Mißbilligung zum Ausdruck zu bringen.

Der kühne und tapfere Toy Terrier hat das Temperament und die Charaktermerkmale der Terrier. Dennoch fühlt er sich auch in einer kleinen Stadtwohnung äußerst wohl. Er ist ein angenehmer Lebensgefährte, klug und sehr anhänglich, der gern seine durchdringende Stimme einsetzt, um Alarm zu schlagen.

Zur Geschichte

Der Toy Terrier ist aus wiederholten Kreuzungen zwischen kleinwüchsigen Manchester Terriern hervorgegangen. Die strenge Zuchtwahl auf Zwergwüchsigkeit, der er unterzogen wurde, führte zu schwächlichen Exemplaren; sie hatten Eierköpfe und fast kahle Pfoten, und dazu kam außerdem, daß der Bauch und die Innenseiten der Schenkel haarlos wurden. Einige dieser Zwerge wogen nicht mehr als 1,13 kg. Die Zucht solcher „Taschenausgaben" von Hunden ist glücklicherweise aus der Mode gekommen. Den heutigen Züchtern ist es gelungen, eine Rasse mit ausgesprochen harmonischen Proportionen anhand von Exemplaren wiederzubeleben, die ihre ursprüngliche Robustheit wiedererlangt haben.

Standard

Allgemeine Erscheinung: kleinwüchsiger, kompakter, sehr ausgewogener und überaus eleganter Hund.
Größe: 25–30 cm.
Gewicht: 2,7–3,6 kg.
Kopf: lang, schmal, keilförmig; flacher, schmaler Schädel; geringer Stop; schwarze Nase; Ober- und Unterkiefer schließen fest.
Augen: sehr dunkel bis schwarz, glänzend, mandelförmig, schräg eingesetzt.
Ohren: wie Kerzenflammen stehend.
Hals: lang, elegant, ohne Wamme.

Körper: tiefe, schmale Brust; leicht gewölbter Rücken; aufgezogene Lendenpartie.
Rute: am Ansatz dick, zum Ende dünner werdend.
Gliedmaßen: vordere gerade; hintere mit gebogenen Knie- und tiefstehenden Sprunggelenken.
Pfoten: zierlich, kompakt, mit geteilten Zehen und tiefschwarzen Krallen.
Haar: dicht, glatt, glänzend, dick.
Farbe: schwarz und lohfarben, deutlich voneinander abgesetzt.
Fehler: Katzenohren; Wamme; Ringelschwanz; Hasenpfoten; Markierungen mit weißen Haaren; helle, runde Augen.

Ratschläge für die Haltung: ideal für die Wohnung, braucht nur wenig Auslauf.

 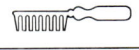 

Kontinentaler Zwergspaniel

9. Gruppe
Haushunde

Papillon

Phalène

In der Renaissance galt dieser Zwergspaniel als ausgesprochener Luxushund, der beim Adel als lebendes Spielzeug und Reisebegleiter sehr beliebt war.

Doch auch heute wird er noch immer sehr geschätzt, und seine Anhänger loben ihn in den höchsten Tönen. Er ist ein aufmerksamer Wächter, der seinen Herrn beim geringsten ungewöhnlichen Geräusch warnt. Er nimmt regen Anteil am Familienleben und ist immer zum Spielen bereit. Als geborener Komödiant unterhält er seine Bewunderer durch sein ebenso ausdrucksvolles wie komisches Mienenspiel. Der kleine Hund ist mutwillig und quicklebendig – doch er kann auch still, sanft und geduldig sein. Er ist sehr liebebedürftig und läßt sich gerne verhätscheln, außerdem wird er leicht eifersüchtig, und Fremden gegenüber bleibt er immer abweisend.

Zur Geschichte

In Frankreich gab es die Rasse bereits im 11. Jahrhundert, sie war aber damals noch nicht einheitlich; es existierten eine Reihe von Abarten. Zwei davon sind übriggeblieben: der selten gewordene Phalène mit hängenden Ohren und der Papillon (Schmetterlingshündchen) mit Stehohren, der gegen Ende des 19. Jahrhunderts vermutlich durch eine Kreuzung mit dem Zwergspitz entstanden ist. Seit 1934 gibt es einen Rasseclub in Frankreich, und seit 1937 wurde der Standard international festgelegt.

Standard

Allgemeine Erscheinung: kleiner, wohlproportionierter Luxushund.
Größe: ungefähr 28 cm.
Gewicht: 1,5–5 kg.
Kopf: spitz zulaufende Schnauze; deutlicher Stop; schwarze Nase; dünne Lefzen.
Augen: groß, gut geöffnet, mandelförmig.
Ohren: beim Papillon stehend, beim Phalène hängend und mit sehr langen Haaren besetzt.

Hals: mittellang, im Nacken ein wenig gebogen.
Körper: gut entwickelte Schultern; breite und ziemlich tiefe Brust; kräftige Lendengegend; leicht aufgezogener Bauch.
Rute: lang, reichlich befranst.
Gliedmaßen: gerade, kräftig, parallel stehend.
Pfoten: Hasenpfoten mit kräftigen Krallen.
Haar: üppig, glänzend, gewellt.
Farbe: weiß-rot, schwarz-weiß-loh, weiß-braun, weiß-schwarz.
Fehler: eingerollte Rute; Afterklauen.

Ratschläge für die Haltung: möglichst täglich bürsten und kämmen.

Malteser

Dieser mit einem üppig weißen Haarkleid ausgestattete kleine Luxushund war bereits im frühen Altertum bekannt und führte jahrhundertelang in den Salons der Adligen und reichen Bürger ein verwöhntes Leben. Der lebhafte, liebenswürdige und äußerst anschmiegsame Malteser besticht nicht nur durch sein hübsches Aussehen, er ist auch intelligent, wachsam und trotz seiner geringen Größe kräftig und widerstandsfähig.

Bildliche Darstellungen und schriftliche Zeugnisse dokumentieren, daß er ab dem 5. Jahrhundert v. Chr. im gesamten Mittelmeerraum, vor allem in Ägypten und Griechenland, sehr verbreitet und beliebt war. Obwohl der griechische Geograph Strabo (1. Jahrhundert v. Chr.) ihn *Canis Melitensis*, also Hund von Melita (Malta), nennt, scheint er nicht von dieser Insel zu stammen. Da er aber schon so lange im italienischen Raum lebt, gilt dieser als seine Wahlheimat, von der aus er sich verbreitete.

Der Malteser ist so genügsam, daß er auch in einer kleinen Etagenwohnung gehalten werden kann.

9. Gruppe
Haushunde

Zur Geschichte
Der Malteser gehört zu den ältesten Hunderassen der Welt. Das bezeugen die Figürchen aus dem Grab Ramses' II., die ähnliche Hunde darstellen. Wahrscheinlich haben phönikische Seefahrer dieses Hündchen aus Ägypten nach Malta gebracht und dort verkauft. Die Rasse ist sehr rein geblieben, und ihre heutigen Vertreter entsprechen genau den Beschreibungen, die von ihren Vorfahren existieren. Inzwischen werden sie auf der ganzen Welt mit Erfolg gezüchtet.

Standard

Allgemeine Erscheinung: kleiner, eleganter Hund mit langgestrecktem, schlankem Körper.
Größe: Rüde 21–25 cm; Hündin 20–23 cm.
Gewicht: 3–4 kg.
Kopf: breiter, flacher Schädel; deutlicher Stop; gerader Nasenrücken; große schwarze Nase.
Augen: sehr groß, dunkel, rund.
Ohren: fast dreieckig, flach, lang behaart.
Hals: ohne Wamme, aufrecht getragen.
Körper: breite Brust; gerade Rückenlinie; muskulöse Nierenpartie; Bauch nicht aufgezogen.
Rute: seitlich auf dem Rücken aufliegend.
Gliedmaßen: vordere gerade, starkknochig; hintere starkknochig und gut bemuskelt.

Pfoten: rund, geschlossen, mit gewölbten Zehen und schwarzen oder zumindest dunklen Krallen.
Haar: sehr dicht, seidig glänzend, sehr lang, wie ein Umhang fallend, ohne Strähnen und Wellen, ohne Unterwolle.
Farbe: reinweiß, hellelfenbein.
Fehler: rollender Gang wie beim Pekingesen; nicht schwarze Nase; ungerader oder abfallender Nasenrücken; zu lange oder zu kurze Kiefer; helle Augen; Schielen; unpigmentierte Lidränder; mißgebildete Rute; rasseuntypische Farbe; Abzeichen, selbst kleine; sehr kurzes oder gelocktes Haar; nicht dem Standard entsprechende Größe; schon ein einziger der Fehler führt zur Disqualifizierung, auch wenn der Hund sonst allen Standardvorschriften entspricht.

Ratschläge für die Haltung: Der Malteser ist robust und wird nur selten krank, höchstens seine Augen tränen von Zeit zu Zeit. Den Schopf auf dem Kopf zusammenbinden. Täglich bürsten, aber nicht zu heftig, da man sonst das seidige Haar ausreißt. Danach kämmen, damit das Haarkleid schön fällt.

Mexikanischer Nackthund

Dieser kleine haarlose Hund mit dem Reiz des Außergewöhnlichen erlebte in seinem Ursprungsland Mexiko ein seltsames Geschick. Einerseits wurde er von den mexikanischen Feinschmeckern vor der Ankunft der spanischen Konquistadoren sehr geschätzt, andererseits aber galt der Xoloizcuintle, in der Umgangssprache kurz Xolo genannt, den Azteken als heiliges Tier. Sie sahen in ihm den Vertreter des Gottes Xolotl auf Erden, von dem er den Auftrag hatte, ähnlich dem ägyptischen Gott Anubis, die Seelen der Verstorbenen ins Jenseits zu geleiten. Man hat in Gräbern im Westen Mexikos Statuetten aus poliertem Ton gefunden, die witzige Karikaturen des Xoloizcuintles darstellen. Heute wird er zwar in seiner Heimat nicht mehr als göttliches Wesen verehrt, aber seine Haut erfreut sich großer Wertschätzung als Mittel gegen Rheumatismus, Malaria und Asthma.

Im 19. Jahrhundert war der Mexikanische Nackthund in seinem Ursprungsland sehr in Mode und wurde damals auf spanisch *pelón* genannt, was einfach kahl bedeutet. 1833 wurden die ersten Exemplare in die USA exportiert und schon nach kurzer Zeit als Rasse anerkannt.

Die Haut grauer Tiere erinnert im Aussehen an die der Elefanten. Sie fühlt sich jedoch weich und glatt wie die eines Babys an, außerdem ist sie sehr warm.

Mit seiner angeborenen Fröhlichkeit ist der Mexikanische Nackthund ein sehr angenehmer Gefährte, der sich außerdem als höchst intelligent erweist. Er ist ruhig und zurückhaltend und sehr empfindsam.

9. Gruppe
Haushunde

Zur Geschichte

Diese Rasse ist sehr alt und kein Zuchtergebnis des Menschen; sie stammt vermutlich vom Chinesischen Nackthund ab, der nach Meinung einiger Kynologen wiederum ursprünglich aus der Türkei kam. Für die Haarlosigkeit der Haut ist ein dominanter genetischer Erbfaktor verantwortlich.

Eine Stütze für die Ohren

Der Standard sieht für die gut entwickelten Ohren des Mexikanischen Nackthundes vor, daß sie aufrecht getragen werden. Im Alter von zwei Monaten kann man sich eines kleinen Hilfsmittels bedienen. Man steckt je einen Kegel aus zusammengerollter Watte in die Ohren, umwickelt sie zu drei Vierteln ihrer Länge mit elastischem Heftpflaster und verbindet sie dann über den Kopf hinweg mit einer Achterschleife, bis sie gut und eng stehen. Diese Stütze beläßt man etwa 14 Tage und erneuert sie in regelmäßigen Abständen, bis die Ohren richtig stehend getragen werden.

Mexikanischer Nackthund

Chinesischer Nackthund

Der Chinesische Nackthund

Er wird auch Chinesischer Schopfhund genannt und gilt als Vorfahre des Xoloizcuintles. Er ist klein und schlank, mit zartem Knochenbau, lebhaft und graziös und darf nicht mehr als 4,5 kg wiegen. Sein stolz getragener Kopf wird von Augen belebt, die so dunkel sind, daß sie fast schwarz wirken. Vom Stirnabsatz bis zum Hinterkopf trägt er einen Schopf langer, feiner und seidenweicher Haare. Seine großen, dünnen und manchmal mit Fransen besetzten Ohren trägt er aufrecht. Sein Körper ist elegant und geschmeidig. Seine glatte Haut ist weich und fühlt sich wie die des Xoloizcuintles warm an; sie kann alle Farben haben, und zwar einfarbig oder gefleckt. Außerdem wechselt die Färbung mit den Jahreszeiten. Die Haut ist gar nicht so empfindlich, wie viele Leute meinen, man muß sie nur regelmäßig einölen.

Der Chinesische Nackthund hat sehr schlanke, lange Läufe und eine extreme Form von Hasenpfoten, die mit Haarbüschelchen bedeckt sind. Jede Spur einer Behaarung außer an Kopf, Rute und Pfoten gilt als Fehler.

Die Rasse ist sehr alt und war schon im 12. Jahrhundert v. Chr. bekannt. Ihre Kleinheit scheint sie zu allen Zeiten als Schoßhund prädestiniert zu haben. Dieser Nackthund entpuppt sich im übrigen als gefühlvoller, heiterer und intelligenter Gefährte, der zuverlässig und niemals aggressiv ist.

Es gibt eine sehr ähnliche, jedoch behaarte Varietät, die man Powder Puff (Puderquaste) nennt, denn sie hat eine sehr kurze Unterwolle und darüber einen Schleier langer, feiner Deckhaare.

Chinesische Nackthunde findet man außerhalb ihrer Heimat selten. Da sie zu den Zwerghunden gehören, werden von den Liebhabern gerade die kleinsten bevorzugt. Die Kleinheit ist übrigens auch im Standard vorgeschrieben.

Standard

Allgemeine Erscheinung: graziös im Aussehen wie in den Bewegungen, wohlproportioniert.
Größe: nicht unter 33 cm und nicht über 57 cm.
Gewicht: je nach Größe.
Kopf: Oberkopf eher breit; Fang lang, nach vorn spitz zulaufend; Stirnabsatz kaum angedeutet; Scherengebiß; Nase dunkel, manchmal rosig oder braun; Lefzen eng anliegend.
Augen: mittelgroß, weder tiefliegend noch vorspringend, leicht mandelförmig, gelb bis schwarz, dunkle sind vorzuziehen.
Ohren: über 10 cm lang, eher seitlich angesetzt, steif und schräg, wenn der Hund aufpaßt.
Hals: hoch getragen, lang, beweglich, leicht geschwungen, ohne Falten oder Wamme.
Körper: eher lang; Rücken gerade und biegsam; Kruppe gut gerundet; Brust tief, ziemlich breit; Bauch aufgezogen.
Rute: tief angesetzt, glatt, mit feiner Spitze.
Gliedmaßen: vordere gerade, wohlproportioniert, Ellbogen nicht abstehend; hintere mit muskulösen Oberschenkeln.
Pfoten: Hasenpfoten mit verkürzten Zehen und schwarzen oder hellen Krallen, je nach Pigmentierung.
Haar: glatte Haut, warm (zwischen 38,5 und 40 °C); kurzes und harsches Haarbüschel am Oberkopf.
Farbe: dunkelbronze, elefantengrau, schwarzgrau oder schwarz; die Färbung muß einheitlich sein.
Fehler: furchtsamer Charakter; Ohren nicht aufgerichtet; Haarwuchs an andern als den genannten Stellen; mangelnde Pigmentierung; zu schlaffe Haut; Afterklauen.

Ratschläge für die Haltung: Der Xoloizcuintle ist ein solider und widerstandsfähiger Hund, der sich in jedem beliebigen Klima gut halten läßt. Man kann ihn baden, sollte es aber nicht zu oft tun. Im Winter kann er durchaus ohne Mantel herumlaufen und sich sogar im Schnee wälzen. Wenn man ihn dennoch schützen will, muß man Wolle vermeiden, da sie seine Haut reizt, und Baumwolle wählen. Er wird nicht gebürstet, sondern einmal pro Woche mit Hautöl eingerieben.

  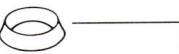

Shih-Tzu

Dieser kleine orientalische Hund hat einen langen Bart wie ein alter Mandarin und einen fast menschlichen Blick. Sein Name (Schi dsu gesprochen) kommt aus dem Chinesischen und bedeutet Löwenhund, denn die Halskrause und die Farbe seines Haarkleids lassen eine gewisse Ähnlichkeit mit dieser Raubkatze erkennen, und deshalb wurde er wie diese als heiliges Tier betrachtet. Dieser Glaube hat sich in China sehr lange gehalten und erklärt auch, warum sich die Chinesen selbst nach der Öffnung des Landes dem Westen gegenüber hartnäckig geweigert haben, diese kleinen Hunde zu verkaufen.

Es ist verständlich, daß dieser stolze, würdevolle und brave, übrigens auch sehr saubere, lebhafte und dennoch liebenswürdige und anhängliche Hund große Begeisterung erweckt hat. Fremden gegenüber verhält er sich allerdings zurückhaltend. Er fühlt sich in der Wohnung bei der Familie wohl und ist immer zum Spielen aufgelegt.

Zur Geschichte

Man nimmt an, daß der Shih-Tzu aus der Kreuzung zwischen dem tibetischen Lhasa Apso und dem chinesischen Pekingesen hervorging. Das erste Shih-Tzu-Geschlecht entstand wahrscheinlich aus Lhasa Apsos, die der Dalai-Lama Mitte des 17. Jahrhunderts den über China herrschenden Mandschukaisern geschenkt hatte. Sie wurden in der verbotenen Stadt mit Pekingesen gekreuzt, und so entwickelte sich ihre eigenständige Rasse, die um 1930 nach Europa kam. Der Shih-Tzu gilt heute noch als Rarität und ist nicht so stark verbreitet wie der Pekingese oder der Lhasa Apso.

Standard

Allgemeine Erscheinung: stolzer und temperamentvoller kleiner Hund.
Größe: etwa 27 cm, mit Abweichungen.
Gewicht: im Standard nicht erwähnt.
Kopf: breit und rund; kurzer und quadratischer Fang ohne Hautfalten wie der Pekingese; schwarze Nase; Zangengebiß oder leichter Vorbiß.
Augen: groß, dunkel und rund.
Ohren: groß, herabhängend, stark behaart.

Hals: mittellang, kräftig.
Körper: länger als hoch; waagrechter Rücken.
Rute: stark befedert und über den Rücken gerollt.
Gliedmaßen: vordere kurz und muskulös; hintere kurz und muskulös, von hinten gerade, mit runden, muskulösen Keulen.
Pfoten: rund, mit geschlossenen Zehen.
Haar: lang und dicht, mit dichter Unterwolle.
Farbe: alle Farben zulässig.
Fehler: schmaler Kopf; spitzer Fang; leicht rosa Nase; hohe Läufe; lichtes Haarkleid.

Ratschläge für die Haltung: Das Haarkleid täglich mit einer Bürste aus Wildschweinborsten pflegen und mit einem Metallkamm entwirren. Die Haare über dem Kopf zusammenbinden oder -klam- mern, damit das Tier unbehindert sehen kann.

Affenpinscher

Dieser kleine lebhafte Hund mit dem harten, dichten Haar und dem drolligen affenartigen Gesicht gehört zur Familie der Pinscher, obwohl er ganz anders aussieht als die „Miniatur-Dobermänner". Er ähnelt vielmehr dem Belgischen Zwerggriffon.

Schon vor dem Zweiten Weltkrieg weckte der Affenpinscher auf Ausstellungen Interesse und erfreut sich seither der Beliebtheit von Hundefreunden, die das Besondere lieben.

Der neugierige, kecke, aber gehorsame Affenpinscher ist auch ein aufmerksamer und mutiger Wachhund. Er erlegt mit Vorliebe kleine Nager.

Zur Geschichte

Im vorigen Jahrhundert hielt man den Affenpinscher für die Zwergform eines kleinen deutschen Terriers. Heute glauben manche, daß er sich vom Belgischen Zwerggriffon herleitet, andere behaupten, dieser stamme im Gegenteil von ihm ab. Wahrscheinlich haben beide Rassen einen ausgestorbenen Pinscher als Ahnen, der früher in Deutschland gezüchtet und dessen Standard 1880 festgelegt wurde.

Standard

Allgemeine Erscheinung: kleiner, stämmiger Hund mit trippelndem Gang und affenartigem, lustigem Gesicht.
Größe: 25–30 cm.
Gewicht: im Standard nicht erwähnt (bis 4 kg).
Kopf: kugelig, nicht zu schwer, gewölbt; gut ausgebildete Stirn; kurzer, nicht nach oben gebogener Fang; Nasenschwamm und Lefzen schwarz; gut schließender Vorbiß.
Augen: dunkel, rund, ein wenig vorstehend, mit kranzförmiger, buschiger Einfassung.
Ohren: hoch angesetzt; wenn kupiert, werden sie aufrecht getragen, unkupiert liegen sie mit einer V-förmigen Klappfalte am Kopf an.
Hals: kurz, ohne Kehlhaut.

Körper: schwach ausgeprägte Brust; gerader Rücken; Rumpflänge entspricht etwa der Widerristhöhe.
Rute: bis auf zwei bis drei Glieder gestutzt und erhoben getragen.
Gliedmaßen: Vorderhand gerade, mit anliegenden Ellen; Hinterhand mit mäßiger Winkelung.
Pfoten: kurz, rund, geschlossen; gewölbte Zehen und harte, dicke Sohlenballen.
Haar: hart und dicht.
Farbe: meist schwarz.
Fehler: zu leichte, zu niedrige oder zu hohe Gestalt; tiefe Brust; tief angesetzte oder schlecht kupierte Ohren; zu helle Augen; Glotzaugen; Zangengebiß; zu langer Rücken; schmächtige Gliedmaßen; seidiges, kurzes, weißes oder fleckiges Haar; Hasenpfoten.

Ratschläge für die Haltung: Der Affenpinscher braucht täglichen Auslauf, und der sollte nicht zu kurz sein. Er sollte jeden Tag gekämmt und zwei- bis dreimal im Jahr getrimmt werden. Die Augen sollte man regelmäßig untersuchen; wenn sich Augensekret gebildet hat, wird es mit lauwarmem Wasser und Watte vorsichtig entfernt.

Eurasier

Der Name dieses Neulings unter den Hunderassen weist darauf hin, daß er aus europäischen und asiatischen Hunderassen erzüchtet wurde, und zwar aus Wolfsspitz, Chow-Chow und Samojede. Das Ergebnis war ein von diesen Rassen abgegrenzter, völlig eigenständiger Hund. Er besticht durch seinen Charakter ebenso wie durch seine Gestalt. Elegant, aber kräftig, mittelgroß, in ein prächtiges Fell gehüllt, trägt er stolz seinen wolfsähnlichen Kopf hoch, der durch zwei dunkle, leicht mandelförmige, offen und intelligent blickende Augen belebt wird.

Er bellt wenig, jagt nicht, ist sehr sauber und damit der ideale Begleithund, für das Leben im Familienkreis wie geschaffen, versteht sich hervorragend mit Kindern, „adoptiert" Babys mit einer fast väterlichen Liebe, ohne je die geringste Eifersucht zu zeigen.

Zusätzlich zu dem Ruf, den er sich durch seine glückliche Veranlagung und Anmut erworben hat, besitzt er auch einen gewissen Sinn für Humor. In den ersten Lebensmonaten ist er zwar recht ausgelassen, ein richtiger Lausbub; doch wenn er erwachsen ist, zeigt er eine gewisse Zurückhaltung, ein gleichmäßiges und ausgeglichenes Naturell, ohne seine Heiterkeit zu verlieren.

Seinem Herrn gegenüber ist er sehr treu, und er duldet alle Haustiere im Bereich des Grundstücks, auf dem er zu Hause ist; davon sind auch Katzen nicht ausgenommen, meist können selbst die ungeselligsten seinem Charme nicht widerstehen.

Der Eurasier erfreut sich einer guten Gesundheit, ist unschwer aufzuziehen und braucht bzw. verträgt keine Dressur. Er ist ein aufmerksamer Wächter in allem, was „seine" Familie betrifft, bellt nur, wenn nötig, und zeigt keine Aggressivität. Wenn man ihn provoziert, stößt er ein aus tiefster Kehle kommendes Knurren aus. Fremden gegenüber ist er recht zurückhaltend. Er verträgt keine grobe Behandlung. Mit seiner zärtlichen und liebevollen Veranlagung muß er Gesellschaft um sich haben und sträubt sich dagegen, vom Haus ausgeschlossen zu werden und sein Leben in einer Hundehütte oder angekettet zu verbringen.

9. Gruppe
Haushunde

Zur Geschichte

In den fünfziger Jahren wuchs in Julius Wipfel in Weinheim an der Bergstraße der Wunsch, einen eigenen Hund zu züchten. „Es sollte ein Polarhundtyp sein, mit schönen, attraktiven Farben und einem reizvollen, unseren Verhältnissen angepaßten Wesen. Es sollte ein eigenständiger, vom Wolfsspitz und Chow-Chow abgegrenzter Typ sein", schrieb er. Eine Wolfsspitzhündin hatte er bereits, und auf den Chow-Chow kam er durch Berichte von Konrad Lorenz, der diese Rasse mit dem Schäferhund gekreuzt hatte. 1960 begann dann die offizielle Zucht im „Zwinger von der Bergstraße"; wissenschaftlichen Beistand leisteten Konrad Lorenz und Frau Professor Gruhn vom Institut für Haustiergenetik an der Universität Göttingen. Das Zuchtziel wurde 1970 erreicht; unter der Bezeichnung Wolf-Chow war die neue Rasse gebildet. Die Weiterbildung zum heutigen Eurasier wurde betrieben, indem man die Rasse mit dem Samojeden veredelte. 1973 erkannte die F.C.I. den Eurasier als selbständige Rasse an.

So entstand der Eurasier – eine neue Hunderasse

Der Eurasier wurde durch eine Kombinationszucht geschaffen, der ein exakter Zuchtplan zugrunde lag. Drei dem Hundetyp Spitz zugehörige Rassen wurden miteinander gekreuzt; es waren Chow-Chow, Wolfsspitz und Samojede.

Am Anfang paarte man Chow-Chow-Rüden mit Wolfsspitzhündinnen. Das Ziel dabei war, einen Typ herauszuzüchten, der genügend Abstand zu diesen beiden Ausgangsrassen hatte. Durch anschließende Inzucht und Inzestzucht sollte nun dieser angestrebte Typ, der sich schon in den ersten Würfen zeigte, soweit wie möglich stabilisiert werden.

Zur Zucht der dritten Generation wurde der typische Rüde der zweiten Generation als Deckrüde für alle Hündinnen eingesetzt. Diese Maßnahme hatte zwar eine größere Gleichmäßigkeit zur Folge, aber sie brachte es naturgemäß auch mit sich, daß die Verwandtschaft der gesamten Zuchtbasis immer enger wurde.

Um dies entsprechend auszugleichen, ging man daran, einen neuen Stamm aufzubauen. Und diesmal ging man genau umgekehrt vor: Man ließ eine Chow-Chow-Hündin von einem Wolfsspitzrüden decken.

Um die optische Form endgültig zu stabilisieren und um neues Blut in die damals noch Wolf-Chow genannte Rasse zu bringen, wurde der Samojede eingekreuzt. Und diese Einkreuzung brachte den erhofften Erfolg.

Standard

Allgemeine Erscheinung: eher lang als quadratisch gebaut, mittelgroß, mit einem an den Wolf erinnernden Kopf.

Größe: Rüde 52–60 cm; Hündin 48–56 cm.

Gewicht: Rüde 23–32 kg; Hündin 18–26 kg.

Kopf: keilförmig, ähnlich dem Wolfsschädel; Oberkopf flach, mit gut erkennbarer Stirnfurche; Nasenrücken gerade, über einen wenig ausgeprägten Stirnabsatz bis zum Schädeldach verlängert; mittelgroßer Nasenschwamm; flache, nicht hängende Lefzen, ebenso schwarz pigmentiert wie die Mundschleimhaut, die Pupillen und der Nasenschwamm; kräftiges Scheren- oder Zangengebiß.

Augen: dunkel, nicht zu tiefliegend, leicht mandelförmig, von dunklem Glanz, mit freundlichem Ausdruck.

Ohren: mittellang, Stehohren, nicht zu breit angesetzt, nach vorn offen.

Hals: mittellang, möglichst gut bemuskelt, gerade gestreckt, mit guter Breite und Tiefe und ohne Wamme.

Körper: Schultern stark bemuskelt; Brust gut gerundet und tief, mit ovaler Rippenöffnung; Rücken gerade und fest, in eine lange und breite Kruppe übergehend; Becken schräg zur Kruppe; Bauch und Flanken leicht eingezogen.

Rute: nach vorn über den Rücken oder seitwärts gerollt getragen, bei Unlust bis zum Sprunggelenk hängend.

Gliedmaßen: Vorderhand gerade und steil bis zu den Pfoten; Hinterhand im Profil leicht gewinkelt, von hinten gerade; die einzelnen Abschnitte der Gliedmaßen fast gleich lang.

Pfoten: rund, mit guter Zehenwölbung und gutem Zehenschluß, mit festen Ballen.

Haar: ganzer Körper mit dichter Unterwolle und mittellangem Granhaar bedeckt; lange Haare an Rute und Hose sowie an den Vorderläufen; kurze Haare an Gesicht, Schnauze und den Unterpartien der Gliedmaßen; die Behaarung der Kehle ist etwas länger als am übrigen Körper, bildet jedoch keine Mähne.

Farbe: rot bis falb oder wolfsgrau, schwarz und schwarz mit abgegrenzten andersfarbigen Abzeichen über den Augen, an den Unterseiten der Läufe, an den Hosen und an der Rute.

Fehler: zu quadratischer Körperbau; zu schwerer oder zu spitzer Kopf; zu steile Hinterhand – man sagt dann, der Hund hat einen Stelzengang; zu starke Unterwolle und zu langes Granhaar; Schneidezahn- und Fangzahnverluste; Über- oder Unterbiß; zu helle Augen; zu tief angesetzte Ohren; Hängeohren; zu kurzes Fell; Bissigkeit; ängstliches oder übernervöses Wesen; zu lautfreudig.

Ratschläge für die Haltung: Der Eurasier ist ein kräftiger Hund, der selten krank wird und sich allen Lebenssituationen anpaßt, vorausgesetzt, er darf in der Familie leben, denn für die Zwingerhaltung ist er nicht geeignet. Witterungswechsel machen ihm nicht viel aus. Man braucht ihn nicht zu baden, aber sein Fell muß regelmäßig gebür- stet werden, besonders die buschige Rute, die Hosen und die langen Haare an den Vorderläufen. Täglicher Auslauf von ein bis zwei Stunden ist unerläßlich.

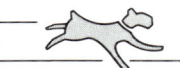  

Schnauzer

Riesenschnauzer

Dieser struppige Hund mit dem bärtigen Gesicht ist schon eine besondere Erscheinung unter den Hunden, und sein Name paßt gut zu ihm. Man unterscheidet drei verschieden große Spielarten: den Riesen-, den Mittel- und den Zwergschnauzer. Davon ist der aus Baden und Württemberg stammende Mittelschnauzer der älteste Schlag. Früher begleiteten diese Tiere an der Seite der Pferde die Kutschen durch die Waldgebiete Deutschlands. Pferd und Schnauzer waren dabei unzertrennliche Freunde. Bisweilen nannte man den Schnauzer auch Stallpinscher, weil er unermüdlich Ratten und Mäuse in den Pferdeställen fing oder daraus vertrieb.

Eine der ältesten Darstellungen des Mittelschnauzers befindet sich in Stuttgart in der Nähe der Leonhardskirche auf einem Brunnen: Darauf sieht man einen mittelalterlichen Nachtwächter mit Laterne und Hund; dabei handelt es sich zweifellos um einen Schnauzer. Außerdem sind diese Hunde auf mehreren Bildern Albrecht Dürers dargestellt und auf einem Wandteppich von Lucas Cranach dem Älteren; auch Rembrandt hat der Schnauzer Modell gestanden.

Der Schnauzer ist, und das gilt ohne Ausnahme für alle drei Spielarten, ein intelligentes und dynamisches Tier, das leicht ausgebildet werden kann und auch gern arbeitet. Er ist lebhaft, aber nicht unruhig und verlangt von seinem Besitzer das gleiche. Wenn man sich einmal nicht mit ihm beschäftigt, jagt er von sich aus Ratten, Mäuse, Marder, Dachse und Wiesel. Im Grunde seines Wesens ist der Schnauzer treu, verspielt und kinderlieb, jedoch manchmal auch eigensinnig und ein bißchen intolerant.

Der Riesenschnauzer gilt als hervorragender Wachhund. Er ist widerstandsfähig und kann durchaus zum Leiten von Vieh eingesetzt werden. Dieses ruhige und bedächtige, jedoch auch sehr temperamentvolle Tier muß sorgfältig ausgebildet werden. Er eignet sich als Polizei-, Zoll- und Blindenführhund, außerdem wird er als Rauschgift- und Sprengstoffsuchhund eingesetzt.

Der liebevolle, gehorsame, anhängliche und wachsame Zwergschnauzer schließlich ist die genaue Nachbildung des Mittelschnauzers und somit ein idealer Begleithund, der sich auch in einer kleinen Etagenwohnung wohl fühlt.

Zwergschnauzer
9. Gruppe
Haushunde

Riesenschnauzer, Mittelschnauzer
2. Gruppe
Wach-, Schutz- und
Gebrauchshunde

Zur Geschichte

Der Mittelschnauzer wurde in Baden und Württemberg gezüchtet und war 1879 auf der Internationalen Hundeausstellung in Hannover zum erstenmal zu sehen. Der Riesenschnauzer dagegen ist 1909 in München zum erstenmal ausgestellt worden und hatte sofort großen Erfolg. Der Zwergschnauzer schließlich entstand um 1900. Alle Größen und Farbschläge werden von dem 1895 gegründeten Pinscher-Schnauzer-Klub e.V. betreut, der auch den Standard festlegt.

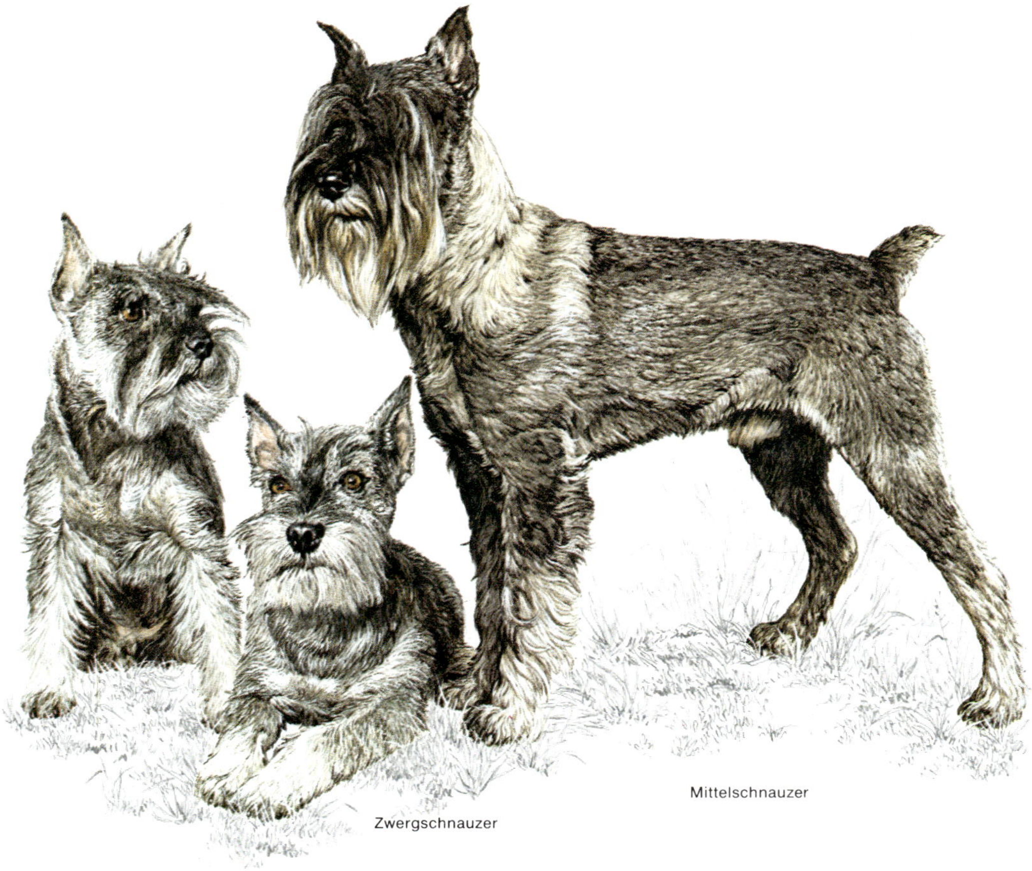

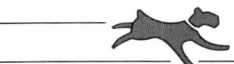

Mittelschnauzer

Zwergschnauzer

Standard

Allgemeine Erscheinung: alle drei Schläge eher gedrungen als schlank wirkend, mit quadratischem Bau, unterscheiden sich nur in Größe, Gewicht und Farbe.
Größe: Riesenschnauzer 60–70 cm; Mittelschnauzer 45–50 cm; Zwergschnauzer 30–35 cm.
Gewicht: Riesenschnauzer 30–35 kg; Mittelschnauzer 15–17 kg; Zwergschnauzer 5–6 kg.
Kopf: langgestreckt, zur Nasenspitze allmählich spitzer werdend; geringer Stop; breite, schwammige, schwarze Nasenkuppe; fest anliegende Lippen; kräftiger Fang.
Augen: oval, nach vorn gerichtet, dunkel.
Ohren: hoch angesetzt, gleichmäßig kupiert und aufrecht getragen oder unkupiert als Steh- oder auch Klappohren.
Hals: nicht zu kurz, kräftig, mit anliegender Kehlhaut.
Körper: wuchtig; Rücken fest; Kruppe leicht gerundet; Schultern kräftig bemuskelt; Bauch mäßig aufgezogen.
Rute: hoch angesetzt, bis auf zwei oder drei Glieder kupiert.
Gliedmaßen: Vorderläufe von allen Seiten gesehen möglichst senkrecht stehend; Hinterläufe mit schräggestellten, flach, aber kräftig bemuskelten Keulen.
Pfoten: kurz, rundlich geschlossen, mit gewölbten Zehen, dunklen Krallen und harten Ballen.
Haar: dicht, drahtig, hart.
Farbe: alle drei schwarz und pfeffersalzfarben, Zwergschnauzer auch schwarzsilbern und weiß.
Fehler: plumper oder zu leichter, niedriger oder zu hochläufiger Bau; langes, weiches, seidiges Haar.

Ratschläge für die Haltung: Besonders die großen Schläge brauchen sehr viel Auslauf. Alle täglich kämmen und bürsten.

Trimmanleitung für den Schnauzer

Mit einer Haarmaschine hält man die Haare kurz an den Ohrmuscheln, an den Backen von den Ohren bis zu den Augenwinkeln, an der vorderen Halsseite, am Bauch, an den Innenseiten der Hinterläufe sowie an den Hosen.

Mit dem Trimm-Messer werden Stirn, Nacken, Rücken, Brustseiten, Läufe und Lenden bearbeitet.

Die Schere verwendet man für die Augenbrauen, die Bart- und Ohrränder, für die Pfotenunterlinien sowie die Rute und die Fahnen.

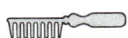

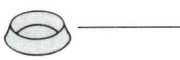

Belgische Griffons

Griffon Bruxellois

Griffon Belge

Die drei Arten der Griffons – Belge (Belgischer), Bruxellois (Brüsseler) und Brabançon (Brabanter) – sehen kurios aus mit ihrem bärtigen Gesicht, fast menschlich-sympathisch sagen ihre Anhänger, affenartig-häßlich finden die andern.

Die Rasse ist alt, denn ihre wahrscheinlichen Ahnen haben Maler schon im 15. Jahrhundert dargestellt, beispielsweise Jan van Eyck auf seinem Gemälde, das Arnolfini und seine Frau zeigt. Einstmals als flinke Rattenfänger in den Ställen geschätzt, werden sie heute im Haus gehalten. Sie sind neugierig, sogar ein bißchen frech, stets wachsam, treu und anhänglich. Kinder allerdings lieben sie nicht, weil sie sich nicht gern zum „Spielball" machen lassen wollen. Außerhalb Belgiens sind sie recht selten, vielleicht, weil sie schwer Junge bekommen.

Zur Geschichte

Diese kleinen Hunde stammen von den in den Ställen gehaltenen Barbets ab, die früher in England und Holland sehr verbreitet und ihrerseits Nachkömmlinge der rauhhaarigen Hunde der Gallier waren, die in mittelalterlichen Texten erwähnt werden. Deutsche Züchter haben die Rasse lange für sich beansprucht und auf den Affenpinscher zurückgeführt, doch heute wird weltweit Belgien als Ursprungsland anerkannt. Der Standard wurde 1905 festgelegt. Seit 1928 wird die Zucht systematisch fortgeführt.

Standard

Allgemeine Erscheinung: Alle drei Arten sind quadratische und kompakte Schoßhunde. Der Brabanter ist kurzhaarig, die beiden anderen sind rauhhaarig.
Größe: im Standard nicht erwähnt (21–28 cm).
Gewicht: höchstens 3 kg bei der kleineren Gewichtsklasse; bei der größeren 4,5 kg der Rüde und 5 kg die Hündin.
Kopf: rund, mit gewölbter Stirn, struppig behaart; schwarze Nasenkuppe.
Augen: sehr groß, schwarz, rundlich.
Ohren: spitz kupiert oder unkupiert und hängend.

Hals: kräftig, gerade.
Körper: quadratisch, gedrungen und kräftig.
Rute: zu ⅔ kupiert.
Gliedmaßen: gerade, gut gestellt, mittellang.
Pfoten: kurz, rund und gut geschlossen, mit schwarzen Ballen und schwarzen Krallen.
Haar: beim Brüsseler hart, rauh, halblang, dicht; beim Belgischen ebenso; beim Brabanter kurz.
Farbe: Brüsseler rostbraun, mit schwarzem Anflug an Schnauze und Kinn; Belgischer schwarz und schwarz-lohfarben; Brabanter rostrot oder schwarz-lohfarben.
Fehler: seidiger Haarschopf; helle Augen; braune Krallen.

Ratschläge für die Haltung: Augensekret regelmäßig mit einem Wattebausch abwischen.

  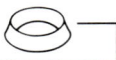

Bichon à poil frisé

Wie könnte man dem herausfordernd-zärtlichen Blick des kleinen, anmutigen, fröhlichen Bichons widerstehen? Sofort erliegt man dem Charme dieses intelligenten Zwerghundes mit dem korkenzieherartigen Haar und den dunklen, lebhaften, fast menschlichen Augen. Sein Name soll sich von dem französischen Verb *bichonner* herleiten, das früher „die Haare kräuseln" bedeutete. Unter dem französischen König Franz I. in Mode, trippelte er zusammen mit dem Malteser würdevoll durch die königlichen Gemächer.

Der Bichon à poil frisé (Kraushaariges Löwenhündchen) ist zwar ein ausgesprochener Wohnungshund, liebt es aber auch, im Freien herumzutollen, den Geruch der Blätter zu atmen und den Wind durch sein langes Haar streichen zu spüren. Im vorigen Jahrhundert war er in Spanien, besonders auf den Kanarischen Inseln, sehr beliebt. Heute wird er vor allem in Italien, Frankreich und in den Vereinigten Staaten sehr gern gehalten, weil er sich gern Einzelpersonen und Familien anschließt.

---

9. Gruppe
Haushunde

Zur Geschichte

Der Bichon à poil frisé tauchte in Italien während der Renaissance auf und ist das Produkt einer Kreuzung von Malteser und Pudel. Trotz seines zweiten Namens Ténériffe hat er, wie der spanische Kennel Club eindeutig nachgewiesen hat, keine spanischen Vorfahren. Die Rasse gilt offiziell als französisch-belgisch.

Standard

Allgemeine Erscheinung: stolz und aufrecht getragener Kopf, ausdrucksvoller Blick.
Größe: höchstens 30 cm.
Gewicht: im Standard nicht erwähnt (3–4 kg).
Kopf: Schädel länger als der Fang; glänzendschwarze, gerundete Nase; feine, ziemlich trockene Lefzen; Fang weder massig noch schwer.
Augen: dunkel, rund, nicht zu groß.
Ohren: hängend, mit viel gekräuseltem, langem Haar besetzt.
Hals: ziemlich lang.
Körper: gut entwickelte Brust; kräftiges Brustbein; Flanken am Bauch gut aufgezogen; breite, gut bemuskelte, leicht gewölbte Nierenpartie.
Rute: aufgebogen, nicht zu hoch getragen.
Gliedmaßen: vordere Läufe gut senkrecht stehend, mit feinen Knochen; hintere Läufe mit breiten, gut bemuskelten Schenkeln.
Pfoten: schwarze Krallen bevorzugt.
Haar: feinseidig, korkenzieherartig gelockt, locker anliegend, 7–10 cm lang.
Farbe: rein weiß.
Fehler: ausgeprägter Hinterbiß; rosa Nase; fleischfarbene Lippenränder; helle Augen; Ringel- oder Korkenzieherrute; schwarze Flecken im Haarkleid.

Ratschläge für die Haltung: Der Hund sollte jeden Tag mit einer harten Bürste gut gebürstet und einmal im Monat gebadet werden. Da seine Augen oft tränen, muß man sie regelmäßig mit Augenwasser oder mit Kamillentee reinigen.

Pinscher

Der robuste und dennoch elegante Pinscher mit dem glatten, glänzenden Haarkleid und dem klaren Blick wird manchmal irrtümlich für einen kleinen Dobermann gehalten. Trotz seiner relativ großen Schulterhöhe ist der Deutsche Pinscher ein sehr wendiger Hund, der unerbittlich Ratten und andere Nager jagt und sie mit großer Geschicklichkeit auch fängt. Der Pinscher ist ein sehr folgsamer, leicht auszubildender Hund, der seine starken Zähne nur gebraucht, wenn er einen triftigen Grund dazu hat. Sein sehr feines Gehör und sein Mut machen ihn zu einem aufmerksamen Wachhund, der beim leisesten ungewohnten Geräusch aufmerksam wird und, wenn nötig, auch kräftig anschlägt.

In Frankreich kennt man den Pinscher erst seit den fünfziger Jahren, und er ist dort auch heute noch ziemlich wenig verbreitet. In Deutschland und in der Schweiz dagegen ist dieser intelligente und muntere Hund mit der natürlichen Freundlichkeit ein gefragter Begleithund, denn aufgrund seiner Eigenschaften ist er ein angenehmer Gefährte, mit dem man leicht zusammenleben kann. Mit seiner mittleren Größe eignet er sich ausgezeichnet für die Haltung in der Wohnung. Er ist sehr einfühlsam, aber es macht ihm nichts aus, auch einmal allein zu Hause zu bleiben. Doch am liebsten begleitet er seinen Besitzer auf langen Spaziergängen oder auf der Jagd.

Zwergpinscher
9. Gruppe
Haushunde

Deutscher Pinscher
2. Gruppe
Wach-, Schutz- und Gebrauchshunde

Zur Geschichte

Der Pinscher stammt aus Deutschland. Schon lange vor der Gründung des Pinscher-Clubs 1895 wurde die Rasse in der Fachliteratur erwähnt. Noch um die Jahrhundertwende waren Glatthaarige und Rauhhaarige unter dem Namen Pinscher bekannt; sie hatten die gleiche Zuchtbasis. Erst später wurde die rauhhaarige Variante Schnauzer genannt. Der Pinscher ist keinesfalls eine zwergwüchsige Spielart des Dobermanns.

Die Varietäten der Pinscher

Der Zwergpinscher ist mit seinen höchstens 30 cm Größe und 3–4 kg Gewicht ein sehr handlicher Hund, der auch in der kleinsten Stadtwohnung gehalten werden kann. Die hoch angesetzten Stehohren und sein aufgeweckter Blick verleihen seinem Gesicht eine besondere Ausdruckskraft.

Er gehört wahrscheinlich einer sehr alten, in Deutschland seit mindestens 300 Jahren bekannten Rasse an. Heute ist der Zwergpinscher populärer als der Deutsche oder Mittelpinscher, war aber vor 1900, als dieser Minihund zum erstenmal in Stuttgart ausgestellt wurde, kaum außerhalb seines Heimatlandes bekannt. Auf diese Ausstellung hin haben ihn sogleich die Amerikaner übernommen.

Sie bemühten sich auch mit Erfolg um die Verbesserung der Rasse, die sie Miniature Pinscher nannten, eine Bezeichnung, die ausgezeichnet zu diesem kleinen, gut gebauten Athleten paßt, denn alle Eigenschaften, die auf übermäßige Zwergwüchsigkeit hindeuten, wie runder Schädel und runde Augen, sind bei diesem Tier nicht festzustellen.

Kurz vor dem Ersten Weltkrieg wurde in den Vereinigten Staaten der Miniature Pinscher Club of America gegründet, und in den fünfziger Jahren wurde die Rasse auch in Großbritannien bekannt. Seitdem wird sie z. B. in Frankreich, Belgien, Italien, Polen und in den Niederlanden als Begleithund gezüchtet.

Trotz seiner geringen Körpergröße soll der Zwergpinscher robust sein und starke Knochen haben. Negative Erscheinungen der Zwergwüchsigkeit sind fehlerhaft. Der kräftige, schlaue und entschlossene Zwergpinscher hat wie alle Pinscher und Schnauzer den Jagdtrieb auf Ratten und Mäuse im Blut. Außerdem ist er ein ausgezeichneter Wächter.

Er braucht keine besondere Pflege, und obwohl er so empfindlich anmutet, ist er nicht anfällig für Krankheiten und langlebig.

Dieser liebenswürdige, lebhafte und immer zu Späßen aufgelegte Gefährte ist anhänglich und seinem Besitzer, dem er auf Schritt und Tritt folgt, treu ergeben. Wegen seines hirschroten oder rehbraunen Haarkleides wurde er früher auch Rehpinscher genannt.

Der Harlekinpinscher schließlich, der heute ausgestorben ist, lag von der Größe her zwischen dem Deutschen und dem Zwergpinscher. Seinen Namen verdankte er seinem eleganten Fell, das auf weißem oder hellem Grund grau oder schwarz gescheckt war und bisweilen einen roten Brand aufwies. Wie die beiden anderen Spielarten war auch er wegen seiner Ausgeglichenheit, Ergebenheit und Anpassungsfähigkeit sehr geschätzt.

Die Schweizer dagegen lieben eher den Glatthaarpinscher. Er ist genauso groß wie der Deutsche Pinscher und hat graumeliertes Kurzhaar; allerdings ist er von der F.C.I. noch nicht anerkannt, obwohl er in der Schweiz immer mehr Anhänger findet.

Zwergpinscher

Deutscher Pinscher

Standard

Allgemeine Erscheinung: Der Pinscher ist ein schnittiger, mittelgroßer Hund mit fließenden Umrißlinien und kräftiger, gut verteilter Muskulatur. Der Zwergpinscher ist das verkleinerte Abbild des Pinschers, doch sein Wesen ist vom Temperament des Zwerghundes geprägt.

Größe: Pinscher 43–48 cm; Zwergpinscher 25–30 cm.

Gewicht: im Standard nicht erwähnt.

Kopf: kräftig, langgestreckt; flache Stirn; leichter, aber deutlicher Stop; gerader Nasenrücken; tiefer Fang, in einem stumpfen Keil endend; Nasenkuppe voll und schwarz, bei roten und braunen Farbschlägen in entsprechender Abtönung; Lippen gut anliegend, dunkel; kräftiges, weißes Scherengebiß.

Augen: mittelgroß, oval, nach vorn gerichtet; Bindehaut nicht sichtbar.

Ohren: hoch angesetzt; wenn kupiert, gleichmäßig geschnitten und aufrecht getragen; wenn unkupiert, V-förmig, mit Klappfalte oder kleines, gleichmäßig aufrecht getragenes Stehohr.

Hals: edel geschwungen und kräftig aufgesetzt, nicht zu kurz und nicht dick.

Körper: Brust mäßig breit, flach gerippt, im Querschnitt oval; Vorbrust markant ausgebildet; Unterbrust nach hinten leicht ansteigend; Bauch mäßig aufgezogen; die Länge des Rumpfes entspricht ungefähr der Widerristhöhe; Rücken kurz, leicht abfallend und leicht geschwungen; Kruppe abgerundet.

Rute: hoch angesetzt, aufwärts getragen, auf drei Glieder gekürzt.

Gliedmaßen: Vorderläufe als allseitig gerade Stützen ausgebildet, Ellbogen anliegend, Oberarme gut gewinkelt und flach, aber kräftig bemuskelt; Hinterläufe schräg gestellt und kräftig bemuskelt, Sprunggelenke ausgeprägt gewinkelt.

Pfoten: kurz, rund, mit fest geschlossenen, nach oben gewölbten Zehen, dunklen Nägeln und zähen, harten Ballen.

Haar: kurz, dicht, glatt anliegend, ohne kahle Stellen, glänzend.

Farbe: einfarbig braun in verschiedenen Tönen bis hirschrot sowie zweifarbig schwarz mit roten oder braunen Abzeichen über den Augen, an den Backen, Lefzen, am Unterkiefer, an der Brust und an allen Läufen.

Fehler: plumper oder leichter, niedriger oder hochläufiger Bau; windiges Aussehen; schwerer oder runder Oberkopf; Stirnfalten; tief angesetzte oder schlecht kupierte Ohren; lose Kehlhaut; kurzer, spitzer oder schmaler Fang; zu langer oder zu weicher Rücken.

Ratschläge für die Haltung: Beide Pinscher sind für die Haltung in der Wohnung hervorragend geeignet, brauchen aber dennoch genügend Auslauf. Das kurze Haarkleid ist leicht zu pflegen: Man bürstet es regelmäßig, bis es glänzt. Wenn die Krallen nicht genügend abgewetzt werden, müssen sie mit der Krallenschere geschnitten werden. Wie die Schnauzer werden die Pinscher nur gebadet, wenn sie sich in übelriechenden Substanzen gewälzt haben. Wenn man Pinscher gut pflegt, riechen sie nicht nach Hund.

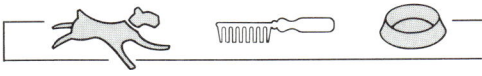

Lhasa Apso

Der kleine Lhasa Apso mit dem imposanten Fell, bei dem man die Augen kaum hinter einer Flut von Haaren erahnen kann, ist vermutlich mit dem Tibet Terrier verwandt, und wie dieser zeichnet er sich durch Robustheit aus.

Diese Rasse wurde vor allem von den Mönchen und den hohen Würdenträgern der lange Zeit verbotenen Stadt Lhasa gezüchtet und verdankt die Bezeichnung Apso der Ähnlichkeit ihres Haarkleids mit dem goldgelben Fell der tibetischen Ziege, die Rapso heißt.

Der Beiname Löwenhund ist eine Anspielung auf sein Fell, das um den Hals eine Mähne bildet, und setzt ihn mit dem Löwen gleich, der in der buddhistischen Mythologie einen bedeutenden Platz einnimmt.

Die Asiaten schätzen alle kleinen Rassen, folglich auch den Lhasa Apso; für die Chinesen ist dieses Tier sogar ein Talisman. Hohe Gäste hatten im 17. Jahrhundert den ersten Lhasa Apso nach China gebracht. Sie hatten bei der Reise durch Tibet als besonderes Geschenk einen Lhasa-Rüden bekommen; Hündinnen dagegen wurden nie verschenkt, sondern für die Weiterzucht zurückbehalten.

Die Lhasa-Hündin ist eine sehr gute Mutter; wie die Wölfinnen würgt sie die vorverdaute Nahrung wieder hervor und füttert ihre Jungen damit, um ihnen das Absetzen von der Muttermilch zu erleichtern.

Der Lhasa Apso ist von der Herkunft her ein Berghund und hat sich daher eine große Widerstandsfähigkeit und Robustheit bewahrt; er kann mühelos in 6000 m Höhe leben. Seine Fähigkeit, Lawinen vorherzusehen und davor zu warnen, macht ihn zum unerläßlichen Begleiter der Sherpa, die bei ihren gefährlichen Expeditionen im Himalaja stets Lhasas mit sich führen.

Die Tibeter, die ihn Apso Seng Kye nennen – das heißt bellender Löwenhund –, vertrauen seinem äußerst feinen Gehör; beim geringsten Lärm alarmiert er vom Haus aus seinen Gefährten, die robuste Tibetdogge, die außen angekettet Wache hält.

Dieser kleine Hund ist sehr empfindsam, treu, intelligent und sehr anhänglich; Einsamkeit verträgt er nicht, und Fremden gegenüber verhält er sich meist abweisend. Man hat es mit einem selbstsicheren, verspielten und lebhaften Tier zu tun, das ständig in Bewegung ist, sich dennoch aber sehr gut an das Leben in der Wohnung gewöhnt. Aber ihm entgeht nicht die geringste Veränderung in seiner gewohnten Umgebung, denn er verabscheut alles Neue und Ungewohnte.

9. Gruppe
Haushunde

Zur Geschichte

Diese tibetische Rasse gehört zu den ältesten der Welt und geht laut der Theorie einiger Wissenschaftler auf das 8. Jahrhundert v. Chr. zurück. Manche vermuten, daß der Lhasa Apso eine Kreuzung zwischen dem Tibet Terrier und dem Tibet Spaniel sei. Jahrhundertelang lebte und vermehrte er sich nur in Tibet, dem lange Zeit für Bewohner der westlichen Welt verschlossenen Königreich, denn die Religion des Landes verbot den Handel mit Lebewesen. Nur einige wenige Rüden kamen außer Landes. Schließlich bekam der britische Colonel Bailey, der die britischen Verwaltungsstellen in Sikkim, Buthan und Tibet unter sich hatte, im Jahr 1921 eine Hündin und zwei Männchen geschenkt. Diese Tiere bekamen in Europa Nachkommen, und somit entstand das erste europäische Lhasa-Geschlecht. 1933 schenkte der Dalai Lama Mr. und Mrs. Cutting aus New Jersey Lhasas als Stammeltern des amerikanischen Geschlechts. Stammutter des französischen Lhasas ist die amerikanische Hündin Hamilton Kang mar. In Deutschland wird die Rasse nachweisbar seit 1956 gezüchtet und erfreut sich auch hier wie im übrigen Europa wachsender Beliebtheit.

Ist der Lhasa Apso ein heiliger Hund?

Anscheinend galt der Lhasa Apso in Tibet als heiliges Tier, und wahrscheinlich ist das die Erklärung dafür, warum die Mönche sich bemühten, die Rasse rein zu halten.

Die Tiere wurden in den Lamaklöstern von Sera und Ganden mit größter Sorgfalt aufgezogen und gepflegt. Als Reinkarnation der Lamas, die nicht in das „orientalische Paradies der Seligkeit" eingehen konnten, nahmen sie an religiösen Zeremonien teil, während denen sie auf Seidenkissen thronten und die Schätze Buddhas bewachten. Diese ehrenvollen Tätigkeiten erklären wahrscheinlich das würdevolle Verhalten und die Zurückhaltung dieser kleinen Hunde.

Neben den Mönchen waren nur hohe Würdenträger und hohe Offiziere der tibetischen Armee berechtigt, Lhasas zu züchten.

Standard

Allgemeine Erscheinung: ausgewogen und kompakt gebauter selbstbewußter Hund mit flotten Bewegungen.
Größe: 25,5–28 cm.
Gewicht: im Standard nicht erwähnt.
Kopf: Hirnschädel schmal, hinter den Augen betont zurückweichend und abfallend; zwischen den Ohren nicht ganz flach, aber nicht gewölbt oder apfelköpfig; Fang ⅓ der Kopflänge; mittlerer Stop; Zangengebiß; schwarze Nase.
Augen: dunkelbraun, weder zu groß oder vorstehend noch zu klein oder tief liegend.
Ohren: hängend, stark behaart, möglichst weit hinten angesetzt und gefaltet.
Hals: mittellang, fest.
Körper: länger als hoch; Brustkorb gut gewölbt; Lendenpartie fest; gerader Rücken.

Rute: hoch angesetzt, gut befedert, gerundet und über dem Rücken getragen.
Gliedmaßen: Vorderläufe gerade und stark behaart; hintere mit gut entwickelten Schenkeln und gut niedergelassenen Sprunggelenken, die von hinten gesehen parallel stehen.
Pfoten: runde Katzenpfoten mit kräftigen Ballen und reicher Behaarung.
Haar: Deckhaar schwer, hart, gerade und fest, nicht wollig oder seidig, genügend lang, mit dichter Unterwolle.
Farbe: gold-, sand-, honigfarben oder dunkelgrau, schwarz, weiß oder braun und Mischungen mit den erstgenannten Farben; dem Löwen ähnliche Farben werden bevorzugt.
Fehler: herabhängend getragene Rute; kurzes Deckhaar (nur 6–8 cm lang); lockiges oder gekräuseltes Deckhaar; keine Unterwolle; mittellanger Kopf; quadratischer Fang.

Ratschläge für die Haltung: Der Lhasa Apso hat eine gute Konstitution und somit eine hohe Lebenserwartung. Das Haarkleid muß täglich entwirrt, gebürstet und gekämmt werden. Außerdem sollte er zwei- bis dreimal im Jahr gebadet werden. Der Gehörgang der Ohren muß weitgehend von Behaarung frei gehalten werden, denn wenn sich Ohrensekrete mit Haaren verkleben, können leicht Gehörgangsentzündungen auftreten.

Die Augenwinkel befreit man täglich vom Augensekret; bei hellhaarigen Hunden bilden sich sonst rasch braune Tränenspuren. Man verwendet ein mit lauwarmem Wasser oder Kamillentee getränktes Wattebäuschchen.

Chow-Chow

9. Gruppe
Haushunde

Zur Geschichte

Der Chow-Chow stammt direkt vom Canis familiaris palustris, *dem Torfhund, ab, dem mutmaßlichen Ahnen aller nordischen Hunde. Seine Körperform erinnert stark an die ältesten in den USA gefundenen Fossilien von Hunden, die mehrere Millionen Jahre alt sind. Er gehört zu jenen nordischen Hunden, die mit den ersten Auswanderern aus Sibirien nach China kamen. Die Briten haben dann die chinesische Rasse durch geschickte Zuchtauswahl verbessert; der ein wenig ungebärdige Hongkong- oder Chinahund, wie er damals auch genannt wurde, bekam ein gefälligeres Erscheinungsbild, seine Proportionen wurden harmonisiert und die schlechten Seiten seines Charakters allmählich gemildert. Die systematische Zucht der Chow-Chows begann in Großbritannien um 1887. Der Kennel Club erkannte 1894 die Rasse an.*

Als Welpe sieht der Chow-Chow aus wie ein niedlicher Teddybär aus Plüsch, doch er entwickelt sich rasch zu einem imposanten Hund mit prächtigem Fell, der einem kleinen Löwen ähnelt.

Er ist sauber und fügsam, tapfer und weniger bedrohlich, als sein grimmiges Aussehen vermuten lassen kann. Den Chow-Chow zeichnet eine starke Persönlichkeit aus, ein ganz besonderer Charakter und eine ausgeprägte Willenskraft. Die Züchter empfehlen, diesen eigenwilligen Hund zu übernehmen, sobald er entwöhnt ist, und ihn mit Sanftmut, aber unnachgiebiger Festigkeit zu erziehen. Sein Stolz ist so groß, daß er sich nie sklavisch unterwirft. Er verdankt seinem eigenwilligen, ein wenig katzenhaften Charakter den wohl etwas übertriebenen Ruf, falsch zu sein. Es heißt, der Chow-Chow sei ausschließlich der Hund eines Herrn, dabei ist er ein typischer Familienhund, der sich am wohlsten fühlt, wenn alle Familienmitglieder beieinander sind; allerdings hat er immer einen Favoriten in der Hausgemeinschaft. Er ist zurückhaltend in seinen Freundschaftsbezeigungen, geradezu schamhaft, aber dennoch voll Zärtlichkeit. Wenn er sich manchmal aggressiv zeigt und Fremde sogar beißt, dann überfällt er sie nicht heimtückisch, sondern zeigt ihnen ganz offen seine Ablehnung.

Bis zum Ende des 18. Jahrhunderts war der Chow-Chow im Westen vollständig unbekannt, in China hingegen gab es ihn seit wenigstens 1000 Jahren. Zahlreiche Künstler haben ihn auf vielen Bildern sehr genau dargestellt und damit bewiesen, daß sich die Rasse in dieser Zeit sehr rein erhalten hat. Einige Chow-Chows sind 1780 auf die Britischen Inseln gebracht worden. Ein Jahrhundert später wurde er der Lieblingshund der Königin Victoria; dadurch kam er ganz groß in Mode – und danach nahm seine Beliebtheit unaufhörlich zu. Zwischen beiden Weltkriegen war die Zahl seiner Anhänger am größten. Heute wird er ausschließlich als Begleithund gehalten, doch seine ursprünglichen Jagdinstinkte sind nicht ganz erloschen. Er kämpft zwar nicht mehr mit Wölfen und Leoparden wie im alten China, aber bisweilen geht die Leidenschaft mit ihm durch, und dann stürzt er sich auf unschuldige Schafe oder verdutzte Hühner und richtet sie übel zu.

Der Chow-Chow in China

Früher hütete der Chow-Chow in China die Herden und bewachte die Dschunken, jagte u. a. aber auch den Zobel. Dieser wilde Gebrauchshund ähnelte den prächtigen Chows von heute in keiner Weise. Er wurde vor Wagen oder Schlitten gespannt, und die kräftigsten von ihnen beförderten große Lasten für ein schmales Futter. Im Kantonsdialekt bedeutete sein Name Nahrung, und tatsächlich galt das Fleisch des Chow-Chows in China unter Feinschmeckern als Leckerbissen. Er wurde sogar in speziellen Zuchtstätten gemästet, um nach zehn bis zwölf Monaten verspeist zu werden. Er ist übrigens nicht der einzige Hund, den dieses Los traf. Einheimische Hunde gleichen Typs wurden in fast allen Ländern gegessen. Den sehr warmen Pelz des Chows verwendeten die reichen Chinesen als Mantelfutter.

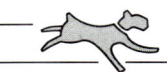

Standard

Allgemeine Erscheinung: kompakter Körper; stolzes, zurückhaltendes Wesen; würdevolles Auftreten; blauschwarze Zunge bei allen Hunden; der Standard des kurzhaarigen Typs ist bis auf die Haarlänge der gleiche.

Größe: mindestens 46 cm, aber die Harmonie des Gebäudes gibt in jedem Fall den Ausschlag; die Beurteilung der Größe bleibt den Richtern überlassen.

Gewicht: im Standard nicht erwähnt (20–25 kg); harmonische Proportionen sind ausschlaggebend.

Kopf: Schädel breit und flach; Stirnabsatz wenig markiert; Schnauze mäßig lang, bis zum äußersten Ende breit; großer, breiter Nasenschwamm, im allgemeinen schwarz, bei cremefarbenen und weißen Hunden ist eine hellere Nase zugelassen, bei blauen oder zimtfarbenen auch eine in den Farben des Fells; kräftige Zähne; Scherengebiß; Lefzen und Gaumen schwarz.

Augen: dunkel und klein, mandelförmig bevorzugt; bei blauen und zimtfarbenen Hunden hellere Farben zugelassen.

Ohren: klein und dick, an den Enden leicht abgerundet, steif und aufrecht getragen, gut vorwärts über die Augen gerichtet und weit auseinander stehend, was dem Hund jenes mürrische Aussehen verleiht, das für die Rasse charakteristisch ist.

Hals: stark, gut auf den Schultern aufgesetzt.

Körper: breite, ziemlich tiefe Brust; kurzer, gerader, kräftiger Rücken; starke Lendenpartie; muskulöse Schultern.

Rute: gut über dem Rücken getragen.

Gliedmaßen: Vorhand vollkommen gerade, mäßig lang und mit schweren Knochen; Hinterhand muskulös, Sprunggelenke tief angesetzt und vollkommen gerade, was die wesentliche Voraussetzung für den rassetypischen Stelzgang ist.

Pfoten: kleine, runde Katzenpfoten.

Haar: reichlich, dicht, hart, gerade und abstehend; weiche Unterwolle; das Fell ist sehr üppig; man kann den Bau des Hundes beurteilen, wenn die Haare ihre natürliche Länge haben.

Farbe: einheitlich schwarz, rot, blau, zimtfarben, creme oder weiß, häufig abgetönt, aber das Fell zeigt nie Flecken und darf nicht mehrfarbig sein; die Unterseite der Rute und die Hinterseite der Schenkel sind häufig heller.

Fehler: Kippohren; gesprenkelte oder gefleckte Zunge; Rute nicht über dem Rücken getragen; künstlich verkürztes oder geschecktes Fell.

Ratschläge für die Haltung: Der Chow-Chow ist sehr anfällig für Ekzeme, man muß daher auf gesunde Lebensweise achten. Seine Gelenke sind empfindlich, und er leidet häufig unter der Augenkrankheit Entropium. Dabei stülpt sich der Lidrand gegen die Hornhaut ein; diese wird durch die Brauen gereizt, was zu Entzündungen und eitrigem Tränenfluß führen kann. Das Entropium ist meist angeboren und läßt sich chirurgisch behandeln. Der Chow-Chow muß von Zeit zu Zeit gründlich gestriegelt werden, besonders häufig im Haarwechsel, um die abgestorbenen Haare zu entfernen. Ein bis zwei Bäder im Jahr sind das Maximum, wenn der Hund wirklich schmutzig ist. Das Fell bürstet man jeden Tag.

Japan Chin

Es gibt viele Hundekenner, die den Japan Chin als liebenswürdigste, anschmiegsamste, temperamentvollste, bestechendste, aparteste und angenehmste Zwerghundrasse bezeichnen.

Mit seinem prächtigen Haarkleid und seiner buschigen Rute geziert, stolziert er leicht und elegant mit hochgehobenen Vorderläufen dahin wie ein Pferd der Spanischen Reitschule. Er bewegt sich so vornehm, als hätte er nicht vergessen, daß er einmal der Lieblingshund der chinesischen und japanischen Kaiser und Adligen war.

Seine Ahnen stammen vermutlich aus China, wo sie ausschließlich am Kaiserhof lebten. Sie wurden mit größter Achtung behandelt, und man unterwarf jeden den raffiniertesten Foltern, der es gewagt hatte, sich an einem der kaiserlichen Schoßhunde zu vergreifen.

Der Chin kam als Geschenk für den Tenno nach Japan und wurde dort mit gleicher Achtung behandelt. Bald unterhielt jeder Adlige, der etwas auf sich hielt, eine besondere Zucht in seinem Palast. Und jeder achtete streng darauf, die Hunde nur unter sich zu paaren; das Einkreuzen einer anderen Blutlinie war verboten.

Infolge dieser übertriebenen Inzucht wurden die Tiere immer kleiner und zarter – aber man liebte diese Miniaturen; die kleinsten Hunde galten als die kostbarsten. Die Damen hielten sie wie Vögel in Bambuskäfigen und trugen sie in den Ärmeln ihrer Kimonos herum.

Der Chin wurde in Europa erst in der zweiten Hälfte des vorigen Jahrhunderts bekannt. Von seiner Grazie bezaubert, stellten ihn viele Maler, darunter Eduard Manet, auf ihren Bildern dar.

Heiter und liebevoll veranlagt, zeigt sich der Chin gleichzeitig würdevoll und mutwillig. Er spielt wie besessen, bis er vor Erschöpfung nicht mehr kann. Zieht man zwei dieser Hunde zusammen auf, verbringen sie ihre Zeit damit, sich durch das ganze Haus nachzujagen, jedoch mit der Gewandtheit von Katzen, ohne je etwas umzustoßen. Der Chin ist der perfekte Hausgenosse, intelligent, voll Charme, sehr gelehrig und sauber. Bei aller Lebhaftigkeit ist er kein Kläffer wie manche andere Zwerghundrasse.

9. Gruppe
Haushunde

Zur Geschichte

Der Ursprung dieser eigenartigen uralten Rasse ist unbekannt. Man nimmt an, daß China das eigentliche Ursprungsland ist. Die ersten Chins sollen 618 nach Japan gekommen sein, als Geschenk des chinesischen Kaisers an den Kaiser von Japan. Die Tiere wurden dann in Tempeln, besonders in Mikko, gezüchtet, für heilig erklärt und angebetet. Alte Tempel- und Heiligenbilder zeigen den Chin in seiner Urform; auch auf Bronzen, Porzellan, Holz-, Lack- und Elfenbeingegenständen ist er abgebildet. Auf diesen Darstellungen gleicht er noch sehr seinem Vetter, dem Pekingesen, der vor Jahrhunderten noch viele gleiche Merkmale aufwies. Nach Europa kam der Chin erstmals 1860, als der britische Admiral Perry einige Exemplare in seine Heimat brachte und sie seiner Königin und anderen hohen Herrschaften schenkte. Sie sind wohl die Stammeltern der in Großbritannien gezüchteten Chins. 1880 hielt das erste Chinpaar in Deutschland seinen Einzug, und zwar als Geschenk der Kaiserin von Japan für die Kaiserin Augusta. Doch die Zucht mit diesen Tieren schlug leider fehl. Erst Baronin Ulm-Erbach hatte danach Erfolg. Seit 1920 betreut der Internationale Klub für Japan Chin, Peking-Palasthunde und Toy-Spaniel in Deutschland die Rasse.

Standard

Allgemeine Erscheinung: ein äußerst lebhafter, eleganter, kräftig gebauter kleiner Hund mit verschwenderischer Haarfülle und stolzierendem Gang.

Größe: 18–28 cm.

Gewicht: 4–8 kg.

Kopf: im Verhältnis zur Größe des Hundes groß; Oberschädel mächtig und gewölbt; so gut wie kein Nasenrücken; Nase schwarz, bei weiß-gelben Hunden braun; Schnauze breit und tief; aufwärts gerichtete Ober- und Unterkiefer.

Augen: sehr groß, dunkel, vortretend, seitlich eingesetzt, so daß sie weit auseinander stehen.

Ohren: klein, V-förmig, hoch angesetzt, flach anliegend, mit langen Haaren besetzt.

Hals: fest, nicht zu kurz, geschwungen getragen.

Körper: gedrungen, kompakt, so hoch wie lang, keilförmig; Brust breit und tief; Bauch eingezogen.

Rute: dicht über den Rücken gelegt, üppig behaart.

Gliedmaßen: alle Läufe gerade, mit feinen, aber kräftigen Knochen und reicher Behaarung.

Pfoten: geschlossene Zehen; Hasenpfoten.

Haar: lang, seidig, schlicht, am ganzen Körper sehr reichlich, leicht abstehend, am Hals eine Krause bildend, ohne Wellen, an Vorderläufen als Fahnen, an Hinterläufen als Hosen.

Farbe: weiß mit schwarzen oder rotgelben Platten, letztere schließen Schattierungen von zartem Gelb bis zu dunklem Braunrot ein.

Fehler: vorstehender Oberkiefer; weißes Fell ohne Platten; kurzes, gekräuseltes oder gewelltes Haar.

Ratschläge für die Haltung: Der Chin ist dem Leben im Westen vollkommen angepaßt und widerstandsfähig. Er knabbert mehr an der Nahrung und liebt vor allem, was sein Herr mit ihm teilt. Da das Haar leicht verfilzt, muß es jeden Tag gebürstet und gekämmt und zum Schluß mit einem Hundehandschuh aus Pelz schön glattgestrichen werden. Seine anfälligen Augen sind regelmäßig mit einem feuchten Wattebausch zu säubern.

  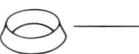

Dalmatiner

Mit seinem weißen, schwarz getüpfelten Fell wirkt der Dalmatiner ausgesprochen elegant. Er ist ein kräftiger, wohlproportionierter und edler Hund. Die Farbe seines Fells erinnert an das der Deutschen Tigerdogge, aber damit hört die Ähnlichkeit bereits auf, denn der Dalmatiner ist kein molossoider Typ wie die Dogge. Er ist nämlich eindeutig eine Bracke und soll früher Bengalische Bracke geheißen haben. Trotz seines jugoslawischen Namens stammt er, und darin sind sich die meisten Fachleute einig, wohl nicht aus Jugoslawien. Nach manchen Kynologen wäre die einzige mögliche Verbindung zu diesem Land die Istrianer Bracke; denn sie gehört zu seinen Vorfahren, und ihr ähnelt er auch in der Gestalt. Manche Fachleute vermuten, daß er seinen Namen erhielt, weil er im Balkankrieg eingesetzt wurde. Damals verwendete man ihn speziell in Dalmatien vielfach als Meldegänger. Aber seine Fähigkeiten beschränken sich durchaus nicht auf Einsätze, wie sie ein Krieg erfordert. Jahrhunderte hindurch bewährte er sich sowohl als Wach- und Schutzhund wie auch als Zug- und Schlittenhund, seine Vielseitigkeit bewies er außerdem als verläßlicher Schäferhund und als unermüdlicher Helfer bei der Jagd.

Man weiß von unzähligen Gemälden, Stichen und Skulpturen des 17. Jahrhunderts, daß er damals besonders bei der hohen Geistlichkeit sehr beliebt war. Der Dalmatiner ist immer neben Pferden dargestellt, und zwar aus gutem Grund, denn zu Pferden hat er eine besondere Zuneigung. Zur Zeit der Pferdepost wurde er von den Engländern, die recht in ihn vernarrt waren, Kutschenhund getauft. Der Dalmatiner begleitete die Tilburys, die leichten, zweirädrigen Wagen, und lief geschickt zwischen den Hufen der Pferde, stets im gleichen Trott, ohne sie jemals zu behindern. Aber er verharrte auch lange Stunden trotz Kälte und Nebel unbeweglich neben der Kutsche und den Pferden, um sie zu bewachen. Im 19. Jahrhundert gehörte es in England wie in Frankreich zum guten Ton, einer Equipage mehr Glanz zu verleihen, indem man sie von mehreren Dalmatinern begleiten ließ. Als höchster Schick galt, das Zaumzeug der Pferde in der Farbe den Hundefellen anzugleichen.

Als in London die Wagen der Feuerwehr noch von Pferden gezogen wurden, gehörten die Dalmatiner sozusagen zum Gespann. Diese Tradition griff auch auf die USA über, wo diese Hunde sehr populär wurden. Seit der Motorisierung ihrer Fahrzeuge halten die amerikanischen Feuerwehrleute übrigens Dalmatiner als Maskottchen.

Zum Begleithund geworden, hat sich der Dalmatiner als sehr geduldig und gelehrig erwiesen. Artig, wenn auch Fremden gegenüber ein wenig zurückhaltend, ist er ein vorzüglicher Schutzhund, der seinen Herrn, wenn nötig, mutig verteidigt. Er soll sich auch vortrefflich als Blindenführhund bewähren.

Er liebt Kinder, spielt gerne mit ihnen und beweist dabei große Geduld. Wegen der dunklen Flecken auf seinem Fell, die an Rosinen erinnern, haben ihm die englischen Kinder nach ihrer Lieblingsspeise den Spitznamen *plum pudding* gegeben.

**9. Gruppe
Haushunde**

Zur Geschichte

Die Herkunft der Dalmatiner ist ziemlich ungeklärt. Gelegentlich spricht man von sehr fernen orientalischen Ahnen, und tatsächlich gibt es auf Fresken und Gemälden im Nahen Osten, in Ägypten und Griechenland Darstellungen von Hunden, die dem heutigen Dalmatiner ähneln. Manche glauben, daß er von der heute nicht mehr existierenden Bengalischen Bracke abstamme, die mit dem Bull Terrier und dem Pointer gekreuzt wurde. Die Annahme, daß der Dalmatiner, dann und wann auch „kleiner Däne" genannt, von der Deutschen Dogge abstamme, ist nachweislich falsch. Darin sind sich die Fachleute einig.

101 Dalmatiner

In den Kinos erschien 1961 der Film *101 Dalmatians* von Walt Disney nach einem Roman von Doddie Smith. Er hatte einen riesigen Erfolg und trug zur Popularität der Rasse bei. Vor der Ausführung der Zeichnungen wollte sich Walt Disney genauestens informieren und besuchte daher mit einem ganzen Stab von Filmleuten eine Dalmatinerzucht bei Paris. Dort wurden die Dalmatiner in allen erdenklichen Situationen gefilmt und fotografiert. Das war ein glücklicher Gedanke, wie man nach den ausgezeichneten Ergebnissen bei der Darstellung der Gefühlsäußerungen wie des allgemeinen Verhaltens der Dalmatiner feststellen konnte.

Die Rasse war glücklich gewählt, um die Geschichte einer mehr als zahlreichen Familie zu erzählen. Dalmatinerweibchen sind nämlich ausgezeichnete Mütter und bringen im allgemeinen sechs bis acht, gelegentlich sogar bis zu 17 Junge zur Welt. Vor einiger Zeit hatte in Japan eine siebeneinhalbjährige Hündin ihr hundertstes Junges, zweifellos ein Weltrekord.

Standard

Allgemeine Erscheinung: kräftiger, aktiver, muskulöser und wohlproportionierter Hund.

Größe: 50–61 cm.

Gewicht: im Standard nicht erwähnt (22–25 kg).

Kopf: mäßig lang, mit flachem Oberkopf und einigermaßen ausgeprägtem Stop; lange, kräftige Schnauze; anliegende Lefzen; schwarze Nase bei schwarz getüpfelten Tieren, braune bei leberfarbenen.

Augen: mittelgroß, rund, lebhaft, glänzend.

Ohren: eher hoch angesetzt, von mittlerer Länge.

Hals: ziemlich lang, gut gewölbt, leicht und schlank.

Körper: Schultern ein wenig schräg; Brust nicht zu breit, tief und geräumig; Flanken gut ausgebildet; Rücken muskulös; Lenden kräftig, gut bemuskelt und nur wenig gewölbt.

Rute: ein wenig nach oben gekrümmt getragen, stark am Ansatz, zur Spitze hin sich verjüngend.

Gliedmaßen: vordere gerade, mit kräftigem Knochenbau; hintere gut gewinkelt, gut bemuskelt.

Pfoten: rund, kompakt; Zehen gut gewölbt; Katzenpfoten.

Haar: kurz, hart und dicht, glatt und glänzend.

Farbe: weiß mit schwarzen oder leberbraunen Tupfen.

Fehler: schwarze und braune Tupfen beim selben Hund; gelbe Tupfen; blaue Augen; falsche Farben.

Ratschläge für die Haltung: Dieser robuste Hund ist selten krank, braucht aber reichlich Auslauf. Er kann zu anlagebedingter Taubheit neigen oder an Blasensteinen leiden.

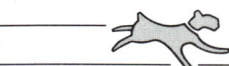  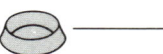

Das Fell des Dalmatiners

Ein Wurf eben geborener Dalmatiner kann überraschen: Er besteht aus vollkommen weißen Jungen. Ein schon bei der Geburt sichtbarer Tupfen (außer auf der Nase, am Ohransatz oder im Augenwinkel) ist ein Fehler. Erst am Ende der zweiten Woche zeigen sich die ersten Tupfen auf dem reinweißen Fell, und erst im Alter von etwa einem Jahr ist die Tüpfelung völlig ausgeprägt.

Chihuahua

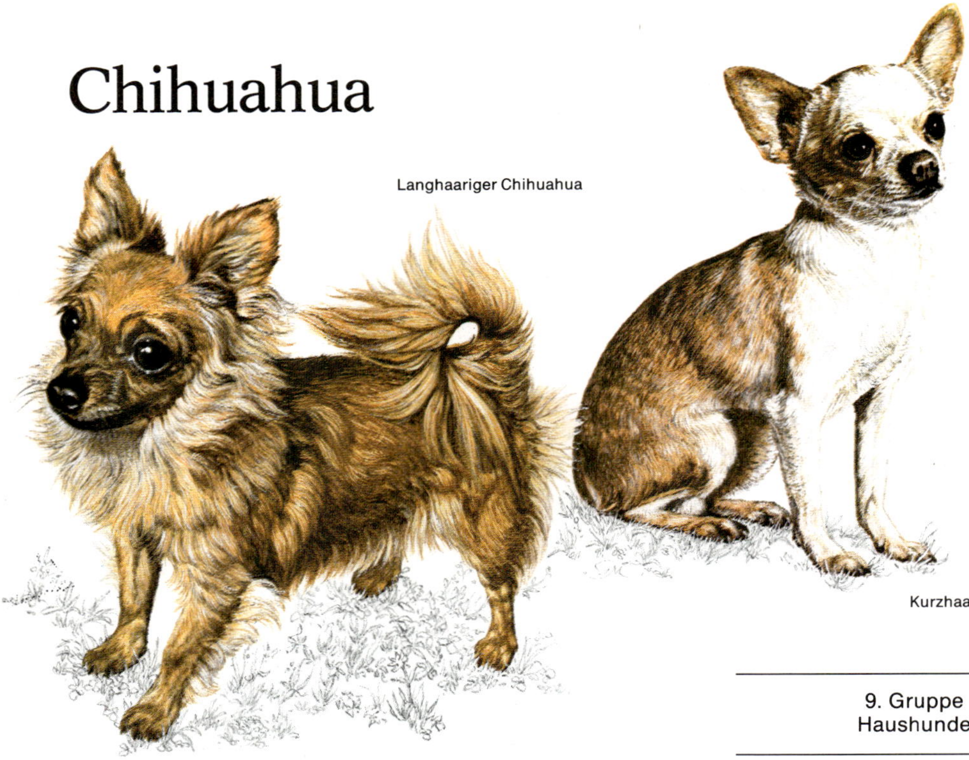

Langhaariger Chihuahua

Kurzhaariger Chihuahua

9. Gruppe
Haushunde

Dies ist einer der kleinsten Hunde und der leichtgewichtigste dazu: Die kleinsten und geschätztesten Exemplare wiegen weniger als 1 kg.

Um 1850 erschienen in der Literatur die ersten Beschreibungen eines langhaarigen und kurzhaarigen Zwerghundes, der an der Grenze zwischen Mexiko und den USA zu Hause war. Lange bevor die Zwerghundrassen in Mode kamen, war er schon als Begleithund beliebt. Er ist sehr lebhaft und wachsam und bellt, um Wünsche zu äußern, um vor einer Gefahr zu warnen, um einem Gegner zu imponieren.

Trotz seines eher schwächlichen Aussehens ist der Chihuahua ein in jeder Weise widerstandsfähiger Hund, der sich allen Klimalagen anpassen kann.

Ohne Zweifel ist er leicht zu transportieren, denn er fühlt sich in jeder Tasche wohl; aber am meisten liebt er es, auf dem Arm getragen zu werden. Man darf jedoch nicht vergessen, daß er auch Bewegung liebt.

Zur Geschichte

Die Herkunft des Chihuahuas ist ungeklärt, aber die Rasse ist sehr alt. Statuetten aus aztekischer Zeit stellen einen kleinen Hund dar, der eine auffallende Ähnlichkeit mit dem Xoloizcuintle hat, der ein Ahne des Chihuahuas sein könnte. Manche Kynologen verlegen angesichts des Geschicks der Chinesen zur Erzeugung von Zwergwuchs seine Herkunft nach China; ihrer Ansicht nach wurde der Chihuahua erst nach der Eroberung Mexikos durch die Spanier in dieses Land gebracht. Seit dem Ende des 19. Jahrhunderts begann sich die Rasse in den USA und in Europa zu verbreiten. In den USA wurde 1923 der erste Club der Rasse gegründet.

Standard

Allgemeine Erscheinung: munterer, lebhafter und graziöser Hund mit langem oder kurzem Haar.
Größe: 16–20 cm.
Gewicht: 0,9–3,5 kg; bei gleicher Klassifikation entscheidet das geringere Gewicht.
Kopf: gut gerundeter Apfelkopf mit oder ohne Fontanelle; betonter Stop; Nase mäßig kurz, leicht zugespitzt, bei blonden Typen wie Fell oder schwarz.
Augen: groß, dunkel, rot, leuchtend.
Ohren: groß, in Erregung aufrecht gestellt, sonst locker und um 45° geneigt.

Hals: leicht geschwungen, fein übergehend in trockene Schultern; mit oder ohne Krause.
Körper: volle Brust; waagrechter Rücken; aufgerundete Rippen.
Rute: mäßig lang; im Bogen nach oben oder außen getragen, auch ringförmig über dem Rücken, diesen mit der Spitze berührend.
Gliedmaßen: vordere gerade, Ellbogen hoch angesetzt; hintere muskulös, mäßig gewinkelt.
Pfoten: klein; Zehen gut aufgespalten; Ballen gepolstert; mäßig lange Krallen.
Haar: ob lang oder kurz, stets dicht.
Farbe: alle Farben, einfarbig, gefleckt oder gesprenkelt.
Fehler: Haarlosigkeit wie beim Nackthund.

Ratschläge für die Haltung: Augen sauberhalten, wenn nötig, auswaschen.

Italienisches Windspiel

10. Gruppe
Windhunde

Das zarte Italienische Windspiel ist ein Musterbeispiel an Anmut und Eleganz und sieht wie ein kleiner Sloughi aus. Trotz seiner zierlichen Gestalt sind keinerlei Anzeichen für Zwergwüchsigkeit bei diesem kleinsten Vertreter der Hetzhunde festzustellen. Diese Tiere sind gar nicht so schwach und empfindlich, wie sie aussehen, und wenn sie auch häufig zittern, so selten vor Kälte oder aus Angst, sondern eher wegen der äußerst starken Erregbarkeit dieses Vollblüters. Das Tier zittert schon bei der geringsten Aufregung, ist aber im allgemeinen durch Streicheln schnell wieder zu beruhigen.

Wenn das Italienische Windspiel entsprechend trainiert wird, kann es wie der Whippet Höchstgeschwindigkeiten um 60 km/h erreichen. So trainierte Tiere verlieren allerdings ihre Eleganz.

Im Gegensatz zu den großen Hetzhunden ist das Windspiel außerordentlich gehorsam und folgt aufs Wort, so daß man auf Spaziergängen in entsprechender Umgebung seinem Temperament freien Lauf lassen kann. Trotz seines Bewegungsdrangs läßt sich der immer gutgelaunte und äußerst wachsame Hund auch in einer kleinen Stadtwohnung problemlos halten.

Zur Geschichte

Die Ursprünge des Italienischen Windspiels liegen wie bei allen Windhunden in der frühesten Antike. Er gehört einer natürlichen Rasse an, die vor langer Zeit durch Mutation aus den großen Windhunden entstanden ist. In Ägypten fand man in einem Grab der 1. Dynastie das 5000 Jahre alte Skelett eines solchen Tieres. Von Ägypten gelangten einige Tiere nach Italien. Die Römer brachten sie nach Frankreich, und bereits gegen Ende des 14. Jahrhunderts wurden sie in ganz Europa an den Fürstenhäusern gehalten. Die berühmteste königliche Zucht unterhielt später dann Friedrich der Große. Erst 1968 wurde das Windspiel wieder als rassetypisch anerkannt, nachdem es um die Jahrhundertwende der Mode folgend zwergwüchsig und mit kurzen Läufen gezüchtet worden war.

Standard

Allgemeine Erscheinung: langgliedriger, eleganter Hund mit feinen Linien.
Größe: mindestens 32 cm, höchstens 38 cm.
Gewicht: höchstens 5 kg.
Kopf: langschädlig; Schädel und Fang gleich lang; ganz wenig Stop; Schädel und Fang verlaufen parallel zueinander; Nase dunkel, besser schwarz; Lefzen dünn, fest anliegend.
Augen: groß, dunkel, ausdrucksvoll.
Ohren: in sich gefaltet, nach hinten getragen.
Hals: trocken, ohne Wamme.

Körper: Brust schmal; Rücken gerade; Rücken–Lendenbereich gebogen; Kruppe stark abfallend; Bauch stark aufgezogen.
Rute: erste Hälfte senkrecht, zweite gebogen.
Gliedmaßen: vordere feinknochig, gerade; hintere feinknochig, nicht kräftig bemuskelt.
Pfoten: klein, fast oval; Zehen gut gebogen.
Haar: kurz, fein, dünn, anliegend.
Farbe: einfarbig schwarz, schiefergrau und isabellfarben.
Fehler: Nase ohne Pigment; Ohren aufrecht getragen; Hals mit Wamme; Gewicht über 5 kg; kuppelförmiger Schädel.

Ratschläge für die Haltung: täglich für genügend Auslauf sorgen.

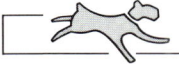  

Greyhound

Reinrassig! Dieses Wort kommt einem sogleich in den Sinn, wenn man an den Greyhound denkt, wie er lässig zu Füßen eines vornehmen Herrn des Mittelalters liegt oder mit großer Geschwindigkeit auf einer Rennbahn dahinjagt. Der kräftige, geschmeidige und elegante Greyhound, dieses Wunder der Natur, ist das Urbild aller Windhunde. Seine Silhouette mit ihren reinen und schlanken Formen, seine aristokratische Haltung, mit einem Wort sein Adel, sind eine wahre Augenweide. Bereits im Altertum war er für König David eines der drei Geschöpfe, deren Gang lieblich anzusehen war, neben dem des Pferdes und dem der Frau.

Obgleich er in Großbritannien schon seit Jahrhunderten durch Auslese für den Wettbewerb bei Windhundrennen gezüchtet wird, ist er doch kein ausgeklügeltes Zuchtprodukt moderner Prägung. Der Greyhound ist sich von alters her treu geblieben.

Entgegen gewissen überkommenen Meinungen ist der Greyhound wie die meisten Windhunde intelligent, aber stolz und voll Verachtung gegen Fremde. Wenn man ihm die Möglichkeit verschafft, sich genügend auszulaufen, denn das Laufen und Hetzen sind sein Leben, erweist er sich als bescheidener Gefährte, der trotz seiner Größe wenig stört. Er ist nämlich zu Hause sehr ruhig, liebevoll, anschmiegsam, treu und folgsam. Im Freien aber hört er auf kein Kommando, wenn er von der Leine ist und sein Hetzinstinkt wachgerufen wird.

10. Gruppe
Windhunde

Zur Geschichte

Der Greyhound ist zusammen mit dem Sloughi und dem Saluki einer der direktesten Nachkommen des Tesems, des altägyptischen Pharaonenhundes, der auf Reliefs und Skulpturen aus dem 3. Jahrtausend v. Chr. dargestellt ist. Die Kelten brachten den Greyhound etwa 375 v. Chr. bei ihrer Einwanderung auf die Britischen Inseln mit. Das englische Greyhound leitet man teils von Grazehound (Sichthund) ab, teils von Greecehound (Griechischer Hund). Da grey aber keltischen Ursprungs ist und Hund bedeutet, ergibt sich aus der Verdoppelung im Namen Greyhound der Hund.

Wie man ein Champion wird

Die in Großbritannien sehr populären Windhundrennen sind ein bemerkenswertes Schauspiel. Die Wetten erreichen beträchtliche Summen, und die gewonnenen Preise sind nicht zu verachten. Der Gewinner des jährlich zu Märzbeginn stattfindenden Windhundderbys in London bringt seinem Besitzer eine Summe von mehr als 10 000 DM ein.

Da bei diesen Rennen oft mit raffinierten Tricks gearbeitet wird, überwacht eine Spezialabteilung von Scotland Yard den Verlauf. In Frankreich sind Windhundrennen nicht gerade selten, aber nicht so zugkräftig wie jenseits des Kanals. 1935 gab es jedoch auf der Hunderennbahn von Courbevoie noch große Klasseveranstaltungen; aber die Kriegsjahre waren für die Zucht von Windhunden höchst ungünstig. Erst 1952 haben einige Züchter die unterbrochene Tradition der Rennen wiederaufgenommen.

Das Derby ist eine Hetzjagd von Windhunden hinter lebenden Hasen. Die Hunde erreichen dabei Geschwindigkeiten bis zu 70 km/h. Das „Rennen" unterscheidet sich von der „Hetzjagd" dadurch, daß es hinter einem mechanischen Hasen stattfindet. Die Geschwindigkeit dieser Lockbeute, die sich auf einer Schiene fortbewegt, kann erhöht werden, wenn sich die Hunde ihr nähern. Es findet auf einer Piste von höchstens 600 m Länge statt.

Das Training eines zukünftigen Champions beginnt mit sechs Monaten. Er ist in einem geräumigen Zwinger mit einem Spielgefährten untergebracht. Sein Futter ist hochwertig, damit er Muskeln und nicht Fett ansetzt. Der junge Windhund genießt in seiner Umfriedung gewisse „Freizeiten", damit er sich von der Arbeit entspannt oder nach der Anstrengung eines Ausmarsches an der Leine erholt. Diese Spaziergänge verfolgen den Zweck, seine Muskeln zu stärken und seine Pfoten abzuhärten. Ein Windhund mit weichen Pfoten wird niemals ein Champion, er würde schon beim Start kostbare Längen verlieren. Die Spaziergänge führen über harten Boden und je nach Tier über 3–10 km. Die Hunde werden dabei von Burschen an der Leine geführt. Um die Haltung zu verbessern, benützen die Trainer manchmal ein Fahrrad, aber die Hunde sollen nur trotten, niemals wirklich hetzen. Rennen läßt man sie erst später und in Freiheit, um die Atmung zu trainieren. Solange sich das Skelett des jungen Windhundes nicht gefestigt hat und sein Herz noch schwach ist, ist es gefährlich, ihn rennen zu lassen. Die richtige Abstimmung zwischen verstärktem Training und Wachstum des Hundes ist eine ständige Sorge der Züchter. Etwa mit 15 Monaten kann er für kurze Rennen auf die Hunderennbahn gebracht werden. An Hindernisrennen darf er allerdings erst als Zweijähriger teilnehmen.

Standard

Allgemeine Erscheinung: kräftig gebauter, harmonischer und muskulöser Hund – ein Bild von Eleganz und Schnelligkeit.
Größe: Rüde 71–76 cm; Hündin 68–71 cm.
Gewicht: im Standard nicht erwähnt (etwa 30 kg).
Kopf: lang, mäßig breit; flacher Schädel; wenig ausgeprägter Stirnabsatz; gerader Nasenrücken; Schnauze lang und mager; schwarze, spitze Nasenkuppe; starke Zähne; Scherengebiß.
Augen: dunkel, glänzend.
Ohren: kleine, trockene Rosenohren.
Hals: lang, muskulös, elegant gebogen, gut an den Schultern angesetzt.
Körper: Brust tief und weit; Rippen gut gewölbt, nach hinten verlaufend; Nierenpartie gut aufgezogen; Rücken ziemlich lang und breit; Lenden gut bemuskelt, leicht gebogen.
Rute: lang, tief angesetzt, am Ansatz kräftig, zur Spitze hin sich verjüngend, hängend getragen, am Ende leicht aufgebogen.
Gliedmaßen: vordere lang, gerade, mit kräftigen Knochen, Ellbogen senkrecht unter den Schultern sitzend; hintere mit breiten, muskulösen Ober- und Unterschenkeln, gut gewinkelten Kniegelenken und tiefen, weder nach außen noch nach innen gedrehten Fesselgelenken.
Pfoten: mittellang, mit festen, knochigen Zehen und starken Ballen.
Haar: fein und dicht.
Farbe: schwarz, weiß, rot, blau, rehbraun, gelbbraun, gestromt oder alle Farben mit weißen Abzeichen.
Fehler: ein- oder auswärts gedrehte Ellbogen, Fesseln und Zehen.

Ratschläge für die Haltung: Ein Greyhound darf weder mager noch fett, sondern muß muskulös sein. Er hat einen kurzen Darm, und seine Fähigkeit zu verdauen ist begrenzt. Man muß daher seine Linie und Ernährung überwachen, besonders wenn es sich um einen Rennhund handelt. Er erhält konzentrierte, feste Nahrung mit halbfettem Fleisch. Flüssiges oder reichliches Futter, Abfälle und Mehlspeisen sind zu vermeiden. Zwei oder drei leichte Mahlzeiten pro Tag sind besser als eine zu reichliche. Sein Futter muß viel Kalk, Vitamine und Mineralstoffe enthalten. Man bürstet das Fell ab und zu mit einem Noppenhandschuh durch. Das wichtigste jedoch ist, daß er laufen kann, am besten neben dem Fahrrad seines Herrn im Trott, und ein- oder zweimal in der Woche muß er auf der Bahn hetzen können.

Irish Wolfhound

Sein Name ist durchaus berechtigt – aber nicht, weil er etwa wie ein Wolf aussieht, sondern weil er früher tatsächlich zur Wolfsjagd verwendet wurde, für die ihn sein kräftiges Gebiß und seine eindrucksvolle Muskulatur besonders geeignet machten. Doch trotz seiner riesigen Größe – der Irish Wolfhound gehört zu den größten Hunderassen der Welt – und seinem unerschrockenen, energischen Wesen hat dieser Windhund einen außerordentlich sanften und freundlichen Charakter. Sein mächtiger Körper hindert ihn keineswegs, fügsam und friedlich zu sein.

Er ist zweifellos sehr alter Herkunft, und für sein Vorkommen in Irland gibt es zahlreiche schriftliche Belege. So schickte beispielsweise der Konsul Symmachus 393 aus Rom an seinen damals in England stationierten Bruder eine Nachricht, in der er sich dafür bedankte, daß dieser ihm sieben irische Windhunde gesandt habe. „Ganz Rom war bei ihrem Anblick in Erstaunen versetzt", schrieb er. Später trugen die Wappen der Herrscher von Irland die Abbildung eines Wolfshundes mit der Devise: „Sanft, wenn man mich liebkost, schrecklich, wenn man mich reizt." Im 12. Jahrhundert bot der König von Ulster 6000 Kühe für einen einzigen dieser Hunde. Als man sein Angebot ablehnte, entschloß er sich zu einer Schlacht. Im 16. Jahrhundert wurde ein Paar Wolfshunde als Geschenk an den König von Spanien gesandt. Das war übrigens zu dieser Zeit die traditionelle Gabe für Gesandte, Herrscher und andere hohe Persönlichkeiten. Wie begehrt der Irish Wolfhound in ganz Europa war, zeigt die Tatsache, daß sich das irische Parlament 1652 genötigt sah, den Export von Wolfshunden zu verbieten, denn sie wurden in ihrer Heimat immer seltener, während die Wolfsplage ständig zunahm. Gegen Ende des 18. Jahrhunderts gab es nur noch wenige Exemplare, denn die Wölfe waren bis dahin mit Feuerwaffen so stark dezimiert worden, daß man die Hunde nicht mehr brauchte. Heute ist der Bestand der Rasse gesichert, und die Zahl ihrer Liebhaber nimmt zu.

10. Gruppe
Windhunde

Zur Geschichte

Die ältesten Beschreibungen der Rasse stammen aus dem 4. Jahrhundert, über ihre Herkunft gehen die Meinungen auseinander. Manche behaupten, dieser Hund sei aus einer Kreuzung von irischen Schäferhunden und Sloughis hervorgegangen, die sehr früh schon über den Ärmelkanal gebracht worden seien. Andere halten ihn für eine Kreuzung aus diesen beiden mit den Deerhounds oder schottischen Windhunden. Die Rasse verschwand gegen Ende des 18. Jahrhunderts beinahe ganz, so daß der Graf von Gramont unbedenklich schrieb: „Den Irish Wolfhound, wenn er überhaupt je existierte, gibt es im Augenblick nicht mehr." Doch ab 1862 widmete sich Captain Graham der Wiederbelebung der Rasse. Er investierte dazu immense Summen und viel Zeit. Fast 20 Jahre lang kreuzte er Deerhounds und Deutsche Doggen und wählte zur Weiterzucht nur die besten Tiere aus. Zu Beginn konzentrierte er sich auf die Größe; die Gleichförmigkeit des Typs erreichte er erst später. In den USA wird der Irish Wolfhound immer noch zur Jagd auf Wölfe und Kojoten verwendet.

Unglaublich, aber wahr: 98 cm am Widerrist

Der Irish Wolfhound gehört zu den größten Hunderassen der Welt, und seine riesige Gestalt hat häufig zu phantastischen Erzählungen Anlaß gegeben, in denen die berichteten Tatsachen so übertrieben sind, daß sie wie Märchen klingen.

So berichtete etwa der Naturforscher Goldsmith von der Existenz 120 cm großer Hunde. Marco Polo brachte aus China eine Nachricht mit, er habe dort Hunde von der Größe eines Esels angetroffen. Zweifellos ist das nicht gänzlich falsch, denn es gibt durchaus Esel, die kaum mehr als 100 cm messen.

Floyd av Krooden hieß ein Prachtexemplar von Wolfhound, er wurde am 15. März 1968 geboren und erreichte schließlich 98 cm Widerristhöhe; er gehörte zu den größten und imposantesten Vertretern seiner Rasse.

Spaßeshalber, aber auch um einen Vergleich der Größe zu haben, werden häufig Irish Wolfhounds neben kleinen italienischen Windspielen, die kaum 3 kg wiegen, fotografiert. Nicht weniger amüsant ist die Aufnahme im Buch der Rekorde, die einen riesigen Wolfshund in Gesellschaft eines winzigen Chihuahuas zeigt.

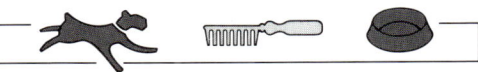

Standard

Allgemeine Erscheinung: Der Irish Wolfhound darf nicht soviel wiegen wie die Deutsche Dogge, aber mehr als der Deerhound, dem er gleichen soll. Trotz seiner Größe und kräftigen Statur wirkt er elegant.

Größe: Rüde mindestens 79 cm; Hündin 71 cm.

Gewicht: Rüde mindestens 54 kg; Hündin 40,5 kg.

Kopf: lang; Stirnknochen leicht erhöht, mit kleiner Furche zwischen den Augen; Schädel nicht zu breit; Schnauze lang und mäßig spitz.

Augen: dunkel.

Ohren: klein, wie beim Greyhound getragen.

Hals: eher lang, sehr kräftig, stark bemuskelt, gut gebogen, ohne Wamme.

Körper: sehr tiefe und breite Brust; Rücken eher lang als kurz; geschwungener, gut aufgezogener Bauch; gut bemuskelte, schräge Schultern.

Rute: lang und leicht gebogen, mäßig dick.

Gliedmaßen: vordere kräftig und gerade; hintere mit muskulösen, langen und starken Schenkeln und ziemlich tiefsitzenden und geradegestellten Sprunggelenken.

Pfoten: mittelgroß und rund, mit gewölbten und geschlossenen Zehen und kräftigen Krallen.

Haar: rauh, hart, besonders hart und lang über den Augen und am Unterkiefer.

Farbe: grau, gestromt, rot, schwarz, reinweiß, rehfarben und jede andere Farbe, die beim Deerhound erscheint.

Fehler: Kopf zu leicht oder zu schwer; große Ohren; kurzer Hals; zu schmale oder zu breite Brust; eingesunkener Sattelrücken; gebogene Vorderläufe; ausgedrehte Pfoten; gespreizte Zehen; zu stark gebogene Rute; zu geringe Muskeln; zu kurzer Rumpf; rosa oder leberfarbene Augenlider; andere Farben als Schwarz auf Lefzen und Nase.

Ratschläge für die Haltung: Die Rasse zeichnet sich durch Robustheit aus. Sie verträgt rauhes Wetter besser als große Hitze. Bis zum 15. Monat muß man bestes, mit Mineralstoffen und Vitaminen angereichertes Futter geben, da der Hund schnell wächst und weiche Knochen und Bänder hat. Sein Fell muß mit einem Metallkamm und einer harten Bürste gepflegt werden. Die Aufzucht der Welpen ist nicht einfach.

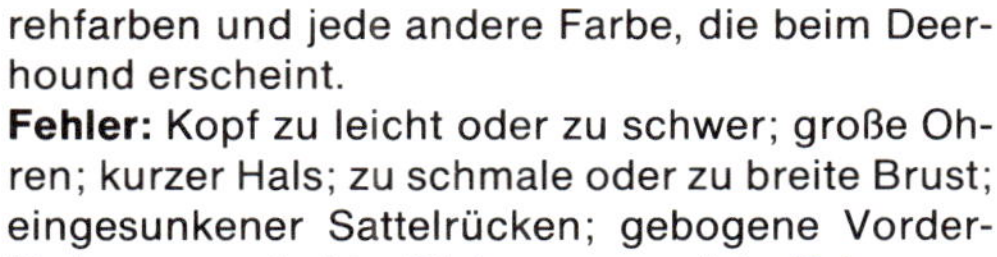

Saluki

Der Saluki war schon vor langer Zeit das Lieblingstier der großen Scheiche in der islamischen Welt und der Stammesoberhäupter bei den Nomaden Ostafrikas und Kleinasiens. Er wird auch Persischer Windhund genannt – jedoch sind nicht nur Windhundliebhaber von diesem Tier fasziniert, sondern alle, die schöne Hunde lieben. So war der Pharao Antef von der reizenden Gestalt des Salukis so hingerissen, daß er den Stammbaum seines Lieblingstieres Weiße Gazelle in sein Grab einschließen ließ, damit er ihn im Reich der Toten begleite.

Doch neben der außergewöhnlichen Schönheit hat dieser Hund beachtliche Jagdfähigkeiten. Deshalb besitzen noch heute wohlhabende und traditionsverbundene Orientalen oftmals wie ihre Vorfahren bewundernswerte Salukis, mit denen sie zusammenleben und auf Gazellen- oder Hasenjagd gehen.

Eine der Besonderheiten des Salukis ist sein Blick, ein tiefer, zarter und sonderbar trauriger Blick. Die Araber vergleichen seine zart schwarz umrandeten Mandelaugen mit den Augen einer Frau. Für sie ist dieser Hund wie ein Geschenk des Himmels, das großes Vergnügen bereitet – und er ist ihnen so wertvoll, daß die Frauen der Stämme die schwächsten Welpen säugen. Bei der Jagd nehmen die Männer die Hunde manchmal vorn auf den Sattel, damit sie ausgeruht das flüchtende Wild verfolgen können, sobald es gesichtet wird.

Der Saluki kennt keinen „hündischen" Gehorsam, ist aber sehr gelehrig und kann ein treuer Begleiter sein, wenn man ihn mit viel Liebe und Geduld erzieht. Er will gestreichelt und gelobt werden. Härte und Strenge verträgt er nicht; man würde damit seinen Stolz brechen.

Er eignet sich nicht für die Zwingerhaltung, sondern braucht engen Kontakt zum Menschen. So ruhig er im Haus ist, so lebhaft und verspielt ist er im Freien. Und dort will er laufen mit aller Kraft und Anstrengung – das Rennen ist sein Leben. Deshalb eignet er sich nur für Liebhaber, die ihm in offenem Gelände und auf der Bahn die Gelegenheit dazu geben können.

---

10. Gruppe
Windhunde

Zur Geschichte

Die Geschichte des Salukis ist uralt wie die Geschichte des Orients. Seit Jahrtausenden ist sein Typ in unveränderter Form bekannt. Auf vielen Skulpturen und Bildern ist er dargestellt, wie er auch heute noch aussieht. So gibt es in Grabmälern von Hierakonpolis Abbildungen von Salukis, die auf das Jahr 3600 v. Chr. zurückgehen. Auch auf dem Alexandersarkophag in Istanbul ist die Rasse eindeutig dargestellt, ebenso an der Gruppe vom Farnesischen Stier im Museum von Neapel. All diese Darstellungen zeigen, wie beliebt die Rasse jahrtausendelang war. In seiner Heimat wird er wie das Wild immer seltener; doch in ganz Europa wird er in großem Umfang gezüchtet und erfreut sich großer Beliebtheit.

Die Gazellenjagd

Noch heute besitzen die Araber hervorragende Salukis, die sie wie Vollblutpferde und Falken aus reiner Tradition, aus Prunksucht oder als äußeres Zeichen für Reichtum und Bildung halten. Sie werden in geländegängigen Fahrzeugen auf die Jagd mitgenommen, denn diese Fahrzeuge sind für größere Entfernungen bequemer als Pferde oder Kamele. Gemeinsam mit dem Falken jagt der Saluki Hasen oder die seltenen Gazellen. Wenn der Falke eine Gazelle ausgemacht hat, kreist er über dem späteren Opfer und versucht, seine Beute durch Flügelschlagen zu irritieren, damit der Saluki sie fangen und auf den Boden werfen kann. Dann wird die Gazelle getötet, sofern sie nicht schon während der Hetzjagd vor Erschöpfung stirbt, wenn das Gelände entsprechend großflächig ist.

Standard

Allgemeine Erscheinung: Im Saluki sind Anmut, Ebenmaß, Schnelligkeit, Ausdauer sowie Kraft und Beweglichkeit vereint. Dank seiner Schnelligkeit und Ausdauer ist er in der Lage, Gazellen oder anderes Wild auf sandigem oder steinigem Gelände zu hetzen und zu töten. Er strahlt Würde und Freundlichkeit aus.

Größe: Rüde 58,5–71 cm; Hündin etwas weniger.

Gewicht: im Standard nicht erwähnt (14–25 kg).

Kopf: lang und schmal; flacher, zwischen den Ohren mäßig breiter Schädel; Stop nur angedeutet; gerader Nasenrücken; edler Ausdruck; schwarze oder braune Nase; kräftiges, regelmäßiges Gebiß.

Augen: dunkel bis haselnußbraun, strahlend, groß und oval, nicht hervortretend.

Ohren: lang und beweglich, eng am Kopf anliegend, mit langen, seidigen Haaren bedeckt.

Hals: lang und biegsam und gut bemuskelt.

Körper: tiefe, mäßig schmale Brust; mäßig breiter Rücken mit leicht über die Lenden hinausgewölbten Muskeln; aufgezogener Bauch; schräg abfallende und gut zurückgesetzte Schultern mit guter, aber nicht starker Muskulatur.

Rute: lang, tief angesetzt, natürlich gebogen, an der Unterseite mit langem, seidigem Haar befedert.

Gliedmaßen: Vorderläufe gerade und lang; Hinterläufe stark, mit mäßig gewinkelten Kniegelenken und kurzen Sprunggelenken, die die Kraft zum Galoppieren und Springen erkennen lassen.

Pfoten: mäßig lang, mit langen, gut gebogenen, aber nicht gespreizten Zehen, insgesamt stark und geschmeidig, zwischen den Zehen lang behaart.

Haar: glatt und seidig, leichte Befederung an den Läufen und hinten an den Keulen, manchmal dünnes, wolliges Oberhaar auf den Oberschenkeln und Schultern; glatthaarige Tiere ohne Befederung.

Farbe: weiß, creme, rehbraun, golden, rot, grau mit Gelb oder Braun, dreifarbig weiß, schwarz und gelb oder brand sowie schwarz mit Gelb oder Brand oder Variationen von diesen Farben.

Fehler: Abweichungen vom Standard.

Ratschläge für die Haltung: Das wichtigste ist, daß der Saluki engen Familienanschluß hat und täglich viel Auslauf bekommt und immer wieder rennen kann. Dieser Wüstenhund ist äußerst widerstandsfähig und für weiträumiges Gelände geschaffen. Man sollte ihn nur mäßig mit Fleisch und Gemüse füttern, denn Muskulatur und Knochengerüst müssen durch die Haut erkennbar bleiben. Das Haarkleid muß regelmäßig gepflegt werden, besonders das lange Haar sollte man sorgfältig bürsten und kämmen.

Deerhound

Ursprünglich für die Jagd auf Hochwild, englisch *deer*, speziell auf Damwild, gezüchtet, hat sich der Deerhound seit mehr als 1000 Jahren unverändert erhalten. So ist er auch heute noch in der Lage, mit seinem tiefen Fang und sehr kräftigen Hals einen ausgewachsenen Hirsch zu halten. Er gehört zur Gruppe der Windhunde, von denen er die Hochbeinigkeit und den eleganten Körper hat. Auffallend ist sein rauhes, drahtiges Haarkleid, das nach Meinung der meisten Liebhaber am schönsten wirkt, wenn es dunkelblaugrau ist. Der Deerhound stammt aus Schottland und hat eine lange romantische Geschichte hinter sich. Der mächtige und flinke Hund begleitet seit dem Mittelalter die jagdbegeisterten schottischen Gutsherren auf ihren langen Ritten quer durch das Hochland. Er war der bevorzugte Hund der hohen Herren, und es wird berichtet, daß im 15. Jahrhundert der Diebstahl eines Deerhounds Anlaß zu einer blutigen Schlacht zwischen Pikten und Schotten war – ein schlagender Beweis für den Wert, den man diesen Hunden einst beimaß.

Im 18. Jahrhundert war die Jagd nicht mehr das ausschließliche Privileg der Gutsherren. Die Teilung der großen Besitzungen und die Ausdehnung der kultivierten Flächen begrenzten zu sehr den Lebensraum der Damhirsche, und die Verwendung von Feuerwaffen beendete die herausragende Rolle des Deerhounds.

Inzwischen ist er selbst in seiner Heimat selten geworden und hat sich wie die meisten Windhunde zu einem Begleithund entwickelt. Der Deerhound ist intelligent, sanft, ruhig und besonnen, zeigt einen ausgezeichneten Charakter und eine große Anhänglichkeit an seinen Herrn. Er ist von Natur aus nicht bösartig, kann aber gelegentlich mit seinem imposanten Äußeren durchaus die Rolle eines respektgebietenden Wächters übernehmen. Er ist auf dem Lande glücklicher, denn dort kann er sich nach Lust und Laune austoben.

10. Gruppe
Windhunde

Zur Geschichte

Der Deerhound ist nach Meinung der Fachleute sehr alten Ursprungs. Man weiß zwar nicht genau, wann und wie diese Tiere nach Schottland kamen, aber man nimmt an, daß entweder die einfallenden Kelten sie mitbrachten oder daß sie mit phönikischen Kaufleuten nach England kamen und von dort nach Schottland gelangten; dort sollen sie durch Anpassung an das härtere Klima das rauhe Fell bekommen haben, das für sie charakteristisch ist. Für manche Experten wiederum ist der Deerhound ein Abkömmling des Irish Wolfhounds, für andere aber dessen Ahne. Der 1892 festgesetzte Standard wurde 1970 geändert. Vor dem Ersten Weltkrieg war der Deerhound in Mitteleuropa schon wenig vertreten, danach aber noch seltener. Seither nehmen sich einige Clubs dieser imposanten Rasse an. Am weitesten verbreitet ist der Deerhound in Australien, in den USA, in Schweden und Dänemark.

Die Windhunde sterben aus

Die Gruppe der Windhunde ist eine der ältesten auf Erden. Aber zahlreiche, aus dem gemeinsamen alten Stamm hervorgegangene Rassen sind inzwischen, sei es aus natürlichen Gründen, sei es aus mangelndem Interesse der Menschen, verschwunden. Andere haben als Opfer von Nachlässigkeit oder Modelaunen ihre charakteristischen Eigenschaften eingebüßt.

Der Greyhound, den man früher zu Tausenden auf den britischen Fluren finden konnte, hat seit langem seine Funktion als Jagdhund eingebüßt und verdankt sein Überleben nur dem Einsatz bei Windhundrennen.

Der Galgo, ein alter spanischer Windhund, ist praktisch verschwunden, und wenn nicht Liebhaber seine Zucht wiederaufgreifen, wird er vom Greyhound nicht mehr zu unterscheiden sein, mit dem man ihn allzu unklug gekreuzt hat.

Die Sowjets haben die Zucht des Barsois wiederaufgenommen und ihn probeweise für die Jagd eingesetzt, um ihn wieder an seine ursprüngliche Funktion zu gewöhnen, die bei ihm in der langweiligen Umgebung der britischen Salons zu Beginn des Jahrhunderts verkümmert war. Auf die gleiche Weise hat der Afghane gewisse charakteristische Eigenschaften verloren. Der Saluki, ein sehr seltener und eleganter Perser, ist noch unverändert, bedarf aber unbedingt des Schutzes. Wie der Afghane läuft er Gefahr, sich so zu entwickeln, daß sein Bau mit dem Standard nichts mehr gemein hat. Der spanische Podenco war in den Mittelmeerländern bereits dem Aussterben nahe, als die Engländer und Amerikaner mit ihrer Zucht neu begonnen.

Auch der Sloughi wird verschwinden, wenn die seit einigen Jahren begonnenen Rettungsmaßnahmen keinen Erfolg haben. Nur die kleine italienische Abart, das Windspiel, ist ohne Veränderungen von den Damastkissen der Renaissancepaläste auf die behaglichen Pelzdekken moderner Appartements übergewechselt.

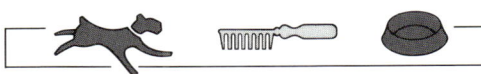

Standard

Allgemeine Erscheinung: hochgebauter, kräftiger Windhund mit rauhem, drahtigem und recht langem Haar.

Größe: Rüde 76 cm; Hündin 71 cm.

Gewicht: Rüde 38,5–48 kg; Hündin 30–36 kg.

Kopf: in Ohrenhöhe am breitesten, zu den Augen hin sich verjüngend; spitze Schnauze; flacher Schädel; kein Stop; Nase schwarz (blau bei blauen Tieren); Zangen- oder Scherengebiß.

Augen: sanft, dunkel, schwarze Lidränder.

Ohren: weich, glänzend behaart, so klein wie möglich, schwarz oder dunkel, hoch angesetzt, in Ruhe zurückgefaltet.

Hals: lang, sehr kräftig.

Körper: schräge Schultern; Schulterblätter gut zurückgesetzt; Brust tiefer als breit; Lenden gut gewölbt; Hüften breit.

Rute: lang, am Ansatz kräftig, herabhängend oder gebogen getragen, aber nie über die Rückenlinie erhoben, gut mit Haaren bedeckt.

Gliedmaßen: vordere gerade, breit und flach; hintere sehr kräftig, im Kniegelenk gut gewinkelt, mit breitem, flachem Sprunggelenk.

Pfoten: geschlossen, mit kräftigen Krallen.

Haar: rauh, drahtig, hart beim Anfühlen, 8–10 cm lang an Körper, Hals und Gliedmaßen, weicher an Kopf, Brust und Bauch.

Farbe: blaugrau bevorzugt, dunkel- und hellgrau, gelb, sandfarben oder rötlich mit schwarzen Punkten; Brust und Zehen dürfen weiß sein; ein leichter weißer Fleck am Rutenende ist zulässig.

Fehler: helle Augen; dicke, flach am Kopf herabhängende oder zu dicht mit langen Haaren bedeckte Ohren; gelockter oder Ringelschwanz; flacher Rücken; kuhhessige Sprunggelenke; weiche Fesseln; gerade Kniegelenke; durchgedrückte Pfoten; wolliges Haarkleid; schwere und gerade Schultern; weiße Abzeichen.

Ratschläge für die Haltung: Der Deerhound ist als Stadthund nicht zu empfehlen. Er muß seine große Energie in wildem Lauf austoben können. Der Deerhound „weint", um einen Wunsch oder eine Weigerung auszudrücken; doch davon soll man sich nicht beunruhigen lassen. Sein hartes Haar muß zweimal pro Woche gebürstet und sorgfältig gestriegelt werden. Dieser Hund ist wetterunempfindlich und hat einen großen Appetit. Während seines raschen Wachstums braucht er hochwertige Nahrung.

Whippet

Dieser Hund war vor 30 Jahren in Mitteleuropa praktisch unbekannt. Mittelgroß, wie er ist, erscheint er zunächst wie die genaue verkleinerte Nachbildung des großen englischen Windhunds, des Greyhounds. Das scheint allerdings nur so. Bei genauerem Hinsehen entdeckt man in ihm einen Windhund von eigenem Typus und sehr ausgewogenem Bau: Sein Körper ist kürzer als der des Greyhounds, sein Kopf länger und deutlich breiter, die Rückenlinie ist nicht die gleiche, und er ist im ganzen gedrungener. Er wurde fürs Laufen gezüchtet, und so ist nichts an ihm überflüssig, kein Haar, kein Gramm Fett. Er vermittelt den Eindruck von schön ausgewogener Muskelkraft und Stärke, verbunden mit großer Grazie und Eleganz der Linie. Die Harmonie der Umrisse, die gleich unter der Haut sich abbildenden Muskeln und die kraftvolle Gangart sind seine Hauptmerkmale.

Ein wenig geschultes Auge könnte ihn auch mit dem Italienischen Windspiel verwechseln, aber dieser Hund ist deutlich kleiner und hat eine weniger auffällige Muskulatur. Außerdem ist das Windspiel natürlichen Ursprungs, während der Whippet ein Geschöpf des Menschen ist, das kaum 100 Jahre alt ist. Der Whippet ist das Werk der Minen- und Fabrikarbeiter Nordenglands, die nicht über die Mittel verfügten, sich für die Jagd auf Hasen und Kaninchen einen Greyhound zu halten. Sie züchteten sich diesen hinsichtlich Nahrung und Körperpflege wenig anspruchsvollen Hund heran. Am Feierabend veranstalteten sie zu ihrer Entspannung in einem geschlossenen Gelände und auf geraden Bahnen Kaninchenjagden, bei denen der Whippet die Terrier mehr als nur ersetzte. Bald wurde er der Spezialist der Rennbahn: Parcours von 350 m verschlingt er nur so, und er kann eine Spitzengeschwindigkeit von 55 bis 65 km/h erreichen.

Als der Whippet entwickelt wurde, ging seine Popularität nicht über die Bergbaugebiete hinaus. Damals hatte er noch Stehohren, was für die Jagd oder Rennen unerwünscht ist.

Manche Fachleute meinen, sein Name komme vom englischen *whappet*, was kleiner Kläffer bedeutet; andere wiederum sind der Ansicht, er leite sich von *whip it* her, einem unter Wettern im Viktorianischen Zeitalter üblichen Ausruf, den man folgendermaßen übersetzen könnte: „Gib die Peitsche", ein Zuruf, mit dem nun die Hunde angetrieben werden sollten; andererseits ist *whippet* die Verkleinerungsform von *whip*, Peitsche, und diese führt schnelle Bewegungen aus. Das große Sprungvermögen des Whippets und seine Geschicklichkeit beim Kurvennehmen, wenn er schnell und ausdauernd Wildkaninchen jagte, brachten es mit sich, daß er auch snapdog, das heißt „Schnapphund", genannt wurde.

Indessen hindern ihn seine Qualitäten als Jäger und Läufer nicht daran, ein wunderbarer, wenig Platz beanspruchender Gesellschaftshund zu sein, der sanft, ruhig, elegant und dekorativ ist. Außerdem ist er ein liebenswerter Gefährte für die Kinder. Am liebsten liegt er auf einem erhöhten Platz, einem Sessel etwa, von dem aus er genüßlich beobachten kann, was um ihn herum passiert.

Zur Geschichte

Im allgemeinen sind Windhunde edler Herkunft, denn man schreibt ihnen die ältesten und berühmtesten Herren der Geschichte zu. Der Whippet ist die Ausnahme, die die Regel bestätigt. Er wurde nicht in einem Fürstenpalast oder im Zelt eines Scheichs geboren, vielmehr wurde er vor nunmehr 100 Jahren von den Minen- und Fabrikarbeitern Nordenglands gezüchtet, wo er Hasen jagen und die Fox Terrier bei der Kaninchenjagd ersetzen sollte, die damals in jenen Landstrichen sehr beliebt waren. Er ist aus einer wohlüberlegten kundigen Blutmischung hervorgegangen: Der Greyhound hat ihm den Umriß gegeben, verschiedene Terrier, namentlich der Fox und der Bedlington, den schönen Wuchs und die Ausdauer und das Italienische Windspiel den eleganten und vornehmen Gang. Seine endgültigen Merkmale sind dank wiederholter Erprobungen festgelegt worden, und 1892 öffnete ihm der Kennel Club seine Bücher. Noch elf Jahre zuvor schrieb Vero Shaw in seinem Book of the Dogs, *daß der Whippet „wesentlich ein regionaler Hund ist, über die Grenzen der Northern Counties hinaus von geringem Wert". Seitdem aber hat sein Ruf sich weit über die Grenzen Englands hinaus verbreitet. Dieser Hund hat heute in den Vereinigten Staaten sehr beliebt, und in Mitteleuropa, besonders aber in Frankreich, ist er zum König der Hunderennbahnen geworden. Vom „Armeleutewindhund" wurde er zum „Taschenathleten".*

254

Standard

Allgemeine Erscheinung: Dieser Hund soll den Eindruck von Kraft und Muskelstärke vermitteln, verbunden mit großer Eleganz. Ebenmäßiges Aussehen, die Muskelbildung und der kraftvolle Gang sind seine Hauptmerkmale. Er ist für Schnelligkeit und Arbeit geschaffen, aber alle übertriebenen Formen sollten vermieden werden.
Größe: Rüde 47 cm; Hündin 44,5 cm.
Gewicht: im Standard nicht erwähnt (Rüde 9,6 kg; Hündin 9,2 kg).
Kopf: lang und trocken; Schädeldecke flach, zur Schnauze hin auslaufend, zwischen den Augen eher breit; Kiefer kräftig und trocken; Nase schwarz, bei blauen Tieren bläuliche Farbe zulässig, bei rehbraunen eine leberfarbene, bei weißen und gefleckten eine gefleckte.
Augen: aufmerksam, interessierter Ausdruck.
Ohren: feine, dünne Rosenohren.
Hals: lang und muskulös, elegant gebogen.
Körper: großer Brustkasten; tiefe Brust mit klarer Abgrenzungslinie; fester, etwas langer Rücken, der über der Lende einen eindeutigen Bogen zeigt; Lende vermittelt den Eindruck von Kraft und Stärke; gewölbte, am Rücken gut bemuskelte Rippen.
Rute: lang, spitz zulaufend, in Bewegung leicht gebogen nach oben getragen.
Gliedmaßen: vordere gerade und senkrecht, mit kräftigen Fesseln und federnden Fußwurzeln, Ellbogen gut am Körper anliegend; hintere mit starken und breiten Oberschenkeln, gut gewinkelten Kniegelenken und recht tiefliegenden Sprunggelenken.
Pfoten: gut gespaltene Zehen; dicke Ballen.
Haar: fein, kurz, möglichst dicht.
Farbe: alle Farben und Mischungen.
Fehler: weiche, abfallende oder gerade Fesseln; unbewegliche Ellbogen; zu stark beladene oder sich herauswölbende Schultern; Apfelschädel; kurzer Fang oder zuviel Stop; Steh- oder Tulpenohren; Kamel- oder Höckerrücken; zu kurze oder zu lange Lende; gerade Kniegelenke; gespreizte, flache oder offene Pfoten; fröhlich geringelte oder gedrehte, kurze oder kupierte Rute; drahtiges oder zerrissenes, grobes oder wolliges Haar; derbe dicke Haut; Wamme.

Ratschläge für die Haltung: Dieser sportliche Hund braucht ausgeglichene Kost. Stärkehaltiges Futter, das den Leib auftreibt, ist zu vermeiden. Er muß laufen können; lange Spaziergänge an der Leine sind unerläßlich. Mit einem Noppenhandschuh entfernt man dann und wann abgestorbene Haare.

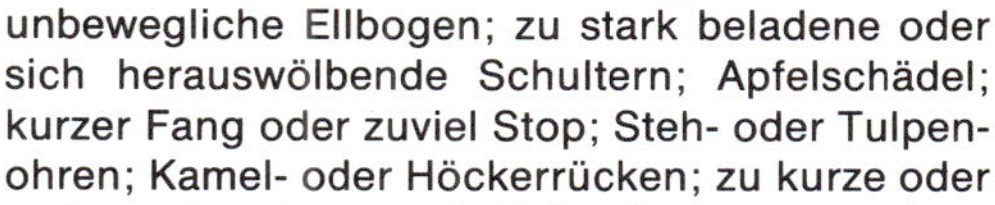

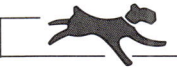  

Sloughi

Adel, Unabhängigkeit und Stolz charakterisieren den Sloughi. Dieser nordafrikanische Windhund stammt möglicherweise vom ägyptischen Windhund ab, der schon seit der frühesten Antike bekannt ist.

Die Araber bezeichnen den Sloughi auch als *El Hor*, den Edlen, im Gegensatz zum *Kelb*, dem ordinären und verachteten Laufhund. Jahrtausendelang bevorzugten die Nomadenstämme den Sloughi für die Gazellen- oder Hasenjagd. Nur er durfte mit ihnen im Zelt leben, nur er wurde mit der gleichen Sorgfalt wie ihre Vollblutpferde aufgezogen und ausgelesen. Durch Ausmerzung mittelmäßiger, schwacher und ungeeigneter Tiere gelang es den Arabern, diese selten schönen, umgänglichen und liebevollen, außerordentlich ausdauernden und schnellen Sloughis heranzuzüchten.

So blieb es nicht aus, daß die Eleganz dieses reinrassigen Windhundes zahlreiche Maler und Dichter inspirierte. So schreibt Gabriele d'Annunzio: „… dieser berühmte Räuber mit dem schwarzen Gaumen und der bläulichen Zunge, den durch die dünne Haut hervortretenden Knochen, der ein Höchstmaß an Stolz, Mut und Eleganz erreicht hat und daran gewöhnt ist, auf schönen Teppichen zu schlafen und beste Milch aus makellosen Schalen zu trinken." Diese Beschreibung hat überhaupt nichts mit dem springenden und laufenden Jagdhund zu tun, der in der Wüste Gazellen, Hasen oder seine Todfeinde, die Schakale, verfolgte.

Heute wird er in seiner Heimat nur noch für die Jagd auf Hasen eingesetzt und als Begleithund gehalten; auf einigen Windhundrennbahnen Algeriens oder Marokkos läuft er auch noch Rennen. Vielleicht ist das Heimweh nach den weiten Flächen, in denen er früher heimisch war, der Grund für den liebevollen, aber etwas traurigen Ausdruck seiner dunklen Augen. „Heimweh nach den ruhigen, heißen Landschaften, nach den Zelten, die nach der Durchquerung des Gebietes der Fata Morgana aufgeschlagen wurden, den Feuern, die zur Zubereitung des Abendessens unter dem weiten Sternenhimmel entfacht wurden, einem Sternenhimmel, der durch das Rauschen des Windes in den Palmengipfeln zu leben schien …" Hierin ist in groben Zügen das Hauptproblem dargestellt: Was wird aus dem Sloughi, wenn er nicht mehr jagen kann?

Aus seiner Vergangenheit als Jagdhund hat sich der Sloughi seinen ausgeprägten Unabhängigkeitsdrang bewahrt. Er ist etwas scheu und gehorcht nur aus Liebe, und zwar einer zurückhaltenden Liebe, die sich in großer Anhänglichkeit gegenüber seinem Besitzer, unermüdlicher Wachsamkeit und einem verächtlichen, manchmal auch aggressiven Mißtrauen gegenüber Fremden äußert. Dieser Aristokrat zeigt keine unpassenden Äußerungen der Zuneigung oder willkürliche Sprünge, sondern Zärtlichkeit in feinen Formen, z. B. durch ein kurzes Lecken mit der Zunge.

Der Sloughi paßt sich ohne Schwierigkeiten an das mitteleuropäische Klima an. Man muß ihm aber täglich viel Auslauf bieten und ihn möglichst am Training auf einem Windhundrennplatz teilnehmen lassen.

10. Gruppe
Windhunde

Zur Geschichte

Man kann den Sloughi bis in die Zeit der Pharaonen zurückverfolgen. Auf ägyptischen Reliefs, die um 1500 v. Chr. geschaffen wurden, ist der kurzhaarige, hängeohrige Windhund auf der Jagd dargestellt. Und daß er schon lange im Maghreb zu Hause ist, beweisen römische Mosaiken in Tunesien aus dem 4. Jahrhundert v. Chr. Vor langer Zeit war man der Meinung, daß unter den Vorfahren des Sloughis nicht nur Hunde, sondern auch andere Tiere waren. Aristoteles dachte dabei an den Fuchs, der Emir Abd-el-Kader versicherte dagegen, daß der Sloughi vom Wolf abstamme: „Die Sloughis verdanken ihren Namen der Landschaft Slougia in der Sahara, wo sie wahrscheinlich durch Kreuzungen von Wölfinnen mit Hunden entstanden sind." Jedoch streiten sich die Wissenschaftler noch in diesem Punkt. Stützt man sich auf die geographische Herkunft des Wortes Sloughi, so könnte diese Windhundart aus einer Stadt im Jemen, aus Saluk oder Saloug, stammen, die wegen ihrer Kettenhemden und Windhunde berühmt ist. Außerdem bedeutet sein Name lediglich Windhund. Die Zukunft dieser seit einigen Jahrzehnten vom Aussterben bedrohten Hunderasse bleibt ungewiß, wenn auch die Bestände in Mitteleuropa zunehmen. Der Sloughi wurde von den Arabern oft mit dem Saluki gekreuzt, und so kommt es vor, daß in manchen Salukifamilien ein kurzhaariges Exemplar auftaucht, das sehr stark an den Sloughi erinnert.

Standard

Allgemeine Erscheinung: Hund mit trockener Muskulatur und feiner Haut, durch die sich die Knochen abzeichnen.

Größe: Rüde 66–72 cm; Hündin 61–68 cm.

Gewicht: im Standard nicht erwähnt (25–28 kg).

Kopf: länglich, elegant, fein, aber ziemlich breit; Schädel oben flach, hinten gut abgerundet; Fang gestreckt und keilförmig, nicht übermäßig spitz zulaufend, fast so lang wie der Schädel; wenig betonter Stop; schwarze, leicht abwärts gebogene Nase.

Augen: groß, dunkel, bei hellem Haar bernsteinfarben, ein wenig traurig blickend.

Ohren: hoch angesetzt, hängend, gut am Kopf anliegend, dreieckig, unten abgerundet.

Hals: lang, sehr schlank, ohne Wamme.

Körper: tiefe, aber nicht zu breite, knapp bis zu den Ellbogen reichende Brust; relativ kurzer Rükken; trockene, breite und leicht gebogene Lendenpartie; knochige, schräge Kruppe; Bauch und Flanken gut aufgezogen; Schultern lang und schräg.

Rute: dünn, fleischlos, an der Verlängerung der Kruppe angesetzt, auch in der Bewegung unter der Rückenlinie getragen, muß mindestens bis zum Sprunggelenk reichen.

Gliedmaßen: Vorderläufe gerade, mit knochigem, muskulösem Oberarm; Hinterläufe lang, mit flachen und muskulösen Oberschenkeln und gut gewinkelten, kräftigen Sprunggelenken sowie starken Fesseln.

Pfoten: mager und länglich oval, mit starken, schwarzen oder farbigen Krallen.

Haar: sehr kurz, fein und straff am Körper anliegend.

Farbe: sandfarben (hellsand-, rotsand-, grausandfarben), gestromt, mit oder ohne schwarze Maske, mit oder ohne schwarzen Mantel.

Fehler: helle Augen; Kopf und Körper etwas plump; zu starker Stop; schlechte Proportionen; schlechte Rückenlinie; runde Rippen; grobes oder zu rauhes Haar.

Ausschließende Fehler: Steh- oder Kippohren; halblanges Haar; Fransen an der Rute oder an den Gliedmaßen; weiße Stiefel; weiße Abzeichen; abweichende Farben.

Ratschläge für die Haltung: Der Sloughi ist sehr widerstandsfähig. Wenn er oft Auslauf im Freien hat, gewöhnt er sich leicht an die Haltung in der Wohnung. Im Zwinger kann er nicht gehalten werden, denn er braucht Familienanschluß. Er ist pflegeleicht; beim Haarwechsel entfernt man die toten Haare mit einem Noppenhandschuh.

Barsoi

Der große, schlanke Barsoi mit dem gelockten oder gewellten Haar ist der Inbegriff des eleganten, vornehmen Hundes. Im vorigen Jahrhundert hetzte und stellte er in Rußland den von einer Laufhundmeute aus dem Dickicht getriebenen Wolf. Die meisten adligen Familien hatten eine eigene Jagd und züchteten auch ihre eigenen Hunde. Die schönste und berühmteste dieser Zuchten war die des Großfürsten Nikolaj Nikolajewitsch; er begann sie 1887 in Perchino auf altem Blut aufzubauen: Sie bestand schließlich aus nicht weniger als 150 Tieren.

Bald schwärmte ganz Europa für diesen aristokratischen Jagdhund. Er hielt Einzug in die Salons, und die Blasiertheit, die man ihm zuschreibt, paßte ausgezeichnet zu seiner neuen Rolle als Luxushund. Er wurde der treue Begleiter gekrönter Häupter und nahm an allen wichtigen Hundeausstellungen teil. Königin Victoria von England besaß einen Barsoi, und der gesamte englische Adel folgte ihrem Beispiel. Zar Alexander II. schenkte der Gemahlin des späteren Eduard VII. ein prachtvolles Paar. Der bei zahlreichen Wettbewerben preisgekrönte Rüde blieb lange Zeit unbesiegt. Auch der Herzogin von Newcastle schenkte der Zar einige Barsois. Mit ihnen gründete sie eine berühmte Zucht. In Deutschland begann die Zucht 1864 u. a. mit einem Hund, den der Zar Prinz Friedrich von Preußen zum Geschenk gemacht hatte.

Seine Erfolge in den Salons und auf den Ausstellungen haben den Charakter des Barsois nicht beeinflußt. Er besitzt noch immer die ursprünglichen Eigenschaften seiner Rasse: Schönheit, Anhänglichkeit und Intelligenz.

**10. Gruppe
Windhunde**

Zur Geschichte

Der Ursprung des Barsois ist umstritten. Manche meinen, er stamme von den altägyptischen Windhunden ab, die nach Asien und Europa gelangten; in beiden Kontinenten habe man verschiedene Arten gezüchtet und der heutige Barsoi sei das Ergebnis einer Kreuzung mit dem langhaarigen russischen Schäferhund. Allgemein nimmt man jedoch an, daß er sich in Rußland um das 16. Jahrhundert herausbildete. Iwan der Schreckliche soll nach der Einnahme von Kazan im Jahr 1552 die Edlen der Stadt an die obere Wolga verbannt haben. Diese adligen Tataren kreuzten dort angeblich ihre asiatischen Windhunde mit einheimischen Hunden. Die Weiterzüchtung habe dann im 18. Jahrhundert eine eigene Rasse ergeben.

Standard

Allgemeine Erscheinung: Seine eindrucksvolle Größe, das prächtige Fell und die harmonische Gestalt verleihen dem Barsoi eine unbestreitbare Eleganz und Vornehmheit.

Größe: Rüde 70–82 cm; Hündin 65–77 cm.

Gewicht: im Standard nicht erwähnt (34–45 kg).

Kopf: schmal und lang, trocken, fein gemeißelt wirkend, zur Nase hin schmaler werdend, Länge und Breite in guter Proportion zum Körper; relativ große, schwarze Nase; Fang lang, schmal, trocken.

Augen: braun, mandelförmig, möglichst dunkel.

Ohren: hoch angesetzt, spitz zulaufend und nach hinten angelegt, verhältnismäßig klein, fein und schmal.

Hals: lang, gut bemuskelt, ohne Wamme.

Körper: vor allem beim Rüden einen flachen Bogen bildend, dessen höchster Punkt am Übergang zum Lendenteil liegt; Lendenpartie und Rücken breit und sehr muskulös; Brust sehr tief; Bauch stark aufgezogen.

Rute: tief angesetzt, sichelförmig, reich behaart.

Gliedmaßen: Die Länge der geraden Vorderläufe entspricht etwa der halben Widerristhöhe; Hinterhand parallel stehend, breiter und stärker bemuskelt als die Vorhand, mit breiten, trockenen Oberschenkeln und tiefgestellten Sprunggelenken.

Pfoten: schmal, oval, mit geschlossenen Zehen, kräftig pigmentierten Krallen und derben Ballen.

Haar: lang, fein, seidig, gewellt oder gelockt.

Farbe: weiß, verschiedene Goldtöne, gold mit silbernem Anflug, gold, dunkel gewolkt, rot, schwarz gewolkt, grau in vielen Tönen, gestromt.

Fehler: getüpfeltes Fell; helle Augen.

Ratschläge für die Haltung: Er läßt sich gut in der Wohnung halten, braucht aber sehr viel Auslauf. Sein prachtvolles Fell verlangt sorgfältige Pflege und muß regelmäßig gebürstet und gekämmt werden. Einem eventuellen Kalkmangel, der bei den rasch wachsenden Welpen auftreten kann, beugt man vor, indem man zusätzlich Kalzium verabreicht. Achtung: Die langen Röhrenknochen der Läufe können leicht brechen.

Afghane

10. Gruppe
Windhunde

Nach der Legende hat Noah, als die Sintflut nahte, zur Rettung des Hundegeschlechts ein Paar Afghanen in seine Arche genommen. Wie jede Legende läßt sich auch diese kaum überprüfen, aber sie zeigt dennoch, daß der Afghane einer der ältesten bekannten Hunderassen angehört.

In seinem Ursprungsland Afghanistan ist dieses Tier keineswegs ein Luxushund, sondern eine wertvolle Hilfe für den Jäger, denn er jagt Damwild oder Wildziegen, manchmal sogar Wölfe oder Schneeleoparden. Er ist Gefährte der Stammesoberhäupter bei den Nomaden auf der Jagd oder der Schäfer im Hindukusch. Er hetzt das Wild im unwegsamen Gelände oft über viele Kilometer, und dabei ist er ganz allein auf sich gestellt, gezwungen, vollkommen selbständig zu entscheiden und zu handeln, ohne die Hilfe des Menschen. Diese schwierige Aufgabe kann er lösen, weil er sehr mutig, geschickt und klug ist.

Er ist eine ganz besondere Erscheinung. Durch seinen fließenden und federnden Gang, seine stolze Kopfhaltung und sein langes, seidiges Fell strahlt dieser Hund Stärke und Adel aus. Außerdem ist er sportlich hart und scheut weder Regen noch Schnee oder Gestrüpp.

In den Vereinigten Staaten und in Europa, und da vor allem in Großbritannien, schätzt man den Afghanen wegen seines ruhigen Wesens und auch wegen seiner schönen Augen, die den Menschen frei anblicken. Der Afghane hat von Geburt an einen besonderen Hang zum Komfort, denn er wählt instinktiv den besten Sessel oder das beste Kissen für sich aus. Im Freien dagegen ist er wie verwandelt. Er läuft ganz ausgelassen im Gelände oder bellt lange hinter einem Schmetterling oder einem vom Wind getriebenen abgestorbenen Blatt her. Und wenn er einmal ein Hetzobjekt erblickt hat und nicht an der Leine ist, dann jagt er los, ohne auf Zurufe oder Pfiffe zu hören. Mit Zuneigung erreicht man am meisten bei diesem treuen, sehr anhänglichen und liebebedürftigen Tier. Wie jeder orientalische Hund ist auch er sehr selbständig und kann nicht zur Arbeit gezwungen werden. Er ist ein lebhafter und fröhlicher, manchmal auch leicht gekränkter Gefährte, der gegenüber allen Fremden, die nicht seinem „Stamm", d. h. der Familie oder dem engen Freundeskreis, angehören, abweisend ist. Er zeigt sich äußerst wachsam und fühlt sich für die Familie und alles, was er als dazugehörig ansieht, verantwortlich.

Zur Geschichte

Die Herkunft der Afghanen geht wie bei den meisten Windhunden sehr weit zurück. So fand man beispielsweise in der Gegend von Balkh im Nordwesten Afghanistans fast 4000 Jahre alte Zeichnungen von Hunden, die in Höhlenwände geritzt worden waren, und diese Hunde ähnelten den Tacys, wie diese Tiere in ihrer Heimat genannt werden. Der Name Tacy taucht auch auf einer ägyptischen Papyrusrolle auf, die noch älter ist als diese Zeichnungen. Diese aus Nordindien kommende Windhundrasse stammt wahrscheinlich von Saluki ab und hat mit den Karawanen der arabischen Kaufleute Hunderte von Kilometern zurückgelegt, bis sie in Afghanistan seßhaft wurde. Der Afghane hat ein dichtes Haarkleid und ist sehr widerstandsfähig, denn er ist von Natur aus Jagdhund und an das rauhe Klima seines Herkunftslandes gewöhnt. Lange Zeit war es unmöglich, diese Rasse nach Europa einzuführen. Anscheinend wurde der erste Afghane, der nach Europa kam, Ende des letzten Jahrhunderts illegal nach Großbritannien eingeführt. Das erste Exemplar wurde 1907 in London ausgestellt und hatte einen Riesenerfolg. In Großbritannien wurde dann auch im Jahr 1926 der erste Club gegründet; die Rasse wurde international anerkannt und konnte nun auch an Wettbewerben teilnehmen. Sie ist in den angelsächsischen Ländern hochgeschätzt und seit einigen Jahren auch im übrigen Europa recht stark verbreitet.

Standard

Allgemeine Erscheinung: erweckt den Eindruck von Macht und Würde, kombiniert mit Schnelligkeit und Kraft.

Größe: Rüde 68,5–73,5 cm; Hündin 5–7,5 cm kleiner.

Gewicht: im Standard nicht erwähnt (Rüde 25–30 kg; Hündin 20–25 kg).

Kopf: langer, nicht zu schmaler Schädel; Hinterhauptbein gut sichtbar; langer Fang; kräftige Kiefer; langes Haarbüschel auf dem Schädel (topknot); möglichst schwarze Nase, bei hellfarbigen Hunden auch leberfarben zulässig.

Augen: leicht nach hinten schräg gestellt, fast dreieckig, möglichst dunkel, goldfarbene zulässig.

Ohren: lang, tief angesetzt, eng am Kopf anliegend, mit langem, seidigem Haar bedeckt.

Hals: lang und stark, stolze Kopfhaltung.

Körper: flacher, mäßig langer, gut bemuskelter Rücken; tiefe Brust; breite, gerade, eher kurze Lenden; hervorragende Hüftknochen, die ziemlich weit auseinander stehen.

Rute: nicht zu kurz, mit einem Ringel am Ende, schwach befedert; in der Bewegung hoch erhoben.

Gliedmaßen: Vorderläufe gerade und kräftig, unter der Schulter stehend, Ellbogen anliegend; Hinterhand kräftig, mit stark gewinkeltem Knie- und Fußgelenk und recht großer Länge zwischen Hüfte und Sprunggelenk; Afterklauen können entfernt werden oder verbleiben.

Pfoten: mit langem, dichtem Haar bedeckt; Vorderpfoten kräftig, breit, mit gewölbten Zehen; Hinterpfoten lang, aber nicht so breit, mit langen, federnden Fesseln und gut aufliegenden Ballen.

Haar: sehr lang, seidig fein an Rippen, Vorder- und Hinterläufen und an den Flanken, langes Haarbüschel (top-knot) auf dem Schädel, auf Vorderkopf und Rücken kurz, an den Ohren lang, die Fesseln können kahl sein.

Farbe: alle Farben zugelassen.

Fehler: Plumpheit; breiter Schädel; kurzer Vorderkopf; schwache Unterkiefer; große, runde Augen; kurzer, dicker Nacken; zu langer oder zu kurzer Rücken.

Ratschläge für die Haltung: Wichtig ist, daß er sich auslaufen und seinen Hetztrieb befriedigen kann; am besten sind lange Spaziergänge und Training auf einer Windhundrennbahn. Schon beim sehr jungen Hund muß man mit dem Bürsten anfangen, damit er sich daran gewöhnt und möglichst ruhig stehen bleibt.

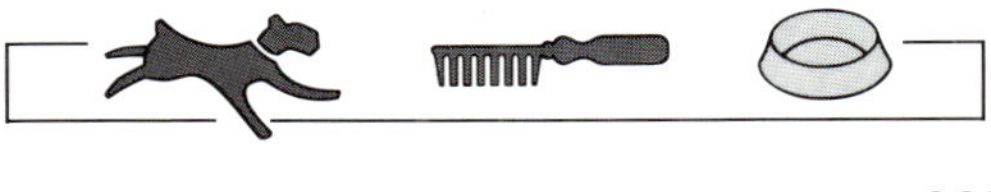

Galgo Español

10. Gruppe
Windhunde

Der in Spanien sehr populäre Galgo ist kräftig, aber elegant gebaut. Unter seinem kurzen, feinen und glänzenden Fell zeichnen sich kräftige Muskeln ab, die an seine Zeit als Jagdhund erinnern. Einst war er der Gefährte der spanischen Ritter, die seit den Kreuzzügen die Reinheit der Rasse überwachten – und sie wurde rein erhalten bis ins 20. Jahrhundert. Seinen Ruf verdankte der Galgo seiner Ausdauer und Behendigkeit sowie dem Geschick, auf schwierigem Gelände die schnellen Hasen zu verfolgen.

Unglücklicherweise haben im 20. Jahrhundert Liebhaber der Hunderennen diesen prächtigen Jagdhund für ihre Zwecke eingespannt. Und das brachte, seit den dreißiger Jahren, einen Rückgang dieser urtümlichen Rasse zugunsten der Kreuzung zwischen Galgo und Greyhound.

Doch der Galgo wurde nicht nur zum Rennhund – er entwickelte sich auch zu einem guten Begleithund, der zwar immer noch das Laufen sehr schätzt, aber auch in einer Familie sich sehr wohl fühlt.

Zur Geschichte

Man nimmt an, daß die Kelten den Galgo nach Gallien mitbrachten und von dort nach Galicien in Spanien, wo diese Hunde die Stammväter der Rasse wurden. Diese These wird durch den Namen gestützt, der angeblich von canis gallicus *(gallischer Hund) oder* veltragus gallicus *(gallischer Windhund) in* Gallico *umgeformt und dann zu Galgo verkürzt wurde. Doch auch der nordafrikanische Sloughi und der Podenco Ibicenco von den Balearen werden als Ahnen genannt. Mit der Einkreuzung des Greyhounds in den dreißiger Jahren des 20. Jahrhunderts gewann der Galgo an Geschwindigkeit, verlor aber die Reinheit der Rasse.*

Standard

Allgemeine Erscheinung: groß, mit kräftigem Knochenbau, schnell und ausdauernd.
Größe: Rüde 65 cm; Hündin 60 cm.
Gewicht: Rüde 25–30 kg; Hündin 20–25 kg.
Kopf: langgezogen; wenig Stop; kräftige, lange Kiefer; dünne Lefzen; Scherengebiß.
Augen: groß, dunkel und lebhaft blickend.
Ohren: hoch angesetzt, nach hinten halb fallend.
Hals: schlank, lang und muskulös, fast gerade.
Körper: tiefe Brust; gut gewölbte Rippen; kräftiger muskulöser Rücken; leicht gewölbte Lenden; gebogene Kruppe; aufgezogener Bauch.
Rute: lang, auch in Ruhe nicht gerade.
Gliedmaßen: vordere lang, gerade und gut bemuskelt; hintere kräftig bemuskelt.
Pfoten: nicht ganz rund, mit dicken Ballen.
Haar: kurz und fein oder rauh und dick.
Farbe: zimt- oder kastanienfarben, rot, schwarz, weiß mit Kombinationen.
Fehler: gerade Rute.

Ratschläge für die Haltung: Wie alle Windhunde braucht der Galgo sehr viel Auslauf.

Der Gefährte
des Menschen

Die Wahl des richtigen Hundes

Vor dem Glück, das man mit einem Hund erleben kann, steht zunächst die Qual der Wahl und die Frage, welcher Hund wohl der richtige sei. Denn auf der Welt gibt es insgesamt über 400 Hunderassen; 310 davon sind von der „Fédération Cynologique Internationale" (F.C.I.) anerkannt. In der Bundesrepublik Deutschland werden nur etwa 200 Rassen gezüchtet.

Welcher Hund paßt am besten zu wem?

Jede Hunderasse hat besondere Wesensmerkmale und besondere Vorzüge. Es ist deshalb angebracht, sich vor dem Kauf zu überlegen, was man von seinem zukünftigen vierbeinigen Gefährten erwartet. Soll er besonders kinderlieb sein? Muß er vor allem auf Haus und Hof, Hab und Gut aufpassen? Wird er als Jagdhund eingesetzt, oder soll er ein „Hund für alles" sein? Größe und Temperament spielen ebenfalls eine Rolle. Ältere Menschen sind mit einem lebhaften Tier vielleicht überfordert und sollten lieber eine Rasse wählen, die als ruhig und besonnen bekannt ist. Bewohner einer Stadtwohnung sollten den Traum vom Bernhardiner begraben, denn er braucht Platz. Wenn sich Kinder einen bestimmten Hundetyp wünschen, sollte man vorher sorgfältig abwägen, ob ein solcher Hausgenosse auch wirklich zu allen Familienmitgliedern paßt und sich in ihre Lebensgewohnheiten gut einfügt.

Wie schon gesagt, es gibt so viele Rassen, daß sich für jeden bestimmt der passende Hund finden läßt. Neben den bereits genannten Überlegungen sollte man vor einem Hundekauf auch noch folgende Punkte überdenken:

● Als Faustregel gilt: Je größer die Stadt, in der man lebt, um so kleiner und ruhiger sollte das Tier sein.
● Wohnt man unter dem Dach und ist kein Fahrstuhl vorhanden, sollte man keinen Dakkel oder Basset wählen. Langen Rücken auf kurzen Beinen bekommt das Treppensteigen nicht.
● In eine kleine Wohnung fügt sich am besten ein kleiner Hund ein.
● Wenn man wenig Zeit hat, ist ein Tier, das wenig Fellpflege und Auslauf braucht, der geeignete Hund.
● Eigenwillige Hunde verlangen eine besonders konsequente Erziehung.
● Jagd- und Gebrauchshunde brauchen eine Aufgabe. Sie fühlen sich nur wohl, wenn sie ihren Fähigkeiten nach ausgebildet und eingesetzt werden.

Ausnahmen bestätigen aber auch in diesen Fällen die Regel. Und bei „Liebe auf den ersten Blick" werden ohnehin viele Überlegungen beiseite geschoben. Dennoch – der Hundefreund wird stets darauf bedacht sein, seinem vierbeinigen Partner die besten Lebensbedingungen zu bieten.

Hündin oder Rüde?

Diese Frage ist nur dann von besonderer Bedeutung, wenn man züchten will. Dann muß man sich ohnehin für ein weibliches Tier entscheiden. Hat man in dieser Hinsicht aber keinen Ehrgeiz, spielt das Geschlecht eigentlich nur eine untergeordnete Rolle. Auf jeden Fall aber sollte man wissen, welche Vor- oder Nachteile eine Hündin gegenüber einem Rüden hat.

Weibliche Tiere sind in der Regel anhänglicher, häuslicher und leichter zu erziehen. Auch haben sie nicht die Angewohnheit, ihren Harn beim Gassigehen nur tröpfchenweise abzugeben, um möglichst viele Informatio-

Die Bedürfnisse einer Dogge und eines Chihuahuas lassen sich nicht vergleichen. Ihre jeweiligen Ansprüche an Ernährung und Raum, den sie für ihr Wohlbefinden brauchen, weichen grundlegend voneinander ab. Dies sollte man bedenken, bevor man sich für den einen oder den anderen Hund entscheidet

nen für andere Hunde zu hinterlassen – sie entleeren ihre Blase meist auf einmal. Deshalb muß man sie nicht so häufig und nicht so lange ausführen. Bewegung brauchen Hündinnen allerdings ebenso notwendig wie Rüden; haben sie zu wenig Auslauf, nehmen sie rasch zu. Im allgemeinen gelten weibliche Tiere als ebenso wachsam wie Rüden.

Zweimal im Jahr wird die Hündin läufig. Das geschieht vorwiegend im Frühjahr und Herbst. Die erste Hitze oder Brunst tritt im Alter von sechs bis acht Monaten auf. Der Körper ist dann aber noch nicht ausgewachsen und sollte den Strapazen von Trächtigkeit und Geburt nicht ausgesetzt werden. Also muß man die läufige Hündin unter „Quarantäne" halten und nur zum Lösen auf die Straße führen. Denn die Rüden der ganzen Umgebung wittern, daß sie deckbereit ist, und setzen alles daran, die Hündin zu finden. Der einladende Geruch, der die Rüden wie magisch anzieht, ist für menschliche Nasen jedoch nicht wahrnehmbar. Ein sicheres Zeichen für Läufigkeit ist es, wenn aus der Scheide des Tieres ein wäßriges, mit Blut vermischtes Sekret sickert und die Scheide geschwollen ist. Dieser Zustand dauert etwa drei Wochen.

Durch hormonelle Behandlung kann man die Läufigkeit verhindern. Diese Methode ist auf jeden Fall eher zu empfehlen als eine Sterilisation, die nicht mehr rückgängig zu machen ist. Hormongaben zum Hinauszögern oder Unterdrücken der Hitze vertragen die Tiere fast immer sehr gut. Injektionen, die der Tierarzt spätestens einen Monat vor Eintreten der Läufigkeit gibt, sind die sicherste Methode, Hundenachwuchs zu verhindern. Außerdem gibt es Hilfsmittel, die während der Läufigkeit allen das Leben erleichtern, wie z. B. Chlorophylltabletten: Sie unterdrücken den Geruch, der Rüden anzeigt, wo eine läufige Hündin zu finden ist. Durch all diese Hilfsmittel liegt die Entscheidung, ob eine Hündin Junge bekommen soll oder nicht, allein bei dem Hundebesitzer.

Rüden brauchen im allgemeinen von Anfang an eine konsequente Erziehung. Sie neigen oft dazu, immer wieder zu versuchen, die Oberhand zu gewinnen. Aber auch ein selbstbewußter Rüde ordnet sich brav unter, wenn er richtig behandelt wird, d. h., wenn ihm gezeigt wird, daß nicht er, sondern der Mensch der „Boß" ist.

Rassehund oder Promenadenmischung?

Hat man feste Vorstellungen von seinem vierbeinigen Begleiter, was Größe, Fellbeschaffenheit und Anlagen betrifft, sollte man sich der Ungewißheit, welche Rassen beim Mischling dominieren, nicht aussetzen. Beim Rassehund weiß man schon von klein auf, wie er aussehen und wie groß er wird. Hinzu kommt, daß aus der Rassebeschreibung die

Summe seiner Eigenschaften bekannt ist, und man kann anhand dieser Beschreibung und wenn man weiß, zu welchem Zweck man den Hund haben möchte, das passende Tier auswählen. Ist einem die Rasse jedoch gleichgültig und kommt es einem nur darauf an, einen netten, unkomplizierten Hund im Haus zu haben, so bietet sich ein Mischling an. Denn Mischlinge weisen in der Regel viele gute Eigenschaften auf, die sich aus der Summe der positiven Eigenschaften ihrer Eltern ergeben. Zudem sind sie oft sehr intelligent, recht robust und verfügen über einen unwiderstehlichen Charme.

Intelligenz, Robustheit und origineller Charme lassen eine Promenadenmischung oft zu einem besonders liebenswerten Gefährten werden

Wo kauft man einen Hund?

Legt man keinen Wert auf einen Rassehund mit Papieren, so kann man sich in der Nachbarschaft umtun oder sich die Kleinanzeigen der Lokalzeitungen anschauen. Meist werden die dort angebotenen Tiere „nur schweren Herzens" in „liebe Hände" abgegeben, und sie sind gesund und gut gepflegt. Auch Fachzeitschriften wie beispielsweise *das Tier, die hundewelt* oder *Unser Rassehund* bringen Inserate. Und nicht zuletzt sind Tierheime wahre Fundgruben: Hier ist die Auswahl groß, denn viele Vierbeiner warten darauf, wieder einem Herrchen oder Frauchen gehören zu dürfen. Diese Tiere werden meist kostenlos – nur gegen Bezahlung der entstandenen Kosten für Impfung und Futter – weitergegeben.

Diese moderne Zucht beherbergt eine Entbindungsanstalt mit 30 Boxen, deren Temperatur unabhängig voneinander reguliert werden kann

In den Tierheimen warten viele Hunde mit traurigem Blick auf ein neues Herrchen oder Frauchen

Einen Rassehund mit Papieren dagegen kauft man am besten beim Züchter. Ein Züchter hat Erfahrung mit der betreffenden Rasse, er kennt seine Tiere und steht dem neuen Hundebesitzer auch nach dem Kauf noch mit Rat und Tat zur Seite. Außerdem hat man die Möglichkeit, das Tier bei ihm ein paar Tage unterzubringen, wenn man plötzlich verreisen muß und seinen Hund nicht mitnehmen kann. Die Anschriften der jeweiligen Züchter kann man beispielsweise bei folgenden Organisationen erfahren:

Verband für das Deutsche Hundewesen e.V. (VDH), Hoher Wall 20, 4600 Dortmund 1,
oder bei der
Interessengemeinschaft Deutscher Hundehalter e.V., Auguststraße 5, 2000 Hamburg 76.

Vor allem in großen Tierhandlungen warten Hunde oft unter derartigen, keineswegs idealen Bedingungen auf ein Herrchen oder Frauchen

Der Kauf beim Züchter

Hat man sich für einen reinrassigen Hund und eine bestimmte Rasse entschieden, kann man Kontakt mit dem Züchter aufnehmen. Ehe man sich für einen Welpen erwärmt, sollte man sich ruhig beim Züchter umsehen. Denn es ist wichtig, in welcher Umgebung die Vierbeiner zur Welt kommen und die ersten zwei bis drei Monate ihres Lebens verbringen. Verhaltensforscher haben herausgefunden, daß – genau wie beim Menschen – die ersten Wochen und Monate prägend auf das spätere Verhalten wirken. So ist es z. B. entscheidend, ob ein Welpe sehr früh Kontakt zum Züchter und seiner Familie hat. Je früher und intensiver die Begegnung mit Menschen ist, um so besser wird sich der Welpe später an seinen neuen Herrn anschließen.

Wie alt sollte ein Hund beim Kauf sein?

Wünscht man sich einen Hund, der von Anfang an zu einem gehört, so muß man einen Welpen nehmen. Nach Meinung der Kynologen ist der günstigste Zeitpunkt, um ein Tier aufzunehmen, wenn es zwischen acht und zwölf Wochen alt ist, sich also in der sogenannten Sozialisierungsphase befindet. Der Welpe kann nun von seiner Mutter und seinen Geschwistern getrennt werden und ist bereit, sich in den Lebensraum seines neuen „Rudels" einzugewöhnen und das dort gewünschte Verhalten zu lernen.

Der nächste günstige Zeitpunkt liegt dann nach dem sechsten Monat, weil Junghunde sich in dieser Phase wiederum gut in eine neue Umgebung und in eine neue Gemeinschaft einfügen können.

Die wohl ideale Möglichkeit, sich einen Hund zuzulegen, ist, einen Welpen aufzunehmen, der im Haus eines Freundes geboren ist

Wie wählt man seinen Welpen aus?

Gleich vorweg – es gibt Liebe auf den ersten Hundeblick, und in diesem Fall sollte man sich spontan entscheiden. Nämlich dann, wenn ein Welpe aus dem Wurf schnurstracks auf einen zukommt und einen mit seiner feuchten Hundenase an die Hand stupst. Schwerer wird die Entscheidung, wenn gleich mehrere Welpen sich so „ansprechend" verhalten.

Ist man auf der Suche nach einem robusten Gebrauchshund, wählt man den ruhigsten, kräftigsten oder drahtigsten, kontaktfreudigsten, interessiertesten und mutigsten Welpen aus dem Wurf. Kann man sich nicht beim erstenmal entscheiden, so verabredet man am besten ein zweites Treffen. Will man nur einen Rüden, läßt man sich ausschließlich männliche Welpen zeigen; das erleichtert die Wahl. Niemals aber sollte man sich unter Zeitdruck entscheiden. Ein Welpe, der das eventuelle neue Herrchen oder Frauchen ablehnt – auch das gibt es –, muß nicht unbedingt der zukünftige Hausgenosse werden, auch wenn er einem noch so gut gefällt. Außerdem sollten nicht nur Schönheit und Seltenheit ausschlaggebend sein, auch das Wesen eines Hundes ist wichtig.

Die Kosten für die Ernährung des Hundes müssen fest im Budget des Herrchens oder Frauchens eingeplant werden

Der Kauf

Der Kauf eines Welpen ist ein Rechtsgeschäft, das man am besten schriftlich abwickelt. In dem Kaufvertrag sollten der Name von Käufer, Verkäufer und Hund samt Zuchtbuchnummer und Wurftag stehen. Auch muß vermerkt sein, daß das Tier gesund ist und entwurmt und geimpft wurde. Preis, Zahlungsbedingungen und wie das Tier zu seinem neuen Besitzer kommt, sollten ebenfalls aufgeführt sein. Man kann sich auch vor erst später zu erkennenden Mängeln absichern und Rückgabe, Umtausch oder einen Preisnachlaß vorbehalten, wenn bestimmte Voraussetzungen nicht in Erfüllung gehen, unter denen man seine Wahl getroffen hat.

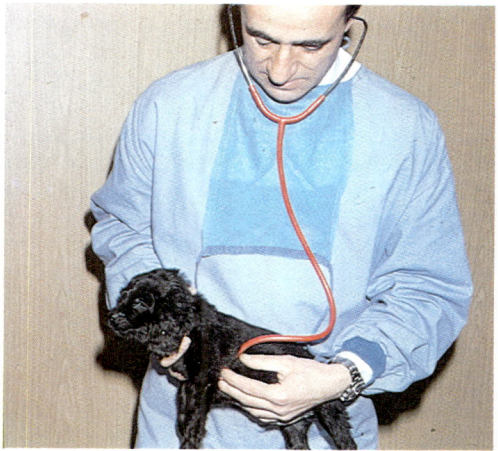

Wer seinen Hund gesund erhalten will, sollte ihn regelmäßig von einem Tierarzt untersuchen lassen

Was kostet ein Hund?

Da ist zunächst einmal der Kaufpreis, der von Rasse zu Rasse sehr unterschiedlich ist. Er richtet sich vielfach nicht nach der Größe, sondern nach der Beliebtheit und Exklusivität einer Rasse. Ein Dackel oder ein Zwergschnauzer kostet etwa 200 DM, ein Cocker Spaniel oder ein Deutscher Schäferhund etwa 500 DM. In diesen Preisen eingeschlossen sind neben dem Ahnennachweis eine zweifache Wurmkur und zwei Impfungen. Für weitaus weniger Geld erhält man einen Hund aus dem Tierheim, nämlich in der Regel zu einem Kostenbeitrag für Impfungen und bisherige Haltung, der meist unter 100 DM liegt.

Als Einstandskosten fallen noch Hundekorb, Futternäpfe und Leine an, die aber zusammen auch nicht mehr als 100 DM betragen müssen.

Laufende feste Kosten sind für das tägliche Futter zu kalkulieren. Ein Hund braucht eine artgemäße Ernährung und ist weder ein Resteverwerter noch ein Müllschlucker. Bei Tierfertignahrung beispielsweise muß man je nach Größe etwa zwischen 1 und 5 DM pro Tag Kostgeld veranschlagen.

Empfehlenswert ist eine Hunde-Haftpflichtversicherung, die etwa 90 DM pro Jahr kostet. Und nicht zu vergessen ist die Hundesteuer: Sie ist von Gemeinde zu Gemeinde unterschiedlich hoch, am niedrigsten auf dem Lande, in Großstädten meist sehr hoch.

Muß man mit seinem Hund einmal zum Tierarzt, so gilt als Faustregel, daß für eine einfache Konsultation mindestens 20 DM berechnet werden.

Die richtige Unterbringung

Bevor der neue Hausgenosse eintrifft, sollte man in aller Ruhe überlegen, welcher Platz für ihn am geeignetsten ist. Das wichtigste ist, daß der Hund von Anfang an sein eigenes Plätzchen hat, das ihm niemand streitig macht und wo er sich ganz zu Hause fühlen kann.

Junge Hunde haben eine gewisse Ähnlichkeit mit Kindern: Sie wollen immer dabeisein, möchten, daß man sich um sie kümmert, und verlangen einen geregelten Tagesablauf. Kommt der kleine Kerl ins neue Heim, sollte seine menschliche Familie möglichst allein sein. Keine Bekannten, kein Lärm und Getue, denn das erschreckt den kleinen Neuling nur. Er muß ganz in Ruhe die neue Umgebung erkunden können. Hat man einen Garten, darf er darin sofort herumlaufen und schnüffeln. Sicher wird er bald sein erstes Geschäftchen absetzen. Findet er seine Duftmarken dort wieder, so ist das eine große Hilfe bei der Erziehung zur Stubenreinheit. Man sollte ihm einen Platz anweisen, wo er sein großes und kleines Geschäft machen darf. Das gilt auch, wenn man keinen Garten hat und man mit dem neuen Familienmitglied Gassi gehen muß.

Der Tagesplatz sollte an einer Stelle sein, wo der Welpe alles, was um ihn herum vorgeht, beobachten kann, also nicht zu weit von den menschlichen Freunden entfernt. Doch muß der Hundeplatz ruhig gelegen sein. Besonders junge Tiere brauchen viel Schlaf. Der Ort sollte vor Zugluft geschützt sein. Kleine

Als Lager für einen nicht allzu großen Hund eignet sich ein Weidenkorb oder auch eine mit Kissen ausgestattete Kiste

Hunde mögen „ein Dach über dem Kopf". Höhlen aus Korb eignen sich am besten dazu. Welpen, die zu mittelgroßen oder großen Hunden heranwachsen, bevorzugen einen flachen Korb oder eine Matratze.

Lehnt der Hund den ihm zugewiesenen Platz ab und sucht sich selbst einen neuen, so sollte man ihn gewähren lassen und ihm seinen Korb an diese Stelle rücken. Vermeiden sollte man aber, den angestammten Platz des Hundes willkürlich zu verändern, denn damit stört man sein Wohlbefinden erheblich.

Viele Vierbeiner bekommen in der Nacht einen anderen Schlafplatz zugewiesen. Aber auch das Nachtlager sollte so plaziert sein, daß zumindest Lautkontakt zwischen Hund und Herr bestehenbleibt.

Für den erwachsenen Hund gilt ebenfalls, daß sein Tagesplatz ruhig, vor Zugluft geschützt, nicht zu weit von seinen Menschen entfernt und zugleich ein guter Beobachtungsposten sein sollte. Das Nachtlager eines Wachhundes ist am besten in der Diele untergebracht, damit er alles mitbekommt und melden kann.

Wie das Hundelager, so stehen auch Futter- und Wassernapf an einem bestimmten, festen Platz. Die Stelle muß so gewählt werden, daß das Tier unbeobachtet und in Ruhe fressen kann. Steht der Freßnapf an einem ungeeigneten Ort, holt es sich Bissen für Bissen heraus und schleppt sie zu seinem Lieblingsplatz.

Ein Wort noch zur Raumtemperatur: Robuste Hunde mit sehr dichtem Fell sollten niemals in unmittelbarer Nähe einer laufenden Heizung schlafen. Sie gewöhnen sich an diese Wärme und können dann Temperaturunterschiede zwischen drinnen und draußen nur schwer ausgleichen.

Der Freilufthund

Es gibt Rassen, die sich an der frischen Luft viel wohler als in einem warmen Haus fühlen. Sie leben und übernachten in einem Zwinger, ohne Schaden zu leiden, wenn der Zwinger richtig eingerichtet ist und sie ständigen und engen Kontakt mit ihren Menschen haben.

Wer seinem Tier im Garten einen Tageszwinger bauen möchte, in dem es sich für Stunden aufhalten kann, sollte darauf achten, daß die Lauffläche teils im Schatten liegt, teils Sonne haben soll. Der Boden kann zum Teil mit Sand bedeckt oder mit Gras bewachsen sein. Die Umzäunung besteht aus Maschendraht oder Stabgitter. Beim Zwingerbau für den jungen Hund muß man immer einberechnen, wie groß und stark er einmal wird.

Will man die Hundehütte selbst bauen, so muß man darauf achten, daß sie bodenfrei steht. Am besten plaziert man sie auf einigen Ziegelsteinen. Die Hütte besteht aus Holz, die Fugen werden zugfrei abgedichtet. Im Gegensatz zum Zwinger darf sie nicht allzu groß sein, denn der Hund muß diese Wohnung mit seiner Körperwärme heizen können. Boden und Wände sollten mit einer Isolierschicht versehen sein. Das schräggeneigte Pultdach ist abnehmbar, damit man die Hundehütte leicht säubern kann. Im Winter werden weitere Bretter eingelegt, die den Hüttenraum niedriger und damit wärmer machen.

Eine Verordnung über das Halten von Hunden im Freien regelt die Mindestanforderungen, die ein Hundehalter beachten muß. Darin ist z. B. festgehalten: Die Grundfläche eines Zwingers – ohne Unterkunftsraum – muß Größe und Zahl der Hunde angemessen sein. Für einen mittelgroßen Hund ist eine Grundfläche von mindestens 6 m² erforderlich. Für jeden weiteren, im gleichen Zwinger gehaltenen Hund (ausgenommen Welpen beim Muttertier) sind weitere 3 m² hinzuzurechnen. Der Laufbereich muß sauber, trocken und ungezieferfrei gehalten werden. Mindestens eine Seite des Zwingers soll den Tieren Sicht nach außen ermöglichen. Im Zwinger dürfen sie nicht angebunden sein. Den Hunden muß ein Schutzraum, z. B. eine Hundehütte, zur Verfügung stehen, in den sie sich jederzeit zurückziehen können. Der Unterschlupf ist ebenfalls der Zahl und der Größe der Tiere entsprechend einzurichten und muß allseitig Schutz gegen Nässe, Wind, Sonne und Kälte bieten.

Will man seinen Vierbeiner im Freien halten, muß man mit der Abhärtung früh beginnen, denn wenn er erst jahrelang im Haus gelebt hat, ist er nur schwer an den Freiluftaufenthalt zu gewöhnen. Welpen aber gehören grundsätzlich ins Haus, damit sie in ihrer Sozialisierungsphase engen Kontakt zu ihren Menschen haben. Später läßt man das Tier zunächst bei milderen Temperaturen einige Stunden im Zwinger und holt es wieder ins Haus, damit das Haarkleid sich allmählich darauf einstellt. Es versteht sich von selbst, daß kurzhaarige, nicht so robuste Rassen für einen längeren Aufenthalt im Zwinger nicht geeignet sind.

Die selbstgebaute Hundehütte

Da die Hundehütte jeder Witterung ausgesetzt sein wird, muß sie aus wetterbeständigem Material gebaut sein: aus Schichtholz (Multiplex) von 10 mm Stärke oder – was billiger ist – aus Tischlerplatten oder aus Kiefernbrettern mit Querleisten, 18 mm dick.

Damit der Hund geschützt ist, baut man die Hütte am besten mit einem Windfang: Man schneidet drei Giebelseiten zu, zwei mit identischer Öffnung, jedoch an verschiedenen Seiten; die dritte Seite bleibt geschlossen, sie bildet die Rückwand. Hat man die beiden Seitenwände und die beiden Streben zugeschnitten, werden die Ausschnitte ausgearbeitet, wobei man jedoch genau auf die Größen und Abstände achten muß.

Das Dach setzt sich aus zwei Platten von 140 × 70 cm Größe zusammen. Statt aus Holz kann es auch aus flachen Pflastersteinen, die auf einer entsprechenden Unterlage (Spanplatte) angebracht sind, hergestellt werden; dies ist billiger.

Die fertige Hütte wird mit einem nicht toxischen Imprägniermittel oder mit einer offenporigen Farbe (Produkt aus geruchlosen Emulsionen) gestrichen. Um das Dach wasserdicht zu machen, wird der First mit einer nicht rostenden Winkelschiene abgeschlossen. Bei der Verwendung von Tischlerplatten oder Massivholz belegt man das Dach mit ungesandelter Dachpappe.

Die hier angegebenen Maße gelten für die Hütte eines kleinen Hundes, bei einem großen Hund multipliziert man die Werte mit 1,5 oder 1,6.

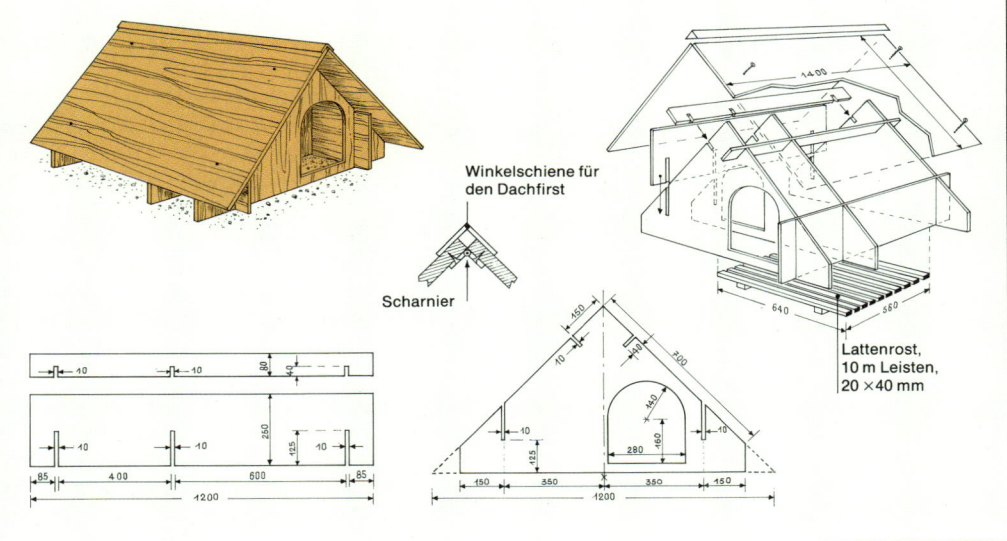

269

Die Ernährung des Hundes

Als Lebensgefährte des Menschen hat der Hund in ernährungsphysiologischer Hinsicht sehr oft unter den Folgen zahlreicher, von seinem Herrn begangener Fehler zu leiden. Diese Fehler sind nicht zuletzt dadurch bedingt, daß die Maßstäbe menschlicher Ernährung auf den vierbeinigen Liebling übertragen werden, statt von den besonderen Bedürfnissen des Tieres auszugehen.

Zwar sind grundsätzlich viele Stoffwechselvorgänge im Organismus von Mensch und Hund vergleichbar – beide benötigen dieselben Grundnährstoffe, und den Organismen werden vergleichbare Leistungen abverlangt wie z. B. die Aufrechterhaltung der Körpertemperatur oder der Aufbau neuen Körpergewebes –, dennoch bestehen auch wesentliche Unterschiede, z. B. in Größe, Behaarung oder Länge des Verdauungstraktes, denen eine hundegerechte Ernährung Rechnung tragen muß.

Die theoretischen Grundlagen einer gesunden Ernährung

Trotz seines Gebisses ist ein Hund kein ausschließlicher Fleischfresser; vielmehr muß er mit allen Nährstoffen, von denen man heute weiß, daß sie für das Leben unerläßlich sind, in ausreichender Menge versorgt werden. Man sollte also auf eine ausgewogene Ernährung achten, die den Erfordernissen des Stoffwechsels des Hundes entspricht. Dabei sind zu berücksichtigen: das Alter des Hundes, die

Bedingungen, unter denen er lebt, seine Arbeitsleistung und ob er trächtig ist oder Welpen säugen muß.

Wie jedes Lebewesen benötigt auch der Hund Energie und zahlreiche Nährstoffe, damit sein Organismus funktioniert. Bei den Nährstoffen unterscheidet man fünf Gruppen: Kohlenhydrate, Fette, Proteine oder Eiweißstoffe, Mineralstoffe und Vitamine.

● Kohlenhydrate: Hierzu gehören verschiedene Zucker sowie Stärke und Zellulose. Kohlenhydrate sind für den Hund wichtige Energieträger: Ein Gramm verdaulicher Kohlenhydrate liefert 4,2 Kilokalorien (17 Kilojoule). Zwischen den einzelnen Kohlenhydraten bestehen jedoch erhebliche Unterschiede. So ist beispielsweise Laktose (Milchzucker) in größeren Mengen für Hunde nicht verträglich, ebenso kann er native, d. h. nicht durch Kochen aufgeschlossene Stärke nicht verwerten. Auch Zellulose, die sogenannten Faser- und Ballaststoffe, kann der Hund nicht oder nur in sehr geringem Maß verarbeiten, so daß sie nur untergeordnet zur Energieversorgung beiträgt, doch ist sie für eine gute Verdauung wichtig.

Fertignahrung für Hunde spart dem Hundehalter nicht zuletzt Zeit und Arbeit

● Fette: Der Brennwert der Fette ist etwa doppelt so hoch wie der der Kohlenhydrate, nämlich 9,5 Kilokalorien (38 Kilojoule) je Gramm. Fette enthalten zum Teil lebenswichtige, sogenannte essentielle Fettsäuren, die für den Aufbau und den Stoffwechsel des Körpergewebes unerläßlich sind. Diese essentiellen Fettsäuren kommen verstärkt in einigen pflanzlichen Fetten (z. B. in Sonnenblumen-, Soja- oder Maisöl) vor.

● Eiweißstoffe (Proteine): Hier unterscheidet man tierisches, d. h. aus Fleisch, Innereien, Milch, Eiern oder Fisch gewonnenes, und pflanzliches, z. B. in Getreide oder Sojabohnen enthaltenes Eiweiß. Eiweiß ist wichtig für den Aufbau und die Erhaltung des Gewebes sowie für bestimmte biochemische Reaktionen im Organismus. Eiweiß liefert etwa 5,2 Kilokalorien (23 Kilojoule) je Gramm, doch hat der Organismus mehr Mühe, diese Energiemenge aus dem Eiweiß zu gewinnen.

● Mineralstoffe: Sie dienen dem Aufbau von Körpersubstanz (Knochen, Zähnen, Gewebe, Blut) und bestimmten physiologischen Vorgängen im Organismus. Die Mineralstoffe werden in Mengen- und Spurenelemente untergliedert. Zu den Mengenelementen zählen Kalzium, Phosphor, Magnesium, Natrium und Kalium, zu den Spurenelementen Eisen, Jod, Fluor, Kupfer, Zink und Mangan.

● Vitamine: Sie sind unentbehrlich für einen geregelten Ablauf der Lebensfunktionen. Man unterscheidet fettlösliche (z. B. die Vitamine A und D) und wasserlösliche Vitamine (z. B. die Vitamine der B-Gruppe). Die einzelnen Vitamine werden in unterschiedlicher Menge benötigt.

Wichtig ist, bei der Ernährung des Hundes darauf zu achten, daß das Verhältnis sowohl zwischen den einzelnen Nährstoffgruppen als auch zwischen dem Energiegehalt und den jeweiligen Nährstoffanteilen ausgewogen ist. Wenn man z. B. seinem Hund – „um ihm eine Freude zu machen" – übertriebene Mengen Fett oder Kohlenhydrate gibt (wie belegte Brothäppchen oder Süßigkeiten), dann muß man bei der übrigen Kost den Anteil an Proteinen, Mineralstoffen und Vitaminen erhöhen, da sonst bei insgesamt gleichbleibendem Energiegehalt der gesamten Tagesration diese Nährstoffgruppen zu kurz kämen.

Bei der bedarfsgerechten Versorgung mit Proteinen ist die biologische Wertigkeit, d. h. die unterschiedliche Qualität der verschiedenen Eiweißträger, zu berücksichtigen. Biologisch geringwertiges Eiweiß ist in Bindegewebe und pflanzlichen Produkten enthalten, biologisch hochwertiges Eiweiß dagegen wird aus Ei, Milch und Muskelfleisch gewonnen. Je geringer die biologische Wertigkeit ist, desto mehr Eiweiß muß der Hund mengenmäßig aufnehmen, um seinen Bedarf zu decken. Der Anteil an Proteinen in der Hundenahrung sollte beim ausgewachsenen Tier 17,8 % betragen, bei einem heranwachsenden Hund

19–32 % und bei einer trächtigen oder säugenden Hündin 22 %. Diese Werte beziehen sich auf 100 % Trockenmasse (d. h., der Feuchtigkeitsgehalt der Nahrung wurde nicht mitberechnet) sowie auf eine durchschnittliche Proteinqualität und Energiedichte.

Für einen gesunden Knochenbau ist eine ausreichende Versorgung mit Kalzium und Phosphor notwendig. Beide Mineralstoffe sollten in einem ausgewogenen Verhältnis zueinander stehen (2 Teile Kalzium, 1 Teil Phosphor). Heranwachsende Hunde benötigen täglich bis zu knapp 500 mg Kalzium je Kilogramm Körpergewicht, bei ausgewachsenen Hunden verringert sich der Bedarf auf 100 mg.

Die Aufnahme von Kalzium und Phosphor in den Organismus des Hundes wird u. a. durch Vitamin D gefördert. Ein Mißverhältnis zwischen Kalzium und Phosphor kann jedoch langfristig nicht durch Vitamin D ausgeglichen werden; auch ist zu beachten, daß eine Überversorgung des Hundes mit Vitamin D (z. B. durch unkontrollierte Gaben von Vitaminpräparaten oder Lebertran) gesundheitlich schädlich ist.

Grundsätzlich läßt sich zum Vitaminbedarf des Hundes sagen, daß ihm bei der täglichen Kost Rechnung getragen werden muß. Bei der Verwendung von Fertignahrung (Alleinfuttermittel für Hunde) kann man davon ausgehen, daß alle benötigten Vitamine in ausreichender Menge enthalten sind. Bei selbsthergestellter Nahrung muß man einerseits den Vitamingehalt der einzelnen Nahrungsmittel kennen, zum andern muß man berücksichtigen, daß beim Kochen Verluste zwischen 5 und 40 % auftreten. Eine Besonderheit des Hundes ist, daß seine Nahrung kein Vitamin C enthalten muß, er kann es in seinem Organismus selbst in ausreichendem Maß bilden.

Zum Energiebedarf des Hundes ist allgemein zu sagen, daß er keineswegs linear mit zunehmender Größe ansteigt. Ein großer Hund benötigt verhältnismäßig weniger Energie als ein kleiner Hund. Um den genauen Energiebedarf seines Hundes festzustellen, kann man entweder den Tierarzt befragen oder sich anhand der entsprechenden Tabellen orientieren. Neben der Körpergröße und dem Körpergewicht sollte man aber auch einige weitere Faktoren beachten, so z. B. die Umgebungstemperatur (ein Hund, der auch im Winter sehr viel draußen ist, wird einen höheren Energiebedarf haben als ein „Stubenhocker"), die Arbeitsleistung, Wachstum, Alter oder besondere Umstände wie Trächtigkeit oder das Säugen von Welpen.

Nicht zuletzt sollte man auch immer daran denken, seinem Hund sauberes Wasser in ausreichender Menge zur Verfügung zu stellen. Ein großer Hund mit etwa 30 kg Körpergewicht braucht etwa 1 l Flüssigkeit pro Tag, wenn er sich in durchschnittlich warmer Umgebung aufhält und mit Feuchtfutter ernährt wird. Füttert man ihn mit halbfeuchter oder

Trockennahrung, steigt der Wasserbedarf auf 1,5–2 l an. Bedenken sollte man auch, daß bei langen Spaziergängen oder stärkerer körperlicher Belastung der Flüssigkeitsbedarf höher als normal ist.

Die Hauptnahrungsmittel des Hundes

Ein Hund wechselt nicht gern seine Nahrung, vielmehr bevorzugt er die Kost, an die er einmal gewöhnt ist. Deshalb ist es empfehlenswert, einen Hund von frühester Jugend an an eine ausgewogene Kost zu gewöhnen.

Selbsthergestellte Hundekost

Einige Nahrungsmittel bilden die übliche Basis der Hundenahrung. Im wesentlichen sind dies Fleisch (und/oder Innereien), Getreideprodukte und Kartoffeln sowie Gemüse. Diese Grundbestandteile sollten entsprechend ergänzt werden, und zwar zunächst durch Fette mit einem hohen Anteil an ungesättigten Fettsäuren. Je nach Größe des Tieres bzw. je nach Leistungsanforderung deckt ein Kaffee- bis ein Eßlöffel Sonnenblumen- oder Maisöl pro Tag den Bedarf an ungesättigten Fettsäuren. Auch Bierhefe (etwa 1 % der täglichen Ration) ist eine sinnvolle Ergänzung. Unbedingt erforderlich ist ein ausgewogener Zusatz von Mineralstoffen (z. B. vitaminisiertes Mineralergänzungsfuttermittel).

● Fleisch kann das beste, aber auch das schlechteste Futter für einen Hund sein. Man sollte sich hüten, nur einfach „Fleisch für den Hund" zu verlangen. Dahinter können sich Gemische aus fett- oder bindegewebsreichem Fleisch von nur geringem Nährwert verbergen. Statt dessen sollte man gezielt Stücke vom Bug, von der Schulter oder vom Vorderfuß verlangen. Man kann auch Innereien wie Rinderleber oder Lunge kaufen, wobei jedoch

zu bedenken ist, daß Lunge biologisch nur geringwertiges Eiweiß liefert. Darum sollte sie nur in begrenztem Umfang verfüttert werden. Mögliche Unverträglichkeiten können dadurch verhindert werden, daß man die Lunge kocht. Leber dagegen ist ein guter Protein- und auch Vitaminlieferant, sollte aber eben aufgrund dieser sehr nährstoffreichen Beschaffenheit nur wohldosiert gefüttert werden.

Auch Fisch kann der Hund fressen, er sollte jedoch entgrätet und gekocht sein. Grundsätzlich sollten zum Schutz von Mensch und Tier alle tierischen Nahrungsmittel nur gekocht gegeben werden. Mögliche Gefahren einer Fütterung mit rohem Fleisch sind nicht genau abzuschätzen, sie sind aber immer gegeben. Als deutlichstes Beispiel wäre die sogenannte Aujeszkysche Krankheit zu nennen, die nach der Fütterung von rohem Schweinefleisch auftreten kann und die für den Hund ausnahmslos tödlich endet.

● Kohlenhydrathaltige Nahrungsmittel werden zum einen in Form von Getreideprodukten wie Reis, Gerstenmehl, Mais, Haferflocken, Teigwaren, Brot und Zwieback, zum andern in Form von Kartoffeln gefüttert. Wie alle pflanzlichen Stärketräger müssen Kartoffeln gekocht werden, um die Stärke „aufzuschließen" und um gut verdaulich und verträglich zu sein.

● Gemüse: Man sollte seinem Hund nicht allzuviel Gemüse geben. Die biologische Wertigkeit des in Gemüse enthaltenen Proteins ist deutlich geringer als bei tierischen Eiweißträgern, aufgrund der geringen Verdaulichkeit trägt Gemüse nur unwesentlich zur Energieversorgung bei, und schließlich ist der Vitamingehalt des Gemüses (insbesondere nach dem Kochen) nur schwer zu ermitteln. Allenfalls bei einer Reduktionskost für übergewichtige Hunde kann Gemüse in nen-

Empfohlene durchschnittliche Futtermenge für ausgewachsene Hunde

Rassen	Körpergewicht in kg	Tagesration in g bei durchschnittlichem Energiegehalt Trockenmasse		
		90%	75%	25%
Kleine und	1	35	48	118
sehr kleine	2	58	80	195
Hunde	3	79	109	262
	4	97	133	323
	5	114	155	380
	6	130	177	433
	7	146	201	487
	8	161	223	537
	9	175	238	583
	10	190	257	630
Mittelgroße	20	313	442	1040
Hunde	30	423	567	1410
Große und sehr	40	523	725	1740
große Hunde	50	613	832	2043

Man kann davon ausgehen, daß die handelsüblichen trockenen Alleinfuttermittel etwa 80–90% Trockenmasse enthalten, die halbfeuchten etwa 75% und die Feuchtfuttermittel etwa 20–30%.

nenswerten Mengen sinnvoll eingesetzt werden.

● Fett: Zusätzlich zu Sonnenblumen- oder Maisöl, das bereits angesprochen wurde, können 2–3 % Schweineschmalz das Futter schmackhafter machen. Der hohe Anteil an ungesättigten Fettsäuren (etwa 10 %) macht das Schweineschmalz zu einem wertvollen Nahrungsmittel. Man sollte seinem Hund aber nur qualitativ hochwertiges, auf keinen Fall ranziges Fett geben.

Fertignahrung

Neben der herkömmlichen Fütterung mit selbsthergestellter Nahrung wird heute in zunehmendem Maß vorgefertigte Heimtiernahrung, wie es sie seit Ende der fünfziger Jahre gibt, bei der Hundeernährung verwendet. Da der Markt für vorgefertigte Tiernahrung im Lauf der Jahre immer größer geworden ist, gibt es heute eine Vielzahl an Produkten von verschiedenen Herstellern, so daß das Angebot reichhaltig ist. Da durch diese Entwicklung zugleich auch die Konkurrenz zwischen den einzelnen Herstellern gewachsen ist, darf man unterstellen, daß die inzwischen gewonnene Erfahrung wie auch die Fortschritte in der ernährungswissenschaftlichen Forschung sich positiv auf die Qualität der Produkte ausgewirkt haben und daß man weitgehend sicher sein kann, daß alle lebenswichtigen Nährstoffe in ausreichender Menge in der heutigen Fertignahrung enthalten sind. Darüber hinaus müssen die im Handel befindlichen Futtermittel für Hunde den Anforderungen und Ausführungsbestimmungen des Futtermittelrechts entsprechen.

Alleinfuttermittel für Hunde werden in verschiedenen Zubereitungsformen auf dem Markt angeboten, und zwar als Trocken-, als Halbfeucht- und als Feuchtfutter. Die Zusammensetzung kann je nach Futtertyp etwas variieren, im wesentlichen werden jedoch Fleisch, Schlachtnebenprodukte, pflanzliche Eiweißfuttermittel und Getreideprodukte mit entsprechenden Ergänzungen verwendet.

Wie ernährt man seinen Hund?

Die tägliche Nahrung des Hundes

Der ausgewachsene Hund sollte ein- bis zweimal am Tag gefüttert werden. Die Nahrung sollte mindestens Raumtemperatur haben, also weder kälter, aber auch nicht sehr viel wärmer sein. Für denjenigen, der die Nahrung eines Hundes selbst herstellen will, kann folgende Mischung als Anhaltspunkt dienen.

Je 100 g Nahrung:

Gekochte Mohrrüben	27 g
Gekochter Reis	35 g
Fleisch, je nach Größe des Hundes in Stücke geschnitten	30 g
Speck oder Schmalz und/oder Mais- oder Sonnenblumenöl	4 g
Trockenbierhefe	3 g
Mineralstoff- und Vitaminmischung	1 g
	100 g

Mineralstoff- und Vitaminmischung

Trikalziumphosphat	60	g
Kaliumphosphat	10	g
Kochsalz	10	g
Magnesiumsulfat	3	g
Eisenzitrat	1,50	g
Kupfersulfat	0,15	g
Kobaltazetat	0,01	g
Zinksulfat	0,01	g
Manganoxid	0,10	g
Kaliumjodid	0,01	g
Vitamin A	100 000	IE*
Vitamin D_3	10 000	IE*
Vitamin E	500	mg
Methionin	15	g
* Internationale Einheiten		

Die Zusammensetzung der Mineralstoff- und Vitaminmischung ist hier nur beispielhaft angeführt und soll nicht als starres Schema aufgefaßt werden. Vergleichbare handels-

Durchschnittlicher Futterbedarf einer säugenden Hündin
(bei durchschnittlichem Energiegehalt in g)

Gewicht der Hündin in kg	Während der Zeit des Säugens		Entwöhnungsphase
	1. Woche	2.–5. Woche	
3,5– 5	280 – 400	450 – 800	200 – 250
5 – 6	400 – 450	800 – 900	250 – 300
6 – 10	450 – 800	900 – 1200	
10 – 12	800 – 850	1200 – 1500	500 – 550
12 – 20	850 – 1300	1500 – 2500	
20 – 22	1300 – 1500	2500 – 2700	950 – 1000
22 – 27	1500 – 1800	2700 – 3200	
27 – 32	1800 – 2200	3200 – 3700	1100 – 1300
23 – 40	2200 – 3000	3700 – 4800	
40	3000	4800	1500 – 1700
45 – 50	3500 – 4000	5200 – 6000	1800 – 2000

übliche Mischungen werden den Anforderungen ebenso gerecht.

Für kranke Hunde ist eine besondere Ernährung erforderlich, die sich nach dem jeweiligen Krankheitsbild richtet. In diesem Fall sollte man den Tierarzt um einen entsprechenden Ernährungsplan bitten.

Übergewicht bei Hunden läßt sich vermeiden, wenn man das Tier vernünftig ernährt. Vor allem sollte man seinen Hund nicht mit Essensresten und mit Häppchen bei Tisch oder zwischendurch füttern; denn so gewöhnt er sich das Betteln an und übt sich in dieser Unart oft außerordentlich hartnäckig. Hunde, die mit einer unausgewogenen und ihren Bedürfnissen nicht entsprechenden Kost ernährt werden, leiden neben dem Übergewicht meist auch unter verschiedenen anderen Beschwerden.

Die trächtige und säugende Hündin

Für eine trächtige Hündin gelten zunächst die gleichen Ernährungsgrundsätze wie für einen ausgewachsenen Hund, lediglich im letzten Drittel der Schwangerschaft sollte die Futtermenge gesteigert werden.

Am Tag, nachdem sie geworfen hat, erhöht man die Futtermenge der Hündin weiter. 4–5 Tage nach dem Werfen gibt man ihr so viel zu fressen, wie sie möchte. Denn man kann davon ausgehen, daß sich der Nährstoffbedarf der säugenden Hündin verdoppelt bis verdreifacht, je nach Anzahl und Vitalität der Welpen kann er sogar noch höher liegen. Da auch ein Hundemagen nicht unbegrenzte Mengen an Futter auf einmal aufnehmen kann, sollte man der Hündin mindestens drei, besser aber noch mehr Mahlzeiten anbieten. Oft verliert die Hündin über die Milch so viel an Nährstoffen, daß es nicht möglich ist, während der Zeit des Säugens eine positive Energie- und Nährstoffbilanz aufrechtzuerhalten, d. h., trotz unbehinderter Futteraufnahme verliert die Hündin an Körpergewicht.

Folgende Aufstellung zeigt beispielhaft, wie sich die Nahrung einer säugenden Hündin zusammensetzen sollte:

Je 100 g Nahrung:

Gekochte Mohrrüben	8 g
Gekochter Reis	23 g
Frischfleisch	55 g
Speck oder Schmalz und/oder Mais- oder Sonnenblumenöl	6 g
Trockenbierhefe	5 g
Mineralstoff- und Vitaminmischung	3 g
	100 g

Die Welpen

Die Entwöhnung der Welpen beginnt normalerweise am Ende der 5. Woche und sollte mit 2 Monaten abgeschlossen sein. Die Welpen werden nach und nach von ihrer Mutter getrennt und bekommen das gleiche Futter angeboten, das auch die säugende Hündin erhält (d. h., wenn das Futter der oben genannten Zusammensetzung entspricht). Dabei muß man selbstverständlich auf den Zustand der Ausscheidungen sowie darauf achten, daß das Wachstum normal verläuft. Grundsätzlich sollte den Welpen auch immer frisches Wasser zur Verfügung stehen, damit sie nach Bedarf trinken können. Knochen sollte man den Welpen nicht geben, mit Ausnahme großer Kalbs- oder Rinderknochen, auf denen sie sich „Zähne anknabbern" können.

Zu Beginn der Entwöhnung sollten die Welpen vier- bis fünfmal am Tag gefüttert werden, dann sollte man die Anzahl der Mahlzeiten auf drei reduzieren und die jungen Hunde nach und nach an die ein- bis zweimalige Fütterung des ausgewachsenen Hundes gewöhnen. Die Futter- und Trinknäpfe der Hunde sollten peinlich saubergehalten werden. Während der Entwöhnungsphase muß den Welpen, vor allem in der kalten Jahreszeit, ein relativ warmer (20 bis 25 °C) Schutzraum zur Verfügung stehen.

Empfohlene Zusammensetzung der Kost für heranwachsende Hunde

	Vom Absetzen bis zum Alter von 3 Monaten	vom 3. bis 6. Monat	vom 6. bis 12. Monat oder länger, je nach Rasse	ausgewachsene Hunde
Anzahl der täglichen Mahlzeiten	4	3	2–3, je nach Größe	1–2
Gekochte Mohrrüben	200 g	250 g	250 g	280 g
Gekochter Reis	280 g	300 g	320 g	350 g
Fleisch, in Stückchen geschnitten	400 g	350 g	350 g	300 g
Speck oder Schmalz und/oder Mais- oder Sonnenblumenöl	50 g	50 g	30 g	40 g
Trockenbierhefe	50 g	30 g	20–30 g	10–20 g
Mineralstoff- und Vitaminmischung	20 g	20 g	10–20 g	5–10 g

Empfohlene durchschnittliche Futtermenge des heranwachsenden Hundes

Alter	Größe	Gewicht in kg	Nahrungsmenge in g
Entwöhnung mit 3 Monaten;	sehr klein	0,5 – 1,5	90 – 150
4 Mahlzeiten pro Tag	klein	1,5 – 3	200 – 350
(7–8 Uhr, 12–13 Uhr,	mittelgroß	3 – 6	350 – 600
17–18 Uhr, 22 Uhr)	groß	6 – 10	600 – 850
	sehr groß	7 – 12	750 – 950
3–6 Monate;	sehr klein	1,5 – 5	200 – 600
3 Mahlzeiten pro Tag	klein	2,5 – 7,5	350 – 800
(8–9 Uhr, 12–13 Uhr,	mittelgroß	6 – 13	700 – 1000
18 Uhr)	groß	8,5 – 18	800 – 1600
	sehr groß	12 – 17	1000 – 2000
6–12 Monate;	sehr klein	2 – 7	300 – 800
2–3 Mahlzeiten pro Tag	klein	7 – 17	750 – 950
je nach Größe	mittelgroß	10 – 18	850 – 1600
(9–10 Uhr, 18 Uhr)	groß	18 – 27	1600 – 2000
	sehr groß	27 – 50	2000 – 3000

Die künstliche Ernährung des Welpen

Eine Hündin kann krank werden oder an den Folgen der Geburt sterben, es kann aber auch sein, daß sie keine Milch hat. Dann müssen die Welpen künstlich ernährt werden.

Die Welpen von einer anderen Hündin „adoptieren" zu lassen bringt oft Probleme mit sich. Eine Ernährung der Welpen mit Kuh- und Ziegenmilch bietet auch keine zufriedenstellende Lösung, da diese Milcharten in ihrer Zusammensetzung nicht den Bedürfnissen der jungen Hunde entsprechen. Man kann versuchen, den Welpen mit einer Mischung aus 100 ml Wasser, 50 g Milchpulver, 1 Eigelb und 3 g Trikalziumphosphat künstlich zu ernähren. Gleichzeitig sollte man jede Woche je nach Größe des Hundes 1000 bis 5000 IE Vitamin A und 300–1200 IE Vitamin D₃ verabreichen. Jedoch ist auch bei dieser Mischung zu sagen, daß der im Milchpulver enthaltene Milchzucker von Welpen sehr oft schlecht vertragen wird. Ferner haben Welpen einen sehr hohen Bedarf an ungesättigten Fettsäuren. Man sollte darum sehr genau auf Anzeichen von Unverträglichkeiten oder einer Mangelversorgung achten.

Der folgende Vorschlag für eine künstliche Welpenernährung dagegen hat bislang zu guten Ergebnissen geführt.

Empfehlung für eine künstliche Welpenernährung

Bierhefe-hydrolysat	20 g	Man gibt 300 g dieser Mischung in 1 l kohlensäurefreies Mineralwasser. Das Ganze wird auf 39 °C erwärmt gegeben.
Magermilch-pulver	370 g	
Vollmilch-pulver	430 g	
Eipulver	150 g	
Mineralstoff- und Vitamin-mischung	30 g	

Mengenangabe bei einer Mischung von 1 kg.

Bei der künstlichen Ernährung des Welpen ist darauf zu achten, daß Flaschen und Sauger immer einwandfrei sauber sind. Man kocht sie am besten vor der Verwendung ab.

Der Rhythmus der Mahlzeiten in 24 Stunden, wie er in untenstehender Tabelle angegeben ist, basiert auf Erfahrungswerten und berücksichtigt Alter und Rasse des Welpen.

Etwa ab der 3. Woche können Welpen ihre Milch aus einem Schälchen aufnehmen. Nach 40–45 Tagen kann man dann anfangen, feste Nahrung zu füttern.

Zeitplan für die künstliche Ernährung des Welpen
Mahlzeitenhäufigkeit in 24 Stunden

Alter	Kleine Rassen: z. B. Pekingese, Spitz, Griffon Belge		Mittlere Rassen: z. B. Fox Terrier, Dackel, Cocker Spaniel		Große und sehr große Rassen: z. B. Schäferhund, Setter, Pointer, Bracke	
	Milch in ml*	Anzahl der Fütterungen	Milch in ml*	Anzahl der Fütterungen	Milch in ml*	Anzahl der Fütterungen
1. Woche	10	8	22	8	66	8
2. Woche	15	8	35	8	110	8
3. Woche	20	8	38	8	120	8
4. Woche	20	8	38	8	120	8
2. Monat	25	7	45	7	140	7

* Milchmenge bezogen auf die einzelne Fütterung

Dieses Schema soll als Orientierungshilfe dienen. Darum sollte es durch Variation den individuellen Bedürfnissen des Welpen angepaßt werden. Entscheidend ist immer eine am Bedarf orientierte Nährstoffversorgung, die sich am besten an einer ungestörten Entwicklung ablesen läßt.

Hygiene und Körperpflege

Sauberkeit und Hygiene

Wie für den Menschen, so sind auch für den Hund Sauberkeit und Körperpflege Garanten für Gesundheit und langes Leben. Zu den unabdingbaren Voraussetzungen für die Körperhygiene des Hundes gehört, daß er regelmäßig gebürstet und gebadet wird und daß die verschiedenen Körperpartien gereinigt und saubergehalten werden. Einige Pflegemaßnahmen müssen täglich, andere wöchentlich und wieder andere monatlich durchgeführt werden. Und nicht vergessen sollte man, daß auch der nötige Auslauf ein Teil der Körperpflege des Hundes und für seine Gesundheit unbedingt notwendig ist.

Das Bürsten

Je nach Rasse muß der Hund einmal täglich bis einmal wöchentlich gebürstet werden. Das Bürsten dient dazu, Staub, Schmutzreste oder Verunreinigungen, tote Haare und Schuppen zu entfernen. Während des Fellwechsels im Frühjahr und im Herbst muß der Hund häufiger gebürstet bzw. gekämmt werden, da er in dieser Zeit das dicke, dichte Unterhaar verliert.

Zum Bürsten braucht man:
● eine Nylon-, Haar- oder Schweinsborstenbürste für langes Fellhaar und eine Metallbürste für mittellanges Fellhaar; für kurzes Fell kann man eine Bürste nach Belieben wählen;
● feine Kämme mit dicht stehenden Zähnen, Striegel mit weiträumigen Zähnen zum Auskämmen oder feine Kämme mit Handgriff;
● Striegel mit Metallzähnen zum Ausbürsten der Unterhaare während des Fellwechsels.

Zunächst bürstet man den Hund kräftig vom Kopf zum Schwanz, immer in derselben Richtung, dann an den Seiten und schließlich an den Beinen. Dabei sollte man darauf achten, daß man nicht das Unterhaar entfernt (mit Ausnahme während der Zeit des Fellwechsels). Bei langhaarigen Hunden können sich Haarknoten bilden, die nur schwer auszukämmen sind; sie sollte man mit der Schere beseitigen. Nach dem Bürsten wird der Hund mit einem feinen Metallkamm von Kopf bis Fuß gekämmt. Zur Zeit des Fellwechsels ersetzt der Striegel Bürste und Kamm.

Durch regelmäßiges Bürsten wird auch die Haut massiert; diese Massage fördert die Durchblutung der Haut, beschleunigt den Fellwechsel und stärkt die Abwehr gegen Infektionskrankheiten.

Die Grundausrüstung für die Fellpflege

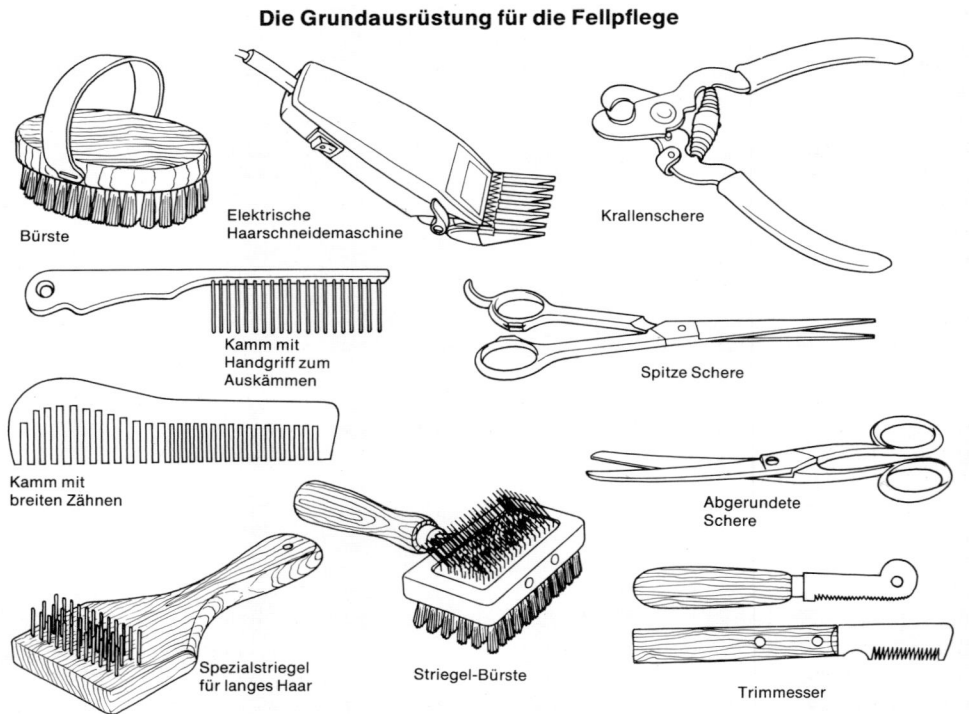

Bürste

Elektrische Haarschneidemaschine

Krallenschere

Kamm mit Handgriff zum Auskämmen

Spitze Schere

Kamm mit breiten Zähnen

Abgerundete Schere

Spezialstriegel für langes Haar

Striegel-Bürste

Trimmesser

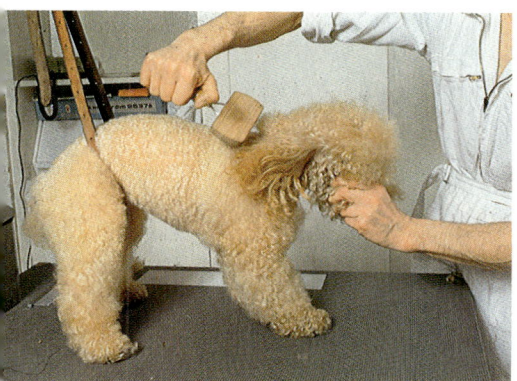

*Man bürstet immer vom Kopf zum Schwanz
und vom Rücken zum Bauch*

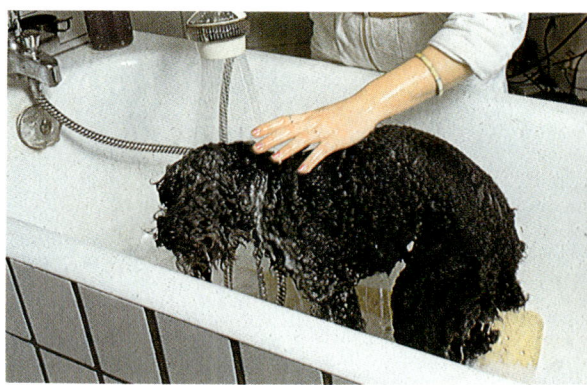

*Beim Baden darf dem Hund kein Wasser und
keine Seife in Augen und Ohren laufen*

Das Baden

Man kann einen Hund bereits im Alter von
etwa 3 Monaten baden, was vor allem dann
zu empfehlen ist, wenn er aus einem Zwinger
kommt. Dabei sollte die Zimmertemperatur
wenigstens 20 °C betragen.

Grundsätzlich sollte man seinen Hund so
selten wie möglich baden. Die Häufigkeit, mit
der man das Tier dieser Prozedur unterziehen
muß, hängt ab von der Rasse, von der Fellbeschaffenheit und Farbe, von der Lebhaftigkeit
des Hundes sowie von seiner Umgebung.
Hunde, die viel im Freien und daher abgehärtet sind, sollte man in der warmen Jahreszeit
lieber in saubere Gewässer springen lassen,
anstatt sie zu baden.

Ist das Baden unumgänglich, so sollte man
den Hund zuvor bürsten und kämmen und
vor allem bei langhaarigen Rassen verfilzte
Stellen aus dem Fell herausschneiden. Für
Zwergrassen benutzt man eine Schüssel, für
größere Hunde läßt man etwas lauwarmes
Wasser in die Badewanne und legt als Gleit-
schutz eine Gummimatte auf den Boden. Mit
35–40 °C warmem Wasser macht man den
Hund zunächst völlig naß und reibt ihn dann
mit einem speziellen Hundeshampoo ein, das
Wirkstoffe gegen Parasiten enthält. Es gibt
auch besondere Pflegeshampoos für Hunde
mit sehr langem Haar, Mittel gegen fette Haut
und schwefelhaltige gegen Schuppenbildung.
Auf keinen Fall jedoch darf man Shampoos,
die für Menschen bestimmt sind, oder gar
Kernseife verwenden.

Beim Einschäumen des Hundes muß man
darauf achten, daß kein Shampoo in die Augen und die Ohren des Tieres kommt. Besondere Aufmerksamkeit sollte man den Beinen
und den Pfoten widmen und die Zwischen-
räume zwischen den Zehen und Krallen möglichst mit einer weichen Bürste reinigen. Danach spült man den ganzen Körper gründlich
mit lauwarmem Wasser ab, so daß keine
Shampooreste mehr zurückbleiben. Gegebe-
nenfalls wiederholt man das Einschäumen
und Ausspülen noch einmal.

Auch durch spezielle Hundeshampoos

wird der Säurefilm der Haut zumindest angegriffen und die Haut für das Eindringen von
Bakterien geöffnet. Darum empfiehlt es sich,
zum Schluß schwach saures Wasser über den
Hund zu gießen und auf ihm zu verteilen. Dazu mischt man in 1 l Wasser 1 Tasse ge-
brauchsfertigen Essig.

Nach dem Abspülen nimmt man den Hund
aus der Badewanne heraus und trocknet ihn
mit einem warmen Handtuch gut ab und frot-
tiert ihn kräftig. Kleine und stark behaarte
Hunde kann man auf mittlerer Temperatur-
stufe auch trockenfönen. Anschließend
kämmt man das Tier.

Nach dem Bad muß man aufpassen, daß
der Hund sich nicht erkältet. Selbst wenn das
Tier bereits trocken zu sein scheint, bleibt es
doch noch sehr empfindlich gegen Kälte. Vor
allem in der kühleren Jahreszeit muß man ein
paar Stunden warten, bevor man mit dem
Hund wieder rausgehen kann, und sollte ihm
eventuell einen Mantel oder eine Wetterhaut
überziehen.

Die Ohren

Die Ohren des Hundes müssen jede Woche
kontrolliert werden. Zum Sauberhalten gibt
es spezielle Ohrreinigungsmittel für Hunde,
die nur in die Ohren, d. h. in den äußeren
Gehörgang gesprüht werden und die den
Schmutz selbsttätig auflösen. Die Hunde
schütteln anschließend alles heraus. Keinesfalls sollte man mit Wattestäbchen, Wasser
oder Seife an die Ohren des Hundes gehen.

Beobachtet man, daß der Hund oft den
Kopf schüttelt oder sich an den Ohren kratzt,
und entdeckt man schwärzlichen Grind in
den Hundeohren, so hat das Tier die Ohrenräude und bedarf tierärztlicher Behandlung.
Auch bei schlechtem Geruch, einer bräunlichen oder weißlichen Flüssigkeit, die sich
trotz aller Pflege nicht entfernen läßt, sollte
ein Tierarzt konsultiert werden. Im Sommer
können sich Grannen tief im Gehörgang festsetzen, was für den Hund sehr schmerzhaft
ist; darum muß man sie möglichst schnell entfernen lassen.

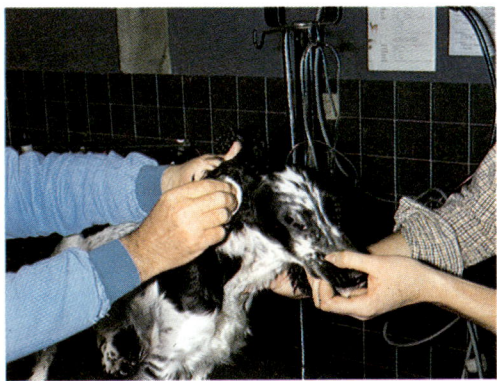

Einmal wöchentlich sollte man die Ohren des Hundes kontrollieren und säubern

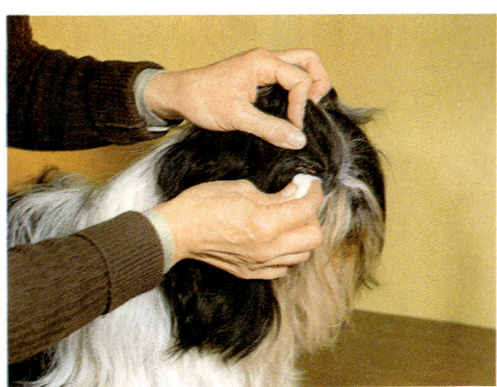

Die Augenwinkel werden – wenn nötig – vorsichtig mit einem Zellstofftuch gereinigt

Die Augen

Mindestens einmal wöchentlich sollten mit einem Zellstofftuch die Absonderungen in den Innenwinkeln der Augen entfernt werden. Bleicht ständiger Tränenfluß die Fellhaare unter den Augen aus, sollte man einen Tierarzt aufsuchen.

Die Zähne

Der Zustand der Zähne sollte ebenfalls einmal wöchentlich überprüft werden. Wenn sich der Hund es gefallen läßt, kann man versuchen, die Zähne mit einem in doppeltkohlensaures Natron oder in Zitronensaft getränkten, feuchten Tuch abzureiben. Es gibt auch spezielle Zahnpasta für Hunde. Der Feind des Hundezahns ist Zahnstein, der nach und nach die Backen- und Fangzähne bedeckt, schlechten Mundgeruch verursacht, Zahnfleischentzündungen begünstigt und zu Parodontose führt. Darum sollte man, sobald sich Zahnstein zeigt, zum Tierarzt gehen.

Die Krallen

Wenn der Hund täglich auf hartem Boden läuft, nützen sich seine Krallen auf natürliche Weise ab und werden immer die richtige Länge haben. Hat er aber nur wenig Auslauf und

Die Krallen sollte der Tierarzt schneiden

bewegt sich hauptsächlich auf Teppichboden, dann muß man darauf achten, daß die Krallen nicht zu lang werden. Das Krallenschneiden sollte man lieber einem Tierarzt überlassen, denn die Gefahr, daß man Weichteile verletzt und es zu Blutungen kommt, ist vor allem bei dunklen Krallen sehr groß, da man hier – im Gegensatz zu hellen Krallen – nicht erkennen kann, wo die Weichteile beginnen. Auch die Wolfsklauen müssen monatlich überprüft werden. Will man Krallen und Wolfskrallen selbst schneiden, so benötigt man eine Spezialzange. Hat man trotz aller Vorsicht die Weichteile verletzt, muß man die Wunde gründlich desinfizieren.

Die Pfoten

Die Pfoten müssen oft gereinigt werden, bei schlechtem Wetter oder Schnee täglich. Überprüfen muß man, ob sich nicht kleine Steine zwischen die Ballen geschoben haben oder ob Kaugummi an den Sohlen klebt. Leckt sich der Hund stundenlang die Pfote, muß man vor allem auch zwischen den Zehen nachsehen, was ihn stört, und es entfernen.

Die Körperhygiene

Wichtiger Bestandteil der Körperhygiene des Hundes ist regelmäßige Bewegung. In der Stadt kann er sich auslaufen, wenn er wenigstens drei- bis viermal auf die Straße kommt, um seine Notdurft zu verrichten. Mindestens einer dieser Spaziergänge sollte länger als eine halbe Stunde dauern. Gehört der Hund einer extrem kurz- oder dünnbehaarten Rasse an oder ist er unmittelbar vor einem Kälteeinbruch geschoren worden, kann man ihm eine Wärmedecke überlegen. Im allgemeinen aber empfiehlt es sich nicht, den Hund zu sehr von der Luft abzuschirmen. Ist er Witterungsbedingungen aller Art ausgesetzt, wird er abgehärtet und seine Infektionsabwehr erhöht.

Aber auch außerhalb der Stadt sollte der Hund wenigstens einmal am Tag von einem Familienmitglied ausgeführt werden.

Die Fellpflege

Die Fellpflege soll die Schönheit des Hundes zur Geltung bringen. Zu den Pflegemaßnahmen gehören die Schur sowie das Trimmen oder Ausdünnen der Haare mit der Hand oder mit einem kammartigen Trimmesser.

Grundsätzlich kann man seinen Hund selber zurechtmachen. Legt man aber großen Wert darauf, daß der Rassehund dem Standard entspricht, oder will man ihn auf Ausstellungen zeigen, dann sollte man ihn von einem Fachmann „verschönern" lassen.

Notwendige Geräte

Für die Fellpflege verwendet man Bürsten, Kämme und Striegel. Nützlich sind außerdem: ein Tisch, auf den man den Hund stellen kann, mit einer Vorrichtung, die erlaubt, das Halsband so nach oben anzubinden, daß der Hund stehen bleibt; ein Fön, Haarschneidemaschinen mit verschiedenen Schneideköpfen, Friseurscheren unterschiedlicher Größe, Scheren zum Ausdünnen, Trimmesser und Handschuhe zum Polieren.

Fellpflege der Hütehunde

Eine extensive Fellbehandlung sollte zwei- bis dreimal im Jahr vorgenommen werden. Dabei handelt es sich jedoch in erster Linie um eine hygienische Maßnahme.

Die einzelnen Pflegemaßnahmen sind:
● Bei Deutschen, Belgischen und Französischen Schäferhunden, dem Kuvasz und dem Welsh Corgi: Bürsten und Auskämmen; Kontrolle der Krallen, die – wenn nötig – gekürzt werden, und der Haare zwischen den Zehen, die – ebenfalls wenn nötig – geschnitten werden; Reinigung der Ohren und Entfernung der Haare; Baden und Trocknen.
● Beim Bouvier des Flandres, Puli, Collie, Sheltie oder Bobtail: Striegeln und Auskämmen; Schur der Analregion auf 1–2 cm Länge sowie am Bauch vom Schambein bis zum Nabel; Schneiden der Haare aus den Ohren sowie von den Augenbrauen, dem Bart und den Läufen; Ausdünnung widerspenstiger Rückenhaare; Baden und Trocknen.
● Beim Komondor und Puli: Ihr Haarkleid bildet Zotten, die nach dem Baden mit der Hand ausgedrückt und einzeln von der Haut abgehoben werden müssen. Die Zotten, die den Boden berühren, werden abgeschnitten.

Fellpflege der Wach-, Schutz- und Gebrauchshunde

Auch hier handelt es sich hauptsächlich um hygienische Maßnahmen, die zwei- bis dreimal im Jahr durchgeführt werden sollten.
● Bei kurzhaarigen Hunden (z. B. Boxer, Dobermann, Dogge): Bürsten mit einer Drahtbürste oder mit einem Bürsthandschuh;

Kontrolle und Pflege der Krallen; Reinigung der Hautfalten, der Falten unter den Augen und der Lefzen; Kontrolle der Ellbogen und Kniegelenke, um Schwielenbildung zu vermeiden; Baden und Trocknen.
● Bei langhaarigen Hunden (Neufundländer, Bernhardiner, Pyrenäenberghund, Leonberger): Striegeln und Auskämmen; Kontrolle der Krallen und Ohren; Reinigung der Lefzen; Ausschneiden der Haare an den Pfoten und Läufen; Baden und Trocknen.
● Bei Hunden mit dichtem Unterhaar (z. B. Alaskan Malamute, Akita Inu, Siberian Husky): Sie sollten nur selten gebadet werden, um das Fell nicht aufzuweichen.
● Bei drahthaarigen Hunden (z. B. Schnauzer): Zur Pflege braucht man ein Trimmesser mit engen Zähnen für die obere Kopfseite und eines mit weiten Zähnen für den übrigen Körper sowie eine Schere zum Ausdünnen; die Hunde werden zwei- bis dreimal im Jahr getrimmt, und zwar ähnlich wie Fox Terrier:

Das weiche Fell des Kerry Blue Terriers muß regelmäßig ausgeschnitten werden

Kopfoberseite, Wangen und Hals kurz getrimmt, Brauen gestutzt, Bart geradegeschnitten (kein „Ziegenbart"!), Haare aus den Ohren werden entfernt, die Innenseite der Schenkel und deren hintere Kontur werden kurz gehalten, ebenso die ganze obere Rückenlinie vom Hals bis zum Widerrist sowie die Lendengegend bis zum zylindrisch gestutzten Schwanz. Die Schenkelaußenseiten tragen oben am Rücken kurze Haare, die zu den Füßen hin allmählich etwas länger gehalten werden (keine „Hosen"!). Die Glieder werden nicht geschoren, sondern nur gekämmt; die Pfoten werden abgerundet und zwischen den Zehen von Haaren befreit.

Fellpflege der Terrier

Alle Terrierrassen werden nach den Vorschriften des jeweiligen Standards zurechtgemacht.

Dabei werden die Hunde (z. B. Airedale, Scottish Terrier) fachgerecht mit der Hand und einem nicht zu engen Trimmesser Sträh-

279

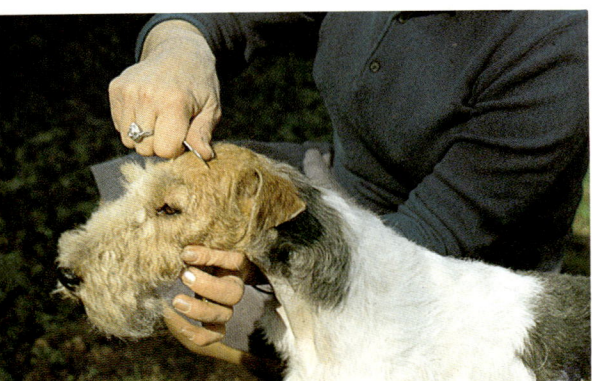

Ein rauhhaariger Fox Terrier wird mit einem Messer mit kleinen Zähnen getrimmt

ne für Strähne getrimmt. Wenn es richtig gemacht wird, äußern die Hunde kein Unbehagen. Im übrigen besteht die Fellpflege der Terrier auch aus Bürsten und Auskämmen.

Fellpflege der Jagdhundrassen

Bei ihnen werden lose Haare ausgekämmt, sie werden gebürstet und gelegentlich gebadet und getrocknet. Aktive Jagdhunde baden während der Jagd ausreichend, so daß zusätzliche Bäder nicht erforderlich sind. Sie werden nur ausgekämmt, und sofern sie auf Ausstellungen präsentiert werden sollen, werden in geringem Maß die langen „Federn" an der Rute und an den Beinen getrimmt und gestutzt. Dies sollte jedoch unbedingt einem Fachmann überlassen werden.

Auch Spaniels sind Jagdhunde. Hier ist – vor allem beim Cocker Spaniel – den Ohren besondere Aufmerksamkeit zu widmen. Der American Cocker bedarf einer besonderen Pflege: Er wird auf dem Nasenrücken, an den Wangen, der oberen Außenseite der Behänge (= der Ohrmuscheln), der ganzen Behanginterseite und der Halsunterseite bis zum Brustbein geschoren, die Brauen werden gekürzt. Der übrige Körper wird dem Standard gemäß mit der Schere frisiert.

Fellpflege der Haushunde

● Pudel: Es gibt zwei Schuren, die klassische „Löwenschur", die bis vor einigen Jahren auf Ausstellungen obligatorisch war, und die moderne „Karakulschur".

Die Löwenschur ist gekennzeichnet durch die vollständige Schur der Hinterhand, damit die Muskelformen zur Geltung kommen, und der gesamten Hinterläufe mit Ausnahme der „Armbänder" in Höhe der Kniegelenke. Der Schwanz wird in der unteren Partie kurz geschoren, an der Spitze bleibt eine Troddel stehen. Die Vorderläufe werden bis zu den Ellbogen geschoren, wobei ebenfalls das „Armband" stehenbleibt. Die Schur der Schnauze ist heikel: Sie wird oben und unten geschoren. Die Wangen werden vom Ohr bis zum Lefzenwinkel frei gemacht, wobei man den Schnurrbart vom Nasenspiegel bis zu diesem Winkel stehenläßt. Auf keinen Fall dürfen die Haare auf den Ohren geschnitten werden. Das übrige Haarkleid wird mit der Ausdünnschere ausgeglichen.

Bei der modernen Schur wird das Haarkleid an den vier Läufen nicht gekürzt, statt dessen werden Rücken, Bauch, Hals und Bug kurz geschoren. Pfoten und Schnauze werden gleich behandelt wie bei der Löwenschur, die Schwanztroddel darf fehlen. Auch der Kopf wird geschoren, wobei ein Büschel in abgerundeter Form stehenbleibt.

● Yorkshire Terrier: Sie werden am ganzen Körper mit einer weichen Bürste aus Schweinsborsten gebürstet. Die Haare zwischen den Ballen werden ausgeschnitten und das Fell in der Dammgegend und unter dem Bauch gekürzt. Nach dem Baden und Trocknen werden die Haare an den Ohren und Pfoten mit der Schere ausgeglichen. Dann kämmt man ihn von der Mitte des Rückens aus zu den Seiten und glättet das Haarkleid an den Seiten. Das Haar auf der Kopfdecke wird abgeteilt und mit einem Band zusammengehalten.

● Spitze: Sie dürfen weder geschoren noch getrimmt noch dürfen die Haare mit der Schere geschnitten werden.

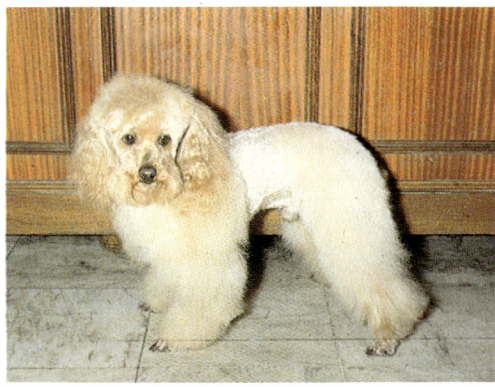

Es gibt zwei anerkannte Schuren des Pudels: die klassische Löwenschur (links) und die moderne

Karakulschur (rechts), die der Phantasie und dem Geschmack des Besitzers mehr Raum läßt

Psychologie des Hundes

Etwas „Hundepsychologie" und Kenntnisse auf dem Gebiet der Verhaltensforschung sind unerläßlich, will man seinen Hund wirklich verstehen.

Der Hund ist ein Raubtier, was sich vor allem in seinem Jagdverhalten noch deutlich zeigt. Sein angeborenes Territorialverhalten macht ihn zum geborenen Wächter, und sein ausgeprägtes Sozialverhalten erklärt seine Geselligkeit. Viele seiner Verhaltensweisen sind auch durch sein Sexual- und sein mütterliches Pflegeverhalten bestimmt.

Der Hund verfügt über eine bestimmte Form der Intelligenz, die auf dem Erinnerungsvermögen an Erfahrungen beruht, die er sehend oder hörend, durch Geruch oder Gespür gemacht hat. Diese erworbenen Kenntnisse machen es ihm möglich, das angeborene Verhaltensrepertoire situationsbedingt zu variieren.

Neben dem Lernvermögen und den angeborenen Verhaltensweisen beeinflussen Emotionen das Verhalten des Hundes, insbesondere im Hinblick auf den Menschen. Zwar hängt der Charakter eines Hundes einerseits von seinem Erbgut ab, er wird aber andererseits auch von der Art und Weise beeinflußt, wie das Tier an die Gemeinschaft seiner Artgenossen und des Menschen gewöhnt wurde.

Der Hund und sein Revier

Wie sein Stammvater, der Wolf, eignet sich der Hund ein bestimmtes Revier an, das ausschließlich seiner Benutzung oder, wenn er in einer Gruppe lebt, der seiner Meute vorbehalten zu bleiben hat. Sein Revier markiert der Hund mit Urin und Geruchszeichen, die von den Analdrüsen ausgeschieden werden und die für ihn unverwechselbar sind. „Liest" ein fremder Rüde die Markierungen mit seinem Nasenspiegel, so begreift er, daß er sich fernhalten muß. Umgekehrt sind für eine Hündin diese Markierungen eine Aufforderung, den Rüden, der sie gesetzt hat, zu suchen.

Jeder Rüde streift auf dem Land jeden Tag mehrere Kilometer durch die Gegend und hinterläßt seine Markierungen, wobei er ganz aus der Nähe an den Markierungen anderer Hunde schnuppert.

Eine andere Möglichkeit, ein Revier zu markieren, kann auch folgendes sein: Der Hund, ob Rüde oder Hündin, wälzt sich in Exkrementen, in verwesenden Kadavern oder uriniert in deren Nähe. Möglicherweise versucht er dadurch, einen besonders starken Geruch mit seinem eigenen zu überdecken.

Territorialverhalten und Aggressivität

Der Hund verteidigt angeborenerweise sein Revier gegen Eindringlinge, seien es seine Artgenossen oder Menschen. Dieses Verhalten erklärt sich folgendermaßen: Der unter Menschen aufgewachsene Hund sieht in ihnen ebenso wie in seinen Artgenossen Rudelangehörige. Wenn ein Tier einer anderen Art (z. B. ein Pferd) in sein Revier eindringt, läßt ihn das meistens gleichgültig, es sei denn, es handelt sich um ein Tier (z. B. eine Katze, einen Hasen), das sein Beutefangverhalten aktiviert. Der niederländische Verhaltensforscher N. Tinbergen hat das Revierverhalten von Eskimohunden erforscht: In den Dörfern bilden die erwachsenen Rüden Meuten; jede Meute hat ein Revier, das sie gegen die Angehörigen aller anderen Meuten verteidigt, wobei der Leithund, meistens ein kräftiger Rüde, die Verantwortung für diese Verteidigung übernimmt. Die erwachsenen Rüden kennen sehr genau die Grenzen der Reviere und übertreten sie nicht. Die jungen Hunde dagegen scheinen sie noch nicht zu kennen, und wenn sie beim Herumstreunen in das Revier einer anderen Meute geraten, werden sie streng bestraft.

Aufgrund dieses angeborenen Territorialverhaltens eignet sich der Hund so gut zum Wächter. Das Tier bewacht mit Eifer das Gelände, den Garten oder das Haus und schlägt beim geringsten Anlaß bellend Alarm. Diese Aggressivität, die sich aus der dem Hund angeborenen Revierverteidigung ableitet, wird nicht durch Kastration beeinträchtigt.

Wenn ein Hundehalter sein Tier daran gewöhnt hat, andere Menschen als Besuch zu

Beim Beschnuppern des Bodens „liest" der Hund die Nachrichten seiner Artgenossen

empfangen, d. h. Freunde auf das Territorium zu lassen, zeigt der Hund aller Wahrscheinlichkeit nach keine Aggressivität den Gästen gegenüber, vor allem wenn er seinem Herrn eindeutig untergeordnet ist. Für ihn ist die Familie seine Meute und sein Herr der Rudelführer, dem entsprechend die Initiative zur Verteidigung des Reviers zusteht.

In einem geschlossenen Garten oder in der Wohnung fühlt sich der Hund geschützt. Öffnet man die Türen, hört sein Sicherheitsgefühl auf, und er fühlt sich in seinem Revier bedroht. Wenn der Hund bellt und sich drohend verhält, der „Eindringling" aber nicht die Flucht ergreift, dann wird das Tier verwirrt und verliert seine Aggressivität. Dreht der Betreffende sich aber um, so hält sich der Hund für erfolgreich, verstärkt sein Bellen und bleckt die Zähne.

Noch beschnuppern sich Welsh Corgis, Dogge und Spaniel, um gleich zu spielen, sich zu trennen oder zu raufen

Der Deutsche Schäferhund ist traditionell ein zuverlässiger Wachhund

Wenn ein Hund sich gegenüber ihm fremden Leuten feindselig zeigt und diese Haltung mit der Verteidigung seines Reviers verbunden ist, darf man ihn nie dafür schlagen. Man kann mit ihm schimpfen und ihn jedesmal, wenn er in Gegenwart von Gästen bellt oder knurrt, in ein Zimmer sperren. Man darf aber nicht vergessen, daß ein Hund, der einen ihm Fremden angreift, seine Pflicht tut und daß er aufgrund seines angeborenen Territorialverhaltens auch einen eventuellen Einbrecher in die Flucht schlagen wird.

Die Hierarchie der Hunde

Bei allen ständig in Gruppen lebenden Tieren bildet sich eine Rangordnung, die die Beziehungen zwischen den einzelnen Gruppenmitgliedern regelt. Innerhalb einer Gruppe sind die einen dominant und zeigen offensive Aggressivität, während die anderen sich defensiv verhalten oder sich unterwerfen. Zwischen defensiver Aggression und eindeutigem Demutsverhalten gibt es viele Abstufungen. Das Verhalten des einzelnen Hundes hängt von seiner Stellung innerhalb der Gruppe ab.

Aggressive Verhaltensweisen

Aggressivität bei Hunden hat vielfältige Ursachen, die zu einem großen Teil in angeborenen Verhaltensweisen begründet sind. Die angeborenen Verhaltensweisen des Angriffs und der Verteidigung – durch eine entsprechende Erziehung und Ausbildung noch verstärkt – erklären nicht alle Formen der Aggressivität, Verhaltensweisen aus anderen Bereichen treten hinzu: das mütterliche Pflegeverhalten, sexuelle Verhaltensweisen und solche des Beutefangs.

1982 sind in Frankreich zwei Deutsche Doggen, ein Rüde und eine Hündin, die beide für ihre „Sanftmut" bekannt waren, aus ihrem geschlossenen Gelände entwichen und über ein achtjähriges Kind hergefallen, das an den Folgen seiner Verletzungen starb. Wie soll man einen solchen Zwischenfall erklären? Zwei Kinder kreuzen den Weg der stromernden Hunde, bekommen Angst, schreien und versuchen zu fliehen. In diesem Moment setzt das Beutefangverhalten ein.

Aggressives Verhalten eines Rüden kann auch durch Anwesenheit einer läufigen Hündin hervorgerufen werden. Und noch ein Faktor kann eine Rolle spielen: soziale Rivalität, etwa dann, wenn der Rangunterschied zwischen zwei Tieren klein ist. Hinzuzufügen ist, daß Aggressivität, die ihren Ursprung im Sexualverhalten hat, ein weitverbreitetes Phänomen ist, da das Tier, das sexuell unausgelastet ist, nur zwei Möglichkeiten hat: Verdrängung und Neurose oder Aggressivität.

Dominante Hunde

Die Kampfspiele, denen sich Welpen hingeben, lassen vorsichtige Schlüsse darauf zu, welche die dominanten Charaktere sein werden. Selbstbewußte Welpen beginnen häufig Kampfspiele: Sie schleichen sich an, laufen ihren Geschwistern nach, schütteln sie im Nacken und rempeln sie mit dem Hinterteil. Und sie sind immer die ersten an den Futternäpfen.

Selbstbewußtsein ist ein Teil des Charakters eines Welpen und zunächst weder eine Frage der Größe und Stärke noch des Geschlechts. Später jedoch sind es oft die stärksten Rüden, die sich durchsetzen und eine Gruppe dominieren. Doch kann die dominante Stellung eines Rüden auch in Frage gestellt werden. Innerhalb einer Gruppe kann es zu Rangkämpfen kommen, wenn Nahrungsprobleme auftreten und vor allem wenn sich eine läufige Hündin dem Rudel anschließt.

Hunde sind angeborenerweise darauf bedacht, das Leittier ihres Rudels nachzuahmen. Ob das Leittier nun einen Knochen knabbert, anfängt zu spielen oder wie wild auf einmal losrennt, immer folgen ihm die anderen Tiere des Rudels. Dieses Verhalten hält eine Meute auf der Jagd zusammen.

Wenn sich zwei einander unbekannte Hunde begegnen, erkennt man das dominante Tier an seinem aggressiven Verhalten, das sich in Körpersprache und Knurren ausdrückt. Wenn der Hund, an den sich dieses offensiv-aggressive Verhalten richtet, mit passiver Demut, im Extremfall ausgedrückt durch Sich-auf-den-Rücken-Legen, antwortet, passiert nichts. Wenn er aber die dominante Rolle des anderen nicht akzeptiert und aggressiv reagiert, ist eine Auseinandersetzung unvermeidlich, die erst dann endet, wenn es einem der beiden Hunde gelungen ist, den anderen zu unterwerfen.

Einige Hunderassen, z. B. die Deutsche Dogge, der Pyrenäenberghund, Schlittenhunde, aber auch Terrier und Dackel, neigen dazu, sich dominant zu zeigen. Diese Hunde muß man mit Festigkeit erziehen. Sie brau-

Ein erwachsener Hund wird einem Welpen nie etwas tun, meist spielt er mit ihm

chen einen starken Herrn, der in der Lage ist, sich ihnen gegenüber durchzusetzen, ohne sie jedoch zu unterdrücken, was dazu führen könnte, daß sie zu furchtsamen, übermäßig unterwürfigen Hunden werden. Immer wenn ein Hund versucht, seinem Herrn gegenüber eine dominante Rolle zu übernehmen, muß er sofort mit Strenge zur Ordnung gerufen und getadelt werden. Bei anderen Rassen dagegen, z. B. bei Pudeln, Windhunden, Beagle und anderen Jagdhunden, stellt sich dieses Problem nicht: Bei ihnen erfreut sich der Herr einer gesicherten Autorität. Der dominante Beagle hat auch mit seiner Meute keine Probleme. Seine Artgenossen versuchen nicht, seine Autorität in Frage zu stellen oder seinen Platz einzunehmen. Dieses Verhalten ist in der Meute aller Laufhunde die Regel.

Wenn zwei Hunde unter demselben Dach leben, bilden sie untereinander eine Hierarchie aus, die im Prinzip keine Probleme mit sich bringt, solange die Stellung des dominanten stabil bleibt. Ist er aber verletzt oder krank, kann es vorkommen, daß der andere Hund versucht, den dominanten aus seiner Stellung zu vertreiben.

Hund und Katze

Jeder weiß, daß Hund und Katze sich nicht verstehen. Oft beobachtet man, daß der Hund, selbst wenn er einer Katze in seinem Revier begegnet, ein freundliches Begrüßungsverhalten zeigt und mit dem Schwanz wedelt. Die Katze dagegen faucht, zeigt die Krallen, macht einen Buckel und flieht und verleitet dadurch den Hund, sie zu verfolgen. Tatsächlich hat die Katze eine Neigung zur Flucht und der Hund zur Verfolgung, so daß das Verhalten des einen die Bedürfnisse des andern zu befriedigen scheint. Oft teilen jedoch beide Tiere dasselbe Revier, ohne daß es Probleme im Zusammenleben gibt. Die Katze gehört für den Hund dann zur Meute bzw. Familie, und beide verstehen sich ausgezeichnet und respektieren den jeweiligen Lieblingsplatz des andern. Was sie aber nicht daran hindert, sich ihren Verfolgungsspielen hinzugeben, die offensichtlich für ihr seelisches Gleichgewicht notwendig sind.

Trotz Verständigungsschwierigkeiten können Hund und Katze Freunde werden

Die Haltung des auf der Seite liegenden Hundes zeigt völlige Unterwerfung an

Die Vorherrschaft des Menschen

Alle Hunde sind als Abkömmlinge des Wolfs soziale Lebewesen und sehen im Herrn das Leittier der Meute, vorausgesetzt, der Herr hat genügend Autorität, um sich durchzusetzen. Andernfalls wird der Hund dazu neigen, die dominante Stellung einzunehmen, die von seinem Herrn nicht ausgefüllt wird. Dieses Phänomen kommt häufiger vor, als man denkt, besonders bei Hunden großer Rassen. Wenn das Tier macht, was es will, sich weigert, Befehlen zu gehorchen, beim Spazierengehen undiszipliniert ist, seinen Herrn Gästen gegenüber verteidigt oder sie angreift, sich Sonderrechte herausnimmt, knurrt, wenn man sich auf seinen Sessel setzen will, dann wird das Zusammenleben schwierig, denn dann beherrscht das Tier den Menschen und nicht mehr der Mensch das Tier.

Will man das Risiko vermeiden, von seinem Hund nicht anerkannt zu werden, dann muß man ihn als Welpen von etwa 8 Wochen aufnehmen. In diesem Alter entwickelt das Tier am besten Kontakt zum Menschen, und bereits jetzt muß der Mensch ihm entschlossen seinen Willen zeigen und deutliche Befehle erteilen. Auflehnungsversuchen des Hundes darf man niemals nachgeben.

Auch ein junger Hund versucht möglicherweise einmal, die dominante Stellung im Rudel „Familie" einzunehmen, und wird – um seinen Anspruch deutlich zu machen – auch mal beißen. Dann muß man ihn sofort strafen; ließe man ihn gewähren, würde dies nach dem Gesetz der Meute bedeuten, daß er der Stärkere ist. Zu einem weiteren Kräftevergleich kommt es, wenn ein Rüde geschlechtsreif wird.

Auch wenn ein Hund von Jugend an ausgesprochen selbstbewußt ist, kann man gut mit ihm auskommen. Eine feste Erziehung – jedoch ohne Brutalität – kann in den meisten Fällen angeborene Tendenzen zurechtbiegen.

Das sexuelle Verhalten

Das Auftreten sexueller Verhaltensweisen

Von seiner 7. Lebenswoche an zeigt der Hund in spielerischer Form sexuelle Verhaltensweisen, indem er z. B. die Begattung nachahmt. Die Geschlechtsreife jedoch erreicht der Rüde mit etwa 7 (manchmal 6) Monaten, die Hündin mit 7–10 Monaten, wobei jedoch beachtliche Rasseunterschiede bestehen.

Die Hündin wird etwa alle 6 Monate läufig (die Variationsbreite beträgt etwa 4–8 Monate), meist im Frühjahr und im Herbst. Zwischen dem 7. und dem 14. Tag der Läufigkeit ist sie empfänglich. In dieser Zeit ist die Hündin nervös, aufgeregt und sucht den Rüden. Dieser wird von chemischen Substanzen, den Pherormonen, angezogen, die sich im Urin des läufigen Weibchens befinden und die er kilometerweit riechen kann.

Die Hündin bekundet ihre Paarungswilligkeit, indem sie den Schwanz zur Seite hält und dem Rüden die Vulva zeigt. Dem Geschlechtsakt voraus gehen spielerische Aktivitäten sowie eingehende Geruchskontrollen. Die eigentliche Begattung dauert 15–20 Minuten. Nach der Begattung kann es sein, daß der Rüde seine Partnerin sofort „vergißt", er kann aber auch noch 1 oder 2 Tage aufgeregt bleiben und auszureißen versuchen. Hunde sind polygam und bilden keine Paare.

Verfolgen mehrere Rüden eine läufige Hündin, so kämpfen sie untereinander, um die Hierarchie festzulegen. Der ranghöchste Rüde begattet als erster, und es kommt vor, daß allein seine Anwesenheit die anderen hemmt.

Emotionale Faktoren können das Deckverhalten des Rüden beeinflussen. Wenn er Angst hat oder sich in einem unbekannten Revier befindet, kann er die Begattung verweigern. Darum bringt man immer die Hündin zum Rüden.

Vor der Begattung beschnuppert der Rüde eingehend von allen Seiten seine Partnerin

Sexuelle Probleme bei Hunden

Die sexuellen Bedürfnisse eines Rüden sind nicht auf eine bestimmte Zeit begrenzt wie bei der Hündin, sondern bestehen das ganze Jahr über. Er kennt also keine begrenzten Brunstperioden, die Nähe einer läufigen Hündin erregt ihn immer. In der Stadt sind 90 % der Hunde sexuell frustriert, was zu Verhaltensabnormitäten, die fälschlich als Homosexualität bezeichnet werden, und zur Masturbation führen kann. Es kommt vor, daß das Tier Kopulationsbewegungen an einem Stuhl oder einem Menschenbein ausführt; man sollte es daran hindern. Manche verhaltensgestörten Rassehunde verweigern auch das Decken: Oft sind die Hündinnen kontaktscheu und ängstlich und die Rüden nicht mehr in der Lage, den Deckakt auszuführen.

Verdrängte Sexualität kann Aggressivität hervorrufen, vor allem bei Hunden in voller Geschlechtsreife (etwa im Alter von 2 Jahren). Eventuell muß der Hund hormonell behandelt werden.

Der frustrierte Hund neigt dazu auszureißen. Bei Hündinnen ist diese Neigung schwächer, aber auch sie können überreizt reagieren.

Der Mutterinstinkt

Einige Tage vor dem Werfen sucht die tragende Hündin einen ruhigen und abgelegenen Platz, wo sie ihr „Nest" bauen kann. Sofort nach dem Werfen zeigt die Hündin all die Verhaltensweisen, die für den Eintritt der Neugeborenen ins Leben unerläßlich sind. Die Mutter leckt kräftig den Bauch der Welpen, wodurch sie deren erste Reaktionen und den Atembeginn auslöst; dabei stößt das junge Tier oft seinen ersten Schrei aus. Etwas später leckt die Hündin die urogenitale und anale Zone, was zur Entleerung von Urin und Exkrementen führt, die sie so lange, wie die Welpen ausschließlich saugen, aufleckt.

Wie viele Tiere in der Natur tötet auch die Hündin einen bei der Geburt verunglückten oder kranken Welpen. Sie scheint einen sehr geschärften Sinn selbst für geringe Mißbildungen ihrer Nachkommenschaft (z. B. einen verrenkten Schwanz, krumme Läufe oder keine Zehen) zu haben.

Verhaltensstörungen des Muttertiers

Es kann vorkommen, daß eine Hündin ihrer Nachkommenschaft gegenüber völlige Gleichgültigkeit an den Tag legt. Dies passiert vor allem bei Erstgebärenden, die vom Werfen erschöpft und den Welpen gegenüber „hilflos" sind. In solchen Fällen muß man helfend eingreifen. Hat die Hündin Schwierigkeiten, die Nabelschnur zu durchbeißen, sollte man sie unterstützen und die Welpen abnabeln; allerdings muß man darauf achten, daß dies nicht zu dicht am Nabel geschieht.

Dann entfernt man die Nachgeburt und reibt die Welpen kräftig. Wenn die Hündin noch immer zu schwach oder zu gleichgültig ist, legt man ihr die Kleinen unter die Zitzen. Diese ersten Kontakte muß man aber gut im Auge behalten, damit die Hündin nicht eventuell die Welpen unter sich erstickt oder sie sogar auffrißt.

Es passiert auch, daß eine Hündin beim Durchbeißen der Nabelschnur einen oder mehrere Welpen verstümmelt oder verschlingt. Normalerweise hält sie inne, sowie der Welpe zu schreien anfängt. Macht er sich aber nicht bemerkbar oder wird sie eventuell vom Anblick des Blutes „berauscht", so fährt sie fort und verschlingt den Welpen, als wäre er ein Teil der Nachgeburt. Dieses Phänomen zeigt eine deutliche Störung angeborenen Verhaltens.

Auch eine Hündin, die durch Kaiserschnitt entbunden, die Geburt nicht erlebt hat und sich beim Wachwerden in einer Box nicht wohl fühlt, kann ihre Welpen mit der vermeintlich schlechten Behandlung, die sie erfahren mußte, in Verbindung bringen und sie umbringen. Ebenso kann es vorkommen, wenn zu viele Welpen eines Wurfs weggenommen wurden, daß die Hündin die verbliebenen Jungen auffrißt.

Eine „gute" Hundemutter

Abgesehen von seltenen Ausnahmen ist eine Hündin eine „gute" Mutter, der man sogar die Welpen eines anderen Wurfs anvertrauen kann, die sie mit gleicher Hingabe wie ihre eigenen pflegen wird.

Im allgemeinen beteiligen die Rüden sich nicht an der Aufzucht. Meist schenken sie den Neugeborenen keinerlei Beachtung und scheinen von ihrer Gegenwart eher erschreckt zu sein. Aber ein Rüde wird ihnen niemals etwas tun; ein erwachsener Hund greift keinen Welpen an, der jünger als 6 Mo-

Im allgemeinen sorgt eine Hündin gut für die Aufzucht ihrer Welpen

nate ist, es sei denn, der Hund ist verhaltens-
gestört.

Um ihre Welpen zu verteidigen, ist eine
Hündin zu allem bereit. Die Aggressivität, die
dem Pflegeverhalten entspringt, ist bei allen
Tieren vorhanden, selbst wenn sie sonst ausgesprochen friedfertig sind. Eine Hündin, die
annimmt, daß ihre Welpen bedroht und in
Gefahr sind, greift ohne Vorwarnung an.
Möglicherweise bringt sie ihren Wurf an einen anderen Ort, wenn sie meint, daß er zu
oft gestört wird.

Fühlt sie sich dagegen sicher, erlaubt sie
sogar, daß die Angehörigen ihrer „Meute-Fa-
milie" die Welpen streicheln. Fremden aber
mißtraut sie auch weiterhin und zeigt sich aggressiv, läuft fortwährend um die Welpen herum, bleckt die Zähne, knurrt und beißt, wenn
man zu nahe kommt. Manche Hündinnen
entwickeln eine deutliche Abneigung gegen
Kinder, weil sie wohl spüren, daß diese sich
aus Unwissenheit den Welpen gegenüber zu
grob verhalten könnten.

*Mit dem Lecken regt die Hündin die physiologi-
schen Funktionen der Welpen an*

Sehr bald entwickelt sich zwischen der
Hündin und ihren Welpen ein System der
Verständigung. Verläuft sich ein Welpe oder
fiept laut, wird er von der Hündin an der
Nackenhaut zurücktransportiert und wieder
in die Mitte zu den anderen gelegt. Notfalls
„bestraft" sie ihn, indem sie ihn mit den Zähnen kneift. Das Lecken dient nicht nur der
Reinigung, sondern auch dazu, die Welpen zu
beruhigen.

Bis zu einem gewissen Grad übernimmt die
Hündin die Erziehung der Welpen bis zur Entwöhnung. Zwischen der 3. und 4. Lebenswoche der Welpen würgen einige Hündinnen einen Teil der Nahrungsmittel, die sie halb ver-
daut haben, wieder aus, um die Jungen darauf
vorzubereiten, die ausschließliche Milchkost
aufzugeben. Wenn gegen Ende der 5. Woche
die Entwöhnung der Welpen beginnt, entfernt
sich die Hündin immer öfter von ihrem Wurf,

verweigert mehrmaliges Saugen am Tag, und
da die Milchzähne der Welpen die Zitzen verletzen, beißt sie die Jungen auch manchmal, um sie
so am Saugen zu hindern. Sie straft sie immer
öfter und zeigt sich zunehmend gleichgültig.

Aus physiologischen und psychologischen
Gründen empfiehlt es sich, einer Hündin wenigstens zwei Welpen zu lassen. Nimmt man
ihr den ganzen Wurf weg, so ist sie verstört.
Milchfieber kann eine Folge sein, aber auch
der Hormonhaushalt sowie das nervliche
Gleichgewicht sind häufig nach dem Verlust
des Wurfs gestört, wodurch schwere Krankheiten (z. B. Eklampsie, eine Art Krampfan-
fälle) auftreten können. Ist es unmöglich, ihr
die Welpen zu lassen, dann sollte man sie
gleich nach der Geburt wegnehmen.

Die Hundesprache

Der Hund hat eine „Sprache". Er verständigt
sich mit Hilfe des Geruchs sowie durch visu-
elle, akustische, körperliche und mimische
Signale. Diese Sprache entwickelt sich bereits
in der 3.–4. Lebenswoche; der Welpe lernt
diese Hundesprache ebenso unwillkürlich
wie ein kleines Kind das Sprechen.

Der Geruch

Die hochentwickelte Nase des Hundes spielt
eine wesentliche Rolle bei der Verständigung
mit seinen Artgenossen. Der Hund, der an
Straßenecken und Bäumen uriniert, hinterläßt eine Geruchsspur aus Urin und Drüsen-
absonderungen, die dazu dient, sein Revier zu
markieren und anderen Hunden Nachrichten
zu hinterlassen, deren Bedeutung erst zu einem kleinen Teil erforscht ist.

Begegnen sich zwei Hunde, so verständigen sie sich zunächst über den Geruch: Sie
schnuppern Nasenspiegel an Nasenspiegel,
stellen ihren ganzen Körper und dann insbesondere die anale und genitale Region einer
Geruchsprüfung zur Verfügung. Der Hund
erkennt seine Artgenossen am Geruch, eine
Erfahrung, die er bereits in seinen ersten
Lebenstagen macht, wenn seine Mutter geruchliche Nachrichten aussendet.

Auch im Sexualleben spielt der Geruchssinn eine große Rolle. Ein Rüde riecht kilometerweit eine läufige Hündin und zögert
nicht auszureißen, um zu ihr zu gelangen, geleitet nur von den Geruchsnachrichten, die
sie hinterläßt.

Aber auch in der Beziehung des Hundes zu
anderen Tieren kommt der Nase große Bedeutung zu. Mit Hilfe seines Geruchssinns
macht er das Wild aus und verfolgt es. An
Katzen oder anderen Tieren, die mit ihm unter einem Dach leben, vergreift er sich im allgemeinen nie, da sie einen besonderen Geruch ausströmen, den er als den seiner Familie kennt.

Zwei Hunde lernen sich Nasenspiegel an Nasenspiegel über den Geruch kennen

Die Stimme

Der Hund verständigt sich auch durch verschiedene Laute, die er von sich gibt. Das Bellen kann als Warnung dienen; es ist heulend, wenn der Hund eine unbestimmte Bedrohung fühlt, oder trocken und kurz, wenn er die Bedrohung eindeutig einordnen kann.

Bei dem Heulen, das stark stimulierend auf alle Hunde der Umgebung wirkt und das sich zu meist abendlichen oder nächtlichen „Hundekonzerten" entwickelt, handelt es sich vermutlich um eine Form der Kontaktaufnahme über weitere Entfernungen hinweg, wie sie ähnlich auch bei den Stammvätern des Hundes, den Wölfen, zu beobachten ist.

Das Heulen ist aber auch Teil des Sexuallebens: Von läufigen Hündinnen getrennte Rüden können unaufhörlich heulen, und die Hündinnen antworten ihnen.

Auch das Bellen des Hundes ist der jeweiligen Empfindung und Situation angepaßt. In Freiheit bellt er nicht, um sich seinen Artgenossen verständlich zu machen, sondern setzt seine Mimik ein. Dagegen bellt der Hund an der Leine oder hinter dem Zaun, um sich Geltung zu verschaffen, wenn er sich in Sicherheit fühlt. Mit dem Bellen gleicht er die Fluchtdistanz aus, die er in der Natur normalerweise zwischen sich selbst und einem möglichen Feind herstellen würde.

Die Stärke und die Lautform des Bellens entspricht der Nachricht, die übermittelt wird. Herausgestoßen und bissig, drückt das Bellen eine Drohung aus und soll einen Artgenossen, ein anderes Tier oder einen Menschen einschüchtern und aus dem Revier vertreiben. Der Hund bringt so seine Kraft zum Ausdruck, wird aber nicht unbedingt angreifen. Mit fröhlichem Bellen dagegen begrüßt er seinen Herrn oder den Aufbruch zu einem Spaziergang. Eine besondere Variante des Bellens auf der Jagd zeigt an, daß der Hund das Wild aufgestöbert hat und es verfolgt.

Aber der Hund bellt nicht nur, er winselt, wimmert, heult, kläfft, jault, knurrt auch. Alle diese Laute haben in seinen sozialen Beziehungen eine präzise Bedeutung. Wenn ein Welpe fiept, kommt die Mutter alarmiert sofort zu ihm. Das Winseln eines Welpen führt oft dazu, daß die ganze Gruppe antwortet. Winseln drückt beim Welpen Unbehagen, Schreien, Schmerz oder Schreck aus.

Das Knurren ist oft mit dem Revierbesitz verbunden. Durch Knurren bekundet der Hund seine Feindseligkeit gegenüber einem Eindringling. Es ist die letzte Warnung, bevor er angreift.

Ein weiteres wichtiges Verständigungsmittel ist der Hundeblick. Ist er starr, so drückt er entweder Angst oder Aggressivität und Angriffsbereitschaft aus. Der Hund sieht das Tier starr an, das er anzugreifen beabsichtigt.

Die Haltung und Mimik

Auch die Körperhaltung des Hundes drückt Nachrichten aus. Ein fröhlich wedelnder Schwanz signalisiert Willkommen und freundliche Stimmung, wird er unter den Bauch gezogen, drückt er Furcht aus, schüchtern gewedelt, signalisiert er Demut und mangelndes Selbstvertrauen. Der Hund bewegt seinen ganzen Körper, um seine Absichten anzuzeigen.

Der Hund, der eine Angriffsdrohung signalisieren will, nimmt eine Haltung ein, die ihn größer erscheinen läßt: Er geht auf durchgestreckten Beinen, hebt sein Hinterteil, geht mit erhobenem Schwanz, gespreizten Schultern und aufgestellten Ohren vorwärts, stellt das Fellhaar insbesondere im Nackenbereich fast senkrecht auf, zieht die Lefzen hoch und bleckt die Zähne. Will er umgekehrt Demut signalisieren, so versucht er, kleiner zu erscheinen, windet sich, legt den Kopf auf die Pfoten, kriecht mit eingezogenem Schwanz auf dem Bauch und legt die Ohren seitlich an. Will er absolute Unterwerfung deutlich machen, legt er sich auf die Seite und zeigt seinen Bauch.

Fordert der Hund einen Gefährten zum Spiel auf, so senkt er Vorderkörper und Kopf und richtet gleichzeitig Hinterteil und Schwanz auf. Eine andere zum Spiel auffordernde Haltung besteht darin, daß er seinen Gefährten in den Schwanz zwickt, Sprünge vollführt und dabei seine Flanken präsentiert. Ein großer Hund legt sich vor einem kleinen auf den Rücken, um ihm seine guten Absichten anzuzeigen.

Auch mimisch kann der Hund sehr viel ausdrücken. Begrüßt er einen Artgenossen, nimmt er eine freundlich-unterwürfige Haltung ein, zeigt einen langen Lippenspalt, legt die Ohren an, spannt die Stirn und zeigt alle Signale der „Begrüßung". Dagegen verzerrt er das Gesicht, um Aggressivität auszudrücken, richtet die Ohren auf und zeigt so, daß er keine Angst hat, sondern bereit ist anzugreifen. Hat er Angst, stellt er die Ohren nach hinten, legt sie an und verzieht sein Gesicht zu einem Grinsen.

Die Körpersprache des Hundes

Der Hund nimmt seinen Artgenossen gegenüber eine bestimmte Haltung ein, um seine Absichten anzuzeigen. Dieses Verhalten wird von anderen Hunden immer verstanden.

1 Der Hund steht und ist aufmerksam

2 Er fordert zum Spielen auf

3 Er zeigt eine Art Begrüßungsverhalten, nämlich aktive Demut

4–6 Einzelne Schritte der Unterwerfung. 6 ist typisch für völlige Unterwerfung: Der Hund legt sich auf die Seite, hebt einen Hinterlauf und zeigt den Bauch

7–9 Fortschreitende Aggression, überwiegend defensiv: Der Hund ist zunächst wachsam, bekommt Angst und geht in die Defensive, dann wird er deutlich aggressiv

Die Verständigung mit dem Menschen

Auch in der Beziehung des Hundes zum Menschen spielt die Nase eine große Rolle. Unter einer Vielzahl von Gerüchen erkennt der Hund den seines Herrn und der anderen Familienangehörigen.

Ebenso „spricht" der Hund mit dem Menschen, indem er – je nach Umständen – fröhlich, traurig, wütend oder unruhig bellt. Umgekehrt ist der Hund auch sehr sensibel für den Tonfall der menschlichen Stimme und für Wörter. Dies muß man bei der Erziehung beachten; man darf niemals schreien, und man muß immer dasselbe Wort für denselben Befehl gebrauchen.

Die aufrechte Haltung des Menschen ist für den Hund ein Zeichen der menschlichen Überlegenheit. Daher kann das Tier ihn angreifen, wenn er beim Spielen auf allen vieren kriecht oder wenn er fällt, da in diesem Moment die Dominanz nicht mehr signalisiert wird.

Körperlicher Kontakt ist ein bevorzugtes Verständigungsmittel. Streichelt der Herr den Hund, so bedeutet dies Belohnung. Die Hand, die belohnt, darf aber beim Abrichten niemals direkt schlagen, sondern z. B. nur mit einer gefalteten Zeitung. Mit Lecken und Kneifen drückt der Hund seine Zuneigung seinem Herrn gegenüber aus. Legt er ihm die Pfote aufs Knie, so möchte er entweder etwas haben oder ihm sagen, daß er an seinem Kummer teilhat. Letztere Reaktion soll durch eine Veränderung des speziellen Geruchs eines Menschen nach einem mißlichen Ereignis ausgelöst werden. Der Hund, der mit dem Menschen spielen will, gibt ihm kleine Nasenstüber oder betapst ihn mit der Pfote. Das Tier winselt, um seinem Herrn zu sagen, daß es dringend rausgehen muß.

Manche Hunde „lächeln" dem Menschen zu; diese Mimik ist ähnlich der bei der aktiven Unterwerfung und unterscheidet sich sehr wohl von den Drohgesichtern, aber auch von der Mimik bei der Unterwerfung anderer Tieren gegenüber.

Die Intelligenz des Hundes

Abstraktionsvermögen, moralisches Denken und schöpferischer Geist bleiben zwar allein dem Menschen vorbehalten, aber auch der Hund verfügt über eine bestimmte Form von Intelligenz, die es ihm über angeborene Verhaltensweisen hinaus ermöglicht, Befehlen zu gehorchen und willkürliche Handlungen auszuführen.

Die Leistungen dressierter Hunde lassen sich mit einer hochentwickelten Aufmerksamkeit und gutem Gedächtnis erklären

Sehr begabte Hunde können etwa 50 Wörter mit bestimmten Handlungen verbinden. Die Mehrheit jedoch begnügt sich damit, einfachen Befehlen zu gehorchen und auf Wörter wie „Auf", „Platz", „Sitz", „Freßchen" oder „Gassi gehen" zu reagieren. Zwar lernen Hunde, bestimmte Wörter mit bestimmten Handlungen zu verbinden, doch die Bedeutung von Sätzen entgeht ihnen. Was sie aufnehmen, ist das Wort und der Tonfall, in dem es gesagt wird.

Das Entwickeln von „Ideen"

Dennoch ist ein Hund in der Lage, „Ideen" zu entwickeln. Wenn er rausgehen will, wird er seine Leine suchen und sie seinem Herrn bringen. Will er auf die Reise mitgenommen werden, legt er sich auf den Koffer. Und manche Hunde können ohne weiteres Türen öffnen, wenn sie spazierengehen möchten.

Es ist schwierig zu bestimmen, welchen Anteil das Erbgut, das Lernvermögen, die Erziehung und die Abrichtung an den „intelligenten" Handlungen des Hundes haben, vor allem bei anderen Motiven als Durst, Hunger oder Angst. Stellt man einen Hund vor ein Problem, ist er oft in der Lage, eine angemessene Lösung zu finden. So z. B. sucht er nach einer Öffnung im Zaun oder durchnagt eine Schnur, um sich zu befreien.

Anlage und Erziehung

Man nimmt an, daß beim Menschen die Intelligenz zu 51% von der Erbanlage und zu 49% von der Umwelt abhängt. Ähnlich soll das Verhältnis von Anlage und Erziehung auch beim Hund sein.

Der Beauceron hat dem Fox Terrier gegenüber einen gewissen ererbten Vorteil beim Hüten der Herde, dafür ist der Fox Terrier umgekehrt besser für die Jagd „programmiert". Der Deutsche Schäferhund ist von seiner Anlage her für das Bewachen und Beschützen geeignet, der Windhund für die Jagd nach Sicht und für Rennen. Bestimmte Rassen eignen sich erbbedingt besser für die Dressur als andere. Die Hunde, deren Kunststücke man oft im Zirkus bewundern kann, können jedoch genausowenig lesen oder zählen wie andere, sie sind nur darauf eingestellt, auf das geringste, dem Publikum nicht sichtbare Zeichen des Dresseurs zu gehorchen. Sie sind also nicht „intelligenter", sondern aufgrund einer hochentwickelten Aufmerksamkeit und eines gut funktionierenden Gedächtnisses geeigneter für die Dressur.

Die Art der Erziehung hat wesentlichen Einfluß auf die geistige Entwicklung des Hundes. Ein Welpe, der die ersten 4 Monate seines Lebens in einem Zwinger verbracht hat, hat nur geringe Chancen, jemals das geistige Niveau eines Welpen zu erreichen, der schon mit 6 Wochen in eine Familie aufgenommen

Pudel zählen zu den Rassen, die für Zirkuskunststücke am besten geeignet sind

wurde, zu einer Zeit also, in der er für Anregungen sehr empfänglich ist. Der Beagle in einem Labor muß im Vergleich zu einem Blindenhund dumm erscheinen, denn dieser wurde erzogen und abgerichtet, während der Beagle ohne jede Erfahrung, oft sogar ohne Zuneigung geblieben ist.

Lernfähigkeit läßt sich vervollkommnen. Je mehr man sich mit einem Hund beschäftigt, desto mehr lernt er. Das Abrichten, das das Gedächtnis entwickelt und angeborene Fähigkeiten optimal ausnützt, gibt dem Hund gute Entwicklungschancen und ermöglicht, ihn zur Arbeit zu verwenden, z. B. um eine Herde zu hüten oder einen Menschen zu suchen. Denn das sind Fähigkeiten des Hundes, die nicht nur auf angeborenen Verhaltensweisen beruhen, sondern auch von seinem Lernvermögen abhängig sind.

Einige Verhaltensweisen des Hundes entziehen sich jedoch der menschlichen Erkenntnis. Sie können weder mit der Intelligenz noch mit angeborenem Verhalten, noch durch Lernfähigkeit erklärt werden und können auch nicht ausschließlich von sinnlichen Wahrnehmungen ausgehen. Gemeint ist das sogenannte *psy-trailing*, die geistige Fährtensuche, die es einem Tier ermöglicht, seinen Herrn über Tausende von Kilometern wiederzufinden. Beispiele dafür fehlen nicht. So z. B. hatte Victor Hugo seinen Hund namens Baron einem Freund in der Gegend von Moskau geschenkt. Eines Tages verschwand Baron und stand 2 Monate später abgemagert, schmutzig und erschöpft vor der Tür des Dichters. Er hatte auf seinem Weg von Rußland nach Frankreich zurück ganz Europa durchquert, um seinen Herrn wiederzufinden. Der Arzt Axel Munthe, Autor des „Buchs von San Michele", erklärt solche Leistungen mit der Existenz einer telepathischen Verbindung zwischen Hund und Mensch. Diese Verbindung läßt den Hund auch einige Stunden im voraus „wissen", wann sein Herr von einer Reise zurückkehren wird. Andere erklären die geistige Fährtensuche mit sensorischen Orientierungskräften, die der Mensch noch nicht entdeckt hat.

Die Verhaltensentwicklung des Welpen

Seine ersten Lebenstage verschläft der Welpe zu 90 %, und die übrige Zeit verbringt er damit, die Zitzen seiner Mutter zu suchen. Nach 3–4 Wochen fängt er dann an, seine Umgebung zu erforschen und zu spielen. In der Folgezeit durchlebt er die kritische Phase seiner Sozialisation, die ihn stark für die Zukunft prägt.

Mit 4 oder 5 Wochen zeigen Welpen schon ein Gruppenverhalten und stürzen sich z. B. gemeinsam auf einen Ball. Die Hierarchie, die sich später im Rudel wiederfindet, wird jetzt schon angelegt. Knurrend zeigen die Welpen Aggressivität gegen alles, was ihnen ungewöhnlich oder fremd erscheint.

Das Spielen

Wie für ein Kind ist auch für den Welpen das Spiel ein wesentliches Element seiner Entwicklung. Fast alle Elemente des Hundeverhaltens werden im Spiel sichtbar: das Lauern, das Verfolgen und Stellen des Wildes, das Totschütteln der Beute anhand eines Lumpens, der zwischen den Zähnen hin und her geschüttelt wird. Jaulen und Bellen begleiten die Spiele und begünstigen Zusammenhalt und Koordinierung des Rudels. Nach Meinung von Experten hätte es für die Jagdtauglichkeit des Hundes und für seine Fähigkeit, sich unter seinen Artgenossen zu behaupten, verhängnisvolle Folgen, würde dem Welpen das Spielen fehlen.

Kontakte zum Menschen und zum Kind

Mit 6–8 Wochen haben Welpen das ideale Alter, um Kontakte zum Menschen zu entwickeln. Haben sie keine Möglichkeit dazu oder nur kurze und episodische Beziehungen, besteht wenig Aussicht, daß sie gut angepaßte Familientiere werden, und es besteht die Gefahr, daß sie scheu oder wild bleiben.

Man hat festgestellt, daß im Labor aufgezo-

Für die Entwicklung und das Wohlbefinden des Welpen ist das Spielen unerläßlich

gene Welpen, die in getrennten Käfigen gehalten und nur versorgt und ernährt wurden, ohne Kontakt zur Außenwelt zu haben, dreimal anfälliger für Viruserkrankungen waren als Welpen, die bei ihrer Mutter geblieben waren und menschliche Bezugspersonen hatten.

Ferner hat man, als man das Verhalten von Blindenhunden beim Abrichten analysierte, festgestellt, daß Jungtiere, die länger als 12 Wochen im Wurf geblieben waren, zum Abrichten ungeeignet sind. Umgekehrt wird ein Welpe, der zu früh, etwa mit 4 oder 5 Wochen, den Wurf verlassen mußte und nur mit Menschen zu tun hat, ausschließlich an seinem Herrn hängen und als ausgewachsener Hund Schwierigkeiten haben, sich mit seinen Artgenossen zu verständigen.

Kinder und Welpen verstehen sich im allgemeinen ausgezeichnet

Im allgemeinen verstehen sich Welpen – und auch ausgewachsene Hunde – mit Kindern ausgezeichnet. Kleine Kinder und Welpen haben denselben Spieltrieb. Welpen, die mit Kindern spielen, entwickeln sich schneller und fügen sich besser in die menschliche Gemeinschaft ein. Doch darf das Kind das Tier nicht ärgern oder es als Spielzeug betrachten. Ein Hund ist ein Lebewesen, und das Kind muß lernen, ihn als solches zu respektieren.

Die Eingliederung in die menschliche Gemeinschaft

Bestimmte Hunde haben rassebedingte Schwierigkeiten, sich in die Gemeinschaft mit dem Menschen einzugewöhnen. Gehören sie einer Rasse mit sehr langsamer Reifung an, so dürfen sie nicht entwöhnt werden, bevor sie mindestens 6–7 Wochen alt sind.

Doch führt vorzeitige oder verspätete Entwöhnung nicht notwendigerweise zu einer schlechten Anpassung des Tieres. Im ersten Fall ermöglichen häufige Kontakte zu anderen Hunden, im zweiten menschliche Fürsorge, daß der Welpe dennoch ein ungestörtes Sozialverhalten sowohl zu seinen Artgenossen als auch zum Menschen entwickelt.

Erziehung und Ausbildung

Wer seinen Hund liebt, gibt ihm eine gute Erziehung. Da er im Lauf seiner Entwicklung jahrhundertelang an das Leben in der Meute gewöhnt war, akzeptiert er und sucht sogar eine eindeutige Rangordnung. Ist er mit seinen Artgenossen zusammen, wird sich immer ein Hund als Rudelführer herausstellen. In den Beziehungen des Hundes zum Menschen muß dieser der Rudelführer sein. Darum darf man nicht zögern, für seinen Hund Regeln aufzustellen, die er zu respektieren hat.

Erziehungsgrundlagen

Qualitäten des Erziehers

Wer seinen Hund erfolgreich erziehen und ausbilden will, muß selbst zahlreiche Eigenschaften mitbringen. Bestimmte Eigenschaften wie Verständnis, Gerechtigkeitssinn und Autorität sind wesentlich, aber ebenso wichtig sind auch Selbstbeherrschung, Geduld und Liebe. Oberstes Gebot bei der Erziehung ist Gerechtigkeit, denn der Hund kann es nicht verstehen, wenn man ihn grundlos z. B. aus schlechter Laune heraus tadelt. Befehle müssen energisch erteilt werden, und man sollte deutlich seine Autorität als Herr bekunden, jedoch ohne Brutalität. Mit Geduld sollte man fünf- oder sechsmal mit derselben Übung wieder von vorn anfangen, und dies mehrere Tage hintereinander, ohne müde zu werden.

Der Pawlowsche Hund

Der Hund überlegt nicht wie der Mensch, sondern er handelt aufgrund von Verknüpfungen. Das ist Pawlows „Theorie der bedingten Reflexe", um die man wissen muß, um einen Hund erfolgreich ausbilden zu können. Jeder richtig ausgeführte Befehl und jede Leistung muß automatisch eine Belohnung nach sich ziehen. Um dieser Belohnung, nicht um der Tat selbst willen wird sich der Hund dann selbst übertreffen. Gleichermaßen muß jede Abweichung und jeder Fehler sofort bestraft werden. Der Hund muß bei dem bloßen Gedanken an das, was ihn erwartet, die Lust verlieren, nicht zu folgen.

Belohnungen

Die einfachste Belohnung besteht darin, daß man mit zufriedener Stimme sagt: „gut gemacht", „sehr gut", „bravo" oder „ja". Dabei streichelt man seinen Hund am Kopf oder an der Seite.

Strafen

Man soll sowenig wie möglich strafen und immer in abgestufter Weise. Bereits die deutliche Bekundung von Unzufriedenheit ist für den Hund eine Strafe. Es genügt, wenn man die Stimme hebt und sagt: „Das ist schlecht!", „Pfui" usw. Und wenn man den Ton weiter

---

Die sportlichen Anlagen des Hundes

Die sportlichen Fähigkeiten eines Hundes hängen zum größten Teil von der jeweiligen Rasse ab. Der Whippet, der mit zu den schnellsten Windhunden gehört, kann Geschwindigkeiten von 50 km/h auf Kurzstrecken erreichen. Der Deutsche Schäferhund wiederum ist im Springen begabt: Er erreicht 6–7 m in der Weite und überwindet Hindernisse von 3–4 m Höhe. Ein Wohnungshund läuft kaum mehr als 1–2 km am Tag, während ein Hütehund 100–150 km, ein Jagdhund 50–100 km täglich zurücklegt. Bestimmte Rassen können schwere Lasten ziehen: So z. B. können arktische Schlittenhunde 8 Stunden am Tag das Doppelte ihres Gewichts ziehen, und das bei Geschwindigkeiten von 3–4 km/h und bei −40 °C.

Whippets zählen unter den Windhunden zu den beliebtesten auf Hunderennbahnen

Der Deutsche Schäferhund ist von Natur aus für Springleistungen begabt

hebt, kann man dem Hund einen Befehl erteilen, den er als großes Ärgernis empfinden muß: „Mach, daß du wegkommst!", „In die Ecke!", „Auf deinen Platz und bleib!". Beraubt man ihn seiner Freiheit, so ist dies für ihn ebenfalls eine schwere Strafe. Man kann ihm auch einen Klaps mit einer zusammengefalteten Zeitung geben und ihn dabei tadeln, indem man die Stimme hebt. Schon die Androhung eines Klapses kann zuweilen ausreichend sein.

Ein Hund soll weder geschlagen noch geprügelt werden, es sei denn, er hat seinen Herrn gebissen. In diesem Fall straft man ihn mit einer Peitsche oder einem Ausklopfer. Die Leine sollte man nie zum Strafen nehmen, denn mit ihr sollte der Hund immer das Vergnügen eines Spaziergangs verbinden.

Niemals darf man nachträglich strafen. Der Hund kann dann keine Verbindung mehr zwischen Ursache und Wirkung herstellen. Wenn er „sich vergißt", muß man ihn auf frischer Tat bestrafen, darf ihm aber nicht erst zwei Stunden später seinen Haufen zeigen und ihn erst dann beschimpfen.

Den Namen des Hundes sollte man bei jedem Befehl und immer deutlich aussprechen und ihn immer auf derselben Silbe betonen. Wenn der Name lang ist, bewährt sich eine Kurzform.

Das Vokabular muß einfach und auf etwa 50 Wörter beschränkt bleiben. Diese Wörter müssen oft wiederholt werden, und zwar so, daß sich die Verknüpfung Wort–Tat automatisch für den Hund ergibt.

Allgemeine Erziehung

Die allgemeine Erziehung beginnt so früh wie möglich, etwa mit 2 Monaten; man wartet nicht, bis der Hund das Alter zur eigentlichen Ausbildung, nämlich 8–10 Monate, erreicht hat. Je jünger er ist, desto mehr Geduld muß man haben. Und nicht erweichen lassen darf man sich vom Mienenspiel des jungen Hundes; läßt man ihm alle Launen durchgehen, wird er sich als Rudelführer aufspielen, und man darf sich dann nicht darüber beklagen, daß er unverbesserlich und ungehorsam ist. Soll er z. B. nicht im Schlafzimmer nächtigen, so muß man ihn bereits in der ersten Nacht daran hindern; läßt man ihm erst einen Monat lang diesen Willen, ist es bereits zu spät.

Erziehung zur Sauberkeit

Die Erziehung zur Sauberkeit erfordert viel Geduld und Aufmerksamkeit. Bevor der Welpe 3 Monate alt ist, ist er noch nicht zum zweitenmal geimpft worden, d. h., man kann ihn also noch nicht auf die Straße führen. Man stellt ihm darum einen Raum mit aufwischbarem Fußboden zur Verfügung, etwa die Küche oder das Badezimmer, deren Ein-

gang man mit einem Brett versperrt. Darin richtet man ihm sein Lager und seinen Eßplatz ein, versieht sich mit einem Scheuertuch und wartet darauf, daß etwas passiert. Aller Wahrscheinlichkeit nach wird er sein Geschäft weit weg von seinem Korb machen. Man wischt es mit dem Scheuertuch auf, spült das Tuch mit Wasser aus und legt es dann wieder in „seine" Ecke. Es wird seinen Geruch behalten, und der junge Hund wird sehr bald begreifen, daß er dort hingehen soll. Im allgemeinen verrichtet der Hund sein Geschäft gleich nach der Mahlzeit. Darum sollte man ihm immer regelmäßig zu festgelegten Zeiten sein Futter geben und ihn, sobald er fertig ist, an den Platz tragen, den er sich für sein Geschäft angewöhnen soll. Sehr bald wird er von ganz allein dort hinzugehen verlangen. Nicht vergessen darf man, ihn zu streicheln und zu loben, wenn er es richtig gemacht hat.

Nach dem 3. Monat kann man mit ihm die ersten Spaziergänge machen, um ihm beizubringen, sich dabei zu entleeren. Aber selbst wenn man ihn auf dem Spaziergang eine halbe Stunde lang ermutigt hat, sein Geschäft zu machen, wird es erst zu Hause dazu kommen. Das ist normal, denn er fühlt sich da viel ruhiger, und er ist daran gewöhnt. Diese Gewohnheit muß man ihm nun aberziehen, indem man sofort wieder mit ihm hinausgeht, notfalls mit seinem Scheuertuch. Sechs- bis achtmal täglich muß man mit dem jungen Hund rausgehen. Bis zum Alter von 6 Monaten kann er sich nur ein paar Stunden zurückhalten. Wenn er älter ist, bereitet ihm eine ganze Nacht keine Schwierigkeiten. Aber auch der ausgewachsene Hund muß wenigstens drei- bis viermal am Tag hinausgehen können.

Der Hund ist dann völlig zur Sauberkeit erzogen, wenn er vor der Tür durch Jaulen zu verstehen gibt, daß er nicht länger warten kann. Hat er die schlechte Gewohnheit, das Treppenhaus oder den Aufzug zu beschmutzen, trägt man ihn bis zum Hauseingang auf den Armen. Die Methode, die Schnauze in „die Bescherung" zu stecken, ist bei einem jungen Welpen nicht sehr wirkungsvoll.

Leine und Halsband

Von den ersten Spaziergängen an sollte der Hund Halsband und Leine tragen. Das Halsband soll seiner Größe angemessen sein. Für Zwergrassen kann man auch Katzenhalsbänder oder Brustbänder verwenden. Für Hunde mit sehr dichtem und um den Hals herum sehr üppigem Fell wie dem Chow-Chow nimmt man anstelle eines Halsbands ein Brustband aus Leder. Windhunde bekommen ein sehr breites, eigens für sie entwickeltes Halsband. Bei großen Hunden empfiehlt sich ein einfaches Würge- oder Stachelhalsband aus Metall.

Der Maulkorb

Ein Maulkorb ist allgemein nicht zu empfehlen, auch nicht bei großen Hunden. Aber es gibt an einigen öffentlichen Plätzen Maulkorbzwang, und es ist gut, wenn man einen besitzt und weiß, wie man ihn in Ausnahmefällen anlegt, z. B. beim Transport, beim Tierarzt oder wenn man den Hund daran hindern will, eine Wunde zu lecken.

Man gewöhnt ihn am besten im Alter von ungefähr 7 oder 8 Monaten daran und macht sich selbst mit den Gurten vertraut, die man entsprechend seiner Größe einstellt.

Maulkorb aus Metall

Klassischer Maulkorb aus Leder

Die Leine soll haltbar, geschmeidig und leicht und am Halsband gut zu befestigen sein, und zwar mit einem Verschluß, der bei einem heftigen Ruck nicht aufgeht.

Mit 10 Wochen gewöhnt man den Welpen an das Halsband, indem man es ihm zu jeder Mahlzeit umlegt. In diesem Moment denkt er weniger daran, es abzustreifen. Die ersten Spaziergänge an der Leine macht man im Haus. Am Anfang wird er zwar lieber rückwärts gehen, aber nach und nach wird er lernen, willig an der Leine von einem Zimmer in das andere zu folgen. Nun kann man versuchen, mit ihm auf die Straße zu gehen. Hat er Angst vor einem anderen Hund, vor einem vorbeifahrenden Lastwagen oder einem knatternden Motorrad, beruhigt man ihn durch Streicheln und Zureden und geht am besten in eine andere Richtung.

Die ersten Befehle und Gehorsamsübungen

Es ist wesentlich, daß man mit dem Welpen bei der Ausbildung spricht. Die Sprache muß einfach sein, und die Befehle sollen sich auf ein oder zwei Wörter beschränken, die deutlich ausgesprochen werden, wobei man auf eine Silbe die Betonung legt. Also nicht: „Willst du dich hinlegen, Micky?" oder „Setz dich sofort hin, Ronald!", sondern: „Micky, Platz!" oder „Ronald, Sitz!", wobei man das „Platz" und das „Sitz" betont.

● „Sitz!" Das ist der einfachste und leichteste Befehl, der für alle Hunde gilt. Man führt seinen Hund an der Leine zunächst an einen ruhigen Ort. Dann stellt man ihn auf die linke Seite und hält die Leine in der rechten Hand. Mit der linken Hand drückt man auf sein Hinterteil, während die rechte Hand mit der am Halsband straffen Leine nach hinten zieht, damit er sich nicht hinlegt. Anschließend streichelt und lobt man ihn. Man wiederholt die Übung mehrmals, bis er sie ohne Druck mit der linken Hand ausführt. Dann kann man die gleiche Übung ohne Leine wiederholen.

Ziel ist es, ihn so auszubilden, daß er sich jedesmal hinsetzt, wenn man stehenbleibt. Dabei soll er die Vorderläufe nicht bewegen, sondern lediglich die Hinterläufe unter sich ziehen, um aus der stehenden in die sitzende Stellung überzugehen.

Fachleute bilden den Hund oft auf Handzeichen aus. Hier ist der linke Arm gesenkt, die Handfläche zeigt auf den Boden: Der Hund legt sich hin. Jede Geste hat ihre Bedeutung

● „Platz!" Aus der „Sitz"-Position heraus erteilt man dem Hund den Befehl „Platz!", wobei man mit der rechten Hand die Leine nach unten zieht und mit der linken Hand den Widerrist herunterdrückt. Man kann ihm auch die Vorderläufe nach vorn ziehen oder die Leine unter dem linken Fuß hindurch mit der rechten Hand ziehen. Sobald er die Übung richtig ausgeführt hat, wird er gestreichelt und gelobt. Die Stellung ist richtig, wenn sich das Bein des Hundeführers genau hinter der Schulter des Hundes in Höhe der Rippen befindet.

● „Sitz, bleib!" und „Platz, bleib!" Ziel dieser Übung ist, daß der Hund die gewünschte Stellung auch in Abwesenheit seines Herrn beibehält. Nachdem man den Befehl „Bleib!" erteilt hat, entfernt man sich, bleibt aber noch in Sichtweite. Dann kommt man zurück und streichelt ihn. Mit der Zeit entfernt man sich immer weiter, bis er einen nicht mehr sehen kann. Man sollte sich aber nicht länger als eine Minute entfernen. Ist man wieder zurückgekehrt und hat ihn belohnt, gibt man

ihm einen Befehl, der das Ende der Übung anzeigt, z. B. „Lauf!"

● Mit und ohne Leine bei Fuß gehen. Zunächst muß man dem Hund beibringen, mit einem zu gehen, ohne in alle Richtungen zu ziehen, damit ein Spaziergang nicht zu einer körperlichen Strapaze für Hund und Herrn wird. Seine Vorderläufe sollen in Höhe der Beine seines Herrn sein. Der Leinengriff wird in der rechten Hand gehalten, während die linke Hand die Länge der Leine reguliert. Wenn er sich zu weit entfernt, gibt man ihm den Befehl „Bei Fuß!" und zieht gleichzeitig mit der linken Hand kräftig an der Leine.

Das Bei-Fuß-Gehen des Hundes ohne Leine ist eine schwierige Übung, mit der man erst beginnen kann, wenn alle vorangegangenen Befehle korrekt ausgeführt werden. Zunächst benutzt man noch eine dünne Schnur von etwa 3 m Länge, dann verzichtet man auf jede Leine. Man braucht für die Übung viel Geduld.

● Zurückkommen des Hundes. Man nimmt am besten eine Führleine von 5 bis 6 m Län-

Das Erlernen von „Sitz!" und „Platz!"

Wenn man einem Hund beibringen will, sich auf Befehl zu setzen, legt man ihm die Leine an und stellt ihn auf die linke Seite, wobei man die Leine mit der rechten Hand hält. Mit der linken Hand drückt man seine Lenden herunter, wobei man

seinen Kopf mit der Leine in der rechten Hand nach oben zieht. Man hält ihn mit der linken Hand in der „Sitz"-Position und streichelt ihn zur Belohnung

Wenn man ihm beibringen will, sitzen zu bleiben, entfernt man sich rückwärts, wobei man die Leine gestrafft läßt und ihm die rechte Hand vorhält. Die rechte Hand bleibt erhoben, wenn man ihm sagt: „Bleib!" Man geht weiter zurück und hält die Leine fest. Wenn der Hund versucht aufzustehen, tadelt

man ihn mit Worten. Hat der Hund die Übung begriffen, macht man die Leine los, wobei man noch immer die rechte Hand erhoben hält, und gibt erneut den Befehl: „Bleib!" Man wiederholt die Übung so oft wie nötig, wobei man sich immer weiter entfernt, bis der Hund sich dabei nicht mehr rührt

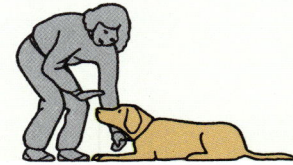

Wenn man dem sitzenden Hund beibringen will, sich hinzulegen, zieht man ihm die Vorderläufe mit der rechten Hand nach vorn, wobei man ihm mit der linken Hand auf den Rücken drückt. So bringt man ihn in eine liegende Stellung, wobei man ihm „Platz!" befiehlt. Wenn er versucht, wieder

aufzustehen, wiederholt man den Befehl „Bleib!" Wenn der Hund liegt, entfernt man sich nach und nach, wobei man ihm immer noch die Hand vorhält. Zuerst geht man rückwärts weg und wiederholt dabei „Bleib!". Diese Übung wiederholt man, bis der Hund sie verstanden hat und korrekt ausführt

Das Erlernen des „Bei-Fuß-Gehens"

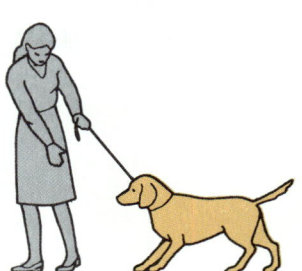

Ein junger Hund, der an der Leine zieht, muß lernen, bei Fuß zu gehen, d. h. neben seinem Herrn

Wenn er sich von einem entfernt, zieht man kräftig an der Leine und gibt ihm mit fester Stimme den Befehl: „Bei Fuß!"

Die Stellung ist richtig, wenn die Vorderläufe des Hundes in Höhe der Beine des Herrn sind

ge, die dem Hund den Anschein von Freiheit läßt. Dann befiehlt man ihm: „Hier!", wobei man eine Handbewegung auf sich zu macht. Kommt er dem Befehl nicht nach, zieht man mit einem kräftigen Ruck an der Leine. Nie darf man auf ihn zugehen, wenn er auf dem Weg stehenbleibt, sondern man wiederholt den Befehl und zieht erneut an der Leine, bis er es begreift. Sobald er neben einem steht, streichelt man ihn und gibt ihm eine Stellung an, die er einnehmen soll, also „Sitz!" oder „Platz!"

Einige Fehler, die korrigiert werden müssen

● Unangebrachtes Bellen. Daß ein Hund beim geringsten Geräusch, das von draußen kommt, zu bellen anfängt, z.B. wenn beim Nachbarn geläutet wird, wenn die Aufzugtür geht usw., ist ein durchaus natürliches Verhalten, solange dieses Bellen nicht übertriebene Ausmaße annimmt. Einschreiten muß man jedoch, wenn der Hund keinen Unterschied macht zwischen alltäglichen Geräuschen (z. B. Telefon, Radio, Auf und Ab im Haus) und ungewöhnlichen Geräuschen

(z.B. Schritte, Fremder im Haus). Jedesmal, wenn er unangebracht bellt, muß man ihn mit einem „Aus!" oder „Platz!" zur Ordnung rufen. Zwar darf man ihn nicht dafür schlagen, aber man darf ihm das unnötige Bellen auch nicht durchgehen lassen, denn sonst wird er ein von seiner Umgebung wenig geliebter „Kläffer" werden.

● Alleinbleiben. Hunde verabscheuen Einsamkeit; dies darf aber kein Grund sein, daß das vierbeinige Familienmitglied sämtliche Nachbarn am Schlafen hindert, wenn Herrchen und Frauchen ausgehen. Die Erziehung verlangt Bestimmtheit und muß früh beginnen. Bevor man weggeht, bringt man ihn bequem in seinem Korb unter, gibt ihm zu trinken und zu fressen und legt einige seiner Spielsachen in Reichweite. Am Anfang entfernt man sich nur kurze Zeit, etwa einige Minuten, dann dehnt man die Abwesenheit länger aus. Zunächst horcht man hinter der Tür. Weint er länger als 5 Minuten, geht man zurück, hebt die Stimme, legt ihn wieder in seinen Korb und geht erneut fort. Keinesfalls darf man sich von seinem Spektakel oder seiner Unglücksmiene erweichen lassen. Viel-

Bei-Fuß-Gehen wird zunächst an der Leine gelehrt und geübt. Dann geht man dazu über, dem

Hund dieselbe Übung ohne Leine beizubringen, was viel Geduld erfordert

mehr sollte man sich vor Augen halten, daß sich Leute schon ganz von ihrem Hund trennen mußten, weil sein Bellen und Jaulen fortgesetzte Klagen von seiten der Nachbarn zur Folge hatten.

● Der Dieb. Ein Hund, der richtig ernährt und wohlerzogen ist, stiehlt keine Nahrungsmittel. Auch der Geruch eines Steaks oder einer Lammkeule darf ihn nur zu einer leicht zu unterdrückenden Begierde anregen. Ist dies nicht der Fall, dann muß man ihn eine unangenehme Erfahrung machen lassen, die er immer mit dem Nahrungsmitteldiebstahl verknüpfen wird. So kann man z. B. in seiner Reichweite ein Stück mit scharfem Senf oder spanischem Pfeffer präpariertes Fleisch liegenlassen und ihn beschimpfen, wenn man ihn auf frischer Tat ertappt. Er wird dies sehr schnell begreifen. Vermeiden sollte man allerdings, den Hund zu lange dem Anblick und Wohlgeruch eines verführerischen Fleischstücks auszusetzen.

● Der Ausreißer. Manche Hunde neigen dazu auszureißen. Sobald sie entkommen können, bleiben sie mehrere Stunden lang weg und kommen in einem erbärmlichen Zustand und oft verletzt zurück. Unbefriedigter Jagdinstinkt, zu wenig Auslauf oder auch eine läufige Hündin können Gründe für das Ausreißen sein. Entgegen dem ersten Impuls sollte man ihn nicht beschimpfen, wenn er zurückkommt. Er wird sonst bei seinem nächsten Ausreißen noch länger auf sich warten lassen, weil er sich vor der Strafe fürchtet. Wenn möglich, muß man ihn beim Aufbruch strafen. Kommt er zurück, sollte man ihn belohnen, damit er gern nach Hause kommt.

● Der Aggressive. Wach- und Schutzhunde sind so ausgebildet, daß sie sich Fremden gegenüber aggressiv verhalten sollen. Niemals aber darf er sich seinem Herrn gegenüber so verhalten. Zeigt er die Zähne und versucht zu beißen, wenn sein Herr ihn streichelt oder ihm seinen Futternapf geben will, so verdient er die schärfste Bestrafung und Züchtigung. Wenn er nicht gezüchtigt wird, läuft man Gefahr, daß der Hund unkontrollierbar und für einen selbst wie für andere gefährlich wird. Notfalls sollte man einen Ausbildungsexperten um Rat und Hilfe bitten. Ein Hund ist nur selten von Geburt an bösartig, dann jedoch gibt es nur eine Lösung: sich von ihm zu trennen.

Aggressivität anderen Hunden gegenüber ist häufiger und hat ihren Ursprung vor allem in angeborenen Verhaltensweisen (siehe Seite 281). Wenn zwischen Hunden ein Kampf ausbricht, bleiben Befehle im allgemeinen ohne Wirkung. Man tut gut daran, sie nicht mit den Händen auseinanderbringen zu wollen, denn man läuft dabei Gefahr, ernsthaft gebissen zu werden. Man kann, wenn sie angebunden sind, versuchen, sie an der Leine auseinanderzuziehen oder einen Eimer Wasser über die Kämpfer zu gießen.

Gehübungen bei Fuß mit und ohne Leine werden in Gegenwart anderer Hunde fortgesetzt, sobald der Hund sich diese Übung gut angeeignet hat. In Gegenwart seines Herrn sollte der Hund beim Anblick eines Artgenossen keine Aggressivität zeigen, andernfalls muß man ihn mit einem Befehl wie „Sitz!" oder „Platz!" zur Ordnung rufen.

Aggressivität allen außer seinem Herrn gegenüber ist ein Zeichen von großer Scheu und mangelndem Vertrauen. Hunde, die alle Zärtlichkeiten, selbst von freundlicher Hand, abweisen, sind furchtsam und übernervös. Mit ihnen muß man sehr geduldig sein und sie schrittweise daran gewöhnen, viele Leute um sich zu haben.

Die Aggressivität eines Hundes kann ihren Ursprung haben in der Verteidigung seines Reviers, aber auch in sexueller Übererregung

● Der Überfreundliche. Dieser Hund freut sich so sehr, seinen Herrn zu sehen, daß er sich nicht zurückhalten kann und ihn anspringt. Wenn er auf den Befehl „Platz!" nicht reagiert, hält man ihm den Fuß oder das Knie entgegen und tritt ihm notfalls vorsichtig auf seine Hinterpfoten, bis er begreift, daß dieses Verhalten nicht erwünscht ist.

● Der Vandale. Vor allem junge Hunde neigen dazu, allein gelassen Kissen aufzuschlitzen, an Büchern oder Schuhen zu nagen und Türen und Möbel zu zerkratzen.

Gegen dieses Verhalten muß man sofort etwas unternehmen. Man kann das Tier bestrafen, vorausgesetzt, man ertappt es auf frischer Tat. Das beste Mittel dagegen aber besteht darin, daß man dem zuvorkommt, indem man seinem Hund einen Ball, einen alten Schuh oder ein Beißspielzeug schenkt, Dinge, mit denen man ihn spielen läßt; Dinge, an denen er sich nicht vergreifen soll, entfernt man aus seiner Reichweite.

● Der Ängstliche. Zwar ist es unerläßlich, daß der Hund seinen Herrn respektiert und ihm gehorcht, aber es ist traurig, einen dermaßen furchtsamen Hund zu sehen, der zu zit-

Ausbildung und Spiel

Der Hund ist unter allen Tieren eines der verspieltesten. Dieser Spieltrieb ist von den Vorfahren erebt und findet sich auch bei bestimmten großen Raubtieren.

Alle Welpen spielen leidenschaftlich gern, und einige erwachsene Hunde wie die Boxer bekunden diese Lust bis ins fortgeschrittene Alter. Das Spiel ist wesentlich für das seelische Gleichgewicht des Hundes, und die Ausbildungsstunden des jungen Hundes müssen immer wieder mit Ballspielen, Herumtollen oder Versteckspielen abwechseln. Der Hund braucht ein paar einfache Spielsachen, einen Knochen aus Büffelhaut, einen Ball oder ein Stück Holz, mit denen er sich notfalls auch allein beschäftigen kann.

Das Spiel ist wichtig für das seelische Gleichgewicht und die Lernfähigkeit des Welpen

tern und zu urinieren anfängt, sobald man mit ihm schimpft. Ein solcher Hund muß vor allem beruhigt werden. Man läuft andernfalls Gefahr, daß er aus Angst aggressiv oder total gehemmt wird.

● Der Faule. Ein Hund wird zuweilen mit der Neigung zur Faulheit geboren. Oft wird diese Neigung auch noch von seinem Herrn bestärkt, der keinerlei Versuch unternimmt, seinen Hund zu mehr Bewegung zu ermuntern. Einen faulen Hund muß man mit allen

Ein Hund, der Angst hat, kann gefährlich werden. Er braucht viel Liebe und Ermutigung

Mitteln zum Spazierengehen ermutigen, ihn notfalls auch dazu zwingen.

● Der Despot. Der despotische Hund bestimmt, wie es im Haus zugeht. Das ist aber eher ein soziales als ein psychologisches Problem. Der Hund sieht sich als Meuteführer, wenn sein Herr nicht genug Autorität besitzt, um dem Tier den ihm gebührenden Platz zuzuweisen. In diesem Fall sollte der Herr sein eigenes Verhalten überdenken und mit Geduld, aber auch mit Bestimmtheit dem Hund klarmachen, wer der Herr im Haus ist.

● Der Eifersüchtige. Der eifersüchtige Hund will immer im Mittelpunkt der Aufmerksamkeit seines Herrn stehen. Die Ankunft eines vermeintlichen Rivalen, sei es ein anderer Hund oder ein Kind, kann ihn krank machen. Mancher Eifersüchtige stellt sich lahm oder weigert sich zu fressen, nur um die Aufmerksamkeit auf sich zu lenken. Will man verhindern, daß aus Eifersucht Aggressivität wird, muß der Herr seine Fürsorge dem Hund gegenüber verdoppeln und ihn fühlen lassen, daß er in der Familie immer seinen Platz haben wird.

● Der Hund und die Straße. Hunde sind oft Opfer von Verkehrsunfällen, weil sie unbedacht auf die Straße rennen. Darum ist es wichtig, daß Hunde lernen, nie ohne Herrn und ohne Aufforderung Straßen oder Wege zu überqueren. Versucht der Hund, allein eine Straße zu überqueren, dann ruft man ihn mit einem „Hier!" zur Ordnung. Diese Übung wiederholt man, bis er es nicht mehr versucht, sondern am Straßenrand wartet, bis er aufgefordert wird hinüberzugehen.

● Der Vieh- und Geflügeljäger. Manche Hunde können es nicht lassen, alles, was sich bewegt, zu verfolgen, vor allem andere Haustiere und Geflügel, aber auch Fahrräder und Motorräder. Falsche Erziehung ist daran schuld. Jedesmal, wenn der Hund diesen Fehler macht, muß man ihm „Bei Fuß!" befehlen.

Kontrolle über weite Entfernungen

Da der Hund ein unendlich höher entwickeltes Gehör hat als der Mensch, kann man den Hund mit einer Ultraschallpfeife zurückrufen, wenn er außer Reichweite der Stimme ist. Eine Reihe kurzer oder langer Pfiffe kann das Signal zur Umkehr sein. Man kann auch Befehle wie „Sitz!" oder „Platz!" geben, wenn man dem Hund beigebracht hat, welche Signale für welche Befehle gelten, und er gelernt hat, diese Befehle auch auf weite Entfernung zu befolgen.

Zum Bewachen von Gegenständen ausgebildete Hunde können auch auf Kinder aufpassen

Ausbildung des Schutzhundes

Der Hund hat von Natur aus einen Schutzinstinkt, der ihn auch seinen Herrn verteidigen läßt. Bestimmte Rassen eignen sich besonders gut für die Ausbildung zum Schutzhund. Es gibt etwa 20 Rassen, die bekanntesten in Deutschland sind die acht Gebrauchshundrassen Deutscher Schäferhund, Dobermann, Deutscher Boxer, Riesenschnauzer, Airedale Terrier, Rottweiler, Hovawart und Bouvier des Flandres. Am besten sucht man sich einen Welpen aus, der weder ängstlich noch bösartig ist und dessen Eltern gute Schutzhunde sind. Man bringt ihm von klein auf Gehorsam bei und beginnt mit der fachlichen Ausbildung, wenn er die nötige Reife erlangt hat. Die Hilfe eines Fachausbilders ist fast immer notwendig. Er kennt die Hunde, ihre Psychologie, ihre Eigenschaften und ihre Fehler sehr genau und sieht sofort, warum ein Hund sich weigert, einen Befehl korrekt auszuführen. Man kann auch einem Verein für Gebrauchshunde beitreten, wo man zusammen mit anderen Hundefreunden und unter Anleitung geschulter Lehrer lernt, seinen Hund richtig zu erziehen.

Bewachen eines Gegenstandes

Wenn das Bewachen eines Gegenstandes geübt werden soll, bittet man einen dem Hund unbekannten Freund, die Rolle des Diebs zu spielen. Man macht seinen Hund in der Nähe des Gegenstandes fest, befiehlt ihm „Platz!" und zeigt ihm die Wichtigkeit, die das gewählte Objekt hat (Koffer, Kinderwagen oder ein Kleidungsstück), indem man ihn lange daran schnuppern läßt. Dann befiehlt man „Paß auf!" und entfernt sich. Der Dieb nähert sich dem Gegenstand. Wenn der Hund sich nicht rührt, tut er so, als wolle er das Objekt ergreifen, und gibt dem Hund mit einem Stock einen Klaps. Sowie der Hund sich durch Knurren oder Bellen bemerkbar macht, rennt der Dieb davon, und der Herr kommt und lobt seinen Hund.

Das Schutzhundpatent

In Deutschland werden die Schutz- und Gebrauchshundprüfungen nach einer Prüfungsordnung durchgeführt, die von der Arbeitsgemeinschaft der Zucht- und Gebrauchshundeverbände (AZG) erstellt wird. Es gibt drei verschiedene Prüfungsstufen mit aufsteigendem Schwierigkeitsgrad (I, II und III). Die Hunde werden in drei Abteilungen geprüft: In der Fährtenarbeit suchen sie eine mehr oder weniger alte Fährte ab. Bei den Unterordnungsleistungen werden das Gehen mit und ohne Leine, Sitz-, Platz- und Stehübungen, das Apportieren und die Schußfestigkeit geprüft. Im Schutzdienst zeigt der Hund durch Verbellen den Täter an, muß ihn an der Flucht hindern und ihn auf eine größere Distanz stellen.

Man kann seinen Hund in einem Gebrauchshundeverein ausbilden. Hier wird z. B. das Gehen an der Leine in der Gruppe geübt

Zum Bewachen des Wagens verfährt man auf dieselbe Art und Weise. Man läßt den Hund mit dem Befehl „Paß auf!" im Auto zurück. Mit der oben beschriebenen Methode bringt man ihm bei, daß er anschlägt, sobald ein Fremder die Wagentür zu öffnen versucht.

Ebenso verfährt man, wenn der Hund lernen soll, das Haus zu bewachen.

Apportieren eines Gegenstandes

Dazu gewöhnt man seinem Hund an, einen vertrauten Gegenstand (z. B. einen Ball) zu ergreifen, indem man ihn ihm in den Fang steckt. Auf den Befehl „Aus!" muß er ihn loslassen. Man fährt mit dieser Übung fort, indem man ihm „Bring!" befiehlt, wobei man sich rückwärts entfernt. Dann wirft man den Gegenstand weit weg und gibt dieselben Befehle. Am besten beginnt man mit dieser Übung, wenn der Hund noch jung ist. Der Welpe wird es für ein Spiel halten. Später wird er dann an den vorgeschriebenen Gegenstand gewöhnt.

Dieser zum Zeitungsträger ausgebildete Pudel hat erfolgreich das Apportieren gelernt

Futterverweigerung

Diese Übung ist in der in Deutschland gültigen Prüfungsordnung nicht vorgesehen. Sie ist dennoch sehr gut geeignet, seinen Hund vor vorsätzlichen Vergiftungen zu schützen. Man beauftragt einen Helfer, dem Hund Nahrung anzubieten. Wenn der Hund zugreift, soll ihn der Helfer mit einem Stock schlagen, und man befiehlt „Pfui!" oder „Aus!" Die Übung wiederholt man mit mehreren Helfern. Man kann den Hund auch an der Leine an einem schönen Stück Fleisch vorbeiführen; wenn er, nachdem er daran geschnüffelt hat, danach greifen will, zieht man heftig an der Leine und gibt auch hier den Befehl „Pfui!" oder „Aus!"

Es fällt dem Hund sehr schwer, die angelernte Futterverweigerung zu bewahren und nur aus der Hand seines Herrn Nahrung aufzunehmen. Man muß ihn daher regelmäßigen Tests unterziehen, um sicherzugehen, daß er auch immer korrekt reagiert.

Bei der Angriffsübung darf der Hund erst auf ausdrücklichen Befehl loslassen

Der Angriff

Der Helfer oder „Angreifer" ist mit einem Spezialanzug bekleidet, der an den Beinen und Armen gepolstert ist. Der Befehl „Faß!" wird vom Herrn gegeben, entweder weil der

Ausbildung zur Bewachung eines Gegenstandes

Man läßt den Hund mit dem Gegenstand, den er bewachen soll, allein

Der Dieb nähert sich und versucht, den Gegenstand zu ergreifen

Der Hund muß sich dann auf den Angreifer stürzen

Helfer ihn anzugreifen oder weil er einen bewachten Gegenstand zu stehlen versucht. Der Angreifer schwenkt drohend den Arm, um den Biß des Hundes zu provozieren. Auf den Befehl „Aus!" muß der Hund loslassen.

Ausbildung des Jagdhundes

Die Ausbildung unterscheidet sich je nach Rasse, der der Hund angehört: Vorstehhunde, Laufhunde, Retriever oder Terrier. Die Grundausbildung ist für alle gleich: Dazu gehören das Halsbandtragen, das Gehen mit und ohne Leine, die „Sitz"-Übung und der Befehl „Bei Fuß!". Außerdem muß der Hund hinter seinem Herrn laufen und schußfest sein.

Down

Das „Down" ist die Grundübung für den Jagdhund. Der Hund soll sich dabei flach auf den Boden legen, den Kopf zwischen den Vorderpfoten, und in dieser Stellung bleiben, bis man den Gegenbefehl „Auf!" gegeben hat.

Unbeweglich zeigt ein Braque Français durch Vorstehen an, daß er dem Wild gegenübersteht

Die Weimaraner Bracke in der Down-Stellung

Der Befehl zum Down wird entweder mit der Stimme gegeben oder durch einen langen Pfiff oder mit hocherhobenem Arm. Beim Üben läßt man den Hund sich hinlegen und rückt seinen Kopf in die richtige Stellung, wobei man das Wort „Down" wiederholt.

Das Vorstehen

Das Vorstehen ist bei den meisten Jagdhunden eine angeborene Gabe. In dieser Stellung bleibt der Hund unbeweglich vor dem Wild, das er aufgestöbert hat, stehen. Das geschieht auf verschiedene Weise: entweder stehend und gestreckt, dabei versteift sich der Hund auf seinen Pfoten und hebt eine Vorderpfote an, die Nase ist geradeaus in den Wind gehalten, oder aufrecht stehend und wartend, wo-

bei sich der Hund sträubt weiterzugehen, oder sitzend oder an den Boden angeschmiegt liegend.

Das Kreuzspüren

Der Spürinstinkt ist dem Jagdhund angeboren, aber man sollte mit dem Ausbilden nicht unter 10 Monaten beginnen. Führt man den Hund ins Gelände, wird er von sich aus nach allen Gerüchen schnüffeln. Das Kreuzspüren ist die Art und Weise, wie er nach dem Wild suchen wird: die Nase im Wind, mal nach rechts, mal nach links abweichend, senkrecht im Wind und mehr oder weniger lange, je nach Rasse. Der Befehl lautet „Such!", wobei der ausgestreckte Arm in die Spürrichtung weist. Das Beispiel eines schon ausgebildeten Hundes ist sehr nützlich, um beim Abrichten voranzukommen.

Der Pointer nimmt Witterung auf, bevor er der Spur des Wildes folgt

Der Jagdhund

Der Hund folgt dem Herrn auf dem Fuß

Er bricht auf, um dem Wild nachzuspüren

Das Down vor dem Wild, das auffliegt

Das Vorstehen vor dem Wild

Wenn der Herr schießt, geht der Hund in Down-Stellung

Er bricht auf, um das Wild zu suchen

Er apportiert es im Fang

Er bringt die Beute zu seinem Herrn

Das Apportieren

Zwar apportieren alle Jagdhunde, aber es ist die Spezialität der Retriever. Sie nehmen nicht am Aufspüren des Wildes teil, sondern gehen erst nach dem Schießen auf die Suche.

Die Ausbildung ist die gleiche wie beim Gebrauchshund. Man benutzt ein Kaninchenfell oder totes Wild. Die Befehle lauten „Bring!" und „Gib!"

Spezielle Ausbildung

Der Blindenführhund

In dieser Disziplin bevorzugt man den Deutschen Schäferhund, aber auch andere Schäferhunde, Bouviers oder Schlittenhunde haben sich als geeignet erwiesen. Für die Ausbildung gibt es Spezialschulen.

Nach der Grundausbildung gewöhnt man den Hund an ein Geschirr auf dem Rücken, das mit einem steifen Bügel in Form eines umgekehrten „U" verstärkt ist. Dann bringt man ihm bei, wie er seinen Herrn auf Hindernisse aufmerksam machen kann. Entweder

Das Wild muß unversehrt apportiert werden, für den Epagneul Breton ein Vergnügen

Der Blindenführhund zeigt Hindernisse an und hilft, sie zu umgehen

umgeht er sie und berücksichtigt dabei einen angemessenen Zwischenraum, durch den auch sein Herr hindurchpaßt, oder er hält an und setzt sich, um anzukündigen, daß eine Stufe zu nehmen ist. Der Lehrer weigert sich weiterzugehen, solange ihm der Hund nicht durch sein Stehenbleiben oder Hinsetzen das Hindernis anzeigt.

Ausbildung zu anderem Gebrauch

Es gibt zahlreiche und gewiß nützliche Aufgaben für Hunde. Wegen seines Geruchssinns ist der Lawinen- und Katastrophenhund geeignet, den Rettern die Orte anzuzeigen, wo sich die Opfer befinden. Der Bernhardiner, das Urbild des Lawinenhundes, ist heute durch den Deutschen Schäferhund oder den Leonberger ersetzt. Der Fährtenhund nimmt im Dienst der Polizei, des Zolls und der Armee an der Suche nach Verschwundenen, Drogen oder Verbrechern teil. Der Trüffelhund stellt seinen Geruchssinn den Gastronomen zur Verfügung. Der Hund hat vielfältige, für den Menschen nützliche Begabungen.

Die Ausbildung eines Hütehundes

Man muß einen Hund auswählen, der aufgrund seines Charakters für die Hütearbeit besonders geeignet ist. Der Schäferhund muß gehorsam, mutig, wachsam, freundlich und intelligent sein. Nervöse oder aggressive Tiere eignen sich nicht. Nachdem man dem Hund im Alter von 6–8 Monaten alle Gehorsamsleistungen beigebracht hat, führt man ihn in einen Schafpferch und lehrt ihn, die Schafe ohne Brutalität in den Hals, die Schenkel oder ins Ohr zu beißen und auf Befehl wieder auszulassen. Dann bringt man ihn mit einem schon ausgebildeten Hund zusammen, der ihm das Führen der Herde zeigen wird.

Schäferhunde können Spezialisten sein. Der Hütehund als „Sperrhund" spielt die Rolle eines beweglichen Zauns, der die Verirrten und Bummelanten einsammelt. Der Hütehund als „Randstreifenhund" schützt die Felder, indem er die Herde während der Wanderung außen herum-

führt, und der „Beihund" bleibt an der Seite des Schäfers und greift nur auf Befehl ein.

Die Leistungsprüfungen der Hütehunde umfassen mehrere Aufgaben: die Herde aus dem Pferch oder in den Pferch führen, ein schwieriger Übergang, das Führen der Herde, Intelligenz der Ausführung und Anhalten der Herde, Führen der Herde zwischen Kraftfahrzeugen. Die Befehle werden vom Schäfer gegeben.

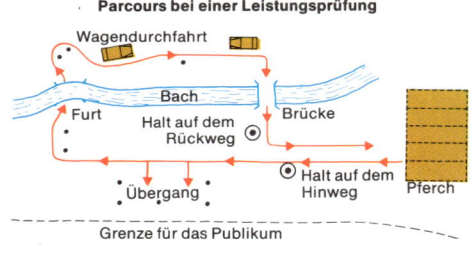

Dank seines ausgeprägten Geruchssinns wird der Hund erfolgreich und zur Freude der Gastronomen bei der Trüffelsuche eingesetzt

Ebenfalls wegen ihres Geruchssinns werden Hunde bei der Polizei oder beim Zoll bei der Fahndung nach Drogen eingesetzt

Die Gesundheit des Hundes

Anatomie

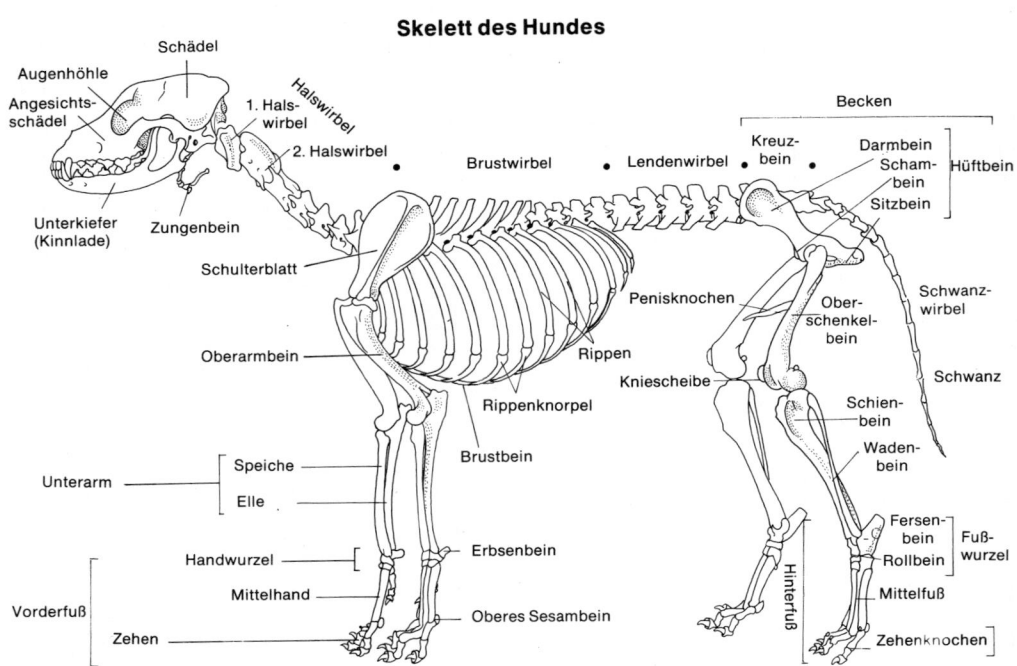

Skelett des Hundes

Augenhöhle

Schädel

Angesichts-schädel

Halswirbel

1. Hals-wirbel

2. Halswirbel

Brustwirbel

Lendenwirbel

Becken

Kreuz-bein

Darmbein

Scham-bein

Sitzbein

Hüftbein

Unterkiefer (Kinnlade)

Zungenbein

Schulterblatt

Penisknochen

Ober-schenkel-bein

Schwanz-wirbel

Oberarmbein

Rippen

Kniescheibe

Schwanz

Rippenknorpel

Schien-bein

Brustbein

Waden-bein

Speiche

Unterarm

Elle

Fersen-bein

Fuß-wurzel

Handwurzel

Erbsenbein

Rollbein

Mittelhand

Mittelfuß

Vorderfuß

Zehen

Oberes Sesambein

Hinterfuß

Zehenknochen

Das Skelett

Das Skelett ist das von den Muskeln bewegte, gelenkige Knochengerüst, das die Weichteile stützt und auch das Zentralnervensystem schützt.

Die Knochen sind lebendige Organe, deren Form, Struktur und Zusammensetzung sich das ganze Leben hindurch verändern. Sie haben die Aufgabe, Mineralstoffe zu speichern und Blut zu bilden.

Das Axialskelett besteht aus Schädel und Wirbelsäule; die Gliedmaßen nennt man Ansatzskelett. Die Knochen gehören vier Kategorien an: Man unterscheidet die langen Knochen (die der Gliedmaßen wie das Oberarmbein oder der Oberschenkelknochen), die flachen Knochen (Schulterblätter, bestimmte Schädelknochen), die kurzen Knochen (Wirbel) und schließlich die Sesambeine, die meist verknöcherte Sehnenteile an den Gliedmaßen sind.

Die Wirbelsäule des Hundes setzt sich aus sieben Halswirbeln, 13 Brustwirbeln, sieben Lendenwirbeln, drei Kreuzwirbeln, die nach der Geburt zum Kreuzbein verwachsen, und 20–23 Schwanzwirbeln zusammen. Die Rippen sind mit den Brustwirbeln verbunden und schließen am unteren Ende an das Brust-

bein an. Das Kopfskelett besteht aus zwei Knochenkomplexen: aus den Hirnschädelknochen, die das Gehirn umhüllen, und aus den Angesichtsknochen um Mund- und Nasenhöhle, deren Größe je nach Rasse stark variiert.

Die Gliedmaßen sind mit dem Axialskelett durch Gürtel verbunden. Der Schultergürtel wird auf beiden Seiten des Körpers nur durch jeweils ein Schulterblatt gebildet, denn der Hund, wie auch andere schnell laufende Tiere, hat kein Schlüsselbein. Der Beckengürtel befestigt die Hintergliedmaßen am Rumpf und ist über die Kreuzwirbel mit der Wirbelsäule verbunden. An der Vordergliedmaße wird der Arm vom Oberarmbein, der Unterarm von Elle und Speiche gestützt; die Hand wird aus der Handwurzel, der Mittelhand und fünf Fingern gebildet; die Finger haben je drei Glieder mit Ausnahme des Daumens, der nur zwei hat. Die Beckengliedmaße umfaßt den Oberschenkel, gestützt vom Oberschenkelbein, den Unterschenkel mit dem Schienbein und dem Wadenbein und schließlich den Fuß, der aus der Fußwurzel, den vier Mittelfußknochen und vier Zehen mit je drei Gliedern gebildet wird.

Der Hund ist ein Zehengänger: Er tritt mit allen drei Zehengliedern, die durch Hand-

bzw. Fußballen geschützt sind, auf. Beim Laufen werden die Gelenke abwechselnd gestreckt und gebeugt. In der Ruhestellung bilden die verschiedenen Teile der Gliedmaßen nicht eine gerade Linie, sondern sind gewinkelt. Je steiler die Winkelung der Gelenke, desto höher die Laufgeschwindigkeit, die der Hund erreichen kann.

Die Gelenke

Die Gelenke sind die mit Knorpel bedeckten und mit Gelenkschmiere befeuchteten Verbindungen zwischen den Skeletteilen. Sie werden von einer fasrigen Hülle, der Gelenkkapsel, umgeben, die von Bändern verstärkt wird. Muskeln und Sehnen geben dem Ganzen Festigkeit.

Man unterscheidet verschiedene Arten von Gelenken: straffe, wie zwischen Darmbein und Kreuzbein, bewegliche und einachsige Gelenke. Die beweglichen Gelenke sind die der Gliedmaßen.

Die einachsigen Gelenke sind, wie der Name andeutet, nur begrenzt beweglich. Sie können – wie z. B. das erste Zehengelenk – nur beugen und strecken.

Die Muskeln

Man unterscheidet drei Arten von Muskeln: die quergestreiften oder Skelettmuskeln, die die Bewegungen des Skeletts und der Haut ermöglichen; den Herzmuskel, dessen Fasern ebenfalls quergestreift sind, der aber eine autonome Nervenversorgung hat; schließlich

die glatten Muskeln, die man im Verdauungstrakt und in anderen inneren Organen findet.

Beim Hund ist die Hautmuskulatur, die eine dünne Schicht zwischen Haut und Skelettmuskulatur bildet, gut entwickelt. Bei entsprechender Reizung bewegt sie ganze Hautbezirke. Durch die Kontraktion der Haarbalgmuskeln in der Haut sträuben sich die Haare.

Von den Kopfmuskeln sind besonders die der Ohren und der Brauen von Bedeutung. Die Kopfmuskulatur bewirkt auch das Zähnefletschen.

Die Skelettmuskeln haben sehr unterschiedliche Form (sie können lang oder kurz sein); sie sind entweder unmittelbar oder durch eine deutlich erkennbare Sehne mit dem Knochen verbunden.

Wie alle anderen Säugetiere besitzt der Hund einen besonderen Muskel, das Zwerchfell, das Brust- und Bauchhöhle voneinander trennt.

Der Verdauungsapparat

Der Verdauungsapparat wird von den Organen gebildet, welche die Nahrung aufnehmen und durch mechanische und chemische Vorgänge in einfache Substanzen verwandeln, die vom Organismus aufgenommen und verwertet werden können.

Der Hund als fleischfressendes Säugetier greift seine Beute mit dem Fang. Das Fleisch wird dann durch die Bewegung der Kinnlade (Unterkiefer) gekaut. Die Zähne haben verschiedene Funktionen: Die Praemolaren und

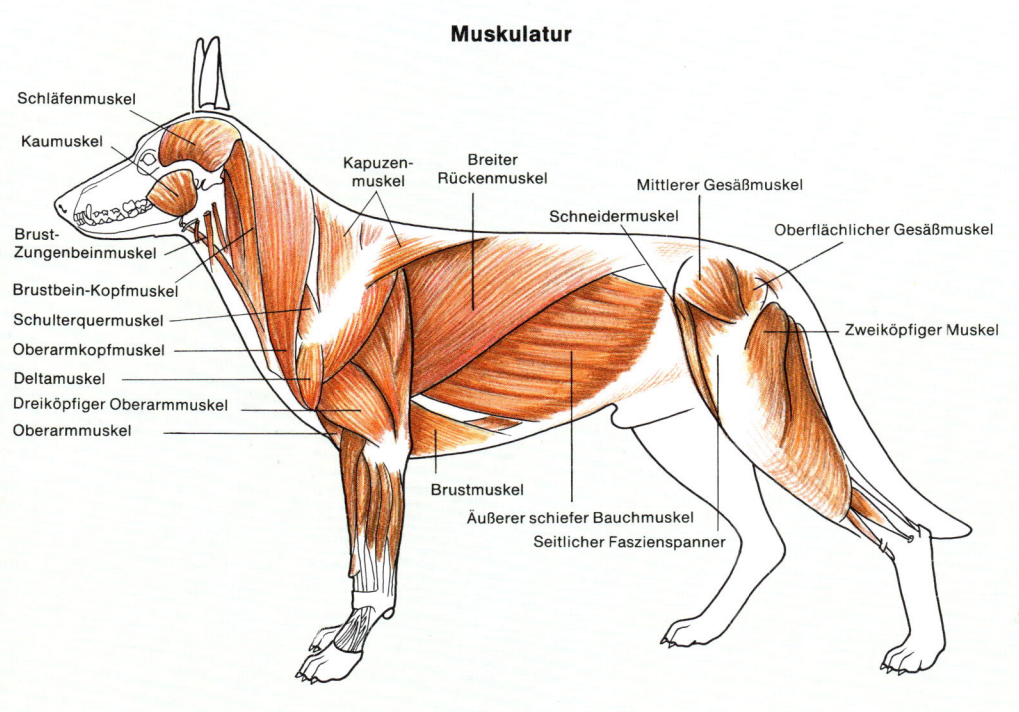

Muskulatur

Schläfenmuskel
Kaumuskel
Kapuzenmuskel
Breiter Rückenmuskel
Mittlerer Gesäßmuskel
Schneidermuskel
Oberflächlicher Gesäßmuskel
Brust-Zungenbeinmuskel
Brustbein-Kopfmuskel
Schulterquermuskel
Oberarmkopfmuskel
Deltamuskel
Dreiköpfiger Oberarmmuskel
Oberarmmuskel
Zweiköpfiger Muskel
Brustmuskel
Äußerer schiefer Bauchmuskel
Seitlicher Faszienspanner

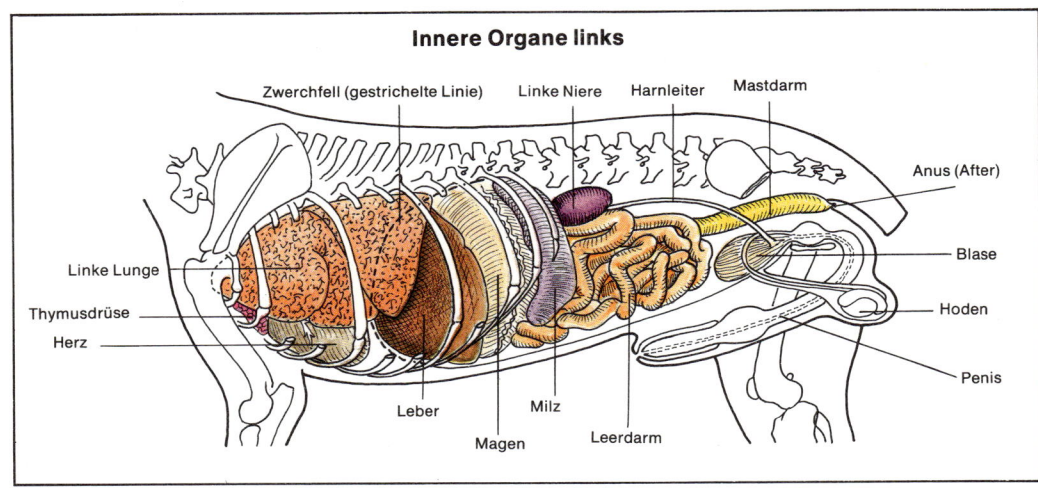

Innere Organe links

Zwerchfell (gestrichelte Linie) — Linke Niere — Harnleiter — Mastdarm — Anus (After) — Blase — Hoden — Penis — Linke Lunge — Thymusdrüse — Herz — Leber — Magen — Milz — Leerdarm

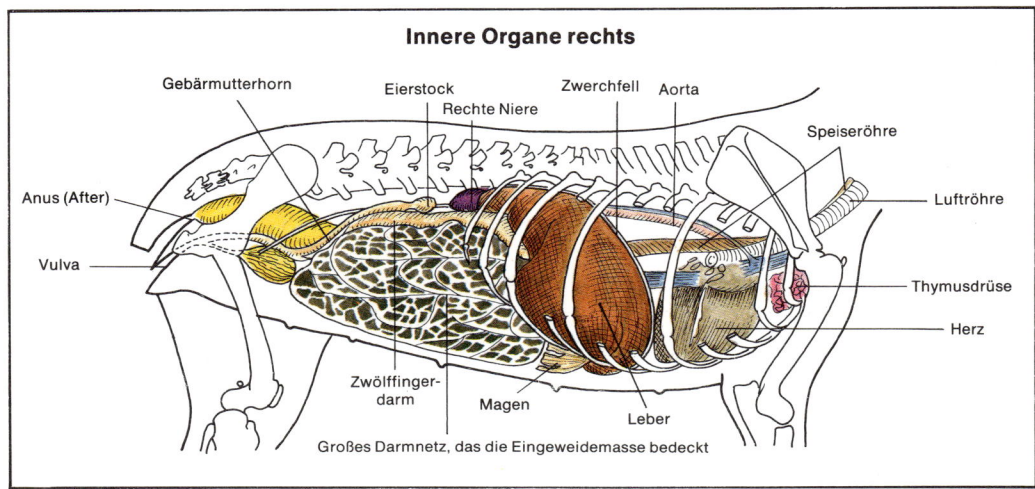

Innere Organe rechts

Gebärmutterhorn — Eierstock — Rechte Niere — Zwerchfell — Aorta — Speiseröhre — Luftröhre — Thymusdrüse — Herz — Anus (After) — Vulva — Zwölffingerdarm — Magen — Leber — Großes Darmnetz, das die Eingeweidemasse bedeckt

Reißzähne zerstückeln das Fleisch, während die Molaren die Nahrung zermahlen. Die Schneidezähne, die Hakenzähne und die Praemolaren, die das Gebiß des jungen Hundes (32 Milchzähne) bilden, werden mit fünf bis sieben Monaten durch das endgültige Gebiß mit 42 Zähnen ersetzt. Alle Zähne nützen sich mit dem Alter ab. Durch eine Untersuchung der Schneide- und Hakenzähne läßt sich das Alter des Hundes annähernd feststellen, obwohl die Ernährung der Haustiere – und damit die Abnutzung ihrer Zähne – beträchtlich variiert (siehe Seite 42).

Der Speichel, von dem täglich 100–400 cm³ von mehreren Drüsen abgesondert werden, dient vor allem dazu, das Schlucken zu erleichtern. Die lange, breite, dünne und sehr bewegliche Zunge erleichtert ebenfalls den Transport der Nahrung. Mit ihr kann der Hund auch Flüssigkeiten aufnehmen und den Geschmack des Futters wahrnehmen, denn auf ihr sitzen die Geschmacksknospen.

Die Nahrung wird geschluckt und gleitet durch die Speiseröhre. Sie wird oberhalb der Luftröhre und des Herzens, dann zwischen den Lungen und durch das Zwerchfell in den Magen transportiert.

Der Magen ist ein Muskelsack mit einem Fassungsvermögen von 1–9 l je nach Rasse. Die Innenseite der Magenwände ist mit Drüsen bedeckt, die den Magensaft absondern; zusammen mit den Muskeln verwandelt dieser Saft die aufgenommene Nahrung in eine flüssige und weißliche Masse, Chymus (Magenbrei) genannt, die an den Dünndarm weitergegeben wird.

Der Darm umfaßt zwei Abschnitte: den 1,80–4,80 m langen Dünndarm, der einen verhältnismäßig großen Durchmesser hat, und den Dickdarm, in dem die Verdauung abgeschlossen wird. Die unverdaulichen Bestandteile der Nahrung werden an den Mastdarm weitergegeben und als Kot ausgeschieden.

Die Anhangdrüsen

Die Leber ist die wichtigste Anhangdrüse. Ihr Gewicht beträgt durchschnittlich 3 % des Körpergewichts, sie wird aber mit zunehmendem Alter kleiner. Sie übernimmt wichtige Aufgaben bei der Blutbildung, beim Stoffwechsel, beim Kreislauf und beim Abbau giftiger Substanzen. Außerdem sondert sie Galle für die Fettverdauung ab. Sie speichert Vitaminreserven, Spurenelemente und Eisen und spielt eine wesentliche Rolle bei der Aufrechterhaltung der Körpertemperatur.

Die Bauchspeicheldrüse sondert wichtige Verdauungsfermente ab und reguliert den Blutzuckerspiegel. Die Milz dient als Speicher für Blut und Eisen, bildet weiße Blutkörperchen sowie Antikörper für die Bekämpfung von Infektionskrankheiten und zerstört überalterte rote Blutkörperchen.

Die Atmungsorgane

Die Luft gelangt in den Körper durch die Nasenlöcher, die vom Nasenspiegel umgeben sind (siehe Seite 39). Der Nasenspiegel wird von Knorpeln gestützt. Die weite Nasenhöhle ist in eine rechte und eine linke Hälfte unterteilt und von der Mundhöhle durch den Gaumen getrennt. Der Geruchssinn wird von der Riechschleimhaut getragen, die Nasen- und Siebbeinmuscheln überzieht. Der Hund hat einen besonders feinen Geruchssinn; seine Riechfeldfläche ist sehr viel größer als die des Menschen (5 cm² beim Menschen gegenüber bis zu 170 cm² beim Hund).

Die Luft passiert dann den Rachen und kommt in den Kehlkopf, der der Luftröhre vorgelagert ist. Im Kehlkopf sind die Stimmbänder, deren Schwingungen das Bellen erzeugen; dies wird durch den Rachen und die Nasenhöhle verstärkt, die als Resonanzkörper dienen. Die Luft wird durch die Luftröhre in die Lungenflügel geführt, die durch Knorpelringe offengehalten wird und die sich in zwei Bronchien teilt. In der Lunge spalten sich diese in Luftröhrenästchen, feiner werdende Röhrchen, die in kleinen Taschen, den Lungenbläschen, enden; hier findet der Gasaustausch statt. Das Blut gibt das Kohlendioxid ab und reichert sich mit Sauerstoff an. Die Lunge des Hundes ist relativ umfangreich (1 % des Körpergewichts), für ein Lauftier eine wesentliche Voraussetzung. Ihre normale Farbe ist rosa, aber sie wird grau bei Hunden, die in der Stadt leben. Sie ist von einem Brustfell genannten Sack umgeben, der dem Brustkorb innen anliegt und die Verschiebung der Lunge beim Atmen ermöglicht.

Die Harnorgane

Diese Organe haben die Aufgabe, schädliche oder unbrauchbare Produkte der Körperfunktionen sowie überschüssiges Wasser auszuscheiden. Zu den Harnorganen gehören die Nieren und die Harnwege. Die Nieren, die 40–60 g wiegen, reinigen das Blut durch Filtern. Sie haben die Form einer Bohne und sind von sehr dunkelroter Farbe. Die Giftstoffe werden mit dem Urin über die beiden Harnleiter, die in die Blase münden, ausgeschieden. Aus der Blase tritt der Urin durch die Harnröhre aus; diese ist beim Rüden sehr viel länger als bei der Hündin.

Die Geschlechtsorgane

Bei beiden Geschlechtern sind die Organe nach demselben Grundplan angelegt und umfassen die Keimdrüsen oder Gonaden, die die Fortpflanzungszellen produzieren, die keimleitenden Wege, die die Weitergabe gewährleisten, und schließlich die Begattungsorgane, die auch Gameten genannt werden.

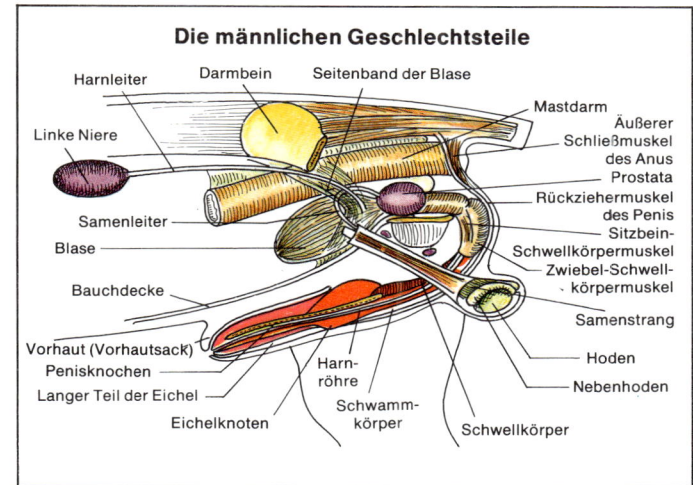

Die männlichen Geschlechtsteile

Harnleiter — Darmbein — Seitenband der Blase — Mastdarm — Äußerer Schließmuskel des Anus — Prostata — Rückziehermuskel des Penis — Sitzbein-Schwellkörpermuskel — Zwiebel-Schwellkörpermuskel — Linke Niere — Samenleiter — Blase — Bauchdecke — Vorhaut (Vorhautsack) — Penisknochen — Langer Teil der Eichel — Eichelknoten — Harnröhre — Schwammkörper — Schwellkörper — Samenstrang — Hoden — Nebenhoden

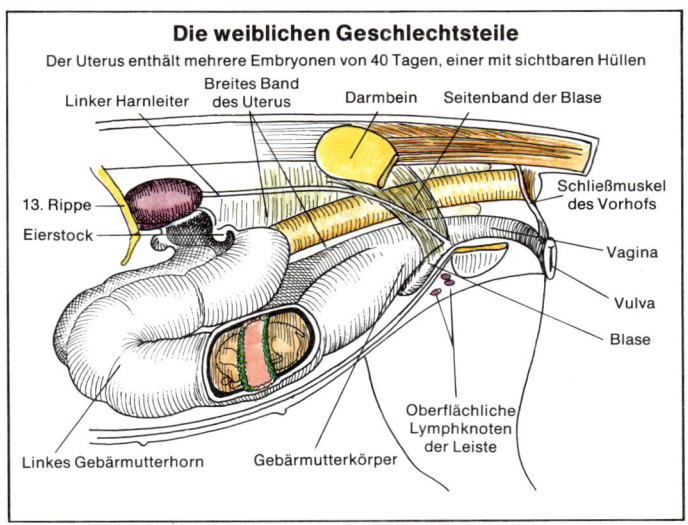

Die weiblichen Geschlechtsteile

Der Uterus enthält mehrere Embryonen von 40 Tagen, einer mit sichtbaren Hüllen

Linker Harnleiter — Breites Band des Uterus — Darmbein — Seitenband der Blase — 13. Rippe — Eierstock — Schließmuskel des Vorhofs — Vagina — Vulva — Blase — Linkes Gebärmutterhorn — Gebärmutterkörper — Oberflächliche Lymphknoten der Leiste

Die männlichen Geschlechtsorgane

Sie umfassen die beiden Hoden in Kugelform, die in einem Scrotum genannten Sack enthalten sind. Dieser befindet sich unter dem Anus zwischen den Schenkeln.

Die Hoden erzeugen die männlichen Gameten oder Spermien. Auf dem Hoden sitzt der Nebenhoden, der sich im Samenleiter fortsetzt. Die beiden Samenleiter münden in die Harnröhre. Die Prostata oder Vorsteherdrüse erzeugt eine Flüssigkeit, in der die Spermien weitertransportiert werden. Der Hund hat weder eine Samenblase noch eine Cowpersche Drüse. Durch Blutansammlung im Gewebe, das die Harnröhre im Penis umgibt, kommt es bei der Paarung zu einer Verdickung des Schwellkörpers. Außerdem ist der Penis mit einem tropfenförmigen Knochen versehen, der die Harnröhre stützt.

Die weiblichen Geschlechtsorgane

Die Keimdrüsen sind die beiden kleinen, abgeflachten und etwas unterhalb bzw. hinter den Nieren liegenden Eierstöcke. Die Hündin wird im Alter von vier bis sechs Monaten geschlechtsreif; die Funktion ihrer Eierstöcke ist diskontinuierlich: Es gibt im Jahr zwei Perioden in Abständen von sechs Monaten. Die Hitze, auch Östrus genannt, in der sie gedeckt werden kann, dauert zwei bis drei Wochen; die Ovulation (Produktion der Eizellen) tritt nach dem ersten Drittel der Hitze ein. Nach der Eiablage gelangt die von einer Hülle umgebene Eizelle in die Gebärmuttertube, wo die Befruchtung durch ein Spermium stattfindet.

Jede Tube mündet in ein Gebärmutterhorn; die beiden Hörner vereinen sich und bilden den Gebärmutterkörper. Die sehr lange Vagina hat in der Vulva ihren Ausgang. Das befruchtete Ei, das aus der Vereinigung einer Eizelle mit einem Spermium entstanden ist, gelangt erst nach zwei Wochen in die Gebärmutterwand. In dieser Zeit kann man die Trächtigkeit, die etwa 63 Tage dauert, noch unterbrechen.

Bei jedem Wurf gibt es vier bis zehn Welpen. Nach dem Werfen durchtrennt die Hündin mit ihren Zähnen jeweils die Nabelschnur. Bei der Geburt haben die Welpen die Augen noch geschlossen. Sie saugen an den vier oder fünf Paar Zitzen ihrer Mutter, die in zwei parallelen Reihen von der Brust bis zu den Leisten ausgebildet sind (siehe auch Seite 310).

Das Kreislaufsystem

Dazu gehören das Herz, die Blutgefäße (Arterien und Venen) sowie die Lymphbahnen und -knoten.

Das Herz, eine Pumpe, die für den Blutkreislauf sorgt, ist annähernd kugelförmig. Beim Hund als Bewegungstier wie auch beim Pferd ist dieses Organ relativ groß. Es wiegt 10 g bei kleinrassigen Hunden und bis zu 500 g bei den größten, was 0,7–0,8 % des Gesamtkörpergewichts entspricht.

Wie bei den anderen Säugetieren ist das Herz in zwei Hälften und vier Kammern unterteilt (zwei Vorhöfe und zwei Kammern), die nur senkrecht miteinander verbunden sind. Sie gewährleisten einen doppelten Kreislauf: den allgemeinen Kreislauf im ge-

Arteriensystem

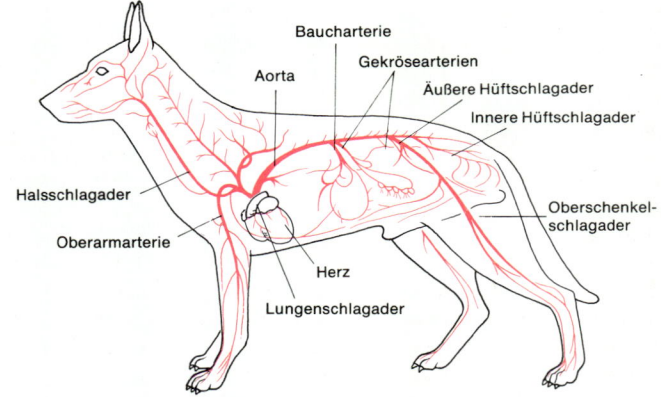

Baucharterie
Gekrösearterien
Aorta
Äußere Hüftschlagader
Innere Hüftschlagader
Halsschlagader
Oberarmarterie
Oberschenkelschlagader
Herz
Lungenschlagader

Venensystem

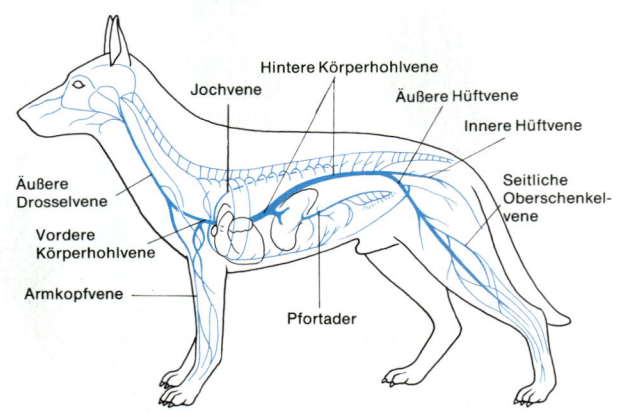

Hintere Körperhohlvene
Jochvene
Äußere Hüftvene
Innere Hüftvene
Äußere Drosselvene
Seitliche Oberschenkelvene
Vordere Körperhohlvene
Armkopfvene
Pfortader

samten Organismus und den kleinen Kreislauf zur Lunge. Die Schlagadern des kleinen Kreislaufs umfassen ein einziges Gefäß, den Lungenschlagaderstamm, der von der rechten Herzhälfte ausgeht und sich in zwei Lungenschlagadern spaltet; in diesen fließt kohlenstoffreiches Blut. Die Schlagadern des großen Kreislaufs gehen alle von der Aorta ab, die von der linken Herzkammer ausgeht.

Die Venen des kleinen Kreislaufs, die Lungenvenen genannt werden, führen das in der Lunge mit Sauerstoff angereicherte Blut zum linken Vorhof zurück. Die Venen des großen Kreislaufs münden in die beiden Hohlvenen, die das kohlendioxidreiche Blut zum rechten Vorhof führen.

Das Lymphsystem, das die Abwehr des Organismus gegen Infektionen gewährleistet, umfaßt die Lymphbahnen, die mit den Lymphknoten verbunden sind. Die Lymphe, welche die Zwischenzellräume entwässert, enthält Leukozyten, die Krankheitserreger zerstören und Antikörper aufbauen.

Das Nervensystem

Das Nervensystem hat die Aufgabe, Veränderungen innerhalb und außerhalb des Organismus zu registrieren und darauf entsprechend zu reagieren. Es stellt also die Beziehung zwischen dem Hund und seiner Umwelt her und koordiniert die Funktion seiner Organe (Beziehungsleben und vegetatives Leben).

Zum Nervensystem gehören das Zentralnervensystem, das periphere Nervensystem (Nerven) und das unwillkürliche oder autonome (sympathische und parasympathische) Nervensystem. Das Zentralnervensystem wird vom Gehirn und vom Rückenmark gebildet. Das Gehirn setzt sich aus dem Rautenhirn, dem Mittelhirn, dem Zwischenhirn und dem Endhirn, dem eigentlichen Gehirn, zusammen. Das Rückenmark, von dem die Rückenmarksnerven und die sensiblen und motorischen Nerven ausgehen, befindet sich in der Wirbelsäule.

Das Zwischenhirn ist für das Leben unerläßlich. Hier befinden sich die Befehls- und Regulationszentren von Atmung, Herzschlag, Verdauung, Fortpflanzung und Wärmeausgleich. Das Rautenhirn wirkt auf das Gleichgewicht, die Haltung und die Motorik, indem es die Muskelkontraktionen zeitlich und räumlich koordiniert. Das Großhirn setzt sich aus zwei Hälften zusammen, deren Oberfläche mit Windungen versehen ist. Hier befinden sich das bewußte Emp-findungsvermögen und die willkürliche Motorik.

Das gesamte Zentralnervensystem umgeben drei Schutz- und Ernährungshüllen, die Hirnhäute: außen die harte Hirnhaut, dann die Spinnwebehaut und innen die weiche Hirnhaut. Die Gehirnrückenmarksflüssigkeit (Liquor cerebrospinalis) füllt die Spinnwebehautspalträume und die Hohlräume des Zentralnervensystems ganz aus.

Das autonome Nervensystem regelt das vegetative Leben; es ist sowohl auf kurzfristige Hochleistung (Sympathicus) als auch auf Erholungsphasen (Parasympathicus) eingestellt.

Die Sinnesorgane

Das Auge des Hundes hat die gleiche Struktur wie das der anderen Säugetiere und verfügt von außen nach innen über drei konzentrische Hüllen: die harte Augenhaut, die Gefäßhaut und die Netzhaut (siehe auch Seite 41). Von der harten Augenhaut wird das Weiße des Auges gebildet, von der Gefäßhaut die Iris mit der Pupille. Die Netzhaut ist die empfindliche Schicht. Darunter, im Augenhintergrund, liegt eine lichtreflektierende Schicht, der sogenannte Teppich, von orangegelber bis apfelgrüner Farbe. Diese Schicht, die das Sehen in der Dämmerung erleichtert, leuchtet bei Dunkelheit rötlich, wenn Licht – etwa ein Scheinwerferstrahl – darauf fällt.

Die Struktur des Hundeohres ist der des menschlichen Ohrs vergleichbar. Der sehr lange und gekrümmte Gehörgang wird durch eine sehr bewegliche Muschel ergänzt, deren Form je nach Rasse variiert und die von Knorpel gestützt wird. Das Mittelohr und das innere Ohr bestehen aus den gleichen Elementen wie beim Menschen: Trommelfell, Gehörknöchelchen, Schnecke und Bogengänge (siehe auch Seite 40).

Der Tastsinn des Hundes ist im Bereich der Pfoten und der Zunge besonders entwickelt.

Nervensystem

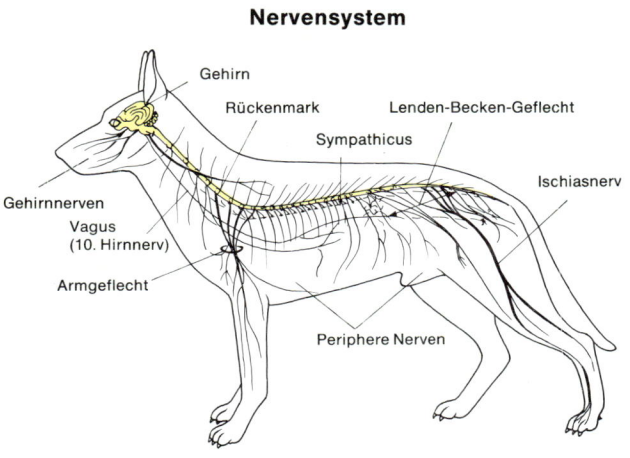

Gehirn
Rückenmark
Lenden-Becken-Geflecht
Sympathicus
Ischiasnerv
Gehirnnerven
Vagus (10. Hirnnerv)
Armgeflecht
Periphere Nerven

Physiologie

Die Physiologie, d. h. die Art und Weise, in der der Organismus des Hundes „funktioniert", ist der des Menschen ähnlich hinsichtlich Kreislauf, Atmung und Ausscheidung, sie unterscheidet sich aber hinsichtlich Verdauung, Fortpflanzung und Wärmeregulation.

Die Verdauung

Verdauung nennt man den komplexen Vorgang, durch den die Nahrung im Organismus stufenweise in ihre Nährstoffbestandteile zerlegt, transportiert und aufgenommen wird.

Das Schlucken

Wie der Körper aller Säugetiere besteht auch der des Hundes zu einem großen Teil aus Wasser. Um die Verluste, die durch Ausscheidungen sowie durch Wasserverdampfung über die Atemwege entstehen, auszugleichen, muß Wasser aufgenommen werden. Der Hund schlabbert Flüssigkeit: Er bewegt seine Zunge schnell hin und her, wobei diese zu einer Art Löffel zusammengelegt wird, und befördert so das Wasser in die Mundhöhle.

Das Fassen fester Nahrung und das Kauen wird von den Kiefern ausgeführt. Umfangreiche Brocken oder große Knochen werden mit den Vorderpfoten festgehalten, die so die Rolle von „Händen" spielen. Die Nahrungsaufnahme in die Mundhöhle wird durch Kopfbewegungen nach vorn und hinten unterstützt. Das Kauen ist sehr unvollständig, da die Kiefer keine seitlichen Bewegungen ausführen. Daher sind die geschluckten Stücke verhältnismäßig groß. Die Speichelabsonderung wird durch Geruch und Geschmack der Nahrungsmittel ausgelöst, aber auch durch bedingte Reflexe, so z. B., wenn der Hund merkt, daß sein Futter zubereitet wird.

Die Verdauung im Magen

Im Magen beginnt der eigentliche Verdauungsvorgang. Der Magen ist mit Schleimhaut ausgekleidet, in der neben Schleim der eigentliche Magensaft produziert wird (je nach Futter und Größe des Hundes bis zu 3 l pro Tag). Der Magensaft enthält Salzsäure und Enzyme (Substanzen, die den Abbau und die Verwertung der Nährstoffe fördern), die die Proteine und das Bindegewebe des Fleisches zerlegen. Die Bildung von Magensaft wird durch die Nahrungsaufnahme, aber auch durch bedingte Reflexe angeregt.

Die Verdauung im Darm

Der Speisebrei wird durch Darmbewegungen weitertransportiert und durch die Einwirkung der verschiedenen Verdauungssäfte in seine Bestandteile zerlegt. So enthält das Sekret der Bauchspeicheldrüse Enzyme, die Fette, Proteine und Stärke aufspalten. Die Galle produziert innerhalb von 24 Stunden bis zu 25 ml Sekret pro Kilogramm Körpergewicht, doch enthält der Gallensaft selbst keine Enzyme, begünstigt aber die Wirkung des Bauchspeicheldrüsensekrets. Außerdem fördert er die Ausscheidung verschiedener, nicht weiter verwertbarer Nahrungsreste. Durch die Einwirkung des Darmsaftes mit seinen Enzymen wird die Aufspaltung der Nahrung in ihre Nährstoffbestandteile abgeschlossen. Die einzelnen Nährstoffe werden im wesentlichen im Dünndarm resorbiert, d. h., die gelösten Stoffe werden in die Blutbahn aufgenommen. Insgesamt ist der Verdauungsvorgang ein sehr komplexes Zusammenspiel zahlreicher Faktoren, die nicht voneinander gelöst gesehen werden dürfen. Die hier gegebene Beschreibung des Verdauungsvorgangs stellt nur einen groben Umriß dar, der zum allgemeinen Verständnis beitragen soll.

Die Fortpflanzung

Die Sexualorgane des Rüden und der Hündin haben mehrere Funktionen. Sie ermöglichen zunächst die Paarung (Begattungsorgane) und die Befruchtung (Spermien bzw. Eizellen), und sie produzieren die Sexualhormone, die das Fortpflanzungsverhalten regulieren sowie auf die Anatomie, die Physiologie wie auch auf das übrige Verhalten einwirken. Alle mit der Fortpflanzung zusammenhängenden Erscheinungen werden u. a. durch den Hypothalamus (einen Teil des Zwischenhirns) und den Hypophysenvorderlappen (die Hirnanhangdrüse) reguliert.

Physiologie des männlichen Geschlechtsapparats

1 cm³ Sperma enthält zwischen 60000 und 300000 Spermien; produzierte Spermamenge und Konzentration schwanken jedoch und sind abhängig von der Häufigkeit der Paarungen. Daher sollte man einen Rüden nicht öfter als alle zwei Tage decken lassen.

Testosteron, das männliche Geschlechtshormon, wird in den Leydigschen Zellen in

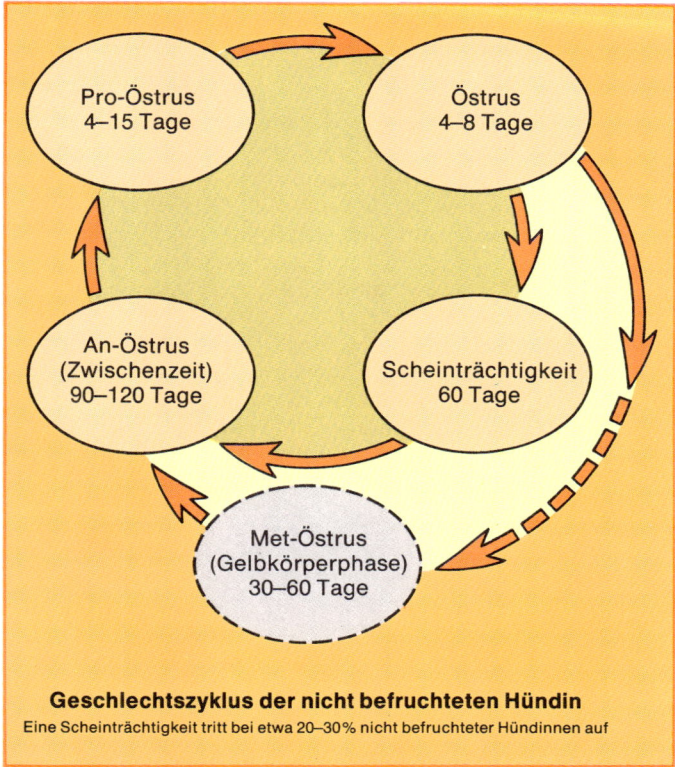

Geschlechtszyklus der nicht befruchteten Hündin
Eine Scheinträchtigkeit tritt bei etwa 20–30% nicht befruchteter Hündinnen auf

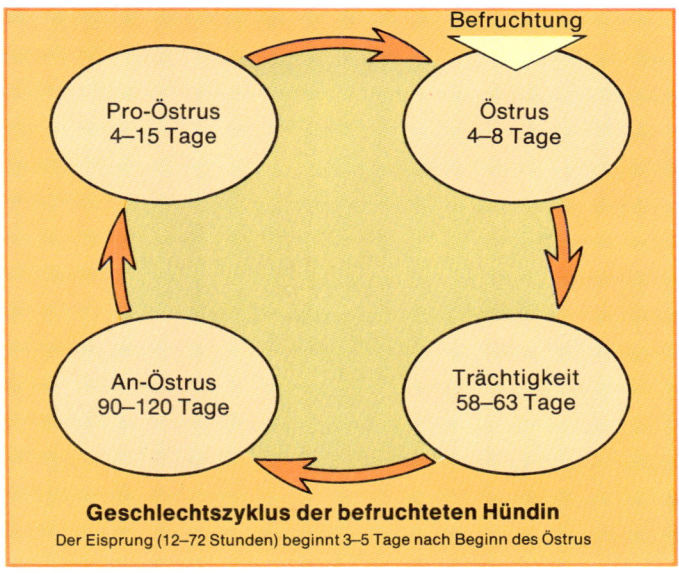

Geschlechtszyklus der befruchteten Hündin
Der Eisprung (12–72 Stunden) beginnt 3–5 Tage nach Beginn des Östrus

Physiologie des weiblichen Geschlechtsapparats

Sie ist viel komplexer als die des Rüden und u. a. durch Zyklen gekennzeichnet. Die von den Eierstöcken abgegebenen Eizellen sind in Ovarialfollikel gehüllt, von denen in jedem Zyklus eine bestimmte Anzahl heranwächst. Im Augenblick des Eisprungs platzen die Follikel auf, die Eizellen werden befreit und gelangen nun in den Eileiter. Während des ersten Abschnitts des Zyklus sondert der Eierstock östrogene Sexualhormone ab, die u. a. bedingen, daß die Hündin „heiß" wird. Ein weiteres Hormon ist das Progesteron, das von dem Gelbkörper abgesondert wird, der aus der Umwandlung der die Eizelle umgebenden Follikel entsteht. Dieses Hormon schafft die Voraussetzungen für eine ungestörte Entwicklung der Trächtigkeit.

Der Zyklus der Hündin läßt sich in vier Abschnitte unterteilen: Pro-Östrus, Östrus, Met-Östrus und An-Östrus. Die durchschnittliche Dauer des Zyklus beträgt 6 Monate, d. h., die Hündin wird zweimal jährlich sexuell aktiv. In der Praxis lassen sich jedoch zahlreiche Unregelmäßigkeiten aufgrund großer Unterschiede des An-Östrus (der Periode, in der die sexuelle Aktivität gleich Null ist) beobachten, die von der Rasse, dem jeweiligen Individuum und dem Alter abhängig sind. Statistische Untersuchungen haben ergeben, daß Läufigkeiten zu bestimmten Jahreszeiten besonders häufig auftreten, nämlich von März bis Mai und von Juli bis Oktober.

Der Pro-Östrus dauert 4–15 (durchschnittlich 9) Tage und entspricht der Zeit, in der die Follikel im Eierstock heranwachsen. In dieser Zeit schwillt die Vulva an, und man beobachtet einen zunächst schleimigen, dann blutigen Ausfluß. Der Östrus dauert 4–8 Tage. In dieser Zeit ist die Hündin deckbereit, sie ist heiß. Der Ausfluß verändert sich, er ist zunächst dünnflüssig-bräunlich, dann hellrosa, klar oder wäßrig-braun. Das Tier ist jetzt nervös und reißt häufig aus. Der Eisprung findet 3–5 Tage nach Beginn des Östrus statt (extreme

den Hoden, eine bestimmte Hormonmenge auch in den Nebennieren produziert. Die Bildung dieses Hormons ist unerläßlich für die Spermienproduktion. Außerdem bedingt es die Ausbildung der sekundären Geschlechtsmerkmale (der Rüde ist im allgemeinen größer und schwerer als die Hündin, seine Haut dicker und sein Bellen tiefer), und es bestimmt das Fortpflanzungsverhalten. Die geschlechtliche Reife erreicht der Rüde zwischen dem 6. und 11. Lebensmonat, und der Fortpflanzungstrieb hält bis ins Alter von 10–12 Jahren an. Im Gegensatz zur Hündin können Rüden das ganze Jahr über sexuell aktiv sein.

Abweichungen von 1 bis zu 7 Tagen sind möglich). Die Zahl der abgelegten Eizellen kann zwischen einer und mehr als 20 variieren, der Eisprung kann sich über eine Zeit von 12–72 Stunden erstrecken. Paarungen in einem zeitlichen Abstand von 24–48 Stunden mit mehreren Rüden können daher zur Geburt von Welpen verschiedener Väter führen.

Der Met-Östrus dauert etwa 2 Monate. Veränderungen der Geschlechtsorgane werden nicht sichtbar, denn sie betreffen nur die Gebärmutter, deren Wand sich verdickt. Diese Veränderungen sind an die Abgabe des Progesterons aus den Gelbkörpern gebunden.

Die Dauer des An-Östrus variiert zwischen einem und mehreren Monaten (durchschnittlich 3–4 Monate). Sie entspricht der Ruhezeit des Fortpflanzungsapparats. Reguliert wird der Zyklus durch mehrere von der Hypophyse gebildete Hormone. Die Hypophyse selbst wiederum steht in einem engen Wechselspiel mit dem Nervensystem auf dem Weg über den Hypothalamus.

Paarung und Trächtigkeit

Der Deckakt ermöglicht die Zusammenführung von Spermien und Eizellen in den Geschlechtsteilen der Hündin. Wenn die Hündin heiß ist, wird der Rüde durch Geruchssubstanzen, die Pherormone, die sie produziert, angezogen. Die Hündin ist nur während des Östrus zur Paarung bereit. Für eine erfolgreiche Paarung muß der Penis des Rüden erigiert sein. Die Einführung dieses Organs wird zum einen durch seine Festigkeit ermöglicht, die teilweise auf dem Penisknochen beruht, zum anderen durch die Ausdehnung und Feuchtigkeit der Vulva und Vagina. Das Eindringen des Penis löst bei der Hündin einen Kontraktionsreflex der Vaginamuskeln aus, während sich der Penis ausdehnt; so wird die Trennung der Partner verhindert. Diese „Hängen" genannte Phase kann weit länger als 10 Minuten dauern. Danach hört das Aufeinandersein meist auf, die beiden Tiere stehen nebeneinander, oft auch Rücken an Rücken, bis die Muskelkontraktion der Vagina nachläßt und der Rüde seinen Penis wieder herausziehen kann. In diesem Stadium sollte man die beiden Tiere weder erschrecken noch sie zu trennen versuchen, da sonst Verletzungen auftreten können.

Während des Hängens ergießt sich der Samen in drei aufeinanderfolgenden Ejakulationen in die Vagina, wobei die erste und die dritte nur wenige Spermien enthalten. Die maximale Überlebensdauer der Spermien in den Geschlechtsorganen der Hündin beträgt etwa 3 Tage.

Mit der Vereinigung einer Eizelle mit einer Samenzelle wird der Grundstein für ein neues Lebewesen gelegt, die Trächtigkeit beginnt. Anzeichen dafür sind bei der Hündin kaum vorhanden, daher ist es auch praktisch nicht möglich, zu diesem Zeitpunkt die Trächtigkeit festzustellen. Erst von der 3. Woche an kann sich das Verhalten der Hündin ändern und eine klinische Untersuchung durch den Tierarzt Aufschluß über ihren Zustand geben. Die Hündin wird ruhiger, der Umfang ihres Bauches nimmt zu.

Das Werfen steht im allgemeinen kurz bevor, wenn sich die Hündin absondert, um ein Nest zu bauen. Die einleitende Phase dauert mehrere Stunden, danach wird jeder Welpe nach dem Platzen der Fruchtblase und dem Abfließen des Fruchtwassers herausgepreßt. Die Nachgeburt wird gleichzeitig mit oder nach der Geburt des Welpen ausgeschieden. Die Hündin befreit das Junge von der Fruchtblasenhülle, wenn es noch damit bedeckt ist, und durchbeißt die Nabelschnur. Dann leckt sie sorgfältig die Geschlechtsöffnung und verzehrt die Nachgeburt. Bei mehreren Welpen beträgt der Zeitraum zwischen zwei Geburten etwa 10–30 Minuten. Die durchschnittliche Anzahl der Welpen bei einem Wurf hängt von vielen Faktoren ab, im allgemeinen aber werfen Hündinnen großer Rassen mehr Welpen als die kleiner Rassen.

Die Milchabsonderung (Laktation), die nach der Geburt beginnt, gewährleistet eine optimale Nährstoffversorgung der Welpen. Bereits in den Tagen vor der Geburt nimmt das Gesäuge beträchtlich an Umfang zu. Die Laktation beginnt aber erst nach der Geburt und versiegt, wenn sie nicht mehr durch das Saugen der Welpen angeregt wird. Der mechanische Reiz, der durch das Saugen und durch die Stüber mit den Köpfen der Welpen auf die Zitzen und das ganze Milchsystem ausgeübt wird, ist unerläßlich für die Hormonproduktion der Hypophyse, durch die die Milchdrüsen angeregt werden. Die Laktation dauert etwa 40–50 Tage, danach können die Welpen endgültig entwöhnt werden. Der Beginn der Entwöhnung bzw. der Beifütterung richtet sich nach dem Gesundheitszustand und der Belastung der Hündin sowie nach der Anzahl und dem Entwicklungsstand der Welpen.

Eingriffe in den Geschlechtszyklus der Hündin

Eine Läufigkeit kann auf zwei Arten unterdrückt werden: indem man sie von vornherein verhindert oder indem man sie zu Beginn des Pro-Östrus abbricht.

Die Läufigkeit von vornherein verhindern kann man, indem man der Hündin gezielt Gestagene verabreicht, und zwar während des An-Östrus, der geschlechtlichen Ruhezeit (d. h. 3–5 Monate nach der letzten Hitze oder 20–30 Tage nach der Entwöhnung der Welpen). Eine Wiederholung der Behandlung in entsprechenden Abständen verhindert das Auftreten weiterer Läufigkeiten. Diese Behandlung muß vom Tierarzt vorgenommen werden. Nachteile dieser Methode sind, daß möglicherweise Gebärmutterentzündungen auftreten können und daß die Gefahr besteht, daß die Hündin unfruchtbar wird. Deswegen kann es sinnvoll sein, alle zwei oder drei Zyklen die Behandlung abzusetzen.

Der Abbruch der Läufigkeit ist prinzipiell möglich, muß aber unbedingt zu Beginn des Pro-Östrus erfolgen. Diesen Zeitpunkt jedoch genau festzustellen ist oft sehr schwierig.

Ist eine Hündin unbeabsichtigt gedeckt worden, so ist nach tierärztlicher Indikation ein Abbruch der Trächtigkeit möglich.

Die günstigste Zeit zum Decken

Will man bei der Zucht gute Resultate erzielen, sollte man eine junge Hündin weder bei der ersten noch bei der zweiten Läufigkeit decken lassen.

Bedenkt man, daß Spermien und Eizellen nur eine begrenzte Lebensdauer haben und daß der Zeitpunkt des Eisprungs nicht exakt bestimmt werden kann, so wird leicht verständlich, daß eine zweimalige Belegung der Hündin die Aussichten auf eine Befruchtung wesentlich erhöht. Man läßt sie also am besten 24 Stunden nach Beginn des Pro-Östrus ein erstes Mal und 48 Stunden später ein zweites Mal decken.

Kreislauf und Atmung

Kreislauf und Atmung des Hundes unterscheiden sich nicht wesentlich von denen des Menschen. Die Blutmenge beträgt etwa 80 ml je Kilogramm Körpergewicht, ein 15 kg schwerer Hund hat etwa 1,2 l Blut. Ein Blutverlust von 150 ml ist für einen mittelgroßen Hund bereits besorgniserregend. Wie beim Menschen gibt es auch beim Hund verschiedene Blutgruppen.

Auch das Herz funktioniert ähnlich wie beim Menschen. Die Frequenz der Herzschläge (70–120 pro Minute) ist im wesentlichen von der Größe des Hundes abhängig, d. h., im allgemeinen haben kleinere Hunde einen schnelleren Pulsschlag als größere. Daneben ist der Herzrhythmus bei körperlich gut trainierten Hunden langsamer als bei weniger gut trainierten.

Der Blutkreislauf. Sauerstoffhaltiges Blut (hellrot) verläßt die linke Herzkammer, fließt durch die Aorta und wird von hier aus durch andere Schlagadern und arterielle Haargefäße im ganzen Körper verteilt. Nachdem das Blut in den Muskeln und anderen Körperorganen mit Kohlendioxid angereichert worden ist, geht es in die venösen Haargefäße über, die ihrerseits in größere Adern münden. Das Blut ist jetzt dunkelrot und kehrt durch die Hohlvene zum Herzen zurück. Es gelangt in den rechten Vorhof, dann in die rechte Herzkammer, und von dort wird es in die Lunge

Blutzusammensetzung des ausgewachsenen Hundes	
Blutvolumen: 80 ml/kg.	
Anzahl der Blutkörperchen (pro mm³ Blut):	
rote Blutkörperchen:	5 000 000–7 000 000
weiße Blutkörperchen:	7 000– 10 000
Anteile der verschiedenen Arten der weißen Blutkörperchen:	
Neutrophile:	60–75%
Eosinophile:	2–5%
Basophile:	unter 1%
Lymphozyten:	10–30%
Monozyten:	bis 3%
Thrombozyten:	150 000–600 000
Bestandteile des Blutes:	
Hämoglobin:	10–15 g/100 ml
Glukose:	60–80 mg/100 ml
Harnstoff:	20–50 mg/100 ml
Eiweiß:	4–6 g/100 ml

gepumpt. Hier gibt es das Kohlendioxid ab und nimmt Sauerstoff auf, kehrt zum linken Vorhof zurück, gelangt in die linke Herzkammer, und der Umlauf beginnt von neuem.

Die Wärmeregulierung

Der Hund ist ein homöothermes Säugetier, d. h., seine Körpertemperatur ist konstant. Beim ausgewachsenen Hund beträgt sie zwischen 37,5 und 38,5°C, bei jungen Hunden sowie bei kleinen Rassen liegt sie höher als bei älteren bzw. größeren Tieren. Bei neugeborenen Welpen sind die Regelmechanismen, die diese Temperatur auf dem erforderlichen Niveau halten, noch unvollkommen. Ihre Innentemperatur sinkt sehr schnell ab, wenn sie in den ersten Lebenstagen nur der Umgebungstemperatur überlassen bleiben, und sie sterben. Darum bleiben die Welpen dicht beieinander und nahe der Mutter. Nach 1–3 Wochen entwickeln sich zunehmend die notwendigen Mechanismen zur Wärmeregulierung. Dies ist insofern wichtig, weil die etwa ab der 3. Woche beginnenden Ausflüge der Welpen vom Lager weg in die „feindliche" Umwelt eine eigenständige Temperaturregulation erforderlich machen.

Um sich tiefen Umgebungstemperaturen anzupassen, stehen dem Hund prinzipiell zwei Möglichkeiten zur Verfügung: Er kann seine Wärmeabgabe verringern oder seine Wärmeproduktion steigern.

Die Wärmeabgabe wird verringert, indem die Blutgefäße der peripheren Körperpartien (Gliedmaßen, Ohren, Haut) zusammengezogen werden. Dadurch wird die Wärmezufuhr in den betreffenden Körperpartien vermindert, es kann also auch nur weniger Wärme an die Umgebung abgegeben werden.

Das Fell verstärkt die Isolierung des Körpers, indem es eine mehr oder weniger dicke Luftschicht einschließt, die ein ausgezeichneter Isolator ist. Im Winter ist das Fell daher am dichtesten und im allgemeinen auch am längsten. Zusätzlich verstärkt werden kann die wärmende Wirkung des Fells durch kleine „haarsträubende" Muskeln, die das Fell aufrichten können, so daß die isolierende Luftschicht noch dicker wird. Und schließlich schützt sich der Hund gegen Kälte, indem er die Körperfläche, die der kalten Luft ausgesetzt ist, verringert: Er rollt sich zusammen oder drängt sich an seine Artgenossen.

Reichen diese Schutzmittel nicht aus, steigert der Hund seine Wärmeproduktion durch sogenanntes Kältezittern. Diese Reaktion läßt sich vor allem bei Tieren beobachten, die plötzlich und ungewohnt der Kälte ausgesetzt sind. Um die Wärmeproduktion zu steigern, muß der Stoffwechsel in der Leber und im Bereich der Fettgewebe gesteigert werden, was eine größere Nahrungsaufnahme erforderlich macht, da die Energieverluste durch zusätzliche Energieaufnahme ausgeglichen werden müssen.

Steigt die Umgebungstemperatur an oder wird z. B. durch intensive körperliche Anstrengung die Wärmeproduktion gesteigert, so treten Mechanismen in Kraft, die die Wärmeabgabe vermehren. Dies geschieht zum Teil, indem die Gefäße der peripheren Körperpartien erweitert und dadurch stärker durchblutet werden, was zu einer Erhöhung der Hauttemperatur führt. So kann überschüssige Wärme an die Umgebung abgegeben werden. Dieser Wärmeaustausch ist um so effizienter, je häufiger die mit der Haut in Berührung kommende Luft erneuert wird und je besser die Umgebung Wärme weiterleitet. Darum strecken sich Hunde im Sommer oft in ihrer ganzen Länge auf kühlen Fliesen aus oder suchen sich einen feuchten Platz.

Je höher die Lufttemperatur steigt, desto lebensnotwendiger wird die Wärmeabgabe. Der menschliche Körper gibt überschüssige Wärme ab, indem auf der Körperoberfläche Schweiß verdunstet. Der Hund jedoch verfügt nur über sehr wenige Schweißdrüsen, nämlich nur an den Pfoten, genauer: an den Ballen. Ihre Anzahl ist zu gering, um eine Überhitzung zu verhindern. Darum erfolgt die Wärmeabgabe fast ausschließlich über die Atemwege, die Lunge und die Schleimhaut der Mundhöhle. Verstärkt wird die Wärmeabgabe durch eine Beschleunigung des Luftaustauschs, indem die Atemfrequenz deutlich erhöht wird; sie kann etwa 100–300 Bewegungen pro Minute erreichen.

Dieses sogenannte Hecheln kann man oft im Sommer oder nach intensiver körperlicher Anstrengung beim Hund beobachten. Bedenken muß man, daß es zu einem erheblichen Wasserverlust führt, der wieder ausgeglichen werden muß.

Wahrnehmung und Sinnesorgane

Die Beziehungen des Hundes zu seiner Umwelt hängen davon ab, wie er mit Hilfe seiner Sinnesorgane die Außenwelt wahrnimmt, und von seiner Fähigkeit, auf diese Wahrnehmungen zu reagieren.

Am besten entwickelt ist der Geruchssinn des Hundes. Dieses Sinnesorgan ist so empfindlich, daß es Substanzen in sehr geringer Konzentration erkennen kann. So ist der Hund z. B. in der Lage, eine Essiglösung aus einem Tropfen Essig und 1000 l Wasser und davon wieder ein Tropfen in 1000 l Wasser gelöst wahrzunehmen. Die Zahl der Geruchszellen erreicht beim Schäferhund 225 Millionen, beim Basset 125 Millionen und beim Fox Terrier 147 Millionen (im Vergleich dazu: Der Mensch verfügt nur über knapp 500 000 dieser Geruchszellen).

Auch für Fettsäuren ist die geruchliche Sensibilität des Hundes sehr groß; er nimmt beispielsweise den Geruch von Buttersäure in einem Millionstel der Menge wahr, die vom Menschen noch erkannt werden kann. Da der menschliche Schweiß Fettsäuren enthält, kann der Hund, wenn er entsprechend ausgebildet wurde, den Besitzer eines Gegenstands oder die Spur eines Menschen aufgrund des Geruchs eines Kleidungsstücks, das ihm gehört, finden. Mit Hilfe seines Geruchsinns spürt der Hund das Wild auf und verfolgt seine Spur, und der Rüde wird von den Geruchsnachrichten einer läufigen Hündin von weit her angezogen.

Auch das Gehör des Hundes ist gut entwickelt. Für tiefe Töne (unter 250 Hertz) entspricht seine Hörschärfe der des Menschen, er kann aber andererseits auch Ultraschallfrequenzen wahrnehmen. Deshalb kann man, will man seinen Hund über eine weite Entfernung herbeirufen, Ultraschallpfeifen verwenden, die Töne zwischen 20 000 und 35 000 Hertz erzeugen, die vom menschlichen Ohr nicht mehr wahrgenommen werden. Im Bereich über 250 Hertz verfügt der Hund über eine dem Menschen überlegene Sensibilität, d. h., er kann Töne schwacher Intensität noch hören, die das menschliche Ohr nur sehr schlecht oder gar nicht mehr wahrnimmt. Insgesamt erstreckt sich der Hörbereich des Hundes von 20 bis 40 000 Hertz, der Hörbereich des Menschen dagegen reicht nur von 16 bis 20 000 Hertz.

Der Gesichtssinn des Hundes ist dem des Menschen weit unterlegen, obwohl bestimmte Laufhundrassen dieses Sinnesorgan einsetzen, um ein Wild auf freiem Gelände zu verfolgen. Zwar kann der Hund wie der Mensch Veränderungen der Lichtstärke unterscheiden, doch ist seine Fähigkeit, Formen auszumachen, sehr viel geringer ausgebildet. Dies gilt auch für sein Vermögen, Farben zu sehen, doch liegen zu diesem Punkt noch keine umfassenden und gesicherten Erkenntnisse vor.

Fortbewegung und Gangarten

Der Hund ist ein Zehengänger, d. h., er tritt nur mit den Zehen auf dem Boden auf und nicht mit dem ganzen Fuß. Für den Vorwärtsschub sorgen die hinteren Gliedmaßen, während die vorderen als Stütze und als Puffer dienen. Je nach Geschwindigkeit der Bewegung und je nach Art und Weise, die Gliedmaßen zu bewegen, unterscheidet man vier Hauptgangarten:

Der Schritt ist die langsamste und am wenigsten ermüdende Gangart. Der Hund setzt die rechte Vorderpfote nach vorn, dann die linke Hinterpfote, anschließend die linke Vorderpfote und dann die rechte Hinterpfote. Der Hund hat einen Schritt gemacht, wenn der Abdruck aller vier Pfoten auf dem Boden sichtbar ist.

Der Trab ist die übliche Gangart der Gebrauchshunde und insbesondere für unebenes Gelände und langes Spüren geeignet. Das Tier setzt die diagonal gegenüberliegenden Gliedmaßen gleichzeitig auf den Boden auf: links vorn und rechts hinten, dann rechts vorn und links hinten. Alle Pfoten werden weitgehend gleich beansprucht.

Der Paß ist eine natürliche Gangart beim Hund, die im allgemeinen zwar unerwünscht, aber doch auch charakteristisch für bestimmte Hunderassen ist (z. B. für den Bobtail). Der Paßgang ist durch die abwechselnde Belastung der einen oder anderen Seite weniger ermüdend als der Trab, er ist die Gangart für den „Feierabend" und für den jungen Hund, der sie ausübt, wenn die Entwicklung seiner Muskulatur ihm einen ausdauernden Trab noch nicht erlaubt. Die beiden Pfoten derselben Seite bewegen sich gleichzeitig: rechts vorn und hinten, links vorn und hinten.

Der Galopp ist ein Springen im Dreitakt. Der Hund setzt gleichzeitig seine beiden Vorderpfoten, dann die beiden Hinterpfoten auf. Dann verschiebt sich das Auflagerungsgewicht von den Vorder- auf die Hinterpfoten, der Körper wird hochgestemmt, die Vorderpfoten greifen erneut nach vorn aus. Der Galopp ist die schnellste Gangart des Hundes.

Eine Aufzählung wäre unvollständig, würden nicht auch die unregelmäßigen Gangarten angesprochen, wie z. B. das Hinken. Der Schritt wird mit dem gesunden Stützbein ausgeführt, Hals und Schwanz spielen dann die Rolle einer Balancierstange.

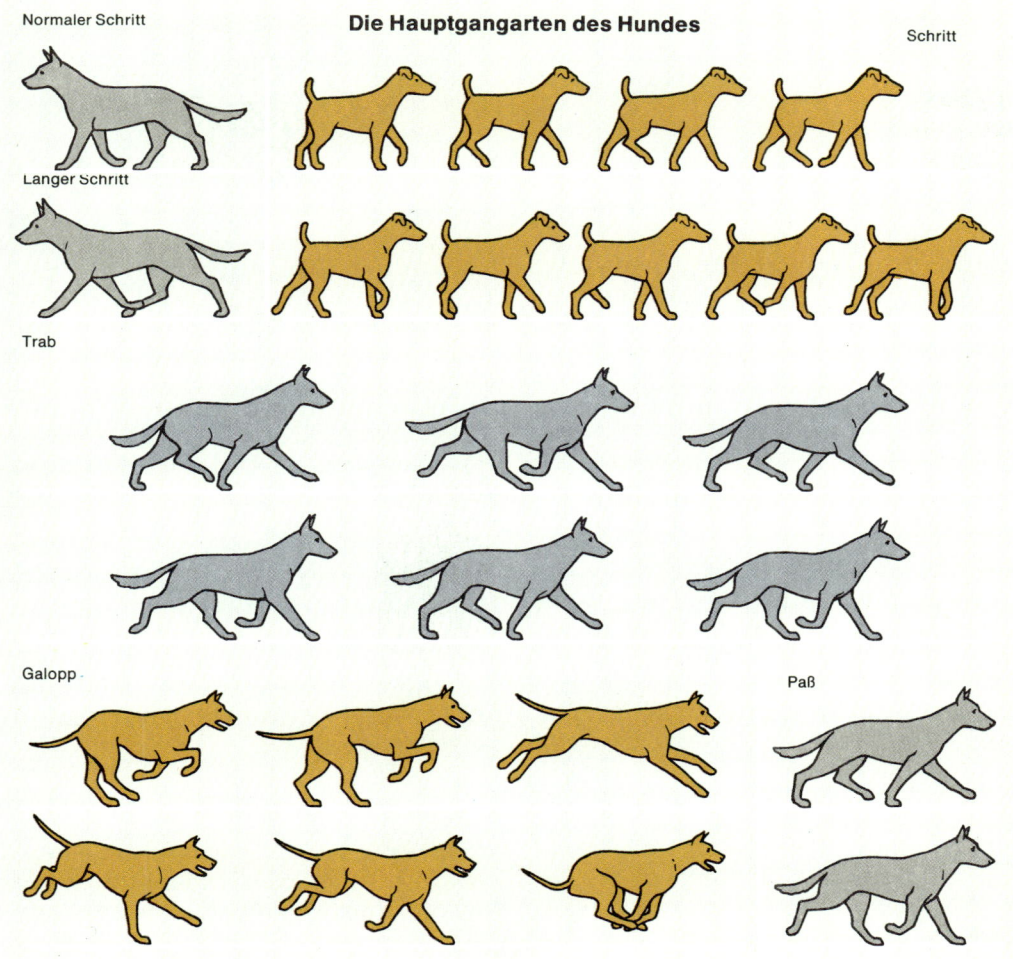

Die Hauptgangarten des Hundes

Normaler Schritt — Langer Schritt — Schritt — Trab — Galopp — Paß

Medizinische Betreuung

Der Tierarzt

Bereits in vorgeschichtlicher Zeit versorgte man kranke Tiere, wie die Funde von aufgebohrten Schädeln und von gebrochenen, mit einem Tonmantel (statt Gips) umgebenen Knochen bestätigen. Doch die Entwicklung von diesen tiermedizinischen Anfängen der Höhlenmenschen bis zu den modernen Tierkliniken dauerte Jahrhunderte und vollzog sich nicht immer geradlinig.

Kleine Geschichte der Tiermedizin

Bereits die frühen Hochkulturen wie z. B. Sumerer und Ägypter kannten Tierärzte, doch war die Tierheilkunde hier wie auch in der griechischen und römischen Antike nur ein Teil der Gesamtheilkunde und keine eigenständige Disziplin. Vor allem in römischer Zeit entstand eine verhältnismäßig umfangreiche tierärztliche Literatur, die jedoch zum Teil auch auf griechische Vorlagen zurückgeht. Im frühen Mittelalter ging die Versorgung kranker Tiere in die Hände der Schmiede, Hirten und Abdecker über. Das erste mittelalterliche Werk, das sich mit der Aufzucht, Haltung und den Krankheiten des Pferdes be-

faßt *(De medicina equorum)*, schrieb um 1250 Jordanus Ruffus, Oberstallmeister am Hof Kaiser Friedrichs II.

Die wissenschaftliche Begründung der Tiermedizin beginnt mit dem 1598 erschienenen Buch *Anatomia del Cavallo* (Anatomie des Pferdes) von Carlo Ruini, der zu diesem Werk wohl durch die anatomischen Untersuchungen Leonardo da Vincis angeregt wurde. Mit den Tierarzneischulen, die nach 1750 in den europäischen Staaten errichtet wurden (in Deutschland entstand die erste 1778 in Hannover), nahm die systematische Entwicklung der tierärztlichen Wissenschaft ihren Anfang. Parallel zu den Erkenntnissen und Fortschritten auf dem Gebiet der Humanmedizin entwickelte sich auch die Tiermedizin kontinuierlich weiter.

Die moderne Tiermedizin

Mit der explosionsartigen Zunahme der Hunde – in der Bundesrepublik Deutschland werden zur Zeit etwa drei Millionen Hunde gehalten – hat sich seit einigen Jahrzehnten die Kleintiermedizin als eine umfangreiche Diszi-

*Medizinische Versorgung der Hunde. Miniatur-
ausschnitt aus der* Abhandlung über die Jagd *von
Gaston Phébus (15. Jh.)*

plin etabliert, in der wiederum zahlreiche
Spezialisten tätig sind.

Mit der steigenden Lebenserwartung der
Hunde sowie mit Zivilisationseinflüssen, die
sich auch auf die Tiere nicht immer vorteil-
haft auswirken, gewinnt in der Tiermedizin
die Vorbeugung und Früherkennung von Leiden zunehmend an Bedeutung. Die diagno-
stischen, chirurgischen und sonstigen thera-
peutischen Möglichkeiten, über die die meisten modernen Kleintierpraxen und/oder
Tierkliniken verfügen, entsprechen heute
weitgehend den Möglichkeiten in der Humanmedizin.

Wie man dem Tierarzt helfen kann

Dennoch unterscheidet sich die Tiermedizin
von der Humanmedizin in einigen Punkten,
und zwar vor allem bei der Befunderhebung.
Sie ähnelt hier der Kinderheilkunde, denn
wie das kleine Kind kann auch der Hund

Bild zu geben, kann man auch eine Stuhlpro-
be mitbringen (etwa 2 Teelöffel voll in einem
Gefäß); dies empfiehlt sich vor allem bei
Durchfall oder sonstigen Verdauungsstörun-
gen sowie bei der jährlichen Visite zu den
Impfungen.

Manche Hunde reagieren sehr nervös oder
aggressiv, wenn sie zum Tierarzt müssen. Es
ist daher grundsätzlich angebracht, den Hund
an der Leine zu führen; unter Umständen
sollte man dem Tier auch einen Maulkorb anlegen. Für den Tierarzt ist es oft sehr schwierig, ein widerstrebendes Tier medizinisch zu
versorgen. Darum sollte man als Hundehalter
auf den Patienten beruhigend einwirken und
mithelfen, ihn z. B. auf dem Behandlungs-
tisch festzuhalten.

Wird ein Tier außerhalb der tierärztlichen
Sprechstunden krank, kann man den tierärztlichen Notdienst in Anspruch nehmen. Diese
Notdienste sind regional unterschiedlich geregelt, für solche Eventualfälle sollte man sich
rechtzeitig bei seinem Tierarzt erkundigen.

*Der Tierarzt untersucht den Hund, doch
ist der Vorbericht des Hundehalters hierfür erforderlich*

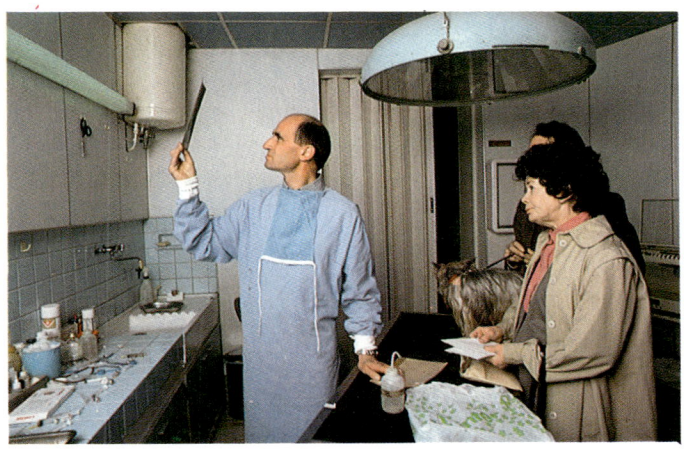
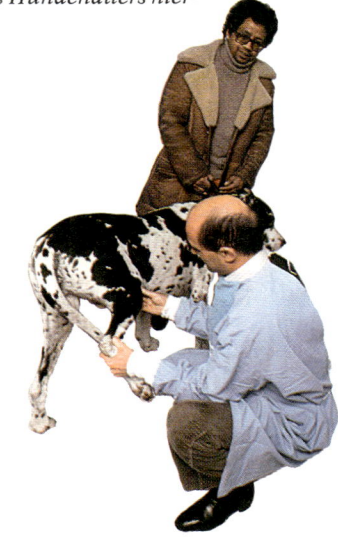

nicht sagen, was ihm fehlt. Um nun dem Tierarzt dabei zu helfen, eine Diagnose zu stellen,
ist es notwendig, ihm alle verfügbaren Informationen zu geben: wie der Hund lebt – ob in
der Wohnung oder draußen –, seine Eßge-
wohnheiten, seine Vorlieben, ob er Knochen
stiehlt, ob und wann er das letztemal mit auf
der Jagd war, wann die Hündin zuletzt heiß
war usw. Auch andere Dinge, die man festgestellt hat, können wichtig sein: Hautparasi-
ten, Würmer im Stuhlgang oder in Erbro-
chenem.

Soll man eine Urinprobe mitbringen, läßt
man den Hund in einen sauberen Napf urinieren, den man zuvor 15 Minuten lang aus-
gekocht hat. Anschließend füllt man den Inhalt in ein ebenfalls ausgekochtes, verschließ-
bares Gefäß um. Um ein noch vollständigeres

*Wie vom Menschen macht man auch vom Hund
Röntgenaufnahmen, die eine Diagnose oft erst ermöglichen*

Im allgemeinen sind tierärztliche Kliniken
ständig dienstbereit, und praktische Tierärzte
wechseln sich nach einem Notdienstplan ab.

Psychologie des Patienten

Viele Krankheiten, die die Menschheit pla-
gen, kommen auch beim Hund vor, nur werden sie oft erst später erkannt. Der Mensch
kann dem Arzt die einzelnen Beschwerden
mitteilen, ein Tier kann vergleichbare Hinweise nicht geben und nicht sagen, wo ihm
was weh tut. Aus diesem Grund kommen vie-

le Tiere zu spät zum Tierarzt. Darum sollte man als Hundehalter sein Tier genau beobachten, denn bestimmte Krankheiten sind nicht von Anfang an offenkundig, vor allem wenn sie sich zunächst langsam entwickeln wie z. B. Geschwülste. Zuweilen zeigt der Hund Symptome, die vom Laien auch falsch gedeutet werden können. Ein Hund, der sich häufig am Ohr kratzt, kann an einer Entzündung des äußeren Gehörgangs leiden, er kann aber z. B. auch Zahnschmerzen haben. Darum sollte man dem Tierarzt lediglich das schildern, was man beobachtet hat, eine Diagnose jedoch sollte man ihm überlassen. Um dem Tierarzt eine Einschätzung zu erleichtern, sollte man auch das normale Verhalten des Hundes so genau wie möglich beschreiben, wobei es zwischen sehr ruhig bis sehr temperamentvoll vielfältige Abstufungen geben kann. Manche Hunde laufen selbst dann noch weiter und jagen, wenn sie bereits die ganze Haut mit Schrot durchsetzt haben, andere dagegen „leiden" schon bei der kleinsten Verletzung oder geringem Unwohlsein. Und schließlich gibt es noch „eingebildete Kranke", die als gute Schauspieler zum Schein hinken, um Aufmerksamkeit und Fürsorge auf sich zu lenken.

Gewisse Zeichen sollten einen Hundebesitzer alarmieren, so z. B. fehlender Elan, charakterliche Veränderungen, die Neigung, sich zu verkriechen, überdurchschnittlicher Durst oder Appetit, glanzloses und brüchiges Fell, tränende und traurige Augen, abnormer Urin und Stuhlgang, blutiges Erbrechen, Verstopfung, Schwierigkeiten beim Urinieren, erhöhte Temperatur, erhöhter Puls und Atemrhythmus bei körperlicher Ruhe, Jammern und Klagen. All dies zeigt deutlich an, daß der Hund sich nicht wohl fühlt und offenbar krank ist.

Aufgrund der üblichen Erziehung ist es der Hund gewöhnt, belohnt oder bestraft zu

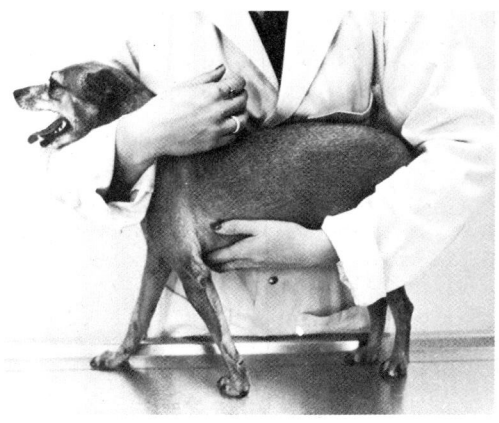

So kann man seinen Hund auf dem Untersuchungstisch ohne größeren Zwang halten

werden, je nachdem, ob er etwas „gut" oder „schlecht" gemacht hat. Wenn der Hund aus welchem Grund auch immer erbrechen muß, so kann er das nicht rechtzeitig ankündigen; wird er dann dafür bestraft, ist er bestürzt. Auch der Unglückliche, dem – aus Versehen – in der Küche das kochende Wasser über den Rücken gegossen wurde, fragt sich, was er denn angestellt hat, um so sehr „bestraft" zu werden.

Ebenso wird dem Hund unverständlich bleiben, warum er schmerzhafte Injektionen und andere, nicht immer angenehme Behandlungsmaßnahmen erdulden muß; daß es nur zu seinem Besten geschieht, kann er nicht begreifen. Es besteht daher die Gefahr, daß er sich gegen die – seinem Verständnis nach schlechte – Behandlung auflehnt und eventuell beißt. In jedem Fall muß ein kranker Hund liebevoll getröstet werden, und ein Hundebesitzer braucht großes Einfühlungsvermögen, denn die Wunden des Hundes müssen nicht nur physisch, sondern vor allem auch psychisch verbunden werden.

Notfälle

Im folgenden werden einige Situationen aufgeführt, in denen rasches Handeln notwendig ist. Obwohl in allen Fällen unbedingt ein Tierarzt konsultiert werden muß, sollen hier einige Anhaltspunkte für die Erste Hilfe und für den Transport zum Arzt gegeben werden.

Maßnahmen zur Ersten Hilfe

- die Atemwege freilegen, notfalls den Hund künstlich beatmen,
- den Herzstillstand behandeln,
- größere Blutungen stoppen,
- Wunden schützen,
- den Hund warm halten,
- ihn nicht unnötig bewegen.

Wenn man den Tierarzt anruft, sollte man ihm das Problem schildern. Er kann Ratschläge für den Transport geben.

Bewußtlosigkeit

Tiefe Bewußtlosigkeit kann zahlreiche Ursachen haben und z. B. Folge eines elektrischen Schlags, eines Verkehrsunfalls, einer Vergiftung, eines Hitzschlags u. a. sein. Man muß unverzüglich tierärztlichen Rat einholen. Lebenszeichen sind Atmung, Lidreflexe (kann man durch Fingerauflegen feststellen) und Puls. Wenn Urin und Fäkalien ausgeschieden werden und die Körpertemperatur erheblich unter dem Normalwert liegt, können dies Zeichen für den eingetretenen Tod sein.

Erfrierungen

Kurzhaarige Hunde sind sehr kälteempfindlich, besonders im Bereich der Ballen, des Skrotums, der Ohren (besonders Rassen mit langen Hängeohren) und der Schwanzspitze. *Behandlung:* Man wärmt die erfrorene Partie, indem man sie kräftig mit einem Handtuch reibt, oder mit warmem Wasser. Man kann auch einen Fön nehmen, dessen Temperatur durchaus höher als die Körpertemperatur sein darf. Die betroffenen Stellen streicht man mit einer schützenden Salbe ein. Um den Hund vor nachfolgenden Verletzungen durch Kratzen oder Knabbern zu schützen, legt man ihm einen Verband oder eine Halskrause (siehe Seite 322) an. Wenn das Tier völlig durchgefroren ist, taucht man es in ein warmes Bad (40 °C) und massiert die schmerzenden Partien. Man trocknet es gut mit Handtüchern und mit einem Fön und wickelt es in eine warme Decke.

Fremdkörper

Beim Spielen kann ein Hund aus Unachtsamkeit viele unverdauliche Dinge verschlucken, z. B. Knochen, einen Gummiball, Angelhaken, Nadeln, Fäden, Gummiringe u. a. *Symptome:* Sie hängen davon ab, wo sich diese unerwünschten Dinge befinden.
● Im Fang (z. B. ein am Gaumen befindlicher Knochen): Der Hund kratzt sich und reibt den Kopf, um den störenden Gegenstand zu entfernen, und er speichelt unaufhörlich.
● In der Speiseröhre: Er würgt und versucht, sich zu erbrechen, wobei er eine Art Schaum auswerfen kann.
● Im Magen und Darm: Wenn man nicht beobachtet hat, daß der Hund einen Fremdkörper verschluckt hat, wird man oft erst sehr spät auf entsprechende Anzeichen aufmerksam, d. h., man muß dann sehr schnell etwas unternehmen.
Behandlung: Beobachtet man, daß der Hund einen Fremdkörper aufnimmt, so kann man ihn, wenn man sehr schnell eingreift, noch aus der Mundhöhle entfernen. Ebenso kann man versuchen, einen Fremdkörper, der sich in der Mundhöhle festgesetzt hat, zu entfernen, bevor er verschluckt wird. In allen anderen Fällen muß man unverzüglich tierärztlichen Rat einholen. Der Tierarzt wird dann je nach Lage des Falls entscheiden, ob der Fremdkörper chirurgisch oder auf andere Art entfernt werden soll.

Hitzschlag

Er trifft den Hund zuweilen tödlich, wenn er sich zu lange an einem Ort aufhalten muß, wo es sehr heiß ist, z. B. in einem der Sonne ausgesetzten Auto mit geschlossenen Fenstern. *Symptome:* starkes Hecheln, deutlich erhöhte Körpertemperatur, starrer ängstlicher Ausdruck. Wenn man nicht schnell etwas unternimmt, kann der Hund bewußtlos werden und sterben. *Behandlung:* Der Hund muß sofort in eine kühle Umgebung gebracht und mit kaltem Wasser besprüht werden oder nasse Umschläge bekommen. Wenn er bei Bewußtsein ist, gibt man ihm kleine Schlucke starken Kaffee oder Wasser (wenn vorhanden: mit Kochsalz) zu trinken. Der Hund sollte dann so schnell wie möglich zum Tierarzt gebracht werden.

Insektenstiche

Insektenstiche (von Bienen, Wespen u. a.) sind sehr schmerzhaft. Man kann versuchen, vorsichtig den Stachel herauszuziehen, indem man die geschwollene Partie zusammendrückt und den Stachel mit einer Pinzette entfernt. Bienenstachel, die mit winzigen Häkchen versehen sind, sind sehr schwer herauszuziehen. Um den Schmerz zu lindern, kann man Kompressen mit kaltem Wasser oder Eis machen. Schwillt der Stich überdurchschnittlich an oder stellen sich z. B. Atembeschwerden ein, so können dies Anzeichen für eine Allergie sein.

Reisekrankheit

Reisen ist oft kein Vergnügen für ein Tier. Es kann seekrank, luftkrank oder allgemein reisekrank werden. Die Umstellung auf die Transportbedingungen (z. B. die Versandkiste) ist oft mit physischen und psychischen Belastungen verbunden. Das Tier reagiert sensibel auf Temperatur- und Höhenveränderungen und hat manchmal Angst vor Unbekanntem. Ein Tierarzt kann individuell beraten, wie man sich mit seinem Hund auf Reisen verhalten sollte. *Behandlung:* Wird der Hund beim Autofahren reisekrank oder ist zu aufgeregt, läßt man sich vom Tierarzt ein Mittel gegen Reisekrankheit oder ein geeignetes Beruhigungsmittel verschreiben. Während der Reise muß der Hund zu trinken bekommen, und man sollte ausreichende Pausen einlegen, damit der Hund ins Freie kommt und ein bißchen laufen kann.

Schockzustand

Starke Verbrennungen, heftiger Durchfall, Verkehrsunfälle, innere Blutungen, Herzanfälle, all das kann bei einem Hund zu einem Schockzustand führen. Der Organismus versucht diesem Zustand entgegenzuwirken, indem er das Blutvolumen im Kreislaufsystem vermindert, d. h., Herz- und Atemrhythmus werden gesteigert und die peripheren Gefäße zusammengezogen, damit ein Maximum an Blut die wichtigsten Organe, vor allem das Gehirn, versorgt.

Symptome: Kälte der Gliedmaßen und der Haut, schneller, aber flacher Puls; der Atemrhythmus steigt, die Pupille ist erweitert, die Augen sind starr; die Schleimhäute (Zahnfleisch, Bindehaut) sind blaß. Der Hund kann schließlich bewußtlos werden, wenn das Gehirn nicht mehr ausreichend mit Blut versorgt wird.

Behandlung: Soweit möglich, sollte man die Ursachen beseitigen. Wenn nötig, sollte man das Herz massieren. Die Körpertemperatur erhöht man mit Hilfe von Decken und einer Wärmflasche (40 °C). Man legt den Hund auf eine geneigte Ebene, und zwar mit dem Kopf nach unten, damit das Gehirn möglichst stark durchblutet wird. Notfalls beatmet man das Tier künstlich (siehe Seite 325). Ist der Hund bei Bewußtsein, löst man in 1 l Wasser einen halben Teelöffel Salz und einen Teelöffel Natron auf und flößt ihm kleine Mengen dieser Flüssigkeit ein. Das Tier muß unverzüglich zum Tierarzt gebracht werden.

Vergiftungen

Vergiftungen kommen bei Hunden sehr viel seltener vor, als allgemein angenommen wird. Meist ist es schwierig, eine Vergiftung eindeutig nachzuweisen. Dies ist nur möglich, wenn die Giftaufnahme tatsächlich beobachtet wurde, das Gift eindeutig festgestellt worden ist und klinische Erscheinung und Symptome für ein bestimmtes Gift übereinstimmen. Entsprechend der Vielzahl der Giftquellen sind auch die Symptome vielfältig. Hat ein Hund tatsächlich einmal Gift zu sich genommen, sollte man vor allem die Giftquelle ausschalten und unverzüglich mit dem Tier einen Tierarzt aufsuchen, der entscheidet, ob es sinnvoll ist, je nach verstrichener Zeit, ein Erbrechen herbeizuführen, den Magen zu spülen,

abzuführen oder andere Maßnahmen zu ergreifen. Allgemeine Ratschläge, wie z. B. dem Hund Milch oder Öl einzuflößen, können nicht gegeben werden, da diese sogenannten Hausmittel oft mehr schaden als nützen.

Verkehrsunfälle und Stürze

Bei Verkehrsunfällen und Stürzen kann es zu inneren Verletzungen und Blutungen kommen, die nicht sofort erkennbar sind. Der Hund sollte daher immer äußerst vorsichtig und unter möglichst wenig Erschütterungen transportiert werden. Bei einem großen Tier bittet man zwei oder drei Personen um Hilfe. Man legt es auf eine Decke oder auf ein Brett und bringt es so schnell wie möglich zum Tierarzt. Notfalls muß man es künstlich beatmen (siehe Seite 325).

Das Erste-Hilfe-Kästchen
Es empfiehlt sich, in einem Kästchen griffbereit zu haben:
● Thermometer
● Verbandmull
● Watte
● Binden (2 und 4 cm breit)
● Heftpflaster
● 70%igen Alkohol
● 3%iges Wasserstoffsuperoxid
● Insektenspray
Ebenso können sich bestimmte Dinge, die man normalerweise im Haushalt hat, als nützlich erweisen:
● Schnur, Schere
● Decke, Handtücher
● Nagelzange, Pinzette
● Zeitung
● milde Seife
● Vaseline
● Natron

Operative Eingriffe

Hunde werden heute unter Bedingungen operiert, die denen in der Humanmedizin vergleichbar sind. Vor einem operativen Eingriff wird durch gezielte Untersuchungen der Gesundheitszustand des Patienten ermittelt und anhand dieser Daten z. B. die geeignete Narkose ausgewählt. Nach einer die Narkose vorbereitenden Injektion wird das Tier an den Narkoseapparat angeschlossen. Die an der Operation Beteiligten tragen sterile Schutzkleidung (Maske, Kittel, Handschuhe), der Operationsbereich ist keimfrei.

Eine Reihe chirurgischer Eingriffe wird häufiger durchgeführt, entsprechend häufig wird der Hundehalter auch vor eine Entscheidung für oder gegen einen solchen Eingriff gestellt. Obwohl nur das persönliche Gespräch mit dem Tierarzt, das die jeweiligen individuellen Umstände berücksichtigt, eine

umfassende Beurteilung des Für und Widers eines Eingriffs ermöglicht, sollen nachfolgend einige Angaben eine grobe Orientierung erleichtern.

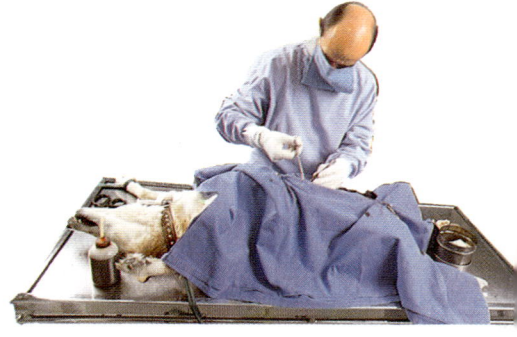

Hunde werden unter Narkose unter ähnlichen Bedingungen wie der Mensch operiert

Sterilisation der Hündin

Verschiedene Eingriffe sind möglich:

● Ovarektomie: Dabei werden die Eierstöcke entfernt. Die Hündin wird nicht mehr läufig und ist unfruchtbar.

● Tubenligatur: Durch Unterbindung des Eileiters wird der Weitertransport der Eizellen (und damit eine Befruchtung) verhindert. Das Sexualverhalten bleibt ungestört, doch treten nach derartigen Eingriffen offenbar vermehrt Funktionsstörungen auf.

● Ovar-Hysterektomie: Dabei werden sowohl die Eierstöcke als auch die Gebärmutter entfernt. Läufigkeit, Scheinschwangerschaft und die Gefahr von Gebärmutterentzündungen werden unterbunden. Schließlich nimmt dieser Eingriff der Hündin auch die Lust zum Streunen.

Die Sterilisation verändert das Wesen und Temperament der Hündin nicht (im Gegensatz zum Rüden). Sie neigt jedoch verstärkt zu übermäßiger Futteraufnahme.

Kastration des Rüden

● Ligatur des Samenleiters: Unterbindung des Samenleiters; der Hund wird befruchtungsunfähig, bleibt aber begattungsfähig und verliert nicht seinen Geschlechtstrieb. Dadurch werden hormonell bedingte Verhaltensänderungen, wie sie nach der Kastration im allgemeinen zu beobachten sind, vermieden.

● Kastration: Beide Hoden werden entfernt und damit der Geschlechtstrieb und die Neigung zum Streunen ausgeschaltet. Eine Kastration kann angebracht sein, wenn ein Hund z. B. häufig masturbiert oder sehr aggressiv ist.

Das Kupieren der Ohren

Früher war es für Hütehunde, Wolfsjäger oder Kampfhunde (ein Sport, der heute noch z. B. in Afghanistan betrieben wird) unbe-

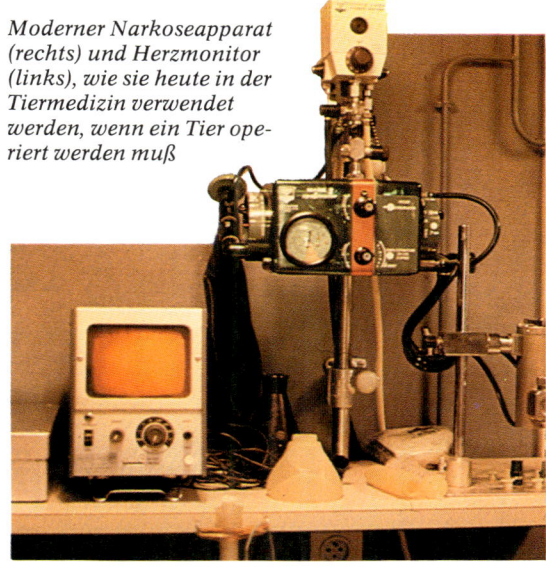

Moderner Narkoseapparat (rechts) und Herzmonitor (links), wie sie heute in der Tiermedizin verwendet werden, wenn ein Tier operiert werden muß

streitbar zweckmäßig, die Ohren zu kupieren. Heute dagegen dient dieser Eingriff überwiegend ästhetischen Zwecken und ist in einigen Ländern sehr umstritten. In Großbritannien ist er sogar verboten. Von ästhetischen Erwägungen jedoch abgesehen, kann das Kupieren der Ohren auch aus praktischen Gründen sinnvoll sein, z. B. um die Entwicklung von Entzündungen in den Ohren zu verhindern.

Das Kupieren des Schwanzes

Auch das Kupieren des Schwanzes hat in erster Linie ästhetische Gründe. Bei einigen Rassen ist es Tradition, und die Vorschriften der Rassestandards bestimmen genau, wie viele Wirbel stehenbleiben dürfen. Ein möglicher Vorteil kann sein, daß bei einigen Hunden dadurch Verletzungen vermieden werden. Der Eingriff muß jedoch am Welpen gleich in den ersten Tagen nach der Geburt vorgenommen werden, bevor die Schwanzwirbel verknöchern.

Praktische Behandlungsmaßnahmen

Es ist für jeden Hundehalter zweckmäßig, einige Maßnahmen selbst vornehmen zu können, sei es, um kleinere Zwischenfälle im Leben des Hundes regeln zu können, sei es, um zu Hause die vom Tierarzt empfohlenen Maßnahmen weiterführen zu können. Darum sollen im folgenden einige Ratschläge für die Behandlung des Hundes gegeben werden.

Säuberung des Hundes von Fremdstoffen

● Benzin: Man reibt das verschmutzte Fell mit Pflanzenöl ein und wäscht anschließend das Fell mit Hundeshampoo.

● Teer: Teer klebt leicht am Fell und an den Ballen. Geteerte Haare schneidet man mit der Schere aus, teerbeschmierte Ballen reibt man mit Pflanzenöl ein, legt einen Verband an und wäscht nach 24 Stunden das, was noch übriggeblieben ist, mit einem milden Shampoo aus.

● Farbe: Den größten Teil versucht man zu entfernen, indem man das Tier mit einem feuchten Wäschestück abreibt. Anschließend badet man den Hund mit einem milden Shampoo. Verklebte Haarbüschel schneidet man mit der Schere aus, den Rest löst man mit Alkohol auf. Niemals verwenden darf man Terpentin, Benzin oder Farblöser, denn bei diesen Mitteln besteht die Gefahr, die Haut des Hundes zu schädigen.

● Ölfarben und Motoröl: Die betroffenen Partien reibt man mit Pflanzenöl ein und wäscht sie anschließend mehrmals mit Shampoo und Wasser. Auch in diesem Fall darf man keinen Farblöser verwenden. Bei sehr hartnäckigen Flecken rasiert man das verklebte Fell ab.

Schienen eines Bruchs

Bricht sich ein Hund weitab von jeder Hilfe eine Pfote, so sollte man wissen, wie man den Bruch provisorisch schienen kann, um eine Verlagerung der Knochenbruchstücke und unnötige Schmerzen oder andere Folgen (wie z. B. Blutungen, Geweberisse usw.) zu vermeiden. Bruchschienen kann man aus kleinen, schmalen Holzbrettern oder aus Zweigen herstellen. Zunächst schützt man die Wunde mit einem sauberen Wäschestück. Dann nimmt man Holzstücke in der Länge des verletzten Glieds und befestigt sie mit Schnur oder Klebestreifen.

Halskrause

Bei Verletzungen versucht jeder Hund, die betroffene Stelle zu lecken bzw. sich zu kratzen oder zu scheuern. Dadurch wird der Heilungsprozeß verzögert und oft sogar in Frage gestellt. Um ihn an diesem Verhalten zu hindern, legt man ihm eine Halskrause an, eine Art Kegel aus Kunststoff, mit dem man den Hundekopf umgibt. Der Tierarzt hat solche Halskrausen vorrätig.

Man kann eine solche Halskrause aber auch selbst anfertigen. Dazu nimmt man einen Kunststoffeimer und schneidet in den Boden ein Loch. Dieses Loch muß sich in der Größe nach dem Kopf des Hundes richten. Die unter Umständen sehr scharfe Schnittkante sollte man stumpf feilen, damit sich der Hund nicht daran verletzt. In den verbliebenen Rand bohrt man etwa ein halbes Dutzend Löcher, durch die man ein Wäscheband hindurchzieht, an dem man dann das Halsband befestigen kann.

Auslösen des Erbrechens

Man darf nie versuchen, einen Hund zum Erbrechen zu bringen, wenn er einen spitzen oder scharfen Gegenstand oder ein ätzendes Mittel verschluckt hat. Ebensowenig darf man bei einem bewußtlosen Hund oder einem Tier, dessen Kehle oder Speiseröhre verstopft ist, einen Brechreiz auszulösen versuchen. In diesen Fällen sollte man vielmehr unverzüglich einen Tierarzt aufsuchen.

Im allgemeinen ist es nicht notwendig, einen Hund zum Erbrechen zu bringen. Ein Erbrechen wird bei Hunden sehr häufig beobachtet, so daß man es als einen natürlichen Vorgang (Schutzreflex) ansehen kann. Wenn ein Hund z. B. zu schnell oder zu viel gefressen hat oder größere Nahrungsbestandteile (z. B. Knochenstückchen) nicht verdauen kann, erbricht er sich. Man sollte ihn in diesem Fall nicht bestrafen, sondern sich überlegen, warum der Hund sich erbricht.

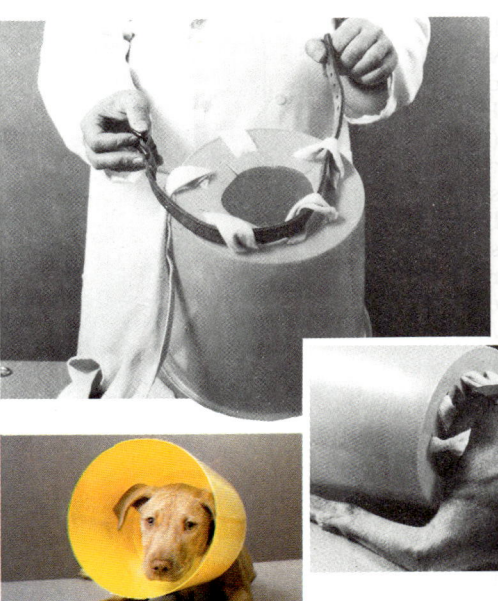

Die Halskrause hindert den Hund daran, an Wunden zu lecken. Man kann sie selbst aus einem Kunststoffeimer anfertigen

Einen Bruch schient man provisorisch, indem man Pfote und Bruchschiene mit Zeitung umwickelt und das Ganze mit Klebestreifen oder einer breiten Binde befestigt

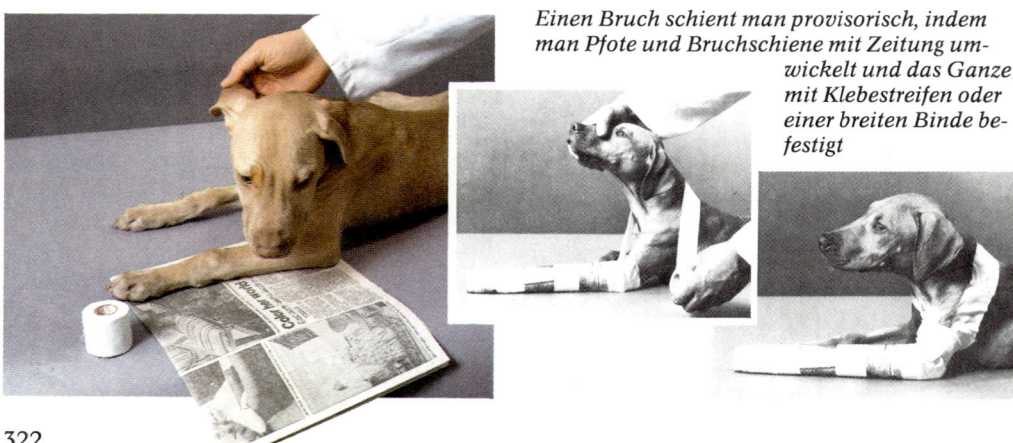

Verabreichung von Medikamenten

Jeder, der einen Hund hat, sollte gewisse Grundtechniken beherrschen, um seinem Tier Medikamente verabreichen und damit vom Tierarzt verordnete Behandlungsmaßnahmen zu Hause fortsetzen zu können. Selbstverständlich muß die Verabreichung von Medikamenten in vielen Fällen der fachkundigen Hand des Tierarztes überlassen bleiben. Aber auch diese Verabreichungsarten sollen hier mit aufgeführt werden, um das Verständnis für die manchmal sehr schmerzhaften Maßnahmen zu vertiefen.

● Injektionen

Bestimmte Arzneimittel werden injiziert, d. h. gespritzt, um z. B. eine schnellere Wirkung zu erzielen oder weil die Medikamente aufgrund ihrer Zusammensetzung nicht geeignet sind, über den Magen aufgenommen zu werden.

Subkutane Injektionen, d. h. unter die Haut zu verabreichende Injektionen, sind verhältnismäßig gefahrlos auszuführen. Prinzipiell kann an vielen Stellen des Körpers injiziert werden, entscheidend sind der richtige Sitz der Kanüle, nämlich unter der Haut, und eine Region, in der genügend subkutanes Gewebe (Gewebe unter der Haut) vorhanden ist und wo den Hund die Injektion nicht allzusehr stört (um z. B. ein intensives Belecken zu verhindern). Wer vor die Situation gestellt ist, seinem Hund subkutane Injektionen verabreichen zu müssen, wird von seinem Tierarzt entsprechend angeleitet werden.

Intramuskuläre Injektionen, d. h. in den Muskel zu verabreichende Injektionen, können ebenfalls an verschiedenen Stellen durchgeführt werden. Vor dem Injizieren wird aspiriert (angesaugt), um sicherzustellen, daß die Kanüle nicht in einem Blutgefäß sitzt.

Intravenöse Injektionen werden in eine Vene gespritzt und müssen allein dem Tierarzt überlassen bleiben, der sie ebenfalls in verschiedene Gefäße verabreichen kann.

● Lokale Anwendungen

Auf der Haut: Muß man eine Salbe auftragen, wird der Hund sie vielleicht abzulecken versuchen. Darum legt man ihm eine Halskrause (siehe Seite 322) um oder bedeckt die Stelle zum Schutz mit einem Wäschestück, einem Strumpf oder etwas Ähnlichem.

In den Augen: Um ein Mittel in die Augen zu tropfen, zieht man leicht und gleichzeitig die Lider auseinander, neigt den mit den Händen festgehaltenen Hundekopf etwas zur Seite und verabreicht die empfohlene Menge Tropfen oder Salbe. Man sollte sich von seinem Tierarzt zeigen lassen, wie man es richtig macht. In den meisten Fällen müssen Augentropfen mehrmals täglich verabreicht werden, um eine befriedigende Wirkung zu erzielen.

In den Ohren: Nur auf ausdrückliche Anweisung des Tierarztes soll man seinem Hund Medikamente in die äußeren Gehörgänge

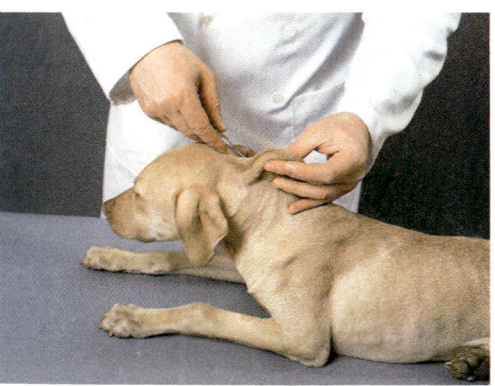

Subkutane Injektion im Bereich des Halses

verabreichen. Dazu wird zunächst die äußere Ohrmuschel gereinigt, niemals jedoch der Gehörgang selbst. Kopf und Körper des Hundes werden möglichst von einer Hilfsperson festgehalten, die Ohrmuschel wird etwas vom Ohr weg gespannt, der Kopf leicht geneigt. Nachdem das Medikament verabreicht ist, muß der Hund noch eine Weile festgehalten werden, damit er nicht sofort alles wieder aus

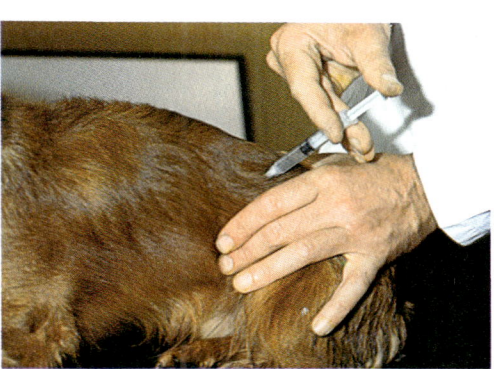

Intramuskuläre Injektionen erfolgen z. B. in der Lendengegend

den Ohren herausschüttelt. Die Verteilung des Medikaments kann verbessert werden, indem man den Gehörgang außen leicht massiert.

● Pulvergemische und Granulate

Bestimmte Medikamente werden mit der Nahrung vermischt. Verweigert der Hund jedoch die Futteraufnahme, so sollte man mit dem Tierarzt über andere Möglichkeiten sprechen, dem Hund das notwendige Medikament zu verabreichen. Oft hilft es aber auch, das Medikament mit der „Lieblingsnahrung" zu vermengen oder eine zusätzliche Geschmackskorrektur (z. B. mit etwas Fleischbrühe) vorzunehmen.

● Tabletten

Man legt dem Hund die Hand um den Nasenrücken und läßt ihn den Fang öffnen, indem man mit Daumen und Zeigefinger von beiden Seiten auf die Lefzenwinkel drückt. Dann

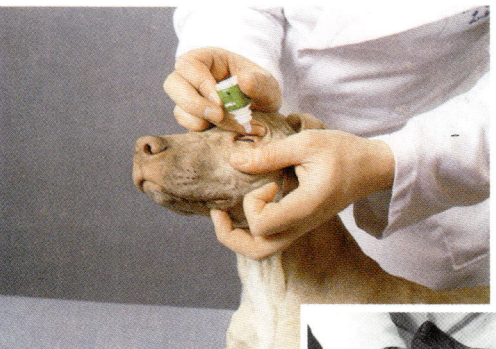

Um Augentropfen zu ver-
abreichen, zieht man die
Lider auseinander und
träufelt das Medikament in
das Unterlid; danach hält
man die Lider kurze Zeit
geschlossen

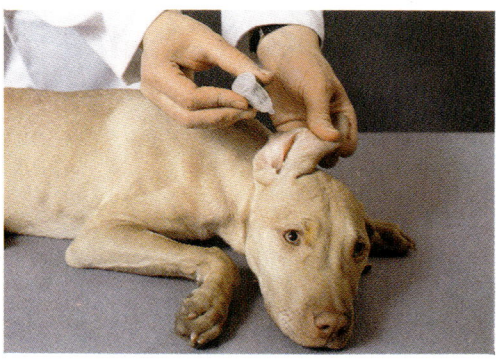

Ohrentropfen werden immer nur in die äußeren
Gehörgänge geträufelt

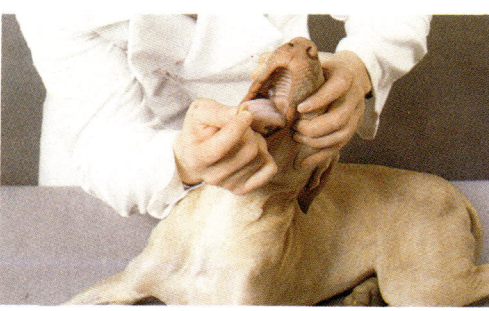

Drückt man von beiden Seiten auf die Mundwin-
kel, öffnet der Hund den Fang

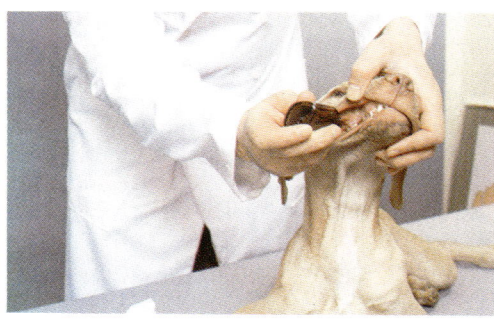

Auf diese Art kann man einem Hund ein flüssiges
Medikament verabreichen

biegt man den Oberkiefer nach oben und legt die Tablette so weit wie möglich auf den hinteren Teil der Zunge. Versucht der Hund zu beißen, so beißt er sich selbst ins Backenfleisch. Hat man die Tablette verabreicht, schließt man schnell den Fang und hält ihn zu, wobei der Kopf parallel zum Untergrund gehalten wird, da der Hund sonst nicht schlucken kann. Um den Schluckreflex zusätzlich anzuregen, streicht man dem Hund über den Kehlkopf. Wenn man das Abschlucken direkt sieht, kann man davon ausgehen, daß auch die Tablette geschluckt wurde. Ein Zeichen dafür, daß der Hund geschluckt hat, ist auch das Sichtbarwerden der Zungenspitze.

● Flüssigkeiten

Muß man seinem Hund eine Flüssigkeit einflößen, verwendet man am besten eine kleine Plastikflasche. Man hält den Kopf des Tieres in einem Winkel von maximal 45° nach oben gebogen und bildet aus der Wange eine Tasche, indem man den Mundwinkel leicht nach außen zieht. Während man mit der einen Hand den Fang hält, flößt man mit der anderen Hand dem Hund den Flascheninhalt in die Tasche ein. Die Flüssigkeit muß langsam und in mehreren Etappen eingeflößt werden, damit der Hund auch alles gut schlucken kann und das Medikament nicht in die Luftröhre gerät.

Künstliche Beatmung

Künstliche Beatmung kann, bevor tierärztliche Hilfe zur Stelle ist, das Leben eines Hundes retten und muß vorgenommen werden, wenn das Tier nicht mehr erkennbar atmet. Der Hund liegt auf der Seite. Zunächst öffnet man ihm den Fang, um sich zu vergewissern, daß sich kein Fremdkörper darin befindet. Sollte dies der Fall sein, nimmt man den Fremdkörper heraus. Die Zunge legt man so, daß sie seitlich zum Maul heraushängt und nicht die Kehle verlegt. Trägt der Hund ein Halsband, nimmt man es ab. Man legt beide Hände ganz flach zwischen die Schulterblätter und Rippen; alle 5 Sekunden drückt man kräftig auf den Brustkorb und läßt abrupt wieder los. Da der Brustkorb elastisch ist, füllt sich die Lunge mit Luft. Man fährt damit so lange fort, bis die Atmung wiedereinsetzt.

Eine zweite Möglichkeit ist die Mund-zu-Nase-Beatmung. Man schließt dem Hund fest den Fang, legt ein Tuch darüber und bläst seine Lunge auf, indem man etwa 3 Sekunden lang Luft in seine Nasenlöcher pumpt. Dann hält man 2 Sekunden lang inne, damit die Luft wieder entweichen kann; dann wiederholt man den Vorgang.

Wenn ein neugeborener Welpe nicht gleich atmet, wendet man die „Schaukelmethode" an. Man nimmt ihn in beide Hände und schwenkt ihn etwa zehnmal kräftig von oben nach unten.

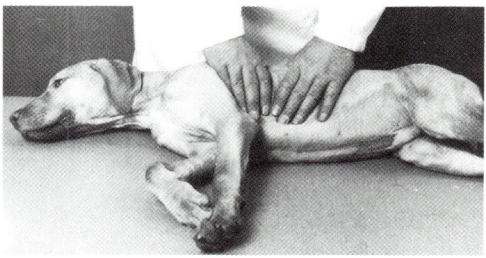

Bei der künstlichen Beatmung legt man die Hände flach zwischen die Schulterblätter und die Rippen

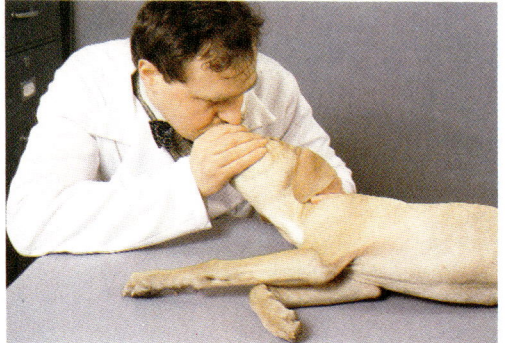

Bei der Mund-zu-Nase-Beatmung wird Luft in die Nasenlöcher des Hundes geblasen

Ist nach einem Unfall der Brustkorb durchbohrt, versucht man zunächst, die offene Stelle provisorisch mit einem Verband zu schließen, bevor man den Hund künstlich beatmet. In diesem Fall ist die Mund-zu-Nase-Methode angebracht.

Wenn der Hund ertrunken ist, hebt man ihn an den Hinterbeinen hoch, damit das Wasser aus der Lunge fließen kann. Ist das Tier zu schwer, legt man es auf eine schiefe Ebene, und zwar mit dem Kopf nach unten.

Steht das Herz still, versetzt man dem Tier je nach Größe zwei oder drei sehr kräftige Schläge mit der Faust auf die mittleren Rippen hinter der Schulter.

Anlegen von Verbänden

Einen Verband sollte man anlegen können, um provisorisch eine Blutung zu stillen, die Verunreinigung einer Wunde zu verhindern oder um Gliedmaßen ruhigzustellen. Außerdem verhindert ein Verband, daß das Tier sich kratzt, die Wunde leckt oder beißt. Auch für einen nur provisorischen Verband sollte man stets nur Verbandmull und sterile Binden verwenden, um die Gefahr einer Infektion zu vermeiden. Außerdem sollte man den Verband mit Klebestreifen gut festmachen, damit das Tier sich nicht in kürzester Zeit wieder davon befreien kann. Grundsätzlich sollte man Verletzungen vom Tierarzt behandeln lassen, der weitere Maßnahmen ergreifen und entsprechende Ratschläge für einen Verbandswechsel geben kann.

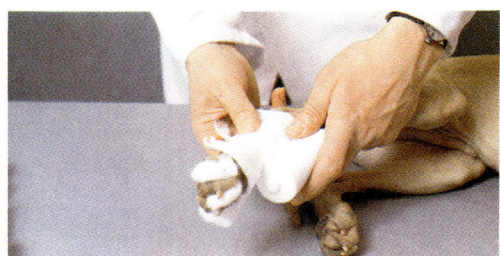

Wird eine Pfote verbunden, muß man durch Abpolsterungen mit Watte Druckstellen oder der Ansammlung von Feuchtigkeit vorbeugen

Pulsmessen

Man mißt einem Hund den Puls, indem man mit Zeige- und Mittelfinger auf die Oberschenkelschlagader drückt. Der normale Rhythmus beträgt etwa zwischen 80 und 140 Schlägen pro Minute. Die Pulszahl ist abhängig von der Größe und Rasse des Hundes.

Temperaturmessen

Die Körpertemperatur des Hundes mißt man rektal. Dazu fettet man das Thermometer mit Vaseline ein und überzeugt sich, daß die Quecksilbersäule ganz unten ist. Eine zweite Person sollte den Kopf des Hundes festhalten, während man selbst den Schwanz des Tieres hebt und das Thermometer mit einer drehenden Bewegung langsam in den After einschiebt. Das Thermometer muß etwa 3 Minuten dort verbleiben. Die normale Körpertemperatur des Hundes beträgt etwa zwischen 37,5 und 38,5 °C.

Erste Hilfe bei Verletzungen

Sinn und Ziel der Maßnahmen, die man selber ergreift, wenn sich der Hund größere Verletzungen zugezogen hat, können nur sein, eine Blutung provisorisch zu stillen, wichtige Lebensfunktionen wie Atmung und Kreislauf aufrechtzuerhalten sowie den Transport des Tieres zum Tierarzt zu erleichtern. Medizinisch richtig versorgt werden können die Wunden nur von einem Tierarzt, der je nach Art der Verletzung die notwendigen Maßnahmen ergreift.

Besonders dramatisch wirken oft Verletzungen am Auge, da sie meist sehr stark bluten und eine direkte Bedrohung eines sehr wichtigen Organs darstellen (zumindest ist nach Einschätzung des Menschen das Auge ein sehr wichtiges Organ; für den Hund selbst bedeutet es etwa das, was für den Menschen die Nase ist). Auch in diesem Fall sollte man das Auge mit einem keimfreien Verband schützen und unverzüglich einen Tierarzt aufsuchen. Ist das Auge aus der Höhle getreten, muß man ein Austrocknen dieses Organs verhindern, indem man es feucht hält (mit Wasser oder – besser – einer Lösung für Kontaktlinsen).

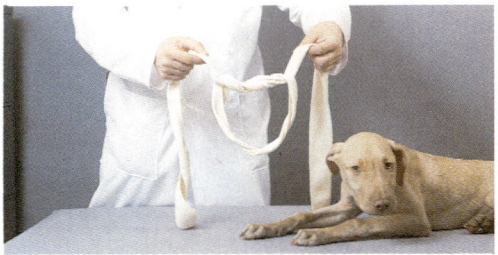

Für einen behelfsmäßigen Maulkorb knotet man eine Binde zu einer Schlaufe

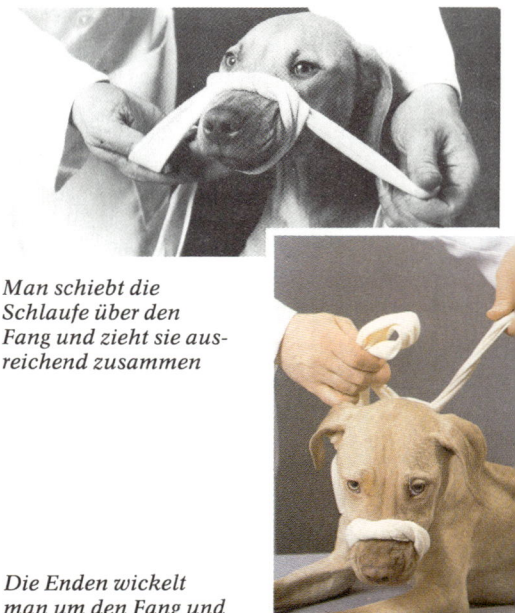

Man schiebt die Schlaufe über den Fang und zieht sie ausreichend zusammen

Provisorischer Maulkorb

Versucht ein verletzter Hund zu beißen, dann fertigt man aus einem Strumpf oder einer Binde einen behelfsmäßigen Maulkorb an. Man macht eine große Schlaufe mit einem Doppelknoten, schiebt die Schlaufe über den Fang des Hundes und zieht sie zusammen. Dann wickelt man die beiden Enden des Knotens um den Fang und bindet sie hinter dem Kopf zusammen.

Die Enden wickelt man um den Fang und knotet sie hinter dem Kopf zusammen

Hundekrankheiten

Im folgenden sind in alphabetischer Reihenfolge die wichtigsten Hundekrankheiten, ihre Symptome und mögliche Behandlungsmaßnahmen aufgeführt. Um Mißverständnissen vorzubeugen: Sinn und Zweck dieses Kapitels kann es nicht sein, den Tierarzt zu ersetzen, vielmehr sollen hier lediglich einige Hinweise gegeben werden, die das Verständnis erleichtern.

Abszeß

Ein Abszeß ist eine abgegrenzte Eiteransammlung im Körpergewebe und entwickelt sich als Folge einer Infektion. In ausgeprägten Fällen kann das Tier Fieber bekommen. Abszesse innerer Organe sind oft schwer und nur durch den Tierarzt festzustellen.
● Hautnahe Abszesse: Bei hautnahen Abszessen sind die darüber liegenden Hautschichten gerötet, heiß und schmerzhaft. Eine Behandlung durch den Tierarzt ist unumgänglich. Oft ist es nötig, den Abszeß zu öffnen, um ein Weiterkriechen oder ein Einbrechen in die Blutbahn zu verhindern, was eine Blutvergiftung zur Folge haben könnte. In vielen Fällen muß oft zusätzlich mit Antibiotika behandelt werden.
● Zahnabszesse: Ursache kann ein fauler Zahn sein, der dann unbedingt gezogen werden muß; dafür ist fast immer eine Narkose erforderlich. Abszesse, die durch fortgeschrittene Zahnfleischentzündungen hervorgerufen werden, müssen vom Tierarzt geöffnet werden.

● Abszesse an den Analdrüsen: Sie kommen bei Hunden recht häufig vor. Ihre Entstehung hat mehrere Ursachen, doch kann diesem Abszeß vorgebeugt werden, indem man für einen gut geformten Stuhl des Tieres sorgt. Dann nämlich wird der erforderliche Druck auf die Analdrüsen ausgeübt, um sie zu entleeren. Andernfalls sollte man die Drüsen regelmäßig entleeren lassen.
Beobachtet man, daß der Hund auf dem After rutscht, so sollte man ihn auf eventuelle Analdrüsenabszesse hin untersuchen. Oft bricht ein solcher Abszeß spontan auf. Analdrüsenabszesse können mit Medikamenten oder chirurgisch behandelt werden.

Acanthosis nigricans

Diese Hautkrankheit befällt offenbar gehäuft Dackel, und zwar hauptsächlich ältere Tiere.

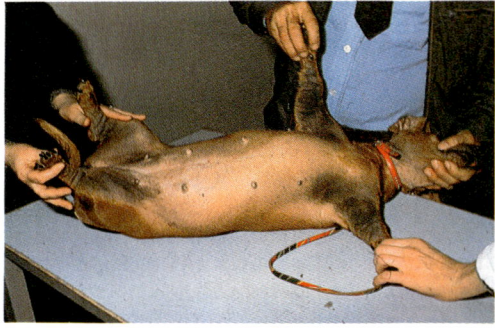

Ein an Acanthosis nigricans erkrankter Dackel

Sie wird vermutlich durch ein hormonelles Ungleichgewicht hervorgerufen, das durch die verminderte Produktion eines Schilddrüsenhormons (das Thyroxin) bedingt ist.

Die Haut des Tieres wird im Bereich der Achselhöhlen wie auch in anderen Körperregionen schwarz und dick und ähnelt der eines Elefanten. Die Krankheit kann medikamentös behandelt werden.

Allergien

Allergien sind Reaktionen des Organismus auf bestimmte, Allergene genannte Stoffe, die der Körper nicht verträgt. Die Symptome für eine Allergie sind vielfältig und treten unterschiedliche Zeit nach dem Kontakt mit den Allergenen auf. Symptome können sein: Husten, Niesen oder Atemnot, wenn der Hund auf Pollen (Heuschnupfen), Staub, Sprühmittel u. a. allergisch reagiert; Erbrechen und chronischer Durchfall können auftreten, wenn er bestimmte Nahrungsmittel nicht verträgt; Nesselfieber, ein Hautausschlag, bei dem auch das Maul und die Ohren anschwellen, kann hervorgerufen werden durch Arzneimittel, durch Bluttransfusionen oder ebenfalls durch bestimmte Nahrungsmittel. Auch Ekzeme können sich bilden, wenn die Haut mit bestimmten Stoffen in Berührung kommt, oder als Folge von Flohstichen. Die schwerste Form einer allergischen Reaktion ist der sogenannte anaphylaktische Schock, bei dem u. a. Atemnot und Bewußtlosigkeit auftreten können; diese Situation ist für den Hund lebensgefährlich.

Bei akuten allergischen Reaktionen haben nur vom Tierarzt zu verabreichende Antihistaminika eine rasch lindernde Wirkung. Darum sollte man mit dem Tier sofort den Tierarzt aufsuchen.

Nach dem Abklingen der Symptome oder bei weniger dramatisch verlaufenden Formen sollte man herauszufinden versuchen, auf welche Stoffe das Tier allergisch reagiert, um zu verhindern, daß es weiterhin in Kontakt mit ihnen kommt. Am besten läßt man immunologische Tests durchführen, um das oder die Allergene zu identifizieren und um das Tier dann desensibilieren zu lassen. Die Aussichten auf Erfolg sind recht gut, doch ist die Behandlung langwierig und erstreckt sich über mehrere Monate.

Analdrüsenabszeß siehe Abszeß.

Anämie

Anämie oder Blutarmut ist keine primäre Krankheit, sondern Folge z. B. von Befall mit Parasiten, von Nährstoffmängeln oder Schäden im Knochenmark oder von anderen auslösenden Erkrankungen. Bei Anämie ist die Anzahl der roten Blutkörperchen und/oder der Hämoglobingehalt des Blutes (der Gehalt an Blutfarbstoff) vermindert.

Der anämische Hund hat blasse bis – in extremen Fällen – fast weiße Schleimhäute, er ist geschwächt und träge, und er atmet schnell. Sind sehr viele rote Blutkörperchen zerstört, können sich Symptome von Gelbsucht zeigen. Nur ein Tierarzt kann feststellen, welche Ursachen der Anämie zugrunde liegen, und eine geeignete Behandlung einleiten.

Anurie

Anurie, d. h. das Fehlen jeglicher Harnausscheidung, ist nur ein Symptom, dem verschiedene Ursachen und Erkrankungen zugrunde liegen können. Umgehende ärztliche Hilfe ist unbedingt erforderlich.

Arthritis

Arthritis ist eine Entzündung der Gelenke, hervorgerufen durch Infektionen oder mechanische Einwirkungen. Die Entzündung ist für den Hund sehr schmerzhaft, und er lahmt; das betroffene Gelenk ist mit Flüssigkeit gefüllt und meist sehr warm; es kann auch Fieber auftreten. Die Behandlung richtet sich jeweils nach dem Einzelfall.

Schlechter Atem

Fleischfresser haben nie frischen Atem. Wenn ein Hund aber ausgesprochen aus der Schnauze stinkt, so liegt das oft an einer übermäßigen Zahnsteinbildung. Vor allem im fortgeschrittenen Alter leiden Hunde darunter. Den Zahnstein sollte man regelmäßig vom Tierarzt entfernen lassen; dies geschieht meistens unter Narkose. Unterbleibt diese Behandlung, kommt es oft zu Zahnfleischentzündungen und in der Folge davon zu Knochenabbau.

Die Ursachen ausgeprägter Zahnsteinbildung sind nicht bekannt. Das Argument, daß hierfür die veränderten Ernährungsgewohnheiten verantwortlich sein könnten, überzeugt nicht. Die Nahrungsaufnahme ist nur ein kleiner Teil der „Kauarbeit"; überwiegend wird das Gebiß benutzt beim Spielen mit Holzstöcken, Knochen, Kauknochen u. a., so daß man bei den meisten Hunden eine natürliche Reinigung des Gebisses unterstellen kann.

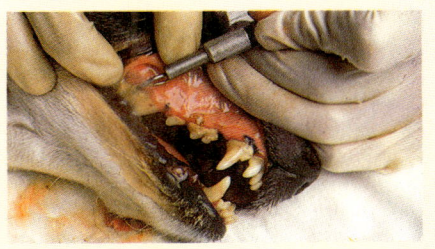

Heute entfernt der Tierarzt Zahnstein vom Gebiß des Hundes mit Ultraschall

Blasenverschluß

Ein Blasenverschluß wird oft durch Steine verursacht, die den Abfluß von Urin durch die Harnröhre blockieren, es können aber auch andere Ursachen vorliegen. Der Hund kann nicht urinieren, hat Schmerzen, leckt sich den Penis und bemüht sich vergeblich.

In diesem Fall muß man ihn so schnell wie möglich zum Tierarzt bringen, der z. B. mit Hilfe eines Katheters die Blase entleert, röntgt und sonstige diagnostische und therapeutische Maßnahmen ergreift.

Im Anschluß an die Behandlung muß das Tier im allgemeinen auf eine geeignete Diät gesetzt werden, um das Rückfallrisiko zu verringern.

Blutarmut siehe Anämie.

Blutungen

Ein gut angebrachter Druckverband (aus einem Wäschestück oder Mull) kann die Blutung einer Wunde zum Stillstand bringen.

Bei einer Blutung im Bereich einer Gliedmaße oder des Halses drückt man die Arterie zusammen, die die betroffene Körperpartie versorgt, und wartet auf den Tierarzt. Der Druck wird mit flachen Fingern ausgeübt, und zwar bei Blutungen der Vordergliedmaßen auf die Arterie am Gliedmaßenansatz, bei Blutungen der Hintergliedmaßen auf die Schenkelarterie. Der Druck muß so lange ausgeübt werden, bis die Blutung aufhört, womit jedoch bei einer Verletzung großer Gefäße nicht so bald zu rechnen ist.

Man kann die Gliedmaße auch provisorisch abbinden, wobei allerdings die Gefahr besteht, daß bei einer zu festen Abbindung die Blutversorgung völlig unterbrochen wird und das Gewebe abstirbt. Man darf also nur so fest abbinden, daß die Blutung gerade aufhört.

Um ein Gefäß abzubinden, sollte man keinen Bindfaden benutzen, der in das Gewebe einschneiden könnte, sondern eine mehrere Zentimeter breite Binde oder auch eine Krawatte.

Ist eine Vene beschädigt, ist das herausfließende Blut dunkelrot, bei einer Arterie ist es hellrot. Im ersten Fall bindet man etwa 5 cm zwischen der Wunde und dem körperabgewandten Ende der Gliedmaße ab, im zweiten Fall zwischen der Wunde und dem körpernahen Ende der Gliedmaße. Um den Druck, der auf das blutende Gefäß ausgeübt werden soll, richtig zu dosieren, knotet man z. B. einen Bleistift ein – wie nebenstehend abgebildet – und dreht ihn, bis die Blutung zum Stillstand gekommen ist. Dann befestigt man das freie Ende des Bleistifts an der Gliedmaße.

Brustdrüsenentzündung siehe Mastitis.

Darmvorfall siehe Vorfälle.

Diabetes siehe Zuckerkrankheit, siehe auch Wasserharnruhr.

Durchfall

Weich geformter bis flüssiger Stuhlgang kann durch eine Infektion (Viren oder Bakterien) oder durch Parasiten (z. B. Hakenwürmer) verursacht sein, er kann toxischen Ursprungs sein, ernährungsbedingte Ursachen haben oder durch ein Ungleichgewicht der Darmflora nach einer Behandlung mit Antibiotika bedingt sein. Je nach Befund und Diagnose wird der Tierarzt die erforderlichen Maßnahmen einleiten, um die Durchfallursache und eventuelle Folgeerscheinungen zu beheben.

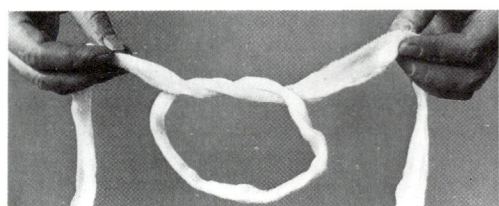

Will man ein Gefäß abbinden, so macht man in eine Binde einen lockeren Knoten

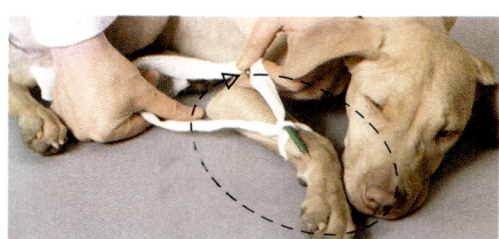

Man zieht die Binde an der Pfote zusammen, indem man in den Knoten einen Bleistift einführt

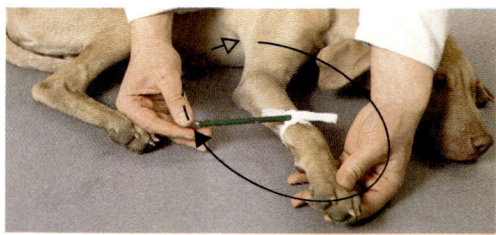

Durch Drehen des Bleistifts kann man den auf das blutende Gefäß ausgeübten Druck regulieren

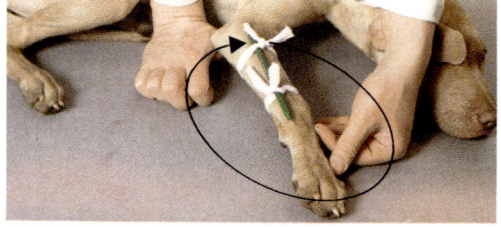

Mit einer zweiten Binde wird der Bleistift befestigt und so ein gleichbleibender Druck ausgeübt

Eklampsie

Die Eklampsie, auch Milchfieber genannt, tritt vor allem bei kleinrassigen Hündinnen in der Zeit des Säugens und bei solchen Hündinnen auf, die einen sehr großen Wurf haben (12–14 Welpen). Auch nervöse Tiere neigen verstärkt dazu. Die Eklampsie kann sich bei nachfolgender Trächtigkeit bzw. Säugen wiederholen. Ursache ist eine Störung des Kalzium-Magnesium-Haushalts.

Die kranke Hündin liegt auf der Seite, ist sehr unruhig, hat Krämpfe und wird manchmal bewußtlos. Oft ist sie außerstande aufzustehen, und ihre Temperatur ist stark erhöht (40–41 °C). Dem Tier muß so schnell wie möglich eine Kalzium-Magnesium-Lösung intravenös gespritzt werden; eventuell muß die Injektion wiederholt werden. Bis zur Genesung der Hündin muß man die Welpen künstlich ernähren.

Ersatzmilch für die Welpen

120 ml Milchpulver
120 ml Wasser
  1 rohes Eigelb
  1 Eßlöffel Honig
  5 Tropfen Lebertran

Da nur ein kurzfristiger Einsatz vorgesehen ist, wurde die Mineralstoffversorgung nicht berücksichtigt.

Um einem wiederholten Auftreten der Krankheit vorzubeugen, sollten während der gesamten Säugeperiode und vor der nächsten Trächtigkeit der Kost der Hündin Mineralstoffe (insbesondere Kalzium und Phosphor) bedarfsgerecht zugesetzt werden.

Ektropium

Als Ektropium bezeichnet man ein herunterhängendes Unterlid; bei einigen Rassen (z. B. Bernhardiner, Cocker Spaniel, Bluthund) besteht eine besondere Neigung dazu. Das nach außen gekehrte Unterlid bedingt Bindehautentzündungen unterschiedlichen Ausmaßes.

Entzündungshemmende Salben können leichtere Bindehautentzündungen lindern. Im allgemeinen ist ein chirurgischer Eingriff die einzige auf Dauer wirksame Hilfe.

Ekzem

Ein Ekzem ist eine juckende, nicht anstekkende, in vielerlei Gestalt auftretende Entzündung der Oberhaut und des Papillarkörpers (der oberen Schicht der Lederhaut). Verursacht wird die Entzündung durch verschiedene innere und äußere Faktoren, gefördert durch konstitutionelle Schwächen. Die Heilung erfolgt ohne Narbenbildung.

Im wesentlichen lassen sich zwei Arten unterscheiden: trockene und feuchte Ekzeme. Beide Arten treten vielgestaltig in Erscheinung, feuchte Ekzeme vereitern und verschorfen manchmal. Gehäuft werden Ekzeme im Frühjahr und im Sommer beobachtet.

Wie gesagt, können Ekzeme viele Ursachen haben. Es kann sich um allergische Reaktionen, aber auch um eine Kontaktdermatitis ohne allergische Ursachen handeln, wenn z. B. die Haut erstmals mit Reizstoffen (z. B. Waschmittel, Teer, chemische Mittel, Ätzstoffe, Insektenvertilger usw.) in Berührung kommt. Es kann z. B. ein Ekzem durch eine Reizung an den Lippen entstehen, wenn der Hund aus einem Plastiknapf frißt. Auch Flohhalsbänder können gelegentlich Ekzeme ver-

Veränderungen der Lider

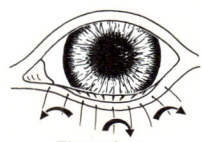

Ektropium
Das Unterlid kehrt sich nach außen

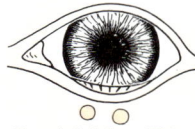 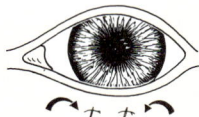

Um ein leichtes Ektropium zu korrigieren, werden zwei kreisförmige Hautlappen ausgeschnitten und das Lid durch senkrechte Nähte gerafft

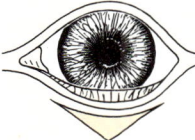 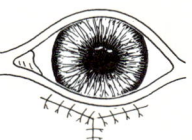

Bei einem großen Ektropium wird ein Dreieck ausgeschnitten und eine Y-förmige Naht gelegt

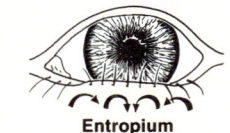

Entropium
Das Unterlid kehrt sich nach innen

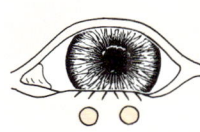 

Bei einem leichten Entropium werden zwei kreisförmige Hautlappen ausgeschnitten und waagrecht genäht, um das Lid herunterzuklappen

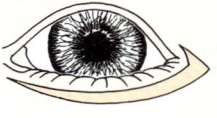 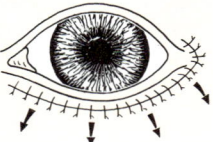

Bei einem großen Entropium wird ein lanzenförmiger Hautlappen ausgeschnitten und genäht

ursachen, und zwar um so eher, je fester das Flohhalsband sitzt.

Ein Ekzem beginnt damit, daß in einer bestimmten Region die Haut gerötet ist und juckt. Stellenweise, aber auch im gesamten Bereich der Entzündung können sich Vereiterungen bilden, manchmal blutet die Haut, verdickt sich, und die Haare fallen aus. Zusätzliche Gefahr droht durch Infektionserreger, die hier ideale Bedingungen für ihre Ausbreitung vorfinden. Es bildet sich Schorf.

Grundprinzip der Behandlung muß sein, die Ursache des Übels zu beseitigen (z. B. den Plastiknapf, das Flohhalsband, aber auch andere Ursachen wie Parasiten, bestimmte Nahrungsmittel, die das Tier nicht verträgt, usw.). Bei der Vielfältigkeit der Ursachen und der Erscheinungsformen kann nur der Tierarzt über eine geeignete Behandlung entscheiden.

Entropium

Im Gegensatz zum Ektropium wölbt sich beim Entropium das untere Augenlid zum Auge hin, es kehrt sich nach innen. Die Haare reiben auf der Hornhaut und verursachen einen entzündlichen Dauerreiz. Der Hund kratzt sich das Auge, um sich Erleichterung zu verschaffen.

Einzig wirksame Behandlung ist eine chirurgische Korrektur des Augenlids.

Epileptische Anfälle

Man muß unterscheiden zwischen Anfällen der sogenannten echten Epilepsie und der sogenannten symptomatischen Epilepsie, bei der sich Hirnschädigungen nachweisen lassen, die auf unterschiedliche Ursachen zurückzuführen sind (z. B. Staupe, Spulwurmbefall, deutlich erniedrigter Kalziumspiegel im Blut, Vergiftung).

Die Anfälle können in verschiedenen Formen auftreten (z. B. Krämpfe, Bewußtseinsstörungen, plötzliches Umfallen, unkontrolliertes Bewegen der Gliedmaßen oder anderer Körperteile). Bei der echten Epilepsie sind die Anfälle zunächst zeitlich weit auseinander liegend und kurz dauernd, können dann aber auch mehrmals wöchentlich auftreten. Trotz der Verschiedenartigkeit der Anfälle ist die Ursache oft nicht leicht zu erkennen. In jedem Fall muß man den Tierarzt konsultieren, der – je nach Ursache – eine Behandlung einleiten kann.

Erbrechen

Im allgemeinen ist das Erbrechen für Hunde ein natürlicher Vorgang. So kann er aus seinem Magen Knochen, Giftstoffe oder verdorbene Nahrung ausscheiden. Manchmal frißt ein Hund auch Gras als Brechmittel (zumindest nimmt man das an, nachgewiesen wurde dieser Zusammenhang noch nicht).

Das krankhafte Erbrechen eines Hundes kann viele Ursachen haben: Verdauungsstörungen, abrupte Umstellung in der Ernährung, Vergiftung, Fremdkörper, infektiöse Krankheiten, Nierenentzündung, Parasiten u. a. Erbricht sich ein Tier häufiger, sollte man einen Tierarzt konsultieren, um es untersuchen zu lassen. Entsprechend seiner Diagnose, welche der zahlreichen möglichen Ursachen dem Erbrechen zugrunde liegt, wird er Maßnahmen zur Behandlung ergreifen.

Euthanasie

Leidet ein Tier an einer unheilbaren Krankheit, so ist es oft besser, seinen Leidensweg zu verkürzen, anstatt einen schmerzhaften, letztlich aber vergeblichen Kampf fortzusetzen. Eine Injektion mit einer Überdosis Schlafmittel führt sofort und für das Tier ohne Angstgefühle und ohne Schmerz zum Tod.

Feminisierung des Rüden

Eine Verweiblichung (Feminisierung) des Rüden kann durch Hodentumoren verursacht sein (obwohl nicht in allen Fällen von Hodentumoren eine Verweiblichung auftreten muß). Öfter beobachtet wird diese Entwicklung bei älteren Rüden.

Der Hund zeigt keinen Geschlechtstrieb, sein Penis verkümmert, statt dessen entwickeln sich seine Brustwarzen. Seine Haare fallen aus.

Läßt man das Tier kastrieren, verschwinden die Symptome nach kurzer Zeit.

Fehlbelegung und Abtreibung

Hat sich eine Rassehündin gegen den Willen des Hundehalters mit einem Mischling oder einem Hund einer anderen Rasse gepaart, so sollte man sie so bald wie möglich zum Tierarzt bringen. Durch eine rechtzeitig verabreichte entsprechende Injektion kann verhindert werden, daß sich die befruchteten Eier in der Gebärmutter einnisten.

Fettsucht

Zunehmend zeigen sich heute auch beim Hund die Folgen einer falschen Ernährung. Dabei steht an erster Stelle die Fettsucht. Etwa 30 % aller Hunde sind deutlich übergewichtig. Das Übergewicht ist fast immer durch ein Mißverhältnis zwischen Energiebedarf und Energieaufnahme bedingt.

Es gibt drei prinzipielle Möglichkeiten, dieses Mißverhältnis aufzuheben:
1. Man sorgt dafür, daß sich das übergewichtige Tier mehr bewegt und dadurch mehr Energie verbraucht.

2. Das übliche Futter wird mengenmäßig begrenzt.

3. Das Tier erhält eine sogenannte Reduktionskost (Abmagerungsdiät), d. h. eine Ration, die zwar sättigt, dem Tier aber nur einen geringen Anteil an verdaulicher Energie zur Verfügung stellt. Folgendes Rezept gibt ein Beispiel für eine solche Reduktionskost:

2 g Fett
110 g mageres Rindfleisch
½ Tasse Magerquark
2 Tassen gekochte Mohrrüben
2 Tassen gekochte grüne Bohnen
½ Teelöffel Dikalziumphosphat.

Neben Wasser zum Trinken sollte der Hund nur dieses Futter während der Abmagerungszeit bekommen.

Tagesration für den übergewichtigen Hund

		in kg	in g	
		2,5	150	
		5	300	
Gewicht		10	450	
des		20	800	tägliche Ration
Hundes		30	1125	
		40	1250	
		50	1450	

Frakturen

Man unterscheidet offene und geschlossene Frakturen (Knochenbrüche), d. h. solche, bei denen die äußere Haut verletzt ist, so daß eine direkte Verbindung zwischen Knochenbruchstelle und Außenwelt besteht (die Gefahr einer Infektion ist sehr groß), und solche, bei denen die Bruchenden in sie umgebendem Gewebe unter der Haut liegen.

Anzeichen für einen Bruch sind Schwellung und heftiger Druckschmerz im Bereich der Fraktur, Gebrauchsunfähigkeit der gebrochenen Gliedmaße sowie ungewöhnliche Lage und abnorme Beweglichkeit.

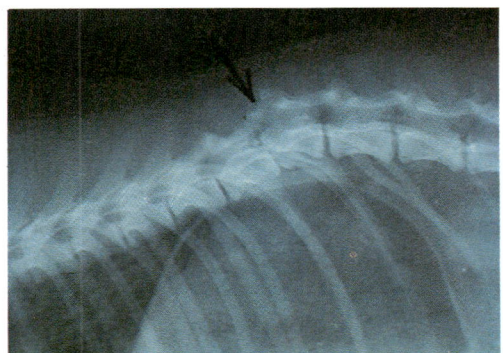

Eine Fraktur der Wirbelsäule muß innerhalb der ersten Stunden nach dem Unfall operiert werden

Man sollte das betroffene Tier und insbesondere den gebrochenen Körperteil sowenig wie möglich bewegen. Am besten transportiert man das Tier auf einer provisorischen Tragbahre (z. B. auf einem Brett) zum Tierarzt. Bei zeitlichen Verzögerungen oder längeren Transporten empfiehlt es sich, den Bruch provisorisch zu schienen (siehe Seite 322). Der Tierarzt wird den Bruch einrichten und schienen oder ihn nötigenfalls chirurgisch versorgen.

Gebärmuttervorfall siehe Vorfälle.

Gelenkentzündung siehe Arthritis.

Glaukom

Beim Glaukom (auch als grüner Star bezeichnet) handelt es sich um eine sehr schmerzhafte Erkrankung des Auges, die auf einer Steigerung des im Auge herrschenden Drucks beruht. Diese Steigerung des Innendrucks kann durch eine vermehrte Kammerwasserabsonderung verursacht sein, ist aber meist dadurch bedingt, daß der Abfluß gehemmt ist. Über die auslösenden Ursachen ist noch wenig bekannt, doch scheinen einige Rassen besonders anfällig für diese Krankheit zu sein (Primärglaukom). Der Entstehung eines Glaukoms können aber auch andere Er-

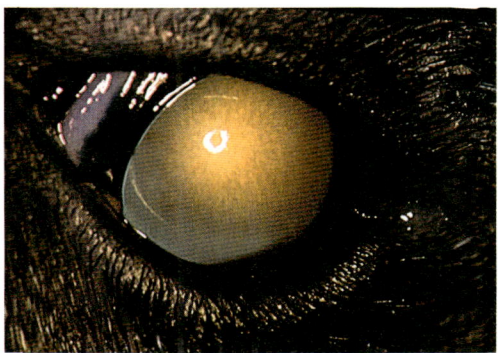

Sekundärglaukom aufgrund einer Linsenverschiebung: Der Augapfel ist erweitert und hart

krankungen (z. B. eine Linsenverschiebung) ursächlich zugrunde liegen.

Symptome für ein Glaukom sind: Der Augapfel nimmt an Volumen zu, die Hornhaut wird trüb, die Pupille weitet sich, und das Sehvermögen verschlechtert sich. Der Hund leidet, wimmert und kratzt sich das kranke Auge. Die genaue Diagnose kann jedoch nur der Tierarzt stellen, der den Augeninnendruck mit einem Tonometer mißt.

Die verschiedenen möglichen Behandlungsmethoden zielen alle darauf ab, die Produktion des Kammerwassers zu vermindern bzw. den Abfluß zu begünstigen. Ein chirurgischer Eingriff befriedigt oft nicht.

Grauer Star siehe Katarakt.

Grüner Star siehe Glaukom.

Harnsperre siehe Anurie.

Harnsteine

Sie bilden sich in der Blase oder in den Nieren aus Mineralstoffen (in 40–90 % der Fälle aus Phosphaten) und können groß wie ein Hühnerei werden. Die genaue Ursache für die Bildung von Harnsteinen ist nicht bekannt, doch gibt es eine Reihe von Faktoren (z. B. eine mineralstoffreiche Ernährung, Infektionen, eiweißreiche Kost und mangelnde Bewegung), die ihre Entstehung begünstigen. Auch scheinen bestimmte Rassen besonders anfällig dafür zu sein.

Der Hund zeigt Schmerzen, krümmt den Rücken, er uriniert teilweise mit Blut und meist nur in sehr kleinen Mengen. Es kann sogar zu einem völligen Harnverhalten kommen, wenn der Harnweg durch Steine verlegt ist. Tierärztliches Eingreifen ist unverzüglich erforderlich.

Die Behandlung erfolgt medikamentös und/oder chirurgisch. Daneben sind vorbeugende Maßnahmen angebracht, die der Tierarzt je nach Art des vorliegenden Falls anraten wird. Im allgemeinen ist eine kochsalzreiche Diät zu empfehlen, um über eine verstärkte Wasseraufnahme eine verstärkte Harnbildung zu erreichen (der Harn ist dann bei gleichbleibender Nahrungsmenge nicht mehr so konzentriert). Weitere Empfehlungen können sich auf die Mineralstoff- und Eiweißversorgung beziehen.

Harnträufeln

Der unbeabsichtigte tropfenweise Abgang von Harn kann bei alten Hunden dadurch bedingt sein, daß der Blasenschließmuskel erschlafft. Es können aber auch andere Ursachen dafür verantwortlich sein, so z. B. eine Blasenentzündung, eine Entzündung des Harnleiters oder Diabetes.

Eine Behandlung richtet sich nach den jeweiligen Ursachen des Harnträufelns.

Hautinfektionen

Bakterien können die Haut besiedeln und Pusteln, Furunkel, Wunden, Akne und andere Erscheinungsformen hervorrufen, die nach Art, Umfang, Dauer und möglichen Komplikationen (z. B. durch Belecken oder Kratzen) unterschiedlich ausgeprägt sein können.

Die Behandlung richtet sich nach Ursache und Ausprägung der Hautkrankheit und ist oft recht langwierig. Über mögliche Maßnahmen muß im Einzelfall der Tierarzt entscheiden.

Hepatitis

Hepatitis ist eine ansteckende, durch Viren ausgelöste Leberentzündung; die Krankheit wird durch den Urin übertragen und kann alle nicht durch Impfung geschützten Hunde befallen. Vor allem bei jungen Hunden endet die Krankheit oft tödlich.

Das erkrankte Tier hat starkes Fieber, ist appetitlos, aber sehr durstig; es zeigt starke Bauchschmerzen (Krämpfe), die plötzlich auftreten. Der Hund ist sehr schwach, übergibt sich und hat blutdurchsetzten Durchfall. Die Schleimhäute sind stark durchblutet und färben sich safrangelb. In manchen Fällen wird die Hornhaut bläulich. Wenn der Hund die ersten 48 Stunden durchsteht, hat er gute Überlebenschancen.

Das Tier bedarf einer intensiven Behandlung durch den Tierarzt, der zum Teil die Begleiterscheinungen der Hepatitis zu lindern versucht. Der beste Schutz gegen diese Krankheit ist eine vorbeugende Impfung.

Herzkrankheiten

Auch Hunde können an Herzklappenfehlern, Herzmuskelentzündungen, Arteriosklerose u. a. leiden. Anzeichen für eine Herzkrankheit sind z. B. Kurzatmigkeit, oft Atemnot und Hustenreiz sowie Flüssigkeitsansammlung in der Bauchhöhle. Der Tierarzt kann die Diagnose einer Herzerkrankung mit Hilfe eines Elektrokardiogramms stellen.

Die Behandlung richtet sich nach der Art der Erkrankung, im allgemeinen werden Medikamente verordnet, deren Wirkung durch eine gezielte Diät, die der Tierarzt aufstellt, unterstützt werden kann.

Es gibt neben erworbenen Herzkrankheiten eine Reihe von angeborenen Herzfehlern, die bereits im Welpenalter deutlich werden. Zwar lassen sich die Herzfehler in vielen Fällen chirurgisch behandeln, doch sollte man solche Tiere besser von der Zucht ausschließen.

Hornhautentzündung siehe Keratitis.

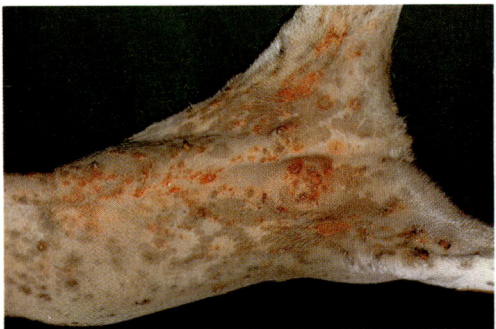

Eine durch Bakterien hervorgerufene Hautinfektion, die hier bei einem Pointer zu eitrigem Ausschlag führte

Die verschiedenen Phasen der Hüftgelenksdysplasie

Bei einer normalen Hüfte ist der Kopf des Oberschenkelknochens glatt und fügt sich genau in die vom Hüftbein gebildete Gelenkpfanne ein. Bei der Dysplasie paßt sich der Oberschenkelkopf nicht mehr gut in die Gelenkpfanne ein (1). Die Gelenkpfanne umgibt nicht mehr den Kopf des Oberschenkelknochens, der zu einem „Gendarmenhut" deformiert ist (2). Die Gelenkpfanne ist fast eben, der Oberschenkelkopf liegt beinahe außerhalb der Gelenkpfanne, Knochenauswüchse treten auf (3). Der Oberschenkelknochen tritt aus der Gelenkpfanne, die Hüfte ist ausgerenkt (4).

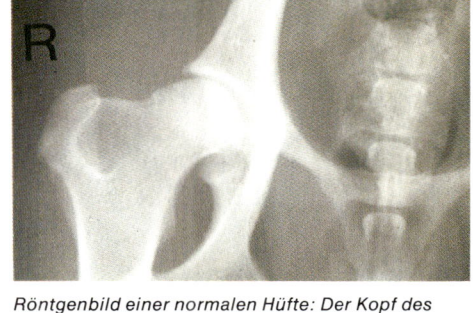

Röntgenbild einer normalen Hüfte: Der Kopf des Oberschenkelknochens paßt sich genau der vom Hüftbein gebildeten Gelenkpfanne an

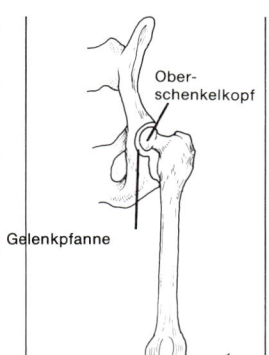
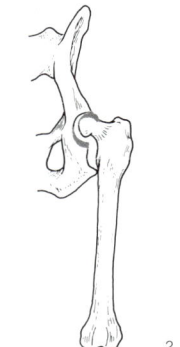
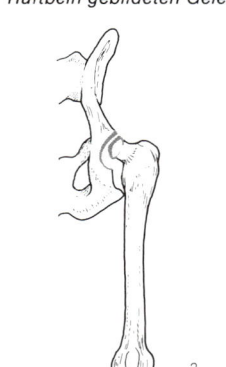
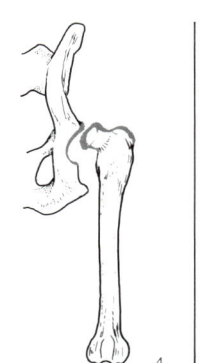

Oberschenkelkopf

Gelenkpfanne

1   2   3   4

Hüftgelenksdysplasie

Hierbei handelt es sich um eine Deformierung des Hüftgelenks, so daß sich der Kopf des Oberschenkelknochens nicht mehr genau in die vom Hüftbein gebildete Gelenkpfanne einfügt. Hüftgelenksdysplasie tritt häufig bei großen Hunderassen auf.

Das Tier gibt Schmerz zu erkennen, hinkt ein- oder beidseitig, die Muskulatur bildet sich zurück, es fällt dem Hund schwer, aus dem Sitzen aufzustehen, und sein Gang wird unsicher. Verschiedene Behandlungsmethoden können die Symptome mildern und den Prozeß der Deformierung aufhalten, heilbar ist die Krankheit jedoch nicht.

Husten

Husten selbst ist keine Krankheit, sondern lediglich Symptom für eine Erkrankung. So kann z. B. eine durch Viren bedingte Entzündung, eine Lungenentzündung oder eine Verwurmung Ursache des Hustens sein. Die eigentliche Ursache des Hustens kann nur der Tierarzt feststellen.

Hypoglykämie

Als Hypoglykämie bezeichnet man einen zu geringen Gehalt des Blutes an Zucker. Sie tritt hauptsächlich bei Hunden kleiner Rasse sowie bei Welpen auf, und zwar jeweils nach einer körperlichen Überanstrengung. Dabei verbraucht das Tier rasch zuviel Energie und hat demzufolge nicht mehr genügend Glukose (Zucker) im Blut. Aber auch andere, organische Ursachen (z. B. Tumoren) können die Hypoglykämie verursachen.

Impfungen

Welpen sind in den ersten Lebenswochen gegen verschiedene Krankheitserreger geschützt, da sie von der Hündin Antikörper mitbekommen (passive Immunisierung). Die Schutzdauer hängt von verschiedenen Faktoren ab, so z. B. vom Immunstatus der Mutter, d. h. davon, wieweit die Hündin gegen bestimmte Krankheiten geschützt ist, sowie von der Ernährung und Entwicklung der Welpen.

Werden die Welpen älter, muß durch Impfungen ein eigener Schutz gegen verschiedene Krankheiten aufgebaut werden (aktive Immunisierung). Starre Empfehlungen für einen „Impfplan" gibt es nicht, der Tierarzt wird im Einzelfall je nach Hund und Infektionsrisiko entscheiden, wann welche Impfung sinnvoll ist.

Es gibt heute sogenannte Kombinationsimpfstoffe, d. h., mit einer Injektion kann gegen verschiedene Krankheiten geschützt werden. In unterschiedlichen Zeitabständen sind dann Wiederholungsimpfungen erforderlich, um einen dauerhaften Schutz zu gewährleisten. Üblich sind Impfungen gegen Staupe, Hepatitis, Leptospirose, Tollwut und Parvovirose. Weitere Impfungen sind möglich.

KLEINE SYMPTOMATOLOGIE DER HUNDEKRANKHEITEN

Die Tabelle soll einen kleinen Überblick über die Symptome und ihre möglichen Ursachen geben. Sie kann jedoch nicht die Diagnose durch den Tierarzt ersetzen.

● Kennzeichnendes Symptom einer Krankheit
□ Bedingt kennzeichnendes Symptom
△ Unspezifisches Symptom, tritt bei vielen Krankheiten auf

Krankheiten \ Symptome	ABMAGERUNG	APPETIT, schwach	APPETITLOSIGKEIT	ATEM, schlechter	ATEM, schnell	ATEMNOT	BAUCHWASSERSUCHT	BERÜHRUNGSSCHMERZ	BEWEGUNGSBESCHWERDEN	BEWUSSTLOSIGKEIT	DURCHFALL	DURCHFALL, blutig	DURST, übermäßig	EITER	ERBRECHEN	FIEBER	GESCHWÜR	GLEICHGEWICHTSSTÖRUNGEN	HAARAUSFALL
ABSZESS (nach Lokalisierung)		△	□	△	△	△	△		●					●	△	●			△
ARTHRITIS								□								△			
BLASENENTZÜNDUNG			△								△	△				△			
BLUTUNGEN					□	□				△		△							
DARMKATARRH	□	△	□	△							●	△	△		□	△			
DARMVERSCHLUSS		□	□		△					△					□				
EKLAMPSIE (Milchfieber)		△	□		△					△					△	●		●	
EKZEM																	△		□
FREMDKÖRPER	△	△	□			□					□	△			●				
GASTRITIS (Magenschleimhautentzündung)	△	△	□	□							△		△		●	△	△		
GEBÄRMUTTERENTZÜNDUNG	△	□	□		△		△							△	□	△			
HARNSTEINE		△											△						
HAUTINFEKTIONEN								△									□		□
HEPATITIS	△	●	●	□		△				△	●	●			●	●			
HERZKRANKHEIT					●	□	●			△									
HITZSCHLAG		△	□		□	●				●		□			△	●		□	
LEPTOSPIROSE	△	●	●		□	□				□					●	●			
LEUKÄMIE	△	△								△									
MAGENDREHUNG		●	●		□	●				□					□				
MANDELENTZÜNDUNG	△	△	□			△		△						□	□	△			
MYKOSE																			●
NIERENENTZÜNDUNG		△	△		△		□						△		△	□			
OHRENENTZÜNDUNG														□				□	
PARASITEN, äußere																			□
PARASITEN, innere	□		△	△	△				●	□	△				□			△	
PARVOVIROSE	□	□	●		□						●	●	△		□	●			
STAUPE	△	●	●		□	△					●				●	●		△	
TOLLWUT	□	△	●		△						△				△	□		●	
TUBERKULOSE	□	△	□		△	●	△				△		△		△		△		
TUMOR (nach Lokalisierung)	□	△	△		△	□	□				△		△		△			△	
VERBRENNUNGEN			△		□	△	△	△		△				△	△	△	□		●
VERGIFTUNG	△	□	□	△	□	△				△	□	□	△		●			△	
WASSERHARNRUHR	△				△						△		●		△			△	
ZAHNKRANKHEITEN		△	□	□												△	△		
ZAHNSTEIN		△	△	●		△											△		
ZUCKERKRANKHEIT	△			□	△					●			●		△			□	
ZWINGERHUSTEN	△				△	□										△			

HEISSHUNGER	HUSTEN	JUCKREIZ	KRÄMPFE	LEIB, aufgebläht	LEIBSCHMERZ	MATTIGKEIT	NICKHAUT, sichtbar	OHRENKRATZEN	SCHLEIMHÄUTE, blaß	SCHLEIMHÄUTE, dunkel	SCHLEIMHÄUTE, gelb	SCHLUCKBESCHWERDEN	SCHOCK	SCHWÄCHE (Lethargie)	SPEICHELN	URIN, blutig	URINIEREN, häufig	URINIEREN, schmerzhaft	VERHALTENSÄNDERUNG	VERKRAMPFUNGEN	VERSTOPFUNG	ZITTERN

Anzeichen sind u. a. Wimmern und unkoordinierte Muskeltätigkeit (Radelbewegungen).

Man streicht bei einem derartigen Anfall dem Hund sofort Honig oder Konfitüre auf die Zunge oder auf das Zahnfleisch und bringt das Tier umgehend zum Tierarzt. Neigt ein Tier häufiger dazu, sollte man immer Energiepräparate (z. B. Traubenzucker) griffbereit halten. Liegen dem Übel organische Ursachen zugrunde, sollten diese – soweit möglich – behandelt werden.

Katarakt

Als Katarakt bezeichnet man allgemein jede Trübung der Linse oder der Linsenkapsel. Es gibt zahlreiche Ursachen, am häufigsten ist jedoch der altersbedingte Katarakt, auch grauer Star genannt.

Die Linse des Hundeauges ist getrübt, das Sehvermögen verringert.

Über die im Einzelfall angebrachte Behandlung entscheidet der Tierarzt.

Keratitis

Dabei handelt es sich um eine Entzündung der Hornhaut, der vorderen und durchsichtigen Hülle des Auges. Sie kann verschiedene Ursachen haben: Sie kann durch mechanische Einwirkung (Verletzung) bedingt sein oder durch Viren, sie kann eine allergische Reaktion sein, sie kann aber auch durch eine ererbte Schwäche der Hornhaut oder durch einen gestörten Stoffwechsel hervorgerufen werden.

Das schmerzhaft gereizte Auge tränt, der Hund kneift nervös die Lider zusammen, reibt und kratzt die Umgebung des Auges (was seinen Zustand nur verschlimmert), schüttelt den Kopf, klagt und läßt nur widerwillig das erkrankte Auge untersuchen.

Wird diese Entzündung nicht umgehend behandelt, kann die Oberfläche der Hornhaut rissig werden; weitere ernste Komplikationen schließen sich oft an.

Die Maßnahmen des Tierarztes werden darauf abzielen, die Ursache zu beheben sowie die Entzündung selbst entsprechend zu behandeln. Das kranke Tier braucht in jedem Fall Ruhe und sollte im Dunkeln gehalten werden, um den Heilungsprozeß zu fördern. Eine Halskrause ist fast immer erforderlich, um das Tier am Kratzen zu hindern.

Knochenbrüche siehe Frakturen.

Koprophagie

Koprophagie oder Kotfressen, den eigenen wie den anderer, kann eine schlechte Angewohnheit bei Welpen, aber auch bei älteren Hunden sein; die Ursache ist oft nicht bekannt. Man hat angenommen, daß ein Nähr-

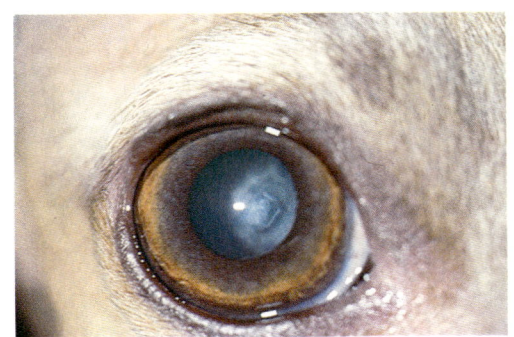
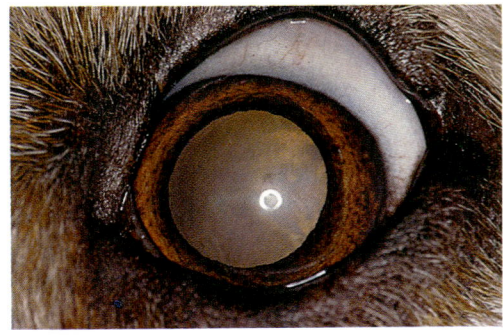

Der Katarakt wird vor allem bei alten und diabetischen Hunden beobachtet, doch kann er auch bei jüngeren Hunden auftreten, so z. B. oben als entzündlicher Katarakt bei einem dreijährigen Italienischen Windspiel, oder angeboren sein wie unten bei einem Golden Retriever

stoffmangel die Ursache sein könnte, doch gibt es dafür bei klinisch gesunden Hunden keine Anhaltspunkte. Hündinnen verzehren üblicherweise bei der Reinigung ihrer Saugwelpen deren Kot. Fast immer wird Koprophagie bei Hunden mit Erkrankungen der Bauchspeicheldrüse beobachtet. Diese Tiere haben Heißhunger und scheiden einen schlecht verdauten, noch nährstoffreichen Kot aus.

Kotfressen siehe Koprophagie.

Lähmung siehe Paralyse.

Leptospirose

Die Leptospirose ist eine durch Bakterien (Leptospiren) verursachte Infektionskrankheit, die hauptsächlich durch den Urin daran erkrankter Hunde übertragen wird und die zuweilen auch vom Hund auf den Menschen übergehen kann.

Der an Leptospirose erkrankte Hund hat Fieber, ist matt und bewegt sich nur wenig, zeigt deutliche Appetitlosigkeit, hat Schmerzen im Bereich des Bauchs und der Nieren; die Schleimhaut der Augen und der Zunge färbt sich gelblich, es kommt zu Durchfall und Erbrechen.

Eine Behandlung mit Antibiotika in Verbindung mit anderen, vom Tierarzt zu verordnenden Maßnahmen ist unumgänglich. Der beste Schutz gegen die Krankheit ist eine jährliche vorbeugende Impfung.

Leukämie

Leukämie, oft auch „Blutkrebs" genannt, ist eine unheilbare Erkrankung der weißen Blutzellen, die in unterschiedlichen Erscheinungsformen auftritt. Etwa 0,5% der in die Kliniken der tierärztlichen Hochschulen eingelieferten Hunde leiden an Leukämie, d. h., die Krankheit ist verhältnismäßig häufig. Sie beginnt oft mit einer Vergrößerung der Lymphknoten im Halsbereich und der Mandeln, im fortgeschrittenen Stadium sind auch Milz und Leber geschwollen.

Die Krankheit kann sich je nach Verlaufsform unterschiedlich äußern; im allgemeinen treten Schluckbeschwerden, Husten und Erbrechen auf, und das Tier wird apathisch. Eine gesicherte Diagnose ist jedoch nur möglich durch eine mikroskopische Untersuchung von Gewebeproben aus den Lymphknoten und aus dem Knochenmark, da eindeutige Veränderungen im Blutbild oft erst sehr spät auftreten.

Verschiedene Maßnahmen können zwar den Verlauf der Krankheit verlangsamen, eine Heilung ist jedoch nicht möglich.

Linsenluxation

Bei dieser seltenen Erkrankung verschiebt sich die Linse durch die Pupille entweder in die vordere oder in die hintere Augenkammer. Eine Linsenluxation kann die Folge einer Verletzung oder Entzündung der Iris sein und ist häufig mit einem (sekundären) Glaukom verbunden.

Das Sehvermögen ist gestört, das Profil der Pupille verändert sich, die Hornhaut ist getrübt. Nur ein chirurgischer Eingriff kann in diesem Fall helfen.

Magendrehung und -erweiterung

Wenn große Hunde sich nach einer Mahlzeit sehr intensiv bewegen, kann der Magen eine Drehbewegung machen und sich um 180° oder mehr verlagern.

Das Tier hat Leibschmerzen, ist matt, der Bauch ist durch Gasbildung aufgebläht, der Hund keucht und kann einen Schock bekommen. Der Tod tritt innerhalb weniger Stunden ein, wenn man das Tier nicht umgehend zum Tierarzt bringt, der den Magen entweder durch einen chirurgischen Eingriff wieder an die richtige Stelle bringt oder andere Maßnahmen ergreift. Um einen derartigen Fall zu vermeiden, sollte man große Hunde mehrmals täglich füttern und sie nach der Futteraufnahme nicht zu viel bewegen.

Mastitis

Mastitis oder Brustdrüsenentzündung entsteht im allgemeinen durch Infektionen; sie ist oft eine Folge von Scheinträchtigkeit oder von Verletzungen, die durch die Welpenkrallen am Gesäuge entstehen können.

Das Gesäuge ist hart, heiß und schmerzt beim Berühren. Je nach Grad und Dauer der Entzündung kann sich Eiter bilden oder auch ein Abszeß entstehen.

Über Maßnahmen der Behandlung muß im Einzelfall der Tierarzt entscheiden. Eventuell müssen für die Dauer der Behandlung die Welpen von der Hündin getrennt und künstlich ernährt werden.

Milchfieber siehe Eklampsie.

Milchmangel

Manche Hündinnen haben nach dem Werfen keine Milch. Eine Hormoninjektion (Oxytocin) kann die Milch „schießen" lassen.

Einem Milchmangel können aber auch zahlreiche Erkrankungen zugrunde liegen, die entsprechend behandelt werden müssen. In diesem Fall muß für die Welpen rasch eine Amme gesucht oder der Wurf künstlich ernährt werden.

Mykosen

Mykosen sind Pilzkrankheiten, die sich meistens auf der Haut entwickeln und durch Berührung mit einem infizierten Tier oder Mensch verursacht werden. Dem Tier fallen auf runden Flächen die Haare aus (ohne Juckreiz), zuerst im Kopfbereich, dann nahezu am ganzen Körper.

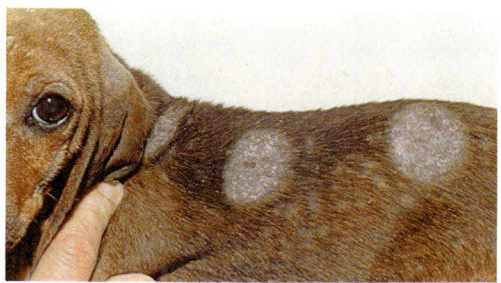

Mykosen entwickeln sich hauptsächlich auf der Haut und sind sehr ansteckend

Man behandelt Mykosen im allgemeinen lokal, d. h. die erkrankten Zonen; daneben ist oft noch eine systematische Behandlung (z. B. Tablettengaben) notwendig. Alle Maßnahmen müssen über längere Zeit und ohne Unterbrechung durchgeführt werden.

Es ist große Vorsicht im Umgang mit dem erkrankten Tier geboten, da die Mykose für Mensch und Tier ansteckend ist.

Nickhautentzündung

Im Innenwinkel des Auges befindet sich die oft als drittes Lid bezeichnete Nickhaut, die unter bestimmten Umständen wie Müdigkeit, schwächende Krankheiten u. a. sichtbar wird. Unter der Nickhaut befindet sich eine Drüse, die sich vergrößern kann, so daß dann ein großer Teil des Auges bedeckt ist. Gehäuft tritt diese Krankheit bei bestimmten Rassen auf. In vielen Fällen hilft nur ein chirurgischer Eingriff.

Nierenentzündung

Nierenentzündung kann in verschiedenen Formen auftreten; sie kann akut sein, aber auch chronisch werden.

● Akute Nierenentzündung: Sie wird durch Infektionserreger, wie z. B. Leptospiren, Streptokokken, Staphylokokken, Viren, oder auch durch die von diesen Erregern gebildeten Giftstoffe (Toxine) verursacht.

Das Tier uriniert sehr oft und in kleinen Mengen, der sehr dunkle Urin ist manchmal mit Blut durchsetzt. Das Tier hat Schmerzen, es krümmt den Rücken. Die Schleimhäute können sich dunkel färben.

Die Behandlung zielt darauf ab, das Blut zu „entgiften" und die Harnausscheidung zu fördern. Zugleich wird durch Antibiotika versucht, die Infektion zu bekämpfen.

● Chronische Nierenentzündung: Diese Krankheit entwickelt sich langsam und wird oft bei alten Hunden beobachtet. Sie kann Folge einer akuten, nicht ganz ausgeheilten Nierenentzündung sein. Die Nieren scheiden nur unzureichend die harnpflichtigen Stoffe aus.

Das Tier uriniert häufig und in großen Mengen, der Urin ist hell, es trinkt sehr viel und leidet an Übelkeit. Analysen des Urins und des Blutes können die Diagnose untermauern.

Eine spezielle Diät ist außerordentlich wichtig. Ziel muß es sein, die Menge der harnpflichtigen Stoffe im Blut, die über die Nieren ausgeschieden werden müssen, zu begrenzen, d. h., insbesondere der Anteil an stickstoffhaltigen Verbindungen (u. a. Eiweiß) und Phosphor in der Nahrung muß eingeschränkt werden. Einen detaillierten Diätplan kann der Tierarzt aufstellen.

Nymphomanie

Ursache für die sexuelle Übererregung einer Hündin kann eine Veränderung an den Eierstöcken (z. B. Zysten) sein. Die Östrogenproduktion ist deutlich erhöht, die Hündin scheint ständig läufig zu sein (mit Blutverlust aus der Vulva).

Eine hormonelle Behandlung ist möglich, langfristig jedoch ist die sicherste Maßnahme die Sterilisation der Hündin.

Ohrenkrankheiten

● Ohrenentzündungen: Einer Ohrenentzündung können zahlreiche Ursachen zugrunde liegen, z. B. bakterielle Infektionen, Fremdkörper oder Parasiten.

Anzeichen für eine Ohrenentzündung sind, daß sich der Hund das schmerzende Ohr kratzt und sich im Gehörgang braune oder schwärzliche Ablagerungen mit unangenehmem Geruch sammeln. Der Hund neigt den Kopf zur Seite, auf der es ihm weh tut.

Die Behandlung richtet sich nach der jeweiligen Ursache.

Ohrenentzündungen können sehr langwierig sein, da sie manchmal sehr schwer zu behandeln sind. Neben möglichen Komplikationen wirkt sich vor allem die Anatomie des Hundeohres nachteilig aus: Der Gehörgang knickt im rechten Winkel zum Trommelfell ab, was – eventuell noch in Verbindung mit Hängeohren und/oder einer starken Behaarung – verhindert, daß Luft im Gehörgang zirkulieren kann und daß das sich bei Entzündungen bildende Sekret abfließen kann; dadurch wird der Heilungsprozeß erschwert. In manchen Fällen muß die Behandlung sogar dadurch unterstützt werden, daß chirurgisch ein Teil des äußeren Gehörgangs entfernt wird.

● Fremdkörper im Ohr: Fremdkörper wie Körner, grober Sand und im Sommer vor allem Grannen können sich im Ohr des Hundes festsetzen und zur Ursache für entzündliche Vorgänge im Ohr werden. Der Hund kratzt sich heftig, das Ohr tut ihm weh. Man sollte in diesem Fall umgehend einen Tierarzt aufsuchen, der den Fremdkörper entfernen kann.

● Hämatome in den Ohren: Ein Hämatom (Bluterguß) in den Ohren kann z. B. Folge eines Bisses oder intensiven Kratzens sein. Es bildet sich eine oft erstaunlich große Blutblase zwischen Haut und Knorpel.

Größere Hämatome müssen chirurgisch geöffnet werden, um das Blut abzulassen. Anschließend wird das Ohr mit einem Verband gut geschützt und dem Hund bis zur völligen Heilung eine Halskrause angelegt, damit er sich nicht kratzt oder scheuert.

Paralyse

Unter einer Paralyse versteht man eine Lähmung von Organen, im allgemeinen der Muskeln, aufgrund einer Schädigung der sie versorgenden Nerven. Eine Schädigung der Nerven kann verursacht sein z. B. durch Verletzungen, durch Infektionen, durch zu feste Verbände, Tumoren u. a. Bei heilbaren Schädigungen spricht man von einer Parese, bei nicht heilbaren Schädigungen von einer Paralyse. In diesem Fall bildet sich das betroffene Organ zurück (z. B. die Muskulatur einer Gliedmaße).

Hunde mit ungünstigen Körperproportionen sind besonders anfällig für Paresen und Paralysen der hinteren Körperregionen, und zwar bedingt durch Bandscheibenverlagerungen. Häufig sind Veränderungen der Wirbelsäule auch durch langjährige Mineralstoffmängel verursacht.

Der Tierarzt kann Ursachen und Möglichkeiten einer Behandlung klären und entsprechende Maßnahmen ergreifen.

Parasiten

Äußere Parasiten

● Flöhe: Sie kommen im Sommer sehr häufig vor und springen von einem Hund zum andern. Sie sind bräunlich und verschwinden schnell im Fell.

Der von Flöhen heimgesuchte Hund kratzt sich, um sich Erleichterung von dem Juckreiz zu verschaffen, den die Flohbisse verursachen. Die Flöhe selbst und vor allem ihre Exkremente, nämlich kleine schwarze Punkte, sind meist am Ende des Rückens zu sehen.

Shampoos gegen Flöhe sind sehr wirksam, doch muß man das Baden mehrmals wiederholen. Man kann auch spezielle Halsbänder oder Anhänger gegen Flöhe verwenden sowie Puder oder Sprays. Man kann sich vom Tierarzt beraten lassen, denn es gibt zahlreiche Präparate auf dem Markt, die unterschiedlich wirken.

Ferner sollte man sorgfältig auf Folgeerscheinungen des Flohbefalls achten (wie z. B. Ekzeme), denn auch nach dem Verschwinden aller ungebetenen Gäste wird sich der Hund noch eine Weile weiter kratzen.

Wichtig ist neben der Eingrenzung des Flohbefalls auch die Bekämpfung von Bandwürmern, die den Floh als Zwischenwirt benutzen.

● Zecken: Sie sind gräulich-bräunlich und eiförmig (etwa 2–10 mm Durchmesser) und halten sich durch einen Stechrüssel in der

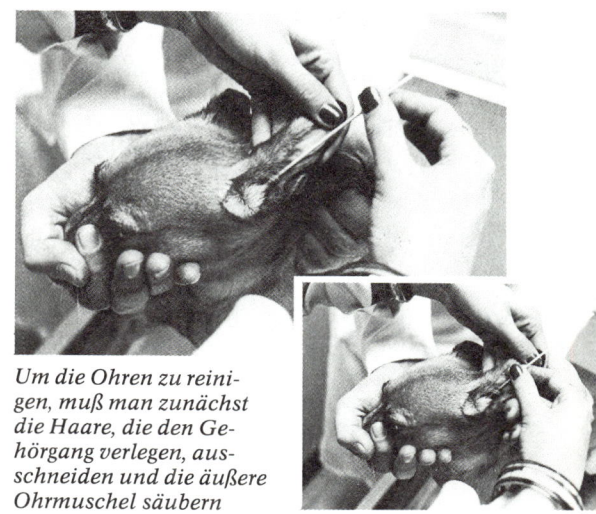

Um die Ohren zu reinigen, muß man zunächst die Haare, die den Gehörgang verlegen, ausschneiden und die äußere Ohrmuschel säubern

Haut fest, wo sie das Blut des Hundes saugen. Bei kurzhaarigen Hunden sind sie gut zu sehen, bei langhaarigen Hunden entdeckt man sie meist beim Bürsten. Manche Zeckenarten können Krankheitserreger übertragen.

Man sollte nicht versuchen, eine Zecke mit einer Pinzette gewaltsam herauszuziehen, meist schlägt der Versuch fehl, der Kopf bleibt stecken und kann eitrige Entzündungen verursachen. Statt dessen sollte man die Zecke mit Spiritus oder Öl betupfen und sie dann langsam herausdrehen. Traut man sich diese Behandlung nicht selbst zu, so kann man einen Tierarzt aufsuchen, der für die Entfernung der Zecke die notwendigen Präparate zur Verfügung hat und vorbeugende Maßnahmen empfehlen kann.

● Milben: Es gibt drei Arten von Milben.
1. Ohrenräudemilbe: Dieser mikroskopisch kleine Parasit sieht einem Krebs ähnlich und kann von Hunden und Katzen auf den Menschen übertragen werden.

Im Gehörgang sammeln sich bräunliche Absonderungen. Die Ohrenräude ist sehr störend für den Hund, und er kratzt sich heftig, was zu Blutergüssen und zu Verletzungen im Ohr führen kann. Wenn das Innere des Ohrs befallen ist, kann es zu Gleichgewichtsstörungen kommen, und das Tier kann sogar taub werden.

Die Ohrenräude muß vom Tierarzt behandelt werden, der entsprechend den Erscheinungen die notwendigen Maßnahmen einleitet.
2. Haarmilbe: Sie ist für den Menschen ungefährlich und wird im allgemeinen bei der Geburt des Welpen von der Mutterhündin übertragen. Sie befällt meistens nur Hunde unter einem Jahr.

Der Hund beißt und kratzt sich heftig, die Haut wird rot und grindig, die Haare fallen aus. Die Behandlung ist langwierig und aufgrund sekundärer, d. h. zusätzlich auftretender bakterieller Infektionen oft kompliziert.

Hundefloh, unter dem Mikroskop betrachtet

Zecken übertragen Krankheitserreger

Hundelaus (Linognatus setosus)

Räudemilbe (Sarcoptes scabiei)

Haarling (Trichodectes canis)

3. Räudemilbe: Sie ist für den Menschen wie für Tiere sehr ansteckend. Die Symptome sind die gleichen wie bei der Haarmilbe. Sie wird mit verschiedenen Insektiziden behandelt.

● Läuse: Diese 1–3 mm langen Insekten treten in zwei Arten auf: als Beißläuse (Haarlinge) und als Saugläuse, und sie bevorzugen faltige Hautpartien (insbesondere die Ohren).

Ein leichter Läusebefall verursacht Juckreiz, ernstere Fälle führen zu Haarausfall, Wunden, Anämie (Blutarmut), Rötungen der Haut, Mattigkeit und Nervosität. Läuse werden bekämpft, indem man die befallenen Körperpartien mit geeigneten Insektiziden behandelt.

In allen Fällen von äußeren Parasiten sollte man den Schlafplatz des Hundes, Möbel und Teppiche ebenfalls desinfizieren, um zu vermeiden, daß das Tier erneut davon befallen wird.

Innere Parasiten

Hegt man den Verdacht, daß ein Hund „Würmer hat", so bringt man eine Kotprobe zum Tierarzt, der sie unter dem Mikroskop daraufhin untersuchen kann. Als allgemeine Regel sollte für jeden Hundebesitzer gelten, im Frühjahr und im Herbst den Kot des Hundes untersuchen zu lassen.

Im folgenden werden die wichtigsten Würmer genannt:

● Spul- oder Rundwürmer: Ausgewachsene Hunde nehmen diese Würmer bei vielen Gelegenheiten auf, Welpen können bereits im Mutterleib damit infiziert werden. Spulwürmer entwickeln sich bei jungen Hunden u. a. auch auf dem Weg über die Lunge und verursachen dabei Husten. Im Magen-Darm-System wachsen sie aus und können zu Erbrechen führen (dabei werden manchmal Würmer in Spaghettiform mit erbrochen). Oft sind auch Durchfall bzw. schlecht geformter Kot, ein aufgedunsener Bauch („Wurmbauch"), glanzloses Fell, Heißhunger und ein Zurückbleiben in der Entwicklung zu beobachten. Für Menschen und insbesondere für Kinder besteht bei intensivem Kontakt mit dem Tier die Gefahr, ebenfalls befallen zu werden, wenn es zu einer Aufnahme von Wurmeiern kommt.

Eine gezielte Behandlung mit verschiedenen Präparaten ist möglich. Da nur die ausgewachsenen Würmer, nicht aber die in Entwicklung befindlichen Stadien der Parasiten durch die Präparate erfaßt werden, muß die Behandlung etwa im Abstand von 2 Wochen wiederholt werden. Bei Welpen, die sich im Mutterleib infiziert haben, muß die Behandlung vor der 3. Lebenswoche beginnen.

● Hakenwürmer: Sie sind auch ausgewachsen nur etwa 1 mm lang, also mit bloßem Auge kaum zu erkennen. Der Hund kann sie auf verschiedenen Wegen aufnehmen (z. B. über die Haut), am häufigsten jedoch ist die direkte Aufnahme (z. B. wenn der Hund an Unrat schnüffelt oder ihn frißt). Welpen nehmen sie oft mit der Muttermilch auf.

Insbesondere für Welpen sind Hakenwürmer sehr gefährlich. Sie verursachen blutige Durchfälle, Anämie, allgemeine Schwäche, und das Tier magert ab. Nicht nur der Hund muß behandelt werden, sondern auch seine Umgebung. Für die Behandlung stehen verschiedene Präparate zur Verfügung.

Um eine Vorstellung von der Vermehrungsrate dieser Parasiten zu vermitteln, sei noch erwähnt, daß der weibliche Wurm 15 000 bis 30 000 Eier pro Tag legen kann. Der Welpe, der zunächst nur von ein paar hundert Würmern befallen ist, kann schnell etliche Millionen im Bauch haben.

● Peitschenwürmer: Sie werden so genannt, weil sie aus einem langen, dünnen und einem kurzen, gedrungenen Teil bestehen, wodurch sie das Aussehen einer Peitsche haben. Sie sind etwa 4–7 mm lang. Besonders in städtischen Gebieten ist der Hund durch Kotfressen oder durch Knabbern an verseuchtem Gras einem erhöhten Infektionsrisiko ausgesetzt. Die Eier dieses Wurms sind von einer resistenten, d. h. gegen Wurmpräparate widerstandsfähigen Schutzhülle umgeben, so daß sie über Jahre gefährlich bleiben können.

Der von Peitschenwürmern befallene Hund hat blutige, teils dunkel gefärbte Durchfälle mit Leibkrämpfen; die Durchfälle kommen stoßweise, können zeitweise aussetzen, um dann erneut aufzutreten. Verschiedene Präparate stehen zur Verfügung, doch wirft die Langlebigkeit der Eier besondere Probleme auf. Am sinnvollsten wäre es, den Hund aus der verseuchten Zone zu entfernen.

● Bandwürmer: Sie verdanken ihren Namen der Ähnlichkeit mit einem flachen, langen Band. Flöhe, die der Hund zu sich nimmt, wenn er sich beißt, sind die wohl häufigste Ursache der Übertragung (Flöhe dienen dem Bandwurm als Zwischenwirt).

Die wichtigsten Würmer und ihre Eier

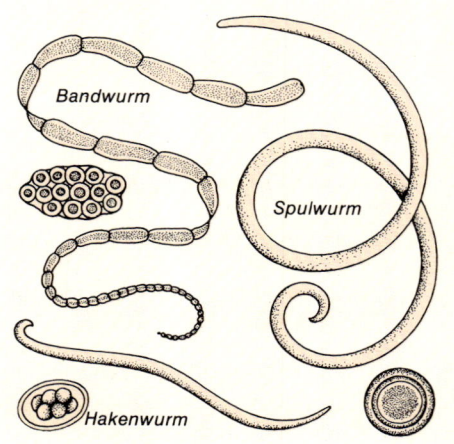

Bandwurm

Spulwurm

Hakenwurm

Das Tier zeigt unregelmäßigen Appetit, das Haar ist stumpf und brüchig, es kommt gelegentlich zu Durchfall. Am Anus und im Kot kann man ausgeschiedene Bandwurmglieder (in Form von Reiskörnern) beobachten, sie bewegen sich wellenartig und sind etwa ½ cm lang. Einige Bandwurmarten sind auch auf den Menschen übertragbar.

Es gibt nur wenige wirksame Präparate gegen den Bandwurm. Wichtig ist vor allem, die Flöhe zu vernichten.

● Fadenwurm: Dieser Wurm hat die Form eines bis zu 30 cm langen Fadens. Er tritt vor allem in warmen Ländern auf und wird von einem Hund zum andern durch Moskitos übertragen. Er setzt sich im Herzen fest, entwickelt sich in den Blutgefäßen und beschließt seine Wachstums- und Entwicklungsphase in der rechten Herzkammer und in der Lungenschlagader. Er verursacht schwere Schäden in der Lunge und in der Leber, die manchmal zum Tode führen.

Das befallene Tier hat Atemschwierigkeiten, in der Bauchhöhle sammelt sich Flüssigkeit an, es tritt eine chronische Herzschwäche auf. Der Fadenwurm kann durch eine Blutuntersuchung nachgewiesen werden.

Es gibt verschiedene medikamentöse Behandlungsmöglichkeiten, in ausgesprochen schweren Fällen kann jedoch auch ein chirurgischer Eingriff nötig sein. Um den Hund vor einer Infektion mit Fadenwürmern zu schützen, kann man ihn zu Beginn der Moskitosaison vorbeugend behandeln lassen.

● Kokzidiose: Kokzidien sind winzige Parasiten, die das Verdauungssystem befallen. Man kann sie nur unter dem Mikroskop sehen. Die Krankheit tritt häufig in schlecht geführten Zuchten und Zwingern auf und befällt vor allem Welpen zwischen 1 und 4 Monaten, ist aber auch bei älteren Tieren zu beobachten.

Symptome sind heftiger Durchfall, Blut und Schleim im Kot, das Tier trocknet aus und ist niedergeschlagen. Wird der Welpe erwachsen, lassen die Krankheitserscheinungen nach, der Hund scheidet aber noch über Monate hinaus Eier mit dem Kot aus.

Die an Kokzidiose erkrankten Tiere müssen mehrere Wochen lang mit Sulfonamiden behandelt werden.

Parvovirose

Dabei handelt es sich um eine noch nicht lange bekannte Viruskrankheit, die einen starken bräunlichen oder blutigen Durchfall verursacht; der Hund zeigt keinen Appetit und trocknet aus. Wird das kranke Tier nicht umgehend behandelt, kann sehr schnell der Tod eintreten.

Die Heilungschancen sind insbesondere bei jungen Hunden sehr schlecht. Es empfiehlt sich daher, den Hund zu seinem Schutz regelmäßig impfen zu lassen.

Pfotenentzündung

Wenn ein Hund ungewohnt und viel auf hartem oder steinigem Boden oder im Winter auf Straßen läuft, die mit Salz gestreut worden sind, können sich die Pfoten, d. h. hauptsächlich die Ballen, entzünden. Sie sind dann geschwollen und schmerzen, und der Hund läuft mit steifen Pfoten „wie auf Eiern". Je nach Ursache der Entzündung wird der Tierarzt entsprechende Maßnahmen ergreifen.

Pilzkrankheiten siehe Mykosen.

Prostatitis

Hierunter versteht man eine Entzündung der Prostata, verursacht durch eine bakterielle Infektion der Harnwege oder durch eine andere Infektion im Körper. Das Tier hat Leibschmerzen, Schwierigkeiten beim Urinieren, möglicherweise auch Verstopfung. Bei akuter Prostatitis tritt auch Fieber auf.

Die Erkrankung wird mit Chemotherapeutika, eventuell in Verbindung mit Hormongaben, behandelt. Langfristig sollte man das Tier kastrieren lassen.

Rachitis

Diese Krankheit wird verursacht durch eine Störung im Stoffwechsel. Es werden zu wenig Mineralstoffe (Kalzium und Phosphor) im Knochengewebe eingelagert, weil sie entweder vom Organismus nicht entsprechend aufgenommen werden können oder weil ein Mangel an Vitamin D besteht.

Die Gliedmaßen des Hundes sind deformiert und im Bereich der Gelenke verkümmert. Allerdings ist Rachitis sehr selten, meistens haben Knochendeformationen bei Welpen und Junghunden andere Ursachen.

Die Behandlung der Rachitis zielt darauf ab, die Stoffwechselstörung zu beheben und den Hund ausreichend mit Vitamin D zu versorgen (aber auf keinen Fall überdosieren!). Die Knochendeformationen können nicht mehr behoben werden.

Scheidenausfluß

Während der Läufigkeit ist bei der Hündin normalerweise ein schleimiger oder blutiger Ausfluß aus der Vulva zu beobachten. Daneben kann es bei Scheidenentzündungen oder Gebärmutterinfektionen zu einem eitrigen Ausfluß kommen. Im Zweifelsfall sollte man den Tierarzt aufsuchen.

Scheinträchtigkeit

Diese „eingebildete" Trächtigkeit kann mehrere Wochen, nachdem die Hündin heiß war und nicht gedeckt wurde, auftreten. Die Hündin zeigt alle Anzeichen einer tatsächlichen

Trächtigkeit; z. B. entwickelt sich das Gesäuge, ihr Appetit nimmt zu, sie kann sogar eine Geburt mit Erweiterung der Vulva simulieren. Anschließend sammelt sie alle Arten von Gegenständen (Pantoffeln, Strümpfe, Wollknäuel u. a.) und drückt sie gegen die Zitzen, die sie leckt, um die Milch schießen zu lassen.

Am besten reduziert man die Wasser- und Futtermenge, um die Milchproduktion versiegen zu lassen; außerdem sollte man die Hündin durch häufige, größere Spaziergänge körperlich belasten. Diese Maßnahmen unterstützen die Therapie des Tierarztes, der durch Hormongaben die Milchdrüsen ruhigstellen kann und der auch beurteilt, ob eventuell die Gefahr besteht, daß sich durch das abrupte Versiegen der Milchproduktion die Milchdrüsen entzünden.

Bei wiederholten Scheinträchtigkeiten kann auch erwogen werden, ob nicht die Eierstöcke und die Gebärmutter entfernt werden sollten.

Sonnenbrand

Manche Hunde (z. B. Collies) werden aufgrund der Pigmentlosigkeit ihres Nasenspiegels leicht das Opfer eines Sonnenbrands in dieser Region.

Symptome für Sonnenbrand sind eine entzündliche Rötung und ein durch die Entzündung bedingter Austritt von Flüssigkeit, die Krusten bildet; weitere Komplikationen können durch eine Infektion auftreten.

Sonnenbrand auf dem Nasenrücken eines Collies. Er ist dafür besonders anfällig

Der Tierarzt kann entsprechende Empfehlungen für die Behandlung des Sonnenbrands geben. Außerdem muß man dafür sorgen, daß der Hund nicht weiter der Sonne ausgesetzt ist. Nach dem Abheilen des Sonnenbrands kann man die unpigmentierte Partie des Nasenspiegels dunkel tätowieren lassen.

Staupe

Diese Viruserkrankung kann alle nicht durch eine vorbeugende Impfung geschützten Hunde befallen, besonders häufig jedoch tritt sie bei jungen Tieren auf. Die Inkubationszeit,

d.h. die Zeit zwischen der Infektion mit dem Virus und dem Ausbruch der Krankheit, beträgt etwa 3–7 Tage, die Krankheit selbst kann eine bis mehrere Wochen dauern.

Das erkrankte Tier hat zunächst für 1–2 Tage Fieber und leidet unter Augen- und Nasenausfluß sowie unter Erbrechen und Durchfall. Dann sinkt die Temperatur wieder auf die Normalwerte ab. Im Anschluß an diese erste Phase werden unterschiedliche Verlaufsformen beobachtet, die mit erneuter Temperaturerhöhung einhergehen und Tage bis Wochen dauern können. Bei der *katarrhalischen Form* leidet das erkrankte Tier unter eitrigem Augen- und Nasenausfluß, hustet und niest und hat Durchfall. Die *Darmstaupe* äußert sich in Erbrechen und Durchfall und dadurch bedingter Dehydratation (Austrocknung). Bei der sogenannten *Lungenstaupe* sind die oberen Luftwege betroffen, das Tier hat Husten, Bronchitis und Nasenausfluß. Eine *Hartpfoten*- oder *Hartballenkrankheit* genannte Form führt zu einer Verhärtung der Haut des Nasenspiegels und der Ballen. Und schließlich gibt es noch die *nervöse Staupe*, bei der Krämpfe, Bewußtseinstrübungen, gesteigerte Aggressivität oder Lähmungen auftreten.

Wie bei allen Viruskrankheiten ist eine spezifische Behandlung nicht möglich. Im Anfangsstadium kann eine Impfung (passive Immunisierung) u. U. noch erfolgreich sein, ansonsten beschränken sich die Maßnahmen darauf, die jeweiligen Symptome zu lindern. Die Krankheit verläuft oft tödlich. Der einzige Schutz gegen diese Krankheit ist eine vorbeugende Impfung.

Tollwut

Diese für alle warmblütigen Tiere wie auch für den Menschen äußerst gefährliche Krankheit wird durch ein Virus verursacht, das meist durch den Biß eines bereits erkrankten Tieres an ein gesundes (oder an den Menschen) weitergegeben wird und das Nervensystem angreift.

Etwa 10–60 Tage nachdem der Hund von einem tollwütigen Tier gebissen worden ist, zeigt er offenkundige Veränderungen im Verhalten. Ein sonst eher unruhiges und aggressives Tier wird ruhig und scheu, ein sanftes Tier kann umgekehrt aggressiv und beißwütig werden. Neben atypischen Verlaufsformen äußert sich die Tollwut auf zweierlei Art und Weise:

● Rasende Wut: Der Hund beißt in alles und frißt Gegenstände, die normalerweise nicht verzehrbar sind (Holz, Stein, Metall u. a.), er stürzt sich auf alles, was sich bewegt, und verstümmelt sich selbst. Der geringste Lärm läßt das Tier aufgeregt bellen.
● Stille Wut: Die Kiefermuskeln sind gelähmt, das Tier kann weder fressen noch trinken und leidet unter Schluckstörungen. Es

kann auch seinen Speichel nicht hinunterschlucken, speichelt also übermäßig.

Ein tollwütiges Tier muß eingeschläfert werden, da eine Behandlung nicht möglich ist und um jede Gefährdung anderer Menschen und Tiere zu vermeiden. Bei Verdacht auf Tollwut muß das Tier isoliert gehalten und beobachtet werden. Eine sichere Diagnose ist jedoch nur nach dem Tod des Tieres durch genaue Untersuchung des Gehirns möglich. Im Verdachtsfall muß man umgehend den Tierarzt konsultieren.

Einen wirksamen Schutz gegen Tollwut kann lediglich eine regelmäßige Impfung gewährleisten.

Tuberkulose

Tuberkulose ist eine bakterielle Infektionskrankheit, die bevorzugt in den Atmungsorganen auftritt, grundsätzlich aber auch alle anderen Organe des Körpers (einschließlich der Knochen) befallen kann. Sie wird durch erkrankte Menschen, heute seltener durch erkrankte Rinder (Milch) oder andere Haustiere übertragen. Der Erreger wird entweder eingeatmet oder direkt aufgenommen.

Je nachdem, wo die Krankheit im Organismus auftritt, zeigt sie unterschiedliche Symptome: z. B.
– auf der Haut: Es können chronische, tiefe und oft eiternde Geschwüre im Hals- und Kopfbereich auftreten.
– an den Atmungsorganen: Das erkrankte Tier verliert an Gewicht, hat Atembeschwerden und hustet chronisch; die Lymphknoten sind geschwollen.
– in der Bauchhöhle: Der Hund hat Leibschmerzen, in der Bauchhöhle sammelt sich Flüssigkeit an, und es treten Symptome einer Hepatitis auf. Es kann sich auch eine allgemeine Bauchfellentzündung entwickeln.

Bei Verdacht auf Tuberkulose sollte man das Tier zum Tierarzt bringen. Bestätigt seine Diagnose den Verdacht, sollte das Tier eingeschläfert werden, da die Gefahr besteht, daß es Menschen und andere Tiere ansteckt.

Tumoren

Allgemein lassen sich zwei Arten von Tumoren unterscheiden: gutartige und bösartige Tumoren.
– Gutartige Tumoren sind dem umliegenden Gewebe gegenüber genau abgegrenzt und neigen nicht dazu, sich im Organismus auszubreiten (sie bilden keine Metastasen). Werden sie rechtzeitig erkannt, können sie chirurgisch entfernt werden.
– Bösartige Tumoren dagegen entwickeln sich auf Kosten ihrer Umgebung weiter und können Metastasen bilden, d. h., sie bilden Tochtergeschwülste im ganzen Organismus aus. Werden sie rechtzeitig erkannt, können sie chirurgisch entfernt werden (z. B. Gesäugekrebs). Daneben gibt es noch andere Behandlungsmethoden wie Chemotherapie, Bestrahlungen u. a., die mit demselben Erfolg wie beim Menschen angewandt werden können. Wesentlich für einen Heilungserfolg ist die rechtzeitige Erkennung und Behandlung eines bösartigen Tumors. Ein nicht behandelter Gesäugekrebs kann leicht Metastasen in der Lunge oder in der Leber bilden.

Verbrennungen

● Thermische Verbrennungen: Sie sind sehr schmerzhaft, werden häufig durch Infektionen zusätzlich kompliziert und heilen nur sehr schwer. Sind 15 % der Haut verbrannt, sind die Aussichten auf eine Heilung noch gut, sind aber mehr als 50 % zerstört, so ist der Ausgang tödlich.

Bei leichten Verbrennungen kann man den Schmerz mit kaltem Wasser oder einem Eisbeutel lindern. In jedem Fall sollte man das Tier so schnell wie möglich zum Tierarzt bringen. Das Tier muß unter einer Decke warm gehalten werden, um einen Temperaturverlust zu vermeiden; ist es bei Bewußtsein, sollte man ihm zu trinken geben.
● Chemische Verbrennungen: Viele Produkte, die der Mensch häufig benutzt (z. B. Flekkenmittel, Unkrautvertilgungsmittel, Farbe

Warzen sind gutartige Tumoren, die von ihrer Umgebung genau abgegrenzt sind und chirurgisch gut entfernt werden können

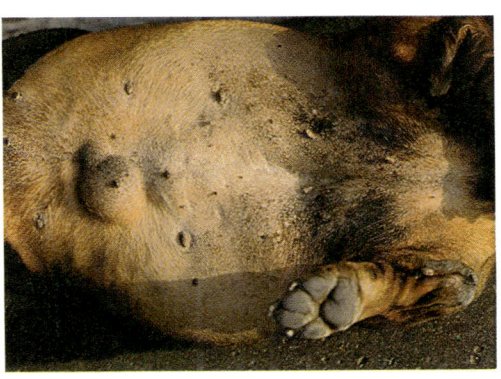

Gesäugekrebs. Bösartige Tumoren bilden Metastasen. Sie müssen frühzeitig erkannt und chirurgisch entfernt werden

usw.), können die Haut oder die Augen eines neugierig schnüffelnden Hundes ernsthaft verletzen. Man spült die betroffene Stelle mit reichlich Wasser und bringt den Hund umgehend zum Tierarzt. Während des Transports sollte das Tier auf den unverletzten Körperpartien liegen und warm gehalten werden. Auf keinen Fall darf es die betroffenen Stellen lecken oder kratzen.

Bei chemischen wie thermischen Verbrennungen sollten die Empfehlungen des Tierarztes strikt befolgt werden, insbesondere auch die Anweisungen zur Ernährung, da der Nährstoff- und Energiebedarf nach Verbrennungen sehr hoch ist.

Verstopfung

Hunde, die unter Verstopfung leiden, können nicht oder nur unter großen Schwierigkeiten Kot absetzen. Ursachen können sein, daß sie Knochen oder Fremdkörper aufgenommen haben, eine falsche Ernährung, es können aber auch andere Krankheiten ursächlich zugrunde liegen (z. B. Prostatitis, Abszesse der Analdrüsen, Tumoren u. a.). Der Tierarzt entscheidet nach einer Untersuchung über eine geeignete Behandlung.

Verstopfung des Tränen-Nasen-Gangs

Normalerweise fließt Tränenflüssigkeit vom Innenwinkel des Auges durch den Tränen-Nasen-Gang bis zum Nasenspiegel, der so auf natürliche Weise feucht gehalten wird. Aufgrund von Infektionen, Degeneration oder erblicher Mißbildung bei bestimmten Rassen kann es vorkommen, daß der Tränen-Nasen-Gang verlegt oder nicht ausgebildet ist. In diesem Fall rollen die Tränen über die Wangen, das Fell ist naß und die Haut gereizt.

Je nach Ursache können Medikamente (z.B. bei einer Infektion) Abhilfe schaffen oder muß chirurgisch eingegriffen werden.

Vorfälle

Organe können gelegentlich herausgepreßt werden: z. B. die Gebärmutter (nach einer Geburt) und der Darm. Damit das Organ nicht austrocknet, benetzt man es mit Wasser, schützt es provisorisch und bringt das Tier so schnell wie möglich zum Tierarzt. Fast immer ist ein chirurgischer Eingriff notwendig.

Wasserharnruhr

Die Wasserharnruhr (Diabetes insipidus) ähnelt in ihren allgemeinen Symptomen der Zuckerkrankheit, ihre Ursache aber ist eine hormonelle Störung in einem Teil der Hypophyse (Hirnanhangdrüse); diese Störung wiederum kann durch Veränderungen im Gehirn (z. B. ein Tumor) bedingt sein. Die Hypophyse sondert normalerweise ein Hormon ab, das die Wasserausscheidung über die Nieren reguliert. Die Wasserharnruhr tritt oft bei alten Hunden auf.

Das kranke Tier trinkt enorme Mengen Wasser, leidet an einem Übermaß an Urin (Polyurie) und kann den Urin nicht halten. Im Gegensatz zum zuckerkranken Hund riecht sein Atem nicht nach Azeton, auch ist kein Zucker im Urin.

Eine Hormonbehandlung ist oft nicht sehr erfolgreich, im allgemeinen sind die Aussichten sehr ungünstig.

Zahnabszeß siehe Abszeß.

Zuckerkrankheit

Merkmal der Zuckerkrankheit (Diabetes mellitus) ist eine Steigerung des Zuckergehalts im Blut und im Urin über Normalwerte hinaus. Ursache ist ein gestörter Stoffwechsel der Kohlenhydrate, der meist auf eine Verminderung der Insulinproduktion in der Bauchspeicheldrüse zurückzuführen ist.

Der diabetische Hund ißt und trinkt viel, verliert aber gleichzeitig an Gewicht. Er ist schwach und uriniert häufig. Sein Atem riecht manchmal nach Azeton (ähnlich dem Geruch von Nagellackentferner). Die Krankheit verursacht gelegentlich Hornhautgeschwüre und Katarakte. In äußerst schweren Fällen kann es zu einem diabetischen Koma kommen. Eine Blutuntersuchung erlaubt eine genaue Diagnose (mehr als 150 mg Zucker pro Milliliter Blut).

In fortgeschrittenen Fällen muß regelmäßig Insulin gespritzt werden. Der Tierarzt leitet den Hundehalter entsprechend an, nachdem er die notwendige Dosis festgesetzt hat. Ferner wird er einen Diätplan für das kranke Tier aufstellen. Um den Stoffwechsel im Gleichgewicht zu halten, ist es sehr wichtig, daß sowohl die Ernährung (Art, Menge und Zeitpunkt) wie auch die körperliche Belastung (regelmäßige Spaziergänge) möglichst konstant bleiben.

Zwingerhusten

Der sogenannte Zwingerhusten ist eine durch Viren hervorgerufene Bronchitis, die häufig bei Hunden auftritt, die mit zahlreichen Artgenossen Kontakt haben (z. B. im Zwinger, auf Ausstellungen, in Hundepensionen oder Hundesalons).

Der Husten ist trocken, laut und durch Druck auf den Kehlkopf sehr leicht auslösbar. Die Krankheit entwickelt sich langsam über mehrere Wochen.

Vom Tierarzt werden im allgemeinen Chemotherapeutika zum Schutz vor weiteren, sekundären Infektionen gegeben sowie Präparate, die die Symptome lindern helfen. Eine vorbeugende Impfung ist möglich.

Der Hund in der Gesellschaft

Der Hund, der Mensch und die Stadt

Die Hundehaltung hat sich zunehmend in städtische Bereiche verlagert; von rund 3,4 Millionen Hunden in der Bundesrepublik Deutschland lebt jeder vierte in einer Stadt mit über 100000 Einwohnern. Die hundefreundlichste Stadt ist mit über 90000 Hunden West-Berlin. Sie führt nicht nur mit der absoluten Zahl, sondern auch mit der Hundedichte von 23, d. h., auf 23 Einwohner kommt ein Hund. Im Vergleich beispielsweise zu Frankreich ist das wenig: Der Großraum Paris hat zehn Millionen Einwohner und eine Million Hunde. Dies wird nur annähernd vom Landkreis Eichstätt erreicht, in dem ein Hund auf elf Einwohner kommt.

Mit der wachsenden Zahl der Hunde in den Städten steigt auch die Zahl der Hundegegner, die am liebsten alle Stadthunde verbieten würden, und gerade das ist in einigen Ländern geschehen: In Reykjavik ist seit 1971 die Hundehaltung bis auf wenige Ausnahmen verboten. In Chinas Städten gibt es seit 1983 ein generelles Hundeverbot. Hauptargument der Hundegegner ist die Verschmutzung der Straßen und die Gefahr der Übertragung von Krankheiten. Dagegen bringen die Hundehalter vor, daß der Hund den Kontakt zur Natur in den Städten herstellt, älteren Menschen Gesellschaft leistet und ein Spielkamerad für Kinder in der Einsamkeit der Wohnblocks ist.

Der Hund im Leben des Menschen

Ein unersetzlicher Freund für Kinder

Für Kinder ist ein Hund ein Spielkamerad, auf den sie immer zählen können, und ein Ventil für jeden Gefühlsüberschwang. Psychologen und Kinderärzte betonen immer wieder, daß bei einem Kind, das mit einem Hund aufwächst, ein Verantwortungsgefühl entsteht, das für das Kind von großem erzieherischem Wert ist. Auch hat das Kind einen Ansprechpartner, der immer da ist, und für kontaktarme und schüchterne Kinder ist ein Hund die beste Therapie: Die Tatsache, daß der Hund sie braucht, stärkt ihre innere Sicherheit.

Am einfachsten funktioniert das Zusammenleben, wenn Hund und Kind von klein auf miteinander aufwachsen. Aus dem Kontakt entsteht Zärtlichkeit und aus der Zärtlichkeit Zuneigung, die im Kind das Bedürfnis weckt, sich mit dem Hund zu beschäftigen. Ab zehn Jahren kann ein Kind allein für seinen Hund sorgen, so daß die ganze Last der Hundehaltung nicht mehr bei den Eltern liegt. Äußert ein Kind in diesem Alter ernsthaft den Wunsch nach einem Hund und sind die Eltern auch bereit, einen Hund zu halten, dann sollten sie einwilligen. Das Kind hat nicht nur einen Spielkameraden, sondern es bekommt auch einen Beschützer und lernt ganz nebenbei den Umgang mit Hunden. Und das ist wieder wichtig, um die Angst vor frem-

Der Hund ist ein geduldiger und gutmütiger Spielkamerad, der die spontanen Gefühlsäußerungen des Kindes gelassen entgegennimmt

den Hunden abzubauen und unangenehmen Zwischenfällen vorzubeugen.

Angst vor Infektionen braucht man nicht zu haben, wenn man den Kindern die wichtigsten Hygieneregeln im Umgang mit dem Hund beibringt. Zwar ist ein Hund kein keimfreies Wesen, aber ein Kind ist es ebensowenig.

Nach einer Studie des Instituts für Jugendforschung in München führt bei der Frage nach den Interessenbereichen von 14jährigen das Haustier (und zwar der Hund) mit 66 % vor Sport mit 60 % und Musik sowie Fernsehen mit 46 %.

Warum hält man einen Hund?

Bei einer qualitativen Untersuchung, die 1978 bei Nichthundehaltern durchgeführt wurde, bezeichneten sich 81 % der Befragten als tierlieb. Folgende Gründe nannten sie für die Hundehaltung: Tierliebe und Interesse an der Natur; Ängstlichkeit, Sicherheitsbedürfnis und den Wunsch, das Eigentum zu schützen; Angst vor dem Alleinsein; Interesse an der Dressur als Hobby; als Ersatz für Kinder; als Statussymbol und der Mode wegen; Autoritätsbedürfnis und die Möglichkeit, Macht auszuüben; als Spielzeug für Kinder und als Hilfsmittel bei der Kindererziehung; Gesundheitspflege – man will (muß) spazierengehen und schlank werden (bleiben); Erleichterung des Kontaktes zu anderen Menschen; die Tradition – Hunde wurden schon immer in der Familie gehalten; als äußeres Zeichen des Familienglücks (lachende Kinder, tobende Hunde), wobei die Klischees der Werbung hier zu realen Leitbildern werden.

Recht häufig ist der Hund in der Tat ein Kindersatz. Er wird gehätschelt, von anderen Hunden ferngehalten und falsch ernährt, ein Fetisch falsch verstandener Tierliebe, der ein hundeunwürdiges Leben führt.

Der Hund bietet dem gemütskranken Menschen oft den einzigen Halt, der ihn vor dem völligen Versinken in die Krankheit bewahrt. Das sagt Dr. Marcel Heimann vom Mount Sinai Hospital in New York, der den Hund als zuverlässigsten und verschwiegensten Vertrauten eines seelisch Kranken ansieht. Darüber hinaus lernt der Patient von seinem Hund, wie er selbst mit Menschen umzugehen hat. Der Hund ist auch ein idealer Partner für Einsame. Er schenkt dem Menschen seine volle Zuneigung. Er kann zwar nicht sprechen, aber er kann zuhören, und das ist oft wichtiger. Man kann ihm voll vertrauen, und er ist absolut loyal. Er ist morgen genauso freundlich, wie er es gestern war. Und er schafft Kontakte: Über einen Hund kommt man leichter mit anderen Menschen ins Gespräch.

Der Hund soll oft dazu dienen, das Selbstbewußtsein zu heben; er muß als Ableiter für Frustrationen herhalten und einen Ausgleich

Das vierbeinige Familienmitglied stellt für Stadtbewohner einen Kontakt zur Natur her

beispielsweise für berufliches Versagen bieten. Diese Hunde erkennt man daran, daß sie zwar wohlerzogen, aber geduckt und unterwürfig neben ihrem Herrn laufen. Sie sind durch übertriebene Erziehung zum Sklaven gemacht worden, zum Omegatier, zum Prügelknaben der Familienmeute. Es sind arme Hunde bedauernswerter Menschen.

Das Gegenteil ist der Hund als Alphatier und Rudelboß. Oft handelt es sich um kleine Hunde wie Dackel oder Spaniels, die falsch erzogen wurden und nun die ganze Familie tyrannisieren. Sie hören auf kein Kommando, knurren die Menschen an, wenn ihnen etwas nicht paßt, und schnappen sogar einmal zu. Solche Hunde gibt es häufig, und schuld daran sind die Halter.

Ein großer oder teurer Hund als Statussymbol soll das Ansehen seines Besitzers heben. Mit diesem Prestigehund verwandt ist der Modehund, der aber zudem noch von Saison zu Saison gewechselt wird. Mit Prestigehunden wie Modehunden schmückt man sich; man sieht den Hund selbst nur als Beiwerk.

Auch der Hund, der mehr oder weniger spontan gekauft wird, etwa weil sich das Kind einen zu Weihnachten wünscht oder weil der Nachbar auch einen hat oder weil ein Schlittenhund so gut zum Geländewagen paßt, ist ein armer Hund. Er wird bald „umständehalber" abgegeben, landet im Tierheim oder wird irgendwo ausgesetzt.

Der Hund als Beschützer und Bewacher des Eigentums hat durchaus seine Berechtigung. Den Trend zur vierbeinigen Alarmanlage erkennt man an der Zunahme von Rassen wie Fila Brasileiro oder Rottweiler und an der unverminderten Beliebtheit des Deutschen Schäferhundes. Wer einen solchen Wachhund hält, muß dafür sorgen, daß der Hund aufs Wort gehorcht und keine Unschuldigen anfällt. Denn die Gefahr, von einem Hund gebissen zu werden, ist ein weiteres Argument der Hundegegner.

Der letzte Gefährte für den Lebensabend

Oft ist der Hund für alte Menschen nicht nur der letzte, sondern auch der einzige Gefährte. Wenn sie sehr zurückgezogen in der Großstadt leben und vielleicht schon ein wenig menschenscheu geworden sind, kann ein Hund lebenserhaltend sein, denn er bedeutet für sie eine Aufgabe. Sie sind gezwungen, ihn zu füttern, mit ihm regelmäßig auszugehen oder Spaziergänge zu machen, die sie sonst nicht mehr unternehmen würden. Da Hundebesitzer gemeinsame Interessen haben, sprechen sie miteinander. So lernen sich Menschen kennen, die sich sicherlich sonst nie angesprochen hätten.

Ein Hund kann aber auch Abwechslung in das Leben miteinander alt gewordener Menschen bringen, das oft sonst nach einem starren Schema ablaufen würde. Der Hund verlangt seinen Teil und bewirkt eine Änderung mancher Gewohnheit, die belastend und sinnlos geworden ist.

Alte Menschen, die fast hilflos sind, die gepflegt werden müssen oder im Rollstuhl leben, sollten keinen Hund neben sich verkümmern lassen. Es wäre für sie und für den Hund nur eine Belastung und eine Qual. Den langjährigen Gefährten darf man andererseits

Im Leben alter Menschen spielt der Hund eine wichtige Rolle: Er leistet ihnen Gesellschaft und gibt ihnen das Gefühl, noch gebraucht zu werden

einem alten Menschen, der hinfällig geworden ist, nicht gegen seinen Willen wegnehmen. Alte Menschen sollten sich rechtzeitig überlegen, was mit ihrem Hund geschehen soll, wenn sie nicht mehr für ihn sorgen können.

Der Hund in der Stadt

Mit der Einrichtung von Hundetoiletten versucht man, die Verunreinigung der Anlagen und Bürgersteige zu verhindern

Das Problem der Verunreinigung

Seit einigen Jahren erregen die Hinterlassenschaften von Hunden in Parks und Anlagen, auf Kinderspielplätzen und Gehsteigen immer wieder die Gemüter, und man verlangt, daß Maßnahmen gegen die Hundebesitzer ergriffen werden. Einige Städte haben Ordnungsstrafen verhängt, vom Verband für das Deutsche Hundewesen werden unter dem Namen Fiffi-Tüte Beutel zur Beseitigung des Unrates vertrieben, und es gibt vier neue Patentschriften für spazierstockähnliche Geräte, mit denen man Hundekot beseitigen kann. Und immer wieder kommt es zu Pressekampagnen.

Angefangen hat dieses neue Umweltbewußtsein mit einer Meldung aus den USA, daß in New York die Hunde täglich 50 t Kot und 10 000 l Urin in den Straßen der Stadt hinterlassen. Andere Städte folgten mit ihren Zahlen. Die Rechnung des Chefs der Hamburger Stadtreinigung ging von täglich 200 g

Kot pro Hund aus; das ergab insgesamt 40000 Häufchen mit einem Gesamtgewicht von 8000 kg. Die Hunde von Paris hinterlassen täglich schätzungsweise 15000 kg Kot, und die Stadt hat 80 motorisierte Spezialreinigungsfahrzeuge angeschafft, die 1500 km Bürgersteig Tag für Tag säubern. Auf welcher Grundlage die Mengenberechnungen der Hinterlassenschaften erfolgen, konnte jedoch nicht festgestellt werden.

Nach einer Umfrage in Stadtreinigungsämtern und Gartenbauämtern der Bundesrepublik spielt der Hundekot, was Beseitigung und Kosten betrifft, keine vorrangige Rolle; er steht nach Papier, Plastikabfällen, Laub und Flaschenscherben erst an fünfter Stelle. Das soll aber nicht bedeuten, daß der Hundebesitzer seinem Hund erlauben kann, sich hinzusetzen, wo er will.

Doch leider wird die Rücksichtslosigkeit mancher Hundebesitzer von Jahr zu Jahr größer, und dadurch steigt auch die Zahl der Hundegegner. Dies müßte aber nicht sein. Der Hund läßt sich nämlich an bestimmte Lösungsplätze gewöhnen. Man muß also Stellen suchen, wo der Hund sich lösen kann, ohne daß Fußgänger hineintreten können. Oder aber man muß die oben erwähnten Tüten benutzen, wenn es einmal doch auf dem Bürgersteig passiert.

Daß Rüden an Ecken ihr Bein heben, gehört zu ihrem Verhalten, und man sollte sie nicht daran hindern. Hundeurin ist neben dem, was sonst auf den Straßen herumliegt, nun wirklich harmlos.

Was ein Hund nicht darf

In öffentlichen Verkehrsmitteln muß ein Hund angeleint sein, örtlich kann auch ein Maulkorb verlangt werden. Taxifahrer sind nicht verpflichtet, einen Hund zu befördern. Im Privatfahrzeug darf er die Sicht des Fahrers oder dessen Fahrtüchtigkeit nicht beeinträchtigen.

Auf verkehrsreichen Straßen ist der Hund an der Leine zu führen, und zwar von einer Person, die auf ihn einwirken kann und der er gehorcht. Der Fahrradfahrer darf den Hund an der Leine führen; beim Mofa oder bei anderen Motorfahrzeugen ist dies verboten. Gut erzogene Hunde, die aufs Wort folgen, können vom Radfahrer auch frei geleitet werden, wenn es die Verkehrssituation erlaubt. Innerhalb geschlossener Ortschaften dürfen frei laufende Hunde sich höchstens 20 m von ihrem Herrn entfernen.

Andauerndes Hundegebell kann zu einer Anzeige wegen Lärmbelästigung, Ruhestörung und sogar Körperverletzung führen. Eine Umfrage hat ergeben, daß Stadtbewohner sich mehr durch Hundegebell als durch die Verunreinigung von Gehwegen usw. gestört fühlen.

Bissige Hunde müssen außerhalb der Wohnung oder des umzäunten Grundstücks einen Maulkorb tragen. Als bissig wird ein Hund bezeichnet, der ohne Provokation angreift und zubeißt.

Hunde dürfen nicht in Lebensmittelgeschäfte mitgenommen werden. Ob sie Zutritt zu Restaurants, Hotels, Campingplätzen und anderen Privatgeländen haben, kann man an entsprechenden Schildern feststellen. Man muß sich danach richten.

Die Hundesteuer

Als einziges Haustier wird der Hund in der Bundesrepublik mit Steuern belegt. Deren Festsetzung liegt im Ermessen der zuständigen Kommunalverwaltung, und 1983/84 sind

Ein generelles Hundeverbot – etwa auf Kinderspielplätzen – wird durch ein entsprechendes Schild angezeigt

Der gut erzogene Hund zerrt nicht an der Leine, sondern wartet ruhig, bis er mit seinem Besitzer die Straße überqueren darf

349

Der tägliche Spaziergang mit dem Hund an der frischen Luft ist für Menschen jeden Alters die beste Medizin

sie in einigen Städten beachtlich erhöht worden. Für Zweit- und Dritthunde sind in der Regel noch höhere Steuern zu entrichten. Befreiung von der Hundesteuer wird nur für Dienst-, Gebrauchs-, Sanitäts- und Rettungshunde gewährt. Ferner können alleinstehende Personen mit niedrigem Einkommen eine Steuerbefreiung oder Ermäßigung beantragen.

In einem von der Interessengemeinschaft Deutscher Hundehalter e. V. herausgegebenen Gutachten weist der Steuerfachmann Professor Dr. Fritz Neumark nach, daß die Hundesteuer nicht nur ein Anachronismus, sondern fiskalisch unnütz ist. Nach seinen Erhebungen beträgt der Anteil der Hundesteuer am Gesamtsteueraufkommen der Bundesrepublik 0,03 %. Ihr Anteil an den Gemeindesteuern ist 0,3 %; nach Abzug der Verwaltungskosten bleiben den Gemeindekassen bestenfalls 0,2 %. So vertritt Professor Neumark die Auffassung, daß die Hundesteuer als sogenannte Bagatellsteuer heute keine Berechtigung mehr hat.

Die Befürworter der Hundesteuer weisen dagegen u. a. darauf hin, daß diese Gelder, wenn auch indirekt, die Kosten der Straßenreinigung tragen helfen.

Der Hund ist die beste Medizin

Der tägliche Spaziergang mit dem Hund kann manchem den Besuch beim Arzt ersparen. Hundehalter sind beispielsweise in der Woche durchschnittlich zwei bis drei Stunden mehr an der Luft als Menschen, die keinen Hund haben. Die Frage, ob Spazierengehen die Lebenserwartung erhöhen kann, haben in einer Umfrage des Schwalbacher Mafo-Instituts 85 von 100 Ärzten mit einem eindeutigen Ja beantwortet. 73 % der Ärzte vertraten die Ansicht, daß es einen außerordentlichen Nutzen für die Gesundheit bringt, wenn man wöchentlich insgesamt acht bis zehn Stunden spazierengeht.

Das zügige Gehen mit kleinen, vom Hund sehr geschätzten Zwischenspurts verbessert Durchblutung und Kreislauf und stärkt das

---

Der Hund wird unerwünscht

Jedes Jahr zur Urlaubszeit geschieht in den zivilisierten, tierfreundlichen Ländern Mitteleuropas etwas, das eigentlich unverständlich ist: Hunde, deren Besitzer sie nicht mitnehmen wollen oder können und für die kein Platz bei Bekannten oder in einer Tierpension gefunden wurde, werden ausgesetzt. Man bindet sie unterwegs auf einem Autobahnrastplatz fest, oder man jagt sie in den Wald.

In der Bundesrepublik werden solche Fälle auf 50000–80000 pro Jahr geschätzt, in Frankreich auf 150000. Einige der Hunde sterben an Hunger und Entkräftung, andere werden überfahren oder von Jägern erschossen, und der Rest kommt ins Tierheim, wo unter Umständen ein neuer Besitzer für sie gefunden wird.

Nach dem Tierschutzgesetz ist das Aussetzen verboten, wird aber nur als Ordnungswidrigkeit geahndet. Auch ist es selten möglich, die Besitzer eines ausgesetzten Hundes zu ermitteln. Eine Lösung dieses Problems böte der Tätowierungszwang für Hunde, der in Verbindung mit der Hundesteuer eingeführt werden könnte.

Ein Hund, der den Besitzern lästig geworden ist, wird ausgesetzt

Hunde in Deutschland

Eine Untersuchung der Gründe, warum sich die Bürger der Bundesrepublik Deutschland einen Hund kaufen, brachte folgende Ergebnisse (durch Mehrfachnennungen kommen mehr als 100% zustande): 35% hatten ihn als Wachhund und zum Schutz angeschafft; 34% gaben an, der Hund sorge für Abwechslung; 33% hatten schon immer einen Hund, auch als Kind; 32% sagten, der Hund bringe sie an die frische Luft; 31% wollten etwas Lebendiges um sich haben; 25% erhielten ihn als Geschenk; 24% kauften ihn für die Kinder und 18% deswegen, um nicht allein zu sein.

Der beliebteste Hund ist der Dackel, gefolgt vom Mischling und vom Pudel. Danach kommen Deutscher Schäferhund, Spitz, Boxer, Schnauzer, Dogge, Pinscher, Bernhardiner und Cocker Spaniel. 80% aller Hunde werden zwar beim Züchter gekauft, nur 42% besitzen jedoch eine Ahnentafel. 20% der Hunde stammen aus dem Tierhandel oder aus Tierheimen. In den 200 Tierschutzheimen finden herrenlose Hunde zu 73% schnell einen neuen Besitzer.

Es gibt ungefähr 150000 aktive Jagdhunde in der Bundesrepublik und etwa 7000 Diensthunde. Jährlich werden in den Ortsgruppen des Vereins für Deutsche Schäferhunde 22000 Schutzhunde geschult.

Herz. Muskeln und Bänder werden trainiert, man bleibt beweglicher und insgesamt leistungsfähiger, und außerdem trägt die Bewegung zur Erhaltung der schlanken Linie bei. Manche Ärzte „verordnen" sogar einen Hund bei Herz- und Kreislauferkrankungen, bei Durchblutungsstörungen und bei Bluthochdruck.

Der Hund in der Großstadt

Ein Stadthund muß einer Rasse angehören, die sich dem Stadtleben anpassen läßt. Er muß sich in der Öffentlichkeit wohl verhalten, damit er für die Nichthundehalter, die ja die Mehrheit darstellen, kein Ärgernis wird. Das bedeutet, er muß aufs Wort gehorchen, sich friedlich unter vielen Menschen bewegen und Lärm ertragen können. Je enger man mit seinen Nachbarn zusammenlebt, je häufiger der Hund in Kontakt mit Fremden kommt, desto wichtiger ist, daß er die oben genannten Forderungen erfüllt.

Zur Frage der großstadtgeeigneten Rassen gibt es eine Faustregel, die besagt, je größer die Stadt, desto kleiner der Hund. Das hängt mit der Größe der Wohnungen zusammen und auch damit, daß kleine Hunde eher toleriert werden als große. Die Angst vor Hunden ist verbreitet, und die Gefahr, gebissen zu werden, gehört zu den Hauptargumenten der Hundegegner. Ein Mensch, der sich vor Hunden fürchtet, erstarrt eher, wenn er eine Dogge oder einen anderen großen Hund sieht, obwohl beispielsweise Dackel oft aggressiver sind als Doggen.

Rassen, die eine niedrige Reizschwelle haben – zu dieser Kategorie zählen beispielsweise die Windhunde –, die wie die Jagd- und Windhunde ein großes Laufbedürfnis haben, oder solche, die gern und viel bellen, gehören nicht in die Stadt. Will man wegen steigender Kriminalität einen Schutzhund halten, wählt man am besten einen Deutschen Schäferhund oder einen Airedale Terrier; sie sind einfach zu erziehen und passen sich den Gegebenheiten einer Großstadt relativ leicht an. Überhaupt sollte ein Großstadthund seelisch robust sein.

Zum Lernprogramm gehören die Befehle „Komm", „Sitz" und „Bei Fuß". An Straßenkreuzungen muß sich der Hund von selber hinsetzen, sobald sein Begleiter stehenbleibt. Auf Befehl muß er mit dem Bellen aufhören. Er darf keine fremden Menschen anspringen und sich weder aus der Haustür noch aus dem Auto hinausstürzen. Er darf nicht mit fremden Hunden Streit anfangen, von Fremden Leckerbissen annehmen oder etwas fressen, das auf dem Boden liegt. Er muß allein in der Wohnung bleiben, ohne zu heulen oder zu bellen.

Manche Hunde werden ausgesetzt, manche mißhandelt, andere dagegen werden über alle Maßen verwöhnt. In Tokio gibt es sogar ein Hundehotel, in dem den Tieren jeder Luxus geboten wird. Der Preis ist allerdings entsprechend hoch – etwa 45 Dollar pro Tag

Der Hund und das Gesetz

Man kann es kaum glauben – und der Hundebesitzer wohl am wenigsten –, daß der treue vierbeinige Lebensgefährte eine „Sache" sein soll wie etwa ein Kühlschrank oder ein Fernsehapparat. Und doch ist das so, zumindest nach dem Bürgerlichen Gesetzbuch (BGB), das die wesentlichen Bereiche unseres Mit- und Nebeneinanders regelt.

Dieses Gesetzbuch, das zum größten Teil noch heute in der Urfassung vom 18. 8. 1896 in Kraft ist, unterscheidet nämlich lediglich „Personen" und „Sachen". Eine sogenannte natürliche Person ist nur der Mensch. Tiere aber – auch wenn sie häufig menschliche Züge tragen oder Charaktereigenschaften haben oder gar von ihren Besitzern vermenschlicht werden – sind und bleiben im Sinne des Gesetzes eine Sache.

So einfach ist das, und es gilt auch für den Hund, der Günter heißt und im Auto auf dem Beifahrersitz fahren darf (wo er übrigens ganz bestimmt nicht hingehört): Er ist ein körperlicher, beweglicher Gegenstand, somit eine Sache. Gegen diese Auffassung hat sich zuletzt der Deutsche Tierärztetag 1977 an den Gesetzgeber gewandt, die Entscheidung steht jedoch noch aus.

Das oben Gesagte soll den Leser darauf vorbereiten, daß die Rechtsverhältnisse des Hundes und am Hund – wie bei allen anderen Tieren auch – weitgehend nach einem Sachenrecht beurteilt werden.

Der „Hund im Recht" kann Frauchen und Herrchen vor etliche Fragen und Probleme stellen, die im folgenden angesprochen werden.

Aufgepaßt beim Hundekauf!

Auch wenn sich der künftige Hundehalter über alle erwünschten Merkmale und Eigenschaften seines Vierbeiners im klaren ist und sämtliche Voraussetzungen für dessen Haltung vorliegen, kann es doch bereits beim Erwerb des Tieres so manchen Ärger geben.

Die gängigste Art, „auf den Hund zu kommen", ist, ihn zu kaufen, sei es beim Züchter direkt, beim Tierfachhändler oder aber privat, etwa auf eine Annonce hin.

Zwar gehört der Kauf eines Hundes nicht unbedingt zu den alltäglichen Handlungen, aber er wird vom Bürgerlichen Gesetzbuch rechtlich nicht anders eingeordnet als jeder normale Kauf im täglichen Leben. Es gibt da also nichts Besonderes: Der Verkäufer macht sein Angebot, der Interessent nimmt es an, Hund und Geld wechseln den Besitzer, und das Ganze läuft ohne große Formalitäten ab, da in unserem Recht eben grundsätzlich auch mündlich geschlossene Vereinbarungen gelten.

Gewährleistungsrechte

Aufpassen heißt es aber dennoch: Denn wie bei allen Käufen des täglichen Lebens kann es auch hier passieren, daß man zu Hause ankommt und feststellt, daß das soeben erworbene Tier voller Parasiten ist oder auch, daß der Hund nach drei Tagen an Staupe eingeht, der als „scharfer Wachhund" verkaufte Vierbeiner die Mentalität eines Schoßhundes an den Tag legt und dem Einbrecher zärtlich die Hand leckt oder der als Dackel verkaufte Winzling die stattlichen Maße eines Schäferhundes erreicht.

In solchen Fällen aber läßt das Gesetz den Hundehalter nicht im Stich: Es räumt ihm in den Paragraphen 459ff. BGB sogenannte Gewährleistungsrechte ein, nach denen der Käufer eine Herabsetzung des Kaufpreises verlangen – das Gesetz spricht von Minderung – oder gar den Kauf rückgängig machen kann, das ist die sogenannte Wandelung.

Voraussetzung ist also, daß die „Kaufsache" Hund mit Fehlern behaftet ist oder eine ihm ausdrücklich zugesicherte Eigenschaft fehlt. Hat der Verkäufer gar einen Fehler des Tieres verschwiegen, von dessen Existenz er genau wußte und den der Käufer nicht so ohne weiteres erkennen konnte, so kann man auch Schadenersatz verlangen.

Da aber derjenige, der recht haben will, die Voraussetzungen dafür auch beweisen muß, ist es ratsam – entgegen den üblichen Gepflogenheiten bei Käufen des täglichen Lebens –, den Kaufvertrag schriftlich abzufassen.

In den Kaufvertrag hinein gehören unbedingt Angaben über die Eigenschaften, die der Käufer von seinem Hund erwartet und die ihn schließlich zum Kauf veranlaßt haben. Man sollte sie sich vom Verkäufer ausdrücklich bestätigen lassen. Ebenso wichtig ist der Passus, das Tier sei „frei von Krankheiten", weil dann nämlich der Verkäufer die Haftung dafür übernimmt, daß das Tier bei der Aushändigung an den Käufer völlig gesund ist.

Zwei Voraussetzungen jedoch sind erforderlich, will man sein Recht auf Gewährleistung geltend machen: Zum einen darf der Hundekäufer den Fehler des Tieres nicht bemerkt haben oder hätte ihn nicht bemerken müssen, wenn er aufmerksam gewesen wäre. Zum anderen muß es eine erhebliche Beanstandung sein, denn „Bagatellschäden", die den vertragsmäßigen Wert des Hundes oder seine Tauglichkeit nicht mindern oder aufheben, rechtfertigen nicht, vom Gewährleistungsrecht Gebrauch zu machen.

Eine Hautkrankheit z. B. ist für den Kaufinteressenten ohne Mühe erkennbar; kauft er den Hund dennoch, so hat er keinerlei Rechte gegenüber dem Verkäufer. Das gleiche gilt, wenn das Tier etwa beim Anblick einer Maus den Schwanz einkneift und geraume Zeit nicht mehr gesehen wird. Diesen kleinen charakterlichen Mangel des Hundes mutet das Gesetz dem Käufer schon zu.

Ist der Hundekäufer nun trotz der Tatsache, daß er sich vielleicht schon an das Tier gewöhnt hat, mit ihm nicht zufrieden und glaubt er daher, den Kaufpreis aus ebendiesem Grund mindern oder gar das Tier zurückgeben und den gezahlten Preis zurückverlangen zu können, so hat er hierfür eine Frist von sechs Monaten, gerechnet vom Tag der Abnahme des Hundes. Der Käufer meldet dem Verkäufer, daß der Hund einen Fehler habe oder daß ihm eine zugesicherte Eigenschaft fehle, und erklärt ihm entweder, daß er eine Minderung des Kaufpreises wünsche oder daß er den Kauf insgesamt rückgängig machen wolle. Wenn der Verkäufer auf die Absichten des Käufers nicht eingehen will, muß der vor Gericht gehen und dort seine Rechte geltend machen.

Da jeder Verkäufer sein Risiko so niedrig wie möglich halten will, wird er versuchen, auch seine Gewährleistungshaftung entsprechend einzuschränken. Dies geschieht meist im sogenannten „Kleingedruckten", d. h. den allgemeinen Geschäftsbedingungen.

Abgesehen davon, daß ein seriöser Züchter oder Händler es nicht nötig haben wird, darauf zu pochen, sollte sich der Hundekäufer nicht ins Bockshorn jagen lassen, wenn er einen Vertrag unterschrieben hat, in dem der Verkäufer die Gewährleistungsrechte weitgehend eingeschränkt oder gar ausgeschlossen hat. Solche Klauseln im Vertrag sind unwirksam, es bleibt also bei der gesetzlichen Regelung.

Kauf auf Probe

Wer sich nicht allein auf die gesetzlich verankerten Gewährleistungsrechte verlassen will, hat die Möglichkeit – wie bei jedem anderen Kaufgegenstand auch –, mit dem Verkäufer des Hundes einen sogenannten „Kauf auf Probe" zu vereinbaren, den das Gesetz ausdrücklich vorsieht.

In einem solchen Fall vereinbaren Käufer und Verkäufer eine bestimmte Probezeit, während der sich der Käufer in Ruhe von den Qualitäten des ihm probeweise übergebenen Hundes überzeugen kann, ihn also auf Herz und Nieren prüft. Ist diese Probezeit abgelaufen, gibt der Käufer den Hund wieder zurück – was auch ohne Angabe von Gründen möglich ist –, oder er erklärt dem Verkäufer, daß er mit dem Tier einverstanden ist, oder aber er schweigt einfach. In den beiden letzten Fällen wird der Kaufvertrag wirksam, der Hund wird Eigentum des Käufers, und der Käufer muß den Kaufpreis entrichten.

Ein solcher Kauf auf Probe empfiehlt sich besonders dann, wenn der Hund ganz bestimmte Aufgaben erfüllen soll – wie etwa als Jagd-, Schutz- oder Hütehund – und der Käufer sich vor dem endgültigen Kauf von den diesbezüglichen Eigenschaften des Tieres überzeugen will.

Ob im Laden, ob beim Züchter – die Devise heißt: Augen auf beim Hundekauf

Der Hund in der Mietwohnung

Wer mit dem Gedanken spielt, sein Leben mit einem Hund als Hausgenossen zu bereichern, sollte einen sehr genauen Blick in seinen Mietvertrag tun, bevor er diesen Plan verwirklicht. Das Gesetz gibt nämlich über die Frage, ob der Hund zur Miete wohnen darf oder nicht, leider keine Auskunft.

Im Mietvertrag aber, der die direkten Beziehungen zwischen Mieter und Vermieter regelt, läßt sich sehr genau ablesen, wie der Hauswirt über die Hundeliebe seiner Mieter denkt.

Demnach kann die Hundehaltung erlaubt sein, oder sie ist rigoros verboten. Sie kann von der eigens einzuholenden Zustimmung des Vermieters abhängen, und sie kann auch mit der Möglichkeit des Widerrufs durch den Vermieter gestattet sein. Und schließlich kann sich der Mietvertrag über dieses Thema gänzlich ausschweigen.

Hundehaltung verboten

Bei einem strikten Verbot der Hundehaltung dürfte es zwischen Mieter und Vermieter zu keinerlei Diskussionen kommen; und das auch dann nicht, wenn der Mieter glaubt, in der Hundehaltung die im Grundgesetz garantierte freie Entfaltung seiner Persönlichkeit zu realisieren: Bisher konnte sich kein Hundehalter oder einer, der es werden wollte, den Gerichten gegenüber auf dieses Grundrecht erfolgreich berufen.

Demzufolge gibt es auch keine Entscheidung eines hohen deutschen Gerichts, die das vertraglich vereinbarte Verbot, einen Hund in der Mietwohnung zu halten, als einen Verstoß gegen das Grundgesetz wertet. Der Mietvertrag mit seiner Klausel geht in diesem Fall vor, es bleibt dem Mieter nichts anderes übrig, als auf den Hund zu verzichten oder sich eine Wohnung zu suchen, deren Vermieter in der Frage der Hundehaltung zugänglicher ist.

Hundehaltung erlaubt

Auch dann sollten keine Probleme entstehen, wenn die Tier-, insbesondere die Hundehaltung grundsätzlich erlaubt ist.

Grundsätzlich deshalb, weil natürlich die Regeln, die ein reibungsloses Miteinander aller in einem Miethaus gewährleisten, eingehalten werden müssen, auch von den dort lebenden Hunden. Der Mieter, der sich einen Hund hält, und auch der Hund selbst sind nämlich nicht völlig frei in ihrer „Selbstverwirklichung": Wenn auch die übrigen Hausbewohner Behelligungen in Kauf nehmen müssen, die durch den Hund als Tier typisch sind, wird die Pflicht zu dulden überstrapaziert, wenn die Behelligungen in massive Belästigungen ausarten.

Der Hauswirt kann dann die Entfernung eines Hundes verlangen, wenn dieser durch ständiges lautes Bellen die hausübliche Ruhe stört, das Treppenhaus verunreinigt, durch Bissigkeit die Mitbewohner in Angst und Schrecken versetzt oder einfach üble Gerüche verbreitet. Das Recht der übrigen Hausbewohner auf ungestörten Hausfrieden sowie das Recht des Hauswirts auf gutes Einvernehmen mit den Mietern geht in diesen Fällen dem Recht auf Hundehaltung vor.

Der goldene Mittelweg

Die meisten Mietverträge sehen den goldenen Mittelweg vor und machen die Hundehaltung von der vorherigen Erlaubnis des Vermieters abhängig. In der Regel prüft der Vermieter in solchen Fällen die Belange aller Mieter als Hausgemeinschaft und wägt die unterschiedlichen Interessen gegeneinander ab. Allerdings kann der Vermieter seine Zustimmung im allgemeinen nur dann verweigern, wenn die begründete Annahme besteht, daß das Tier über das übliche Maß hinausgehende Belästigungen und Beeinträchtigungen verursacht.

Die Gerichte entscheiden im allgemeinen zugunsten der Hundefreunde, denn die Haltung von Tieren, insbesondere von Hunden, wird in weiten Kreisen der Bevölkerung als zur normalen Lebensführung gehörig angesehen. Hundehaltung, so urteilte jüngst das Stuttgarter Oberlandesgericht, gehöre durchaus zum Inhalt ordnungsgemäßen Wohnens. Leider kann man sich auf diese Rechtsprechung nicht unbedingt verlassen. Andere Gerichte vertreten entgegengesetzte Auffassungen, wonach der Mieter auch keinen Rechtsanspruch hat, daß ihm der Vermieter die Haltung des Hundes erlaubt.

Vielmehr räumt diese Rechtsprechung dem Vermieter einen Spielraum ein, innerhalb dessen er die Zustimmung geben oder verweigern kann; und dies sogar auch dann, wenn sämtliche anderen Hausbewohner nichts gegen den vierbeinigen Mitbewohner einzuwenden hätten.

Es gibt mietvertragliche Vereinbarungen, nach denen die erteilte Erlaubnis vom Vermieter widerrufen werden kann, was für Herrn und Hund – das liegt auf der Hand – höchst unerfreuliche Folgen hat. Allerdings ist hier nicht der Willkür Tür und Tor geöffnet, denn das Recht auf Widerruf ist nicht in das Belieben des Hauswirts gestellt. Er kann seine erteilte Erlaubnis nur dann zurücknehmen, wenn das in die Hausgemeinschaft aufgenommene Tier Belästigungen und Beeinträchtigungen verursacht, die über die im allgemein üblichen Rahmen vorauszusehenden Mißhelligkeiten der Hundehaltung hinausgehen.

Hier ist der Hundefreund aufgerufen, seinem Vierbeiner Manieren beizubringen, die auch das Wohlwollen der Hausbewohner und des Hauswirts hervorrufen.

Es gibt letztlich auch Mietverträge, in denen sich der Hauswirt über die Hundehaltung überhaupt ausschweigt. In diesem Fall kann man der Auffassung sein, die Hundehaltung gehöre grundsätzlich zum vertragsgemäßen Gebrauch der Mietwohnung, der Mieter mit Hund führe mit seinem Vierbeiner innerhalb seiner Wohnung ein „normales" Leben. Andererseits läßt sich auch die Meinung vertreten, die Haltung eines Hundes werde nicht ohne weiteres geduldet, wenn durch das Tier ungewöhnliche Umstände eintreten, die ursprünglich nicht vorauszusehen waren: beispielsweise wenn der Hund erhebliche Beeinträchtigungen zu Lasten der Mietergemeinschaft verursacht. In solchen Fällen kann sich der Mieter mit Hund nicht auf das generelle Schweigen im Mietvertrag berufen.

Man sieht also, daß es sehr wichtig ist, eine ganz konkrete Absprache mit dem Haus- bzw. mit dem Wohnungseigentümer zu treffen, bevor man sich einen bellenden Hausgenossen zulegt.

Allgemein gilt es bei der Tier- und besonders der Hundehaltung immer, die Interessen des Tierhalters gegen die Interessen aller Mieter an einem friedlichen Zusammenleben abzuwägen. Einen Grundsatz sollte man sich als Tierfreund unbedingt merken, den Goethe so formuliert hat: „Dem Hunde, wenn er wohlerzogen, wird selbst ein weiser Mann gewogen." Beherzigt man dies, dürfte es kaum große Probleme geben.

Sollte man mit seinem Hund Untermieter in einer Wohnung sein, so gelten für ihn die gleichen Voraussetzungen: am besten nicht auffallen.

In den eigenen vier Wänden

Ziemlich sorglos können Besitzer und Hund in den eigenen vier Wänden leben, entweder in der Wohnung oder im Haus. Denn da gibt es keinen Mietvertrag oder eine Hausordnung mit einschränkenden Klauseln, denen man sich unterwerfen müßte.

Allerdings, auch hier ist die Freiheit nicht grenzenlos: Wenn der Hund nachts stundenlang bellt oder wenn er die Grenze zum Nachbarn überschreitet, kann das nachbarrechtliche, straf- und verwaltungsrechtliche Probleme aufwerfen. Nachbarn, besonders auch in der Großstadt, haben ein Recht darauf, ungestört und in Frieden zu leben. Das geht allemal vor. Auch hier sei wieder auf Herrn von Goethes Worte verwiesen.

Haftungsfragen

Wenn die Hundehaltung im Mietvertrag erlaubt oder stillschweigend geduldet ist und wenn es keine sonstigen Probleme mit Nachbarn oder Vermieter gibt, kann der Tierfreund sich nun einen vierbeinigen Hausgenossen zulegen. Doch damit ist immer noch kein sorgenfreies Leben für Hund und Besitzer garantiert: Haustiere, insbesondere Hunde – dies nicht zuletzt wegen ihrer Größe und ihres Gebisses –, können mitunter beträchtlichen Schaden anrichten und bringen damit sich und ihren Besitzer manchmal in arge Bedrängnis.

Und gerade da kommt nun wieder der drohende Zeigefinger des Gesetzes, der dem Hundehalter signalisiert: Wenn dein Liebling einem Menschen Schaden zufügt oder irgend etwas beschädigt, dann mußt du, lieber Tierhalter, den entsprechenden Schaden ersetzen.

Daß der Hundefreund für das Verhalten seines Tieres verantwortlich ist, gilt nicht nur dann, wenn vorsätzliches oder fahrlässiges Tun vorliegt. Der Halter eines Hundes kann vielmehr auch dann für die Streiche seines Tieres zur Verantwortung gezogen werden, wenn er keine Schuld daran hat. Das Tier stellt nämlich durch sein lediglich vom Instinkt beeinflußtes Verhalten eine besondere Gefahr für die Umwelt dar. Und weil man den Menschen oder Tieren, die durch ebendieses Verhalten geschädigt werden, die Auswirkungen der speziell von einem Tier ausgehenden Gefahr verständlicherweise nicht aufbürden kann, muß das Risiko dem Hundehalter auferlegt werden. Dies ist gewissermaßen der Tribut für die Freiheit, sich ein Tier als Hausgenossen zu halten, und die damit auch verbundene Freude.

Die Juristen nennen diese Art von Haftung die „Gefährdungshaftung". Sollte der Hund einmal einen Schaden angerichtet haben, wird der Halter manchmal bis zu seinem Überdruß mit diesem Begriff konfrontiert.

Mit welchen typischen Verhaltensweisen eines Tieres, hier insbesondere des Hundes, die Umwelt zu tun hat, dürfte nicht allzuschwer zu erraten sein. Ganz besonders Uniformträger können hiervon ein Lied singen, denn die meisten Hunde sind geradezu allergisch gegen diese Art von Bekleidung. Besonders die Briefträger waren hiervon betroffen – vielleicht hat die Bundespost aus diesem Grund die Kleiderordnung gelockert und die Uniform fast völlig aus dem Zustellungsbetrieb verbannt.

Freundschaftliche Regungen des Hundes, wenn er z. B. an einem Hausgast oder sogar einem Passanten aus reiner Freude oder Begrüßungsdrang hochspringt, können eine

Zahlungsforderung nach sich ziehen, wenn dabei etwa die Kleidung beschädigt oder verschmutzt wird oder der Betroffene vor Schreck einen wertvollen Gegenstand fallen läßt. Aber auch wenn sich das Tier völlig passiv verhält, kann man Folgen für den Halter nicht ausschließen, etwa wenn der Hund Krankheitserreger überträgt. Auch hier haftet der Halter wegen der konkret vom Tier ausgehenden Gefahr.

Die Beispiele lassen sich unendlich weiterführen, sie gehen aber nicht immer notgedrungen zu Lasten der Brieftasche des Hundefreundes aus. Der Hundehalter haftet nämlich lediglich für die Schäden, die durch die spezifische, vom Hund ausgehende Gefahr verursacht worden sind. Das Tier muß sich „willkürlich" verhalten haben, d. h. genau, im juristischen (Un-)Klartext eines Oberlandesgerichts, eine „von keinem vernünftigen Wollen geleitet entfaltete tierische organische Kraft" müßte die Triebfeder des schädigenden Verhaltens gewesen sein. Dasselbe Gericht hat sodann getreu dieser Erkenntnis den folgenschweren Sprung eines liebeshungrigen Rüden, der sich ausgerechnet eine Hundedame seines Herzens, nicht aber seiner Rasse ausgewählt hatte, ohne finanzielle Folgen für seinen Besitzer beurteilt, denn: Das Decken eines weiblichen Tieres sei eben nicht willkürlich, es sei nicht auf die spezielle Tiergefahr zurückzuführen. Diese Art von Annäherung bleibt daher finanziell ungesühnt.

Wer ist Hundehalter?

Nun ist bei der Haftung für die Schäden durch den Hund laufend der Begriff „Halter" des Tieres im Gespräch. Wer ist das eigentlich im rechtlichen Sinne? Weil der Gesetzeswortlaut – hier ist der Paragraph 833 des Bürgerlichen Gesetzbuches einschlägig – den Begriff des „Halters" nicht näher erläutert, haben die Gerichte eine Klärung herbeigeführt. Danach ist Hundehalter in jedem Fall der Eigentümer des Tieres, also derjenige, dem es gehört. Allerdings ist nicht nur der Eigentümer – dies können auch mehrere sein – Halter des Tiers, sondern jeder, der den Hund im eigenen Interesse in sein Haus oder seinen Wirtschaftsbereich aufgenommen hat, ihn beherbergt, füttert und ihn zu bestimmten Aufgaben oder einfach zur eigenen Freude zu sich genommen hat. Hierbei ist es gleichgültig, wie das Tier nun unter die menschliche Obhut gelangt, ob durch Kauf, Geschenk oder Zulauf.

Eine lediglich vorübergehende Aufnahme des Tieres, etwa aus Gefälligkeit übers Wochenende, macht aus dem Tierfreund allerdings noch keinen Tierhalter. Freunde oder Verwandte brauchen daher keine Ersatzansprüche zu befürchten, wenn sie vorübergehend einmal den Hund beaufsichtigen und betreuen. Für Schäden haftet dann der wahre

Halter. Und diese Schäden können im Einzelfall beträchtlich sein, man denke nur daran, daß ein einziges Fehlverhalten des Tieres Schäden wie bei einer Kettenreaktion verursachen kann. Man stelle sich etwa den Fall vor, daß ein Hund plötzlich auf die Straße läuft und dadurch mehrere Auffahrunfälle verursacht. Und so etwas muß nicht immer relativ glimpflich nur mit Blechsachschaden ausgehen, sondern kann viel schlimmere Folgen nach sich ziehen.

Die Haftung des Hundehalters erstreckt sich nämlich nicht nur auf die unmittelbar sichtbaren Schäden, sondern auch auf solche, die durch die direkt entstandenen hervorgerufen werden. Das können z. B. Krankenhauskosten, Nachteile für den Beruf oder das Fortkommen des Geschädigten sein, worunter auch Abfindungen für den Fall der Erwerbsminderung oder gar Erwerbsunfähigkeit fallen können. Hinzu kommt in allen Fällen auch noch das sogenannte Schmerzensgeld, das dem Geschädigten zusätzlich zugesprochen werden kann für die Beeinträchtigungen und Mißhelligkeiten, die ihm körperlich und seelisch entstanden sind. Aus alldem ergibt sich, daß ein Fehlverhalten des Hundes sehr teuer werden kann.

Mitschuld des Geschädigten

Immer wenn die Haftung des Halters gefordert ist, muß vorher geprüft werden – im Regelfall durch die Gerichte –, ob zwischen dem Verhalten des Tieres und dem eingetretenen Schaden ein ursächlicher Zusammenhang besteht. Dieser Zusammenhang besteht sicher bei dem Hund, der unachtsam auf die Straße läuft und dadurch einen Verkehrsunfall herbeiführt. Er muß nicht bestehen, wenn der Hund einen Menschen erschreckt und dieser das Verhalten des Tieres fälschlicherweise als Angriff versteht oder aus nervlicher Schwäche falsch reagiert und dabei zu Schaden kommt.

In diesem Zusammenhang muß auch unbedingt darauf hingewiesen werden, daß den Geschädigten der Vorwurf treffen kann, er habe seinen Schaden mitverursacht. Dieses Mitverschulden kann grundsätzlich darin liegen, daß sich der Verletzte leichtsinnig der von dem Tier ausgehenden Gefahr ausgesetzt hat. Dann nämlich kann die Pflicht des Hundehalters zum Schadenersatz beträchtlich gemindert oder sogar ganz ausgeschlossen sein – je nachdem, wie groß die Unvorsichtigkeit des Verletzten gewesen ist.

Daher sollte sich jeder davor hüten, ein Grundstück zu betreten, an dessen Eingang unmißverständlich das Schild „Vorsicht, bissiger Hund" warnt. Nicht jeder Hund ist ein Hätscheltier, das man unbefangen und mit übertriebenem Selbstvertrauen einfach streicheln darf, insbesondere dann nicht, wenn der Halter oder eine sonstige Begleitperson des Tieres vor einer derartigen Annäherung gewarnt hat. Wer das dennoch tut, ist selbst an seinen Verletzungen schuld.

Das gleiche gilt für denjenigen, der sich in eine Beißerei einmischt. Dies geht in den wenigsten Fällen glimpflich aus – es kann sogar passieren, daß sich die Streithähne gemeinsam gegen den ungebetenen Schiedsrichter wenden. In all diesen und vielen ähnlichen Fällen ist das Verhalten des Menschen zumindest leichtsinnig und zieht Abstriche an der Schadenersatzforderung nach sich.

Luxushund und Nutzhund

Da die Frage der Haftung für den Hund und die daraus sich ergebenden Folgen für den Halter sehr wichtig sind, ist noch zu erwähnen, daß das Gesetz einen Unterschied zwischen einem sogenannten Luxushund und einem Nutzhund macht.

Als Luxushund ist nun nicht etwa nur der teure Chihuahua anzusehen, sondern jeder Hund, der lediglich aus Liebhaberei seines Halters angeschafft worden ist. Nutzhunde sind im wesentlichen der Schutzhund des Nachtwächters, der Diensthund des Polizei- oder Zollbeamten, der Hütehund des Schäfers und der Jagdhund des Försters. Interessant für den Halter sind die Folgen, die sich aus dieser Unterscheidung ergeben. Grundsätzlich haftet der Halter eines Nutzhundes wie jeder andere Hundehalter für Schäden an Personen und Sachen, die sein Schützling verursacht. Allerdings hat er die Möglichkeit, die Vermutung zu widerlegen, er habe das Tier nicht genügend beaufsichtigt und dadurch sei der Schaden entstanden.

Ganz einfach wird es ihm aber dennoch nicht gemacht: Um sich nämlich von der Haftung des durch seinen Nutzhund verursachten Schadens freimachen zu können, muß er schon nachweisen, daß er das Tier im erfor-

Der Hund des Schäfers ist ein typisches Beispiel für einen Nutzhund

derlichen Maße und mit der nötigen Vorsicht beaufsichtigt hat oder daß der Schaden auch dann eingetreten wäre, wenn er bei der Aufsicht über das Tier die notwendige Sorgfalt hätte walten lassen. Diesen Entlastungsnachweis hinsichtlich der Haftung muß er natürlich für den Zeitpunkt erbringen können, zu dem der Schaden verursacht worden ist.

Es kommt zudem nicht darauf an, ob der Nutzhund zu dieser entscheidenden Zeit in Erfüllung seiner „Nutzpflicht" einen Schaden angerichtet hat, sondern darauf, zu welchem Zweck das Tier grundsätzlich gehalten wird.

Ein Riegel ist jedoch der bloßen Behauptung vorgeschoben, man halte einen Nutzhund, denn schließlich müssen auch die äußeren Umstände einem neutralen Dritten einen sicheren Anhaltspunkt dafür bieten. Einem kleinen Hund wird man kaum die Eignung zum Schutzhund zusprechen können, wobei er aber andererseits durchaus als Diensthund des Zollbeamten geeignet sein kann, etwa zum Erschnüffeln von Schmuggelware.

Daß der Hund, egal, ob Luxushund oder Nutzhund, ordentlich unter Aufsicht stehen muß – wozu selbstverständlich auch die richtige Erziehung gehört –, dürfte klar sein. Besonders streng wird dies im Straßenverkehr gefordert, gerade weil hier schreckliche Unfälle passieren können. Deshalb fordert auch die Straßenverkehrsordnung, Hunde auf der Straße entweder nicht ohne Leine umherlaufen zu lassen oder nur unter der Aufsicht einer hierfür geeigneten Person. Ganz besonders muß man sich diese gesetzliche Forderung ins Gedächtnis rufen, wenn man Kinder zusammen mit Hunden zum gemeinsamen Ausflug auf die Straße schickt.

Wer sich nicht aus reiner Gefälligkeit eines Hundes angenommen hat, sondern sich gegenüber dem Halter durch einen mündlichen oder schriftlichen Vertrag verpflichtet hat, dafür zu sorgen, daß das Tier keinen Schaden anrichtet, ist grundsätzlich als sogenannter

Ein Luxushund muß nicht teuer sein – er hat nur keine besonderen Pflichten zu erfüllen

Tierhüter oder -aufseher wie der Halter haftbar. Er hat jedoch auch das Privileg, sich entlasten zu können wie der Halter eines Nutztieres, wobei sich hier der Entlastungsnachweis auch auf Luxustiere erstrecken kann.

Bisher war immer die Rede davon, welche Folgen der Hundehalter im Fall eines Schadens tragen muß. Es gibt aber auch den umgekehrten Fall, nämlich daß ein Dritter dem Hund einen Schaden zufügt.

Selbstverständlich darf sich ein unbeteiligter Dritter gegen die Übergriffe eines Hundes gegen sich oder andere wehren. Dies räumt ihm das Recht der Notwehr ein, wonach er mit den geeigneten Mitteln einen Schaden von sich oder anderen abwehren darf. Greift also ein Hund einen Menschen an, so darf der sich soweit nötig verteidigen, auch ein Dritter darf ihm zu Hilfe eilen.

Wird in solchen Fällen der angreifende Hund in Mitleidenschaft gezogen, so handelt der Angegriffene rechtmäßig und muß nicht etwa nun seinerseits dem Hundehalter Schadenersatz leisten. Dies gilt jedoch wiederum nur dann, wenn der Angegriffene die Attacke nicht selbst heraufbeschworen hat. Wer einen Hund so weit reizt, daß er gefährlich reagiert, und den Hund bei der Abwehrmaßnahme schließlich verletzt oder gar tötet, ist zum Schadenersatz verpflichtet. Auch Tiere können den Angreifer abwehren, und der Halter eines Kleinhundes darf einen großen Hund mit den nötigen Maßnahmen zur Räson bringen, um seinen eigenen zu schützen.

Der Jagdschutz

Ein besonderes Kapitel beim Thema Haltung und Haftung ist das Verhältnis zwischen Luxus- oder Nutzhund und dem Jagdschutz. Der Jagdschutz umfaßt nach dem Bundesjagdgesetz den Schutz des Wildes vor Nachstellungen usw., insbesondere aber auch vor wildernden Hunden, denn die gehören zu den schlimmsten Feinden des Wildes.

Auch beim Jagdschutz handelt es sich um den Schutz von Tieren vor anderen Tieren. Da es bei uns keine wildlebenden Hunde gibt, es sei denn, sie sind irgendwann einmal verwildert, kommen als Wildfeinde nur Haushunde in Betracht, die sich der Aufsicht ihres Halters entzogen haben. Dabei ist entscheidend, daß der Hund entsprechend seinem ihm angeborenen Jagdinstinkt eine Fährte aufnimmt oder gar bereits das Wild gestellt hat. Hierbei sollte sich kein Hundehalter von der Vorstellung täuschen lassen, sein Hund könne keiner Fliege etwas zuleide tun oder durch die Zucht sei sein Jagdinstinkt verkümmert. „Hunde sind Raubtiere ...", hat ein Hamburger Obergericht einmal in einer Haftungsfrage festgestellt. Man darf also nie darauf vertrauen: „... meiner nicht".

Der Hundehalter, der sich mit seinem Vierbeiner auf einen Spaziergang in ein Jagdrevier begibt, sollte stets darauf achten, daß sich das Tier in seiner nächsten Nähe aufhält, so daß er in der Lage ist, sofort durch Rufe oder Kommandos darauf einzuwirken und es anzuleinen. Wer ganz sicher gehen will, und das sollte eigentlich jeder Hunde- und Tierliebhaber, der meidet entweder den Jagdbezirk, oder er nimmt den Hund regelmäßig an die Leine. Auslaufmöglichkeiten gibt es auch anderswo. Derjenige, der zur Jagdausübung berechtigt ist, hat nämlich auch das Recht, einen wildernden Hund unschädlich zu machen, d. h. ihn abzuschießen.

Andererseits hat der Jagdausübungsberechtigte aber auch die Pflicht, genau zu prüfen, ob das Tier tatsächlich wildert. Dies dürfte kaum der Fall sein, wenn der Hund sich in der Nähe seiner Behausung aufhält und lediglich einmal seine schnuppernde Nase in Richtung Jagdrevier hält. Eine Fehlhaltung führt auch hier zur Ersatzpflicht.

Haftpflicht

Es dürfte bereits ziemlich klar geworden sein, daß auf den Hundehalter ein beträchtliches Maß an finanzieller Verantwortung zukommen kann, wenn sein Vierbeiner einen Schaden angerichtet hat. Dadurch sollte sich jedoch niemand verunsichern lassen und deshalb auf einen Hund verzichten.

Gegen die Widrigkeiten fast aller Bereiche unseres Lebens läßt sich eine Versicherung abschließen. Da eine Haftpflichtversicherung für den persönlichen privaten Bereich vom Gesetzgeber nicht zur Pflicht gemacht worden ist, muß man sie auf freiwilliger Basis abschließen. Allerdings heißt es dabei, aufgepaßt: Nach den Bedingungen der privaten Haftpflichtversicherung sind die Missetaten von Hunden und deren Folgen nämlich ausdrücklich vom Versicherungsschutz ausgenommen. Wer sich also gegen die Risiken seiner Hundehaltung schützen will, muß entweder eine gesonderte Haftpflichtversicherung abschließen oder dafür sorgen, daß der bereits bestehende Versicherungsschutz auch auf den Hund erweitert wird.

Da vor den Augen eines Versicherers alle gleich sind, gibt es bei der Höhe der Prämie auch keine Unterschiede: Der Rehpinscher kostet ebensoviel wie die Deutsche Dogge.

Hält man sich an die ortsüblichen Vorschriften für die Hundehaltung, so etwa an einen teilweisen Leinenzwang, so werden die Versicherer beim Abschluß des Vertrages keine Schwierigkeiten machen. Ausgenommen hiervon ist jedoch z. B. ein Hund, der bereits versicherungsrechtlich aufgefallen und daher aktenkundig ist.

Empfehlenswert ist es, bei der Gestaltung des Versicherungsvertrags in den Versicherungsschutz auch Personen aufzunehmen, die sich hin und wieder aus Gefälligkeit um die Obhut des Tieres bemühen.

Krankheiten, Seuchen und deren Folgen

Wenn man nun als Hundehalter alles erdenklich Gute für seinen Liebling getan hat – der Mietvertrag stimmt, mit dem Veräußerer gibt es keine Schwierigkeiten, man hat eine Haftpflichtversicherung abgeschlossen, man paßt schön darauf auf, daß der Hund nicht wildert –, kann trotzdem Unangenehmes passieren: Das Tier wird krank.

Irgendeine bekannte Tierkrankheit wie Tollwut, Stuttgarter Hundeseuche, Staupe oder ähnlich Schlimmes wird das Tier ja nicht bekommen können, denn als verantwortungsbewußter Hundehalter hat man es selbstverständlich vom Tierarzt gegen diese Krankheiten impfen lassen. Wer das nicht getan hat oder glaubt, sein Hund habe all dies nicht nötig, weil er etwa ständig an der Leine geführt wird, irrt: Die angesprochenen Krankheiten – lieber sollte man, weil der Begriff mehr Gefahr signalisiert, von Seuchen sprechen – kann sich der Hund überall und auf jede Weise zuziehen. Also, Leichtfertigkeit hinsichtlich dieser Gefahren ist überhaupt nicht am Platze und zeigt einen Mangel an Verantwortungsgefühl gegenüber dem Tier, den Mitmenschen wie auch sich selbst.

Und da eine solche Verantwortung vorausgesetzt werden sollte und auch erwartet wird, gehört ein Tier, das sich entgegen seinem normalen Verhalten plötzlich oder allmählich ganz anders bewegt, seine Freß- oder Schlafgewohnheiten ändert oder auch nicht mehr spielt, in die fachliche Beratung und, wenn nötig, in die Behandlung eines Tierarztes. Hierbei sollte die Mühe keine Rolle spielen, die es kostet, sich auch ohne eigene Motorisierung zur nächsten Praxis zu begeben.

Der Tierarzt stellt genau fest – durch eigene Beobachtungen und die, die der Halter vorher über einen gewissen Zeitraum selbst gemacht hat –, ob das Tier wirklich an einer Krankheit leidet oder ihm lediglich eine gewisse Wetterfühligkeit zu schaffen macht oder auch, ob das Tier aufgrund der Diagnose eine Gefahr für die Allgemeinheit sein kann. Hierzu zählen einige Krankheiten, die zwar vom Hund auf den Menschen übertragbar sind, jedoch nicht zu allzu schweren Folgen beim Menschen führen.

Weitaus am wichtigsten, weil besonders gefährlich, ist die Tollwut. Die Tollwut, eine Viruserkrankung, wird außer durch andere Tiere, etwa Wildtiere, in unseren engen Wohngemeinschaften der Klein- oder Großstädte hauptsächlich durch den Biß eines Hundes übertragen. Und weil die Tollwut sich nicht immer in der typischen Form des „tollwütigen" Tieres zeigt, kann auch ein schmeichlerischer Biß zur Übertragung der Krankheit führen. Und die ist, einmal ausgebrochen oder übertragen, in den seltensten Fällen heilbar. Der Mensch kann eventuell noch durch ein sofort verabreichtes Serum gerettet werden, das Tier aber wird an seiner Krankheit elend zugrunde gehen.

Aus diesem Grund stellt das Tierseuchengesetz zum Schutz der Allgemeinheit sehr strenge Anforderungen an das Verhalten des Tier- bzw. Hundehalters oder Tierarztes: Hunde, die seuchenverdächtig sind, insbesondere auf Tollwut, müssen sofort getötet oder aber so lange in sicherer Verwahrung gehalten werden, bis eine behördliche Maßnahme ergriffen wird. So ähnlich lautet der Amtstext, er klingt für den Hundehalter brutal, ist aber in seiner Nüchternheit keiner Zwischenlösung zugänglich. Wenn ein Tier tollwutverdächtig ist, darf man auch keinerlei Heilmaßnahmen ergreifen, bevor die entsprechende Veterinärbehörde eingeschritten ist.

Allerdings, und hier sollte der Hundehalter nicht gleich verzagen, besteht noch die Aussicht, daß die Behörde dem Tier eine „Chance" gibt, indem sie es über einen längeren Zeitraum strengstens beobachtet und dann nach Abschluß der Ermittlungen ihr endgültiges Gutachten abgibt. Aber auch in diesem Fall muß der Mensch seine Tierliebe zugunsten seiner Mitmenschenliebe opfern und das Tier in Quarantäne schicken, um weitere Gefahren – eben für die Allgemeinheit – zu vermeiden. Behörden sind in solchen Fällen ganz rigoros und müssen es auch sein. Und das trotz der sinngemäßen Erkenntnis berühmter Menschen wie Friedrichs des Großen oder des Franzosen Pascal, die bestimmt viele Hundefreunde teilen: „… je mehr ich die Menschen kenne, um so mehr lerne ich die Hunde lieben …"

Wenn in irgendeinem Wohnbezirk eine Hundesperre verordnet worden ist, sollte sich der Hundehalter unbedingt daran halten, zu seinem und des Vierbeiners Wohl. Er muß dann das Tier mindestens an der Leine führen oder ihm in schlimmeren Fällen sogar einen Maulkorb verpassen.

Aus alledem ergibt sich, daß der wirkliche Hundeliebhaber sein Tier auf jeden Fall gegen die Tollwut impfen läßt, um einer möglichen Gefahr entgegenzuwirken.

Hat er dies getan, so kann es dennoch zu Widrigkeiten kommen, weil auch geimpfte Tiere, die einem Ordnungshüter auffallen, als tollwutverdächtig angesehen werden können. In solchen Fällen ist dringend zu raten, den Impfpaß jederzeit zur Hand zu haben, damit nicht etwas Unwiderrufliches passiert.

Leider gibt es im Versicherungswesen keine glaubwürdige Tierkrankenversicherung, die alle Wehwehchen eines Tieres in die Versicherungsbedingungen aufnimmt. Wer also ein krankes Tier zu Hause hat oder glaubt, es zu haben, muß die Kosten des Tierarztes selbst tragen. Aber die Freude und die Freiheit, ein Tier zu halten, sollten die Kosten aufwiegen.

Behördliche Vorschriften und Hundesteuer

Nun könnte man sagen, wer einen Hund hält und dabei allen möglichen Widrigkeiten vorbeugen möchte, nimmt ihn an die Leine, dann kann gar nichts passieren. Das ist richtig.

Aber: Man darf nicht vergessen, daß der Hund von Natur aus ein Lauftier ist, egal, wie groß oder klein. Man muß ihn, so bestimmt es auch das Tierschutzgesetz, tiereigen bzw. hundeeigen halten.

In vielen Gemeinden der Bundesrepublik erlassen die Verwaltungen bestimmte Vorschriften dafür, wie ein Hund außerhalb seiner Wohnung oder seines Grundstücks ordnungsgemäß geführt werden muß. Da gibt es den Maulkorbzwang und auch den Leinenzwang. Andere Gemeinden verzichten völlig darauf und stellen diese Frage in das Verantwortungsgefühl des jeweiligen Halters.

Gibt es einen solchen Zwang, so läßt sich kaum etwas dagegen ausrichten. Im anderen Fall aber sollte der Hundehalter, gerade weil er die Freiheit hat, keinen gesetzlichen Regelungen bzw. behördlichen Vorschriften unterworfen zu sein, die entsprechende Mitverantwortung gegenüber den Mitmenschen entwickeln.

Nicht verordneter Leinenzwang bedeutet noch immer nicht, das Tier, das ja – wie zuvor erörtert – ein „willkürliches" Verhalten an den Tag legt, auch nach seiner Willkür gewähren zu lassen.

Hier sollte man vor allem an die für Passanten und andere Unbeteiligte unerwünschten Hinterlassenschaften eines Hundes denken.

Keiner Diskussion bedarf es, daß ein Hund sein Geschäftchen nicht in der Wohnung verrichten kann – wie manche anderen Haustiere, die einen hierzu eigens eingerichteten Korb benutzen. Ein Hund muß raus, daran geht kein Weg vorbei. Aber wie? Möglichst schonend für die anderen und – wie beim Mietverhältnis – möglichst unauffällig.

Im Grundgesetz ist eine freie Entfaltung der Persönlichkeit garantiert. Diese Freiheit besteht aber nur, wenn die Interessen anderer dadurch nicht beeinträchtigt werden. Und – sie gilt nur für Menschen.

Wie eingangs bereits gesagt, ist der Hund im gesetzlichen Sinne nicht dem Menschen ähnlich, sondern eine Sache. Und eine Sache – hier also der Hund – hat immer hinter dem Menschen zurückzustehen.

Man kann ohne weiteres einen Hund dazu erziehen, sein Häufchen da zu machen, wo es andere am wenigsten stört: im Rinnstein beispielsweise. Gelingt eine solche Erziehungsmaßnahme nun überhaupt nicht, so ist der Hundehalter aufgefordert, das Seine zu tun, um eventuelle Mißlichkeiten abzuwenden. Der Hund hat schließlich seinen Instinkt, aber nicht den Verstand des Menschen. Hamburgbesucher, die einen bestimmten und sehr bekannten Stadtteil aufsuchen, ärgern sich regelmäßig darüber, daß sie alle drei Schritte in irgendein Häufchen treten, es sei denn, sie sind so aufmerksam, Slalom zu gehen, wobei sie natürlich die Attraktionen dieses Stadtteils kaum mitbekommen können.

Wenn dann die Stadtväter – das ist nicht auf St. Pauli beschränkt – zu energischen Maßnahmen greifen, ist dies nicht verwunderlich. Sie greifen z. B. zur Hundesteuer, und die ist dort kürzlich um 100 % erhöht worden.

Warum? Weil die Stadtreinigung erhebliche Mehraufwendungen zu tragen hat, wenn sie die Stadt von Verunreinigungen freihalten will. Das ist übrigens nicht nur in der Hansestadt der Fall, sondern auch in anderen Gemeinden – wobei das Bedürfnis zur Erhöhung der Hundesteuer allerdings nicht immer nur daran liegt, sondern auch häufig an der Misere der Finanzkasse.

Gegner der Hundesteuer oder ihrer Erhöhung haben bisher kein Glück gehabt, sich dagegen zu wehren, indem sie auf das Grundgesetz pochten. Das Eigeninteresse scheiterte bisher immer am überwiegenden Interesse der Allgemeinheit, die die Verwaltung zu vertreten hat.

Wenn die Hundehaltung einem finanziell schwachen Halter durch die Erhöhung der Hundesteuer zu teuer wird, so sollte er sich an das zuständige Amt wenden und seine Kümmernisse vortragen. Es gibt Ausnahmen von dieser Tierbesteuerung, die man nutzen

Die Hundemarke hat für den Halter auch gute Seiten: Man kann ein Tier damit identifizieren

sollte. Wenn z. B. ein sozialer Härtefall vorliegt, kann man eine Ermäßigung oder gar Befreiung von der Hundesteuer erreichen.

Im schlimmsten Fall wendet man sich durch die Tageszeitungen an die Öffentlichkeit. In vielen Fällen konnten die Zeitungen bereits helfen, indem sie sogenannte Tierpatenschaften vermittelten. Dabei wird vom „Paten" die Steuer und manchmal auch die Verpflegung des Hundes bezahlt, ohne daß er irgendwelche Ansprüche an das Tier stellt.

Diejenigen, die nur von ihrer Rente leben und das Tier damit nicht mehr halten könnten, müssen also nicht verzagen und auf ihren – vielleicht einzigen – Hausgenossen verzichten, nur weil sie für die Kosten nicht mehr aufkommen können.

Der Staat ist nicht so unerbittlich, und die Mitmenschen, die etwas mehr Geld zur Verfügung haben, sind es auch nicht: Das alte Mütterchen mit seinem einzigen Lebensgefährten, das ein ohnehin trauriges Dasein fristet, muß seinen einzigen Kontakt zur Außenwelt nicht immer im Tierheim abliefern.

Dieses Kapitel ist ganz bewußt ziemlich unerbittlich geschrieben, einfach weil es darum geht, daß bei der Hundehaltung nicht die Interessen des Tierliebhabers im Vordergrund stehen, sondern insbesondere die der Allgemeinheit. Und in diesem Punkt kann der Gesetzgeber nicht nachsichtig sein und daher auch keine „wenn"- oder „oder"-Formulierungen zulassen.

Noch zu sagen ist unbedingt: Entweder man hält sich an die Vorschriften, die einem das Gesetz auferlegt, oder man tut es nicht. Tut er es nicht, muß der Halter des Tiers oder sein Beaufsichtiger mit strengen Maßnahmen der Gesetzeshüter rechnen: Es droht zumindest ein Bußgeld.

Der gefundene Hund

Auch ein Hund kann mal verlorengehen, denn zu seinem unberechenbaren Verhalten gehört es, einfach einmal abzuhauen oder sich – gewollt oder ungewollt – zu verlaufen.

Es war bisher schon die Rede von der ungeliebten Hundesteuer. Die Steuermarke hat aber sicher auch ihre guten Seiten, nämlich wenn es darum geht, ein Tier zu identifizieren, d. h. es seinem rechtmäßigen Besitzer zurückzugeben.

So wurde kürzlich ein Hund, der sich per U-Bahn selbständig gemacht hatte, in einem Außenbezirk von Frankfurt am Main gefunden. Aufgrund seiner Steuermarke konnte festgestellt werden, daß er in Oberursel im Taunus beheimatet war. Er wurde – wie es sich gehört – „amtlich dorthin überstellt". Dabei hatte der Halter nicht nur die Transportkosten zu tragen …

Zu beachten ist im Grunde nur folgendes: Wer einen Hund findet, aufgreift oder sonst an sich bringt, dessen Eigentümer oder Halter er nicht kennt, sollte das Tier zunächst einmal schön verpflegen und sodann beim Fundbüro melden. Wenn er den Hundehalter aufgrund eines Namensschildes am Halsband erkennen kann, muß er diesen sofort benachrichtigen. Als Finderlohn gibt es 3 % des Hundewertes; die Nebenkosten muß der Halter ebenfalls erstatten.

Der Schlußstrich

Dieses vorletzte Kapitel ist traurig, denn hier geht es darum, daß man von seinem geliebten Vierbeiner, der bis zu seinem Ende treu war, Abschied nehmen muß. Das Wort „Hundetreue" ist nicht nur ein Schlagwort – es sollte auch „Menschentreue" heißen können.

Normalerweise läßt man seinen Hund vom Tierarzt einschläfern – er gibt ihm eine Spritze, die direkt ins Herz führt. Um sich nicht der Gefahr der „Tierquälerei" auszusetzen, sollte man am besten diesen Weg gehen.

Die Antwort auf die Frage, wie man eine Tierleiche „beseitigt", ist im Grunde dem einzelnen überlassen. Man kann den Hund in seinem eigenen Garten begraben, wenn man das will und die Möglichkeit dazu hat. Dabei muß man aber beachten, daß man das Tier mindestens 50 cm tief begräbt. In einer Gegend mit Gewässerschutzgebot ist dies allerdings nicht erlaubt.

Auch auf einem Hundefriedhof – falls in der Nähe vorhanden – kann man sein Tier nach eigenen Vorstellungen begraben

Mit dem Hund unterwegs

Wer seinen Hund liebt, möchte sich nur ungern von ihm trennen. Im Falle einer Reise kann das jedoch zum Problem werden. Und da die meisten Menschen ab und zu einmal verreisen, kommt dann die Frage auf: mit oder ohne Hund?

Diese Frage ist im Grunde ganz einfach zu lösen: Von den entsprechenden Reisebüros holt man sich die Einreisebedingungen für das gewünschte Urlaubsland und verhält sich dementsprechend (siehe dazu auch den Kasten unten).

Ob das Tier nun in der U-, S- oder Bundesbahn mitfahren darf, hängt im wesentlichen von seiner Größe und seinem Betragen ab. Ein Schoßhund z. B. wird wohl überall geduldet, es sei denn, er entwickelt sich während der Fahrt zu einem Löwen. Größere Hunde kann man in öffentlichen Verkehrsmitteln durchaus mitnehmen, wenn man einen Fahrschein für das Tier löst. In der Bundesbahn stehen für Hunde spezielle Transportkörbe zur Verfügung.

Auf Flugreisen wird das Tier üblicherweise auch in einem Transportbehälter befördert – gegen Bezahlung natürlich.

Mit dem Hund über die Grenze

Land	Gesundheits-zeugnis	Tollwut-impfung	Quarantäne	Land	Gesundheits-zeugnis	Tollwut-impfung	Quarantäne
Ägypten	+	+	–	Italien	+	+	–
Algerien	+	+	–	Jugoslawien	+	+	–
Argentinien	+	+	–	Kanada	+	–	1 Monat
Australien	nicht erlaubt			Libanon	+	+	–
Belgien	–	+	–	Luxemburg	–	+	–
Brasilien	+	+	–	Marokko	–	+	–
Bulgarien	+	–	–	Mexiko	+	+	–
Bundesrepublik Deutschland	+	–	–	Niederlande	–	+	–
ČSSR	+	+	–	Norwegen**	+	+	4 Monate
Dänemark*	+	+	–	Österreich	+	+	–
DDR	+	+	–	Polen	+	+	–
Finnland**	+	+	4 Monate	Portugal	+	+	–
Frankreich	+	+	–	Rumänien	+	+	–
Gibraltar	+	+	6 Monate	Schweden	–	–	4 Monate
Griechenland	+	+	–	Schweiz	–	+	–
Großbritannien	+	+	6 Monate	Spanien	+	+	–
Hongkong	+	+	6 Monate	Südafrika	+	+	6 Monate
Irland	–	–	6 Monate	Tunesien	+	+	–
Israel	+	+	–	Türkei*	+	–	–
				UdSSR	nicht erlaubt		

* Das Land verlangt eine tierärztliche Untersuchung an der Grenze
** Das Land weist Hunde zurück, außer wenn eine Erlaubnis seines Landwirtschaftsministeriums vorliegt

Grundsätze des Tierschutzes

Der Grundsatz des Tierschutzes ist verankert im Paragraphen 1 des Tierschutzgesetzes. Danach heißt es ganz einfach und für jeden verständlich: „Dieses Gesetz dient dem Schutz des Lebens und Wohlbefindens des Tieres. Niemand darf einem Tier ohne vernünftigen Grund Schmerzen, Leiden oder Schäden zufügen."

Dies ist sehr schön gesagt und vom Gesetzgeber unmißverständlich vorgeschrieben. Nun wird aber leider tagtäglich in vielfältiger Art und Weise gegen dieses Gesetz verstoßen. Das fängt schon bei manchen „Tierfreunden" an: Sie kaufen aus einem plötzlichen Entschluß heraus ein Tier und haben sich vorher keinerlei Gedanken über die artgerechte Pflege und Unterbringung gemacht. Die Folge ist, daß viele Tiere sterben müssen, weil sie nicht richtig behandelt werden, oder – besonders in Urlaubszeiten – ihren Besitzern zur Last fallen und dann einfach ausgesetzt werden. Jeder wahre Tierfreund sollte sich also vor dem Kauf gründlich informieren und sich über alle Konsequenzen klarwerden, die die Tierhaltung mit sich bringt.

Es gibt jedoch auch unter den vielen seriösen Tierhändlern einige schwarze Schafe, die andauernd und auf vielfältige Art und Weise gegen das Tierschutzgesetz verstoßen, weil sie die Tiere nur als Ware und nicht als lebendige Wesen betrachten. Dort sollte ein Tierfreund nicht kaufen.

Die größte Empörung und die meisten Diskussionen haben jedoch die Tierversuche ausgelöst. Hier sind alle mitfühlenden Menschen aufgerufen, den unsinnigen und brutalen Leiden, die wir der Tierwelt zufügen, ein Ende zu setzen. Jeder sollte das Seinige dazu beitragen, daß unsere (Tier-)Welt nicht zugrunde geht.

Der Hund und das Recht in der Schweiz

Der Hund wird, obwohl er ein lebendiges Wesen ist, auch in der Schweiz als Sache qualifiziert und somit dem Sachenrecht, dem vierten Teil des ZGB, unterstellt.

Der Kauf des Hundes

Der Kauf des Hundes ist nach Schweizer Recht ein Rechtsgeschäft, dem ein Kaufvertrag zugrunde liegt, und damit eine Frage des Obligationenrechts. Weist der Hund nicht die vereinbarten Eigenschaften auf, so kann vom Schweizer Käufer die Sachmangelgewährleistung verlangt werden, die ihm auch ein Wandelungs- und Minderungsrecht einräumt. Dieser Anspruch ist in der Frist von einem Jahr nach Auslieferung des Hundes geltend zu machen. Wird Sachmangelgewährleistung im Kaufvertrag wegbedingt und dies vom Käufer bewußterweise akzeptiert, so ist dies gültig.

Der Hund in der Mietwohnung

Der Mietvertrag ist Ausgangspunkt der rechtlichen Situation des Hunde haltenden Mieters. Die gesetzlichen Bestimmungen im Mietwesen regeln die rechtliche Sphäre des Mieters nicht im besonderen. Schließt der Mietvertrag die Hundehaltung nicht aus oder erfordert er nicht eine Bewilligung des Vermieters, so gehört dieses zum vertragsgemäßen Gebrauch der Mietsache.

Die Tierhalterhaftpflicht OR 56

Die Tierhalterhaftpflicht hat die Rechtsnatur einer Kausalhaftpflicht mit Befreiungsbeweis. Die Sorgfalt, die nötig ist, um den Befreiungsbeweis zu erbringen, kann nur aufwenden, wer Gewalt über das Tier hat. Irrelevant ist das Eigentum am Tier, wobei der Eigentümer meist auch der Halter ist. Kommt es zum Schaden, so ist entscheidend, wer im Moment des Schadens Gewalt über das Tier hatte. Entweicht ein Hund, so geht die Gewalt des Halters nicht unter, solange nicht ein anderer ein neues Halterverhältnis begründet. Denn wenn der entwichene Hund einen Schaden verursacht, hängt dies mit seinem Entweichen und der vom Halter ausgeübten Sorgfalt zusammen. Die Halterschaft wechselt aber nicht, wenn der Hund für kurze Zeit einem Dritten überlassen wird. Der Dritte ist nur Hilfsperson des haftbaren Halters. Die Rechtsfigur der Hilfsperson ist von derjenigen der mehrfachen Halterschaft zu unterscheiden, wo derjenige zur Rechenschaft gezogen wird, der den Sorgfaltsbeweis nicht erbringen kann. Können sich beide Halter nicht befreien, so haften sie solidarisch.

Der Tierhalter kann sich durch den Beweis befreien, daß er alle den Umständen angemessene Sorgfalt angewendet hat, um einen Schaden abzuwenden, oder aber, wenn er beweist, daß der Schaden auch bei Anwendung aller Sorgfalt unvermeidbar gewesen wäre – d. h., die Unsorgfalt war dann keine Schadensursache. Bedient sich der Halter einer Hilfsperson und entsteht in dieser Zeit ein Schaden, so kann sich dieser nur befreien, wenn die Hilfsperson die gebotene Sorgfalt angewendet hat.

Auch in der Schweiz darf man sich eines angreifenden Hundes entledigen, ohne schadenersatzpflichtig zu werden. Der Hund ist privathaftpflichtversichert.

Krankheiten und Seuchen

Aus gleichen Überlegungen wie in der BRD stellt das schweizerische Tierseuchengesetz sogar noch höhere Anforderungen an den Tierhalter. Es schreibt eine allgemeine Impfpflicht vor wie auch ein der Seuche entsprechendes Verhalten. Verseuchte Tiere aber müssen immer abgetan werden.

Der Tierschutz in der Schweiz

Die Grundlage des Tierschutzes in der Schweiz bildet das Tierschutzgesetz und die darauf ergangene Verordnung. Der Hund ist ein Haustier und deshalb wie ein solches zu halten. Wenn der Hund nachts im Freien bleibt, muß er ein Hundehaus haben. Wird er angebunden, so darf kein Würgehalsband verwendet werden, und er muß einen Bewegungsspielraum von 20 m^2 haben. Hundehalter, die ihre Hunde in Räumen halten, sollen sie möglichst einmal am Tag an die frische Luft führen. Auch über das Ausbilden und Abrichten von Hunden gibt es genaue Vorschriften.

Die Hundequälerei wird strafrechtlich verfolgt. Die Tierhaltungsvorschriften gelten in der Schweiz auch für Versuchstiere.

Der Hund als Jagdtier

Grundsätzlich kann auf das im Text für die BRD Gesagte verwiesen werden. Förster sind im Notfall berechtigt, wildernde Hunde abzuschießen. (Das Wildern kann aber auch sehr hohe Bußen zur Folge haben.) Der Jagdberechtigte dagegen hat in der Schweiz kein Recht, einen Hund abzuschießen.

Die Hundemarke

Jeder Hund muß in der Schweiz eine Hundemarke tragen. Sie enthält sämtliche Angaben über den Hund, z. B. ein Gesundheitsattest des Tierarztes, den Namen des Halters und des Züchters. Die Marke muß in einer der drei Amtssprachen der Schweiz abgefaßt sein.

Die kynologischen Organisationen

Die Gründung des Deutschen Kartells für Hundewesen (DKH)

Die Jäger waren die ersten, welche die Bedeutung eines gut durchgezüchteten Hundes erkannten, der sich für bestimmte Aufgaben ausbilden ließ. In den ersten zwei Jahrzehnten des 19. Jahrhunderts betrieb man diese Zucht sehr intensiv in England, und in den fünfziger Jahren des vorigen Jahrhunderts wurde sie in Deutschland eingeführt. So sind die ältesten deutschen Rassehundzuchtvereine fast ausschließlich solche, die dem Jagdhund gewidmet sind.

1888 wurde der heute noch existierende Deutsche Teckelklub gegründet; ihm folgten 1889 der Deutsche Foxterrier-Klub, 1890 der Klub für kurzhaarige Vorstehhunde, 1893 der Griffon-Club, 1899 der Club für rauhhaarige Terrier und 1902 der Setter-Club. Diesen fünf Jagdhundvereinen schlossen sich noch der 1896 gegründete Barsoi-Club und der 1899 gegründete Verein für Deutsche Schäferhunde an.

Mit der Gründung des Deutschen Kartells für Hundewesen (DKH) im Jahr 1906 wurden die Rassehundzuchtvereine nun zu einem Verband zusammengeschlossen, der die Interessen der gesamten Hundezucht und Hundehaltung in Deutschland vertrat. Die Absicht war zunächst, lediglich sogenannte Jagd- und Nutzhunde im Kartell zusammenzufassen. Ein 1907 eingereichter Antrag des Vereins für Deutsche Spitze auf Mitgliedschaft wurde aus diesem Grund abgelehnt. Im selben Jahr trat der Jagdspaniel-Klub als achtes Mitglied dem Kartell bei.

Regionale Züchtervereinigungen hatte es in Deutschland bereits sehr viel früher gegeben. Schon 1859 gab es in Hannover einen Verein für Jagdhundeliebhaber, von dem noch Gründungsunterlagen existieren. Im allgemeinen wurden jedoch die Hunde auf sogenannten Jägerhöfen gehalten, wo kreuz und quer gezüchtet wurde. Ausschlaggebend war lediglich der reine Verwendungszweck des Hundes.

Erst mit der Gründung des Deutschen Teckelklubs im Jahr 1888 begann die systematische Aufzeichnung der Zuchtergebnisse. Die äußere Beschreibung des Zuchtzieles, der sogenannte Standard, wurde schriftlich fixiert und galt überall in Deutschland als Kriterium für die Beurteilung der jeweiligen Rasse. Nach einer wesentlichen Bestimmung des Deutschen Kartells für Hundewesen (DKH) mußte dieser Standard beim Kartell hinterlegt

werden. Man wollte damit verhindern, daß Ausstellungsrichter, die von einem bestimmten Zuchtverein eingesetzt worden waren, eine den Wünschen des Zuchtvereins entsprechende Beurteilung abgaben.

In der Satzung des Kartells wurde u. a. folgendes festgelegt:
gegenseitige Anerkennung der Ausstellungs-, Schauen- und Suchenergebnisse;
gegenseitige Anerkennung der herausgegebenen Stammbücher und der damit in Verbindung stehenden Ahnentafeln;
strengste Beachtung der Listen der wegen Zuchtvergehens ausgeschlossenen Personen;
Respektierung der eingetragenen Zwingernamen;
Nichtaufnahme bzw. Ausschluß gewerbsmäßiger Hundehändler.

Im Jahr 1908 konnten nach einer Änderung der Satzung der Boxer-Klub, der St. Bernhards-Klub, der Bulldog-Klub und der Dobermann-Verein – also Zuchtvereine, die nicht mit der Betreuung von Jagd- und Nutzhunden befaßt waren – Mitglied werden. Ein Jahr vorher hatte der Collie-Club bei seinem Antrag auf Aufnahme noch den Nachweis erbringen müssen, daß der Collie als Sanitätshund angesehen werden könne und vom Schäferhund abstamme.

1909 umfaßte das Kartell bereits 16 stammbuchführende Spezialclubs mit insgesamt 12 000 Mitgliedern.

Fédération Cynologique Internationale (F.C.I.)

Nicht nur in England und Deutschland bildeten sich in diesen Jahren Zuchtvereine und Dachverbände, sondern auch in Belgien, Holland, Frankreich, der Schweiz und Österreich entstanden große Organisationen. Als Ergebnis von Gesprächen zwischen führenden Vertretern der Länder wurde 1912 die Fédération Cynologique Internationale (F.C.I.) in Belgien gegründet. Man kam u. a. überein, die jeweiligen Standards, die von allen Mitgliedsländern zu beachten waren, hier zu hinterlegen. Ferner durfte jeweils nur das Ursprungsland der Rasse eine Standardänderung vornehmen. Um auch den Züchter vor Ausnutzung seines bekannten Zwingernamens zu schützen, mußte ebenfalls jeder Zwinger bei der F.C.I. angemeldet werden; damit war eine Doppelvergabe in einem F.C.I.-Mitgliedsland ausgeschlossen.

Es wurden ebenfalls zu dieser Zeit zwei neue, international anerkannte Titel, der Internationale Schönheits-Champion und der Internationale Arbeits-Champion, geschaffen. Beide Titel konnten nur bei einer gewissen Zahl von Anwartschaften durch die F.C.I. verliehen werden, eine Bestimmung, die sich neben der Hinterlegung des Standards bis heute gehalten hat.

Leider ist inzwischen der internationale Zwingerschutz durchbrochen. In Deutschland liegt die Zuchtbuchhoheit nicht beim Dachverband, sondern bei dem für die jeweilige Rasse zuständigen Zuchtverein. Es ist also jetzt durchaus möglich, daß zwei Züchter verschiedener Hunderassen denselben Zwingernamen verwenden.

Ein international durchgeführtes Zuchtwesen war nur möglich, wenn der von einem Land für eine Rasse aufgestellte Standard genau beachtet wurde. Dies zu überwachen ist Aufgabe der F.C.I., die heute inzwischen aus 36 ordentlichen und 13 assoziierten Mitgliedern besteht.

Einmal im Jahr hält die F.C.I. in einem Mitgliedsland ihre Generalversammlung ab, die jeweils mit einer Weltausstellung der Rassehunde verbunden ist. Diese Ausstellungen haben sich im Lauf der Jahre zu den bedeutendsten kynologischen Ereignissen der Welt entwickelt. Bei der vom Verband für das Deutsche Hundewesen organisierten Zuchtschau, die 1981 in Dortmund stattfand, waren 8900 Rassehunde aus 21 Ländern und 220 verschiedene Hunderassen gemeldet. Während der vier Tage dauernden Veranstaltung besuchten fast 100000 Menschen die Ausstellungshallen.

Der Verband für das Deutsche Hundewesen (VDH)

Bei Kriegsende wurde 1945 das gesamte Vereinswesen in Deutschland verboten. Der Verein für Deutsche Schäferhunde, der bereits vor dem Krieg in Augsburg eine hauptamtlich geführte Geschäftsstelle unterhalten und von dort aus den mitgliederstärksten Rassehundzuchtverein der Welt betreut hatte, konnte jedoch trotz der Wirren der Nachkriegszeit bereits um die Jahreswende 1945/46 wieder Kontakte mit einzelnen führenden Vereinen und Vereinsvorsitzenden aufnehmen. Anfang 1946 wurde der Landesverband Nord/Rheinland für Hundewesen gegründet, am 6. Juli 1946 der Landesverband Westfalen. Mit Unterstützung der hundeliebenden englischen Besatzungsmacht fing man sofort an, Ausstellungen zu organisieren, und in Köln, Dortmund und Bielefeld fanden schon 1947 wieder Zuchtschauen mit einer überraschend großen Beteiligung statt.

Im Lauf des Jahres 1946 wurde auch den Vereinen in der amerikanischen und in der französischen Besatzungszone der Zusammenschluß erlaubt. Die Gründung einer Nachfolgeorganisation des Deutschen Kartells für Hundewesen konnte also vorangetrieben werden.

Auf einer Generalversammlung, die am 6. März 1948 in Schwetzingen stattfand, gründeten die sechs Landesverbände und 21 Vertreter von Rassehundzuchtvereinen die Arbeitsgemeinschaft der Landesverbände des Hundewesens unter dem Vorsitz von Friedrich Wichmann; als Sitz der Geschäftsstelle wurde Dortmund bestimmt. Der Geschäftsführer Otto Borner erhielt den Auftrag, eine Verbandszeitschrift vorzubereiten, die den Namen *Unser Rassehund* erhielt. Die erste Ausgabe dieser heute noch bestehenden Zeitschrift erschien bereits am 6. November 1948.

Nach der Gründung der Bundesrepublik Deutschland 1949 wurden die noch bestehenden Einschränkungen des Vereinswesens aufgehoben. Jetzt konnte eine arbeitsfähige Dachorganisation für das gesamte Hundezucht- und -ausstellungswesen der Bundesrepublik Deutschland gegründet werden. Die konstituierende Sitzung fand am 11. Juni 1949 in Dortmund statt. Das Deutsche Kartell für Hundewesen war im Jahr 1933 in den Reichsverband für das Deutsche Hundewesen umbenannt und das gesamte Hundewesen bei Ausbruch des Zweiten Weltkriegs der SS unterstellt worden. Der nun neu gegründete Verband bezeichnete sich als rechtmäßiger Nachfolger des Deutschen Kartells für Hundewesen und erhielt den Namen Verband für das Deutsche Hundewesen e. V. Dortmund.

Bei der Übernahme des Kartells durch die SS im Jahr 1940 war auch die Mitgliedschaft in der F.C.I. gekündigt worden. Für den Vorstand des VDH war es nun eine vordringliche Aufgabe, internationale Kontakte wieder aufzunehmen, und Ende 1950 konnte der Beitrittsvertrag zur F.C.I. unterzeichnet werden. Mit großem Engagement setzten sich alle Beteiligten ein, um das Zucht- und Ausstellungswesen wieder auf den Vorkriegsstand zu bringen.

Neben der Rassehundzucht wurde bei den dafür zuständigen Vereinen die Arbeit mit dem Gebrauchshund, die mit den Schutzhundprüfungen I, II und III abschließt, sehr stark gefördert. Teilnahmeberechtigt an solchen Prüfungen waren folgende von der F.C.I. und vom VDH anerkannten Gebrauchshunderassen: Deutscher Schäferhund, Deutscher Boxer, Rottweiler, Dobermann, Riesenschnauzer und Airedale Terrier; später kamen noch die Rassen Hovawart und Bouvier hinzu. Für die Ausbildung der Hunde wurde dem Hundeführer das VDH-Hundeführer-Sportabzeichen verliehen, das im Jahr 1955 gestiftet wurde und das es in fünf verschiedenen Abstufungen gab. Prüfungsgrundlage ist die vom VDH geschaffene VDH-Prüfungsordnung, die später in ihren wesentlichen Teilen von der F.C.I. und als sogenannte Internationale Prüfungsordnung

Förderung der Jagd- und Gebrauchshunderassen sowie Koordinierung von Prüfungsordnungen für die Abrichtung von Schutz- und Dienst-Gebrauchshunderassen;
Förderung des Tierschutzes;
Führung des Deutschen Sammelzuchtbuches.

Die im Verband zusammengeschlossenen Zuchtvereine haben das Recht, ein eigenes Zuchtbuch zu führen und damit eigene Ahnentafeln auszustellen. Für die Zuchtvereine, die kein Zuchtbuch führen, wird beim VDH das sogenannte Deutsche Sammelzuchtbuch geführt. Erstrebenswert ist die Herausgabe einer einheitlichen Ahnentafel, und viele der Mitgliedsvereine haben sich inzwischen diesen Gedanken zu eigen gemacht. Das vom VDH herausgegebene Dokument wird in allen Mitgliedsländern der F.C.I. als verbindlich anerkannt.

Aus der angegebenen Zuchtbuchnummer muß hervorgehen, in welchem F.C.I.-Mitgliedsland die Eintragung erfolgte. Die Buchstaben VDH vor der Zuchtbuchnummer zeigen beispielsweise an, daß die Nummer in der Bundesrepublik Deutschland nachprüfbar ist. Ein in Japan eingetragener Hund erhält die Vorbuchstaben JKC (Japan-Kennel-Club), in Dänemark DKK (Dansk-Kennel-Klub) und in den Niederlanden NHSB (Niederländisches Hundestammbuch). Als rasserein gelten nur Hunde, bei denen mindestens drei Generationen (also Eltern, Großeltern und Urgroßeltern) in einem von der F.C.I. anerkannten Zuchtbuch nachgewiesen werden können. Fehlt ein solcher Hinweis auf der Ahnentafel, ergeben sich automatisch Rückfragen im Herkunftsland des Hundes. Rückfragen in der Bundesrepublik erübrigen sich. Wenn die vereinseigenen Ahnentafeln mit dem Hund ins Ausland gehen und dort bei einer F.C.I.-Organisation eingetragen werden sollen, müssen sie mit einer vom VDH ausgestellten Anerkennung für das Ausland ausgestattet sein.

In der VDH-Hauptgeschäftsstelle in Dortmund wird durch eine Terminschutzstelle das gesamte Ausstellungs- und Prüfungswesen in der Bundesrepublik überwacht. So wird sichergestellt, daß jede Ausstellung nach der VDH-Zuchtschauordnung und jede Prüfung nach der VDH-Prüfungsordnung durchgeführt wird. Eine Überschneidung von mehreren Terminen, die den ordnungsgemäßen Ablauf beeinträchtigen würde, ist ausgeschlossen.

Mit einem sehr großen Arbeitsaufwand wird die Welpenvermittlung betrieben. Aus der gesamten Bundesrepublik gehen Anfragen ein, die hauptsächlich die Rassenwahl betreffen und die gründlich beantwortet werden. Die Nachfragen nach Welpen werden an die für die Rasse zuständigen Vereine weitergeleitet, die dann Kontakte mit Züchtern vermitteln, die ihnen bekannt sind.

Der VDH betreut in der Bundesrepublik

von allen F.C.I.-Mitgliedsländern übernommen wurde.

Neben dem Verein für Deutsche Schäferhunde und den zuständigen Vereinen Boxer-Klub, Allgemeiner Deutscher Rottweiler-Klub, Dobermann-Verein, Klub für Terrier und Pinscher-Schnauzer-Klub sowie Rassezuchtverein für Hovawart-Hunde und Deutscher Bouvier-Club erwarben sich auf diesem Gebiet der Deutsche Verband der Gebrauchshundsportvereine und die Vereinigung der Landesverbände der Deutschen Gebrauchshundsportvereine besondere Verdienste. Diese schlossen sich 1977 zum Deutschen Hundesportverband zusammen, der heute mit fast 80 000 Mitgliedern die größte Vereinigung ist, die sich ausschließlich mit der Gebrauchshundearbeit befaßt.

Der VDH hat sich u. a. folgende Hauptaufgaben gestellt, die auf die Aufgaben zurückgehen, die bereits in der Satzung des Kartells fixiert waren:
Zusammenschließung sämtlicher Rassezuchtvereine und Gebrauchshundverbände;
Vertretung der gemeinsamen Interessen der Mitgliederorganisationen gegenüber allen Bundes- und Landesbehörden sowie allen in- und ausländischen kynologischen Fachorganisationen;
Erstattung von Gutachten durch besondere Sachverständige;
Austausch wissenschaftlicher Erfahrungen und züchterischer Erkenntnisse auf dem Gebiet des Hundewesens mit allen Körperschaften und Organisationen des In- und Auslandes;
Förderung und Regulierung der internationalen Ausstellungen durch eine Terminschutzstelle;

Deutschland rund 500000 Hundebesitzer und -züchter, die wiederum Mitglieder in den 72 VDH-Mitgliedervereinen und -verbänden sind. Somit ist der VDH der größte Zusammenschluß von kynologisch Interessierten der Welt.

Als Ausdruck des Danks für langjährige Treue und tatkräftige Mitarbeit im Verein stiftete der VDH-Vorstand bereits im Jahr 1955 die VDH-Ehrennadel, die es in vier Abstufungen gibt. Die VDH-Ehrennadel in Silber kann nach fünfjähriger Mitgliedschaft, die VDH-Ehrennadel in Gold nach 15jähriger und die VDH-Ehrennadel in Gold mit Kreuz nach 25jähriger Zugehörigkeit verliehen werden. Die Ehrennadel Echt Gold mit Kreuz und Brillant ist die höchste Auszeichnung, die verliehen werden kann. Sie darf jeweils nur von zehn lebenden Personen, die sich über viele Jahrzehnte höchste Verdienste in der Kynologie und im Vereinsleben erworben haben, getragen werden.

Die 1948 erstmals herausgegebene Zeitschrift *Unser Rassehund* erscheint monatlich mit einem Umfang von 96 Seiten und einer Auflage von zur Zeit 30000 Exemplaren. Sie ist das offizielle Mitteilungsorgan des Verbandes und weiterer 34 VDH-Mitgliedsvereine. Außerdem noch bringen die großen VDH-Mitgliedsvereine monatlich eigene Vereinszeitschriften heraus.

Im Frühjahr jeden Jahres führt der VDH die Europasieger-Zuchtschau, im Herbst die Bundessieger-Zuchtschau durch. Beide Ausstellungen finden in Dortmund statt. Sie haben sich zu den bedeutendsten kynologischen Veranstaltungen der Welt entwickelt. Die Europasieger-Zuchtschau wird regelmäßig von rund 4000 Hunden, die Bundessie-

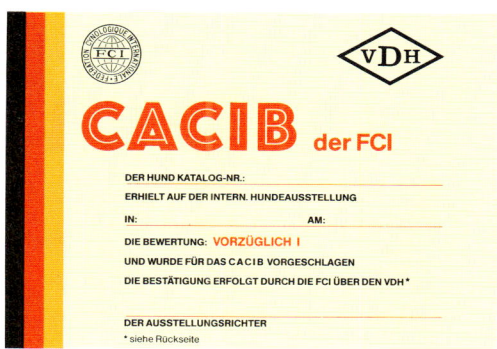

ger-Zuchtschau von rund 5000 Hunden besucht.

Die Hunde, nach Geschlecht getrennt, werden in folgenden Klassen ausgestellt:
Jüngstenklasse (6–9 Monate)
Jugendklasse (9–18 Monate)
offene Klasse (ab 15 Monate)
Gebrauchshundklasse (der Nachweis einer mit Erfolg abgelegten Schutzhundprüfung muß erbracht werden)
Siegerklasse (der Hund muß einen von der F.C.I. anerkannten Siegertitel errungen haben, z. B. Internationaler Champion, Nationaler Champion oder VDH-Champion).
Es gibt auch noch die Ehrenklasse, in der Hunde ausgestellt werden können, die mindestens acht Jahre alt sind und einen der oben genannten drei Titel besitzen.

Die Hunde werden von einem international anerkannten Richter bewertet, der vor seiner Richterzulassung mindestens fünf Anwartschaften absolviert und sich anschließend vor dem Richterausschuß einer sehr strengen Prüfung unterzogen haben muß. Die Beurteilung des Hundes erfolgt nach dem bei

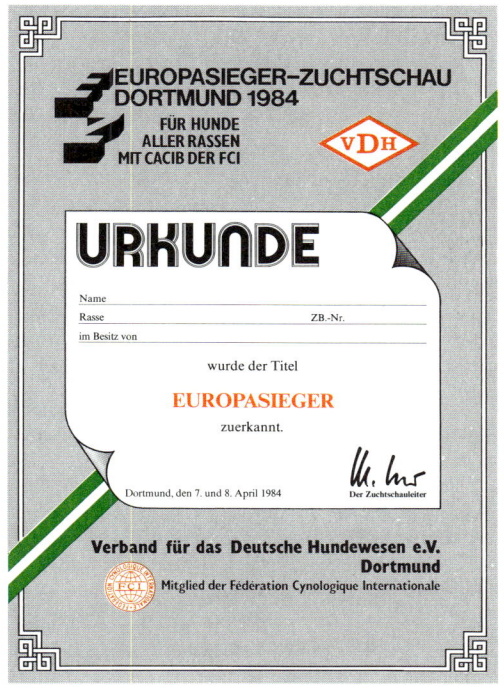

der F.C.I. hinterlegten Standard, den der Richter selbstverständlich genau kennen muß. Ein Hund, der diesem Standard sehr nahekommt, kann mit der Bewertung „vorzüglich" ausgezeichnet werden; bei Abweichungen gibt es dann die Bewertungen „sehr gut", „gut" und „genügend". Die vier besten Hunde der jeweiligen Klasse werden plaziert, sofern sie die Bewertung „vorzüglich" oder „sehr gut" erhalten haben.

Für die Bewertung muß beispielsweise die Vollzähligkeit der Zähne oder die Beschaffenheit des Kiefers geprüft werden. Wenn die Rasse laut Standard ein Scherengebiß haben muß, der zur Bewertung anstehende Hund jedoch ein Zangengebiß hat, wird die Bewertung um eine Stufe herabgesetzt. Ebenfalls ist bei vielen Rassen die Widerristhöhe genau vorgeschrieben. Weicht sie von den vorgegebenen Werten ab, ist ebenfalls eine Bewertungsminderung erforderlich.

Die für die Ausstellung ausgeschriebenen Titel und Titelanwartschaften werden auch vom Richter nach eigenem Ermessen vergeben. Selbst einem mit der Bewertung „vorzüglich 1" ausgezeichneten Hund kann der Richter beispielsweise das CACIB (die Anwartschaft auf das Internationale Schönheitschampionat) oder den Titel Bundessieger verweigern.

Vergeben werden jeweils der Europasieger- bzw. der Bundessiegertitel. Für die Junghunde bis zum Alter von 18 Monaten wird der entsprechende Jugendsiegertitel vergeben. Internationale Zuchtschauen – und dazu gehören diese beiden Ausstellungen – werden von der F.C.I. genehmigt, die damit auch die Anwartschaft auf den Titel Internationaler Schönheitschampion in Konkurrenz stellt. Diese Anwartschaft, das sogenannte CACIB (Certificat d'aptitude au championat international de beauté), muß vor der Zuerkennung durch die F.C.I. von einem Hund mindestens

Der Ausstellungsrichter prüft, ob der Hund dem Standard entspricht

Das richtige Verhalten auf der Ausstellung muß sowohl vom Herrn als auch vom Hund genau geübt werden

viermal in drei verschiedenen Ländern unter drei verschiedenen Richtern errungen worden sein. Zwischen der ersten und der letzten Anwartschaft muß ein Zwischenraum von zwölf Monaten liegen.

Ausschließlich auf Zuchtschauen in der Bundesrepublik wird die Anwartschaft auf den Titel VDH-Champion vergeben. Dieser vom VDH verliehene Titel benötigt ebenfalls vier Anwartschaften mit einem Zwischenraum von mindestens zwölf Monaten.

Der ursprüngliche Sinn der Zuchtschauen liegt darin, dem passionierten Züchter einen Überblick über das gute Zuchtmaterial seiner Rasse zu verschaffen. Das Beurteilungsergebnis ist allerdings nur ein Teil der Zuchtzulassung, da auf dieser Schau lediglich das äußere Erscheinungsbild des Hundes bewertet werden kann. Zur späteren Zuchtzulassungsprüfung, die von den einzelnen Vereinen durchgeführt wird, gehört darüber hinaus als entscheidender Teil der sogenannte Wesenstest. Wesensschwache Tiere, auch wenn sie in jeder anderen Hinsicht absolut reinrassig sind, sollen nicht in der Zucht Verwendung finden.

Neben diesen beiden Großveranstaltungen werden in der Bundesrepublik weitere zehn bis zwölf CACIB-Ausstellungen pro Jahr durchgeführt. In der Regel werden rund 2000 Hunde pro Ausstellung gemeldet. Neben der großen Bedeutung für den Züchter darf die Bedeutung für den potentiellen Hundekäufer nicht vergessen werden, der sich auf diesen Ausstellungen mit der Vielzahl der in der Bundesrepublik gehaltenen Hunderassen vertraut machen kann. Gespräche mit Züchtern und Hundebesitzern, die auf der Ausstellung ihre Hunde vorführen, bringen dem noch unschlüssigen Interessenten wertvolle Informationen, die ihm bei seiner Wahl der Rasse behilflich sind.

Rassehunde nach Gruppen

Die Fédération Cynologique Internationale (F. C. I.) hat alle bekannten Hunderassen in vier Kategorien (Schäfer-, Wach-, Dienst- und Gebrauchshunde; Jagdhunde; Begleithunde; Windhunde) und diese wiederum in folgende zehn Gruppen eingeteilt:

1. Gruppe: Schäferhunde
mit Arbeitsprüfung

Belgien
  Grœnendael
  Laekenois
  Malinois
  Tervueren
Bundesrepublik Deutschland
  Deutscher Schäferhund
Franco-Belgien
  Bouvier des Flandres
Frankreich
  Berger de Beauce
  Berger de Brie
  Berger des Pyrénées
  Berger Picard
  Pyrenäenberghund (Chien de Montagne des Pyrénées)

ohne Arbeitsprüfung

Australien
  Australian Kelpie
Großbritannien
  Bearded Collie
  Collie Rough (Rauhhaar)
  Old English Sheepdog (Bobtail)
  Sheltie (Shetland Sheepdog)
  Welsh Corgi Cardigan
  Welsh Corgi Pembroke
Italien
  Bergamasker
  Maremmenhund
Jugoslawien
  Jugoslovenski Ovcarski Pes Sarplanine
  Kraski Ovcar
Niederlande
  Hollandse Herdershond (Kurzhaar, Rauhhaar und Langhaar)
Norwegen
  Schapendoes
  Norsk Buhund
Polen
  Owczarek Podhalanski
  Polski Owczarek Nizinny/Pon
Schweden
  Lapphund
  Västgötaspets
Tschechoslowakei
  Slovensky Cuvac
Ungarn
  Komondor
  Kuvasz
  Mudi
  Puli
  Pumi

2. Gruppe: Wach-, Schutz- und Gebrauchshunde
mit Arbeitsprüfung

Bundesrepublik Deutschland
  Boxer
  Dobermann
  Hovawart
  Riesenschnauzer
  Rottweiler

ohne Arbeitsprüfung

Brasilien
  Fila Brasileiro
Bundesrepublik Deutschland
  Deutsche Dogge
  Großspitz
  Leonberger
  Pinscher
  Schnauzer
  Wolfsspitz
Frankreich
  Bordeauxdogge
Großbritannien
  Bulldog
  Bullmastiff
  Mastiff
Israel
  Canaan Dog
Italien
  Mastino Napoletano
Japan
  Akita Inu
Kanada
  Neufundländer
Nordische Länder
  Grönlandhund
  Landseer
  Samojede
Schweden
  Norrbottenspets
Schweiz
  Appenzeller Sennenhund
  Berner Sennenhund
  Bernhardiner
  Entlebucher Sennenhund
  Großer Schweizer Sennenhund
Tibet
  Tibetan Mastiff
USA
  Alaskan Malamute
  Siberian Husky

3. Gruppe: Terrier
mit Arbeitsprüfung

Bundesrepublik Deutschland
  Deutscher Jagdterrier
Großbritannien
  Airedale Terrier
  Fox Terrier (Drahthaar)
  Lakeland Terrier

ohne Arbeitsprüfung

Australien
  Australian Terrier
  Silky Terrier
Großbritannien
  Bedlington Terrier
  Border Terrier
  Bull Terrier
  Cairn Terrier
  Dandie Dinmont Terrier
  Irish Terrier
  Kerry Blue Terrier
  Manchester Terrier
  Norfolk Terrier
  Norwich Terrier
  Scottish Terrier
  Sealyham Terrier
  Skye Terrier
  Soft-coated Wheaten Terrier
  Staffordshire Bull Terrier
  Welsh Terrier
  West Highland White Terrier
Tschechoslowakei
  Cesky Terrier

4. Gruppe: Deutsche Dachshunde (Teckel)
mit Arbeitsprüfung

Bundesrepublik Deutschland
  Kurzhaarteckel
  Langhaarteckel
  Rauhhaarteckel
  Kurzhaar-Zwergteckel
  Langhaar-Zwergteckel
  Rauhhaar-Zwergteckel
  Kurzhaar-Kaninchenteckel
  Langhaar-Kaninchenteckel
  Rauhhaar-Kaninchenteckel

5. Gruppe: Laufhunde für Hochwild
mit Arbeitsprüfung

Belgien
  Hubertushund (Bloodhound)
Bundesrepublik Deutschland
  Bayerischer Gebirgsschweißhund
  Hannoverscher Schweißhund
Frankreich
  Grand Bleu de Gascogne
  Grand Gascon-Santongeois
  Grand Griffon Vendéen
Großbritannien
  Foxhound
Polen
  Polski Ogar

ohne Arbeitsprüfung

Argentinien
  Dogo Argentino
Norwegen
  Gråhund

6. Gruppe: Laufhunde für Niederwild
mit Arbeitsprüfung

Bundesrepublik Deutschland
  Deutscher Wachtelhund
  Deutsche Bracke
  Sauerländer Dachsbracke
Frankreich
  Basset Artésien-Normand
  Basset Bleu de Gascogne
  Basset Fauve de Bretagne
  Basset Griffon Vendéen
  Beagle Harrier
  Briquet Griffon Vendéen
  Griffon Bleu de Gascogne
  Griffon Fauve de Bretagne
  Petit Bleu de Gascogne
  Petit Gascon-Santongeois
  Porcelaine

Großbritannien
  Beagle
  Harrier
  Otterhound
Norwegen
  Dunker
Österreich
  Alpenländische Dachsbracke
  Brandlbracke
  Steirische Rauhhaar-Hoch-
    gebirgsbracke
  Tiroler Bracke
Schweiz
  Berner Laufhund
  Jura-Laufhund, Typ Bruno
  Jura-Laufhund, Typ St. Hubert
  Luzerner Laufhund
  Schweizer Laufhund
  Berner Niederlaufhund, Glatt-
    haar
  Berner Niederlaufhund, Rauh-
    haar
  Jura-Niederlaufhund
  Luzerner Niederlaufhund
  Schweizer Niederlaufhund
USA/Großbritannien
  Basset Hound

ohne Arbeitsprüfung

Norwegen
  Lundehund
Spanien
  Podenco Ibicenco
Republik Südafrika
  Basenji
  Rhodesian Ridgeback

7. Gruppe: Vorstehhunde (ohne britische Hunde)
mit Arbeitsprüfung

Bundesrepublik Deutschland
  Deutsch-Drahthaar
  Deutsch-Kurzhaar
  Deutsch-Langhaar
  Deutsch-Stichelhaar
  Großer Münsterländer
  Kleiner Münsterländer Vor-
    stehhund
  Pudelpointer
  Weimaraner
Frankreich
  Epagneul Breton

Italien
  Bracco Italiano
Niederlande
  Drentse Patrijshond
  Staby-Hond
  Wetterhond
Ungarn
  Magyar Vizsla, Drahthaar
  Magyar Vizsla, Kurzhaar

8. Gruppe: Jagdhunde britischer Rasse
mit Arbeitsprüfung

Großbritannien
  Pointer
  Curly-coated Retriever
  Flat-coated Retriever
  Golden Retriever
  Labrador Retriever
  English Setter
  Gordon Setter
  Irish Setter
  Cocker Spaniel
  Clumber Spaniel
  English Springer Spaniel
  Field Spaniel
  Irish Water Spaniel
  Sussex Spaniel
  Welsh Springer Spaniel

ohne Arbeitsprüfung

USA
  American Cocker

9. Gruppe: Haushunde
Belgien
  Griffon Belge
  Griffon Bruxellois
  Petit Brabançon
Bundesrepublik Deutschland
  Affenpinscher
  Deutscher Kleinspitz
  Deutscher Mittelspitz
  Deutscher Zwergspitz
  Eurasier
  Kromfohrländer
  Zwergpinscher
  Zwergschnauzer
China
  Chow-Chow
  Pekingese

Franco-Belgien
  Bichon
  Papillon
  Phalène
Frankreich
  Französische Bulldogge
  Petit Chien Lion
  Pudel
Großbritannien
  Boston Terrier
  Cavalier King Charles Spaniel
  Chinese Crested Dog
  English Toy Terrier
  King Charles Spaniel
  Yorkshire Terrier
Italien
  Bologneser
  Malteser
Japan
  Japan Chin
Jugoslawien
  Dalmatiner
Mexiko
  Chihuahua
  Xoloitzcuintle
Tibet
  Lhasa Apso
  Shih-Tzu
  Tibet Spaniel
  Tibet Terrier
Verschiedene
  Mops

10. Gruppe: Windhunde
Großbritannien
  Deerhound
  Greyhound
  Irish Wolfhound
  Whippet
Iran
  Saluki
Italien
  Piccolo Levriero Italiano
Marokko
  Sloughi
Spanien
  Galgo Español
UdSSR
  Barsoi
Ungarn
  Magyar Agar
Verschiedene
  Pharaonenhund

Mitglieder der Fédération Cynologique Internationale (F. C. I.)

Europa
Vollmitglieder

Belgien
  Union Royale Cynologique
  Saint Hubert
  Avenue de l'Armée 25
  B-1040 Brüssel
Bundesrepublik Deutschland
  Verband für das Deutsche
  Hundewesen
  Hoher Wall 20
  Postfach 1390
  D-4600 Dortmund 1
Dänemark
  Dansk Kennelklub

Parkvej 1 – Jersie Strand
DK-2680 Solrød Strand
Finnland
  Suomen – Kennelliitto
  Finska Kennelklubben
  Bulevardi 14/a
  SF-Helsinki 12
Frankreich
  Société Centrale Canine pour
  l'Amélioration des Races de
  Chiens en France
  Rue Saint-Denis 215
  F-75093 Paris Cedex 02
Italien
  Ente Nazionale della Cinofilia
  Italiana

Viale Premuda 21
I-20129 Mailand
Jugoslawien
  Kynologische Vereinigung der
  Sozialistischen Föderativen
  Republik Jugoslawien
  Ulica Alekse Nenadovica
  19–23, YU-11000 Belgrad
Luxemburg
  Union Cynologique
  Saint-Hubert du Grand-
  Duché de Luxembourg
  22 boulevard Pierre Dupont
  L-1730 Luxemburg
Monaco
  Société Canine de Monaco

Avenue d'Ostende
Palais des Congrès
MC-Monte-Carlo
Niederlande
Raad van Beheer op Kynolo-
gisch
Gebied in Nederland
Postbus 5901
NL-1007 A. X. Amsterdam Z.
Norwegen
Norsk Kennel Club
Teglverksgt 8, Rodeløkka
Postboks 6598
N-Oslo 5
Österreich
Österreichischer Kynologen-
verband
Loidoldgasse 1/9
A-1080 Wien
Polen
Zwiazek Kynologiczny W
Polsce
Nowy-Swiat 35
PL-00-029 Warschau
Portugal
Clube Portugues de
Canicultura
Praça D. Joao da Camara 4,
3 – Esq.
P-1200 Lissabon
Schweden
Svenska Kennelklubben
Norrbyvägen 30
Box 11043
S-161 11 Bromma
Schweiz
Schweizerische Kynologische
Gesellschaft
Postfach 2307
CH-3001 Bern I Facher
Spanien
Real Sociedad Central de
Fomento de las Razas Caninas
en España
Los Madrazo 20–26
E-Madrid 14
Tschechoslowakei
Federalni Vybor Mysliveckych
Svazu
Husova 7
CS-11525 Prag I
Ungarn
Magyar Ebtenyésztök
Orszagos Egyesülete
Fadrusz Utca 11/a
H-1114 Budapest

Nichtvollmitglieder

Bulgarien
Republikanische Kynologi-
sche Vereinigung beim
Zentralrat der bulgarischen
Jäger- und Fischer-Union
31–33 Boul Vitocha
BG-1000 Sofia
Großbritannien
Kennel Club
1–4 Clarges Street, Piccadilly
GB-London WIY 8 AB
Island
Hundaraektarfelag Islands
Icelandic Kennel Club
P. O. Box 73
210-Garoabae

Lateinamerika und Karibik
Vollmitglieder
Argentinien
Federación Cinologica
Argentina
Av. Cordoba 1785
1055-Buenos Aires
Brasilien
Confederacao do Brasil
Kennel Clube
Rua Debret 23, Conj. 1308/10
20030-Rio de Janeiro
Chile
Kennel Club de Chile
Casilla 1704
Valparaiso
Dominikanische Republik
Federación Canina
Dominicana
Ave. Winston Churchill Nr. 75
Edif. Martinez. APto. 304
Apartado postal 402
Santo Domingo, R. D.
Ecuador
Asociación Canina
Ecuatoriana
P. O. Box 8322 Sucursal 8
Quito
Kolumbien
Club Canino Colombiano
Carrera 5 A/108-A-24
Bogota D. E.
Mexiko
Federación Canofila Mexicana
Malaga No. 44 Sur Col.
Mixcoac Insurgentes
Mexico 19 D. F.
Panama
Club Canino de Panama
Apartado 6 – 4791 El Dorado
Panama
Paraguay
Paraguay Kennel Club
Edif. Mirasoles-Milano y 14
de mayo
Torre 1 Piso 2 Dpto. El
Asunción
Peru
Kennel Club Peruano
Avenida Larco 656 OF C.
Piso 6
Miraflores
PE-Lima
Puerto Rico
Federación Canofila de Puerto
Rico
(Borinquen Kennel Club, Inc.)
P. O. Box 13898
Santurce Station
Santurce
Uruguay
Kennel Club Uruguayo
Avenida Uruguay 864
Montevideo
Venezuela
Federación Canina de
Venezuela
Apartado 88665
Caracas 1080 – A

Nichtvollmitglieder

Costa Rica
Asociación Canofila
Costarricense
Apartado 2725
San José

Guatemala
Federación Canofila
Guatemalteca
Edificio Plaza del Sol Calle
Calle Montufar zona 9
Local 410
Guatemala

Asien
Vollmitglieder

Israel
Israel Kennel Club
P. O. Box 1015
52109 Ramat Gan
Japan
Japan Kennel Club
1–5 Kanda, Suda-Cho,
Chiyoda-Ku
Tokyo

Nichtvollmitglieder

Bahrain
Kennel Club of Bahrain
P. O. Box 28555
Bahrain
Hongkong
Hongkong Kennel Club
Stanley Street, 28/B
Hongkong
Indien
Kennel Club of India
17 Nukathal Street
Madras 600-007
Indonesien
Perkumpulan Kynulogi
Indonesia
Kantor Pusat: Jl. Tinju No. 338
Senayan Jakarta
Korea
Korean Canine Registration
Association
Bokwang Bldg. 3 F,
136, Nack Won-Gong
Yong Ro-Ku
Seoul
Pakistan
The Kennel Club of Pakistan
179 Khayaban – I – Iqbal
Shalimar 7
Islamabad
Philippinen
Philippine Canine Club
P. O. Box 649
Greenhill Post Office 3113
Philippinen
Singapur
Singapore Kennel Club
Suite 12–02, 12th Floor
Bukit Timah Shopping Centre
170, Upper Bukit Timah Road
Singapur 2158

Afrika
Vollmitglieder

Marokko
Société Centrale Canine
Marocaine
Boîte postale 78
Rabat

Nichtvollmitglieder

Republik Südafrika
Kennel Union of Southern
Africa
P. O. Box 11280
Vlaeberg 8018

Landesverbände des Verbandes für das Deutsche Hundewesen (VDH)

LV Baden-Württemberg
Dr. Hugo Gehring
Hinter Lehen 4
7031 Döffingen-Kapellenberg
LV Bayern
Hans Wiblishauser
Ludwigstr. 23
8011 Pliening
LV Berlin
Lothar Buhrke
Scheelestr. 51
1000 Berlin 45
LV Franken-Oberpfalz
Egon Erdenbrecher
Pfälzer Str. 2
8503 Altdorf bei Nürnberg

LV Hessen
Werner Jäger
Hohemarkstr. 18
6000 Frankfurt 50
LV Niedersachsen
Jochen Flemming
Lange Brink 8
3014 Laatzen
LV Nord
Martin Hagge
Friedrich-Frank-Bogen 27 a
2050 Hamburg 80
LV Nordrhein
Horst Kellermann
Gewerbeschulstr. 97
5600 Wuppertal 2

LV Rheinland-Pfalz
Helmut Schmid
Kugelfangstr. 13
6707 Schifferstadt/Pfalz
LV Saar
Hans-Erwin Neisens
Uhlandstr. 2
6601 Heusweiler
LV Weser-Ems
Konrad Krückeberg
Kirchweg 138
2841 Lembruch
LV Westfalen
Werner Steinhausen
Harpener Hellweg 545
4600 Dortmund 72

Deutsche Zuchtvereine für Rassehunde

Akita-Club von
Deutschland e.V.
Gerd-Lutz Lammers
Erlenkamp 26
4700 Hamm 6
Allgemeiner Chow-Chow-
Club e.V.
Hans-Reinhard Schuder
Hauptstr. 16
3068 Helpsen-Südhorsten
Allgemeiner Club für Englische
Bulldogs e.V.
Dr. Ulrich L. Schäfer
Horster Str. 139
4050 Mönchengladbach 2
Allgemeiner Deutscher
Rottweiler-Klub e.V.
Willi Faußner
Jakob-Sturm-Weg 4
8000 München 50
Allgemeiner Klub für Polnische
Hunderassen e.V.
Antje Neugebauer
Ilsensteinweg 71
1000 Berlin 38
Basenji-Klub
Deutschland e.V.
Berta Burkert
Zuccalistr. 13
8000 München 19
Basset-Hound-Club von
Deutschland e.V.
Werner Steinhausen
Harpener Hellweg 545
4600 Dortmund 72
Beagle-Club
Deutschland e.V.
Wolfgang Ellissen
Im Neugrabener Dorf 80
2104 Hamburg 92
Boxer-Klub e.V.
Günter Karg
Bahnhofstr. 40
7113 Neuenstein
Bull-Terrier-Club 1980 e.V.
Dr. Dieter Fleig
Haus Alemannentrutz
5531 Mürlenbach

Club Berger des Pyrénées e.V.
Josef Müller
Markusstr. 5
4180 Goch 1
Club für Bouvier des
Flandres e.V.
Hans Dieter Mühl
Borker Str. 279
4355 Waltrop
Club für Bretonische
Vorstehhunde (Epagneul
Breton) e.V.
Friedrich Fährmann
Foßsölen 5
2000 Hamburg 67
Club für Britische
Hütehunde e.V.
Hans-Erwin Neisens
Uhlandstr. 2
6601 Heusweiler
Club für exotische
Rassehunde e.V.
Joachim Weinberg
Emmetal 6
2107 Rosengarten 5
Club für französische
Hirtenhunde e.V.
Manfred Posselt
Büschen 34
4054 Nettetal 2
Club für Molosser e.V.
Walt Weisse
Vagantenhof-Schönberg
8195 Egling-Deining
Deutscher Bouvier-Club von
1977 e.V.
Franz-Josef Bals
Eulswaag 7
5650 Solingen 1
Deutscher Bracken-Club e.V.
Dr. Erich Junker
Hardtweg 15
5960 Olpe/Biggesee
Deutscher Brackenverein e.V.
Hermann Hanawitsch
Höllentalstr. 56
8100 Garmisch-Partenkirchen

Deutscher Club für
Bullterrier e.V.
Gerhard Hoff
Albrecht-Dürer-Ring 11 d
6710 Frankenthal
Deutscher Club für Leonberger
Hunde e.V.
Robert Beutelspacher
Lenauweg 3
7250 Leonberg
Deutscher Club für Nordische
Hunde e.V.
Siegfried Schiemann
Franziskanerstr. 16/1302
8000 München 80
Deutscher Dalmatiner-Club e.V.
Erhardt Schuster
Seefeld 15
8131 Berg
Deutscher Doggen-Club e.V.
Winfried Nouc
Buchenhof
5106 Roetgen
Deutscher Dogo-Argentino-
Club e.V.
Günter Walze
Hainersweg 3
6321 Brauerschwend
Deutscher Foxterrier-
Verband e.V.
H. Menkel
Birkenstr. 13
7014 Kornwestheim
Deutscher
Hundesportverband e.V.
Max Sutter
Mörikestr. 7
7272 Altensteig-Spielberg
Deutscher Jagdterrier-Club e.V.
Adolf Schorn
Wollbeckerstr. 7
4401 Sendenhorst 2
Deutscher Klub
für Belgische Schäferhunde e.V.
Josef Schaller
Wiesenstr. 22
7981 Berg-Ravensburg

Deutscher Landseer-Club e.V.
Dr. Hans Matenaar
An der Perlenhardt 1 e
5330 Königswinter 41
Deutscher Neufundländer-
Klub e.V.
Dr. Günter Lippke
Hauptstr. 2
3041 Wietzendorf
Deutscher Pointer-Club e.V.
Karl Wolf
Borntor 2
3575 Kirchhain
Deutscher Pudel-Klub e.V.
H. C. Andresen
Weseler Weg 4
2000 Hamburg 70
Deutscher Retriever-Club e.V.
Dr. Christoph Engelhardt
In der Feige 22
4352 Herten
Deutscher Sloughi-Club e.V.
Gisela Masurat-Walden
Winterbergstr. 91
4933 Blomberg
Deutscher Teckelklub e.V.
Dr. Wolfgang Muno
Am Buchenring 29
6078 Zeppelinheim
Deutscher Tibet-Terrier-
Verein e.V.
Manfred Boese
Dörperhöhe 74 f
5630 Remscheid 11
Deutscher Windhundzucht- und
Rennverband e.V.
Prof. Dr. Helmut Quaritsch
Otterstadter Weg 139
6720 Speyer
1. Deutscher Yorkshire-Terrier-
Club e.V.
Dr. Bernd Lindemeyer
Kaiser-Friedrich-Str. 13
5300 Bonn
Deutsch-Kurzhaar-Verband e.V.
Claus Kiefer
Germersheimer Str. 148
6725 Römerberg-Berghausen
Deutsch Langhaar Verband
Heinrich Merx
Poststr. 1
6490 Schlüchtern
Dobermann-Verein e.V.
Hans Wiblishauser
Ludwigstr. 23
8011 Pliening
English-Setter-Club
Deutschland e.V.
Dr. Toni Averbeck
Verdistr. 15
4440 Rheine
Eurasier-Klub e.V.
Peter Hase
Keplerstr. 78
5205 St. Augustin 3
Gordon-Setter-Club
Deutschland e.V.
Peter Schierke
Kreuzstr. 23
4535 Westerkappeln
Griffon-Club e.V.
Franz Kröninger
Türkenstr. 26
8000 München 2
Internationaler Boxer-Club e.V.
Günter Bernshausen
Schlehdornstr. 2
5910 Kreuztal

Internationaler Club für Japan-
Chin, Peking-Palasthunde und
Toy-Spaniel e.V.
Herbert Heß
Sulzbacher Str. 90
7156 Wüstenrot-Neulautern
Internationaler Klub für
Französische Bulldoggen e.V.
Alexander Prinz von Ratibor
und Corvey
Schloß Unterriexingen
7145 Markgröningen
Internationaler Klub für
tibetische Hunderassen e.V.
Hans-Joachim Bracksieck
Am Schiffberge 3 a
4800 Bielefeld 1
Irish-Setter-Club
Deutschland e.V.
Peter Meuthen
Am Telegraf 26
5090 Leverkusen
Jagdgebrauchshundverband e.V.
Heinrich Uhde
Amtsgericht
3167 Burgdorf bei Hannover
Jagdspaniel-Klub e.V.
Harry Hinckeldeyn
Altengammer Elbdeich 150
2050 Hamburg 80
Jugoslawischer Hirtenhund-Club
der BRD e.V.
Günther Rauschenbach
Altenburgweg 1
3584 Zwesten 3
Kaukasischer Owtscharka-
Club e.V.
Dr. Klaus Umbreit
Ehrenfeldgürtel 78
5000 Köln 30
Klub für Bayerische Gebirgs-
schweißhunde e.V.
Ott Ruppert
Mühlgasse 5
8131 Berg am Starnberger See
Klub für Kanaan-Hunde in
Deutschland e.V.
Rachel Hinze
Clarenbachstr. 202
5000 Köln 41
Klub für Terrier e.V.
Herbert Stein
Dachauer Str. 30
8066 Bergkirchen-Feldgeding
Klub für Ungarische
Hirtenhunde e.V.
Dr. Dietmar Friedrich
Baldersheimer Weg 16
1000 Berlin 47
Kynologische Zuchtgemein-
schaft e.V. (Eurasier)
Elfriede Wipfel
Leberstr. 9
6940 Weinheim
Pinscher-Schnauzer-Klub e.V.
Heinz Höller
Behringstr. 26
5110 Alsdorf
Podenco Ibicenco Club
Deutschland e.V.
Bernd Nowak
Wormser Str. 36
7100 Heilbronn-Kirchhausen
Rassezuchtverein für
Hovawart-Hunde e.V.
Günter Mendl
Merkurstr. 11
7000 Stuttgart 80

Rassezuchtverein für
Kromfohrländer e.V.
Helmut Koschnicke
Antareshof 6
3008 Garbsen
Rhodesian-Ridgeback-Club
Deutschland e.V.
Peter Hohl
Hetzwege 32
2723 Scheeßel
Saint Hubert Bloodhound-Club
von Deutschland e.V.
Siegfried Peter
Mommsenstr. 70
1000 Berlin 12
Schweizer Sennenhund-Verein
für Deutschland e.V.
Rudolf Ertl
Hirschstr. 30
7032 Sindelfingen
Spezialclub für Tibet-Terrier und
Lhasa-Apso e.V.
Michael Kohl
Schnacke-Busch-Str. 10
5106 Roetgen-Mul.
St.-Bernhards-Klub e.V.
Otmar Kuttenkeuler
Heideweg 36
5063 Overath 3
Verband der Pudelfreunde
Deutschland e.V.
Margit Ebinger
Obere Lindenstr. 8
2055 Wohltorf
Verband Deutscher
Kleinhundezüchter e.V.
Hans-Hartwig Gessner
Holsteinischer Kamp 12
2000 Hamburg 76
Verband Große Münsterländer e.V.
Hermann Kreiensiek
Apothekerstr. 11
4802 Halle/Westfalen
Verband Kleine Münsterländer
Vorstehhunde e.V.
Emmo Schröder
Dackmarer Esch 10
4410 Warendorf
Verein Dachsbracke e.V.
Josef Stangl
Ludwig-Thoma-Str. 13
8213 Aschau im Chiemgau
Verein Deutsch Drahthaar e.V.
Paul Kühne
Gartenstr. 13
3352 Einbeck
Verein Deutsch Stichelhaar e.V.
Rudolf Dittrich
Tom-Brook-Str. 14
2960 Aurich 1
Verein für Deutsche
Schäferhunde e.V.
RA Hermann Martin
Postfach 1326
6806 Viernheim
Verein für Deutsche Spitze e.V.
Bernhard Unruh
Am Birnbaum 47
6200 Wiesbaden
Verein für Deutsche
Wachtelhunde e.V.
Siegfried Sassenhagen
3106 Eschede-Weyhausen
Verein für französische
Laufhunde e.V.
Dr. Wolfram Heinrich
Lacherstr. 62
5650 Solingen 1

Verein für Pointer und
Setter e.V.
 Reinhard Baum
 Buchenweg 20
 2085 Quickborn
Verein für ungarische
Vorstehhunde e.V.
 Hans Wolfgang Ritter von
 Bleyle

Im Sonnenfang 6
7022 Leinfelden-Musberg
Verein Hirschmann zur Zucht
und Führung des Hannover-
schen Schweißhundes e.V.
 Dr. Georg Volquardts
 Bahnhofstr. 16
 2370 Osterrönfeld/
 Rendsburg

Verein Pudelpointer e.V.
 Rüdiger Bethke
 Tonstr. 73
 4971 Hüllhorst
Weimaraner-Klub e.V.
 Josef Erbacher
 Forstamt
 Dettenhäuser Str. 20
 7039 Weil im Schönbuch

Schweizer Zuchtvereine für Rassehunde

Schweizerischer Airedale-
Terrier-Club
 Emmy Steiner
 Emil-Frey-Str. 95
 4142 Münchenstein
Schweizerischer Club für
Appenzeller Sennenhunde
 Dr. med. vet. Hermann Neff
 Dorf 177
 9056 Gais AR
Klub für ausländische
Hirtenhunde
 Philipp U. Weber
 Sommerwaid 22
 6362 Stansstad
Balearenhunde-Klub der
Schweiz
 Kurt Steiger
 Klausstraße 46
 8008 Zürich
Basset- und Bloodhound-Club
der Schweiz
 René Fegblé
 Lettenstraße 19
 8321 Madetswil
Beagle-Club der Schweiz
 Dr. med. vet. Christian Caprez
 8485 Theilingen
Schweizerischer Bearded-Collie-
Club
 Johannes Bryner
 Kirchweg 25
 5415 Nußbaumen
Club Suisse des Amis du
Beauceron
 Bernard Oberson
 Rte. des Pralettes 11
 1723 Marly
Schweizerischer Klub des
Belgischen Schäferhundes
 Xaver Bläsi
 Erlenweg 23
 4500 Solothurn
Club Suisse du Berger des
Pyrénées
 Ariane Faucillon-Vaucher
 Sägemattstraße 92
 3098 Köniz
Klub für Berner Sennenhunde
 Eva Walliser
 Hegenstraße 1
 3360 Herzogenbuchsee
Schweizerischer St.-Bernhards-
Club
 Hans Jost
 4932 Rütschelen
Bobtail-Club der Schweiz
 Daniel Bill
 Zürcherstraße 54
 8953 Dietikon

Schweizerischer Boxer-Club
 Martin Plüss
 Alpenstraße 46
 3073 Gümlingen
Schweizerischer Briard-Club
 Sebastian Stuppan
 Tgavadeira
 7451 Cunter GR
Bullterrier-Klub der Schweiz
 W. Schaer
 Breitenstraße 12
 8152 Oberglatt
Schweizerischer
Chow-Chow-Club
 Dr. med. vet. Anton Rothmayr
 Binderstraße 49
 8702 Zollikon
Schweizerischer Collie-Club
 H.-R. Christen
 Im Buck 320
 8165 Schöfflisdorf
Schweizerischer
Dachshund-Club
 Werner Aschmann
 Breitacher 772
 8634 Hombrechtikon
Schweizer Dalmatiner-Club
 Otto Rauch
 Uerkenweg 49
 5036 Oberentfelden
Schweizer Club für
Deutsche Doggen
 Walter Meyer
 Bergstraße 28
 5452 Oberrohrdorf
Schweizerischer
Schäferhund-Club
 Ed. Hofmann
 Sonnau
 8810 Horgen
Dobermann-Verein der
Schweiz
 H. P. Wyssmann
 Ringweg 13
 3303 Jegenstorf
Schweizer Club für English
Bulldogs
 Dr. Franz Scheibler
 Wülfingerstraße 190
 8408 Winterthur
Schweizerischer Club für
Entlebucher Sennenhunde
 Vreni Siegenthaler
 Stauffenfeld
 3399 Oschwand
Club Suisse de l'Epagneul
Breton
 Iva Ganz
 Wilen
 6311 Finstersee

Schweizerischer Klub für
Flanderische Treibhunde
 Marlyse Berger
 Chenil Albion
 1349 Penthaz
Schweizerischer Foxterrier-Club
 Albert E. Mahler
 Tennmoosstr. 28
 8044 Gockhausen
Schweizerischer Klub für
Französische Bulldoggen
 Max Borner
 Carl-Spitteler-Straße 4
 4142 Münchenstein
Klub für Große Schweizer
Sennenhunde
 Alfred Kobelt
 Steingrubenweg 12
 4125 Riehen
Schweizerischer Hovawart-Club
 Dr. med. F. Michot
 4336 Kaisten
Schweizerischer Klub für
Deutsche Jagdterrier
 Karl Schuhmacher
 Thalgutstraße 55
 3114 Wichtrach
Kromfohrländer-Club der
Schweiz
 Prof. Dr. Clive C. Kuenzle
 Biberlinstraße 43
 8032 Zürich
Schweizerischer Laufhund-Club
 E. Hornauer-Schwarz
 Wachtelweg 5
 7000 Chur
Schweizerischer
Leonberger-Club
 Silvan Rudolf von Rohr
 Industriestraße 217
 4554 Etziken
Club Suisse du Chien de
Montagne des Pyrénées
 Georges Cordey
 25, avenue de Morges
 1004 Lausanne
Schweizerischer Klub für
Kleine Münsterländer
Vorstehhunde
 Roman Höliner
 Blümlimattweg 3
 3600 Thun
Schweizerischer Neufundländer-
Klub
 Th. Veraguth
 3400 Burgdorf
Schweizerischer
Niederlaufhund-Club
 Theo Heizmann
 8308 Mesikon-Agasul

Schweizerischer Klub für
nordische Hunde
  Ernst Müller-Ruoff
  Redlikon
  8712 Stäfa
Schweizerischer Papillon-Club
  Dieter Janser
  Seestraße 33 a
  3600 Thun
Schweizerischer Club für
Peking-Palasthunde
  Mme M. L. Oberson
  Antiquaire
  1041 Oulens s. Echallens
Schweizerischer Pudel-Club
  Ingrid Werhonig
  Wildparkstraße 253
  4656 Wil-Starrkirch
Rhodesian-Ridgeback-Club der
Schweiz
  Hans Müller
  Gotthelfstraße 20 a
  8472 Seuzach
Schweizerischer
Riesenschnauzer-Club
  Erwin Bandi
  Seestraße 56
  3700 Spiez
Schweizerischer
Rottweilerhunde-Club
  Guido Räber
  Bergstraße 1
  5610 Wohlen
Schweizerischer Club für
Schnauzer und Pinscher
  Walter Ulmer
  Spychertenstr. 32
  3652 Hilterfingen
Schweizerischer
Schweißhund-Club
  Roland Perret
  Farbstraße 7
  9326 Horn TG

Setter- und Pointer-Club der
Schweiz
  Ferdinando Bianda
  Via Locarno 32
  6616 Losone
Schweizerischer Shetland-
Sheepdog-Club
  Erich Spörri
  Blumenstraße 65
  8500 Frauenfeld
Spaniel-Club der Schweiz
  P. Bieri
  Lätti
  3053 Münchenbuchsee
Schweizerischer Spitzerclub
  R. Christoffel
  Im Schibler 13
  8162 Steinmaur
Schweizerischer Springer-
Spaniel- und
Retriever-Club
  Bruno Wolfensberger
  Forrenbergstraße 33
  8472 Seuzach
Schweizerischer Club für
Terrier
  Xander E. Hehl
  5424 Unterehrendingen
Magyar-Vizsla-Club
der Schweiz
  Matthias Gallin
  Paul-Brandt-Str. 48
  9000 St. Gallen
Schweizerischer Vorstehhund-
Club
  H. R. Graf
  Sunnehalde 325
  8165 Schöfflisdorf
Schweizer Club für Deutsche
Wachtelhunde
  Werner Weckert
  Dübendorfstraße 309
  8051 Zürich

Club Suisse du Welsh Corgi
  Maria Fricker-Pfister
  Lützelmattstr. 14
  6006 Luzern
Schweizerischer Windhund-
Club
  Peter Fahrlaender
  Thesenacher 30
  8126 Zumikon
Schweizerischer Windhund-
Rennverein
  Heinz Gut
  Waldburgweg 30
  8125 Zollikerberg
Windhundrennverein
Kleindöttingen
  Hansruedi Wanner
  In der Pünt 4
  8307 Tagelswangen
Windhundsportverein Bern
  Ernst Wyler
  Geissberg 16
  4900 Langenthal
Société Lémanique des courses
de Lévriers
  Maguy Charles
  41 i, rte d'Amilly
  1226 Thônex
Associazione Ticinese per le
Corse dei Levrieri
  Urs Woodtly
  Via Sasso Grande 32
  6512 Guibiasco
Schweizerischer Zwerghunde-
Club
  Josef Dangel
  Gerg-Baumberger-Weg 28
  8055 Zürich

Fachausdrücke

Diese alphabetische Aufstellung kynologischer Bezeichnungen kann aus Platz-
gründen nicht vollständig sein, doch sie enthält solche Fachausdrücke, die entweder im Buch gebraucht werden oder aber allgemein wichtig sind.

A

Abnabeln
Die Trennung des neugeborenen Welpen von der
Mutter. Der Nabelstrang wird in der Regel vom
Muttertier durchtrennt. In Ausnahmefällen schnei-
det der Züchter den Nabelstrang bis auf einen
Stumpf von 1,5 cm ab. Die Mutter verzehrt norma-
lerweise die Nachgeburt.

Abrichtung
Ein Gebrauchshund muß, um Prüfungen zu bestehen, in der Jugend abgerichtet werden. Abrich-
tungszweige sind die Schutzhundeausbildung, die
in den Prüfungen SchH I–III gipfelt, zum verkehrs-
sicheren Begleithund, zum Jagdhund und zum
Wachhund.

Abzahnen
Der Junghund wechselt in der Regel zwischen dem
4. und 5. Monat das Milchgebiß; in dieser Zeit
braucht er besonders kalkreiche Nahrung. Etwa
nach dem 9. Monat ist das bleibende Gebiß fertig
ausgebildet.

Afterdrüsen
Zwei erbsengroße, mit einem stark riechenden
Sekret angefüllte Drüsen am After. Durch Afterrutschen versuchen die Hunde, diese Drüsen zu
entleeren.

Afterklaue
Eine in der Regel an der Innenfläche des vorde-
ren Mittelfußes vorkommende verkümmerte erste
Zehe. Sie wird in vielen Fällen unter Anästhesie
vom Tierarzt amputiert. (Wird auch Afterkralle und
Afterzehe genannt.)

Afterrutschen
Auch „Schlittenfahren" genanntes Umherrutschen
eines Hundes auf dem After als Folge eines Juckrei-
zes bei Analbeutelerkrankungen oder Wurmbefall
sowie bei vollen Afterdrüsen.

Ahnentafel
Gilt in den Mitgliedsländern des internationalen
Dachverbandes der Hundezüchter und -besitzer
(Fédération Cynologique Internationale, abgekürzt
F.C.I.) als offizieller Abstammungsnachweis des
Rassehundes. Sie muß auf vorgedrucktem Form-
blatt erfolgen und vom Zuchtbuchführer und vom
Züchter unterschrieben werden. In der Bundesrepublik werden Ahnentafeln vom Deutschen Sammelzuchtbuch, das beim Verband für das Deutsche
Hundewesen (VDH) in Dortmund geführt wird,
oder von den Rassehundzuchtvereinen, die Mitglieder des VDH sind, ausgestellt. Nur diese Ahnentafeln werden international von der F.C.I. anerkannt.

Allround-Richter
Ein auf Rassehundzuchtschauen tätiger Bewerter,
der international die Erlaubnis hat, alle anerkannten Hunderassen zu richten.

Anerkannte Rassen
Maßgebend für die Anerkennung der Hunderassen
ist die Eintragung in das Standard-Register bei der
F.C.I., der eine langjährige Prüfung durch die Stan-
dard- und Wissenschaftliche Kommission dieser
Organisation vorausgeht. Zur Zeit (1984) werden
weltweit 320 verschiedene Rassen anerkannt, davon gibt es 220 in Europa und etwa 180 in der
Bundesrepublik Deutschland.

Angst
Durch schlechte Aufzucht ohne menschlichen
Kontakt ängstlich gewordene Hunde beißen leicht
aus Angst um sich, wenn sie beispielsweise in die
Enge getrieben werden und nicht fliehen können.
Diese wesensschwachen Hunde werden grundsätz-
lich nach der Zuchtordnung des Verbandes für das
Deutsche Hundewesen (VDH) von der Zucht aus-
geschlossen.

Ankörung
Ein angekörter Hund ist ein Zuchthund, der als
besonders wertvoll für die Verbreitung seiner Rasse
angesehen wird.

Apportieren
Heranbringen eines Gegenstandes auf Befehl.

Ausdrucksmittel
Kampfbereitschaft wird angezeigt durch Zähnefletschen, Hochziehen der Lefzen, Spitzen der Ohren
oder Aufstellen der Rute. Angst zeigt sich durch
Einziehen der Rute unter den Bauch oder Zurücklegen der Ohren. Unterwerfung wird angedeutet
durch das Liegen auf dem Rücken, wobei dem Gegner die ungeschützte Kehle dargeboten wird. Das
Wedeln mit der Rute zeigt Freude und Freundlichkeit.

Ausstellungswesen
In der Bundesrepublik Deutschland werden im
Jahr 12–15 große internationale Rassehundzuchtschauen und mehrere hundert Spezialzuchtschau-
en vom Verband für das Deutsche Hundewesen
(VDH) geschützt. Auf einer internationalen Zuchtschau, zu der 4000–5000 Rassehunde (Bundessieger-Zuchtschau und Europasieger-Zuchtschau
in Dortmund) aus allen europäischen Ländern
kommen, sind alle mit einer von der F.C.I. anerkannten Ahnentafel ausgestatteten Hunde zugelassen. Auf einer Spezialzuchtschau werden lediglich
Hunde einer speziellen Rasse vorgestellt. Ein vom
VDH herausgegebenes Ausstellungsreglement regelt das Verfahren. Die Hunde werden, getrennt
nach Geschlechtern, in verschiedenen Klassen dem
Richter vorgestellt:

1. Jüngstenklasse (6–9 Monate alt)

2. Jugendklasse (9–18 Monate alt)

3. Offene Klasse (ab 15 Monate)

4. Gebrauchshundeklasse (mit anerkanntem Ab-
richtekennzeichen)

5. Siegerklasse (mit anerkanntem Siegertitel)
Vergeben werden folgende Wertnoten:

Vorzüglich
Sehr gut
Gut
Genügend

Die vier besten Hunde jeder Klasse, die die Bewertung „Vorzüglich" oder „Sehr gut" erhalten haben, werden plaziert; der Richter kann den besten der mit „Vorzüglich I" bewerteten Hunde vorschlagen für die Anwartschaft auf den Titel „Internationaler Schönheits-Champion" (CACIB) und für die Anwartschaft auf den Titel „VDH-Champion" (VDH-ChA).

B

Bastard
Nachkomme von Eltern verschiedener Rassen.

Behang
Die herabhängenden Ohren der Hunde.

Beißhemmung
Das Liegen auf dem Rücken, wobei dem Gegner die ungeschützte Kehle dargeboten wird, veranlaßt den anderen Hund, nicht zu beißen.

Best in Show
Auf den Rassehundzuchtschauen internationaler Art wird aus den zehn Gruppensiegern der schönste Hund der Ausstellung von einem Allgemeinrichter ausgesucht.

Bewegung
Jeder Hund braucht täglich Auslauf im Freien, der je nach Rasse wenigstens zwischen 30 Minuten und zwei Stunden dauern sollte. Windhunde sollten täglich mehrere Kilometer laufen können.

Bißwunden
Wegen der damit verbundenen Infektionsgefahr, hervorgerufen z. B. durch verweste Futterreste zwischen den Zähnen des Hundes, ist grundsätzlich ein Arzt hinzuzuziehen. Eine Tetanusimpfung sollte in jedem Fall vorgenommen werden. Nach einem Biß durch ein tollwutverdächtiges Tier ist die Veterinärbehörde zu informieren.

C

CAC
Certificat au Championat: Anwartschaft auf den nationalen Siegertitel.

CACIB
Certificat d'Aptitude au Championat International de Beauté: Anwartschaft auf den internationalen Siegertitel Schönheit.

CACIT
Certificat d'Aptitude au Championat International de Travail: Anwartschaft auf den internationalen Siegertitel Arbeit.

Canis lupus
Die lateinische Bezeichnung für den Wolf und seine Abarten. Bezeichnung für den Haushund: *Canis familiaris*.

Cruft, Charles
Nach ihm ist die Cruft's Dog Show, die größte alljährlich im Februar in England stattfindende Hundeausstellung, auf der etwa 10 000 Hunde zu sehen sind, benannt. Seine erste Ausstellung führte er im Jahre 1886 durch.

D

Darmparasiten
Neben Bandwürmern treten besonders Spulwürmer auf; sie werden in fast allen Fällen von der Mutter auf den Welpen übertragen. Während der ersten acht Lebenswochen sollten beim Welpen zwei Wurmbehandlungen vorgenommen werden.

Deckgeld
Steht dem Besitzer des Deckrüden für die Überlassung des Rüden zum Decken zu. Zu empfehlen ist eine schriftliche Abmachung für den Deckakt über die Höhe des Deckgeldes; in der Regel hat der Rüdenbesitzer das Recht der zweiten Welpenwahl (die erste Wahl liegt beim Besitzer der Hündin).

Deckschein
Eine vom Rüdenbesitzer unterschriebene Bestätigung eines erfolgreichen Deckaktes; sie muß vom Besitzer der Hündin für die Eintragung des Wurfes der Zuchtbuchstelle des Vereins eingereicht werden.

Dissidenz
Der Verband für das Deutsche Hundewesen (VDH) sieht Rassehundzuchtvereine, die einer anderen Dachorganisation angehören, als Dissidenten (Außenstehende) an. Ahnentafeln, die von solchen Organisationen ausgestellt werden, erkennt der VDH nicht an, da die darin gemachten Eintragungen in einem von der F.C.I. anerkannten Zuchtbuch nicht nachgewiesen werden können.

E

Ektropium
Krankhafte Auswärtsstülpung des Lidrandes.

Entropium
Einstülpung des Lidrandes, die Hornhautentzündungen verursachen kann.

Exkremente
Der Hundehalter sollte bei Spaziergängen einen Aufnahmebeutel mit sich führen, mit dem er die Exkremente seines Hundes vom Bürgersteig entfernen kann.

F

Fang
Schnauze des Hundes.

Faß
Befehl des Hundeführers an den Hund, den Gegner festzuhalten.

Faßbeinig
O-beinige Stellung der Hinterhand des Hundes, gilt als Fehler bei der Bewertung.

F.C.I.
Siehe Fédération Cynologique Internationale.

Fédération Cynologique Internationale (F.C.I.)
Internationaler Dachverband der Hundezüchter und -besitzer. Die F.C.I. wurde 1912 gegründet, der Sitz ist in Thuin in Belgien. Sie nimmt als Mitglied jeweils nur die führende kynologische Organisation eines Landes auf, zur Zeit vertritt sie 49 Länder der Erde. Die F.C.I. muß internationale Rassehundzuchtschauen, auf denen das CACIB vergeben wird, genehmigen. Den Titel „Internationaler Champion" sowohl für Schönheit als auch für Arbeit vergibt sie. Sie führt einmal im Jahr in einem Mitgliedsland eine Generalversammlung durch, mit der jeweils eine Weltausstellung der Rassehunde verbunden ist. Die Anschriften der F.C.I.-Mitgliedsländer sind am Ende des Buches aufgeführt.

Feldarbeit
Bei den Jagdhundrassen unterscheidet man neben der Feldarbeit die Wald- und die Wasserarbeit.

Formbewertung
Voraussetzung für die Zuchtzulassung der Rassehunde; sie wird vorgenommen auf internationalen und Spezialzuchtschauen durch eigens dafür ausgebildete Formwertrichter.

Freifolgen
Durch das Kommando „bei Fuß" wird der Hund veranlaßt, links am Bein seines Herrn ohne Leine zu gehen.

G

Gangarten
Der Hund bewegt sich auf verschiedene Weise fort, man bezeichnet die Gangarten als „Schritt", „Trab", „Paß" und „Galopp" (siehe Seite 315).

Gebiß
Das Gebiß des Hundes besteht aus 42 Zähnen, die als Schneidezähne (Incisivi), Fangzähne (Canini), vordere Backenzähne (Prämolaren) und hintere Backenzähne (Molaren) bezeichnet werden. In der Gebißstellung unterscheidet man das Scherengebiß, das Zangengebiß, den Vorbiß und den Unterbiß.

Gebrauchshunde
Der Verband für das Deutsche Hundewesen (VDH) hat folgende Rassen als Gebrauchshunde anerkannt: Deutscher Schäferhund, Deutscher Boxer, Dobermann, Rottweiler, Hovawart, Riesenschnauzer, Bouvier des Flandres und Airedale Terrier.

Gehör
Der Hund hat einen besser ausgebildeten Gehörsinn als der Mensch. Er rangiert beim Hund an zweiter Stelle nach dem Geruchssinn.

Gehorsam
Muß dem Hundewelpen frühzeitig beigebracht

werden, da sonst ein enges Zusammenleben zwischen Mensch und Hund nicht möglich ist. Ein Welpe lernt sehr schnell, stubenrein zu sein, Gegenstände oder Nahrungsmittel, die er im Fang hält, auszulassen, auf Zuruf zum Herrn zu kommen oder bei Fuß zu gehen – ein ausgewachsener Hund hat damit große Mühe.

Genotyp
Gesamtheit der Erbanlagen eines Lebewesens.

Geruchssinn
Stärkster Sinn des Hundes. Beim Menschen ist die Fläche der Riechschleimhaut 5 cm² groß, beim Hund 160 cm².

Gesäuge
Die sechs bis zwölf Milchdrüsen der Hündin sind funktionell mit den Geschlechtsorganen verbunden. Auch bei Scheinschwangerschaften kann es zum Milchaustritt kommen.

H

Hals geben
Kommt aus der Jägersprache für Bellen.

Hängen
Bei der Vereinigung des Rüden mit der Hündin verursacht der Schwellkörper im Penis eine feste Verankerung mit der Scheide, das Hängen. Die Schwellung geht von selbst zurück. Man sollte die Hunde nicht gewaltsam trennen, da dies immer Verletzungen zur Folge hat.

Hasenpfote
Im Gegensatz zur rundlichen Katzenpfote eine flache Pfote.

Hecheln
Der Hund hat am Körper keine Schweißdrüsen; die Schweißabsonderung ist deshalb sehr beschränkt. Nach stärkerer Bewegung und bei höheren Außentemperaturen atmet deshalb der Hund bei geöffnetem Fang, meist mit heraushängender Zunge, zur Abkühlung erhöhter Eigenwärme.

Hepatitis
Eine gefährliche Lebererkrankung. Ein verantwortungsbewußter Züchter läßt seine Welpen vor Abgabe an neue Besitzer gegen diese Krankheit impfen.

Hetzhunde
Kynologische Bezeichnung für mehrere Windhundrassen.

Hinterhand
Bezeichnung für das aus Becken, Keulen und Hinterläufen bestehende Hintergliedmaß des Hundes.

Hitze
Geschlechtstrieb der Hündin, der in der Regel zweimal jährlich auftritt und sich durch mehr oder weniger starke Blutungen aus der Scheide anzeigt.

Hüftgelenksdysplasie (HD)
Eine Hüftgelenksverformung, die überwiegend bei großen Hunderassen auftritt und sich vererbt. Im Verband für das Deutsche Hundewesen (VDH) müssen Rassen, bei denen die Gefahr einer solchen Vererbung besteht, vor ihrer Zuchtzulassung röntgenologisch untersucht werden.

Hundehandel
Das Tierschutzgesetz schreibt in § 16 die Aufsicht des gewerblichen Hundehandels durch die Behörden vor. In der Regel kauft der Hundehändler die Welpen auf, die dadurch zu früh von der Mutter entfernt werden. Der Käufer eines Hundes sollte grundsätzlich beim Kauf darauf bestehen, daß die Mutterhündin vorgestellt werden kann. Laut Tierschutzgesetz ist es verboten, kranke oder krankheitsverdächtige Hunde zu veräußern.

Hunderasse
Zusammenfassung von Hunden, die sich durch ihre gemeinsamen Erbanlagen von anderen der gleichen Art unterscheiden.

Hundesteuer
Diese Abgabe wird von den Stadt- oder Gemeinderäten der Kommunen festgelegt und in der Hundesteuersatzung festgehalten.

Hundezucht
Der Hundezüchter braucht keine besondere Ausbildung zu absolvieren, er hat jedoch die Vorschriften des Tierschutzgesetzes zu beachten. Hundezüchter innerhalb des Verbandes für das Deutsche Hundewesen (VDH) müssen die Rahmenzuchtrichtlinien des Verbandes sowie die von den jeweils zuständigen Rassehundzuchtvereinen erlassenen Zuchtbestimmungen befolgen. Hält sich ein Züchter nicht an diese Bestimmungen, werden für den erfolgten Wurf keine Ahnentafeln ausgestellt; außerdem kann der Züchter mit einer zeitlich begrenzten oder sogar lebenslänglichen Sperre des Zuchtbuches bestraft werden. Der Deckakt und der Wurf müssen mit vorgeschriebenen Formularen gemeldet werden. Ein Wurf wird nur in das Zuchtbuch eingetragen, wenn der ganze Wurf, der dem Züchter gehören muß, im Beisein der Mutterhündin nicht vor der vollendeten siebten Lebenswoche vom Zuchtwart oder, in Ausnahmefällen, von einem Tierarzt abgenommen wurde.

I

Impfung
Vorbeugende medizinische Maßnahme, um die Widerstandsfähigkeit eines gesunden Organismus zu unterstützen. Hundewelpen werden in der Regel vor der Abgabe an den neuen Besitzer gegen Staupe, Hepatitis, Leptospirose und Parvovirose geimpft; eine spätere Impfung gegen Tollwut, die regelmäßig wiederholt werden muß, sollte nicht vergessen werden.

Inzucht, Inzestzucht
Paarungen zwischen Eltern und Kindern oder Geschwistern. Ist nach den Bestimmungen des Verbandes für das Deutsche Hundewesen (VDH) nur nach besonderer Genehmigung durch den Rassehundzuchtverein in Ausnahmefällen erlaubt.

J

Jagdgebrauchshundverband (JGHV)
Vereinigung der Jagdgebrauchshundehalter und -züchter. Dem JGHV gehören mit dem Deutschen Jagdschutzverband (DJV) 150000 Mitglieder an.

Jagdtrieb
Ist bei Jagdhunden angeboren, tritt aber auch bei vielen anderen Hunderassen auf. Hunde, die nicht zur Jagd verwendet werden, sind deshalb grundsätzlich bei Spaziergängen in Jagdrevieren und in Wäldern an der Leine zu führen.

Junghund
Nach der Welpenzeit spricht man bis zum Alter von 18 Monaten vom Junghund.

K

Katzenpfote
Eine rundliche, in sich geschlossene Pfote mit katzenartig gewölbten Zehen; Gegensatz: Hasenpfote.

Kettenhalsband
In vielen Fällen an der Innenseite mit Stacheln versehen, sollte dann aber nur mit Vorsicht benutzt werden.

Kettenhund
Ein außerhalb des Wohnhauses gehaltener, an einer Kette befestigter Hund; laut Verordnung über das Halten von Hunden im Freien jetzt verboten.

Kläffen
Überwiegend für kleinere Hunderassen typisches lang anhaltendes winselndes Gebell, das leicht als ruhestörender Lärm nachbarschaftliche Probleme mit sich bringen kann.

Klassifizierung der Hunderassen
Die Fédération Cynologique Internationale hat alle bekannten Hunderassen in vier Kategorien und diese wieder in zehn verschiedene Gruppen eingeteilt:

Kategorie 1: Schäfer-, Wach-, Dienst- und Gebrauchshunde
Kategorie 2: Jagdhunde
Kategorie 3: Begleithunde
Kategorie 4: Windhunde

Die Gruppeneinteilung wurde wie folgt vorgenommen:

Gruppe 1: Schäferhunde
Gruppe 2: Wach-, Schutz- und Gebrauchshunde
Gruppe 3: Terrier
Gruppe 4: Deutsche Dachshunde
Gruppe 5: Laufhunde für Hochwild
Gruppe 6: Laufhunde für Niederwild
Gruppe 7: Vorstehhunde (ohne britische Hunde)
Gruppe 8: Jagdhunde britischer Rassen
Gruppe 9: Haushunde
Gruppe 10: Windhunde

Körmeister
Vom Rassehundzuchtverein eingesetzter Kynologe, der die Berechtigung hat, Zuchtzulassungsprüfungen und Ankörungen durchzuführen.

Körpergröße
Die Größe des Hundes wird im Standard festgelegt; man mißt sie am Widerrist (Nacken).

Körpertemperatur des Hundes
Der gesunde Hund hat eine Körpertemperatur von 37,5–38,5 °C, bei Welpen liegt sie normalerweise

1 °C höher. Man mißt die Temperatur, indem man ein Thermometer in den After einführt; die Meßdauer beträgt etwa drei Minuten. Der Hund muß während dieser Zeit festgehalten werden, damit das Thermometer nicht zerbrechen und das Tier verletzen kann.

Kruppe
Die Kruppe umfaßt den Körperteil, der vom Kreuzbein über die ersten vier Rutenwirbel verläuft. Je nach Rasse soll sie gerade, ansteigend oder abfallend sein.

Kryptorchismus
Fehlen der Hoden im Scrotum. In vielen Fällen befinden sich die Hoden dann in der Bauchhöhle oder im Leistenkanal. Kryptorchide Hunde sind nicht zeugungsfähig. Beim Monorchismus befindet sich lediglich ein Hoden im Scrotum. Diese Tiere sind zwar zeugungsfähig, werden aber nach den Bestimmungen des Verbandes für das Deutsche Hundewesen (VDH) von der Zucht ausgeschlossen.

Kuhhessigkeit
Stellung der Hinterläufe mit nach auswärts gedrehten Kniegelenken wie bei Kühen.

Kupieren
Das Beschneiden der Ohren und/oder Ruten bei Welpen gemäß den jeweiligen Standardvorschriften.

Kynologie
Lehre vom Hund; als Kynologe wird jemand angesehen, der sich mit der Zucht und der Ausbildung von Hunden systematisch befaßt.

L

Läufe
Beine des Hundes.

Läufigkeit
Hitze der Hündin.

Laut geben
Andere kynologische Bezeichnung für Bellen oder Hals geben.

Lecken
Unart des Hundes, seinem Halter und auch dessen Familienangehörigen die Hände und sogar das Gesicht zu belecken. Das Lecken muß bereits dem Welpen verboten werden.

Lefzen
Lippen des Hundes.

Leistungsprüfungen
Für Schutz- und Jagdhunde aufgestellte Prüfungen, deren Bedingungen der Verband für das Deutsche Hundewesen (VDH) in Zusammenarbeit mit den zuständigen Rassehundzuchtvereinen und Gebrauchshundeverbänden erarbeitet hat.

Leptospirose
Als „Stuttgarter Hundeseuche" bekannte schwere Hundekrankheit. Der Züchter läßt bereits den Welpen gegen Leptospirose impfen.

Lösen
Absetzen der Exkremente.

M

Maulkorb
Ein dem bissigen Hund über den Fang gestülptes Riemengeflecht, das ihn am Beißen hindert. Wenn Haustiertollwut auftritt, können die Behörden für alle in diesem Bereich lebenden Hunde einen Maulkorbzwang verfügen.

Meldegeld
Ein Geldbetrag, der vom Hundebesitzer bei der Meldung seines Hundes zu einer Ausstellung oder zu einer Prüfung als Deckung für die auftretenden Unkosten gezahlt werden muß.

Monorchismus
Siehe Kryptorchismus.

N

Nachgeburt
Bei der Geburt des Welpen wird immer der Nabelstrang mit dem Mutterkuchen abgestoßen. Die Hündin frißt diese Nachgeburt in der Regel auf.

Nachsuche
Durch den Einsatz von Schweißhunden versucht der Jäger, angeschossenes, aber entkommenes Wild, das Schweiß (Blut) verliert, aufzuspüren.

Namengebung
Der Name des Hundes besteht in der Bundesrepublik Deutschland aus dem Rufnamen und dem Zwingernamen, wobei der Züchter den Anfangsbuchstaben des Rufnamens in der Reihenfolge des Alphabets bei den einzelnen Würfen verwenden muß. Ein Hund mit E, dessen Rufname z. B. mit E beginnt, muß also aus dem fünften Wurf im Zwinger dieses Züchters stammen. Der Zwingername kann sowohl international bei der F.C.I. als auch national beim VDH oder dem zuständigen Rassehundzuchtverein geschützt werden.

O

Ohrenzwang
Folge einer Entzündung der inneren Gehörgänge. Der Hund versucht dann, mit der Pfote die Ohrmuschel zu kratzen. Man sollte in jedem Fall den Tierarzt aufsuchen.

Ohrformen
Bei den einzelnen Hunderassen werden verschiedene Ohrformen festgestellt, man unterscheidet

z. B.: Stehohr (z. B. Bull Terrier)

Kupiertes Stehohr (z. B. Deutsche Dogge)

Schmetterlingsohr (z. B. Sheltie)

Hängeohr (z. B. Bassethound)

Ortssinn
Ein bisher nicht erforschtes Vermögen des Hundes, über große Entfernungen heimzufinden.

P

Parasiten
Kleine tierische Lebewesen, die ihre Wachstumsstoffe ganz oder teilweise einem Wirtsorganismus entziehen. Man unterscheidet Ektoparasiten, die auf der Körperoberfläche, und Entoparasiten, die im Körperinnern des Wirtstieres leben.

Phänotyp
Bezeichnung für das äußere Erscheinungsbild eines Lebewesens.

Population
Der vorhandene Bestand einer Gruppe von Lebewesen. Die Hundepopulation in der Bundesrepublik Deutschland wird nicht offiziell erfaßt; man kann sie grob der Zahl der Meldungen für die Hundesteuer entnehmen. Danach gibt es wahrscheinlich 3–3,5 Millionen Hunde insgesamt, d. h. Rasse- und Mischhunde.

Präfix
Dem Rufnamen des Hundes vorangestellter Zwingername, also nicht „Alf von Westminster", sondern „Westminster's Alf".

Prägungsphase
Nach Professor Konrad Lorenz und Eberhard Trumler die Zeit im Leben des Welpen, in der er durch seine Mutter auf sein Sozialverhalten geprägt wird. Beide Forscher geben die Zeit von der dritten bis zur siebten Lebenswoche an, in der der Welpe mit der Mutterhündin zusammensein muß.

Q

Quarantäne
1. Befristete Absonderung von krankheitsverdächtigen Tieren, um die Übertragung von Seuchen zu verhindern.
2. Befristete Absonderung von Tieren, um die Einschleppung von Seuchen zu verhindern; z. B. erforderlich bei der Einfuhr eines Hundes nach Großbritannien, Norwegen, Schweden und Finnland.

R

Rassehund
Ein Hund, der über wenigstens drei Generationen in einem von der Fédération Cynologique Internationale anerkannten Zuchtbuch nachgewiesen werden kann.

Rassehundzuchtvereine
Die ältesten deutschen Rassehundzuchtvereine wurden 1889 gegründet (Deutscher Teckelklub, Deutscher Doggen-Club). Zur Zeit gibt es in der Bundesrepublik Deutschland 70 vom Verband für das Deutsche Hundewesen anerkannte Rassehundzuchtvereine, die alle in der Bundesrepublik vorkommenden Hunderassen betreuen.

Rassestandard
Von der F.C.I. eingeführte einheitliche Form der Standardisierung, um den Richtern eine einheitliche und objektive Beurteilung der Hunde in allen F.C.I.-Mitgliedsländern zu ermöglichen.

Register
Bei verschiedenen Rassehundzuchtvereinen geführter Anhang zum Zuchtbuch, in dem die Hunde eingetragen werden, die nach dem Phänotyp als reinrassig angesehen werden müssen, jedoch nicht mit drei Generationen in einem von der F.C.I. anerkannten Zuchtbuch aufgeführt sind.

Ringausbildung
Erforderlich für alle Rassehunde, die vom Besitzer auf einer Ausstellung vorgeführt werden sollen. Es ist leicht, bereits dem Junghund beizubringen, z. B. den Fang zum Ansehen der Zähne und der Kieferstellung öffnen zu lassen und sich nicht durch die Nähe weiterer Hunde als Raufer zu gebärden. Wichtig ist, daß sich der ausgestellte Hund mit durchhängender Leine neben seinem Besitzer im Ring bewegt.

Rüde
Bezeichnung für den männlichen Hund.

Rute
Schwanz des Hundes.

S

Scheinträchtigkeit
Häufig bei geschlechtsreifen Hündinnen nach der Hitze auftretende falsche Schwangerschaft, die bis zur Sekretion einwandfreier Milch führen kann. Diese Tiere können sogar als Ammen verwendet werden. Kühle Umschläge und viel Bewegung beenden die Scheinschwangerschaft nach kurzer Zeit.

Schliefen
Aus der Jägersprache für das Einkriechen, z. B. des Dackels in den Dachsbau.

Schmetterlingsnase
Schlecht durchpigmentierte, über große Flächen fleischnarbige Nase.

Schutzhund
Ein Gebrauchshund, der eine von drei Schutzhundprüfungen abgelegt hat.

Schweiß
Aus der Jägersprache entnommen: Blut.

Schweißarbeit
Arbeit mit dem Jagdhund, die den Hund befähigen soll, schweißende (blutende) Wildtiere aufzuspüren.

Schweizerische Kynologische Gesellschaft
Die schweizerische Dachorganisation; international anerkannte Abkürzung vor den Zuchtbuchnummern: SHSB.

Spurlaut
In der Spurlautprüfung muß der Hund bellend eine Wildspur verfolgen, ohne das Wild zu sehen.

Stammbaum
Andere Bezeichnung für Ahnentafel.

Standard
Der Standard beinhaltet die Beschreibung des

381

Idealtyps der einzelnen Hunderassen und wird von den für die jeweiligen Rassen zuständigen Zuchtvereinen aufgestellt, bei der Fédération Cynologique Internationale (F.C.I) hinterlegt und von dort allen Mitgliedsverbänden zugestellt, damit eine einheitliche Beurteilung der Hunderasse gewährleistet ist.

Staupe
Eine der gefährlichsten ansteckenden Viruskrankheiten des Hundes, die fast immer zum Tod führt. Befallen werden können Hunde aller Altersstufen; Welpen sind nur während der Saugzeit gefeit. Jeder verantwortungsbewußte Hundehalter läßt seinen Hund gegen Staupe schutzimpfen.

Stillzeit
Die Hündin stillt ihre Welpen während der ersten sieben bis acht Lebenswochen. In den ersten zwei Wochen ist eine Zufütterung meistens nicht erforderlich.

Stuttgarter Hundeseuche
Siehe Leptospirose.

T

Tätowierung
Mittels einer Tätowierzange werden bei vielen Rassehundzuchtvereinen die Welpen entweder im Ohr oder an der Schenkelinnenseite mit ihrer Zuchtbuchnummer gekennzeichnet.

Tollwut
Eine seit dem Altertum bekannte Seuche. Die Übertragung erfolgt in den meisten Fällen durch Speichel. Die Inkubationszeit liegt zwischen 20 und 60 Tagen. Tollwut endet stets mit dem Tod. Jeder Tollwutfall muß bei den Veterinärbehörden angezeigt werden. Verantwortungsvolle Hundebesitzer lassen ihre Hunde gegen Tollwut impfen.

Trächtigkeitsdauer
Beträgt bei der Hündin durchschnittlich 63 Tage. 24 Stunden vor der Geburt sinkt die rektal gemessene Körpertemperatur um etwa 2 °C ab, so daß der Geburtstermin leicht feststellbar ist.

Trocken
Ein Hund wird als „trocken" bezeichnet, wenn die Haut ohne Fettablagerungen eng anliegt. Mit diesem Ausdruck beschreibt man auch einzelne Körperteile.

U

Union Internationale des Clubs de Lévriers (UICL)
Internationale Vereinigung der Windhundvereine.

Unterwolle
Unter den Deckhaaren befindliche Wollhaare der Hunde. Die Dichte schützt gegen Kälte und isoliert auch gegen starke Sonnenbestrahlung.

Urinmarken
Der Rüde kennzeichnet aus einem inneren Drang heraus alle markanten Punkte seines Bereichs in gewissen Abständen mit Urin.

V

VDH
Siehe Verband für das Deutsche Hundewesen.

Verband für das Deutsche Hundewesen (VDH)
1906 gegründete und weltgrößte Vereinigung von Hundebesitzern und -züchtern mit Sitz in Dortmund. In 58 Rassehundzuchtvereinen und zwei Gebrauchshundverbänden werden mehr als 500 000 Hundehalter betreut. Der Verband ist Mitglied der F.C.I. und hat in dieser Organisation die meisten Zuchtbucheintragungen pro Jahr. Er gibt monatlich die 96 Seiten umfassende kynologische Fachzeitschrift „Unser Rassehund" heraus.

W

Wamme
Herabhängende Hautfalte am Hals, z. B. beim Bloodhound.

Welpe
Neugeborener Hund bis zur Vollständigkeit des Milchgebisses. Die bei der Geburt geschlossenen Augenlider öffnen sich um den 14. Lebenstag. Der Welpe bleibt im Durchschnitt acht bis zehn Wochen bei der Mutter.

Widerrist
Der höchste Punkt der Rückenlinie. Die Widerristhöhe gilt als Größe des Hundes.

Wolfskralle
Siehe Afterklaue.

Wurf
Bezeichnung für alle Welpen aus einer Geburt. Die Wurfstärke schwankt – je nach Größe der Rasse – zwischen drei und zehn Welpen.

Z

Zuchtbuch
Bei den Rassehundzuchtvereinen und beim Verband für das Deutsche Hundewesen (VDH) geführte Eintragung der einzelnen Rassen, die fortlaufend nummernmäßig mit den Namen der Hunde erfaßt werden. Die Eintragungen in den Ahnentafeln sind Bestandteil des Zuchtbuchs.

Züchter
Züchter ist der Eigentümer der Zuchthündin am Tag der Geburt der Welpen.

Zuchtleiter/Zuchtwart
Erfahrener Kynologe, der im Auftrag des Zuchtvereins die Zuchtzulassung der erwachsenen Tiere und die Aufzucht der Welpen überwacht.

Zwingernamen
Muß von jedem Züchter der Zuchtbuchstelle seines Vereins für die Eintragung der gefallenen Welpen angegeben werden. Alle vom Züchter gezüchteten weiteren Würfe werden nur unter diesem Namen eingetragen.

Register

Bildnachweis

Illustratoren

Joël Blanc: 8, 10 li., 13 u., 51, 52, 70, 74, 76, 79, 80, 96, 97, 107, 110, 111, 122, 136, 137, 146, 154, 155, 156, 159, 165, 168, 173, 175, 176, 177, 179, 187, 195, 196, 197, 243, 249, 250, 251, 253, 257.
Françoise Bonvoust: 190, 191, 218, 235, 240, 241.
Josiane Campan: 61, 129, 131, 172, 226, 288, 294, 295, 299, 301, 311, 315.
Jean Coladon: 66, 67, 69, 77, 86, 87, 89, 93, 99, 101, 104, 115, 121, 124, 126, 127, 130, 132, 141, 194, 198, 199, 202, 210, 215, 217.
Maurice Espérance: 12, 13 o., 38, 39, 40, 41, 42, 43, 44, 45, 216, 276, 302, 304, 305, 306, 307, 308, 309, 330, 333, 340 u.
Philippe Gossent: 164, 209, 211.
Michel Janvier: 53, 55, 57, 59, 90, 91, 100, 105, 152, 161, 238, 239, 248, 262.
Brenda Katté: 71, 73, 120, 128, 133, 193, 219, 220, 221.
Jean-Marie Le Faou: Umschlag, 56, 57, 65, 103, 108, 109, 118, 119, 170, 171, 224, 225, 227, 245, 247, 255.
Line Mailhé: 113.
Guy Michel: 54, 58, 75, 83, 85, 94, 112, 125, 134, 135, 139, 140, 147, 150, 151, 157, 166, 174, 184, 185, 186, 189, 203, 204, 205, 206, 208, 212, 213, 222, 223, 229, 230, 231, 233, 237, 244.
Philippe Saunier: 49, 123, 148, 149.
Jean-Claude Senné: 62, 63, 181, 232.
Grégoire Sobieski: 143, 144, 145, 169, 258, 259, 260, 261.
François Vitalis: 95, 183.
Jean-Pierre Weintzem: 114, 116, 160, 162, 163, 188, 200, 201.

Fotografen

9	Muséum national d'histoire naturelle/Département de paléontologie
10 u., 11:	M. Bruggmann
16	M. Holford
17 o.li.:	M. Holford/British Museum
o.re.:	Bulloz
u.:	H. Josse/Musée Cernuschi
18 o.:	R. Guillemot
u.li.:	M. Holford/British Museum
u.re.:	A. Held/Ziolo
19 o.:	Bulloz/Ägyptisches Museum Kairo
u.li.:	H. Josse/Musée du Louvre
u.re.:	Ägyptisches Museum Kairo
20 o.:	Nimatallah/Ziolo/Nationalmuseum Athen
u.:	Lauros-Giraudon/Musée du Louvre
21 o.:	A. Held/Ziolo
Mi.:	Scala/Museum Palermo
u.:	Ziolo/Musée d'Art et d'Histoire de Genève
22 o.:	Scala/Museum Palermo
Mi.:	L. Frédéric/Rapho
u.:	R. Guillemot
23 o.:	Lauros-Giraudon/Museum Neapel
Mi.:	R. Guillemot
u.:	H. Josse/Musée des Antiquités nationales
24 o.:	Goldner/Édimages
u.:	Giraudon, mit frdl. Genehmigung der Stadt Bayeux
25 o.li.:	Rapho/Musée Condé, Chantilly
o.re.:	Scala/Bibliothek Marciana, Venedig
Mi.:	ET-Archive/Bibliothèque nationale
u.:	Snark
26 o.:	Rapho/Bibliothèque nationale
Mi.:	Bibliothèque nationale
u.:	ET-Archive/National Gallery
27 o.:	J. L. Charmet/Bibliothèque nationale
Mi.:	Scala/Bibliothek Marciana, Venedig
u.:	Scala/Scuola di San Giorgio degli Schiavoni, Venedig
28 o.:	H. Josse/Musée du Louvre
u.:	Lauros-Giraudon/Musée d'Angers
29 o.li.:	Prado
o.re.:	Agraci/Ziolo/Musée du Louvre
Mi.:	ET-Archive/National Gallery
u.:	Ziolo/Musée du Louvre
30 o.:	H. Josse/Musée de la Chasse
o.re.:	Free Library, Philadelphia
u.:	Snark/Musée Carnavalet
31 o.:	Studio Berlin/Musée des Beaux-Arts de Dijon
Mi.:	H. Josse/Galerie Spicilège, Paris
u.li.:	R. Guillemot
u.re.:	H. Josse/Bibliothèque nationale
32 o.:	Provincial Archive of British Columbia
Mi.:	Giraudon
u.:	Roger-Viollet
33 o.:	Victoria and Albert Museum
u.li.:	H. Josse/Musée de la Chasse
u.re.:	H. Josse/Galerie Spicilège, Paris
34	J. L. Charmet/Bibliothèque des Arts décoratifs
35 o.:	Musée Toulouse-Lautrec, Albi
Mi.:	G. Dagli-Orti/Musée d'Art de São-Paulo, S.P.A.D.E.M., 1982
u.:	J. L. Charmet/Bibliothèque des Arts décoratifs
36 o.li.:	Lauros-Giraudon/Musée d'Art moderne de la Ville de Paris, S.P.A.D.E.M., 1982
o.re.:	Studio Berlin/A.D.A.G.P., 1982
Mi.:	Tapabor/Kharbine
u.li.:	H. Josse/Galerie Spicilège, Paris
u.re.:	Bibliothèque nationale
39	M. Buzzini (1), G. Trouillet/Jacana (1), Lacz-Lemoine (4)
40	M. Buzzini (2), Lacz-Lemoine (1), G. Trouillet (1)
41, 45	M. Buzzini
264	M. Buzzini
265 o.:	C. Elinguel/Vloo
u.:	Elveca
266 o.:	J.-P. Germain/S.R.D.
u.li.: + re.:	Lacz-Lemoine
267 li.:	Mery/Vloo
re.:	Lacz-Lemoine
268	Lacz-Lemoine
277	J.-P. Germain/S.R.D.
278 o.li.:	Lacz-Lemoine
o.re.:	M. Buzzini
u.:	Lacz-Lemoine
279	M. Buzzini
280, 281	Lacz-Lemoine
282 li.:	G. Trouillet
re.:	Samba/Nature
283 li.:	H. Donnezan/Rapho
re.:	G. Trouillet
284 o.:	Lacz-Lemoine
u.:	M. Buzzini
285	Mery/Vloo
286	G. Trouillet
287	Lacz-Lemoine
288	J.-P. Thomas/Jacana
289	M. Laval/Vloo
290	Lacz-Lemoine
291 li.:	J.-L. Patel/Pitch
re.:	M. Gile/Vloo
293 o.li.:	Lacz-Lemoine
o.re.:	M. Buzzini
u.:	J.-P. Germain/S.R.D.
295	J.-P. Germain/S.R.D.
296	Varin-Visage/Jacana
297	Lacz-Lemoine
298 o.:	M. Buzzini
u.:	J.-P. Ferrero
299 o.:	M. Buzzini
Mi.:	Lacz-Lemoine
300 li.:	Lacz-Lemoine
o.re.:	J.-P. Ferrero
u.re.:	M. Buzzini
301	G. Trouillet
302 o.:	Sipa/action press
u.li.:	Montferrand/Vloo
u.re.:	dpa
316	G. Dagli-Orti/Musée Condé, Chantilly
317	J.-P. Ferrero
318	F. Lubrina
320	J.-P. Ferrero
321	Dr. Robin und Dr. Anfrye
322, 323 o.:	F. Lubrina
323 u.:	J.-P. Germain/S.R.D.
324, 325, 326:	F. Lubrina
327 o.:	École nationale vétérinaire d'Alfort/Service de parasitologie
u.:	J.-P. Ferrero
328	F. Lubrina
331	Dr. Robin und Dr. Anfrye
332 li.:	Dr. M. Simon
re.:	École nationale vétérinaire d'Alfort/Service de parasitologie
333	École nationale vétérinaire d'Alfort/Service de médecine
336	Dr. M. Simon
338	École nationale vétérinaire d'Alfort/Service de parasitologie
339	F. Lubrina
340 o.:	École nationale vétérinaire d'Alfort/Service de parasitologie (4), Lorne/Jacana (1)
342	École nationale vétérinaire d'Alfort/Service de parasitologie
343, 344	Lacz-Lemoine
346	M. Buzzini
347	Eric Bach/Mauritius
348 o.:	R. Mazin
u.:	C. Voigt/Zefa
349 li.:	Schroeter/Zefa
re.:	E. M. Vogeler/Okapia
350 o.:	Dr. J. Müller/Mauritius
u.:	Heuclin/Pitch
351	U.P.I.
353	Okapia
357 u.:	Manus/Mauritius
o.:	Sperber/Schapowalow
360	Jiři Horut
361	IMA/action press
368 u.:	M. Buzzini
o.:	G. Trouillet